Thomas Jahnke

Wolfram Meyerhöfer (Hrsg.)

PISA & Co
Kritik eines Programms

2. erweiterte Auflage

Verlag Franzbecker, Hildesheim, Berlin

Bibliografische Information der Deutschen Nationalbibliothek
Die Deutsche Nationalbibliothek verzeichnet diese Publikation in der Deutschen Nationalbibliografie; detaillierte bibliografische Daten sind im Internet über http://dnb.d-nb.de abrufbar.

Bibliographic information published by the Deutsche Nationalbibliothek
The Deutsche Nationalbibliothek lists this publication in the Deutsche Nationalbibliografie; detailed bibliographic data are available in the Internet at http://dnb.d-nb.de.

Information bibliographique de la Deutsche Nationalbibliothek
La Deutsche Nationalbibliothek a répertorié cette publication dans la Deutsche Nationalbibliografie; les données bibliographiques détaillées peuvent être consultées sur Internet à l'adresse http://dnb.d-nb.de.

Thomas Jahnke, Wolfram Meyerhöfer (Hrsg.)
PISA & Co – Kritik eines Programms
2. erweiterte Auflage

ISBN 978-3-88120-464-4

Umschlag: Diana Fischer
Text und Satz: Christoph Eyrich

Das Werk ist urheberrechtlich geschützt. Alle Rechte, insbesondere die der Vervielfältigung und Übertragung auch einzelner Textabschnitte, Bilder oder Zeichnungen vorbehalten. Kein Teil des Werkes darf ohne schriftliche Zustimmung des Verlages in irgendeiner Form reproduziert werden (Ausnahmen gem. 53, 54 URG). Das gilt sowohl für die Vervielfältigung durch Fotokopie oder irgendein anderes Verfahren als auch für die Übertragung auf Filme, Bänder, Platten, Transparente, Disketten und andere Medien.

© 2007 by Verlag Franzbecker, Hildesheim, Berlin

Inhalt

Vorwort zur zweiten erweiterten Auflage   vii

Vorwort zur ersten Auflage   ix

PISA & Co global

Thomas Jahnke
Zur Ideologie von PISA & Co   1

Christine Keitel
Der (un)heimliche Einfluss der Testideologie auf Bildungskonzepte, Mathematikunterricht und mathematikdidaktische Forschung   25

Wolfram Meyerhöfer
PISA & Co als kulturindustrielle Phänomene   59

PISA & Co konkret

Joachim Wuttke
Die Insignifikanz signifikanter Unterschiede: Der Genauigkeitsanspruch von PISA ist illusorisch   99

Eva Jablonka
Mathematical Literacy: Die Verflüchtigung eines ambitionierten Testkonstrukts   247

Peter Bender
Was sagen uns PISA & Co, wenn wir uns auf sie einlassen? 281

Volker Hagemeister
Kritische Anmerkungen zum Umgang mit den Ergebnissen
von PISA 339

Uwe Gellert
Mathematik „in der Welt" und mathematische „Grundbildung" – Zur Konsistenz des mathematikdidaktischen Rahmens von PISA 375

Wirkungen

Hans-Dieter Sill
PISA und die Bildungsstandards 391

Wolfram Meyerhöfer
Testen, Lernen und Gesellschaft: Zwischen Autonomie und Heteronomie 433

Zusammenfassungen/Abstracts 455

Autoren 465

Vorwort zur zweiten erweiterten Auflage

Die erste Auflage dieses Buches ist schnell auf Zustimmung und Widerspruch gestoßen. Insbesondere an dem Beitrag von Joachim Wuttke „Fehler, Verzerrungen, Unsicherheiten in der PISA-Auswertungen", der den statistischen Apparat des Programme for International Students Assessment (PISA) sorgfältig beschreibt, untersucht und kritisiert, hat sich eine auch von den Medien aufgenommene Diskussion entzündet. Für die zweite Auflage hat Joachim Wuttke deshalb seinen Beitrag wesentlich erweitert, um seine Argumentation noch ausführlicher darzulegen und zu begründen. Hinzugekommen sind ferner Abstracts in deutscher und englischer Sprache zu den einzelnen Aufsätzen, Informationen zu den Autorinnen und Autoren, sowie ein Hinweis auf das parallel erscheinende Buch „Pisa zufolge Pisa", in dem das Unternehmen Pisa eine umfangreiche internationale Kritik erfährt. Schließlich wurden kleinere Korrekturen vorgenommen und der Band neu gesetzt.

Potsdam, November 2007   Thomas Jahnke und
Wolfram Meyerhöfer

Vorwort zur ersten Auflage

Mit dem „Program for International Students Assessment" (PISA) ist in der deutschen Bildungslandschaft ein Prozess eingeleitet, der auf Standardisierung und Operationalisierung von Bildung gerichtet ist, und damit auf intellektuelle Verarmung und Formalisierung, auf geistige Enge und Orientierung am Mittelmaß.

Die wissenschaftliche Dignität und Legitimation von PISA und anderen Bildungsvermessungsprogrammen scheint sich dabei an deren medialen Erfolg oder bildungspolitischen Folgenreichtum zu messen. Die Akteure sollten eher argwöhnisch werden ob der Tatsache, dass ihre Unternehmungen den Zeitgeist derart treffen wie befördern. Solcher Argwohn ist rar. Wer die Verhältnisse zum Tanzen bringt, kann daraus kaum ableiten, dass seine Intervention gelungen und nicht nur nützliches Instrument zu deren Steuerung geworden ist. Die Gier, mit der die internationale und insbesondere die deutsche Bildungspolitik die Ergebnisse von PISA nahezu unbesehen aufsaugt und in administratives Regeln und Handeln ummünzt, sollte die Forscherinnen und Forscher – falls sie sich noch als solche und nicht als Agentinnen und Agenten einer standardisierten OECD-Bildung verstehen –, weniger beflügeln als sich verstört die Frage stellen lassen, wer da mit wem und zu welchem Behufe tanzt. Dass die instrumentelle Un-Vernunft ihre Feste feiert, wird die Schule langfristig überstehen, aber es ist ein Verlust von Zeit und Ressourcen, die für die ernsthafte Arbeit an einer wirksamen Verbesserung von Lehr- und Lernprozessen fehlen.

In diesem Buch werden wissenschaftliche Grundlagen, Implikationen und Deutungen von PISA & Co diskutiert und kritisiert. Wir haben dabei Wert darauf gelegt, dass eine gewisse Breite und Unterschiedlichkeit der kritischen Positionen vertreten ist und dass die Kritik in der Verschiedenheit ihrer Argumentationsmuster nicht durch Versuche von Zusammenführung oder gar Orientierung auf produktive Wendung geglättet wird. Während die Pisaner ihr Mammutunternehmen als monolithisch verkaufen müssen, ist es ein Vorteil der Kritik, dass sie an ganz unterschiedlichen Stellen und mit unterschiedlichen Methoden und Ansätzen Unternehmen wie PISA befragen kann.

Wir haben die Beiträge in drei Ebenen sortiert. Die Ebene „PISA & Co global" ordnet das Testen historisch und wissenschaftstheoretisch ein. Die Deutung von quantitativen Vergleichsuntersuchungen in ihrer historischen Situiertheit und in ihrem Charakter als positivistisches und als kulturindustrielles Phänomen ergründet, wie es zur intellektuellen Armut dieser Art von Untersuchungen kommt, wie sie im Feld des Wissenschaftlichen und im Feld des Bildungspolitischen positioniert sind und welche Grundannahmen und Ideologien hier reproduziert werden.

Die Ebene „PISA & Co konkret" versammelt Beiträge, in denen sich die Autorinnen und Autoren auf die Konstrukte solcher Untersuchungen einlassen. Sie argumentieren an den theoretischen Konstrukten und den Testkonstrukten, an den Operationalisierungen und an den die Operationalisierungen ersetzenden Verfahren, an den Aufgaben und an den Deutungen der Testergebnisse.

Auf der Ebene „Wirkungen" sind Texte versammelt, die PISA & Co vorrangig mit Blick auf ihre Wirkungen auf Schulsysteme und Schulen und in ihren gesellschaftlichen Implikationen diskutieren.

Dieses Buch wendet sich
– an die von PISA & Co Betroffenen, also an Lehrerinnen und Lehrer und Schülerinnen und Schüler; sie sollen Anhaltspunkte dafür bekommen, warum sie sich (für einen derzeit nicht absehbaren Zeitraum) in welcher Un-Wetterlage befinden;
– an die Schuladministration, die einer besonderen Versuchung unterliegt, die Ergebnisse von Vergleichsuntersuchungen über das inhaltliche Arbeiten am Unterricht zu stellen; hier möchten wir eine stärkere Sensibilität für die Grenzen, die Implikationen und die Folgen der Nutzung standardisierter Instrumente erreichen;
– an Bildungspolitikerinnen und Bildungspolitiker, die zur Zeit geneigt sein könnten, anzunehmen, dass der Mathematikunterricht in messtechnisch abgesichertem Verfahren sich nun verbessern ließe, als handle es sich mehr oder minder um eine ordnungs-

politische Maßnahme, die mit ausreichend strikten Vorgaben in wenigen Jahren durchsetzbar sei;
- an die an PISA & Co beteiligten Wissenschaftlerinnen und Wissenschaftler, denen in ihrem eifrigen Streben eine Reflektionspause über ihr Denken und Handeln sicher nicht ungelegen kommt und die kollegialer Widerspruch nur entlasten kann und aus einer Handlungsspirale befreien mag;
- an die an PISA & Co nicht-beteiligten Wissenschaftlerinnen und Wissenschaftler, deren gesellschaftliche Verantwortung für die Folgen solcher Untersuchungen nicht geringer ist.

Potsdam, im Sommer 2006   Th.J. und W.M.

Zur Ideologie von PISA & Co

Thomas Jahnke

Die PISA-Brille

PISA erscheint in der Überblendung mit SINUS den beteiligten Forschern universitär-fachdidaktischer Herkunft – insbesondere denen des Deutschen PISA-Konsortiums – als ein gigantisches (mathematik-) didaktisches Unternehmen, das ihnen ermöglicht, in globalem oder zumindest nationalem Maßstab zum einen das schon früher beklagte, aber bisher nur „gefühlte" Missbehagen am deutschen Unterricht empirisch zu belegen (Das Menetekel hat Dezimale bekommen; es wird nun ganz im medizinischen Jargon von – natürlich Besorgnis erregenden – Befunden gesprochen) und auf einer eindimensionalen Skala festzuhalten und zum anderen die Qualität dieses Unterricht nun „output-orientiert" nicht mehr nur durch Appelle, sondern durch landesweite (Zwangs-)Maßnahmen in Kooperation mit und auf Veranlassung von Schulbehörden und der Bildungsadministration zu heben.

Die bei PISA beteiligten Bildungsforscher werden die Mathematikdidaktiker in kollegialer Weise dieser Eigensicht nicht berauben in dem Bewusstsein, dass man auf die fachlichen Zuarbeiter zwar nicht – wie noch bei TIMSS – verzichten könne, aber das Ganze doch ihr Terrain sei, sie die eigentlichen Diagnostiker der Bildungsmisere seien und zugleich auch die weißen Ritter und Retter aus der Not.

Die beteiligten Testpsychologen werden die Bildungsfachleute ob nun spezieller oder genereller Provenienz in ihrem guten Glauben lassen, aber ihrerseits gleichfalls das Unternehmen im Kern für sich reklamieren im Bewusstsein, dass nun endlich der Zeitpunkt gekommen sei, zu dem die Gesellschaft auf ihre rigorosen Dienste, die gleichsam das wissenschaftliche Rückgrat der Untersuchung darstellen, in später Anerkennung zurückgreife.

Die beteiligten Statistiker werden in stiller Professionsgewissheit schließlich darauf verweisen, dass alle diese Zahlen nur durch ihre modernsten Verfahren zu ordnen und zu sichten seien, wobei sie den Inhalten grundsätzlich gleichgültig gegenüber stehen. So ist sich in funktionierender Arbeitsteilung jeder seiner Bedeutung, Funktion und Deutungsmacht gewiss, ohne dass ihm bewusst wird, dass es sich bei PISA in erster Linie um ein Projekt ökonomischer Zielsetzung handelt, das den Beteiligten zwar Brot und Arbeit und Anerkennung gibt, aber ansonsten jenseits ihrer Reichweite agiert.

Der Erziehungswissenschaftler Ludwig A. Pongratz führt dazu aus:

> Wenn vor wenigen Jahren der Name „Pisa" fiel, dann dachten die meisten vermutlich an den ‚schiefen Turm' als Attraktion für Italienurlauber. Wenn heute von „PISA" die Rede ist, dann kommt als erstes die Schieflage des deutschen Bildungssystems in den Sinn. Die bislang vorliegenden Ergebnisse der internationalen Langzeitstudie PISA (Programme for International Student Assessment; vgl. Deutsches PISA-Konsortium 2001) irritieren die bildungspolitische Landschaft in einem Ausmaß, das seinesgleichen sucht. Keine andere empirische Untersuchung zum deutschen Schulsystem konnte so viel öffentliche Resonanz verbuchen. Die Flut von Diskussionen, Kontroversen und Reformplänen, die PISA nach sich zieht, ruft Erinnerungen an frühere Krisenszenarien wach: vor allem an die ‚Bildungskatastrophe', mit der Picht in den 1960er Jahren die deutsche Bildungspolitik wachrüttelte (vgl. Picht 1964[1]). Die Bildungskatastrophe signalisierte den Beginn eines tiefgreifenden Wandels des deutschen Bildungssystems. Sie findet ihren legitimen Nachfolger im ‚PISA-Schock' unserer Tage.
>
> Worin aber besteht dieser Schock? Die erste, naheliegendste Antwort nimmt Bezug auf die Untersuchungsergebnisse selbst: Das ‚Volk der Dichter und Denker' scheint aus seinem bildungspolitischen Halbschlaf aufgeschreckt worden zu sein. Die trügerische Illusion, das ‚Modell Deutschland' könne sich im internationalen Vergleich als Klassenprimus etablieren, zerplatzt wie eine Seifenblase, weil die Leistungen deutscher Schülerinnen und Schüler in den Bereichen Lesen, mathematische Grundbildung und naturwissenschaftliche Grundbildung unterhalb des internationalen Durchschnitts liegen. Darüber hinaus ist die Leistungsstreuung in Deutschland besonders groß und der Zusammenhang zwi-

---

1 Picht, Georg (1964): Die deutsche Bildungskatastrophe. Freiburg, Walter.

schen sozialer Herkunft und Leistung überproportional stark ausgeprägt. Dieses Ergebnis gibt zweifellos Anlass zu kritischer Selbstprüfung, doch lässt sich die Hektik und Radikalität der nun eingeleiteten Reformmaßnahmen daraus allein nicht begründen. Offensichtlich sitzt den Reformstrategen unterschiedlichster Couleur etwas im Nacken, das in der Lage ist, einen immensen Druck aufzubauen. Dieser Druck fungiert als strategisches Element innerhalb eines sich derzeit vollziehenden globalen Transformationsprozesses, dessen Schlüsselstellen von unterschiedlichen Organisationen und Agenturen besetzt sind. Der Verdacht erhärtet sich, dass es nicht (oder zumindest nicht nur wissenschaftliche Interessen waren, die PISA aus der Taufe hoben. Vielmehr setzten (auf nationaler Ebene) politische Instanzen und (auf internationaler Ebene) Großorganisationen wie die OECD (Organisation for Economic Cooperation and Development) die PISA-Studie im Rahmen ihrer globalen politischen Agenda ins Werk; schon jetzt lässt sich absehen, dass sie auch weiterhin „nachhaltigen Einfluss auf Fragestellungen und Durchführung der Untersuchungen" (Lange 2002[2], S. 461) nehmen werden. Es verwundert daher wenig, dass sich hinsichtlich der Privatisierungspolitik und Sprachregelung bei globalen Instituten (wie OECD, WTO, Weltbank oder IWF) allenthalben die gleichen Zielvorgaben wiederfinden lassen. Sie lauten: Durchsetzung privatwirtschaftlicher Steuerungsprinzipien im öffentlichen Sektor, betriebswirtschaftliche Umgestaltung von Bildungs- und Wissenschaftsinstitutionen, Einführung von Markt- und Management-Elementen auf allen Prozessebenen. Die Konsequenzen dieses Transformationsprozesses lassen sich bereits jetzt in anderen Ländern anschaulich studieren. „Auch wenn die Resultate im einzelnen unterschiedlich ausfallen – diese drei Effekte hat die weltweite neoliberalistische Umstrukturierung der Bildung in jedem Fall: Überall da, wo sie stattfindet, sinken, erstens, die Staatsausgaben für den Bildungssektor, verschärft sich, zweitens, die soziale Ungleichheit im Zugang zum Wissen noch einmal drastisch, stellen, drittens, Mittelschicht-Eltern fest, dass es ihnen gefällt, wenn ihre Söhne und Töchter nicht mehr zusammen mit Krethi und Plethi die Schulbank drücken müssen" (Lohmann 2002[3], S. 103).

Angesichts der problematischen Effekte der mit Macht durchgesetzten Restrukturierung des Bildungswesens helfen politische Schaukämpfe

---

2 Lange, Hermann (2002): PISA; Und was nun? Bildungspolitische Konsequenzen für Deutschland: In: Zeitschrift für Erziehungswissenschaft 5, S. 455–471.
3 Lohmann, Ingrid (2002): After Neoliberalism. In: Ingrid Lohmann/Rainer Rillig (Hrsg.): Die verkaufte Bildung. Opladen: Leske+Budrich, S. 89–108.

zwischen neoliberalen Modernisierern und wohlfahrtsstaatlichen Verteidigern öffentlicher Bildung nicht weiter. Im Gegenteil: Die Streitigkeiten erwecken den Eindruck, als erleide die PISA-Studie das bekannte Schicksal so vieler Reformprojekte: nämlich von unterschiedlichen Interessen in Dienst genommen zu werden, die – je nach Blickwinkel – aus den Untersuchungsergebnissen das herauslesen, was ihnen opportun erscheint. In Anbetracht der globalen Strategien aber, in denen bzw. durch die die PISA-Studie ihre Macht entfaltet, scheint es angeraten, diesen Blick umzukehren: Es ist die globale strategische Situation, die mit Hilfe der PISA-Brille unseren Blick kodiert. Denn der aktuelle Formierungsprozess des Bildungswesens läuft über implizite Standards, die jeder bereits akzeptiert haben muss, bevor er sich auf eine kontroverse Diskussion über PISA einlässt. Alle Klagen über das schlechte Abschneiden Deutschlands und alle gutgemeinten Reformvorschläge, die Deutschland wieder ‚nach vorne' bringen sollen, akzeptieren unter der Hand die Disziplinarprozeduren, die das globale testing, ranking und controlling in Szene setzt. Weit davon entfernt, als ‚neutrales' Instrument wissenschaftlicher Objektivität zu fungieren, setzt PISA eigene Normalitätsstandards. Die daraus abgeleiteten Reformmaßnahmen verbleiben im Koordinatensystem eines machtvollen Normalisierungsprozesses, durch den die Disziplinargesellschaft ihre Effekte bis in den letzten Winkel des Bildungssystems hinein verlängert.

[Pongratz, L. A.: Freiwillige Selbstkontrolle. Schule zwischen Disziplinar- und Kontrollgesellschaft. In: Norbert Ricken, Markus Rieger-Ladich (Hrsg.): Michel Foucault: Pädagogische Lektüren. VS Verlag für Sozialwissenschaften. Wiesbaden 2004]

Markterschließung der Testindustrie?

Man kann „PISA" auch deuten als Markterschließung und -erweiterung führender, weltweit agierender Testinstitute. Was zunächst als Verschwörungstheorie erscheinen mag, liest sich im Einzelnen dann sehr plausibel und als wirtschaftlich und gesellschaftlich logisch und geradezu notwendig. Der Kürze halber komme ich auch hier ohne ein längeres Zitat nicht aus:

> „Schulmärkte" gibt es zwar seit es Schulen gibt – von jeher bedienen Schulbuchverlage, Hersteller von Schulmöbeln und didaktischen Hilfsmitteln, Privatschulen und Nachhilfeeinrichtungen eine Nachfrage, die von öffentlichen Schulsystemen erzeugt wird. Aber diese Anbieter haben es in der Vergangenheit kaum unternommen, die Funktionsweisen

der Schulen innerlich umzubauen, sondern haben es den bildungspolitischen und pädagogischen Entwicklungen überlassen, zu entscheiden, was sie liefern sollen. Umgekehrt hat die Wirtschaft als Abnehmerin der meisten Schulabsolventen gelegentlich Mängel ihrer schulischen Vorbildung kritisiert, aber grundsätzlich die Qualifikationen hingenommen, die die Schulen hervorbrachten. Eben dies hat sich verändert. Aus öffentlichen Schulsystemen, die im Windschatten der Ökonomie nach den Eigengesetzen staatlicher Einrichtungen funktionierten, sind inzwischen auch Felder wirtschaftlichen Handelns geworden, in denen Unternehmen beginnen, Arbeitsformen und pädagogische Beziehungen innerhalb der Schulen umzubauen, Schulsysteme in eine Vielzahl spezifischer Märkte zu zerlegen und einer ideellen und materiellen Privatisierung zuzuführen. (...)

Aus bildungsökonomischer Sicht ist das *„Programme for International Student Assessment"* ein Produkt transnationaler Bildungsdienstleister, das staatlichen Schulverwaltungen rund um den Globus angeboten wird. Die deutschen PISA-Publikationen erwähnen fünf „Forschungseinrichtungen", welche die internationale PISA-Leitung bilden (Baumert, Stanat, Demmrich 2001[4], S. 62. Diese Bezeichnung lässt offen, dass es sich bei vier von ihnen um private Unternehmen handelt, *educational assessment*-Firmen, die PISA entwickelt und an bisher achtundfünfzig Staaten verkauft haben: Die australische ACER Ltd., ETS und WESTAT Inc. aus den USA und die in den Niederlanden basierte CITO-Gruppe. (...)

Die Großen unter den multinationalen Bildungsdienstleistern, wie diejenigen, die PISA anbieten, verfügen in der Regel über höhere Budgets, klarere Ziele, höhere Flexibilität, teilweise besseres Fachwissen und viel mehr internationale Erfahrung als Schulverwaltungen einzelner Staaten. Sie wirken, wie alle transnationalen Unternehmen, auf verschiedenen Ebenen als politische Akteure (Bolewski 2005[5]): Erstens versuchen sie, durch Stellungnahmen, Seminar- und Kongressangebote und öffentlichkeitswirksame Aktionen den bildungspolitischen Willensbildungs- und Entscheidungsprozess zu beeinflussen; zweitens nehmen sie direkten Kontakt zu Regierungen auf, um ihre Interessen vorzutragen;

---

4   Baumert, J., P. Stanat, A. Demmrich (2001), PISA 2000: Untersuchungsgegenstand, theoretische Grundlagen und Durchführung der Studie. In: Deutsches PISA-Konsortium (Hg.), PISA 2000. Basiskompetenzen von Schülerinnen und Schülern im internationalen Vergleich. Opladen: Leske und Budrich, S. 15–68.
5   Bolewski, W. (2005), Von den Multis lernen. In: Internationale Politik Nr. 9, S. 60, 82–91

drittens üben sie durch Verbindungen zu internationalen Organisationen Einfluss aus. Großprojekte wie PISA über die OECD an einzelne Staaten zu vermitteln hat für die Anbieter den Vorzug, erstens, dass die OECD als Zusammenschluss reicher Industrieländer die größten Bildungsmärkte der Welt und zugleich eindrucksvolle Vorbilder auch für Nicht-OECD-Staaten repräsentiert, und zweitens, dass sie als Regierungsorganisation einen größeren und stabileren Finanzierungsrahmen bietet als etwa die *International Association for the Evaluation of Educational Achievement* (IEA), eine Nicht-Regierungsorganisation, unter deren Dach vorhergehende internationale Schülerleistungsvergleiche wie zum Beispiel TIMSS organisiert wurden.

[Elisabeth Flitner: Rationalisierung von Schulsystemen durch ‚public-private-partnership' am Besipiel von PISA. In: Jürgen Oelkers, Rita Casale, Rebekka Horlacher & Sabina Larcher Klee (Hrsg.): Rationalisierung und Bildung bei Max Weber. Beiträge zur historischen Bildungsforschung. Bad Heibrunn: Klinkhardt, 245–266]

Eine politische Hypothese zu den PISA-Absichten

Mit der Erfindung, Forderung und dann Einführung der Zuchtnorm eines virtuellen international konkurrenzfähigen Schülers wird Bildung nicht nur äußerlich in ihrer Erscheinungsform und ihrem Betrieb ökonomischen Prinzipien unterworfen, sondern auch innerlich. Der Zweck so geformter Bildung ist nicht mehr eine humanistisch motivierte Teilhabe an der Kultur oder andere „Grillen", sondern die Sicherung der ökonomischen Vorherrschaft der Industriestaaten. Bildung ist aber im emphatischen Sinne nicht nur ein Urgrund gesellschaftlicher Formen, sondern auch deren Kritik. Diese wird systematisch ausgemerzt, wenn Bildung nur noch funktional der Gesellschaft zuarbeiten soll. Dazu und nur dazu bedarf es des Drucks der Politik, Bildungspolitik und der Schulbehörden. Die sich hier zu Rettern der Bildung aufschwingen unter Schlagworten wie Grundbildung, Konkurrenzfähigkeit, Qualitätssicherung und -steigerung oder Effizienz des Unterrichts wissen nicht, was sie tun, oder – schlimmer noch – sie wissen es und nehmen dabei die Experten wie Pädagogen und Mathematikdidaktiker in ihre Dienste, die sich über ihren jähen Zuwachs an Macht und Einfluss frohlockend die blinden Augen reiben. Die Drohung mit dem schmerzlichen – nie belegten – Niedergang der abendländischen Bildung oder deren Defiziten will diesen nicht aufhalten oder jenen aufhelfen, sondern Bildung für staatlich-ökonomische Zwecke funktionalisieren und willentlich solchen Interessen unterordnen.

Nicht von ungefähr ist die Färbung der zugehörigen „Forschung" positivistisch, wobei diese Wissenschaftsprägung längst ihre vorsätzliche bewusste Unbewusstheit naturwissenschaftlicher Provenienz aufgegeben hat und sich offen als Steuerungswissenschaft versteht, die erforscht und legitimiert, was sie erforschen und legitimieren soll und sich dabei noch selbstständig dünkt. Wenn hier den Anschein der Sachlichkeit erzeugend von „Befunden" die Rede ist, dann ahnt man schon, dass hier eher „Fakten" mit einigem begrifflichen Aufwand geschaffen, statt gesellschaftliche Momente erforscht werden. Die „Realität" ist dann Folge solcher Forschung und nicht deren Gegenstand.

Multiple Choice – eine Technik?

Mir scheint es nicht zufällig, dass die meisten Aufgaben bei PISA – man will uns dazu anhalten, *Items* zu sagen – ein Multiple-Choice-Format haben. Die Agenten dieses Programms weisen darauf hin, dass dies einzig der Praktikabilität und Funktionalität geschuldet sei und andere Testverfahren auch zu keinen anderen Ergebnissen kämen, die dann allerdings nur teurer zu stehen kämen. Zwischen Multiple-Choice-Resultaten und solchen, die anders ermittelt würden, bestehe eine so hohe Korrelation, dass man auf andere Verfahren schlicht verzichten könne. Um es in ein sportliches Bild zu fassen: Der gute Fußballspieler trifft auch unter den Scheinwerfern im Sportstudio das Loch in der Torwand; und wer das Loch in der Torwand trifft, ist statistisch gesehen ein guter Fußballspieler. Das legt natürlich den Fehlschluss nahe, dem zwar keine Fußballtrainer, aber doch nun im übertragenen Sinne manche Bildungspolitiker und -administratoren auch öffentlich erliegen, das Training auf das Zielen auf die Torwand zu beschränken.

PISA lehrt uns, Bildung sei das Geschick, letztlich an der richtigen Stelle ein Kreuzchen zu machen. Vor zehn Jahren hätte man über diesen Satz vermutlich nur den Kopf geschüttelt. Heute würde mir zugestanden, dass ich doch schon einiges verstanden hätte.

Nur dürfe es nicht heißen *Bildung sei das Geschick, an der richtige Stelle ... sondern es sei ein hinreichender Beleg für Bildung, an der richtigen Stelle ...*; ferner müsse es nicht *Bildung* heißen, sondern *mathematical literacy* und – falls ich aus Deutschland sei – müsse es korrekterweise *Grundbildung* heißen. Ich halte diese Sichtweise nicht für ein methodisches Missverständnis, sondern für eine immanente Absicht dieses Grundbildungsbegriffs, der gar nicht darauf zielt, die Dinge zu durchdenken, sich also an der Sache gedanklich abzuarbeiten, sondern die gewünschte Antwort zu geben, damit der Apparat wie intendiert funktioniert.

Psychomotorisch könnten wir uns als „Personale Kompetenz", wie es heute im Jargon der Lehrplanverfasser heißt, noch denken, dass die Schülerinnen und Schüler lernen, mit gebeugtem Arm von unten nach oben die Faust wie Boris Becker in die Luft zu recken oder mit ihren Nachbarn die erhobene flache Hand zusammen zu klatschen und zugehörige gutturale Erfolgsgeräusche von sich zu geben, wenn sie an der richtigen Stelle ein Kreuz gemacht haben. Ist das Bildung?

Diffuses Misstrauen

Warum habe ich so ein diffuses Misstrauen gegenüber der PISA-Unternehmung und ihren Folgen, wo bei diesem mir zum Teil lange wissenschaftlich und persönlich bekannte und vertraute Menschen mitarbeiten und das Projekt doch durchaus auch Intentionen enthält, die ich teile?

Vielleicht entspricht diesem diffusen Misstrauen spiegelbildlich bei manchen PISA-Anhängern ein diffuses Wohlwollen, dass die Dinge sich ändern und die Sache voran geht?

Ich bin mir aber sicher, dass ich mit meinem Misstrauen nicht allein bin: Einer der an zentraler Stelle Mitwirkenden hat mir versichert, dass er sich von PISA grundsätzlich bis auf das Framework distanziere, er habe sich nur der OECD gegenüber vertraglich verpflichtet, nichts Kritisches über PISA zu publizieren. Meine Hoffnung war eigentlich, dass auch die deutschen Pisaner ähnliches unterschrieben hätten, was mir manche ihrer Reaktionen oder Nichtreaktionen erklärlich machen würde; aber dem ist wohl leider nicht so.

Sein Motiv, überhaupt an PISA mitzuwirken, sei nicht innere Überzeugung gewesen, sondern der Impetus, das Beste daraus zu machen, also trotz aller Einschränkungen die Gelegenheit zu nutzen, die Sache nach eigenem Gutdünken soweit wie möglich zu beeinflussen. Natürlich ist das ein ehrenhaftes Motiv und auch andere werden vor der Entscheidung gestanden haben: Kritisierst du das nun oder versuchst du auf den Zug aufzuspringen und die Chance zu ergreifen, in deinem Sinn und in großem Maßstab zu wirken. Bei dieser Entscheidungsfindung hilft dann schließlich noch der Gedanke: Wenn ich es nicht mache, machen es andere und zwar schlechter.

Parallelwelten

Ich war ziemlich erstaunt, als Michael Neubrand – ein Mitglied des PISA-Konsortiums oder kürzer: einer der PISA-Konsorten – jüngst auf den Folien zu einem Vortrag vor der einschlägigen Arbeitsgruppe der Gesellschaft für Didaktik der Mathematik dichotomisch zwischen PISA-Verantwortlichen und DER Mathematikdidaktik unterschied, als stünden sich hier homogene Gruppen disjunkt und feindlich gegenüber. Überhaupt scheinen die PISA-Verantwortlichen aus den Reihen der Mathematikdidaktik sich grundsätzlich in ihrem Wirken verkannt und von der community oder bestimmten Teilen derselben zugleich missverstanden, gescholten und im Stich gelassen zu fühlen.

Um es im Jargon des Zeitgeistes auszudrücken: PISA und die Mathematikdidaktik scheinen in Parallelwelten zu existieren. Nach meinem Eindruck findet eine Diskussion um und über PISA in der mathematikdidaktischen community, also zum Beispiel auf den Jahrestagungen der Gesellschaft für Didaktik der Mathematik, nicht in ausreichendem Maße statt; der PISA-Zug fuhr und fährt an diesen Tagungen vorbei, und das mag auch manchem recht sein und schafft eine konfliktfreie Atmosphäre. Aber es ist schon merkwürdig, dass diese größte Umwälzung des deutschen Mathematikunterrichtes seit der Mengenlehre wissenschaftlich so spärlich diskutiert wird und theoretisch so dürftig gegründet ist.

– Ein Grund dafür liegt vielleicht darin, dass die Dimensionen des PISA-Unternehmens und alles, was an Geld und Macht und Einfluss und Medienwirksamkeit und Stellen etc. dahinter steht, die personellen und institutionellen Potenzen der ja vergleichsweise jungen und kleinen Wissenschaftsdisziplin ‚Mathematikdidaktik' übersteigen.

- Es könnte auch an der Komplexität des Unternehmens liegen, von dem ja nur ein Teil wissenschaftlich strukturiert oder an Wissenschaft angelehnt ist, vielleicht gar kein so wesentlicher Teil.
- Ein Grund könnte darin liegen, dass der Anteil und bestimmende Einfluss der Mathematikdidaktik bei PISA geringer ist, als die Beteiligten vielleicht gern der Außenwelt suggerieren. Wer diskutiert schon gern über – wie wir im Osten Deutschlands sagen – „Zuarbeit". Die erledigt man lieber und lässt sich dann als Teil des Ganzen rühmen.
- Ein Grund könnte auch darin liegen, dass die PISA-Mitarbeiter von ihrem Erfolg oder den Auswirkungen ihres Tuns überrollt worden sind; die Maschinerie läuft, und man mag sie noch hier und da in ihrem Lauf korrigieren können, aber nicht mehr über ihr Laufen nachdenken können. Die Zeit reicht nur, hastig ihr Laufen durch Nachschieben kleinerer oder größerer Gedanken oder Theorieversatzstücke mit diversen Selbstreferenzen zu kontrollieren oder auch zu legitimieren. Aber eine grundsätzliche Kritik am Ganzen oder auch nur im Einzelnen kann nur stören.
- Man kann auch schlecht über PISA diskutieren, weil das Aufgabenmaterial nicht offen vorliegt, was eine wissenschaftliche Auseinandersetzung mit diesem basalen Teil des Programms unmöglich macht.
- Nach meinem Eindruck ist es auch eine zumindest latente Behinderung eines offenen Gesprächs, dass Kritik an PISA – wie auch immer vorgetragen, sehr schnell umgemünzt oder als Zweifel an der Lauterkeit der PISA-Akteure oder als Missachtung oder Verunglimpfung ihrer persönlichen Anstrengungen empfunden wird. Noch die schärfste Kritik ist nicht ein Dolchstoß, sondern ein Akt wissenschaftlicher Solidarität.

Kommt es dann doch zu Diskussionen über PISA, stellt sich schnell eine gereizte, wenn nicht aggressive Stimmung ein, unweigerlich geht der Gesprächsverlauf vom Einzelnen in die Totale, also „pro oder contra PISA". Die gegensätzlichen Positionen erhärten noch unter persönlichen oder als persönlich betrachteten Anwürfen.

Zur Ideologie von PISA & Co 11

Ein gelassenes wissenschaftliches Abwägen, eine Auseinandersetzung mit der Sache – nicht mit den Personen – findet kaum statt.

Spotlight auf Methodisches

Es ist zu erwarten, dass eine Untersuchung, die über eine Manpower wie PISA verfügt und deren Resultate weit reichende bildungspolitische Konsequenzen hat oder haben soll, methodisch sehr sorgfältig ausgeführt wird. Wir betrachten zwei Grafiken aus der Auswertung der PISA-Untersuchung 2000.

Ich weiß nicht, in wie vielen Vorträgen vor (und von) Mitarbeitern von Max-Planck-Instituten, Kultusministern, Schulbehörden, Lehrern und Eltern diese und ähnliche Grafiken das Auditorium in Schrecken versetzt haben über das Unvermögen der deutschen Schüler oder Schulformen etc., das hier auf der Basis von Myriaden von Daten sehr detailliert sichtbar gemacht wurde. Schrecklich ist hier aber zunächst einmal, dass die gewählte Form der Grafik unsinnig ist. Offensichtlich wurden die Daten, die für Punktintervalle der Länge 25 bzw. 50 kumuliert wurden, nicht wie angemessen durch ei-

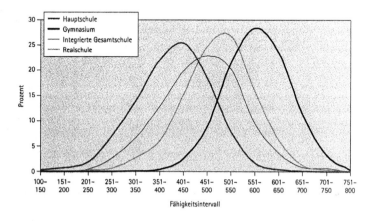

Abbildung 1. Mathematische Kompetenz nach Bildungsgang (Quelle: Deutsches PISA-Konsortium (Hrsg.): PISA 2000. Basiskompetenzen von Schülerinnen und Schülern im internationalen Vergleich. Opladen 2001, S. 121)

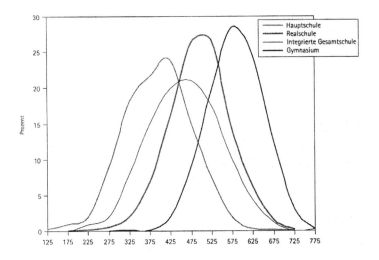

Abbildung 2. Verteilung der Leistungen auf der Gesamtskala Lesen nach Bildungsgang (Schüler aus Schulen mit mehreren Bildungsgängen (19 Schulen) wurden ihren Bildungsgängen entsprechend auf die anderen Bildungsgänge aufgeteilt.)
(Quelle: Deutsches PISA-Konsortium (Hrsg.): PISA 2000. Basiskompetenzen von Schülerinnen und Schülern im internationalen Vergleich. Opladen 2001, S. 180)

ne Balkengrafik veranschaulicht, sondern die Datenpunkte wurden durch eine glatte Kurve verbunden, wodurch diverse Ausbuchtungen und auch Maxima entstehen, die keine reale Bedeutung haben, sondern schlicht unsinnig sind. Dieser Lapsus ist vielleicht gerade durch die Manpower von PISA zu erklären, die zu einer Arbeitsteilung bei der Auswertung der Daten führte. Dass sich der Sinn des Ganzen gleichsam additiv ergäbe aus der schieren Summe des arbeitsteiligen Sachverstandes der beteiligten Spezialisten (Statistiker, Testpsychologen, Pädagogen, Mathematikdidaktiker et al.) und derart allenfalls Mängel zulasse, die sich lokal heilen lassen, ist eine vielleicht kaum vermeidliche und doch trügerische Hoffnung eines Unternehmens dieses Ausmaßes.

Grundsätzlich vermisst man bei PISA eine Reflexion der eingesetzten mathematischen Methoden im Kleinen wie im Großen etwa bei dem gepriesenen Rasch-Modell, bei dem sich Aufgaben und

Getestete auf der gleichen Skala wieder finden. Wie die eingesetzten Methoden in den Forschungsergebnissen ihre Spuren hinterlassen, diese präformieren, erfahren wir trotz aller technischen Manuale nicht. Eifrig werden nur Resultate diskutiert, die es ohne diese Methoden so gar nicht geben würde.

Zur Ideologie von PISA

Unter Ideologie will ich nicht mit Marx ein notwendig falsches Bewusstsein verstehen, aber auch nicht nur eine harmlose Arbeitsphilosophie, sondern die gedanklichen und wissenschaftlichen Grundlagen des PISA-Unternehmens, also die geistigen Prämissen oder Pfeiler empirischer Forschung, die ja ihre eigene Charakteristik hat und nicht selbstverständlich die „Realität" vermisst. Ich zitiere dazu Theodor W. Adorno aus einem Aufsatz zum Positivismusstreit in der deutschen Soziologie:

> Nicht umsonst [...] überwiegen in den Diskussionen der empirischen Sozialforschung Methodenfragen gegenüber den inhaltlichen. Anstelle der Dignität der zu untersuchenden Gegenstände tritt vielfach als Kriterium die Objektivität der mit einer Methode zu ermittelnden Befunde, und im empirischen Wissenschaftsbetrieb richten sich die Auswahl der Forschungsgegenstände und der Ansatz der Untersuchung, wenn nicht nach praktisch-administrativen Derivaten, weit mehr nach den verfügbaren und allenfalls weiterzuentwickelnden Verfahrensweisen als nach der Wesentlichkeit des Untersuchten. Daher die unzweifelhafte Irrelevanz so vieler empirischer Studien. Das in der empirischen Technik allgemein gebräuchliche Verfahren der operationellen oder instrumentellen Definition, das [etwa] Kategorien [wie „Konservatismus"] definiert durch bestimmte Zahlenwerte der Antworten auf Fragen innerhalb der Erhebung selbst, sanktioniert den Primat der Methode über die Sache, schließlich die Willkür der wissenschaftlichen Veranstaltung. Prätendiert wird, eine Sache durch ein Forschungsinstrument zu untersuchen, das durch die eigene Formulierung darüber entscheidet, was die Sache sei: ein schlichter Zirkel. Der Gestus wissenschaftlicher Redlichkeit, der sich weigert, mit anderen Begriffen zu arbeiten als mit klaren und deutlichen, wird zum Vorwand, den selbstgenügsamen Forschungsbetrieb vors Erforschte zu schieben.
>
> [...] Sobald dann, wie es fast unvermeidlich ist, von den instrumentell definierten Begriffen auch nur auf die konventionell üblichen extrapo-

liert wird, macht sich die Forschung eben der Unsauberkeit schuldig, die sie mit ihren Definitionen ausrotten wollte.

[Th. W. Adorno: Soziologie und empirische Forschung. In: Th. W. Adorno u. a.: Der Positivismusstreit in der deutschen Soziologie. Darmstadt 1972, S. 86 f.]

Nach meiner Ansicht trifft diese kritische Charakterisierung empirischer Forschung auf das Unternehmen PISA in vollem Ausmaß zu. Alle von Adorno angesprochenen Ingredienzien finden wir bei PISA wieder, und ich bezweifele sogar, dass bei PISA der empirischen Methode selbst mit dem Ernst und der Sorgfalt nachgegangen wurde und wird, mit denen sie hier kritisiert wird.

Wenn hier von *praktisch-administrativen Derivaten* die Rede ist, dann braucht man nur an die internationalen und vor allem nationalen Auftraggeber der PISA-Studie und ihre Interessen zu denken. Es liegt in der Natur seiner professionellen Herkunft, dass der Auftragnehmer einer wissenschaftlichen Studie sich klüger dünkt als sein Auftraggeber, dass er glaubt, er könne seine Intentionen quasi unbemerkt der anderen Seite unterschieben und das Unternehmen in seinem Sinn und mit seinen Begriffen prägen. Sein habitueller Fachverstand kann ihn aber gerade daran hindern, die Sache und den gesellschaftlichen Mechanismus als Ganzes zu durchschauen. Das Expertentum macht ihn blind für den Prozess, in den er eingewoben ist und den er doch zu beherrschen glaubt; vielleicht will er auch gegenüber seiner Verstrickung blind bleiben, weil das sein Bewusstsein von seiner Tätigkeit und seiner Bedeutung stärkt und steigert.

Wenn von *verfügbaren und allenfalls weiterzuentwickelnden Verfahrensweisen* die Rede ist, denke man global an das eindimensionale Rasch-Modell oder lokal an die dürftige Aussagekraft von Multiple-Choice-Tests.

Bei dem *allgemein gebräuchlichen Verfahren der operationellen oder instrumentellen Definition, das Kategorien definiert durch bestimmte Zahlenwerte* drängt sich der Gedanke an die mal fünf (im Jahr 2000) mal sechs (im Jahr 2003) Stufen mathematischer Kompetenz auf, die bei PISA in der Tat sehr schlicht und allenfalls technisch begründet durch gleichlange Zahlenintervalle definiert sind.

Die Extrapolation *von den instrumentell definierten Begriffen auf die konventionell üblichen* ist grundsätzlich und auch bei PISA unvermeidlich. Wenn etwa dort so scheinbar selbstverständlich-suggestiv „vom Konzept der *Kompetenzstufen* als *einem heuristischen Hilfsmittel, mit welchem man die Skala ‚zum Sprechen bringen' kann"* [Deutsches PISA-Konsortium (Hrsg.): PISA 2003. S. 55] die Rede ist, dann kann die verharmlosende Bezeichnung „heuristisches Hilfsmittel" nicht darüber hinwegtäuschen, dass dieses „zum Sprechen bringen" genau der Ort ist, an dem eine wissenschaftliche Deutung der Testergebnisse Geltung erzeugen und beanspruchen kann oder eben nicht. Die Zahlen sind bei aller Sorgfalt ihrer Erhebung nichts anderes als Zahlen. Will man Erkenntnisse, so muss man die Zahlen interpretieren mit welchen Begriffen auch immer. Diesen Akt enthält das PISA-Konsortium der wissenschaftlichen Öffentlichkeit gänzlich vor. Die durch Zahlenintervalle definierten (!) Kompetenzstufen werden ohne jede weitere Überlegung oder Begründung unmittelbar und übrigens nur für einen Inhaltsbereich gedeutet (PISA-Konsortium Deutschland (Hrsg.): PISA 2003. Münster 2004, S. 55 f).

Ein zweites Beispiel für die angesprochene Extrapolation ist die unsinnige Umrechnung von Punktdifferenzen in Schuljahre, wie sie zumindest bei TIMSS vorgenommen wurde.

Den *schlichten Zirkel*, von dem in dem Zitat die Rede ist, findet man zum Beispiel bei der Konstruktion und dem Testen der Items. Wenn eine Aufgabe sich in einem Vortest nicht bewährt, dann wird sie eben heraus geworfen. Man hat noch genügend andere. Daraus resultiert schließlich eine Kollektion von Items, die sich eignet, getestet zu werden. So *schiebt sich der selbstgenügsame Forschungsbetrieb vors Erforschte*. Das Disparate, das vielleicht noch den eigenen Betrieb oder das Forschungsdesign irritieren könnte, ist schon ausgemerzt, bevor die Datenerhebung in Gang gesetzt wird.

Adorno spricht auch von der *Willkür der wissenschaftlichen Veranstaltung*. Man kommt nicht umhin, diese auch PISA zu attestieren. Wenn man einzelne Begriffe oder Methoden von PISA befragt oder kritisiert, erhält man rechtfertigend schnell die Antwort, man könne auch andere Begriffe oder Methoden wählen, das sei unbenommen, aber man habe sich eben – nicht zuletzt aus Praktikabilitätsgründen – für die gewählten entschieden. Diese Haltung halte ich für zutiefst unwissenschaftlich, jedenfalls wenn Wissenschaft der Versuch und die Anstrengung ist, den Verhältnissen ihre Wahrheit abzuringen und nicht unverfroren Begriffe und Begriffsketten, die bei

Bedarf oder nach kurzer Zeit zum Teil wieder revidiert werden, in die Welt zu setzen und Aufsätze damit zu füllen, um von den materiellen und gesellschaftlichen Folgen gar nicht zu reden.

Historisches im Überflug

Die dritte internationale Mathematik- und Naturwissenschaftsstudie (TIMSS), die der deutschen Öffentlichkeit als erstes Unternehmen dieser Art einen medialen Bildungsschock versetzt hat, hatte aus meiner Sicht den ungelenk-pragmatischen Charme angelsächsischen Empirismus nebst seiner Testkultur und -praxis: es wurde untersucht, ob die Schülerinnen und Schüler mathematisch kompetent sind in dem Sinne, dass sie in mathematikhaltigen Situationen vernünftig Auskunft geben können. Dabei wurde nicht unterstellt, dass diese Alltags-Kompetenz das einzige Ziel des Mathematikunterrichtes sei, sondern man hat sich darauf beschränkt eben diese Dimension zu testen. Bei PISA wurde nun verstärkt mathematikdidaktische Expertise in die Untersuchung einbezogen. Hierbei haben sich nun aber die Ziele der Untersuchung wesentlich gewandelt. Es entstand der Begriff der ‚mathematical literacy', den die OECD – man staunt über den Sachverstand dieser supranationalen Institution – wie folgt definiert:

> Mathematical literacy is an individual's capacity to identify and understand the role that mathematics plays in the world, to make well-founded judgements and to use and engage with mathematics in ways that meet the needs of that individual's life as a constructive, concerned and reflective citizen.
> [OECD (Hrsg.): The PISA 2003 Assessment Framework. S. 24]

und der nun zum alleinigen Ziel des Mathematikunterrichts erhoben wird, der aber doch gerade in seiner Anlehnung an Freudenthal einige Disparitäten aufwirft. Trotz einiger Ergänzungen für Deutschland, die unter dem Begriff ‚Mathematische Grundbildung' subsumiert werden, bleibt es aber im Wesentlichen bei der funktionalen Sicht mathematischer Bildung, die nun normativ als Bildungsziel umgedeutet wird und noch mit einigen Beigaben wie den so genannten Grundvorstellungen angereichert scheint. Es ist ein Resultat dieser Globalisierung der Forschung über TIMSS zu PISA, dass hier etwas zusammen wächst, was nicht zusammen gehört. Den deutschen PISA-Beteiligten ist es aber allem Anschein nach wichtiger, die Entwicklung zu glätten und als logisch erscheinen zu lassen, da sie zugleich Teil vom Ganzen sein und ihre eigenen Beiträge noch unterbringen wollen. Persönlich halte ich das für verständlich, wissenschaftlich für einen Theorie-Mix.

Ein anderes Beispiel für die wunderlichen Folgen globalisierter Forschung ist aus meiner Sicht die Übernahme des Begriffs ‚standards' aus dem angelsächsischen Sprachraum. Zunächst einmal ist dieser Begriff wie übrigens auch der der Studierfähigkeit ex negativo entstanden, um einen Mangel zu konstatieren und im gleichen Atemzug auch seine Beseitigung zu postulieren. Standards sind definitionsgemäß etwas, was nicht in ausreichendem Maße vorhanden und daher anzuheben ist. Während nun aber auf dem angelsächsischen Hintergrund es im Kern darum geht, dort die fachlich schlecht ausgebildeten Lehrer an die Kandare zu nehmen, ist dieses Motiv für Deutschland in dieser Form fehl angebracht. Hier zu Lande gibt es seit Jahrzehnten verlässliche Lehrpläne und Unterrichtsmaterial. Dennoch wird der Begriff übernommen und inzwischen nicht nur normativ sondern auch administrativ-zwingend festgeklopft und zur Zielvorstellung deutschen Mathematikunterrichts erhoben. Ein fragliches Unterfangen.

Unversöhnliches

In der Hintergrundsphilosophie von PISA (deutsch) paart sich angelsächsischer Testpragmatismus und testpsychologischer Rigorismus in verhängnisvoller Weise mit deutschem Ernst und Tiefsinn, der die Welt ergründen will (und dabei auch schon mal daneben liegt, was aber gar nicht mein Punkt ist). Diese Paarung resultiert in einem dreisten Positivismus, der fröhlich seine Begriffe in die Welt setzt (das ist der angelsächsische Teil) und sie dann übermäßig ernst nimmt, ja ganz deutsch für wahr hält. Das ist keine Wissenschaftsauffassung mehr, die sich müht, den Dingen ihre Wahrheit abzulauschen, sondern hier wird gesetzt und gefolgert, dass es den deutschen Kultusministern nur so Spaß macht und sie gern mal ein neues Testinstitut gründen. Da kann man sich nun teleologisch einreihen, weil man Gutes will oder Schlimmes verhindern oder die Gelegenheit nutzen und das beste herausschlagen will, aber das ist keine wissenschaftliche Entscheidung. Es fällt mir aber auf, dass eine Kritik an den wissenschaftlichen Grundlagen, oder sagen wir besser: Adern, von PISA von den PISA-Akteuren als Ehrabschneidung empfunden wird oder so, als wolle die Kritik ihnen die Lebens- und Wirkungsgrundlage entziehen und die Anerkennung für ihr positives Wirken verweigern und dieses vermiesen. Wenn PISA sich auf Wissenschaft beruft, ich meine jetzt nicht zu vordergründiger Legitimation im Patchworkverfahren, sondern in einer systematischen und durchgängigen Argumentation, dann können die Verantwortlichen doch nur dankbar sein, wenn sie Kritik erfahren, sei es schonungslose, versöhnliche oder gelegentlich auch unversöhnliche. Aber vielleicht sind die Verantwortlichen schon längst über alle Berge und bis zum Hals und über alle Ohren in bildungsadministrative Anschlussaufträge so verwoben, dass sie sich einer Kritik gar nicht mehr stellen wollen und können.

Ich frage mich jedenfalls: Was ist denn der ganze Erkenntnisgewinn? Wissen wir jetzt, dass es Grundbildung und Kompetenzklassen und Kerncurricula gibt? Oder dass sich diese Begriffe dazu eignen, das Lernen von Mathematik und seine Resultate zu beschreiben? Oder besser zu beschreiben als andere? Nun, wir wissen oder können zumindest konstatieren, dass es sich um erfolgreiche Begriffe handelt, jedenfalls erfolgreich insofern, als sie die Forschung finanzieren, die sie hervorbringt, und insofern, als sie den Bildungspolitikern in die Hände arbeiten, die sich ihrerseits gern als tatkräftig und resolut präsentieren.

Versöhnliches

Die vergleichsweise junge Wissenschaftsdisziplin Mathematikdidaktik hat in Deutschland etwa drei Jahrzehnte benötigt, um sich ein gewisses Selbstbewusstsein, also ein Bewusstsein ihrer selbst zu erarbeiten und sich auch gegenüber anderen älteren Disziplinen zu verorten und zu behaupten. Sie hat dabei entdeckt, dass sie eine Geisteswissenschaft ist, was ihr auch schwer fiel, weil sie zu nicht geringem Anteil von Personen betrieben wurde und wird, die mathematisch-naturwissenschaftlich sozialisiert waren und sind. Ihre Existenz als Geisteswissenschaft beinhalt auch, dass sie lernt, mit konkurrierenden Theorien – nicht nur in mathematiknahen Bereichen – zu leben und umzugehen und nicht darob in Parallelwelten und Argumentationssekten zu zerfallen. Fast kommt es mir so vor, als käme diese internationale Herausforderung PISA & Co für die deutsche Mathematikdidaktik zu früh, um mit ihr gedanklich und theoretisch und praktisch souverän umgehen zu können. Es scheint mir auch so, dass die so genannte empirische Wende, bei der das mathematisch-naturwissenschaftliche Denken subkutan in spezifischer Form die Geisteswissenschaften durchdringt und formt, den Prozess der Ablösung der Mathematikdidaktik von diesem Denken wieder tendenziell rückgängig zu machen droht: in manchen mathematikdidaktischen Forschungsbereichen scheinen die Gegenstände und Methoden eigenartig verdinglicht, als rücke – wie es bei Adorno heißt – der *selbstgenügsame Forschungsbetrieb vor das Erforschte* oder zu Erforschende.

Ich würde mir von der Mathematikdidaktik erhoffen – und ich denke, sie hat gerade auf Grund ihrer Erfahrung mit einem reflektierenden Umgang mit Mathematik und ihren Methoden in besonderer und spezifischer Weise die Potenzen dazu –, nicht in diese Falle der theoretischer Verdinglichung sozusagen vorsätzlich zu tappen.

Wenn PISA-Akteure aber ihre Arbeits- und Gedankenwelt abschließen oder sich sperren gegenüber epistemologischen, wissenschaftstheoretischen und wissenschaftssoziologischen Einwänden, dann prägt dieses Unternehmen wie seine Beteiligten die eigentümliche Bewusstlosigkeit (d.h. Unbewusstheit), die uns von der Welt der Mathematiker ebenso vertraut ist wie von der Welt der Bildungspolitik, die eingängige Schlagwörter benötigt, um uns ihre Tatkraft und ihren Erfolg zu suggerieren.

Folgen für die Endverbraucher

Wissenschaftliche Untersuchungen führen in der Regel nicht zu Handlungsanweisungen. Und dort, wo das von ihnen – wie bei PISA – mit Macht behauptet wird, ist Argwohn geboten. Der Komplex der PISA-Folgen, der Lehrerinnen und Lehrer vermutlich eher bedrängt und vielleicht bedrückt als die Frage der wissenschaftlichen Dignität dieses Programms, ist wissenschaftlich kaum legitimierbar. Natürlich wird auch Vernünftiges getan wie zum Beispiel in einigen Ansätzen des Programms zur Steigerung der Effizienz des mathematisch-naturwissenschaftlichen Unterrichts, das unter dem Akronym SINUS bekannt ist. Aber die Tendenz und der Tenor der Folgeaktivitäten sind administrativ-normativer Natur. Die Expertinnen und Experten für den Unterricht, also die Lehrerinnen und Lehrer werden eher an die Kandare genommen, als dass die Bildungspolitik und -administration ihre Expertise nutzt, den Mathematikunterricht auch in seiner nationalen Ausprägung und Tradition, die durchaus auch im Ausland Anerkennung genoss und genießt, zu verbessern und zu reformieren, statt einen globalisierten, testorientierten Unterricht zu konzipieren, den die deutsche Schule zwar überleben wird, von dem zu erholen sie aber je länger brauchen wird, je tiefer sich der Testgedanke und die so genannte Output-Orientierung eingefressen haben. Noch ein Blick auf die

Bildungsstandards

Schon das Kompositum Bildungsstandards – diese Vereinigung einer Menschheitshoffnung und eines Normierungsbegriffs – lässt das feinfühlige Ohr zusammenzucken. Aber der Schrecken bleibt nicht auf das Sprachliche beschränkt. Soll hier tatsächlich Bildung standardisiert werden? Lässt sich das, was wir Bildung nennen, normieren, oder wird sie nicht gerade dadurch ihres emphatischen humanen und demokratischen Kerns beraubt? Welchen Geistes ist eine Bildung, die sich output-orientiert (das Ohr zuckt erneut) in Multiple-Choice-Tests erweist oder bewährt? Solche Fragen scheinen eigentümlich antiquiert und obsolet. Deutlich wird hier schon im sprachlichen Duktus, dass es sich bei solcher Bildung um ein Produkt handelt, dessen Endkontrolle in einem Test seine Qualität unter Beweis zu stellen hat. Der Produktionsprozess selbst scheint wohl weniger normiert, aber im Prinzip doch normierbar. Die Herstellervorgaben, denen die Beteiligten und die Schule als eine Art Franchise-Unternehmen zu folgen haben, beruhen auf der folgenden „Philosophie":

Bildung → mathematische Grundbildung → Kompetenzen → Leistungsstandards → Aufgaben → Tests.

Wir versuchen die Pfeile (→) zu versprachlichen:
Bildung wird im Bereich der (Schul-)Mathematik definiert (!) als mathematische Grundbildung, die sich ihrerseits als das Vorhandensein von Kompetenzen fassen lässt. Leistungsstandards beschreiben nun das minimale oder durchschnittliche, jedenfalls zu erreichende Maß solcher Kompetenzen, die ihrerseits durch Aufgaben nicht nur erläutert und normiert werden, sondern sich auch in der Fähigkeit sie zu lösen realisieren. Die Dürftigkeit dieser Ableitungskette wird nun durch allerlei Details „angereichert" und zuweilen variiert: 5 oder 6 Kompetenzen werden unter 5 Leitideen in 3 Anforderungsniveaus für 4 mathematische Stoffgebiete gegliedert. Solche Legitimationsketten sind keine Wissenschaft und lassen sich auch nicht wissenschaftlich verbrämen, so gutwillig es auch die beteiligten Mathematikdidaktiker sich einreden mögen.[6]

Jede derartige Tünche betont jedoch nur noch die Technizität des Vorgehens. Die Verdinglichung von Bildung wird nicht einmal notdürftig operationalisiert, sondern schlicht gesetzt (wobei ich damit nicht zum Ausdruck bringen will, dass eine nachträgliche „saubere" Operationalisierung die krude Herleitung im Kern heilen könne).

Selbst wenn man sich auf die obige Pfeilkette einließe, wäre doch jeder Pfeil sorgfältig zu begründen. Das misslingt schon bei der Reduktion von Bildung (in der Sphäre der Mathematik) zu „mathematischer Grundbildung". Wir kontrastieren dazu die oben zitierte OECD-Definition der „mathematical literacy" mit Ausführungen von von Hentig:

> Man tut gut, zwischen zwei wissenschaftspropädeutischen Funktionen der Mathematik zu unterscheiden:
> 1. Mathematik zu verstehen bedeutet eine formale Erkenntnishilfe durch das Verstehen mathematischer Begriffe und Operationen. Mit „formal" ist dabei die Sache selbst und nicht ihre Folge gemeint. Es geht nicht darum zu behaupten, die Erkenntnis oder Fertigkeit sei auf

---

6 Für die Lehrerin als „Endverbraucherin" kehrt sich die Kette um: Wenn ihre Leistungen, die ihrer Schule und die ihrer Schülerinnen durch Tests gemessen wird, dann wird sie mit ihren Schülerinnen Testaufgaben trainieren.

andere Gebiete übertragbar, also um eine Wiederaufnahme der Behauptung von der sogenannten „formalbildenden Wirkung der Mathematik". Es geht vielmehr darum, das der Mathematik innewohnende Prinzip der durchgängigen Rationalität zu erkennen: Unter welchen Voraussetzungen es wirksam sein kann, mit welchen Ergebnissen, um welchen Preis. Es geht, mit anderen Worten, um die allgemeinen theoretischen Bedingungen, unter denen Mathematik existiert und angewandt werden kann. – Hiermit wird die Mathematik als eine „Geisteswissenschaft" etabliert, ja, als die strengste aller Geisteswissenschaften.

2. Mathematik zu lernen kann auch heißen, die mathematischen Prozeduren zu beherrschen, die man auf den verschiedensten Gebieten in verschiedensten Formen entwickelt hat, kurz: die Anwendung jenes Prinzips der durchgehenden Rationalität. Der allgemeine Wert dieser Funktion für eine allgemeine Wissenschaftspropädeutik liegt in einer Art mathematischer Gemeinsprache; zwischen einzelnen Größen – Energie und Geschwindigkeit, Raum und Zeit, Intelligenz und Leistung, Produktionszuwachs und Bildungszuwachs – lassen sich feste Relationen herstellen. – Hiermit wird die Mathematik als „pragmatische Hilfswissenschaft" etabliert.

Es handelt sich nicht um zwei Formen von Mathematik, sondern um zwei in der Wissenschaftspropädeutik auf der Ebene der Sekundarstufe II unterschiedlich lehrbare und nützliche Funktionen. Dabei kann man die erste ohne die zweite lernen, die zweite aber nicht schadlos ohne die erste: Man riskiert einen philosophischen Fundamentalirrtum. Die Natur und viele menschliche Ereignisse lassen sich vermessen – aber die Größen, die man dabei gewinnt, sind nicht Eigenschaften der Sache/der Sachlage, sondern die menschliche Weise, sie brauchbar festzuhalten: an einer dafür und dadurch definierten Beziehung."[7]
[Hartmut von Hentig: Die Krise des Abiturs und eine Alternative. Klett-Cotta, Stuttgart 1980, S. 282 f]

Reduziert man mathematische Bildung auf das Funktional-Pragmatische (2), dann kann man wohl noch von einer Kompetenz, der jedoch jede systematische Basis fehlt, nicht aber mehr von Bildung

---

7 Was den philosophischen Fundamentalirrtum anlangt, kann ich es mir nicht verkneifen, auf die zahlreichen durch Messvorgänge definierten Begriffe in den PISA-Veröffentlichungen hinzuweisen. Es handelt sich eben nicht um Befunde, sondern um Konstrukte, deren Brauchbarkeit sich nicht im Medienecho, sondern in der wissenschaftlichen Diskussion zu legitimieren hätte.

(auch nicht im schulischen Sinne) sprechen. Die die Bildungsstandards kennzeichnende Fixierung auf Aufgaben reduziert in gleicher Weise den Bildungsbegriff auf eine funktionale Handlungskompetenz, der jegliche Allgemeinbildung schon im begrifflichen Ansatz (und konsequent später in der Testpraxis) abhanden gekommen ist. Selbst bei freundlichster Lesart verkürzt die OECD-Definition Mathematical Literacy funktional auf ihre Nützlichkeit. Bildung (und nicht nur höhere Bildung) ist aber immer auch dysfunktional zu gesellschaftlichen Belangen, seien diese nun affirmativer oder kritischer Natur. Zur Bildung – gleich auf welchem Gebiet – gehört auch das Sich-Einlassen auf die Sache selbst. Während die OECD-Philosophie gänzlich die ökonomische Welt und die der Bildung innerlich und zunehmend ja auch äußerlich verschweißen will, was sich nicht zuletzt in so menschenverachtenden Formulierungen wie „zukunftsfähige Schülerinnen" oder „outputorientierter Bildung" widerspiegelt, sollte auch ein reformfreudiger Mathematikunterricht nicht seine Inhalte und Gegenstände dem Diktat der Brauchbarkeit unterwerfen.

Der (un)heimliche Einfluss der Testideologie auf Bildungskonzepte, Mathematikunterricht und mathematikdidaktische Forschung

Christine Keitel

1 Einführung

Die Verwendung von Tests in Form standardisierter Intelligenz- und Leistungsmessung wird heute in weiten Teilen der Welt als selbstverständlich angesehen, und doch feierte der erste solcher Tests in 2005 erst den einhundertsten Geburtstag. Und kurioserweise scheint die wechselvolle Geschichte des Testens als Einführung eines dem Anspruch nach objektiven, auf naturwissenschaftlichen Methoden basierten Messverfahrens mehr oder weniger vergessen oder verdrängt, trotz der überwältigenden Rolle und des großen Einflusses, den Tests in der jüngsten Zeit auf den Schulunterricht genommen haben. Ein Blick in die Sozialgeschichte des Testens jedoch ermöglicht einige verblüffende, vielleicht sogar neue Einsichten.

Es fällt zunächst auf, dass das Eindringen solcher Tests in die Schule in einer Periode starker Kind-Orientierung in der Pädagogik und entsprechender Reforminitiativen stattfindet,[1] und der Antagonismus von neuen innerschulischen Bildungsansätzen und außerschulischen politischen Entscheidungen über Bildung – wie dies die politisch-ökonomisch und administrativ orientierte Teststruktur darstellt – ist gleich am Anfang deutlich. Und Geschichte lehrt uns – wie auch gegenwärtig – welches die stärkere Partei ist und welche die andere verdrängt: Es mag Phasen gegeben haben, in denen die Gesellschaft dazu tendierte, entweder Bildungsinitiativen mit mehr

---

[1] Um nur einige kind-orientierte Reforminitiativen dieser Epoche zu erwähnen, verweise ich auf Montessori's Bildungsprogramm in Italien, die Reform-Pädagogik in Deutschland, Dewey's Progressive Education in den USA oder Kilpatrick's Projekt-Methode.

Schülerorientierung oder mehr Wissens- oder Fachorientierung zu favorisieren – wie in den USA und Europa in den 1960–1970ern und wiederholt nach der Jahrtausendwende[2] – aber Testen als der mächtigste Pfeiler einer fest verankerten Organisationsstruktur des Bildungswesens tendierte frühzeitig dazu, alle solche Unternehmungen zu überrollen. Die Geschichte des Testens vermittelt die Erkenntnis, dass Testverfahren zwar kontinuierlich formale Verfeinerungen und enorme, ja überwältigende technische Verbesserungen und Vereinfachungen – nicht zuletzt durch den Computereinsatz – erhielten, dass aber die Grundannahmen des Testens keine substantielle Entwicklung oder Veränderung erfahren haben; die impliziten Vorannahmen und Vorurteile sind dieselben, die fehlenden theoretischen Begründungen und auffälligen Widersprüche sind nicht beseitigt, sondern nur versteckter, die funktionalen Zwecke, denen es diente und immer noch dient, sind die gleichen: Testen ist inhaltlich heute im Großen und Ganzen, was es immer gewesen ist.

Vielleicht aber sollten wir mehr über die Vorannahmen, Ideen und Ziele derjenigen wissen, die ursprünglich Tests und Testen entwickelt und propagiert haben. Die Väter der Tests haben ganz offen und frei ihre Überzeugungen und Intentionen in ihren Veröffentlichungen dargestellt und politisch demonstrativ proklamiert. Was denken eigentlich die gegenwärtigen Apologeten des Testens über die Ansichten und Ziele ihrer „Vorväter", die niemals explizit abgelehnt oder aufgegeben wurden und immer noch implizit den Konstruktionen und Bedingungen der aktuellen Praxis zugrunde liegen? Um es vorsichtig auszudrücken, viele jener Ideen, die eine Erfolgsstory des Testens bewirkten, wären nicht kompatibel mit dem, was wir heute für sozial und politisch korrekte Ansichten und Einstellungen halten. Wissen unsere aktuellen Apologeten des Testens, in wessen Fußstapfen sie spazieren? Oder wünschen sie es vielleicht gar nicht, mit ihren Vorgängern in Verbindung gebracht zu werden, deren Theorien in ihren Büchern begraben bleiben sollen?

Die Einbettung mentaler Tests und des Testens zu Beginn des 20. Jahrhunderts in weite Bereiche der amerikanischen Gesellschaft kreierte unverrückbare Tatsachen: schnell wachsende kommerziel-

---

2   Eine Übersicht findet sich in Howson et al. 1981, Keitel 1980; jüngste Reforminitiativen in NCTM 1989, 1995, 2000, NRC 1989, 2001, vgl. auch Teil 4 dieses Kapitels.

le Test-Firmen und private Industrien machten die Testmaschine zu einer perfekten und komplexen Testtechnologie, die kontinuierlich ihre Bedeutung für das Bildungssystem verstärkte. Neue Verwaltungsinstitutionen wurden etabliert, die auf der Basis von Tests regelmäßig Berichte über den Zustand der Bildungseinrichtungen auf lokaler und nationaler Ebene herausgeben. Unabhängig von allen Bildungsmoden und wilden Debatten zugunsten oder gegen Tests während des letzten Jahrhunderts bewirkten die mit der Einführung von Tests neu etablierten sozialen Strukturen und die diese absichernden Institutionen, dass der gesellschaftliche Glaube an Testen und an die zugrunde liegenden Annahmen als etwas Selbstverständliches, Unantastbares angesehen wurde, und damit faktisch akzeptiert war. Schon Kliebard zeigte im Rückblick auf die Testmanie der Frühgeschichte des Testens die sozialen Konsequenzen und den möglichen politischen Missbrauch:

> Educate the individual according to his capabilities has an innocent and plausible ring; but what was meant in practice was that dubious judgment about the innate capacities of children became the basis for differentiating ... along the lines of probable destination for the child. Dominated by the criterion of social utility, these judgments became self-fullfilling prophecies in the sense that they predetermined which slots in the social order would be filled by which ‚class of individuals'. (Kliebard 1975, S. 56).

Der Aufstieg und Erfolg der Testbewegung unterstützte sowohl die ideologische als auch die instrumentelle Basis für eine Schulpraxis, die Schüler vorwiegend sortierte anstatt sie zu bilden und zu erziehen.

2 Anfänge des Testens

Tests als Prüfungsverfahren oder Examina, die einem einfachen Frage-Antwort-Format folgen und stark auf Gedächtnis und Übung basieren, sind schon sehr früh in asiatischen Ländern bekannt; chinesische Kollegen (Leung 2004) berichten von Vorläufern solcher Tests schon während der Sui-Dynastie 600 v. u. Z. für strikt politische Zwecke, nämlich ohne Ansehen der Person und ihrer Herkunft, nur auf der Basis von für alle Bewerber gleichen Prüfungen, geeignete Kandidaten für Staatsbürokratie und Regierung auszuwählen. Natürlich war jedoch der Zugang zum Wissen für solche Examina in diesen Gesellschaften nur sehr wenigen möglich. Ähnliche Arten von Examina oder Abfrage-Tests wurden in Europa und den USA mit der Etablierung öffentlicher Erziehungssysteme eingeführt, um z. B. eine Schul- oder Universitätszulassung vorzubereiten bzw. Stipendien für geeignete Kandidaten zu ermöglichen oder Schulabschlusszertifikate für eine Berufsaufnahme ausstellen zu können, so regelmäßig etwa in den USA ab 1840.

In England hatte Francis Galton schon früh Überlegungen angestellt, ob und auf welche Weise eine Eigenschaft, die er als generelle geistige Leistungsfähigkeit oder Intelligenz bezeichnete, methodisch exakt definiert und in Analogie zu naturwissenschaftlichen Messverfahren gemessen werden könnte (Liungman 1970).

Ein erster offensichtlich überzeugender Versuch gelang im Jahre 1905, als Alfred Binet und Théodore Simon ihre „Méthodes nouvelles pour le diagnostic du niveau intellectuel des anormaux" publizierten, die einen ersten ausformulierten Prototyp eines Intelligenz- oder Fähigkeitstests darstellten. Der Binet-Simon-Test unterschied sich im Design grundlegend von den Vorgängern, weil die Forscher keine Gedächtnisleistungen messen wollten und die Unabhängigkeit ihres Instruments von einer Ausbildung wie schulisches Lernen oder Training betonten:

> It seems to us that in intelligence there is a fundamental faculty, the alteration or the lack of which is of the utmost importance for practical life. This faculty is judgment, otherwise called good sense, practical sense, initiative, the faculty of adapting one's self to circumstances. To judge well, to comprehend well, to reason well, these are the essential activities of intelligence ... Indeed the rest of the intellectual faculties seem to be of little importance in contrast with judgment (Binet & Simon 1948, S. 147)

Binet und Simon waren Psychiater, sie entwarfen ihren Test, um mentale Defizite bei Kindern identifizieren zu können, um damit besser als bisher geeignete individuelle Methoden zu deren Behandlung oder Behebung zu entwickeln. Binet's und Simon's Ergebnisse erhielten große Aufmerksamkeit vor allem in den USA und wurden dort als ein unmittelbarer Erfolg gefeiert. Insbesondere Edward Thorndike, der einen ähnlichen Forschungsansatz zu Tierverhalten und assoziativem Lernen wie den Pawlow's adaptiert und in seine Lerntheorie einbezogen hatte, hielt den Binet-Simon-Test für eine der bedeutendsten Grundlagen einer Pädagogik als exakter (Natur-)Wissenschaft. Als Gründer des amerikanischen Behaviorismus hielt er das vorgeschlagene Verfahren des mentalen Testens für ein ausgezeichnetes Werkzeug, geeignet für die Messung von Verhaltensdispositionen, wobei er mentale Leistungen allgemein unter Verhaltensweisen subsumierte. Er wurde einer der einflussreichsten Psychologen, die solchermaßen definiertes mentales Testen weiterentwickelten und in den USA propagierten. Ab 1908 arbeitete er mit dem Begriff „Intelligenztest", wie es auch Terman, der Autor des später so benannten Stanford-Binet-Tests, und Goddard taten, führende Psychologen und Testdesigner, die den Binet-Simon-Test zu einem standardisierten Intelligenz-Test erweitert und verallgemeinert haben (Terman 1916, Goddard 1917, Thorndike et al. 1927).

Aber eine andere bedeutende gesellschaftliche Entwicklung trug noch stärker dazu bei, Intelligenztests als konstitutiven Beitrag einer umfassenden Veränderung der Organisation des Wirtschafts- und Bildungssystems zu verankern: Die Entwicklung allgemeiner „Scientific Management"-Prinzipien von Frederick Taylor, die Callahan die Eckpfeiler eines „Effizienzkults" nennt (Callahan 1962). Diese Effizienz-Bewegung basiert auf der Annahme, dass alle in dieser Zeit neu entstandenen Probleme der Industrialisierung und Urbanisierung am besten dadurch gelöst werden können, dass geeignete wissenschaftliche Methoden zur Effizienzsteigerung aller politischen, sozialen und wirtschaftlichen Handlungen entwickelt und nach wissenschaftlichen Kriterien angewendet werden. Taylor's Zielsetzung war es zunächst, industrielle Produktion und ökonomische Prozesse allgemein zu optimieren und dafür die effektivsten Arbeits- und Produktionsmethoden zu finden, indem der Produktionsprozess als Ganzes und jeder einzelne Teil optimiert wird. Dafür muss der Gesamtprozess in kleinste einzelne Teilstücke aufgebrochen und für jeden Teil einer einzelnen Prozedur die effektivste Arbeitsweise erforscht werden. Effektivität wird vor allem in Arbeitszeit gemessen, die einzelnen optimierten Arbeitsschritte werden in einer Fließbandproduktion wieder zusammengefügt (assembling line production) und mit Hilfe der Methoden der wissenschaftlichen Planung und Kontrolle zur Optimierung der Produktion konsequent verbessert und weitergeführt (Callahan 1962, S. 14–41). Der auffällige Kontrast zwischen einer daraufhin florierenden Industrie und einer immer noch geringen Leistungsfähigkeit im Erziehungssystem zu Beginn des 20. Jahrhunderts führte dazu, dass Politiker forderten, effiziente Kriterien und wissenschaftliche Methoden auch in der Organisation des öffentlichen Bildungswesen anzuwenden, die zunächst vor allem zu der Einführung eines effektiven Managementsystems führten. Am radikalsten verfolgte Franklin Bobbitt solche Forderungen nach Effizienz und schlug zugleich die geeigneten Mittel vor: Mit Hilfe der konsequenten Adaption der Taylor'schen Prinzipien des „wissenschaftlichen Management" in das Bildungssystem sollte eine grundlegende Reorganisation des Schulwesens und zugleich die Etablierung eines Systems effizienter und spezialisierter Schuladministratoren mit entsprechenden Institutionen erreicht werden. Die behavioristisch orientierte Psychologie und Lerntheorie (Thorndike 1913, 1922, 1923), die nicht nur behauptete, Lernen (insbesondere am Beispiel Mathematik) zu erklären, sondern vor allem dazu effiziente Lehr-Lern-Methoden bereitzustellen und deren Ergebnisse mit den Mitteln präziser Standards für Vortest-Test-Nachtest-Prozeduren abzusichern, lieferte die geeignete Bildungsphilosophie zu ihrer Rechtfertigung: Die Idee eines lehrersicheren Curriculum mit exakt vorgeschriebenen Lehrmethoden, denen die Lehrer strikt und akkurat zu folgen haben, und die durch Tests als notwendige Kontrollinstrumente evaluiert und abgesichert werden können, wurde die rationale und wissenschaftliche Basis von institutionell organisiertem Lehren und Lernen. Mit Hilfe effektiver wissenschaftlicher Methoden sollten Tests entwickelt werden, die genau vorhersagen und damit bestimmen können, welches die geeignete zukünftige gesellschaftliche Rolle eines Individuums sein kann und soll („*to predict one's future role in life and determine who was best suited for each endeavor*", Shepard 2000, S. 4). Standardisierte Intelligenz-, Fähigkeits- oder (akademische) Eignungstests versprachen, diese Aufgaben zu erfüllen. Leistungstests sollten sie nur ergänzen, indem sie die Effizienz der Schulen allgemein und des effizienten Unterrichts im Besonderen messen und kontrollieren. Um die Verschwendung von Ressourcen im Bildungssystem („*to eliminate waste in education*", Bobbitt 1912) zu verhindern, war es das wichtigste Ziel der sozialen Effizienzbewegung, mit Hilfe der Analyse und Bestimmung sozial wertvoller und wichtiger Tätigkeitsbereiche die dafür notwendigen entsprechenden Kompetenzen zu ermitteln, daraus entsprechende Curricula abzuleiten und Schulunterricht entsprechend zu ändern. Effizienz in Schulen bedeutete, alle Schüler entsprechend ihrer vorhandenen (ererbten) Fähigkeiten auszubilden, und das erforderte hoch differenzierte Curricula mit einem strikt an Nützlichkeit orientierten Fokus. Lehrmethoden mussten auf den Prinzipien naturwissenschaftlicher Messmethoden und daraus abgeleiteten effektiven Lerntheorien basieren (Bobbitt 1912). Ständige Kontrolle durch Tests sollte die Leistungsfähigkeit des Systems und der Schüler überprüfen, dazu waren standardisierte Tests die geeigneten Mittel.[3] Thorndike's Assoziationismus, der Lernen als eine Akkumulation von Reiz-Reaktions-Verbindungen verstand und deshalb eine umfassende Verstärkung des Auswendiglernens propagierte, wurde durch die behavioristischen Studien seiner späten Nachfolger wie etwa Skinner und Gagné weiterentwickelt und verfeinert, die noch in der Reformbewegung der 1960er einflussreich waren. Shepard listet die wichtigsten Grundannahmen des behavioristischen

---

[3] Tests mussten vor allem wissenschaftlich sein, das bedeutete, sie mussten wissenschaftlichen Kriterien genügen. Schlüsselbegriffe waren in Analogie zu den Naturwissenschaften Objektivität, Standardisierung, Zuverlässigkeit und Validität. Diese Kriterien wurden und werden immer noch wesentlich durch technische Verfahren bestimmt und realisiert: Objektivität bedeutet dabei, dass die Testbedingungen insgesamt für alle gleich und Tests uniform sein müssen, sowohl die Testsituation als auch die Durchführung, Auswertung und Verwaltung der Testergebnisse; Standardisierung bedeutet Leistungs-Normen festzulegen, so dass die Testergebnisse als Perzentile dargestellt werden können, d. h. Standardisierung bezieht sich nur auf die Testgruppen und auf die Art und Weise der Veröffentlichung der Ergebnisse, nicht auf eine besondere Qualität der Tests. Reliabilität und Validität wurden als das „Herz" wissenschaftlichen Testens angesehen. Aber auch sie sind eher technische Begriffe: Reliabilität eines Tests meint, dass ein Test mit sich selbst übereinstimmt, durch eine Test-Re-Test-Technik wird ein Reliabilitätskoeffizient bestimmt, der einen Test gegen einen anderen positioniert. Der wichtigste Aspekt des Tests ist Validität, d. h. den Grad, wieweit ein Test misst, was er messen soll. Dazu gibt es zwei Prozeduren: Verschiedene Experten überprüfen die Testinhalte und kommen zu übereinstimmenden Aussagen, oder der Test wird mit anderen, schon als valide angesehenen Tests verglichen.

Modells, auf dem Tests basieren, und deren Konsequenzen für Lernen und Lehren auf:

1. Learning occurs by accumulating atomized bits of knowledge;
2. Learning is tightly sequenced and hierarchical;
3. Transfer is limited, so each objective must be explicitly taught;
4. Tests should be used frequently to ensure mastery before proceeding to the next objective;
5. Tests are isomorphic with learning (test = learning);
6. Motivation is external and based on positive reinforcement of many small steps. (Shepard 2000, S. 5)

Die neuen Methoden, die für die Herstellung von Tests[4] entwickelt wurden, hatten den Vorteil, dass sie in großem Maßstab eingesetzt werden konnten: Die Massenimmigration in die USA brauchte klare, leicht zu handhabende und zu rechtfertigende Werkzeuge, um Immigranten zuverlässig nach ihrem möglichen gesellschaftlichen Nutzen und ihren Leistungsfähigkeiten zu identifizieren und diejenigen auszusortieren, die möglicherweise eine Bürde für die Gesellschaft werden könnten.

Das gleiche galt für die Armee. Terman, einer der Autoren des Stanford-Binet-(Intelligenz)Tests, und Goddard, einer der führenden Psychologen und Test-Designer, preisen den gesellschaftlichen Gewinn der Testergebnisse, nachdem sie erste Erfolge mit dem Einsatz von Intelligenztests als Gruppentests in der Armee im ersten Weltkrieg und ebenso auch wiederholt mit Immigranten verzeichnen konnten:

---

4 Besonders interessant ist das Format der Tests: Da Intelligenz als eine besondere Urteilsfähigkeit angesehen wurde, schien es nahe liegend, in den Test-Items der jeweiligen Frage eine Anzahl von Antworten oder Ergebnissen zuzuweisen, die beurteilt werden mussten, d. h. aus denen beim Testen nur ausgewählt werden musste. Dieses Format erwies sich darüber hinaus tatsächlich als universell einsetzbar und aus mehreren Gründen sogar besonders einfach und praktisch, denn die Ausführung der Tests reduzierte sich damit auf das Ankreuzen einer (richtigen oder falschen) Aussage, die aus den vorgegebenen ausgewählt wurde. Damit konnte auch der Zeitfaktor berücksichtigt werden, der die Anzahl der bearbeiteten Testfragen und damit die Testleistung mitbestimmte, auch wurde vor allem die Auswertung der Tests erleichtert und zu einem rein technischen Auszählvorgang reduziert, der viel später im Kontext computergestützter Tests besonders vereinfacht werden konnte.

... in the near future intelligence tests will bring tens of thousands of these high-grade defectives under the surveillance and protection of society. This will ultimately result in curtailing the reproduction of feeble-mindedness and in the elimination of an enormous amount of crime, pauperism, and industrial inefficiency. (Terman 1916, S. 6–7)
... the number of aliens deported because of feeble-mindedness ... increased approximately 350 percent in 1913 and 570 percent in 1914 ... this was due to the untiring efforts of the physicians who were inspired by the belief that mental tests could be used for the detection of feeble-minded aliens. (Goddard 1917, 271, in Kamin 1977, S. 65)[5]

Diese politischen Verwendungsmöglichkeiten förderten die Testentwicklung und den zugehörigen Apparat erheblich und erzeugten mit einem entsprechenden sozialen Klima infolge eines Propagandaapparates eine breite gesellschaftliche Anerkennung der Tests (Kliebard 1995).

Soziale Dimensionen des Testens

Erst in jüngerer Zeit können wir eine Art „Globalisierung des Testens" beobachten; für das 20. Jahrhundert blieb der Glaube an die Wohltaten und die grenzenlose Anwendbarkeit des Testens eine Domäne der USA. Dort fand von Beginn an Testen nicht nur den größten Zuspruch, dort entwickelte es auch seine unbestreitbare und unvermeidbare, geradezu notwendige Vormachtstellung. Das heißt nicht, dass Testen in den USA nicht kritisiert wurde: Amerikanische Erziehungswissenschaftler und Forscher waren unter den schärfsten und illustren Kritikern des Testens (e.g. Lippmann 1922, Hoffman 1962, Houts 1977, Shepard 2000 u. v. a. m.). Ihre Stimme wurde jedoch wenig gehört oder geschätzt von denen, die politisch für das öffentliche Bildungswesen zuständig waren.

In anderen Bildungssystemen war eine Akzeptanz oder Wertschätzung der Intelligenz- oder Leistungsfähigkeitstests unterschied-

---

5   Nachdem Immigranten aus verschiedenen Teilen Europas getestet worden waren, wurden die erhobenen Intelligenz-Unterschiede der Immigranten aus den nordeuropäischen Ländern zu denen aus den südosteuropäischen Ländern als angeborene Höherwertigkeit erklärt, die es rechtfertigte, unterschiedliche Zulassungszahlen für Nord- und Südeuropäer festzulegen.

lich und teilweise sehr umstritten, und viele europäische Länder waren eher zögerlich darin, Testen im Bildungssystem zu akzeptieren. Einer der Gründe war vielleicht, dass die etablierten Bildungssysteme im Allgemeinen gut funktionierten und den gesellschaftlichen Bedürfnissen, Zielen und Werten auch hinreichend gut dienten. Im Kontrast dazu hatte in den USA eine liberale Vorstellung von der Freiheit der Erziehung, die als eines der wichtigsten amerikanischen demokratischen Prinzipien angesehen wurde, dazu geführt, dass die Verantwortung für Bildungsbelange hauptsächlich in der Verantwortung lokaler Kommunen lag, deren vorhandene Ressourcen oder Kompetenzen sich jedoch erheblich unterschieden. Und was vielleicht in den Pioniertagen noch angemessen war, funktionierte nun nicht mehr so einfach, als es notwendig wurde, die schnell wachsende Bevölkerung ebenso schnell zu integrieren, sowohl kulturell und sozial, als auch geographisch und ökonomisch: Eine Vereinheitlichung oder die Etablierung von Standards wurde notwendig. Weil es aber ganz unmöglich war, demokratische Rechte der Freizügigkeit in Bildung und Erziehung anzutasten, konnte eine Lösung für die aktuellen Probleme nicht in der Veränderung der traditionellen Organisationsformen des Schul- und Bildungswesens gefunden werden. Testen und Tests füllten diese Lücke.

In den USA sollten Bildung und Erziehung als eine Bastion der Freiheit und demokratischer Rechte fungieren. Die Forderung nach Gleichheit und sozialer Gerechtigkeit, Fairness und Objektivität bezog sich auch auf den Platz, den ein Individuum in der Gesellschaft einnehmen kann und soll: Dieser sollte nicht durch Geburt, sondern durch Talent und angeborene geistige Fähigkeiten bestimmt werden. Wenn es also möglich ist, die Intelligenz zukünftiger Bürger auf einfache Weise und so frühzeitig wie möglich zu messen, so wäre das nicht nur ein besonderer Vorteil für die Gesellschaft. Zugleich wäre es fair und sozial gerecht, diese Besten gesellschaftlich zu unterstützen, so dass sie nicht nur bevorzugt Zugang zu einer hervorragenden Bildung erhalten, sondern auch eine führende Rolle in der Gesellschaft einnehmen. Zugleich bestand die Hoffnung, auf diese Weise die Barrieren zwischen sozialen Klassen zu vermindern, weil es vernünftige und faire Begründungen durch die entsprechenden Selektionsverfahren gab. Eine überwältigende Mehrheit glaubte nun, dass Intelligenz- und Fähigkeits-Tests diesem Zwecke am besten dienten. Shepard beschreibt die Dominanz der „objektiven" Tests als „the single most striking feature of achievement testing in the USA" (Shepard 2000, S. 5). Sie berichtet, dass auch heute noch viele Lehrer und Erziehungswissenschaftler, die sich sehr wohl der Nachteile, Beschränkungen und der generellen Problematik des Testen bewusst sind, insbesondere was die Inhalte und pädagogischen Effekte betrifft, es immer noch für völlig unmöglich halten, auf Tests zu verzichten (Shepard 2000, S. 6).

Es mag richtig sein, dass Schulsysteme in anderen Ländern, die sich nicht so ausschließlich dem Testen verschrieben haben, unterschiedliche Kriterien für „gerecht" und „objektiv" benutzen und damit auch ungerecht werden können, z. B. wenn die Leistungsüberprüfung der Schüler wenig qualifizierten Lehrern überlassen bleibt oder in verschiedenen Schulen oder Regionen unterschiedliche Standards verwendet werden. Aber die vorherrschende Sichtweise in solchen Ländern war es bisher, dass diese Mängel toleriert werden könnten, wenn es andere, positive Aspekte des Systems gibt, etwa eine faire Behandlung der Schüler durch ausgleichende Maßnahmen, oder weil dadurch eine andere, komplexere und ganzheitliche Inhaltsvermittlung eher möglich ist, als wenn der Fachinhalt durch „die Mühle des Testens gedreht" wurde, und dass Gerechtigkeit auch dadurch gefährdet ist, dass wichtige Aspekte eines Bildungsbegriff nicht adäquat berücksichtigt werden können, weil sie in von Tests abgeleiteten Curricula nicht enthalten sind und schon deshalb nicht allen Schülern zugänglich werden, die durch ihre soziale Stellung über keine anderen Zugänge zu Bildung als durch Schule verfügen. Oder dass eine Lehrerin möglicherweise auch dadurch zu einer fairen Beurteilung kommt, dass sie die Gesamtpersönlichkeit und die Entwicklung eines Schülers im Blick hat. In vielen Ländern werden andere Gewichtungen im Bildungssystem vorgenommen, z. B. hohe fachliche oder pädagogische Standards für die Lehreraus- und -fortbildung zu setzen oder eine Harmonisierung der Curricula und ähnliches zu gewährleisten. Solche Systeme beruhen auf anderen Einsichten, etwa dass Bildung so komplex und so widersprüchlich in ihren Teilen ist, dass nur ein sorgsamer Ausgleich in der Verteilung von Zuwendung und Zwängen zufrieden stellende Ergebnisse erreichen lässt, und dass je radikaler ein einzelner Aspekt sozialer Bedürfnisse betont wird, das Risiko umso größer ist, wichtige andere Aspekte in anderen Bereichen zu vernachlässigen.

Fairness, Objektivität und soziale Gerechtigkeit sind Schlagworte geworden, die im Kontext von Testen häufig gebraucht werden. Solche Schlagworte gewinnen im Lauf der Zeit eine Aura von Evidenz, und kaum jemand hat dann noch Interesse daran, in diese Aura einzudringen. Der Erfolg des Testens in den USA hängt nicht nur damit zusammen, dass es einem dringenden Bedarf nach Standardisierung entsprach, und auch nicht nur damit, dass es demokratischen Forderungen nach Objektivität und Fairness entgegenkam, es war die Einfachheit einer diagnostischen Methode, die einem Common Sense entsprach und ein simples mechanisches Verfahren darstellte, das es möglich machte, Menschen nach Fähigkeiten zu sortieren. Die Verbindung einer wissenschaftlichen Methode mit populären Annahmen und sozialen Vorurteilen gegen traditionelle Theorien, die zugleich ein scheinbar unbegrenztes Spektrum von Anwendungsmöglichkeiten eröffnete, erhielt breite Akzeptanz. Überzeugendster Aspekt war die Einfachheit, mit der Tests entworfen, entwickelt, durchgeführt, ausgewertet, zusammengefasst und veröffentlicht werden konnten, vor allem nachdem ein Zusammenwirken von Computer und Testen möglich wurde. Die Nützlichkeit und Praktikabilität der Tests verhinderte, dass Annahmen oder zugrunde liegende Theorien genauer untersucht oder hinterfragt wurden. White gehört zu den wenigen, die solche Vorannahmen identifizieren, er betont den konservativ politischen Charakter der Testannahmen, der allen naturwissenschaftlichen Begründungen widerspricht:

> Our notion of intelligence has transcended questions of definition and proof. ... Who sanctified intelligence and made it prior to proof? ... Before Binet, or Thorndike, people had made up their minds about the centrality of intelligence as the epitome of human merit. When the tests came along, they were not required to prove their way. The tests could not then – and they cannot now – prove their way. They were exemplifications, definitions, and manifestations of an entity whose scientific and social sanctity was given. ... The argument then is that the intelligence test exploded into public acceptability and public use not because of its merits, but because it could be seized on as part of a more fair and more just system of social contracts. Tests could be used as part of the system

of allocating social opportunity. Needless to say, the tests could not have been so accepted if the people in power ... saw the tests as potentially destroying their children's power. But the IQ tests of that time had the rather happy property of being a conservative social innovation. They could be perceived as justifying the richness of the rich and the poverty of the poor, they legitimized the existing social order. (White 1977, S. 36–38)

Es ist bemerkenswert, dass Annahmen und theoretische Ansätze, die teilweise schon veraltet waren, als Erziehungswissenschaftler zum ersten Male Tests konstruierten und rechtfertigten, mittlerweile ein weiteres Jahrhundert überlebt haben. Shepard berichtet von Lehrern und Schulleitern in einem gemeinsamen Forschungsprojekt, das der Entwicklung und Erprobung neuer alternativer Entwürfe für Leistungsmessungen diente, die jedoch darauf bestanden, nur „objektive" Leistungsmessungsverfahren einzusetzen, da sie glaubten, dass Fairness nicht gesichert ist, wenn die zusätzlich vorgeschlagenen Modelle individualisierter Leistungsmessungen intensiv eingesetzt werden (Shepard 2000, S. 5). Sie stellte in einer Untersuchung zu Vorstellungen und Vorannahmen in impliziten Lerntheorien von Psychometrikern, Bildungspolitikern und Bildungsverwaltern in Colorado fest, dass diese sehr ähnliche Überzeugungen vertraten wie ihre Kollegen in der Effizienzbewegung hundert Jahre zuvor (Shepard 1991). Ihre Ergebnisse zeigen, dass

> dominant theories of the past continue to operate as the default framework affecting and driving current practices and perspectives. Belief systems of teachers, parents, and policymakers today still derive from these old theories. (Shepard 2000, S. 4)

Die Annahme, dass alles messbar ist und deshalb alles in Form von Zahlen ausgedrückt werden kann, ist eine Vorstellung, die schon auf Pythagoras zurückgeht, aber sie wurde wiederholt und verstärkt als allgemeiner Glaubensgrundsatz der Naturwissenschaftler und Psychologen des 19. Jahrhunderts:

> Whatever exists at all exists in some amount. To know it thoroughly involves knowing its quantity as well as its quality. Education is concerned with changes in human beings; a change is a difference between two conditions; each of these conditions is known to us only by the products produced by it – things made, words spoken, acts performed, and

the like. To measure any of these products means to define its amount in some way so that competent persons will know how large it is, better than they would without measurement. (…) This is the general Credo of those who in the last decade have been busy trying to extend and improve measurements of educational products. (Thorndike 1918, zitiert nach Cremin 1964, S. 185)

Da jedoch die als sozial wertvoll angenommenen mentalen Fähigkeiten nicht sichtbar sind, sondern nur als ein Konglomerat einer „allgemeinen Intelligenz" im Inneren des Menschen vermutet werden, müssen sie aufgedeckt werden, um als gültige Rechtfertigung für Bewertung und Selektion dienen zu können. Um sie „sichtbar" zu machen, sollen sichtbare oder messbare physikalische Phänomene wie menschliche Verhaltensweisen oder Tätigkeiten benutzt werden, dies erfordert einen Prozess der Übersetzung von unsichtbaren Phänomenen in die Welt des Sichtbaren. Mit dem Anspruch, dass dies zuverlässig gelingen kann, adoptierten frühe Testkonstrukteure eine Vorstellung von Intelligenz, die ihren Zwecken dienlich zu sein schien, und die es offensichtlich auch für deren Nachfolger noch ist: Da es bei dem Einsatz von Tests um langfristige Entscheidungen über die Testkandidaten mit lebenslangen Auswirkungen ging, war es besonders wichtig für alle Tests, dass aus einer möglicherweise auch schon in einem frühen Alter erhobenen Momentaufnahme eines Testkandidaten eine zuverlässige Prognose abgeleitet werden konnte. Deshalb war es eine notwendige Bedingung, dass Intelligenz als eine angeborene, unveränderbare „Ausstattung" des Menschen angesehen wurde, die weder durch Sozialisation noch durch Schulbildung zu ändern ist: In Bezug auf Intelligenz wird eine Person also immer dieselbe sein. Dies reflektiert die Darwinsche Theorie der Evolution, in der Entwicklung nicht im einzelnen Individuum, sondern nur in der Gattung über einen langen Zeitraum möglich ist.

Eine wichtige Vorannahme für jede Testkonstruktion ist auch die Annahme, dass die Verteilung geistiger Fähigkeiten dem Gaußmodell der Normalverteilung folgt, wie das für viele physikalische Phänomene, etwa Größe oder Gewicht, gilt. Tatsächlich waren Tests die ersten „wissenschaftlichen Messwerkzeuge", für die eine Normalverteilung der Messdaten die Vorbedingung der Testkonstruktion waren, nicht das Ergebnis der Messungen.

White fasst die Entwicklung der IQ-Tests folgendermaßen zusammen:

> If one reviews the situation persisting from Binet through Thorndike to the present, we find that we have in some astonishing way managed to continuously upgrade a technology for directing an uncertain measurement paradigm toward an undefined entity. (White 1977, S. 34; vgl. auch die kritische Analyse in Liungman 1970)

Und zwei Schuladministratoren beginnen ihre Kritik ähnlich drastisch:

> No people on the face of the earth have been bitten quite as hard by the testing bug as the American people. We take quizzes on every aspect of our lives and derive self-satisfaction or self-mortification from the results we achieve. We have even been known to cheat a little in order to get that warmth and security we feel when the little computation at the end of the quiz yield a result indicating that we are ‚above average' or even ‚superior' to others ... We have an unfortunate belief that every skill, every talent, every body of knowledge can be broken down into finite parts, that we can draw a sample of those parts, test ourselves with that sample, and thus prove our ability in any particular area. We employ this technique in business and industry to determine the right people for the right job, which label to assign to people and sort out those who should be refused admission ... The blind faith of testing is matched by no other belief. Testing can mark innocent children with stigmata for the rest of their lives, tarnish schools' reputation and ruin teaching careers. (Laughland & Corbett 1977, S. 331–332)

Maßnahmen und Werkzeuge, die in die soziale Organisation der Gesellschaft maßgeblich eingreifen, sind niemals ohne spezifische Intentionen geschaffen worden, das Werkzeug muss den Zielen entsprechen, für die es entwickelt wurde. Die Werkzeuge wären nicht notwendig, wenn die dahinter liegenden Intentionen einfach akzeptiert würden, deshalb zeigen sie die Intentionen nicht offen. Aber wenn wir die Wirkungen der Werkzeuge verstehen wollen, müssen wir die Zwecke dahinter aufdecken. Mathematik spielt eine prominente Rolle im Werkzeug Testen, weil sie es mit wissenschaftlicher Korrektheit und somit Legitimation ausstattet. Testen ist ein perfektes Beispiel für beides, einen konstruktiven Ansatz und dessen praktischen Gebrauch, gerechtfertigt durch eine Ideologie, die in den Schriften der Befürworter zwar noch deutlich ausgesprochen ist, mittlerweile aber vergessen ist. Ihre Schriften waren jedoch kaum denen zugänglich, die davon betroffen waren, und die Reichweite des neuen Werkzeuges konnte zunächst auch kaum antizipiert werden.

3 Das Verhältnis von Testen und Mathematik(unterricht)

Schon bei den ersten Testkonstruktionen spielte Mathematik eine bedeutende Rolle als Gegenstandsbereich für Testitems und als methodisches Mittel der Testkonstruktion selbst. Mathematik erschien aus mehreren Gründen besonders wichtig:

– Da die Testentwicklung eng mit dem Effizienzkult und der Ideologie des Utilitarismus zusammenhing, wurden die „sozial notwendigen" Fertigkeiten und Kenntnisse als zentrale Aufgaben der öffentlichen Bildung angesehen, unter diesen besetzten insbesondere arithmetische Fertigkeiten oder die Fähigkeit zu einfachen logischen Schlüssen, meist auf Common-Sense-Ebene, prominente Plätze.

– Logisches Schlussfolgern wurde als Medium der Intelligenz angesehen, sogar mehr oder weniger synonym mit Intelligenz. Mathematische Testitems schienen deshalb besonders geeignet für Intelligenz- und allgemeine Leistungsfähigkeitstests. Mathematische Strukturen wie Beziehungen, Muster und Begriffssysteme konnten als faktische Verhältnisse der Realität interpretiert werden. Die Fähigkeit, das Wissen und die Fertigkeit mathematische Aufgaben zu lösen, wurden deshalb verallgemeinernd als allgemeine Fähigkeit gedeutet, sich in allen Bereichen des praktischen Lebens sowohl mehr Fertigkeiten als auch mehr Wissen aneignen zu können. Wenn also mathematische Inhalte als Repräsentanten für Testitems gewählt wurden, so hatte das enorme Vorteile, denn Mathematikaufgaben galten als relativ unproblematisch, was Mehrdeutigkeit und einfache Messbarkeit betrifft.

– Da der traditionelle Mathematikunterricht die Inhalte in Form von Aufgaben und deren linearer Organisation bereits fragmentiert vorgab, die bereits sowohl als Übung als auch als Leistungskontrolle diente, konnten solche Aufgaben mit zusätzlichen Vorgaben leicht in Testitems transformiert werden. Auch das Curriculum der Schulmathematik war bereits stärker als in anderen Unterrichtsfächern in Einheiten der Vermittlung von Faktenwissen und Fertigkeiten strukturiert, gleichzeitig erfüllte die praktische Mathematik Bobbitt's Forderungen nach Orientierung an gesellschaftlichem Bedarf. Und das völlige Fehlen von Mehrdeutigkeit in mathematischen Fakten, Regeln und Aufgaben erleichterte ihre Verwendung in der Testkonstruktion, zumal „einfach" zu entscheiden war, was richtig oder falsch ist.

Die sichtbare Präsenz von Mathematik in der Konstruktion, in den Inhalten und im Auswertungsprozess verlieh dem ganzen Test-Unternehmen wissenschaftliche Seriosität. Die populäre Vorstellung von Mathematik als einem Bereich, in dem es um die Produktion von und den Umgang mit objektiver Wahrheit geht, wurde somit auf Testen ausgedehnt und machte es zu einem universellen und akzeptierten sozialen Werkzeug. Ironischerweise ist gerade das Zusammentreffen von Mathematik und Testen eine Möglichkeit, durch feine Steuerungen faktisch Manipulationen vorzunehmen, die in der Verkleidung als Mathematik unbemerkt bleiben.

Obwohl nach der Etablierung des Testsystems und entsprechender Industrien immer wieder versucht wurde, veränderten sozialen Bedingungen mit neu entwickelten pädagogischen oder didaktischen Ansätzen für den Mathematikunterricht gerechter zu werden – sei es in der Progressive Education der 1930er oder in der über 20 Jahre währenden Periode des New Math-Movements der 1960er (vgl. Howson et al. 1981), so traf jede dieser Reformen in den USA auf einen unsichtbaren Gegner: die etablierte behavioristische Orientierung des öffentlichen Bildungswesen mit der Ausrichtung auf Effizienz, vereint Lobby der Testproduzenten, die mit der den Mythos der Gleichheit, Fairness und Objektivität, der (nur) durch standardisierte Tests garantiert sei, bis heute nachhaltig aufrecht erhällt (Kober 2002). Die Produktion von Tests ist inzwischen zu einem enorm profitablen Industriezweig gewachsen, der hervorragende Beziehungen zu Bildungsadministratoren und politisch maßgeblichen Verantwortlichen im Bildungswesen unterhält:

> For the past several decades, standardized testing has been a growth industry in this country, and if we look to the future, the forecast for the industry is, as Wall Street people like to say, bullish. (Houts 1977, S. 13)

Reformprojekte waren dagegen immer begrenzte Unternehmungen, sowohl in Bezug auf die Zahl und den politischen Einfluss der Mitarbeiter als auch auf Zeitbudgets und Ressourcen. Sie waren immer dann zum Versagen verurteilt, wenn sie nicht mit standardisierten Tests kompatibel waren. Auch die im Zusammenhang mit Reformaktivitäten entstandene und wachsende wissenschaftliche Community der Mathematikdidaktiker und -forscher an Universitäten wie an Forschungsinstitutionen war immer in Gefahr, Opfer der politischen Macht der Testindustrie zu werden: Wenn vor allem soziale und kulturelle Dimensionen des schulischen und individuellen Lehrens und Lernens von Mathematik berücksichtigt und mit neu entwickelten Forschungsparadigmen und Methodologien erforscht wurden, die den Antagonismus zwischen quantitativen und qualitativen Methoden überwinden sollten, so wurden ihre Erfolge doch immer nur in Tests gemessen.

Zwar war es ein großer Erfolg für die Entwicklung einer Professionswissenschaft wie der Mathematikdidaktik, dass es in internationalen Kooperationsprojekten und regelmäßigem Austausch, gestützt und gestärkt durch internationale Organisationen und deren Foren wie den Kongressen der ICMI, PME, CIEAEM et al. (Jacobsen 1996) gelang, neue Forschungsparadigma zu etablieren und Forschungstätigkeiten zu intensivieren und sogar in Lehrerausbildungs- und Weiterbildungsprogramme einzubinden; aber dadurch wurde auch deutlicher, dass die neuen Theorien der 1980er wie Konstruktivismus oder sozialer Konstruktivismus die Restriktion durch standardisierte Tests überwinden mussten; andere besser geeignete Verfahren der Lernerfolgserhebung wurden als notwendig angesehen und neue Kritik an Tests wurde vorgebracht (e.g. Barnes et al. 2000, Clarke 1992, Leder 2004, Linn 2000, Madaus 1992, Popham 1999, Schoenfeld 1999, 2002, Wood 1991). Wachsende Kritik an den Einschränkungen von Forschung und Unterricht durch Tests führten zu Gegenaktionen wie der Entwicklung neuer Nationaler Standards für Curriculum und Assessment (NCTM 1989, NCTM 1995, NCTM 2000), die nicht nur auf einer breiten Basis von Diskussionen unter Forschern entstanden, sondern auch durch konstruktivistisch legitimierte Forschungsergebnisse gestützt werden konnten (Kilpatrick et. al. 2001).

Das von der Bush-Administration 2002 verordnete Gesetz „No Child Left Behind (NCLB)" ist der jüngste und weit reichende politische Wechsel im US-Schulsystem. Es zielt darauf hin, Testergebnisse in Lesen und Mathematik bis 2013/14 um 100% zu verbessern. Um dieses Ziel zu erreichen, wurden zwei zusätzliche verpflichtende Tests in allen Staaten eingeführt („reading first", „mathematics first"). Alle Testergebnisse müssen nicht nur sorgfältig und regelmäßig dokumentiert werden, Erfolge werden finanziell belohnt, Misserfolge finanziell bestraft, außerdem entstehen Nachteile für Lehrer, Schulleiter und die Schulen selbst, bis zur Entlassung derjenigen, die für Misserfolge als verantwortlich angesehen werden.

> The federal act, signed by Bush in January 2002, expands testing programs and imposes sanctions on schools whose students do not meet state standards in reading and mathematics. The purpose of the law is to close the achievement gap that finds some groups of children – such as minorities, special education students and children from low-income families – lagging behind others. (Hartford Courant, Wednesday, September 8, 2004)

Die Kritik an diesem Gesetz und an teilweise grotesken und verzweifelten Bemühungen von Schulverwaltungen und Lehrern, dem Gesetz gerecht zu werden und nicht unter Strafe zu geraten, bestimmen seither die Diskussionen in den öffentlichen Medien. Die Hauptsorge, dass das Gesetz nicht nur die Erfolge des öffentlichen Bildungswesens zerstört, die in den letzten Jahrzehnten durch Engagement und wachsende Professionalisierung vieler Lehrer und Bildungsadministratoren gewonnen wurden, sondern darüber hinaus Schäden bei den Schülern hinterlässt, wird so häufig veröffentlicht, dass das nicht mehr als einseitige Überreaktion abgetan werden kann.

All das betrifft das Testen. Die Unterrichtszeit im Mathematikunterricht reicht nicht aus, um auf all die Tests vorzubereiten, gar nicht davon zu sprechen, den Sinn solcher zusätzlichen Tests für das Lehren und Lernen von Mathematik zu vermitteln. Schulen werden gezwungen, Unterricht für „weiche" Fächer wie Kunst oder Musik zugunsten von Mathematik drastisch zu kürzen.

> The test publishing industry gears up to produce new exams on an industrial scale, the result of a federal law that requires the greatest expan-

sion of standardized testing in American history. Many states now test students in only a couple of elementary grades, but the law known as No Child Left Behind requires states to test every public school student in third through eighth grades and one high school grade every year. Educators have nicknamed the law, ‚No Child Left Untested'. (Dillon 2003)

Die Unmöglichkeit, den beliebig gesetzten Test-Zielen hinreichend zu genügen und die folgenden Bestrafungen zu akzeptieren, macht den Schulalltag unerträglich, bedroht die Existenz der Lehrer und Schulleiter und führt zu Tricks und Betrug. Stress und Angst beherrschen die öffentlichen Schulen, insbesondere diejenigen, deren Schülerschaft sehr heterogen ist und die besondere Förderprogramme für ethnische Minderheiten und sozial Benachteiligte anbieten: Da das Berechnungsverfahren für die Auswertung von Tests getrennt nach einzelnen ethnischen Gruppen innerhalb einer Schule geschieht, kumulieren schlechte Testergebnisse durch Multiplikation schlechter Ausfälle, und damit werden solche „mixed schools" besonders bestraft. Darüber hinaus bewirkt ein Vouchersystem, dass Eltern ihre Kinder nach Tests von einer „schlechten" Schule abmelden können und die „schlechte" Schule hat dafür zu zahlen. So laufen öffentliche Schulen Gefahr, gute Schüler an andere, z. T. Privatschulen zu verlieren.

Auf den ersten Blick könnte man das Gesetz als den Ausdruck einer bizarren Nostalgie, einer Rückkehr zur Effizienzmanie ansehen. Es gibt aber Anzeichen dafür, dass diese Entwicklung eher einer strategischen Planung folgt als aus einem Fehlen von Professionalität resultiert: In der Tat befreit das Gesetz die Privatschulen von der Erfüllung solcher Regularien, sie müssen die neuen Tests nicht anwenden und riskieren keine Strafen. Das hat Beobachter dazu gebracht, auf die Gefahr hinzuweisen, dass „a plot to discredit public education to the point where privatization and choice are seen as the only answers." (Lewis 2002), or a „war against America's public schools" (Bracey 2002).

4 Tests in internationalen Vergleichsstudien: Testen von „Mathematical Literacy"

Internationale Vergleichsstudien zum Mathematikunterricht, die einen gemeinsamen Test benutzten, wurden in großem Maßstab zum ersten Mal ab 1964 unternommen (FIMS, Husen et al. 1968), später schon prominenter in SIMS (1988) und schließlich als dritte und größte bisher durchgeführte Leistungsvergleichsstudie TIMSS, die seit 1995 mehrfach wiederholt und durch Begleitstudien ergänzt wurde.[6] Zunächst ging es darum, dass eine eher kleine Gruppe vor allem reicherer Ländern ihre Erfolge und Fehler in bestimmten Bereichen des Mathematikunterrichts vergleichen wollten und die Testergebnisse dazu nutzten, verschiedene nationale oder lokale Reformen einzuleiten. Dabei hatten Diskussionen über Schwächen solcher Studien und deren notwendige Ergänzung auch durch qualitative Studien kontinuierlich zu Verbesserungen und Verfeinerungen nicht nur der Messverfahren, sondern auch der Art der gewonnenen Daten geführt, z. B. Video-basierte Unterrichtsanalysen und Studien der Curricula oder Lehrerbefragungen und Fallstudien, die allerdings niemals dieselbe öffentliche Aufmerksamkeit erreichten wie die Ranglisten der Länder in Bezug auf die gemessenen Schülerleistungen.

Kritiker betonen nicht nur die Mängel in den Forschungsansätzen solcher Studien oder die Art der Datenanalysen, sondern fragen auch nach den Interessen und Bedürfnissen, denen solche Studien eigentlich dienen. Clarke (2003) betont das Problem der Autorenschaft („cultural authorship") solcher internationalen Studien und fordert, dass der Prozess der Zusammenarbeit expliziter und gleichberechtigter gestaltet werden muss, so dass alle pädagogischen, phi-

---

6 Hier wird auf IEA's FIMS und SIMS (First and Second International Mathematics Study) und TIMSS (Third International Mathematics and Science Study) verwiesen. Eine sehr harsche Kritik an FIMS hat schon Freudenthal 1975 publiziert; für SIMS gibt es eine umfangreichere Debatte, z. B. liefern Travers et al. 1988 eine Übersicht, in der sie auf Mängel im Design der Studie hinweisen, Atkin & Black 1996 diskutieren kritisch die Gefahren und Herausforderungen internationaler Vergleiche; Kaiser et al. 1999 präsentieren eine breite und kontroverse Debatte sehr verschiedener internationaler Mathematikdidaktiker zu TIMSS; Clarke liefert 2003 einen sehr substantiierten und kritischen Überblick zu grundlegenden Problemen und Chancen internationaler Vergleiche zum Mathematikunterricht.

losophischen und kulturellen Positionen in der Interpretation der Daten und in den Forschungsberichten zum Ausdruck kommen.

Die Auswirkungen solcher globalen Vergleichsstudien auf die einzelnen Teilnehmerländer im Verhältnis zu den Ansprüchen an Ressourcen wie Budget und Expertise scheinen für einige dieser Länder nicht gerechtfertigt, insbesondere konnte nicht gezeigt werden, dass aus den quantitativen Daten tatsächlich ein substantieller Gewinn an neuen Einsichten im Vergleich zu anderen eher nationalen oder lokalen Forschungsaktivitäten gewonnen werden konnte. Die Geschwindigkeit, mit der international vergleichbare Tests entwickelt und verwendet werden, lässt alle atemlos, die sich mit Mathematikunterricht befassen: Die Datenmassen sind noch nicht analysiert, als eine weitere TIMSS-Wiederholungsstudie durchgeführt wird, auf TIMSS–R folgt in 2000 unmittelbar PISA I und in 2003 PISA II,[7] zugleich wird der problematische Aspekt eines „internationalen Test-Curriculum", d. h. einer nationalen und lokalen Bedingungen nicht angepassten Testkonstruktion, durch die Globalisierung solcher Leistungsvergleiche in Tests in den letzten Jahren immer deutlicher. Die größte Gefahr dabei ist unbezweifelbar der prominenteste Aspekt solcher Tests: das Ranking der Systeme oder Länder, das alles andere in den Hintergrund drängt. Ranking hat ein ähnlich populäres Interesse gefunden wie internationale sportliche Wettkämpfe. Und die öffentliche Wahrnehmung ist reduziert auf das Ranking, die Medien fordern unmissverständlich rasche politische Aktionen gegen „katastrophale Testergebnisse", selbst dann, wenn das nationale Rangergebnis im Mittelfeld der Skala liegt. Entscheidungen, die das öffentliche Schulwesen betreffen, werden in Hast vorbereitet und durchgesetzt.

Testen als eine Art Sport kann unkontrollierte und irrationale Wirkungen auf das öffentliche Bildungssystem individueller Länder haben, insbesondere wenn die kulturelle Selbstwahrnehmung davon betroffen wird. Die Gefahr kann darin bestehen, dass beim Versuch, von anderen Ländern zu lernen, die eigenen Vorzüge leicht aufgegeben werden. Insbesondere wenn der Blick sich nur auf die

---

7 PISA heißt „Project of International Student Assessment", durchgeführt von der OECD, und ist die jüngste und sehr ambitionierte vergleichende Studie mit neuartigem Test-Item-Design.

besonderen Erfolge anderer Länder richtet, besteht die Gefahr, dass ignoriert wird, was dort nicht funktioniert. Die Tendenz ist sichtbar, die Bedingungen, die in anderen Länder zu Erfolgen in Leistungsvergleichen geführt haben, zu ignorieren und nur einzelne Aspekte des Systems zu betrachten und nur Methoden oder Techniken auszuborgen. Dabei werden häufig die kulturellen und sozialen Bedingungen und der systemische Kontext ignoriert, der diese möglicherweise erst effektiv hat werden lassen. Unterrichtspraktiken werden isoliert betrachtet und Wirkungen einzelner Maßnahmen überschätzt – so etwa Schulbücher aus Singapur zu importieren und einfach nur zu übersetzen oder Aufgaben aus Japan zu adaptieren. Mathematikdidaktiker auch der im Ranking „erfolgreicheren" Länder warnen davor, kulturelle Gewohnheiten oder politische Aktionen anderer Länder einfach zu übernehmen, obwohl sie nicht in der Lage sind, die Einstellungen und Verhaltensweisen der Schüler und Lehrer und das besondere Lernklima dieser Länder ebenfalls zu adoptieren:

> Eastern high achieving, but low attitude countries are urged to adopt approaches that are considered as student-centered and context-related. A uniform curriculum might not only be not transferable or ineffective by respecting only superficial aspects of the other and not the substance of underlying principles and conditions, but might destroy traditions and characteristics of countries. On the one side: countries might abandon their abstract and mathematically rigorous features, but do still judge them as the most important; on the other: effective methods are not independent of content and context, as well as many other factors that contribute to professionalisation of teachers and students. (Park & Leung 2004)

Die außergewöhnlichen Kosten solcher internationalen Vergleichsstudien, bedingt durch die große Anzahl der beteiligten Forscher und die hohen finanziellen Ressourcen, sind für viele kleinere oder ärmere Länder mit niedrigem sozioökonomischen Status eine Last, der Wettbewerb jedoch scheint Politiker zu zwingen, solche Probleme zu leugnen und teilzunehmen, da solche großen internationalen Projekte im Vergleich zu nationalen oder regionalen kleineren Projekten prestigeträchtiger sind und als wichtiger und bedeutender angesehen werden. Häufig jedoch ergibt sich gerade das Gegenteil: Der geringe inhaltliche Gewinn aus den teuren Studien lässt immer mehr solche Forschungsprojekte mit internationaler Zusammenarbeit als besonders viel versprechend erscheinen, die auch eine lokal ausgerichtete Perspektive, sei es auf die Lehrer oder sogar die Schüler, mit einbeziehen (vgl. Clarke, Keitel, Shimizu 2006). Weltweit werden Forscher von anderen Projekten abgezogen, damit sie ihre Tätigkeiten den neuen Trends anpassen, der durch solche Teststudien gesetzt wird.

Die Betonung von Unterschieden und die Wertschätzung von Verschiedenartigkeit, die Integration der Sichtweisen verschiedener kultureller und sozialer Traditionen bei der Untersuchung gemeinsamer Fragen zum Mathematikunterricht und dessen Erforschung, und die Entwicklung eines breiten Spektrums methodologischer Ansätze, die besonders für lokale oder nationale Bedingungen geeignet sind, sind von solchen internationalen Vergleichstests jedoch eher negativ betroffen, da sie als unwichtiger angesehen werden; das schwächt nicht nur die internationale Kooperation, sondern auch die vertrauensvollen Beziehungen, die eine Zusammenarbeit hervorgebracht hat. Häufig entstehen in den großen Vergleichstudien sogar Animositäten, zumal die Verfügung über Daten oder Auswertungen solcher Vergleiche nicht immer gleichberechtigt verteilt sind. Alle diese Überlegungen lassen bezweifeln, ob die möglichen Gewinne solcher internationalen Testvergleiche die Nebenwirkungen und Benachteiligungen, die sie mit sich bringen, ausgleichen. Die Autoren der Testvergleiche werden allerdings auf solche Nebenwirkungen weniger achten als die Konsumenten.

Um die Nützlichkeit solcher groß angelegten Vergleiche einzuschätzen, müssen zwei Aspekte besser verstanden werden: Erstens, inwieweit können überhaupt „positive Auswirkungen" solcher Evaluationen einzelner nationaler Leistungstests erwartet werden. Das bedeutet hier, dass Länder auf Empfehlungen aus solchen Studien reagieren, z. B. auf solche der nationalen Repräsentanten in PISA. Zweitens, wenn solche Empfehlungen gegeben werden, wird häufig vorausgesetzt, dass der Modellcharakter der Studie und der Lerngewinn für die beteiligten Länder wesentlich darin besteht, dass das Aufgabenmaterial, das der Konstruktion der Testitems zugrunde liegt, hinreichend den Lehrplan repräsentiert. Das bedeutet aber, dass geprüft werden muss, ob solche Testitems wie in PISA hinreichend substantiiert und legitimiert sind, sowohl theoretisch als auch empirisch und politisch, um überhaupt als Modell für Curricula der Länder dienen zu können. Durch eine wohl etablierte Zusammenarbeit in der wissenschaftlichen Community gibt es nur wenige Forscher, die Defizite und Mängel ihres eigenen Schulsystems nicht kennen. Wenn aber keine Änderungen unternommen werden, dann liegt es daran, dass massive politische Widerstände dies verhindern. Das Prestige von PISA kann einen Mediensturm erzeugen, aber es kann keine substantiellen und realisierbaren Empfehlungen für politische Veränderungen geben. Explizite Empfehlungen, etwa, Aufgabentypen aus PISA einen größeren Raum in Lehrplan und Unterricht zu verschaffen, damit Deutschland bei der nächsten PISA-Studie besser abschneidet, bedeuten implizit, dass die Auswahl des Testmaterials in PISA in irgendeinem Aspekt besser, kompetenter bzw. mit mehr Autorität daherkommen kann als politische Vorgaben in Lehrplänen oder Lehrerentwürfe von Unterricht. Deshalb soll hier nachgefragt werden, woher dieses Selbstvertrauen und die Wertschätzung der Studie kommen und wie solche Empfehlungen sich begründen lassen.

In der Tat bleibt es trotz aller ausführlichen Informationen über die Konstruktionsprinzipien der PISA-Studie unklar, wie genau die Testitems entstanden sind. Wir werden darüber informiert, dass verschiedene Konsortien und nationale Experten beteiligt waren über einzelne Vortests und die minutiöse Sorgfalt, mit der die Messbarkeit und Validität der Testitems bestimmt wurde, aber wir erfahren nichts über den wissenschaftlich-theoretischen Ansatz, der zu den „content dimensions" und deren Konkretisierung, den „process dimensions" und den „situation dimensions", geführt hat. Das ist umso schwerwiegender, da PISA ein ziemlich neues Testformat einführt: In früheren internationalen Vergleichen mit Leistungstests waren die Inhalte für die im Test genutzten Testitems dadurch ermittelt worden, dass die nationalen Lehrpläne aller beteiligten Länder kompiliert und daraus der „größte gemeinsame Teiler" bestimmt wurde, d. h. in früheren Vergleichstudien gab es einen direkten Schritt von Lehrplaninhalten zu Testitems; die ausgewählten Testitems erhielten ihre Legitimation also dadurch, dass sie zu einem „universellen oder internationalen Curriculum" gehörten. Im Gegensatz dazu verfolgte PISA ein ganz anderes Ziel, nämlich „Mathematical Literacy" zu messen. Es ist das besondere Kennzeichen dieses Tests, dass fast alle Testitems so konstruiert sind, dass sie sich auf einen – häufig auch als authentisch-realistisch bezeichneten Kontext beziehen: Sie bestehen aus kurzen narrativen Texten, die eine Situation oder Szene beschreiben, von der angenommen wird, dass dort Mathematik angewendet werden kann, um ein Problem zu lösen, oder bereits angewandt worden ist und die Verwendung und das Ergebnis bewertet werden soll.[8] Der Begriff „Mathematical Literacy" ist dagegen in den verschiedenen PISA-Versionen von 2000 und 2003 geringfügig unterschiedlich definiert:

> Mathematical Literacy is the capacity to identify, to understand, and to engage in mathematics and make well-founded judgments about *the role that mathematics plays, as needed for an individual's current and future private life, occupational life, social life with peers and relatives*, and life as a constructive, concerned and reflective citizen. (OECD 2000, S. 10)

> Mathematical Literacy is the capacity to identify and understand the *role that mathematics plays in the world*, to make well-founded judgments and to use and engage with mathematics in ways that meet the needs of that individual's life as a constructive, concerned and reflective citizen. (OECD 2003, S. 26)

Beide Definitionen beziehen sich nicht auf eine theoretische Ausführung oder Grundlage.[9] Es wird unterstellt, dass die Bedeutung von „Mathematical Literacy" durch das neue Item-Format verkörpert ist, und es wird darauf hingewiesen, dass die Operationalisierung für diese ambitionierte Definition pragmatische Entscheidungen für die Auswahl der Testitems notwendig machte, um eine Vielfalt von mathematischen Ideen und Kontexten mit einzuschließen (OECD 2000, S. 10).

---

8 Testen von Fertigkeiten, die nicht auf mathematische Begriffe und Prozeduren beschränkt sind, war auch eine Komponente in TIMSS 1995: *"Reasoning and social utility were emphasized in several items. A general criterion in selecting the items was that they should involve the types of mathematics questions that could arise in real-life situations and that they be contextualized accordingly"* (IEA 1997, iv).

9 Eine grundlegende Diskussion zu dem Begriff „Mathematical Literacy", insbesondere unter Bezug auf die sozialen Praxen von Mathematik, die damit implizit oder explizit propagiert werden, findet sich in Jablonka (2003); vgl. auch Gellert & Jablonka (2002 a, 2002 b), Jablonka & Gellert (2002), Jablonka (2000), Keitel (2006)

Für die Validität der Testitems ist es unabdingbar, dass nicht nur alle Aspekte der Mathematik, von denen man erwartet, dass 15jährige sie beherrschen, in geeigneter Weise repräsentiert sind, sondern dass die Realität korrekt dargestellt ist, insbesondere eine umfassende Sichtweise vom Gegenstand und von kontextbezogenen Zielen und involvierten Interessen gelingt. Darüber hinaus ist es essentiell, dass die „Rolle, die Mathematik in der Welt spielt" adäquat dargestellt wird, nicht nur in Bezug auf Variationen von Anwendungen, sondern unter Berücksichtigung der wesentlichen Funktionen, denen Mathematik dient.[10] Es muss nicht extra gesagt werden, dass es ziemlich schwierig erscheint, solchen Anforderungen mit den Mitteln beschränkt dimensionierter, kurzer Testitems zu genügen, und es mag bezweifelt werden, ob PISA solche selbst formulierten Anforderungen erfüllt.

Eine Vielzahl von PISA-Testitems sind bereits ausführlich untersucht worden, und es hat sich herausgestellt, dass die Kontexte häufig nicht wirklich ernst genommen werden und deshalb falsche Antworten „honorieren" und „authentische" Auseinandersetzungen nicht. Hier soll nur kurz auf die Diskussion der „Pizza-Aufgabe" in Gellert & Jablonka (2003) und die vielfältiger Aufgaben in Meyerhöfer (2005) verwiesen werden. Dabei fällt auch auf, dass authentische Texte, die Mathematik enthalten, wie etwa Zeitungsartikel, Handbücher, wissenschaftliche Forschungsberichte usw. im Mathematik-Test nicht eingesetzt werden, allerdings finden sich einige davon im „Lese- und Literacy"-Tests in PISA.

Unter den wenigen zugänglichen Testitems fallen nur zwei auf, die allein besonders wichtige Aspekte der Funktion von Mathematik in der Realität darstellen und problematisieren lassen, allerdings

---

10 PISA will sicherstellen, dass die Aufgaben auf „authentischen" Kontexten basieren, was heißt, dass die Situationen, in denen die Aufgaben eingebettet sind, ‚real-world'-Situationen darstellen. Die Problemsituationen werden als „persönlich", „berufsbezogen", „wissenschaftlich", „öffentlich", oder als Kombination dieser Kategorien klassifiziert. Andere gleichberechtigte Klassifizierungen für „Mathematik im Kontext" könnten zum Beispiel Begriffe sein, die bestimmte Ziele ausdrücken, z. B. Beschreibung, Vorschrift, Erklärung, oder verschiedene technische Hilfsmittel unterscheiden, wie z. B. TR, Tabellen, Visualisierungen irgendeiner Art; oder sie stellen verschiedene Beziehungen zwischen mathematischen Begriffen und Realität dar wie etwa empirische Modelle, theoretische Modelle oder Simulationen usw.

UNIT: TEST SCORES (2003)

Context: *Educational.*

The diagram below shows the results on a Science test for two groups, labelled as Group A and Group B.

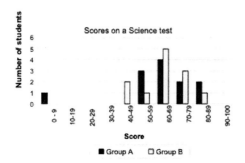

The mean score for Group A is 62.0 and the mean for Group B is 64.5. Students pass this test when their score is 50 or above.

TEST SCORES QUESTION 1 (Item code: M513Q01)

Domain: *Uncertainty.* **Item type:** *Open constructed.*

Looking at the diagram, the teacher claims that Group B did better than Group A in this test. The students in Group A don't agree with their teacher. They try to convince the teacher that Group B may not necessarily have done better.
Give one mathematical argument, using the graph that the students in Group A could use.

Abbildung 1

wird auch hier durch die Testfrage bzw. durch ihr Format dieser Aspekt schon wieder eingeschränkt und nicht explizit adressiert (Abbildung 1).

Wenn hier verlangt wird, verschiedene Kriterien zu benutzen, um eine Tabelle zu bewerten, kann das offensichtlich antithetische Ergebnisse hervorbringen: Ja, beide Kriterien sind gleichermaßen valide. So ist die Wahl des Kriteriums, nach welchem die eine der beiden Schülergruppen als besser als die andere erklärt wird, willkürlich. Wenn man aber wie etwa der Lehrer weiß – der die beiden Gruppen kennt – dass Gruppe B homogener ist und mit den Leistungen näher am Durchschnitt liegt, während Gruppe A wesentlich stärker streut und dort auch Extremwerte vorkommen, so könnte der Lehrer entsprechend dem gewählten Kriterium eine Gruppe

Der (un)heimliche Einfluss der Testideologie

Context: *Public.*

UNIT: ROBBERIES (2000)

A TV reporter showed this graph to the viewers and said:
"The graph shows that there is a huge increase in the number of robberies from 1998 to 1999."

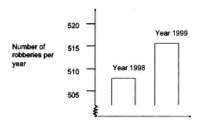

ROBBERIES QUESTION 1 (Item code: M179Q01)
Domain: *Uncertainty.* **Item type:** *Open constructed response.*

Do you consider the reporter's statement to be a reasonable interpretation of the graph? Give an explanation to support your answer.

Abbildung 2

korrekt, aber doch willkürlich favorisieren. Das soll heißen: Während der Eindruck von Objektivität gegeben wird, führt die mathematische Überprüfung und Bewertung selbst zur Manipulation. Ist das ein selbst-referentielles Testitem der PISA-Studie?

Ein ähnlicher Effekt von Manipulation wird im zweiten PISA-Item gezeigt, in diesem Fall wird er durch eine graphische Darstellung erzeugt. Optisch, bzw. durch die absichtsvoll gewählte graphische Repräsentation, wird ein enormer Zuwachs an Raubüberfällen von nahezu 50% nahe gelegt oder erzeugt, obwohl in Wirklichkeit allenfalls ein Zuwachs von 1,57% errechnet werden kann. Wer mag an solchen Manipulationen interessiert sein? Vielleicht könnte ein TV-Sender, der mit der politischen Opposition sympathisiert, ein solches Schaubild zeigen, mit nur wenigen Zahlen auf der linken Seite, und er könnte die beiden Säulendiagramme nur für eine kurzen Moment auf dem Bildschirm zeigen. Dies würde perfekt die Leistungen der Regierung diskreditieren, obwohl sie tatsächlich vielleicht sogar sehr erfolgreich mit Sicherheitsproblemen umgegangen ist. In der Lage zu sein, solche Strategien und Taktiken aufzudecken und die dahinter liegenden Intentionen zu hinterfragen, würde in der Tat ein Zeichen und Beispiel dafür sein, was „mathematically literate" vorstellbar wäre.

Die beiden Beispiele beziehen sich auf einen Bereich (entsprechend Fig. 1.2, OECD 2003, S. 26), der „interpretative dimension" genannt werden könnte, jedenfalls in dem Sinne, wie er hier analysiert wird, der jedoch in PISA nicht auftaucht. Er bezieht sich auf den enormen Einfluss von Mathematik auf das tägliche Leben. Es reicht völlig aus, einen Blick in politische oder ökonomische Meldungen und Berichte in den Medien, sogar in den Sport-Nachrichten von Zeitungen zu werfen, um eine Vorstellung von der Allgegenwärtigkeit der Zahlen – in verschiedenen Darstellungen und als Argumente in Informationen – zu erhalten. Und es geschieht im Allgemeinen nicht nur zum Zwecke bloßer Information oder Illustration, wenn Zahlen, Kalkulationen, Statistiken und so weiter angeführt und präsentiert werden:

Sie dienen der Substantiierung, Verstärkung, Rechtfertigung eines Arguments in Verbindung mit einem Interesse. Gleichzeitig liefert die Mathematik dem Argument den Anschein von Objektivität, Korrektheit und Wahrheit und lässt es zu, dass Interessen zu Sachzwängen werden. Diese funktionale Rolle der Mathematik in der sozialen Praxis kommt vor allem in Bereichen vor, die tatsächlich das Individuum unmittelbar betreffen können, etwa allgemeine politische Debatten, in denen es z. B. um Steuern oder Gesundheitssysteme oder soziale Konflikte im Beschäftigungssystem geht. Es wird immer schwieriger, und zum Teil unmöglich, die Mathematik zu durchschauen, die implizit in einem Argument vorliegt, und die moderne Technologie vervielfacht und verkompliziert die mathematischen Interferenzen noch weiter bis zur Unsichtbarkeit. Aber solcher Probleme gewahr zu werden, ist nicht nur zum Überleben wichtig, es könnte sogar schon in einem frühen Alter begonnen werden. Relativ einfache Aufgaben wie das oben genannte Testitem „Robbery" könnten benutzt werden, um ein Bewusstsein von und ein Interesse für solche zusätzlichen Verständnisebenen zu erzeugen.

Ein umfassendes Verständnis dieser Probleme erfordert gar nicht so viele und komplizierte Mathematikkenntnisse, was mehr gebraucht wird, ist Skepsis, gestützt durch mathematische Einsicht und Common Sense, sowie eine kritische Haltung, die schon von früh an gelernt und entwickelt werden könnte.

Die Testitems erfüllen nicht das ambitionierte Ziel, das die PISA-Autoren sich gesetzt haben: zu messen was als „Mathematical Literacy" beschrieben und damit nur sehr allgemein skizziert, aber nicht wirklich definiert wurde. Man kann nicht ernsthaft für sich in Anspruch nehmen zu messen, wie Schüler „understand the role that mathematics plays in the world", wenn solche Aspekte der Rolle der Mathematik in der Welt, die am bedeutsamsten für ein Individuum sind, einfach beiseite gelassen werden.

Man kann annehmen, dass die Ebene kritischen Verständnisses, die oben skizzenhaft diskutiert wurde, in PISA ausgelassen werden musste, weil sie nicht wirklich mit dem Format standardisierter Tests erfasst werden kann, in dem die Realität zu traditionellen ‚word problems' wird, und nur sehr verkürzte, nichtauthentische Kontexte für Aufgaben übrig bleiben. Damit wird der PISA-„Mathematical Literacy"-Test sehr ähnlich einer Art (mathematischen) Intelligenz-Tests, der auf Common Sense-Annahmen basiert, mit dem Unterschied, dass IQ-Tests mittlerweile beachtliche Fortschritte in der technischen Verfeinerung gemacht haben, aber das Testen von „Mathematical Literacy" noch in den Kinderschuhen steckt (Rindermann 2006).

Literatur

American Federation of Teachers (1977). To Test or Not To Test: An examination of the Educational Testing Controversy. *American Educator*, Special Issue, Winter 1977.
Atkin, J.M. & Black, P. (1996). Policy perils of international comparisons, Phi Delta Kappan, 79, 1, S. 22–28.
Barnes, M. S, Clarke, D.J. & Stephens, W.M. (2000). Assessment as the Engine of Systemic Reform, Journal of Curriculum Studies, 32, 5, S. 623–650.
Binet, A. & Simon, T. (1905). Méthodes nouvelles pour le diagnostic du niveau intellectuel des anormaux. Paris, L'Année psychologique, 11, S. 191–244.
Binet, A. & Simon, Th. (1948). The development of the Binet-Simon-Scale. In: W. Dennis (ed) Readings in the History of Psychology. New York: Appleton-Century-Crofts, S. 417.
Bobbitt, F. (1912). The Elimination of Waste in Education. The Elementary Schoolteacher, 12, S. 259–271.
Bracey, J. (2002). The war against America's public schools. Washington, Allyn & Bacon.

Callahan, R. E. (1962). Education and the Cult of Efficiency, Chicago, University of Chicago Press.
Clarke, D. J., Keitel, C. & Shimizu, Y. (2006). (eds.) Mathematics Classrooms in Twelve Countries: The Insiders' Perspective. Rotterdam: SENSE Publishers (Chapter One, forthcoming).
Clarke, D. J. (2003). International comparative studies in mathematics education. In: A.J. Bishop et al (Eds.) Second International Handbook of Mathematics Education, Dordrecht: Kluwer, S. 145–186.
Clarke, D.J. (1996). Assessment. In: A.J. Bishop et al (Eds) International Handbook of Mathematics Education, Dordrecht: Kluwer, S. 327–370.
Clarke, D. J. (1992). The role of assessment in determining mathematics performance. In: G. Leder (Ed) Assessment and learning of mathematics. Hawthorn: Australian Council for Educational Research, S. 145–168.
Cremin, L. A. (1964). The Transformation of the School: Progressivism in American Education 1876–1957. New York, Vintage Books.
Dillon, S. (2003). Before the Answer, the Question Must Be Correct, New York Times, July 16.
Elmore, R.F. (2002). Testing Trap. Harvard Magazine, 105, 1, S. 35.
Freudenthal, H. (1975). Pupils achievement internationally compared – the IEA. Educational Studies in Mathematics, 6, S. 127–186.
Gellert, U. & Jablonka, E. (2002 a). Tasks and questions used in international assessment of mathematical literacy, In: L. Bazzini & C. Inchley (Eds) Mathematical Literacy in the Digital Era. Milano: Ghisetti e Corvi, S. 114–118.
Gellert, U. & Jablonka, E. (2002 b). Testing the validity of test items. In: L. Bazzini & C. Inchley (eds) Mathematical Literacy in the Digital Era. Milano: Ghisetti e Corvi, S. 327–331.
Goddard, H.H. (1917). Mental tests and the immigrant, Journal of Delinquency, 2 (quoted in Kamin 1977, S. 65).
Haney, W. (2002). Ensuring failure: How a state's achievement test may be designed to do just that, Education Week, 10 July, 56, S. 58.
Hoffmann, B. (1962). The Tyranny of Testing. New York, Crowell-Collier.
Houts, P.L. (ed) (1977). The Myth of Measurability. New York, Hart Company.
Howson, G.A., Keitel, C. Kilpatrick, J. (1981). Curriculum development in mathematics. Cambridge, UK, Cambridge University Press.
IEA (International Association for the Evaluation of Educational Achievement) (1997). TIMSS Mathematics Items, Released Set for Population 2 (Seventh and Eight Grades), IEA, Boston.
Jablonka, E. & Gellert, U. (2002). Defining mathematical literacy for international student assessment. In: L. Bazzini & C. Inchley (Eds) Mathematical Literacy in the Digital Era. Milano, Ghisetti e Corvi, S. 119–123.
Jablonka, E. (2000). Perceptions of Mathematics and Reality in TIMSS Mathematics Items. In: A. Ahmed, J.M. Kraemer, H. Williams (Eds) Cultural Diversity in Mathematics Education. Chichester, Ellis & Horwood, S. 127–130.
Jablonka, E. (2003). Mathematical Literacy, In: A.J. Bishop et al. (Eds.) Second International Handbook of Mathematics Education, Dordrecht, Kluwer, S. 75–102.
Jacobsen, E. (1996). International Co-Operation in Mathematics Education In: A.J. Bishop et al (Eds) International Handbook of Mathematics Education, Dordrecht, Kluwer, S. 1235–1256.
Kamin, L.J. (1977). The Politics of IQ. In: P.L. Houts (ed) (1977) The Myth of Measurability. New York: Hart Company, S. 45–65.

Keitel, C. (2006). Mathematics, Knowledge and Political Power. In: Maaß, J. & Schlöglmann, W. (eds.) Learning Mathematics. Rotterdam: SENSE Publishers (Chapter Three, forthcoming).
Keitel, C. (2000). Cultural diversity, internationalisation and globalisation: Challenges and perils for mathematics education. In: Ahmed, A., Kraemer, J.M., and Williams, H. (Eds.) Cultural Diversity in Mathematics Education, Chichester, Ellis & Horwood, S. 40–61.
Keitel, C. & Kilpatrick, J. (1999). The Rationality and Irrationality of International Comparative Studies. In: G. Kaiser, E. Luna, & I. Huntley (Eds) International Comparisons in Mathematics Education. London: Falmer Press, pp. S. 241–256.
Kliebard, Herbert (1995). The Struggle for the American Curriculum, 1893–1958 (2nd ed.) New York, Routledge.
Kober, N. (2002). What tests can do. TestTalk, Center of Education Policy, Issue 2, October, S. 1–16.
Laughland, A.S. & Corbett, W. (1977). Two principals look at standardized tests. In: P.L. Houts (ed) (1977) The Myth of Measurability. New York, Hart Company, S. 331–345.
Leder, G.C. (2004). New Directions in Assessment: Challenges for Students and Teachers. In: Jianpan Wang & Binyan Xu (Eds) Trends and Challenges in Mathematics Education. Shanghai: East China Normal University Press, S. 3–13.
Leung, F. (2004). Mathematics Assessment and Culture: The Case of Hong Kong. Paper presented on the APEC Summit Conference, Beijing, Januar 2004.
Lewis, A. (2002). A Horse called NCLB, Phi Delta Kappan, 84, 3, S. 179–180.
Linn, R.L., Baker, E.L., & Betebenner, D.W. (2002) Accountability systems: Implications of requirements of the No Child Left behind Act of 2001, Educational Researcher 31, 6, S. 3–16.
Linn, R.L. (2000). Assessments and accountability, Educational Researcher, 29, 2, S. 4–16.
Liungman, C.G. (1970). Myten om intelligensen. Stockholm: Bokförlaget Prisma, (in German: Liungman,C.G. (1975) Der Intelligenzkult. Eine Kritik des Intelligenzbegriffs und der IQ-Messung. Hamburg: Rowohlt, in English: The Myths of Intelligence)
Lippmann W. (1922). The Abuse of the Tests, New Republic, 32, S. 297 f.
Lippmann W. (1922). Tests of Hereditary Intelligence, New Republic, 32, S. 328–330.
Madaus, G.F., West, M., Harmon, M.C., Lomax, R.G., & Viator, K.A. (1992). The influence of testing on teaching math and science in grades 4–12. Chestnut Hill, MA, CSTEEP, Boston College.
Meyerhöfer, Wolfram (2005). Tests im Test. Das Beispiel PISA. Budrich Verlag, Leverkusen.
NCTM (National Council of Teachers of Mathematics) (1989). Curriculum and evaluation standards for school mathematics. Reston, VA, NCTM
NCTM (1995). Assessment standards for school mathematics. Reston, VA, NCTM.
NCTM (2000). Principles and standards for school mathematics. Reston, VA, NCTM.
NRC (National Research Council) (1989). Everybody counts: A report to the nation on the future of mathematics education. Washington, DC, NRC.
NRC (2001). Adding It Up. (J. Kilpatrick, J. Swafford, & B. Findell, (Eds)) Washington, DC, National Academy Press.
NRC (2001). Knowing what students know: The science and design of educational assessment. Committee on the Foundations of Assessment. (Pellegrino, J., Chudowsky, N., & Glaser, R. (Eds)) Washington DC, National Academy Press.

NRC (2002). Scientific research in education. (R. J. Shavelson, & L. Towne, Eds.) Washington, DC, National Academy Press.
OECD (Organisation for Economic Co-operation and Development) (2000). Measuring Student Knowledge and Skills. The PISA 2000 Assessment of Reading, Mathematical and Scientific Literacy, OECD, Paris.
OECD (2003). The PISA 2003 Assessment Framework – Mathematics, Reading, Science and Problem Solving Knowledge and Skills, OECD, Paris.
Park, K. & Leung, F.S. (2004). Factors Contributing to East Asian Students' High Achievement in Mathematics: The case of Korea. Paper presented on the APEC Summit Conference, Beijing, January 2004.
Popham, W.J. (1999). Why standardized tests don't measure educational quality. Educational Leadership, 56, 6, S. 8–15.
Rindermann, H. (2006). Was messen internationale Schulleistungstudien? Schulleistungen, Schülerfähigkeiten, kognitive Fähigkeiten oder allgemeine Intelligenz? In: Psychologische Rundschau, 57, 2, S. 69–86.
Schoenfeld, A. (2002). Making Mathematics Work for All Children: Issues of Standards, Testing, and Equity. In: Educational Researcher 31, 1, S. 13–25.
Schoenfeld, A. H. (1999). Looking toward the 21st Century: Challenges of educational theory and practice. Educational Researcher, 28, 7, S. 4–14.
Shephard, L. (1991). Psychometrician's Beliefs About Learning, Educational Researcher 20,6, S. 2–16.
Shephard, L. (2000). The Role of Assessment in a Learning Culture, Educational Researcher, 29,7, S. 4–14.
Terman, L.M. (1916). The Measurement of Intelligence. Boston: Houghton Mifflin.
Terman, L.M. (1917). Feeble-minded Children in the Public Schools of California, School and Society, 5, 165 (quoted in: Kamin 1977, S. 47).
Thorndike, E.L. (1913). Educational Psychology, I, New York, Teachers College Press.
Thorndike, E.L. (1922). The Psychology of Arithmetic. New York: New York: MacMillan.
Thorndike, E.L. (1923). The Psychology of Algebra. New York: MacMillan.
Thorndike, E.L. et al. (1927). The Measurement of Intelligence. New York: Teachers College Bureau of Publications.
White, S.H. (1977). Social implications of IQ. In: P.L. Houts (ed) (1977) The Myth of Measurability. New York: Hart Company, S. 23–44.
Wood, R. (1991). Assessment and testing. Cambridge, UK, Cambridge University Press.

PISA & Co als kulturindustrielle Phänomene

Wolfram Meyerhöfer

In diesem Beitrag schlage ich vor, PISA & Co als *kulturindustrielle* Phänomene zu betrachten. Der Blick auf PISA & Co mit Hilfe der Theorie von Kulturindustrie schärft unser Verständnis dafür, warum dort kaum Erkenntnis produziert wird, warum Theorien lediglich als Feigenblatt für die Testerstellung gebraucht werden statt als Grundlage für Testerstellung und -interpretation zu dienen,[1] warum die Studien wie Industrieprodukte vermarktet werden, was die Erstellung von Länderrangreihen uns über ihre Ersteller erzählt. Die Forscher werden ebenso wie ihre Auftraggeber als ihrem Tun entfremdet verstanden. Hilfreich ist der Kulturindustrie-Blickwinkel ebenso beim Verstehen des Umgangs der PISA-Forscher mit Kritik.

Die Nutzung des Kulturindustrie-Begriffs für Phänomene des Wissenschaftsbetriebs bezieht sich auf Adornos Erweiterung des Begriffs über den Bereich der Kunst hinaus. Das korrespondiert mit einem erweiterten Kulturbegriff: Kulturindustrie ist dann allgemein die industrialisierte Produktion von Kultur, somit von Kultur*gütern*. Das Problem, mit dem ich mich hier auseinandersetze, ist die Beschädigung des Erkenntnisprozesses dadurch, dass der industrialisierte *Produktions*prozess den *Erkenntnis*prozess dominiert. Dieses Problem ist nicht spezifisch für PISA & Co. Es tritt dort auf, wo Wissenschaft zum Wissenschaftsbetrieb wird. Nun ist Wissenschaft

---

1 Die PISA-Gruppe nutzt mehrere der den Test vorgeblich fundierenden Theorien nicht bzw. nur eingeschränkt. Ich beschreibe das näher für das Kompetenzstufenmodell (Meyerhöfer 2004 b, Reaktion der PISA-Gruppe Lind u. a. 2005), für die Theorie der mentalen Situationsmodelle (Meyerhöfer 2004a (Kapitel 1 und 5)), für eine empirische Untersuchung zum Testtraining (ebd., S. 219 ff., Meyerhöfer 2005a, S. 190 ff.) sowie für den Modellierungsansatz und das Konzept von Mathematical Literacy (Meyerhöfer 2004a (Kapitel 5), 2005a (Kapitel 2, 4, 5). Gellert (in diesem Band) diskutiert das Problem am Beispiel von Freudenthals Ansatz.

in einer arbeitsteiligen Gesellschaft immer *auch* betriebsförmig. Ich setze mich hier mit Wissenschaft auseinander, deren innere Gestalt durch Marktförmigkeit bestimmt ist und bei der die Andienung an Marktförmigkeit und Verwendbarkeit das Erkennen beschädigt.

Ich weise hier nicht vorrangig nach, *dass* PISA & Co auf industrialisierte Weise Kulturgüter – Deutungen, Wissen bzw. Erkenntnis – produzieren, dass es sich also um kulturindustrielle Phänomene handelt. Das nutze ich als Prämisse; meine Beobachtungen aus der Testungspraxis illustrieren lediglich die offensichtlichen Industrialisierungsprozesse. Ich zeige vielmehr, wie man durch die Sichtweise auf PISA & Co als kulturindustrielle Phänomene viele Probleme deutlicher sieht und vor allem besser versteht als ohne diesen theoretischen Ansatz.

Eine parallele Betrachtung von Kunst und Wissenschaft scheint mir auch deshalb sinnvoll, weil Kunst und Wissenschaft die zwei exponierten Bereiche menschlichen Tuns sind, die das Sein erschließen in zuwendender Reflexion und in Aufhebung der Unmittelbarkeit des Seins. Kürzer gesagt: Kunst und Wissenschaft sind jene Bereiche des menschlichen Tuns, in denen das Sein aufgehoben wird. Das beinhaltet Ansprüche an dieses Tun, die im Verlauf der Industrialisierung dieses Tuns tendenziell desavouiert werden: Kunst und Wissenschaft sind potentiell – und konkret sogar: verfassungsmäßig – geschützte Bereiche. Marktförmige Kunst und Wissenschaft bedürfen dieses Schutzes nicht. Vereinfacht gesagt: Wenn ich als Wissenschaftler Forschung betreibe, die ich ebensogut als Angestellter eines Ministeriums oder eines Konzerns betreiben könnte, dann bedarf ich der Freiheit der Forschung nicht. Nun kann man natürlich Freiheit der Forschung auch als Freiheit zu Konformität und Marktförmigkeit lesen, aber das beschädigt nicht nur die Profession, sondern auch die (Notwendigkeit zur) Freiheit der Forschung selbst. Hier wird ein Schutzraum aufgegeben, wenn nicht gar missbraucht.

Wenn Walter Benjamin (1963) das *Kunst*werk durch die „Gegenwart eines nicht Gegenwärtigen" charakterisiert, worin besteht dann der Charakter des *wissenschaftlichen* Werks? Nun, sicherlich im Streben nach Explizierung des Vorhandenen. Vielleicht kann man in einer ersten Näherung sagen, dass positivistische Wissenschaft die endlose Mühe dieses Strebens dadurch auflöst, dass sie einfach das Explizierte zum Vorhandenen erklärt. Die Debatte um den Begriff des Positivismus kann ich hier nicht erschließen und verweise auf den Beitrag von Jahnke in diesem Band und auf den Positivismusstreit. Der Begriff scheint mir aber ein Hauptproblem von Tests, Fragebögen und anderen quantitativen (aber nicht nur solchen) Ansätzen zu fassen: Der Positivismus nimmt nur das unmittelbar Erfahrbare als real an. Vielleicht wäre es möglich, von „Manifestismus" zu sprechen, weil damit nur das manifest Sichtbare als real angenommen wird. Die latente Ebene des Sozialen wird damit vernachlässigt bzw. „theoretisch geleugnet". Dies passiert selten offen und mutwillig. Es ist eher so, dass in positivistischen Forschungen keine Methoden bzw. Instrumentarien vorhanden sind bzw. genutzt werden, die auch das Latente thematisieren.

Ich kann den Zusammenhang von Kulturindustrie und Positivismus hier nicht erschließen. Der Begriff der Kulturindustrie fokussiert auf die Ebene der Produktion, der Begriff des Positivismus auf die Ebene der Erkenntnis. Mir scheint, Horkheimer und Adorno meinten auf der ideengeschichtlichen Ebene die Verklammerung von beidem, als sie beklagten den Umschlag „von Aufklärung in Positivismus, den Mythos dessen, was der Fall ist, schließlich die Identität von Intelligenz und Geistfeindschaft" (1947, S.7 f.)

Mir scheinen aber positivistische – darunter sicherlich besonders hervorzuheben: quantitative – Ansätze besonders anfällig für Kulturindustrialisierung
- aufgrund der Technisierung der Forschungsinstrumente. Technisierte Forschungsinstrumente bergen die Tendenz unzulässiger Vereinfachungen bezüglich des Gegenstandes, der Undurchschaubarkeit des Zustandekommens der Resultate und der Produktion von Artefakten. Die Gefahren dessen ist jedem Forschen eigen, aber technisierte Forschungsinstrumente können die Probleme verstellen und Genauigkeit und Ergebnisfülle als Erkenntnisfülle suggerieren. Gegen diese suggerierte Erkenntniskraft ist ein kritisches Hinterfragen der Instrumente besonders schwierig.
- aufgrund der Einschränkung der Forschungsfragen auf technisch beantwortbare. Forschung muss aber von *relevanten* Fragen ausgehen und dann sorgfältig reflektieren, wo die Grenzen der Erkenntniskraft des Forschungsinstruments liegen.
- aufgrund der Selbstbezüglichkeit quantitativer Validitätsüberprüfungen: Wenn ein Messinstrument lediglich an einem anderen

Messinstrument „eingemessen" wird, dann entstehen eher (Re-) Produktionsketten als dass Erkenntnis gewonnen würde. Ich schlage hingegen vor, Testinstrumente mit qualitativen Methoden zu entwickeln und vertiefe das am Beispiel der Objektiven Hermeneutik (Meyerhöfer 2004a, 2005a).

Ich muss betonen, dass meine These *nicht* ist, dass die hier diskutierte Art, Wissenschaft zu betreiben, keine Wissenschaft ist – auch wenn die textliche Rhetorik gelegentlich mit diesem Gedanken spielt. Dazu ist der Wissenschaftsbegriff viel zu breit angelegt. Zudem ist konstitutiv für Wissenschaft das Vorhandensein von Denk- und Arbeitsweisen, die man selbst zunächst für wenig schlüssig hält. Wissenschaft hört wahrscheinlich erst dort auf, wo Bestandteile des eigenen Denksystems als nicht diskutierbar und kritisierbar postuliert werden. Insofern sind politische, religiöse oder spirituelle Denksysteme dem Wissenschaftlichen nicht zuzuordnen. Dieser Artikel thematisiert hingegen lediglich, wie die Industrialisierung von Wissenschaft wesentliche Ansprüche an Wissenschaft – z. B. Erkenntniskraft, Diskutierbarkeit, Offenheit – beschädigt. Eine völlig industrialisierte Wissenschaft ohne Erkenntnisinteresse ist dabei lediglich idealtypisch konstruiert. Dieser Idealtyp wird hoffentlich empirisch nicht vorfindlich sein, aber in der Diskussion des Idealtypischen erschließt sich auch das empirisch bei PISA & Co Vorfindliche.

Zunächst werden – eher kursorisch – einige PISA-Phänomene auf Erklärungsmuster aus einer frühen Schrift über Kulturindustrie bezogen. Das Phänomen der Länderrangreihen wird dann einer näheren Analyse unterzogen.

In der „Dialektik der Aufklärung" (Horkheimer/Adorno 1947) haben Max Horkheimer und Theodor W. Adorno eine Analyse von Kulturindustrie vorgelegt. Aus der Sicht des heutigen Lesers sind die Ausführungen so erschreckend wie erhellend, weil die dort für den Kulturbetrieb, insbesondere die Medien, aufgezeigten Tendenzen sich mittlerweile ausgeschärft haben. Auch für den Wissenschaftsbereich zeichnen sich kulturindustrielle Tendenzen bereits lange ab, wie auch die Beiträge von Jahnke und Keitel in diesem Band zeigen. Mit PISA & Co ist aber bezüglich der Kulturindustrialisierung von Wissenschaft eine für Deutschland neue Qualität eingetreten, die in ihrem Durchschlag auf das Bildungswesen und

– vermittelt über die damit einhergehende Beschädigung der europäischen Bildungstradition – auf die ganze Gesellschaft kaum überschätzt werden kann. Schauen wir uns einige Aspekte der Kulturindustrialisierung von Wissenschaft bei PISA & Co näher an:

Technologische Rechtfertigung von Halbbildung und Rationalität bzw. Technisierung von Herrschaft

Tests im Bildungswesen sind standardisierte Instrumente zum Vermessen von Schülereigenschaften. Beim Testen ist der ursprünglich individualisierte, sich der Unabgeschlossenheit, der Prozesshaftigkeit und der Emotionalität von Erkennen stellende Bildungsgedanke konfrontiert mit einem standardisierten Messkonstrukt von Bildung.

Die deutschen Bildungsstandards mit ihrer Fokussierung auf Testbares spitzen diese Konfrontation zu: Ohne Bildungsstandards konnte man zumindest prinzipiell einen individualisiert, unabgeschlossen usw. gedachten Bildungsgedanken und Bildungsprozess annehmen. Man konnte dann versuchen, diese individualisierte Bildung mit dem Messkonstrukt in Beziehung zu setzen. Man konnte also einen Unterschied zwischen Bildung als Individuellem und Bildung als Messkonstrukt immerhin noch denken. Der positivistische Gedanke des Messens schiebt bereits Beides ineinander. Die Bildungsstandards legen dieses Ineinanderschieben nun auch noch explizit und als durch die Kultusminister vereinbart fest; Schule wird damit zum Ort der Herstellung eines Testbaren, das man Bildung nennt. Das Messkonstrukt und der Bildungsgedanke werden ineins gesetzt. „Halbbildungsstandards"[2] wäre der treffendere Begriff, denn nicht Autonomie und die Authentizität des Bildungsprozesses und des Angeeigneten ist das Ziel der Standards, sondern die Herausbildung von Messbarem, also Heteronomem und von tendenziell Nichtauthentischem. Anders gesagt: Es geht nicht darum,

---

2 Zum Begriff der Halbbildung vergleiche Adorno (1972). Mein Argument zielt darauf, dass der Begriff der Halbbildung die Ansammlung von Bildungselementen beschreibt, welche nicht authentisch angeeignet sind, die also keinen autonomen Umgang mit dem Gegenstand ermöglichen.

sich einen Gegenstand zu erschließen, mit ihm um seinen Gehalt zu ringen. Es geht darum, sein Kreuz an der richtigen Stelle zu machen, die richtige Zahl hinzuschreiben oder eine für den Auswertenden kategorisierbare offene Antwort zu geben. In dieser Abkehr von Autonomie und Authentizität scheint mir ein Hauptproblem der Bildungsstandards zu liegen: Jeder Ansatz von staatsbürgerlicher und demokratischer Erziehung, von Bildung des Selbst und des Sozialen muss sich *gegen* die Standards-Tests durchsetzen statt durch die Standards gestützt zu werden.

Die Betrachtung dieser Tendenz als kulturindustrielle lässt uns nun die zugehörige technologische Rechtfertigung und die sich im Testen entfaltende Rationalisierung[3] von Herrschaft deutlicher erkennen:

> Von Interessenten wird die Kulturindustrie gern technologisch erklärt. Die Teilnahme der Millionen an ihr erzwinge Reproduktionsverfahren, die es wiederum unabwendbar machten, dass an zahllosen Stellen gleiche Bedürfnisse mit Standardgütern beliefert werden. Der technische Gegensatz weniger Herstellungszentren zur zerstreuten Rezeption bedinge Organisation und Planung durch die Verfügenden. Die Standards seien ursprünglich aus den Bedürfnissen der Konsumenten hervorgegangen: Daher würden sie so widerstandslos akzeptiert. In der Tat ist es der Zirkel von Manipulation und rückwirkendem Bedürfnis, in dem die Einheit des Systems immer dichter zusammenschießt. Verschwiegen wird dabei, dass der Boden, auf dem die Technik Macht über die Gesellschaft gewinnt, die Macht der ökonomisch Stärksten über die Gesellschaft ist. Technische Rationalität ist die Rationalität der Herrschaft selbst. Sie ist der Zwangscharakter der sich selbst entfremdeten Gesellschaft. (Horkheimer/Adorno 1947, S. 140)

Wir erkennen eine Standardrechtfertigung von PISA & Co wieder: Tests müssten aus technischen und Effektivitätsgründen in der üblichen inhaltlich verkürzten und verkürzenden Weise gestrickt sein.

---

3 Der Begriff der Rationalisierung von Herrschaft lehnt sich hier an Max Weber an. Die Irrationalität des Rationalen – diskutiert u. a. in der „Dialektik der Aufklärung" – lässt sich für unser Thema mit dem Begriff des „Glaubens an Tests" andeuten und erschließt sich hoffentlich im weiteren Text ein wenig, ihr kann aber hier nicht ausgiebig nachgespürt werden. Ich werde im weiteren meist von Technisierung von Herrschaft sprechen, da der Fokus des hier diskutierten Problems auf diesen Aspekt in besonderer Weise verweist. Manchmal wird der Aspekt der Bürokratisierung der fokussierte sein.

Multiple Choice ließe effektives Scannen zu, und das Verschlüsseln offener Schülerantworten garantiere schnelleres und objektiveres Erfassen der Schülerleistung als z. B. zentrale Klassenarbeiten, die sich in Form und Bewertungsmodi an herkömmliche Klassenarbeiten anlehnen.

Die größere Objektivität bringt wenig in Bezug auf den Zweck des Testens: Die Verminderung von Subjektivität soll ja eine größere Geltung der Leistungsaussage erzeugen. Nun wird beim Testen zwar die Subjektivität der Leistungsbewertung eingeschränkt, aber die Leistung wird dadurch nicht treffender oder besser beurteilt, sondern nur anders. Tests erzeugen neue Probleme (kulturelle Verwerfungen, Multiple-Choice-Probleme, Raten) und verschärfen andere (Testfähigkeit, Ausrichtung des Unterrichts auf fremdgesetzte Evaluationskriterien hin („Indikatorfixierung", Dahler-Larsen 2004), technische Orientierung der Inhalte, Abkehr von der Sache usw.). Die Probleme werden insgesamt lediglich verschoben.[4] Eine „Auflösung" scheint sich lediglich in einem gelassenen Umgang mit dem Problem der Leistungserfassung anzudeuten.

Die größere Effektivität wird erkauft durch reine Selbstbezweckung des Tests bezogen auf den pädagogischen Prozess: Der „effektive" Test hilft weder Lehrern noch Schülern in ihrer Arbeit. Er gibt keinerlei Hinweis darauf, was man auf welche Weise besser machen könnte. Zweck hat diese Effektivität nur in einem: In der Rationalisierung bzw. Technisierung von Herrschaft, in der Möglichkeit unmittelbaren Zugriffs des Herrschaftssystems auf Lehrer und Schüler: Die Belohnung oder Bestrafung von „Leistung" kann direkt an das Testresultat gebunden werden. Tests sind damit wesentliche Instrumente der Beschädigung der relativen Autonomie von Bildungseinrichtungen.

Man muss sich das Durchschlagen von Tests auf Unterrichtsrealität konkret vorstellen, um die Autonomiebeschädigung abschätzen zu können: Auch Testverfechter behaupten ja bei konkreter Befragung nicht, dass Tests das Unterrichten als Prozess direkt verbessern würden. Sie sehen eher einen Prozess, bei dem Lehrer die guten Testaufgaben bereits im Unterricht einsetzen. Das sei bereits besser als die bisher vorherrschende Abarbeitung von technischen

---

4 Ausführlich dazu die Untersuchungen in Meyerhöfer (2004a, 2005a).

Aufgaben. Die von mir behauptete Autonomiebeschädigung steckt also u. a. in den Aufgaben selbst. Hier erweist sich nun das Problem als ein vorrangig technisches, denn Testaufgaben müssen eine bestimmte Charakteristik haben, und diese ist von extremer Zeitknappheit, technisierter Auswertbarkeit, Skalierungsproblemen u. ä. technischen Problemen bestimmt. Das Inhaltliche hat sich dem in jedem Falle unterzuordnen. Am Beispiel von PISA habe ich andernorts herausgearbeitet,[5] zu welchen systematischen Problemen das führt. Man kann dies auch nicht damit abtun, dass es eben einzelne „schlechte" Aufgaben gibt: Die technischen Grundprobleme sind nicht heilbar.

Heilbar erscheint hingegen in gewisser Weise das Problem der inhaltlichen Validierung der Tests: Mit qualitativen Methoden wie der Objektiven Hermeneutik lässt sich wahrscheinlich ein Messinstrument erstellen, bei dem man weiß, was man misst. Auch ein solches Instrument unterliegt den Problemen des Technischen. Aber mit einem solchen Instrument werden diese Probleme benannt und als Grenzen des Instruments erkannt. Die Behauptung, hier würde „Bildung" vermessen, wird man einem solchen Instrument dann allerdings kaum anheften können. Zudem erscheint es in kulturindustriellen Konstellationen als kaum vorstellbar, dass Testentwickler eine Methode nutzen, die die Grenzen des Instruments aufzeigt.

Natürlich kann Unterricht immer auch mit problematischen Aufgaben produktiv arbeiten. So konnten wir im Aufgabenpraktikum anhand der meisten Aufgaben der Bildungsstandards interessante und erschließende Mathematik betreiben. Wir konnten es allerdings nur *gegen* die Aufgaben: Wir mussten sie hinterfragen, erweitern, vertiefen, verändern. Damit ist aber der Gedanke ad absurdum geführt, dass bereits das Diffundieren von (Test-)Aufgaben in den Unterricht diesen verbessern könne: *Derjenige* Lehrer, der mit Testaufgaben intellektuell reichhaltigen Unterricht halten kann, der kann es mit jeder Aufgabe. Wir können den schönen Gedanken der Unterrichtsverbesserung durch Aufgaben noch etwas erweitern und uns eine Aufgabensammlung vorstellen, die nicht nur Testaufgaben, sondern noch andere Aufgaben, Arbeitsaufträge, Beweisauf-

---

5 Vergleiche ebenda.

träge usw. enthält: Selbst diese Erweiterung über Tests hinaus „erzeugt" noch keinen guten Unterricht. Wenn es wirklich so einfach wäre, dass man das Problem auf diese Weise technisch lösen könnte, dann wäre das didaktische Schlaraffenland ja möglich. Aber selbst die DDR und Japan – die ja neben solchen verzahnten Materialien sogar noch weitere Implementationsleistungen erbracht haben und auch konkret am Unterricht selbst arbeite(te)n – waren bzw. sind nicht solche Schlaraffenländer. Der Gedanke, dass ein einziges dieser Instrumente, nämlich Testaufgaben, den Unterricht *verbessern* könnte, erscheint eindimensional. *Verändern* wird es Unterricht natürlich, wenn das Instrument zum Bewertungsmaßstab erhoben wird.

Das Problem der technokratisierten Herrschaftsausübung mittels technisierter Beurteilung (meist Tests bzw. Fragebögen) soll in der praktischen Anwendung dadurch geheilt werden, dass Herrschaft sich neben den Tests auf weitere Beurteilungskriterien stützt, z. B. Zensuren, Verbalbeurteilungen, Gespräche, Portfolios und Arbeitsproben. Das verdeckt aber das Problem, statt es zu lösen: Die technische Beurteilung geriert sich objektiv, präzise und valide, weil sie als wissenschaftlich fundiertes Instrument figuriert. Im Zweifelsfall müssen also alle nichttechnischen Beurteilungen ihre abweichenden Urteile gegenüber der technischen Beurteilung rechtfertigen. Das hängt nicht nur mit dem Sog des scheinbar präzisen Punktwertes zusammen, sondern ergibt sich auch aus der gesetzeswissenschaftlichen Basis von Tests:[6] Wenn man davon ausgeht, dass das technische Instrument in Einzelfällen nicht aussagekräftig ist und wenn diese Einzelfälle nicht heraussortierbar sind, so ist das Instrument im Ganzen überflüssig. Man muss also Allgemeingültigkeit produzieren bzw. postulieren. So erklärt sich auch die Standardargumentation gegen Einwände zu den Testaufgaben: Das seien eben einzelne wenig gelungene Aufgaben, die Probleme würden sich aber in der Masse schon irgendwie „rausrechnen". Allerdings scheint dieses „Rausrechnen" ein Glaube zu sein, denn man findet keine Argumentation, warum und auf welche Weise sich Probleme in der Masse „rausrechnen" sollten. In der Testpraxis wird nicht

---

6   Vergleiche z. B. Meyerhöfer (2005a, S. 74–79) oder ders. (2004a, S. 53–59).

einmal in der einfachsten denkbaren Weise – nämlich der Entfernung der Messwerte jener nachgewiesenen „misslungenen Einzelfälle" aus der Gesamtberechnung der Testresultate – etwas „rausgerechnet". Statt dessen werden auch jene „misslungenen Einzelfälle" weiter verwendet, und neue Instrumente werden an ihnen ausgerichtet.

Die Technokratisierung der Herrschaftsausübung durch technisierte Beurteilung ist auch Mittel der Verschleierung von Herrschaft und der Entinhaltlichung von Herrschaft: Mit zunehmender Vertestung von Schule wird sich die Praxis der Vergabe von Zukunftschancen ebenso ändern wie die von Schulleitung und Administration. Bedurften Sanktionen gegen Lehrer, Schüler und Schulen bisher der Mühe von inhaltlicher Auseinandersetzung, so bedarf es dieser nicht mehr, wenn Beurteilung technisiert ist. Schlechte Testergebnisse genügen, um zu rügen, Aufstiege oder Prämien zu verweigern, Verträge nicht zu verlängern, Verbeamtungen zurückzuweisen, Versetzungen zu torpedieren usw. Die inhaltliche Auseinandersetzung ist auf die Ebene der Testingenieure verlagert, welche das Instrument entwickelt haben. Die Testingenieure sind oder gerieren sich als Wissenschaftler, die Instrumente als wissenschaftlich und somit als fundiert. Die von Beurteilung Betroffenen müssten also die Profession wechseln, um die Beurteilung kritisieren zu können, oder sie finanzieren die Mühlen des Expertenwesens, indem sie Testingenieure bzw. Wissenschaftler bezahlen, die die Rechtfertigung der technisierten Beurteilung in Frage stellen. Dies ist natürlich umso schwieriger, wenn die Instrumente geheim sind wie bei PISA und bei den Tests zu den Bildungsstandards.

Der Wunsch, dass mit Tests Schule verbessert würde, erweist sich also auch diesbezüglich als Illusion, die Behauptung als Ideologie: Verbesserung von Schule kommt zustande, indem über Unterricht kommuniziert wird und darüber die Professionalität der Lehrer weiterentwickelt wird. Das ist ein hartes Geschäft, gerade dort, wo man sich konkret mit professionellen Fehlern, mit problematischen Deutungsmustern und Ideologien auseinander setzen muss. Tests als technisierte Instrumente sollen – in den Wünschen vieler Tester – dieses Geschäft stützen. Die Inadäquatheit technisierter Beurteilungen für die Realität von Bildung und von Unterricht, die scheinbare Präzision, Objektivität und Validität führen aber dazu, dass Tests dieses Geschäft formalisieren und inhaltlich torpedieren und sie zu reinen Herrschaftsinstrumenten machen.

Produktpräsentation statt Debatte:
Vom Kollegen zum Publikum

Auch der von Horkheimer und Adorno angesprochene Zirkel von Manipulation des Publikums und rückwirkendem Bedürfnis ist bei PISA & Co erkennbar. Wer ist hier das „Publikum"? Es sind einerseits die von Vergleichsuntersuchungen Betroffenen, also alle am Bildungswesen Beteiligten, denn der Anspruch ist, wissenschaftlich fundierte Aussagen über das Bildungswesen zu machen (auch wenn unklar ist, ob überhaupt das Bildungswesen die „Befunde" erzeugt). In einer vollbeschulten Gesellschaft sind also alle Bürger potentielles Publikum. Sie sind es aber auch als Staatsbürger, da das Bildungswesen als gesamtgesellschaftliche Aufgabe gilt.

Ein besonderer Teil des Publikums ist das Fachpublikum, insbesondere Wissenschaftler, aber auch Lehrer und Fachadministratoren. Bezüglich des Fachpublikums fällt das Diktatische von PISA & Co in besonderer Weise ins Auge: Wissenschaft konstituiert sich in der Debatte und in der prinzipiellen Debattierbarkeit der Argumente. Diese Debattierbarkeit verliert sich bei PISA & Co mehrfach:

Am offensichtlichsten in der Geheimhaltung der Testaufgaben, also eines wesentlichen Ortes der Geltungsentstehung der Testaussage. Durch die Tester werden dazu die bekannten technischen Argumente vorgebracht.

Debattierbarkeit verliert sich ebenso in der Oberflächlichkeit der wissenschaftlichen Fundierung: In Fußnote 1 sind Theorien verzeichnet, die vorgeblich bei der Testerstellung benutzt wurden, aber nicht bzw. nicht adäquat benutzt werden. Das erweist sich als Dauerproblem bei der Analyse von TIMSS und PISA:[7] Man gelangt gar nicht an den Punkt, an dem man die vorgeblich verwendeten Theorien weiterführend und in ihrer Nutzung diskutieren kann, denn diese Theorien werden nicht für die Testerstellung genutzt, sondern

---

7 Vergleiche z. B. Meyerhöfer (2004a, 2005a).

nur vor den Test geschoben. Das wirft nicht nur ein forschungspragmatisches Problem auf, sondern stellt die Debattierbarkeit von PISA & Co prinzipiell in Frage: Wenn hier lediglich ein Potpourri von Theorien einem freihändig konstruierten Test „als Mäntelchen umgelegt" ist, dann entzieht sich das Gesamtkonstrukt der Debattierbarkeit, denn wissenschaftliche Debatte heißt ja: Die Passung von Theorien und Realität ausloten. Bei TIMSS, noch mehr bei PISA sind nun mehrere Theorien nebeneinander gestellt, ohne dass daraus ein Theoriesystem entstünde, bei dem die Teile miteinander zu einer neuen Qualität verschmelzen müssten. Das wäre zugegebenermaßen ein schwieriges Unterfangen, da sich viele – oftmals widersprüchliche – Prämissen und Hintergründe von Theorien erst in solchen Verschmelzungsversuchen zeigen und weil die Konfrontation verschiedener Theorien miteinander die Schwachpunkte offen legen, die dann ja auch noch bearbeitet werden müssen. Bei der Testkonstruktion wiederum wurden nicht einmal die vorgeschobenen Theorieteile verwendet, so dass eine Passung von Theorie und Realität nicht thematisch ist.

Verdeutlichen kann man sich diesen Aspekt der Nichtdebattierbarkeit in den Debatten um Aufgaben,[8] um die Kritik von Gaeth (2005) oder um das Kompetenzstufenmodell und um das Raten:[9] Dort wird den Problemen seitens der Testautoren immer weiter ein Schleier umgelegt statt sie zu klären. Zum inhaltlichen Umgang mit Kritik lässt sich für TIMSS und PISA zusammenfassend sagen: Zunächst wurde versucht, Kritik zu ignorieren und hinter der Bühne zu halten. Als das nicht mehr möglich war, wurde die Kritik bagatellisiert und Kritiker persönlich diffamiert. Die Richtung dabei war, dass die Kritiker das Konstrukt nicht verstanden hätten und dass sie ohnehin nur etwas gegen PISA hätten. Erkenntnishaltig war die Auseinandersetzung mit der Kritik kaum. Statt Argumente für den eigenen Ansatz vorzubringen oder die Kritik mit Argumenten zu entkräften, wurden die Probleme verschleiert. Mit dem kulturindustriellen Blick ist anzunehmen, dass im weiteren die Kritik scheinbar

---

8 Vgl. Baumert u. a. (2000) in Antwort auf Hagemeister (1999).
9 Journal für Mathematik-Didaktik 1/2004, 3–4/2004, 1/2005 und 3–4/2005.

aufgenommen und mit „Lösungen" versehen wird und dass an der nächsten im Produktionszyklus möglichen Stelle ein neues Produkt entwickelt wird.

Eine dritte Ebene der Nichtdebattierbarkeit kann hier nur angedeutet werden: PISA & Co sind komplexe Konstrukte, die von niemandem in Gänze durchschaut werden, auch von der Projektleitung nicht. Man wird dadurch in der Debatte immer wieder an „Verantwortliche" verwiesen, die aber auch wieder nur einen bestimmten Teil des Ganzen vertreten. Pragmatisch erschwert dies wissenschaftliche Debatte. Ob es sie prinzipiell unmöglich macht, kann hier nicht geklärt werden. Die Kernfrage scheint mir hier zu sein, ob es eine unauflösbare Diskrepanz zwischen bürokratisierten Systemen und Erkenntnisproduktion gibt.

Die Nichtdebattierbarkeit von PISA & Co erscheint seltsam vor der Folie einer wissenschaftlichen Debatte, weil hier die Debattanten zum Publikum degradiert sind. Weit weniger seltsam erscheint sie aus dem Blickwinkel auf diese Projekte als kulturindustrielle: Hier werden Millionen umgesetzt, und diese Industrie möchte sich selbst aufrecht erhalten. Elisabeth Flitner (2006) setzt den Begriff „Forschungseinrichtungen" für die fünf Institute, die den Kern des PISA-Konsortiums bilden, in Anführungsstriche und vermerkt dazu: „Diese Bezeichnung lässt offen, dass es sich bei vier von ihnen um private Unternehmen handelt, educational assessment-Firmen, die PISA entwickelt und an bisher achtundfünfzig Staaten verkauft haben: Die australische ACER Ltd., ETS und WESTAT Inc. aus den USA und die in den Niederlanden basierte CITO-Gruppe. Neben ihnen ist an der internationalen PISA-Leitung auch eine öffentliche Einrichtung beteiligt, das japanische Institut für bildungspolitische Forschung NIER, im Status etwa dem „Deutschen Jugendinstitut" vergleichbar." (Flitner 2006, S. 4 von 24 im Manuskript) Sie beschreibt den enormen Aufwand, den die privaten Testunternehmen unternommen haben, um Deutschland als Markt für ihre Produkte zu erschließen – ein Unterfangen, das als gelungen angesehen werden muss, denn die öffentliche Hand stellt mittlerweile Millionen für „Forschungen" zur Verfügung, die aus kaum mehr bestehen als der Variierung und Abarbeitung von gekauften (besser: gemieteten) Instrumenten. Man versichert diese Instrumente sogar gegen die Gefahr eines Bekanntwerdens.

Ebenso zeigt sich, betrachtet man PISA & Co vor der Folie des Begriffs der Kulturindustrie, dass auch hier „keine Apparatur der Replik sich entfaltet" (Horkheimer/Adorno 1947, S. 140). Es erschließt sich dann auch, wie weit Kritik gehen darf: Nämlich bis dorthin, wo die Substanz anfängt. Eine Seifenoper darf kritisiert werden, solange dabei das Prinzip der Seifenoper an sich nicht kritisiert wird. Eine Vorabendserie darf kritisiert werden, aber das Prinzip des Füllens von Lücken zwischen den Werbeblöcken nicht. So wie wir diesen Grundsatz täglich im Feuilleton beachtet sehen, so sehen wir ihn auch in der Rezeption von kulturindustrieller Wissenschaft beachtet. Man darf all jenes kritisieren, was sich einpassen lässt. Sobald man aber das Prinzip von PISA & Co in Frage stellt, wird man zum Radikalen und Querulanten, der sich im Ton vergreift, die Sache nicht versteht (z. B. Baumert u. a. 2000) oder lediglich „prinzipiell etwas gegen das ganze Unternehmen hat und dies hinter vorgeschobenen Argumenten versteckt" (Lind 2004, S.74)

Der Blickwinkel der Kulturindustrie bereitet uns aber ebenso darauf vor, dass auch fundamentale Kritik im Laufe der Zeit einverleibt werden wird, vorrangig über Scheinlösungen und Scheinironisierungen. Eine derzeit beliebte Lösung ist die „Methodentriangulation". Man findet kaum Fälle,[10] in denen hier eine Bündelung der Stärken der triangulierten Methoden hin zu einer höheren Qualität von Erkenntnis gelingt. Dazu müssten die beteiligten Forscher gemeinsam am und mit dem Gegenstand ringen. Dazu gehört, den Anderen immer wieder auf Präzision in der Argumentation zu verpflichten. Das heißt auch, die eigene Methode und die Methode des Anderen immer wieder auf ihre Grenzen hin auszuloten. Es bedarf hohen Vertrauens und professionsethischer Verankerung, um sich dieser Qual zu stellen. Ich kenne auch keinen Text, in dem die Autoren solches Tun selbst als „Methodentriangulation" bezeichnet hätten. Oftmals erschöpft sich das als „Methodentriangulation" Benannte im Nebeneinander verschiedener Zugriffe auf den Gegenstand, bei dem sich die Zugriffe eher oberflächlich ergänzen (vergleiche zum Beispiel die Verzahnung der Teilstudien von TIMSS; auch im übernächsten Abschnitt), und kaum zu einer neuen Qualität von Erkenntnis führen. Eher scheint Methodentriangulation ei-

---

10 Als gelungener Ansatz erscheint mir Wernet (2006).

ne Tendenz zu erzeugen, Fehler und Probleme des einen Zugriffs auf andere Zugriffe zu übertragen, indem man bei oberflächlicher Betrachtung das scheinbar Erkannte wiederzufinden glaubt.[11]

Bei PISA deutete sich bereits eine weitere Immunisierung gegen Kritik an, die aus anderen Bereichen von Kulturindustrie bereits bekannt ist: Dort wird der künstlerische Anspruch, dessen Pose doch immer wieder eingenommen wird, schlicht verneint. Man wolle keine Kunst machen und sei deshalb auch nicht an ästhetischen Ansprüchen an Kunst zu messen. Die gelegentlich zu hörende PISA-Variante lautet, dass es sich eben um einen Ländervergleich handele, den die OECD als Vergleichsstudie, nicht als wissenschaftliche Untersuchung durchführen habe lassen. Diese Tendenz dürfte einen vorläufigen Höhepunkt in den Tests erreichen, die im Rahmen der Bildungsstandards entstehen: Sie sind herrschaftliche Durchsetzungsinstrumente. Erkenntnisinteresse wird hier nicht einmal mehr geheuchelt. Wissenschaft ist zu Funktionswissenschaft geworden.

Insofern täuscht auch der erste Eindruck, dass Bildungsstandards in die bildungspolitische Debatte gedrückt wurden, nur um die (quantitative) „Empirische Bildungsforschung" besser im Bildungs-Feld zu positionieren. Die Technisierung von Herrschaft ist nicht nur ein Bedürfnis von Politik und Administration, sie bedient offenbar breitere Bedürfnisse auch von beteiligten Wissenschaftlern. So erinnere ich mich eines Mathematikdidaktikers, der in der Entstehungsphase von PISA sagte: „Ich betreibe jetzt [xx] Jahre Mathematikdidaktik und die Lehrer begreifen es nicht. Jetzt zeige ich ihnen, was ich von ihnen will." Dieser Mathematikdidaktiker hält es ehrlichen Herzens für einen Fortschritt, dass er herrschaftlich die von ihm für gut gehaltenen Aufgaben in die Schulen drücken kann. Die Künstlichkeit der Konstruktion einer nationalen Katastrophe durch die Verwendung von in Deutschland unüblichen Aufgaben bei PISA war dabei im Vorhinein klar und wurde zum Bei-

---

11 Ein besonders misslungenes Beispiel aus der Mathematikdidaktik findet sich bei Klieme/Thußbas 2001. Sie triangulieren eine quantitative Schüler- und Lehrerbefragung mit der qualitativen Interpretation einer Stunde. Der sich dabei andeutende Widerspruch zwischen Befragung und Stunde veranlasst sie nun nicht zu einer Revision der Instrumente – es deutet sich an, dass das Befragungsinstrument problematisch ist. Statt dessen reden sie die Widersprüche weg, was auf eine Fehlinterpretation der Stundensequenz hinausläuft. (vgl. Meyerhöfer 2005b)

spiel im Arbeitskreis „Empirische Vergleichsuntersuchungen" der Gesellschaft für Didaktik der Mathematik auch offen thematisiert. Die Standardrechtfertigung hierfür ist, dass der deutsche Mathematikunterricht ja wirklich schlecht sei und einer Verbesserung bedürfe. Das Aufrütteln durch PISA sei deshalb positiv zu bewerten. Auch diese Rechtfertigung erinnert an typische kulturindustrielle Muster. Ein Wissenschaftler kann aber einen Konstruktionsfehler bzw. eine Konstruktionsmanipulation seiner Untersuchung nicht dadurch rechtfertigen, dass das so konstruierte Ergebnis doch das Gute wolle bzw. das bereits vermeintlich Gewusste bestätigt. Er würde das vermeintlich Gute und Gewusste hinterfragen und er würde sich ihm mit einem besseren Forschungsinstrument nähern. Anders gesagt: Der Wissenschaftler steht permanent vor dem Problem der Brauchbarkeit des von ihm Erkannten für Veränderungen hin zum vermeintlich Guten. Das einzige, worauf er sich dabei berufen kann, ist seine Verpflichtung auf Wahrhaftigkeit. Wenn er sie aufgibt, und sei es im besten Wollen, dann beraubt er sich der Basis seines Tuns.

Manipulation des Publikums und die rückwirkende Erzeugung von Bedürfnissen

Vor TIMSS gab es in vielen gesellschaftlichen Bereichen kein Interesse an verstärktem Testen, weder bei Eltern, bei Schülern oder bei Lehrern noch in der Bildungsadministration oder in den Hochschulen. Das Dauerthema des Bildungswesens – der nicht stillstellbare Wunsch nach Verbesserung – wurde an inhaltlichen und systemischen Fragen diskutiert. Lediglich Teile der Wirtschaft forderten für Schulabgänger eine bessere Beherrschung von mathematischen und schriftsprachlichen Techniken und – unter Negierung des schulischen Bildungsauftrags – von Anpassungsleistungen;[12] diese Forderungen waren gelegentlich gepaart mit Standardisierungswünschen

---

12 So werden im Umgang mit adoleszenten Verhaltensweisen von der Industrie Ansprüche in die Schule getragen, die einem Ansatz von pädagogischer Permissivität (vergleiche Wernet 2003) und der Entwicklung von Autonomie in gewisser Weise entgegenstehen.
Auf grundsätzliche Missverständnisse verweisen auch Forderungen wie die nach mehr Teamfähigkeit: Teamfähigkeit meint in der beruflichen Ausbildung eher Unterordnung und Einordnung in vorhandene – strukturell: ausbeutende und

bezüglich der eigenen Arbeiter- und Angestelltenklientel. Aber erst durch die enorme Vermarktungsmacht, mit der TIMSS und später PISA als nationale Katastrophe im Medienmarkt positioniert wurden, wurde ein breiteres gesellschaftliches Bedürfnis nach Tests und nach Standardisierung von Bildung produziert.

Natürlich ist die Fruchtbarkeit des Bodens nicht zu unterschätzen, auf den die Heilsversprechen der Vergleichsuntersucher trafen: Bemühungen zur Vereinheitlichung von Curricula und Bildungsabschlüssen folgen dem gleichen Geist wie die Standardisierung von Bildung. Bereits hier wird auf fragwürdige Weise vorausgesetzt, dass Vereinheitlichung Verbesserung bedeute. Weitere Stichworte für den klimatischen Hintergrund, vor dem nicht interpretierbare Testpunktwerte zur nationalen Katastrophe stilisiert werden konnten, sind: Zunehmende (Re?)Kommerzialisierung der Gesellschaft, gepaart mit gesellschaftlicher Polarisierung, vermittelt auch über Schulabschlüsse. Verunsicherung in Teilen der Lehrerschaft bezüglich Zielen und Wegen eigenen Tuns, Verwerfungen der Schulreform insbesondere in Ostdeutschland. Zunehmende Technokratisierung aller gesellschaftlichen Bereiche, gepaart mit Abgabe von Verantwortung an Experten (Diese Tendenz lässt sich nicht nur an der zunehmenden Zahlenlastigkeit politischer Argumentationen illustrieren. Man sieht sie auch in Kategorisierungstendenzen bis in

---

entfremdete – Strukturen. Im schulischen Bildungsgedanken meint Teamfähigkeit aber Partizipation und Autonomieentwicklung. Es geht also darum, sich selbst und die soziale Umgebung zu entwickeln, das Soziale sich zu erschließen und sich einen Bildungsgegenstand anzueignen. Schule will also Autonomie und Aneignung, Wirtschaft hingegen ist zunächst in ihrer Grundstruktur Unterordnung, Ausbeutung und Entfremdung. (Die Richtigkeit dieser Aussage erschließt etwas. Gleichwohl ist die Aussage auch falsch. An dem Problem ließe sich eine Schultheorie entfalten, leider nicht in Kürze.) Die Dauerklage der Wirtschaft über Schulabgänger könnte also darauf verweisen, dass die Schule ihrem – in seiner impliziten Subversivität uneinlösbaren – Anspruch sich nähert. Eine Forschungshypothese wäre hier, dass aus emanzipatorischeren wirtschaftlichen Strukturen solche Klagen so nicht kommen.

private Bereiche, z. B. bei Partnervermittlungen[13] oder in der zunehmenden Verbreitung diverser Warentests, bei denen sogar der Geschmack von Produkten quantifiziert und gewichtet wird).

Der fruchtbare Boden war aber nicht unbedingt einer, der nach Tests und Standardisierungen im Bildungsbereich lechzte – der Bildungsbereich war vor TIMSS einer der letzten, der sich der verstärkten Kommerzialisierung, Quantifizierung und Standardisierung noch entziehen konnte, insofern wären andere Entwicklungswege vielleicht denkbar gewesen. Sicherlich gab es ein Bedürfnis nach Veränderung. Es gab und gibt ein Bildungsbedürfnis ebenso wie ein Ausbildungsbedürfnis. Und es gab ein deutliches Bedürfnis nach Erkenntnis über Bildung und das Bildungswesen. Die einseitige Lenkung dieses Bedürfnisses in Richtung Standardisierung und Testen hingegen kann man sicherlich als Manipulation durch Interessierte bezeichnen. Unschwer lässt sich seit dem ersten „Marktauftritt" von TIMSS beobachten, wie peu a peu ein marginaler Nebenstrom der Bildungswissenschaften zu einem Hauptstrom gemacht wurde und wie die Erstellung und Interpretation von Daten das Ringen um Erkenntnis überwuchert hat. Dabei erscheint es als böse Ironie, dass für die Vermarktung von TIMSS und PISA indirekt öffentliche Gelder eingesetzt werden, um eben jene geldgebende Öffentlichkeit zur Herausgabe weiterer Gelder zu bewegen.[14]

---

13 Es gibt einen Werbespot für eine solche Firma, in dem ein Professor erklärt, er hätte mit seinen Mitarbeitern in jahrelanger Forschung ein Kategoriensystem entwickelt, das die Passung potentieller Partner absichern könne.

14 Die konkrete Vermarktungspraxis bleibt dabei eher rätselhaft: Ich hatte zunächst die Information, dass eine Marketingagentur TIMSS und PISA 2000 vermarktet habe. Flitner berichtet hingegen, dass die beteiligten Testkonzerne eine Strategie zur Erschließung des brachen deutschen Marktes erarbeitet hätten: „Das Berliner Max-Planck-Institut für Bildungsforschung, in dem eine ganze Abteilung an PISA mitarbeitete, konnte für PISA zeitweilig einen eigenen Pressereferenten beschäftigen." (Flitner 2006, Manuskriptseite 18 von 24, Fußnote 23) Der Presseverantwortliche des Instituts, Jürgen Baumgarten, bestreitet (in einem Telefonat um diese Frage) die Marketingagentur und den Pressereferenten und stellt die geschickte Strategie mit Vorabinformationen an einzelne Medien als zufällig, nur durch die Medien und durch interessierte Stellen in einzelnen Kultusministerien herbeigeführt dar. Allerdings erscheint die Flitnersche Analyse der Erschließung des deutschen Marktes für die Testkonzerne ausgesprochen schlüssig und gut recherchiert.

Der Markt sind dabei Öffentlichkeit und politischer Raum gleichzeitig, also die Geldgeber. In der Vermarktung dieser Studie wurde allerdings weder das ernsthafte Erkenntnisinteresse der Öffentlichkeit befriedigt noch wurde die Marktmacht in einem positiven Sinne genutzt, um vorhandene bzw. neugewonnene Erkenntnis zu popularisieren. Lediglich die Verstärkung des Interesses selber ist durch die Vermarktungsstrategie erzielt worden. Dieses Interesse wird aber durch immer neue Länderrangreihen, Schulformvergleiche und durch auf einfache Antworten setzende Deutungen mehr zugeschüttet als bedient. Erschließende und tiefgehende Betrachtungen haben es dagegen schwer, sich in einer solcherart geprägten medialen Umwelt Gehör zu verschaffen, selbst wenn diese Umwelt durch die Markterschließung eine größere Quantität von Veröffentlichungen zu Bildungsfragen nachfragt.

Rückwirkend ist sicherlich auch vielen gesellschaftlichen Akteuren eingeredet, dass Standardisierung und Quantifizierung Lösungen für vorhandene Probleme sind. Dabei hilft der Sog der Mainstreamisierung, vielleicht aber auch die Erkenntnisarmut von PISA & Co: Die Berufung auf TIMSS oder PISA in einer Argumentation ist sinnvoll wegen der medialen Präsenz beider Studien. Sie ist aber möglich vorrangig dadurch, dass die Daten relativ beliebig interpretierbar sind.

Entfremdete Produktion und entfremdete Produkte

Bereits beim Problem der Nichtdebattierbarkeit von PISA & Co wurde darauf verwiesen, dass die bürokratisierten Forschungsapparate „Verantwortliche" für Teile der Forschungsprojekte rekrutieren. Für Kulturindustrie vermerken Horkheimer und Adorno dazu nach einer Beschreibung der permanenten Produktion von Stereotypen, Seichtigkeiten und Cliches:

> Selbst gags, Effekte und Witze sind kalkuliert wie ihr Gerüst. Sie werden von besonderen Fachleuten verwaltet, und ihre schmale Mannigfaltigkeit lässt grundsätzlich im Büro sich aufteilen. Die Kulturindustrie hat sich entwickelt mit der Vorherrschaft des Effekts, der handgreiflichen Leistung, der technischen Details übers Werk, das einmal die Idee trug und mit dieser liquidiert wurde. (1947, S. 144)

So auch bei kulturindustrieller Forschung. Das Reale, zu Erkennende wird aufgeteilt in Häppchen, die von „Büromitgliedern" bearbeitet werden. „Büromitglieder" sind hier Experten für bestimmte Teilfragen und -gebiete, für Methoden oder Techniken. „Büromitglieder" sind aber auch jene, die lediglich das Tun der Experten als „Sachbearbeiter" und „Zusammenschreiber" verwalten, belohnt mit „Ich war dabei"-Publikationen.

Das Ganze ist erkenntnismäßig weniger als die Summe seiner Teile, dem Anspruch nach allerdings mehr: Die Zusammenarbeit vieler kluger Menschen führt dabei nicht zu einer neuen Qualität von Erkenntnis, sondern die Unterordnung unter ein Projekt unter dem Diktum von Technik und Zeitplan neutralisiert die Potenzen der Beteiligten. In der Mathematikdidaktik ist dies derzeit besonders gut zu beobachten, weil es von einigen PISA-Beteiligten frühere Texte gibt. Die intellektuelle Flachheit der PISA-Texte, die belehrende Herablassung, die oberflächliche Selbstgewissheit über Trivialitäten, weitab von jedem Ringen mit dem Gegenstand, sind ein Abfall für nahezu alle dieser Beteiligten.

Diese Qualität der PISA-Texte verweist uns auf ein weiteres Merkmal von Kulturindustrie: Die Wiederholung des immer Gleichen in immer neuer Umkleidung (vgl. Adorno 1977, S. 341 f.). Die Texte gleichen sich wie ein Schlager dem anderen, wie eine Seifenoper der anderen. Das betrifft nicht nur Aufbau und Stil, sondern auch den Inhalt. Die Texte sind nicht geschrieben, weil hier jemand einen Gegenstand erschließen möchte, sondern weil jemand eine Publikation vorlegen bzw. ein Projekt abrechnen muss.

Diese Überlegungen führen uns auf das Problem der Entfremdung der Forscher von ihrer Forschung. In einem Aufsatz zur politischen Einbettung von Großstudien haben sich Christine Keitel und Jeremy Kilpatrick mit dem Geschehen bei TIMSS auseinandergesetzt. Sie thematisieren die Rolle der Geldgeber und stellen Geldgeberländer und „Ranking-Staffage" (Man braucht schließlich Länder, die auf den anderen Plätzen des Rankings stehen.), arme und reiche Forscher sowie politische Geldgeber und wissenschaftliche Geldnehmer gegenüber. Sie bezeichnen es als Fiktion,

> dass die Konzentration auf zählbare und messbare Aspekte von Schülerleistungen die wichtigsten, hinreichend relevanten Informationen für

die Datenverarbeitung sicherstellt. Diese Konzentration führte auch zu Konstrukten wie „opportunities of teaching and learning", „performance expectations" und „career perspectives". Solche eher artifiziellen Konstruktionen können Forscher mehr zu Spekulationen als zu ernsthaften Interpretationen einladen ... Die kodierten Daten des Curriculumanalyseprojekts, die als Basis für alle weitere Datenverarbeitung und für die graphischen und numerischen Darstellungen dienten, sind nicht ernsthaft für alle Länder kontrolliert worden, noch konnte das Kodierungsverfahren von der Forschergruppe in allen Fällen selbst nachgeprüft werden, wenn die Daten schließlich vorgelegt wurden ... Die Studie hängt ganz überwiegend von den nationalen Kodierungen ab, von den nationalen Experten und deren ... Verständnis von den Zielsetzungen der Studie, den Instrumenten und den Verfahrensweisen. Da die Kodierung eng auf die Interpretation der Konstrukte bezogen war, die Konstrukte selbst häufig mit Vorurteilen ihrer Entwickler behaftet waren, erschien in der Folge die Curriculum-Analyse im Vergleich zu den allgemeinen Ergebnissen der Haupt-TIMS-Studie nicht aussagekräftig. Die begleitenden Kontextstudien, die die empirische Leistungsstudie komplementieren und deren Ergebnisse stützen sollten, wurden irrelevant und halfen nicht, die Testdaten zu interpretieren, in einigen Fällen führte es sogar dazu, dass die Ergebnisse der Kontextstudien den Testdaten widersprachen.

Als [weitere] Fiktion der Curriculum-Analysis-Studie erwies sich, dass in Vergleichsstudien Zusammenarbeit vorausgesetzt werden kann, und notwendig entsteht damit Gleichberechtigung der Partner und nicht Wettbewerb. Aber von Anfang an war eine strenge Hierarchie zwischen den großen und den kleinen, den weit entfernten oder armen Ländern vorherrschend, und „natürlich" war meistens die (Englisch sprechende) Forschergruppe durch die großen Länder festgelegt, und diese Gruppen bestimmten im wesentlichen, wie das allgemeine Curriculum definiert wird, und die Konnotationen und Kodierungen. (Keitel/Kilpatrick 1998, S. 524 f.)

Die erste beschriebene Fiktion illustriert am konkreten Beispiel die Verzahnung von Positivismus, Technisierung von Forschung, Illusionserzeugung und verschleiertem Scheitern eines Erkennens. Die zweite Fiktion spezifiziert das Problem von hierarchisierter Wissenschaftsproduktion für internationale Vergleichsstudien. Betrachtet man das Problem als kulturindustrielles, so erkennt man aber, dass die Hierarchie zwischen armen und reichen Forschern, ebenso wie die zwischen Geldgebern und Geldnehmern, nur die Spitze des Eisberges von entfremdeter Wissenschaftsproduktion ist:

Sehr einfach überschaubar ist das Entfremdungsproblem für die Geldgeber, konkreter für die Entscheider über das Geldgeben im politischen Raum. Ein kompetenter Bildungspolitiker erkennt ja, dass diese Studien ihm keine authentische Entscheidungshilfe durch neue Erkenntnis liefern kann. Er wird aber gezwungenermaßen den Eindruck erwecken, als ob er eben solche Erkenntnisse aus dem wissenschaftlichen Raum in politisches Handeln umsetzt. Geschult durch TIMSS, hatten viele Kultusministerien bei der Veröffentlichung der PISA-Daten bereits Maßnahmenkataloge parat. Diese – recht unterschiedlichen – Kataloge haben mit den Resultaten nichts zu tun. Das ist auch gar nicht möglich, nicht nur wegen der wenigen Zeit zwischen Datenlieferung und dem Verkünden von politischen Aktivitäten: TIMSS, PISA und andere Vergleiche zeigen lediglich, dass (bereits vor allen methodischen Problemen) mit den gewonnenen Daten keine politischen Empfehlungen zu generieren sind, diese Erkenntnis wird im nächsten Abschnitt vertieft. Es gibt keine eindeutigen Zusammenhänge zwischen Testleistungen und Ganztagsproblematik, Gliederung des Schulsystems, Schülerzahl, Lehrerbesoldung usw. Wenig seriös, aber zur Aufrechterhaltung des kulturindustriellen Produktionsprozesses unabdingbar ist es, wenn die Tester trotzdem Empfehlungen aussprechen. Mit der Beliebigkeit ihrer Deutungen stellen sie sich an die Spitze jener, die durch die Daten ihre jeweilige Position bestätigt sehen – was offensichtlich mit einem ausgesprochen breiten Spektrum an Positionen möglich ist. Auffällig ist, dass das nahezu einzige wirklich unstrittige Resultat (wenn man den Test als Messinstrument für brauchbar hält) in den Maßnahmekatalogen kaum einen Niederschlag findet: Die Polarität nach unten bei bestimmten Gruppen von Nichtmuttersprachlern. Der Umstand der breiten Ignoranz gerade diesem Resultat gegenüber scheint mir darauf hinzuweisen, dass gerade hier ein erkenntnishaltiges Problem vorliegt.

Etwas schwieriger zu überblicken ist die Entfremdung des Forschers vom Forschungsprozess und vom so entstehenden Produkt, die ich hier nur an einigen Phänomenen umreißen kann. Das auffälligste Phänomen ist das Weiterschieben der Verantwortung durch die Beteiligten. Diskutiert man mit beteiligten Forschern, so verweisen sie immer wieder darauf, dass für den gerade diskutierten Teil sie nicht zuständig gewesen seien. Oftmals verweisen sie dann auf ihre für eine tiefere Debatte nicht ausreichende Kenntnis des jeweiligen Teils oder gar auf eigene Zweifel an gerade diesem Teil. Auf diese Weise entgleitet permanent der Gegenstand der Debatte. Inhaltlich erscheint diese „Verantwortungskultur" als Verantwortungslosigkeitskultur, nicht nur, weil auf diese Weise niemand für das Ganze steht: In Wirklichkeit sind die Teile des komplexen Gesamtkonstrukts so miteinander verzahnt, dass jeder Forscher fast alle anderen Teile intensiv kennen müsste, damit eine stimmige Gesamtuntersuchung entstehen kann. Der industrialisierte Produktionsprozess mit großem Apparat und festen Terminsetzungen verhindert aber, dass eine stimmige Verwebung stattfindet: Dazu müsste man das Tun des Anderen immer wieder hinterfragen und auf seine Grenzen hin ausloten. Im industrialisierten Prozess gibt es aber keine Möglichkeit, die dazu nötige Zeit und Muße bereitzustellen und das dazu nötige hohe Vertrauen abzusichern. Man möge nur einmal die kulturindustriellen Teamsitzungen mit der Entstehung des hier diskutierten Werkes von Horkheimer und Adorno (1947) kontrastieren: Die Autoren haben offensichtlich um jeden einzelnen Satz miteinander gerungen. Da gibt es kein „Es wird schon gehen", kein Händeln, kein Ringen um Kompromisse oder Akzeptieren von Halbverstandenem oder von Argumentationen, denen man selbst nur teilweise folgt. Es geht darum, dass jeder Autor jeden Satz mitträgt. Das bedeutet kein Erarbeiten eines Kompromisses, sondern verlangt, sich gegenseitig permanent zu hinterfragen und zu überzeugen. Die Reibungspunkte sind dabei die besten Kandidaten für Erkenntnis, denn an den Reibungspunkten prallen die gedanklichen Konstrukte der Autoren aufeinander. Es gilt immer wieder, diese Reibungspunkte herauszuarbeiten, freilich ohne sie künstlich und damit unproduktiv zu erzeugen. Dieses verantwortungsvolle Umgehen mit Reibungspunkten ist es, was Vertrauen erfordert, ebenso aber Zeit und Muße.

Unmöglich im kulturindustriellen Kontext ist die Option des Scheiterns, die konstitutiv für Erkenntnisprozesse ist. Im kulturindustriellen Kontext muss das Produkt entstehen. Falls es ein schlechtes ist, muss es als gut verkauft werden. Das erzeugt das professionsethische Problem von mangelnder Qualität, von Desavouierung ernsthaften Interesses und eines professionsethisch fraglichen Umgangs mit Kritik am Produkt.

Das Abschieben von Verantwortung erreicht bei PISA groteske Züge, so auch im Bericht von Jahnke (in diesem Band, Abschnitt „Diffuses Misstrauen"). Dort distanziert sich selbst der Mathematik-Chef des PISA-Konsortiums, also sozusagen der Konzernverantwortliche für den Produktionsbereich Mathematik-Test, von allem außer dem von ihm selbst erarbeiteten Teil von PISA. Sein

> Motiv, überhaupt an PISA mitzuwirken, sei nicht innere Überzeugung gewesen, sondern der Impetus, das Beste daraus zu machen, also trotz aller Einschränkungen die Gelegenheit zu nutzen, die Sache nach eigenem Gutdünken soweit wie möglich zu beeinflussen ... Bei dieser Entscheidungsfindung hilft dann schließlich noch der Gedanke: Wenn ich es nicht mache, machen es andere und zwar schlechter. (Jahnke, in diesem Band)

Das sich hier zeigende Rechtfertigungsmuster – in starkem Maße auch ein Muster der Rechtfertigung eigenen Handelns vor sich selbst – beschreibt ein Grundproblem des verantwortungsbewussten Menschen, wenn er sich mit Mächtigem einlässt. Ich nehme an, dass jeder Leser selbst Erfahrungen mit diesem Muster gesammelt hat und deshalb die Mischung aus Verantwortungsbewusstsein, Macht- bzw. Einflusswünschen und Angewidertsein von der vorgefundenen Struktur und Praxis kennt.

Die dabei immer wieder neu zu beantwortende Frage ist, wo und wie Verantwortungsbewusstsein in Verantwortungslosigkeit umschlägt. Diese Frage hat hier keinen Ort, vielleicht ist sie als theoretische sogar uninteressant. Für unseren Problemkreis steht die Frage, wo und wie Wissenschaft in Kulturindustrie umschlägt. Vorher aber noch zum angesprochenen – etwas bizzaren – Fall, dass der Konzernverantwortliche für den Mathematik-Test sich vom Produkt distanziert. Der Fall verwundert uns deshalb, weil wir die hier sich entäußernde Entfremdung sonst nur in den unteren Abteilungen von Wissenschaftskonzernen erleben. Ich habe viele PISA-Mitarbeiter auf allen Ebenen getroffen, die sich von Teilen des Produkts distanziert haben. Das Angenehme innerhalb der Mathematikdidaktik ist dabei im Vergleich zu anderen Wissenschaften und zu anderen Bereichen von Kulturindustrie, dass diese Distanzierung unzynisch, geradezu bedauernd nicht nur bezüglich sich selbst, sondern auch bezüglich des Produkts, geschieht. Diese Tendenz – von der ich fürchte, dass sie sich mit zunehmender Verselbständigung der Testproduktion vom Rest der wissenschaftlichen Gemeinschaft verlieren wird – erreicht bei diesem Konzernverantwortlichen eine neue Qualität: Er distanziert sich von allem außer dem eigenen Anteil.

Wir wollten uns noch kurz der Frage zuwenden, wo und wie Wissenschaft in Kulturindustrie umschlägt.

Ein Vorteil der kulturindustriellen Begrifflichkeit ist, dass sie strukturelle Ursachen andeutet für die sich zeigenden wissenschaftlichen Probleme und dass sie einen schärferen Blick auf die Beschädigung von Wissenschaftlichkeit durch kulturindustrielle Projekte gestattet. Man kann gedanklich im Sinne von *Idealtypen* (im Weberschen Sinne und somit im Bewusstsein der Option, dass die Idealtypen empirisch nicht vorfindlich sind) Wissenschaft und Kulturindustrie als geschieden konstruieren anhand der Positionierung des Projekts im wirtschaftlichen Raum: Jeder Forscher ist darauf angewiesen, selbst Geld zu verdienen und auch den für sein Projekt notwendigen Mitarbeitern den Lebensunterhalt zu sichern. Wirtschaftliche Absicherung ist also Voraussetzung für jegliches Betreiben von Wissenschaft als Institutionalisierung von Erkennen. Zu Kulturindustrie wird Wissenschaft, wenn das Wirtschaftliche nicht mehr nur Voraussetzung von Erkennen ist, sondern dem Erkennen inhaltlich vorgelagert ist. Zugespitzt ausgedrückt: Der Wissenschaftler benötigt Gelder, weil er ein Erkenntnisinteresse hat und die Befriedigung dieses Interesses eine wirtschaftliche Basis benötigt. Der „Kulturindustrielle" benötigt ein Erkenntnisinteresse, weil er ein wirtschaftliches Interesse hat und die Befriedigung dieses Interesses ein Erkenntnisinteresse zur gesellschaftlichen Legitimation benötigt. Horkheimer und Adorno sprechen davon, dass der Unterschied der Logik des Werkes von der Logik des gesellschaftlichen Systems aufgehoben ist (1947, S. 140).

> Die Kulturwaren der Industrie richten sich ... nach dem Prinzip ihrer Verwertung, nicht nach dem eigenen Gehalt und seiner stimmigen Gestaltung. Die gesamte Praxis der Kulturindustrie überträgt das Profitmotiv blank auf die geistigen Gebilde. Seitdem diese als Waren auf dem Markt ihren Urhebern das Leben erwerben, hatten sie schon etwas davon. Aber sie erstrebten den Profit nur mittelbar, durch ihr autonomes Wesen hindurch. Neu an der Kulturindustrie ist der unmittelbare und

unverhüllte Primat der ihrerseits in ihren typischesten Produkten genau durchgerechneten Wirkung. Die Autonomie der Kunstwerke, die freilich kaum je ganz rein herrschte und stets von Wirkungszusammenhängen durchsetzt war, wird von der Kulturindustrie tendenziell beseitigt, mit oder ohne den bewussten Willen der Verfügenden. Diese sind sowohl Vollzugsorgane wie Machthaber. (Adorno 1977, S. 338)

Die konkrete Frage an ein wissenschaftliches Projekt lautet in dieser Sichtweise: Was ist hier das Erkenntnisinteresse? Die *Ernsthaftigkeit dieses Interesses* und somit der Auseinandersetzung mit dem Gegenstand offenbart sich unter anderem in der Forschungspraxis und in der öffentlichen Darstellung der Ergebnisse durch die Forscher. Probleme der Forschungspraxis sind in diesem Buch vielfältig thematisch, Probleme der öffentlichen Darstellung der Ergebnisse durch die Forscher bei PISA & Co offenbaren sich besonders deutlich in der Fokussierung auf die Länderrangreihen. Im weiteren soll vertieft betrachtet werden, welche Probleme im Erkenntnisprozess die Erstellung von Rangreihen birgt.

Grenzen komparatistischen Vorgehens für die Erklärung von Wirkzusammenhängen: Die Beliebigkeit der Deutungen bei PISA & Co

Um im weiteren das Phänomen der Länderrangreihen einordnen zu können, müssen wir noch einen kurzen Blick darauf werfen, welche Erkenntniskraft Ländervergleiche überhaupt bergen. Jürgen Schriewer, der selbst verschiedene Ländervergleichsstudien erarbeitet hat, hat einen nachdenklichen, resümierenden Aufsatz über die Grenzen dieser Studien veröffentlicht (Schriewer 1999).

Internationale Vergleiche gesellschaftlicher Wirklichkeit können hohes intellektuelles Anregungspotential bergen. Die Frage nach der Erkenntniskraft von Mehrländer*leistungsvergleichen* ist aber schwierig zu beantworten. Das Wissen um Testpunktunterschiede befriedigt ja zunächst eher ein voyeuristisches Interesse. Das gilt umso mehr, wenn wie bei TIMSS und PISA nicht einmal feststellbar ist, wie viel Aufgaben *mehr* ein „durchschnittlicher" finnischer Schüler gegenüber einem „durchschnittlichen" deutschen Schüler gelöst hat. Die Erfahrungen aus der Komparatistik zeigen die mangelnde Erkenntniskraft von Ansätzen, die „gleichsinnig oder geradezu deterministisch wirksame makro-soziale Bedingungs- bzw. Funktionszusammenhänge" (ebenda, S. 63) unterstellen. Auch TIMSS und PISA suchen nach solchen multikausalen Erklärungsmustern. Selbst wenn dort im Sinne wissenschaftlicher Rhetorik die Begrenztheit solchen Denkens betont wird, bleiben im Kern doch nur Korrelationsmuster übrig, deren Interpretation zwar Erkenntnis suggeriert, aber weder Erkenntnis generiert noch methodischer Kontrolle unterliegt. Das Problem durchzieht alle Darstellungen von „empirischen Befunden" – ein Wort, das weich genug ist, um zu suggerieren, dass die Deutungen direkt aus den Daten fließen würden, freilich ohne das explizit zu behaupten. Ein exemplarischer Text, der diese Art der Dateninterpretation auch explizit andeutet, scheint mir z. B. Deutsches PISA-Konsortium (2001, S. 183–185) zu sein.

> Entgegen solchen [Zusammenhangs-] Annahmen aber hat vergleichende Forschung eine beeindruckende internationale Variationsbreite von historisch-kulturell realisierten Problemlösungsmustern oder -strategien zutage gefördert." (Schriewer 1999, S. 64) Beispielsweise sind die Zusammenhänge zwischen Erziehung und Wirtschaftswachstum, Erziehung und Mobilisierung oder Erziehung und politischer System-Integration [...] weder direkt, noch einlinig, noch in unterschiedlichen Gesellschaften gleichförmig wirksam. Sie sind vielmehr in der Regel nur schwach ausgeprägt, nur partiell wirksam, dysfunktional oder schlichtweg kontraproduktiv. In jedem Fall sind sie „highly problematic" und nur im Sinne von Interrelationen begreifbar. Solche Interrelationen sind ihrerseits eingelagert in und überformt durch weitere soziale Beziehungsmuster. [...] Den skizzierten Strängen vergleichender Forschung ist gemeinsam, dass ihre Befunde einmünden in den Aufweis einer Vielzahl variierender Interrelationsgefüge und Entwicklungspfade. Deren Komplexität lässt sich mit Hilfe von System-Modellen beziehungsweise systemisch inspirierten Typologien zwar konzeptionell fassen, sie im einzelnen aufzuhellen bleibt jedoch vergleichend-historischen Prozess-Analysen überlassen. (Schriewer 1999, S. 65 f.)

Auch Vergleiche wie PISA oder TIMSS zeigen, dass keine allgemeingültigen Aussagen zu Wirkzusammenhängen möglich sind, obwohl die Forscher das unterstellen. So wird in der Deutung der TIMSS-

Videostudie[15] unterstellt, die hohen erreichten Testpunktzahlen hingen mit dem in den Videos gezeigten „guten", konstruktivistischen und kognitiv anspruchsvollen Unterricht zusammen. Bereits innerhalb der Videostudie wird ignoriert, dass nach diesem Erklärungsmuster die deutschen Schüler besser abschneiden müssten als die Schüler in den USA, weil im Vergleich der deutsche Unterricht mit dem Lehrer-Schüler-Gespräch konstruktivistischer vorgeht und insgesamt kognitiv anspruchsvoller ist. Innerhalb der Deutung der hohen japanischen Testpunktzahlen als Ergebnis guten Unterrichts werden alle anderen Einflüsse von vornherein aus der Betrachtung ausgeschlossen. Wenn man umgekehrt versucht hätte, zunächst das Zusammenspiel denkbarer bzw. empirisch sich zeigender Einflussfaktoren zu analysieren, dann wäre man gar nicht auf die Idee gekommen, sich in dieser Weise auf den Unterricht selbst zu konzentrieren. Auch die ethnographischen Länderstudien (Case Studies zu Japan, USA, Deutschland: NISA 1998, 1999a, 1999b, komprimierte Vorfassung: Stevenson und Nerison-Low 1997) leisten – trotz dichter und vielschichtiger Beschreibung des Geflechts von Schul- und sonstiger gesellschaftlicher Wirklichkeit – wenig Erklärung, weil sie sich auf Deskriptionen beschränken. Diese Deskriptionen stützen sich zwar auf vorgegebene Beobachtungsschemata, nach denen die Verhältnisse in den drei Ländern jeweils beobachtet werden sollten. Aber auch hier zeigt sich, dass aus den konkreten Gegebenheiten der Länder heraus so verschiedene Aspekte in den Vordergrund der Betrachtung rücken, dass Wirkzusammenhänge nicht deutlich werden können. In der Interpretation der Videos und der Testergebnisse (Baumert, Lehmann u. a. 1997, S. 22–27, 217–219) werden einzelne Aspekte der Ergebnisse der Case Studies eher beliebig ausgewählt und mit anderen Teilen von TIMSS zu Interpretationen zusammengezogen. Das wesentliche Argument für die so vollzogene „Analyse" bleibt dann ein Testwert oder eine Korrelation, die die Argumentation angeblich stützen.

---

15 Zur TIMSS-Videostudie siehe Stigler u. a. (1999), Stiglers Ausgangsposition siehe Stevenson/Stigler (1992) bzw. Stigler/Hiebert (1999), zum Problem der selektiven Wahrnehmung bei TIMSS-Video Kaiser (2000, S. 184 f.), zur problematischen Darstellung und Deutung japanischen Mathematikunterrichts Meyerhöfer (2004 a, S. 91 f).

Länderrangreihen

Sowohl in der Darstellung des internationalen als auch des nationalen Teils von PISA werden Länderrangreihen erstellt. Die öffentliche Wahrnehmung von PISA bezog sich vorrangig auf die Rangreihen und auf die als schlecht wahrgenommene Positionierung Deutschlands bzw. auf die Positionen der einzelnen Bundesländer innerhalb dieser Rangreihen. Das verweist zunächst darauf, dass die Forscher in der öffentlichen Darstellung ihrer Ergebnisse einen Fokus auf diese Rangreihen gesetzt haben. Es liegt nahe anzunehmen, dass sie diesen Fokus im öffentlich-medialen Interesse präsupponiert und reproduziert haben. Die zugehörigen kulturindustriellen Rechtfertigungsmuster sind bekannt (Bedürfnisse der Medien und ihrer Konsumenten, Kompliziertheit der Materie usf.). Adorno schreibt dazu:

> Kulturindustrie missbraucht die Rücksicht auf die Massen dazu, ihre als gegeben und unabänderlich vorausgesetzte Mentalität zu verdoppeln, zu befestigen, zu verstärken. Durchweg ist ausgeschlossen, wodurch diese Mentalität verändert werden könnte. Die Massen sind nicht das Maß sondern die Ideologie der Kulturindustrie, so wenig diese auch existieren könnte, wofern sie nicht den Massen sich anpasste. (Adorno 1977, S. 338)

Dieses Verdopplungsmuster ist in der Didaktik aus dem Umgang mit Lehrern und Studenten wohlbekannt. In den Fachdidaktiken scheint mir das verbunden mit Zynismus gegenüber Lehrern oder mit nicht vollzogenem Habitusbruch vom Lehrer zum Wissenschaftler. PISA & Co tritt aber explizit als Wissenschaft in den Raum und unterliegt somit einer zugespitzten Verpflichtung zur Analyse und Kritik statt zur Reproduktion von Deutungsmustern.

Aber auch in der wissenschaftlichen Darstellung der PISA-Resultate liegt der Hauptfokus auf der Erstellung von Länderrangreihen (vergleiche dazu die jeweiligen Kapitel zu den „Befunden": Deutsches PISA-Konsortium 2001, S. 101 ff., 173 ff., 227 ff.; Deutsches PISA-Konsortium 2002, S. 62 ff., 101 ff., 130 ff.).

In diesem Abschnitt soll untersucht werden, was die Erstellung und Nutzung solcher Rangreihen in einem wissenschaftlichen Prozess bedeutet. Mir scheint, dass mit diesem Repräsentationsfokus die Probleme des Positivismus und des Kulturindustriellen verschmelzen und dass wir dabei viel über Motive, aber auch über die

Ursache der Erkenntnisarmut dieses Fokus erfahren. Diese Untersuchung kann nur in Form eines eher essayistischen Exkurses erfolgen, da sich zeigt, dass Rangreihen
- einerseits ein hier nicht auslotbares anthropologisches Grundbedürfnis nach Reihungen berühren,
- dass sie aber andererseits in wissenschaftlichen Untersuchungen – scheinbar auf diesem Grundbedürfnis basierend bzw. auf dieses Bedürfnis zielend – Erkenntniskraft suggerieren, die ihnen nicht innewohnt.

Zunächst sollen drei kontrastierende Beispiele von Länderrangreihen, die auf bestimmte Fragen antworten, betrachtet werden. Danach widme ich mich der Frage, warum uns solche Rangreihen wichtig sind und deute dann die PISA-Fokussierung auf Länderrangreihen.

Welches Land hat die besten Leistungen bei den Olympischen Spielen erbracht?

Das klassische Instrument zur Beantwortung dieser Frage ist der Medaillenspiegel bei Olympischen Spielen. Die zugrundeliegenden Daten sind von hoher Objektivität, denn die Zugehörigkeit eines Sportlers oder eines Teams zu einer Nationalauswahl ist eindeutig, und die Platzierung ist eindeutig. Die Sortierung erfolgt hierzulande[16] meist nach einem Stufenprinzip: Zunächst werden alle Länder versammelt, die mindestens eine Goldmedaille erlangt haben, sie werden nach der Anzahl der Goldmedaillen geordnet. Bei gleicher Anzahl entscheidet die Anzahl der Silbermedaillen, bei wiederum gleicher Anzahl die Anzahl der Bronzemedaillen usw. Auf der zweiten Stufe werden jene Länder versammelt, die keine Gold-, aber mindestens eine Silbermedaille haben, sie werden nach dem gleichen Prinzip geordnet usw. Es entsteht eine eindeutige Reihenfolge, wobei es ein Abbruchkriterium gibt (z. B. Platzierungen als Sechster), und es kann gleich platzierte Länder geben, wenn zwei Länder innerhalb des Abbruchkriteriums exakt die gleiche Platzierungsverteilung haben.

---

16 Beispiele für eine andere Rangreihenerstellung liefern die New York Times und die Washington Post: Dort werden einfach *alle* Medaillen addiert.

Die Erstellungsweise des Medaillenspiegels prämiert die relative Leistung in direkter Konkurrenz. Es wird also nicht berücksichtigt, ob die erbrachten Leistungen absolut gesehen gut sind oder nicht. Wenn der Drittplazierte bereits den bisherigen Weltrekord gebrochen hat, so erhöht das nicht den Wert seiner Bronzemedaille. Es spielt keine Rolle, ob es sich um eine Sportart mit viel oder wenig Konkurrenz handelt und wie groß der Abstand der Platzierten voneinander ist. Auch können fünf Silbermedaillen eine Goldmedaille nicht „übertrumpfen". Das Verhältnis von Bevölkerungsgröße eines Landes und Anzahl der erlangten Platzierungen spielt keine Rolle.

Die Frage, welches Land bei den Olympischen Spielen die besten Leistungen erbracht hat, wird mit dem Medaillenspiegel also in spezifischer und durchaus problematischer Weise beantwortet. Der Medaillenspiegel ist nur zur übersichtlichen Darstellung der Verteilung der Platzierungen geeignet – er ist also eher ein Instrument zur Darstellung von Information. Seine Umdeutung zum „Leistungsmessungsinstrument" liegt offensichtlich über seiner Aussagekraft. Kleine Länder sind benachteiligt, und es lassen sich Strategien absehen, ein Land im Medaillenspiegel nach vorn zu bringen. Es wird aber ebenso deutlich, dass andere Erstellungsweisen der Rangreihe andere Probleme aufwerfen würden. Der Begriff der „besten Leistungen" ist hier also eingeengt, und es ist gut vorstellbar, welche Strategien von Euphorisierung oder Trost sich in den Deutungen einer Rangreihenplatzierung für ein Land anbieten. Erkenntnis über die sportlichen Leistungen eines Landes wird man also nicht aus einer Länderrangreihe erhalten – wie auch immer sie entstanden ist –, sondern aus der Deutung vielfältiger Phänomene. Eine Länderrangreihe hilft dabei nicht in ihrer Eigenschaft als Rangreihe, sondern in ihrer Eigenschaft als Träger von sinnvoll geordneten Informationen. Auch Schlussfolgerungen auf die Leistungsfähigkeit der Systeme der Sportförderung der beteiligten Länder sind aus einer Rangreihe heraus nicht möglich, auch hier hilft lediglich das Vorhandensein von sinnvoll geordneten Informationen bei Deutungen. Jedes dieser Systeme hat seine Schwächen und Stärken, die oft untrennbar miteinander verwoben sind. Es erscheint wenig sinnvoll, olympische Länderrangreihen mit Daten zur Sportförderung korrelieren zu wollen und daraus Schlussfolgerungen auf Ursachen der Platzierung oder auf notwendige Veränderungen im System zu ziehen. Die Feststellung von Schriewer zu internationalen Vergleichen leuchtet diesbezüglich unmittelbar ein: Auch ein Sportförderungssystem ist ein solch vielschichtiges und vielfältiges System, dass man zwar aus Vergleichen mit anderen Ländern viel lernen kann, dass es aber nicht möglich ist, durch Übernahme von Variablenkonstellationen aus Systemen, die im Vergleich besser abgeschnitten haben, eine Verbesserung des eigenen Systems oder gar der eigenen Rangreihenplatzierung zu erreichen.

Welches Land bietet das beste Investitionsklima?

Auch zu dieser Frage ist die Erstellung einer Länderrangreihe denkbar. Der augenscheinlichste Unterschied zum Medaillenspiegel ist die reduzierte Objektivität der Daten: Mag die Platzierung der Sportler in sich problematisch sein, z. B. wegen Kampfrichterentscheidungen, so ist die Platzierung in ihrem Resultat objektiv gegeben und zu verarbeiten. Anders sieht es mit den Daten aus, die in eine Investitionsklimarangreihe einfließen: Zunächst wären das Daten wie Bruttoinlandsprodukt absolut und pro Einwohner, Arbeitslosenquote, Anteil akademisch Ausgebildeter oder von Facharbeitern am Gesamtarbeitsmarkt und an den Arbeitsuchenden, Lohnnebenkosten, Steuern, Lohnstückkosten, Transportadern pro Fläche (qualitativ bewertet) usw. Diese Daten sind bereits in sich problematisch, weil z. B. separat betrachtet werden müsste, inwieweit die Daten durch graue und schwarze Märkte verzerrt sind, wie aussagekräftig akademische und berufliche Abschlüsse sind, ob verdeckte Steuern oder korruptive Leistungen zu erbringen sind, ob die Transportadern ein leistungsfähiges Netz bilden usw. Bestimmte Kennzahlen wie Arbeitslosenquoten oder die Adelung von Transportadern als Straßen sind in verschiedenen Ländern nicht direkt vergleichbar. Hinzu kommt, dass die Daten in sich nochmals zu bewerten sind; zu hohe und zu niedrige Arbeitslosenquoten werfen je eigene Probleme bei Investitionen auf, gleiches gilt für zu hohe und zu niedrige Akademiker- oder Facharbeiterquoten. Bereits auf dieser allgemeinen Ebene würde man also eher auf eine Rangreihe verzichten und statt dessen versuchen, die „Rohdaten" lesbar strukturiert darzustellen. – Im Vergleich zum Medaillenspiegel wird hier deutlich, wie wichtig es bei größeren Datenmengen ist, dass die Daten einerseits so strukturiert dargestellt werden, dass man sie überhaupt erfassen kann, dass die Daten aber andererseits so „roh" bleiben, dass ihre Aussagekraft nicht bereits in der Verarbeitung verloren geht. Für eine konkrete Investitionsentscheidung würde hinzukommen, dass die Bedeutung der einzelnen Dimensionen zu wichten wäre. Dies ist in zweierlei Hinsicht nicht möglich: Einerseits kann man nur grobe Wichtigkeitsstufen angeben, weil Kriterien für eine feinskalierte Gewichtung beliebig wären. Andererseits können z. B. sehr niedrige Steuern einen Qualifikationsmangel ausgleichen oder umgekehrt. Solche Abwägungen würde man aber konkret vornehmen. Man würde also gerade keine Rangreihe erstellen, sondern ein Ausschlussverfahren anwenden und Vor- und Nachteile dann konkret diskutieren bzw. Rahmungen vor Ort aushandeln.

Hinzu kommen politische Erwägungen, Regelungsdichten, Sicherheitsfragen bzw. die sogenannten weichen Faktoren, für die man die Betrachtung in verschärfter Form reproduzieren kann.

Es zeigt sich, dass sich eine Länderrangreihe für das Investitionsklima nicht sinnvoll erstellen lässt, weder allgemein noch bezüglich einer konkreten Investitionsentscheidung. Es zeigt sich ebenfalls, dass es für die Erstellung der Länderrangreihen bei PISA zunächst stimmig erscheint, die Reihe an einen einzigen Parameter, nämlich die Testpunktzahl, zu binden. Allerdings ist dieser „einzige" Parameter wiederum aus Teilparametern zusammengesetzt, die nicht wichtungsfähig sind. Deshalb ist es nicht erstaunlich, dass es weder im TIMSS- noch im PISA-Konstrukt eine inhaltlich begründete Zusammenführung der Teilparameter gibt.[17]

Welches Land hat die mündigsten Schüler?

Die „Erziehung zur Mündigkeit" ist sicherlich das erst- und meistgenannte Ziel pädagogischen – auch schulischen – Handelns, zumindest in Deutschland. In allen Schulgesetzen wird man Stichworte wie Mündigkeit o.a. Insignien des demokratischen Staatsbürgers

---

17 Zur fehlenden Operationalisierung des Testkonstrukts bei PISA vergleiche Meyerhöfer (2005a, Kapitel 4).

vor konkreten fachlichen Fähigkeiten finden. Wenn man Länderrangreihen für Lesen, Mathematik und Naturwissenschaften für relevant hält, dann müsste man eine Länderrangreihe für die Mündigkeit der Schüler zur zentralen Frage bei der Bewertung von Schulsystemen machen. Das Problem dürfte ähnlich stehen, wenn man fragte: Welches Land hat die demokratischsten Schüler?

Das Konstrukt „mündiger Schüler" müsste für die Erstellung einer solchen Rangreihe operationalisiert werden. Mündigkeit ist sicherlich ähnlich schwierig zu operationalisieren wie Lesekompetenz, mathematische Grundbildung und naturwissenschaftliche Grundbildung. Nehmen wir an, dass wie bei PISA anerkannte Experten beteiligt sind und dass sie – anders als bei PISA – eine Operationalisierung für die Mündigkeit von Schülern erstellt haben (Wir können uns über PISA hinausgehend auch Rollenspiele, Diskussionen o.ä. vorstellen.) und nun eine Länderrangreihe vorliegt. PISA-vergleichbare Schlagzeilen wären dann: „Deutsche Schüler unmündig!" oder „Deutsche Schüler die mündigsten der Welt!"

Warum kommt uns dieses Beispiel übertrieben konstruiert vor – und gleichzeitig nicht? Das Beispiel spitzt die pisanische Denk- und Forschungsweise zu, deren Passung in kulturindustrielle Kontexte sich auch an den konstruierten Schlagzeilen zeigt. Seltsamerweise ist vorstellbar, dass eine solche „Mündigkeitsrangreihe" im wissenschaftlichen Diskurs auftaucht. Es ist sogar vorstellbar, dass sie in Teilen des bildungspolitischen und des wissenschaftlichen Raumes ernst genommen, rezipiert und aufgenommen wird. Es ist aber ebenso vorstellbar, dass mit solch einer Rangreihe der Bogen des Glaubens an das Messbare überspannt wäre. Das Argument, dass man Mündigkeit nicht in schriftlichen Bekenntnissen, in konstruierten Mündigkeitskonstellationen oder in künstlichen Situationen wie Rollenspielen erfassen – allenfalls erahnen – kann, würde vielleicht nicht so ungehört verhallen wie die entsprechenden Argumente zu Lesefähigkeit, zu mathematischer und naturwissenschaftlicher Bildung. Unmittelbarer als bei diesen Konstrukten leuchtet ein, dass Autonomie und Heteronomie untrennbar zusammengehören (und dass deshalb Mündigkeit als Autonomes sich diesem Spannungsfeld zu stellen hat), dass mündiges Verhalten in einer Situation viele Ausprägungen haben kann, die äußerlich zunächst auch unmündig erscheinen können und dass Mündigkeit wegen ihrer ebenso individuellen wie sozialen Orientiertheit nicht losgelöst vom jeweiligen Individuum in seiner sozialen Konstelliertheit betrachtet werden kann. Hinzu tritt die Differenz zwischen Überzeugungen und Verhalten. Insgesamt sperrt sich „Mündigkeit" sowohl einer Standardisierung als auch der autonomieeinschränkenden Grundstruktur von Mündigkeitstests.

Warum sind uns Rangreihen so wichtig? Anthropologische Andeutungen

Die Erstellung von Rangreihen ist dem Menschen – zumindest in den von mir überschauten Kulturkreisen – offenbar ein tiefes Bedürfnis. Es findet ein Gegenüber in der Ordinalität der meistbenutzten Zahlsysteme.

Bereits früh vergleichen Kinder sich mit anderen, erkennen Transitivität von Anordnung und damit Rangreihen. Sie erfahren die Freuden des Erster-seins, die Schmach des Letzter-seins, den Fluch des Siegers, die Gelassenheit des Verlierers, die Stärke des Mittelmaßes. Sie finden also einen Umgang mit der Allgegenwart der Rangreihe, mit ihrer Bedeutsamkeit und Belanglosigkeit, mit der Temporalität und der Ewigkeit der Zuschreibung. Sie erfahren, dass man der Schnellste sein kann, wenn man zum Eisschrank rennt, aber der Schwächere, wenn es um die Verteidigung der Beute geht – und dass Schmecken und Bauchschmerzen ganz unabhängig davon sind.

So scheint das zu bleiben mit den Rangreihen: Es war immer schön, dass die DDR weit vorn lag im olympischen Medaillenspiegel. Aber warum war sie ausgerechnet im Fußball immer so schmachvoll schlecht? (Und später dann die Frauen mit Bartwuchs ...) Es ist schön, dass Deutschland vorne mitspielt beim Anziehen von Investitionen. Aber die Lohnnebenkosten! Und die Steuern! Es wäre schön, wenn Deutschland die mündigsten Schüler hätte. Aber die Rechtsradikalen! Es wäre traurig, wenn Deutschland die unmündigsten Schüler hätte. Aber die Friedensdemonstrationen! Mittelfeld wäre auch nicht schön. Aber... Und was wäre schlimm daran...?

Rangreihen gehören also zum Leben in seiner ganzen Vielfalt und Vielschichtigkeit, sie helfen uns bei der Orientierung in dieser Welt, indem sie der Ordinalität und der Mengenhaftigkeit unseres

Denkens Fixationspunkte geben: Mit Hilfe von Rangreihen können wir uns Ordnung und Ausmaß von Realien vorstellen. Das gelingt uns einerseits umso besser, je kleiner und übersichtlicher der Umfang des zu Ordnenden ist, denn kleine Bereiche sind leichter in ihrer Komplexität zu reduzieren als große Bereiche. Andererseits verleitet uns dieses Potenzial von Rangreihen dazu, uns auch in Realitätsbereichen Ordnung und Ausmaß von Realien vorstellbar zu machen, die gar nicht mehr sinnvoll geordnet oder quantifiziert werden können. Die Quantifizierung von Städteattraktivität, Liebhaberqualität, Schokocremegeschmack, Investitionsklima oder Schulsystemqualität ist nur unter erheblichem „Wegschneiden" von Teilen der jeweils betrachteten Realität möglich.

Hier scheint ein bemerkenswerter Widerspruch bezüglich der Rezeption von PISA & Co auf: Kinder lernen sehr früh, den begrenzten Geltungsanspruch und die begrenzte Bedeutsamkeit und Reichweite von Rangreihen zu erkennen. Ein Kind, das langsam läuft, wird problemlos darauf verweisen, dass es dafür ein guter Torwart ist oder weit spucken kann. Schüler können sehr früh ihre Stärken und Schwächen gegeneinander stellen. Ebenso können Erwachsene bei Rangreihen mit überschaubarer Komplexität die Begrenztheit der Reihen erkennen, z. B. bei Trikotwertungen im Radsport oder bei der Deutung von Warentests oder Chartnotierungen. Sie erkennen wahrscheinlich auch, dass der Geltungsanspruch, die Bedeutsamkeit und Reichweite von Rangreihen sinken, wenn der Gegenstand komplexer wird. Umso erstaunlicher wäre es, wenn Menschen, die die Entscheidung über ihre Schokocreme niemals (nur) vom Urteil von Warentestern abhängig machen würden, weitgehende politische Entscheidungen über Schulsysteme auf Aussagen stützen würden, welche mittels vier- oder fünfstündigen Testsitzungen gewonnen werden, wobei das Instrumentarium nicht nachvollziehbarer dokumentiert ist als die – Tage dauernde – Schokocremeuntersuchung. Vielleicht nährt gerade die Komplexität des Gegenstandes den Wunsch nach einfachen Lösungen. Vielleicht schlägt sich hier eine besonders tiefe gesellschaftliche Verunsicherung nieder. Vielleicht hängt es damit zusammen, dass wir für unsere Kinder nur das Beste wollen (- und das Beste in Schuldingen eben doch schwerer herauszufinden ist als die Sache mit der Schokocreme). Vielleicht knüpfen die Resultate besonders deutlich an unser Gefühl oder unsere bisherigen Erkenntnisse an. Vielleicht sind die Resultate beliebig interpretierbar und also für jeden problemlos in sein Weltbild integrierbar. Vielleicht nimmt man gar nicht die Rangreihe selbst so ernst, sondern möchte sich nur ihre Publizität zunutze machen, um die eigene Position zu stärken.

Kontrastieren wir die diskutierten Rangreihen mit dem Ansatz von PISA: „Primäre Aufgabe" von PISA „ist es, den Regierungen der teilnehmenden Länder auf periodischer Grundlage Prozess- und Ertragsindikatoren zur Verfügung zu stellen, die für politisch-administrative Entscheidungen zur Verbesserung der nationalen Bildungssysteme brauchbar sind." (Deutsches PISA-Konsortium 2001, S. 15; gleichlautend in: Deutsches PISA-Konsortium 2002, S. 11)

Die Kontrastierungen wären „... zur Verbesserung der nationalen Sportförderungssysteme ...", „... zur Verbesserung des Investitionsklimas ...", im Bereich der Mündigkeit könnte die PISA-Formulierung beibehalten werden.

Die Kontrastierungen – die natürlich zur Anreicherung beliebig fortzusetzen sind – deuten an, dass Länderrangreihen solche Prozess- und Ertragsindikatoren nicht bereit stellen. Insofern erfüllen jene Resultate, die die PISA-Gruppe ins Zentrum der Präsentation ihrer Forschungsergebnisse stellt, die primäre Aufgabe nicht – es sei denn, man liest die „Brauchbarkeit für politisch-administrative Entscheidungen" lediglich als „Brauchbarkeit zur Legitimierung von politisch-admistrativen Entscheidungen, die aber mit dem Untersuchten nichts zu tun haben". Dass PISA auch im weiteren zumindest im Bereich der Mathematik solche Prozess- und Ertragsindikatoren nicht zur Verfügung stellt, zeigt sich bei der Untersuchung der Testaufgaben: Die Probleme der Operationalisierung und der sinnvollen Verbindung der einzelnen Parameter zu einem aussagekräftigen Ganzen stellen sich dort ebenso scharf wie beim Investitionsklimaindex und beim Mündigkeitsindex.

Literatur

Adorno, Theodor W. (1972): Theorie der Halbbildung. In: Soziologische Schriften I (Gesammelte Schriften Band 8), Wissenschaftliche Buchgesellschaft, Darmstadt 1998.

Adorno, Theodor W. (1977): Resümee über Kulturindustrie. In: Kulturkritik und Gesellschaft I (Gesammelte Schriften Band 10/I), Suhrkamp 1977.
Baumert, Jürgen; Lehmann, Rainer u. a. (1997): TIMSS – Mathematisch-naturwissenschaftlicher Unterricht im internationalen Vergleich. Deskriptive Befunde. Leske + Budrich, Opladen.
Baumert, Jürgen, Eckhard Klieme, Manfred Lehre und Elwin Savelsbergh (2000): Konzeption und Aussagekraft der TIMSS-Leistungstests. Zur Diskussion um TIMSS-Aufgaben aus der Mittelstufenphysik. In: Die Deutsche Schule, 92. Jahrgg. 2000, Heft 1 (S. 102–115), Heft 2 (S. 196–217).
Bender, Peter (2005): PISA, Kompetenzstufen und Mathematik-Didaktik. In: Journal für Mathematik-Didaktik 26 (2005) Heft 3/4, S. 274–281.
Benjamin, Walter (1963): Das Kunstwerk im Zeitalter seiner technischen Reproduzierbarkeit. Suhrkamp. Frankfurt/Main.
Dahler-Larsen, Peter (2004): Does more documentation mean more quality? In: MATEMATIK, 4/2004, S. 10–13.
Deutsches PISA-Konsortium (Hrsg.) (2001): PISA 2000. Basiskompetenzen von Schülerinnen und Schülern im internationalen Vergleich. Leske + Budrich, Opladen.
Deutsches PISA-Konsortium (Hrsg.) (2002): PISA 2000 – Die Länder der Bundesrepublik Deutschland im Vergleich. Leske + Budrich, Opladen 2002.
Flitner, Elisabeth (2006): Rationalisierung von Schulsystemen durch ‚public-private-partnership' am Besipiel von PISA. In: Jürgen Oelkers, Rita Casale, Rebekka Horlacher & Sabina Larcher Klee (Hrsg.): Rationalisierung und Bildung bei Max Weber. Beiträge zur historischen Bildungsforschung. Bad Heibrunn: Klinkhardt, 245–266.
Gaeth, Frank (2005): PISA – Eine statistisch-methodische Evaluation. Inaugural-Dissertation an der FU Berlin.
Hagemeister, Volker (1999): Was wurde bei TIMSS erhoben? Eine Analyse der empirischen Basis von TIMSS. in: Die Deutsche Schule, 91.Jahrgg. 1999, Heft 2, S. 160–177.
Horkheimer, Max; Adorno Theodor W. (1947): Dialektik der Aufklärung. Reclam Verlag, Leipzig 1989. Deutsche Originalausgabe bei S. Fischer.
Kaiser, Gabriele (2000): Internationale Vergleichsuntersuchungen im Mathematikunterricht – Eine Auseinandersetzung mit ihren Möglichkeiten und Grenzen. In: Journal für Mathematik-Didaktik 21(2000) Heft 3/4, S. 171–192.
Keitel, Christine; Kilpatrick, Jeremy (1998): Mathematikunterricht zwischen Wissenschaft und Politik. Rationalität und Irrationalität internationaler vergleichender Studien. In: [Journal] Neue Sammlung. Vierteljahres-Zeitschrift für Erziehung und Gesellschaft. (1998) v. 38(4) S. 513–532.
Klieme, Eckard; Thußbas, Claudia (2001): Kontextbedingungen und Verständigungsprozesse im Geometrieunterricht. In: Aufschnaiter, Wetzel (Hrsg.): Nutzung von Videodaten zur Untersuchung von Lehr-Lernprozessen. Münster: Waxmann.
Lind, Detlef: Welches Raten ist unerwünscht? Eine Erwiderung. („Erwiderung" auf Meyerhöfer 2004c) In: Journal für Mathematik-Didaktik 1/2004, S. 70–74.
Lind, Detlef; Knoche, Norbert; Blum, Werner; Neubrand, Michael: Kompetenzstufen in PISA. In: Journal für Mathematik-Didaktik 1/2005, S. 80–87.
Meyerhöfer, Wolfram (2004a): Was testen Test? Objektiv-hermeneutische Analysen am Beispiel von TIMSS und PISA. Dissertation an der Mathematisch-Naturwissenschaftlichen Fakultät der Universität Potsdam.

Meyerhöfer, Wolfram (2004b): Zum Kompetenzstufenmodell von PISA. In: Journal für Mathematik-Didaktik, Jahrgang 25 (2004), Heft 3/4. Längere Version unter: http://www.math.uni-potsdam.de/prof/o_didaktik/mita/me/Veroe

Meyerhöfer, Wolfram (2004c): Zum Problem des Ratens bei PISA. In: Journal für Mathematik-Didaktik 1/2004, S. 62–69.

Meyerhöfer, Wolfram (2005a): Tests im Test. Das Beispiel PISA. Verlag Barbara Budrich. Opladen.

Meyerhöfer, Wolfram (2005b): Habitus von Mathematiklehrern und Unterrichtspraxis. In: G. Graumann (Hrg.): Beiträge zum Mathematikunterricht 2005, Franzbecker, Bad Salzdetfurth.

Meyerhöfer, Wolfram (2007): Testfähigkeit – Was ist das? Erscheint in: Stefan Hopmann (Hrg.): PISA according to PISA. Wien.

NISA (1998): National Institute on Student Achievement, Curriculum, and Assessment: The Educational System in Japan: Case Study Findings. in: http://www.ed.gov/pubs/JapanCaseStudy/title.html (June 1998).

NISA (1999a): National Institute on Student Achievement, Curriculum, and Assessment: The Educational System in the United States: Case Study Findings. in: http://www.ed.gov/pubs/USCaseStudy/index.html (March 1999).

NISA (1999b): National Institute on Student Achievement, Curriculum, and Assessment: The Educational System in Germany: Case Study Findings. in: http://www.ed.gov/pubs/GermanCaseStudy/ (June 1999).

Schriewer, Jürgen (1999): Vergleich und Erklärung zwischen Kausalität und Komplexität. In: Hartmut Kaelble, Jürgen Schriewer: Diskurse und Entwicklungspfade. Der Gesellschaftsvergleich in den Geschichts- und Sozialwissenschaften. Campus Verlag, Frankfurt/Main; New York.

Stevenson und Nerison-Low (1997): To sum it up: Case studies of Education in Germany, Japan and the United States. Michigan: University of Michigan.

Stevenson, H.W.; Stigler, J.W. (1992): The learning gap: Why our schools are failing and what we can learn from Japanese and Chinese education. New York: Simon and Schuster.

Stigler, James W.; Gonzales, Patrick; Kawanaka, Takako; Knoll, Steffen; Serrano, Ana (1999): The TIMSS Videotape Classroom Study. Methods and Findings from an Exploratory Research Project on Eigth-Grade Mathematics Instruction in Germany, Japan, and the United States. U.S.Department of Education. National Center for Education Statistics. Download: http://ncesed.gov/timss

Stigler, James W.; Hiebert, James (1999): The Teaching Gap. Best Ideas from the World's Teachers for Improving Education in the Classroom. New York.

Wernet, Andreas (2003): Pädagogische Permissivität. Schulische Sozialisation und pädagogisches Handeln jenseits der Professionalisierungsfrage. Leske + Budrich, Opladen.

Wernet, Andreas (2006): „Man kann ja sagen, was man will: es ist ein Lehrer-Schüler-Verhältnis." Eine fallanalytische Skizze zu Kollegialitätsproblemen im Referendariat. In: Winfried Schubarth (Hrg.): Qualität und Evaluation der Lehrerbildung: Beispiel 2. Phase/Referendariat. Reihe: Beiträge zur Lehrevaluation an der Uni Potsdam.

Die Insignifikanz signifikanter Unterschiede: Der Genauigkeitsanspruch von PISA ist illusorisch

Joachim Wuttke

Zur zweiten Auflage

Dies ist eine eingreifend überarbeitete und erheblich erweiterte Neufassung des Aufsatzes „Fehler, Verzerrungen, Unsicherheiten in der PISA-Auswertung" (Wuttke 2006, im folgenden zitiert als W1) aus der ersten Auflage des vorliegenden Sammelbands. Um Verwechslungen vorzubeugen, ist auch der Titel neu.

In dieser Neufassung sind erste Reaktionen auf W1 berücksichtigt. Aus dem PISA-Konsortium und seinem Umfeld sind mir die folgenden Stellungnahmen bekannt geworden:
- Aus der internationalen Projektleitung: Schulz (2006). Schulz bezieht sich auf eine Vorstufe von W1, die ich im März 2006 an Mitglieder des PISA-Konsortiums geschickt hatte. Sein Schreiben hat mich leider erst nach Erscheinen von W1 erreicht.
- Aus der deutschen Projektleitung: Prenzel (2006) mit technischem Anhang Prenzel/Walter (2006). Prenzel verspricht eine Auseinandersetzung mit den Fragen „Wie solide ist PISA? oder Ist die Kritik von Joachim Wuttke begründet?", geht aber nur auf drei von über zwanzig Kritikpunkten ein.
- Eine von der Kultusministerkonferenz angeforderte, eilig angefertigte „Stellungnahme" von Köller (2006a). Köller leitet eine im Gefolge von PISA gegründete Testaufgabenredaktion („Institut für Qualitätsentwicklung im Bildungswesen"). In Anbetracht seiner wissenschaftlichen Sozialisierung hätte die KMK genauso gut einen der PISA-Autoren um ein Gutachten in eigener Sache bitten können. Lesenswert auch ein Interview, in dem sich Köller (2006b) Kritik mit Neid erklärt.
- Ein Interview mit dem PISA-Beiratsmitglied Klemm (2006).

Da diese Texte nur in flüchtiger Form im Internet veröffentlicht wurden, wäre es sinnvoll gewesen, sie durch Reproduktion in dieser zweiten Auflage bibliotheksfest zu machen. Leider haben Köller, Prenzel, Schulz und Walter den Abdruck nicht genehmigt; Köller nahm die Bitte um Abdruckgenehmigung vielmehr zum Anlass, sein Gutachten von seiner Institutswebsite zurückzuziehen.

Dass somit keine einzige Replik Anspruch auf wissenschaftliche Beachtlichkeit erhebt, hat auch ein Gutes: statt mich mit Errata, Addenda und Antikritiken auf W1 zu beziehen, kann ich mit der folgenden Synthese einen übersichtlicheren und vertieften Ausgangspunkt für die weitere Auseinandersetzung anbieten. Inwieweit ich dabei meine Kritik aus W1 aufrecht erhalte, ist in Anhang A dargelegt. Rückblicke auf die bisherige Debatte im Haupttext bezwecken vor allem, ein Standardargument für die Validität von PISA, die Expertise zahlreich zusammenwirkender Experten, näher zu beleuchten.

Wertvolle Anregungen entnehme ich auch zustimmenden Zuschriften, für die ich an dieser Stelle noch einmal herzlich danke. Korrespondenz und Diskussionen nach Vorträgen haben mir geholfen, präziser zu erkennen und zu benennen, welche Schlussfolgerungen aus den numerischen Tatsachen zu ziehen sind. Ich danke insbesondere P. Bender und W. Meyerhöfer für mehrmaliges Gegenlesen sowie T. Hothorn, G. Kanig und R. V. Olsen für Literaturhinweise.

1 Einleitung

1.1 Untersuchungsziel

PISA ist ein genuin statistisches Unternehmen, das von Anfang an auf eine bestimmte, extrem reduktionistische Auswertung hin angelegt ist (vgl. Bottani/Vrignaud S. 30). Unter Beteiligung Hunderttausender Schüler werden reichhaltige *Primärdaten* erhoben. Diese Primärdaten, einige zehn Megabyte, umfassen die Ergebnisse aus dem eigentlichen, *kognitiven* Leistungstest, sowie mit einem *Student Questionnaire* erhobene *Hintergrunddaten*. Die kognitiven Testergebnisse werden im wesentlichen nur dazu genutzt, Kennzahlen zu bestimmen, die als *Aufgabenschwierigkeiten* und *Schülerkompetenzen* gedeutet werden. Um den Text nicht mit Anführungszeichen zu überfrachten, soll dieser Sprachgebrauch hingenommen werden, obwohl sich im Ergebnis zeigen wird, dass die „Schwierigkeit" von Aufgaben nicht ohne Willkür durch einen eindimensionalen Parameter ausgedrückt werden kann, und dass PISA anderes misst als nur „Kompetenz" in bestimmten Fachgebieten.

Die Kompetenzwerte der einzelnen Probanden, immer noch Hunderttausende von Zahlen, könnte man als *Sekundärdaten* bezeichnen. Um zu interpretierbaren statistischen Aussagen zu kommen, werden diese Einzelergebnisse über Subpopulationen gemittelt, mit Hintergrunddaten verknüpft und zu *Tertiärdaten* aggregiert. Typische Tertiärdaten sind Mittelwerte, Standardabweichungen, Perzentilgrenzen, Korrelationskoeffizienten und Gradienten. Sie werden zumeist in Form von Nationen-Ranglisten veröffentlicht (OECD 2001, 2004a sowie zahlreiche Detailstudien und nationale Berichte). Auf diese Tertiärdaten gründen sich umfangreiche verbale Deutungen, die sich im besten Fall an den inhaltlichen Anforderungen der auf einer bestimmten „Kompetenzstufe" lösbaren Aufgaben orientieren. Für Politik und Öffentlichkeit werden Kurzfassungen erstellt, wobei in jedem Staat andere Aspekte in den Vordergrund gerückt werden.[1]

Im folgenden soll untersucht werden, wie zuverlässig diese lange Schlusskette ist. Kritik wurde bisher vor allem an ihrem Ausgangspunkt geübt: an den Testaufgaben und deren theoretischer Fundierung. In diesem Buch äußern sich dazu aus verschiedenen Perspektiven Keitel, Jablonka, Bender und Gellert; an anderer Stelle unsere Koautoren Hagemeister (1999, zu TIMSS) und Meyerhöfer (2005). International und unter Einschluss von TIMSS könnte man bereits eine umfangreiche Bibliographie füllen. Komplementär dazu konzentriert sich dieser Aufsatz auf numerische Aspekte des Testablaufs und auf quantitativ greifbare Unsicherheiten und Verzerrungen. Dabei gibt es gelegentlich Berührungspunkte mit der

---

1 Die Aufmerksamkeit konzentriert sich regelmäßig auf die fürs eigene Land ungünstigen Nachrichten. So löste PISA 2000 in Finnland einen Schock aus, weil große Leistungsunterschiede zwischen Jungen und Mädchen gefunden wurden. Erst als ein Pilgerstrom deutscher Bildungspolitiker einsetzte, gewöhnten sich die Finnen langsam daran, als Testsieger zu gelten (S. Hopmann, mündl. Mitteilung).

Aufgabenkritik: an Beispielen wie dem Missverstehen des Multiple-Choice-Formats im deutschen Sprachraum lässt sich zeigen, dass inhaltliche Mängel zu quantitativ bedeutsamen Verzerrungen führen. Viele statistische Probleme von Schulleistungsuntersuchungen sind in Fachkreisen durchaus bekannt, zumeist jedoch nur isoliert erörtert worden. Eine Ausnahme ist die vernichtende Kritik, mit der Freudenthal (1975) die ersten großen internationalen Vergleichsstudien der Lächerlichkeit preisgab. Manche seiner Einwände sind auch heute noch aktuell, denn am Grundkonzept solcher Studien hat sich trotz zahlreicher technischer Verfeinerungen wenig geändert.[2]

Hier soll ein breiter Überblick über tatsächliche, wahrscheinliche und mögliche Verzerrungen in PISA gegeben werden. Teil 2 stellt die Repräsentativität der Stichprobe, Teil 4 die eindimensionale Bewertbarkeit der kognitiven Leistungen in Frage. Soweit möglich, werden Verzerrungen quantifiziert. Dazu ist es nötig, zu verstehen, wie Schülerleistungen in Punkte umgerechnet werden. Teil 3 soll diese „Skalierung" erklären und ein Gefühl dafür geben, was es eigentlich bedeutet, wenn sich die Testleistung zweier Populationen um einen bestimmten Zahlenwert unterscheidet.

Ziel dieser Untersuchung ist es *nicht*, bestimmte für Deutschland gefundene Kernaussagen für falsch zu erklären. Ich vermute im Gegenteil, dass PISA in Deutschland nur deshalb so fulminant einschlagen konnte, weil die meistpublizierten Aussagen mit der Lebenserfahrung von Schülern, Eltern und Lehrern durchaus kompatibel sind. Gefragt werden soll nicht, ob diese Aussagen richtig oder falsch sind, sondern ob sie aus dem vorliegenden Datenmaterial abgeleitet werden können. Es soll gefragt werden, mit welchen Unsicherheiten dieses Material behaftet ist, und ob in Anbetracht dieser Unsicherheiten der für die Datenerhebung getriebene Aufwand nicht fehlgerichtet ist. Es soll gefragt werden, ob die zyklische Fortführung von PISA relevante neue Erkenntnisse bringen kann, und ob es zu rechtfertigen ist, dass zum Zweck der Messung von Trends eine Mehrheit der Testaufgaben geheim gehalten wird.

---

2   Insofern ist es mehr als mutig, wenn sich die an PISA beteiligten Mathematikdidaktiker auf Freudenthals „realistic math education" berufen. Wie vordergründig und inkonsistent der Realitätsbezug realer PISA-Aufgaben ist, hat Meyerhöfer (2005) detailliert dargelegt.

1.2 Maßstab: Der Genauigkeitsanspruch von PISA

Im folgenden soll die PISA-Studie an ihrem eigenen numerischen Genauigkeitsanspruch gemessen werden. Dieser Anspruch äußert sich am deutlichsten in den Ranglisten der nationalen Kompetenzmittelwerte (OECD 2004a, S. 59, 71, 81, 88, 92, 281, 294; OECD 2004b, S. 42). Zu den Mittelwerten werden Standardfehler angegeben, die in den meisten Fällen wenige Punkte auf der offiziellen Skala (der mit Mittelwert 500 und Standardabweichung 100) betragen. Basierend auf diesen Standardfehlern wird in Tabellen angegeben, mit welchen Unsicherheiten die Rangplätze behaftet sind. Kreuztabellen geben an, zwischen welche Leistungsunterschiede zwischen Staaten statistisch signifikant sind.

Ein Extrembeispiel ist Island, dessen Leistungsmittelwert von 515 im Teilgebiet Mathematik mit einem Standardfehler von nur 1,4 behaftet ist. Mit 95%iger Sicherheit nimmt Island unter 29 OECD-Staaten einen Rang zwischen dem 10ten und dem 13ten ein. Die isländischen Schülerleistungen sind signifikant schlechter als die australischen (524 ± 2,1), aber signifikant besser als die schwedischen (509 ± 2,6). Allerdings nimmt die Bonferroni-Korrektur, die 95%ige Sicherheit nicht nur für einzelne Vergleiche, sondern für das Ranking als ganzes gewährleisten soll, dem Unterschied zwischen Island und Schweden die Signifikanz; signifikant ist dann erst der Unterschied zwischen Island und Deutschland (503 ± 3,3).[3]

Ein entgegengesetztes Extrembeispiel ist das Leseergebnis für Österreich von 491 ± 3,8 Punkten, das jede Einstufung zwischen dem 12. und dem 21. OECD-Rangplatz zulässt; die Abstände zu Norwegen (500) und Italien (476) sind noch nicht Bonferroni-signifikant, sondern erst die zu Belgien (507) und Griechenland (472).

---

3 Dieser Genauigkeitsanspruch ist so überzogen, dass er selbst Verteidigern des Unternehmens suspekt ist. Unter den fünfundzwanzig (!) Gründen, mit denen sich die *Zeitschrift für Pädagogik* einem Abdruck meiner ersten Ergebnisse entzog, war der erste und längste, dass obige 95%-Aussagen nicht korrekt zitiert und „u. E. schlicht weg falsch" seien. Der Gutachter hatte sich nicht die Mühe gemacht, in der angegebenen Quelle nachzuschlagen.

Je nach Vergleichspaar sind also Differenzen zwischen 9 (Australien – Island) und 19 (Österreich – Griechenland) Punkten nötig, um einen signifikanten Unterschied zwischen zwei Staaten zu begründen. Die solchen Aussagen zugrundeliegenden Standardfehler berücksichtigen jedoch nur bestimmte stochastische Unsicherheiten. Es liegt nahe, dass es in einer so komplexen Erhebung zahlreiche weitere Quellen von Ungenauigkeiten geben kann. Von der Auswahl und Übersetzung der Aufgaben über die Ziehung der Stichproben und die Durchführung in den Schulen bis hin zur Kodierung der Antworten und Aufbereitung der Daten hat jede Projektphase ihre eigenen Schwierigkeiten. Im folgenden soll geprüft werden, ob die Genauigkeit von PISA nicht eher durch systematische Fehler und Unsicherheiten als durch stochastische Standardfehler begrenzt wird.

Diesen Ansatz beurteilt Klemm (2006) in seiner kurzen Stellungnahme zu W1 so:

> Wuttke macht den fundamentalen Fehler, das Spiel der Ranglisten mitzuspielen. [...] Es gibt trotzdem eine ganze Reihe von Ländern, die unter ähnlichen Bedingungen leben und arbeiten wie wir und die bessere Leistungen bringen. Daran ist nicht zu rütteln. Die zentralen Aussagen von PISA bleiben: Deutschland dümpelt im Mittelfeld, nirgends sonst entscheidet die soziale Herkunft derart stark über den Bildungsstand, und Deutschland fördert Kinder mit Migrationshintergrund besonders schlecht.

Die *Beschreibung* meines Vorgehens als ein „Mitspielen" ist treffend: um PISA immanent zu kritisieren, lasse ich mich auf gewisse Prämissen ein, aus denen sich unvermeidlich die Konstruierbarkeit von Ranglisten ergibt. Die *Bewertung* von Ranglisten als ein Spiel ist hingegen keine legitime Position für jemanden, der als Mitglied des wissenschaftlichen Beirats für PISA mitverantwortlich ist – umso mehr, als die Ranglisten keine Marginalie sind, sondern eine so zentrale Stellung haben, dass es das ganze Unternehmen ohne sie nicht gäbe. Einem Kritiker zum Vorwurf zu machen, er mache einen „fundamentalen Fehler", wenn er ernstnimmt, was der Öffentlichkeit als ernsthafte Forschung verkauft wird, ist zynisch.

Klemms Position ist überdies inkonsistent: seine Behauptungen, Deutschland dümpele „im Mittelfeld" und „eine ganze Reihe von Ländern" mit ähnlichen Lebensbedingungen brächte „bessere Leistungen" sind nichts anderes als Paraphrasen von Rangplätzen.[4] Und die Aussage, „nirgends sonst" hinge die Testleistung („Bildungsstand") so stark von der sozialen Herkunft ab, ist nichts anderes als die Angabe eines ganz bestimmten Rangs, nämlich des ersten in einer Rangliste einer nicht genau spezifizierten mathematischen Beziehung zwischen Kompetenzwerten und Hintergrunddaten.[5]

1.3 Datenbasis und Methodisches

Der Übersichtlichkeit halber beschränken sich die folgenden Analysen auf PISA 2003. Nationale Ergänzungsstudien bleiben unberücksichtigt.[6] Soweit die vier Testgebiete (Lesen, Mathematik, Naturwissenschaften, Problemlösen) unterschieden werden müssen, wird als bevorzugtes Beispiel das schwerpunktmäßig untersuchte Gebiet Mathematik gewählt. Testergebnisse werden primär dem internationalen Ergebnisbericht (Learning for Tomorrow's World, OECD 2004a, im folgenden als LTW zitiert), dem Technischen Bericht (Technical Report, OECD 2005a, im folgenden als TR zitiert), sowie eigenen Auswertungen des internationalen Datensatzes (ACER 2005) entnommen.

---

4   An denen im übrigen sehr wohl zu rütteln ist: wenn sich Deutschland im Lesetest aus PISA 2003 tatsächlich, wie der Interviewer suggerierte, um sechs Plätze verbesserte, dann brächten nur die Niederlande (vor Bonferroni-Korrektur), Schweden, Irland, Neuseeland, Australien, Kanada, Südkorea und Finnland signifikant bessere Leistungen. Von diesen Staaten haben lediglich die Niederlande und Schweden einen erheblichen Bevölkerungsanteil überwiegend gering qualifizierter Immigranten. Die „ganze Reihe von Ländern" mit vergleichbaren Bedingungen und unzweifelhaft besseren Leistungen gibt es nicht.
5   Inhaltlich ist Klemm auf dem Stand von PISA 2000: In PISA 2003 konnte der genannte erste Platz nicht reproduziert werden. Das Konsortium musste sogar vom sozialen Gradienten auf eine andere Kennzahl, die „Varianzaufklärung", ausweichen, um für Deutschland wenigstens einen Wert zu finden, der signifikant schlechter als der OECD-Durchschnitt ist (Prenzel *et al.* 2004b, S. 248, 251). Das Motiv für diesen wissentlich herbeigeführten *publication bias* liegt auf der Hand: nur eine schlechte Nachricht ist eine gute Nachricht im Sinne der politischen Wirkungsabsicht.
6   Eine eigenständige Analyse des deutschen Datensatzes ist kaum möglich, da die *public use files* aus Furcht vor unautorisierten Bundesländervergleichen keine Länder- und Schulkennungen enthalten; selbst die nur nach Vertraulichkeitsvereinbarung zugänglichen *scientific use files* sind unvollständig (Baumert/Artelt 2005).

Für die Rekonstruktion der Auswerteprozeduren erweist sich der Technische Bericht als unzureichend. Unentbehrlich, wenngleich ebenfalls schlecht geschrieben und fehlerhaft, sind einige Seiten im Handbuch zum Skalierungsprogramm ConQuest (Wu *et al.* 1998). Im Kern basiert die Skalierung der Aufgabenschwierigkeiten und Schülerkompetenzen auf der probabilistischen Testtheorie (*Item Response Theory*, IRT). Zu dieser gibt es zwar etliche Monographien; überwiegend sind das aber einführende Lehrwerke, die wenig Mathematik voraussetzen, Elementares in ermüdender Breite auswalzen und kaum zum Kernproblem der Parameterschätzung vordringen – mit Ausnahme von Baker (1992), der sich aber ebenfalls in kleinschrittiger Algebra verliert. Gehaltvoll und hilfreich ist ein Sammelband (Fischer/Molenaar 1995), den mir dankenswerterweise Prenzel (2006) in seiner Reaktion auf W1 empfohlen hat; in den OECD-Berichten wird er nicht zitiert.

Der internationale Datensatz besteht aus ASCII-Dateien, die sowohl Primärdaten als auch Skalierungsergebnisse enthalten. Wie die 2086 Byte pro Proband zu lesen sind, ist im Auswertehandbuch (*Data Analysis Manual*, OECD 2005b, im weiteren zitiert als DAM) beschrieben. Manche Angaben sind unklar oder unzureichend, aber über einen „helpdesk" konnte ich Projektmitarbeiter erreichen, die e-Mail-Anfragen in der Regel zügig beantworteten – jedenfalls solange meine Fragen nicht auf ein gründliches Verständnis der Skalierung zielten.[7] Eigene Auswertungen erfordern vor allem einiges Umsortieren des Datensatzes und die manuelle Eingabe kleinerer Tabellen (Lösungscodes, Zusammensetzung der Testhefte u. a.). Daran lassen sich beliebige statistische Analysen anschließen.

Bei Mittelungen über den Datensatz lehne ich mich eng an die offizielle Auswertung an: in der Regel beziehe ich alle dreißig OECD-Staaten mit gleichem Gewicht ein; die Partnerstaaten lasse ich unberücksichtigt. Großbritannien[8] wurde wegen verfehlter Teilnahme-

---

7 Meine Fragen haben ACER zu einer Korrektur eines Codebooks (A. Berezmer, Mail vom 24. 1. 2005) und zur Herausgabe eines Erratums (P. McKelvie, Mail vom 9. 2. 2006) veranlasst, was darauf hindeutet, dass eine unabhängige Analyse der Originaldaten bisher nicht von vielen unternommen wurde.

8 Gemeint ist hier und im folgenden stets das Vereinigte Königreich einschließlich Nordirland.

quoren in sehr inkonsequenter Weise von der offiziellen Auswertung ausgeschlossen: bei der Skalierung der Aufgabenschwierigkeiten und Schülerkompetenzen und bei der Berechnung von OECD-Mittelwerten wurden die britischen Daten noch einbezogen; nur in den Staaten-Ranglisten des Ergebnisberichts werden sie nicht aufgeführt (LTW, S. 33). Um meine Daten möglichst vergleichbar mit den offiziellen Berichten zu halten, beziehe ich Großbritannien durchgehend ein.

Auf inferenzstatistische Hypothesentests verzichte ich bewusst; ich bestreite die Logik des Konsortiums, in der noch so plausible Quellen von Verzerrungen erst dann zugegeben werden, wenn ihre statistische Signifikanz bewiesen werden kann (dazu Beispiele in 4.8 und 5.1).

1.4 Einmischung ohne Einblicke

Über W1 stand ohne weiteren Kommentar:

> One example for the need of mathematical literacy is the frequent demand for individuals to make judgements and to assess the accuracy of conclusions and claims in surveys and studies. Being able to judge the soundness of the claims from such arguments is, and increasingly will be, a critical aspect of being a responsible citizen.
> *The PISA 2003 Assessment Framework* (OECD 2003a, S. 27).

Dieses Zitat zeigt, wie unrealistisch das für PISA zentrale Konstrukt „literacy" ist (vgl. Shamos 1995). Die Qualität einer statistischen Untersuchung zu beurteilen, kann man nicht ernsthaft von Fünfzehnjährigen erwarten. Nachdem mir mehrere Kultusministerien sowie der Generalsekretär der Kultusministerkonferenz erklärt haben, meine Statistik-Kritik inhaltlich nicht beurteilen zu können, scheint es, dass selbst für PISA zuständige Ministerialbeamte nicht über mathematische Grundbildung im Sinne der OECD verfügen.

Neben aller Ironie war das Motto auch programmatisch gemeint: mein Standpunkt ist nicht der eines Fachkollegen, der, wie es Prenzel (2006) bevorzugt hätte, „Optimierungen" vorschlägt, sondern der eines Staatsbürgers, der sich ein Urteil über die Genauigkeit einer folgenreichen Studie gebildet hat und nun auf deren begrenzte Aussagekraft hinweist. Deshalb hätte sich Köller (2006a) die Mühe sparen können, mich – ohne auf den Kern meiner Argumentation einzugehen – als „Laien" zu „entlarven", der keine „Einblicke in die Szene" hat. Eine solche Logik, die von sachlicher Kommunikation abhebt und allein auf Reputationswerte abstellt („Full Professor an der University of California, Berkeley, ein äußerst renommierter Professor"), setzt ein „gegenüber den strengen Wahrheitskriterien verringertes Anspruchsniveau" (Luhmann 1974, S. 237) voraus; zugleich immunisiert sie perfekt gegen Kritik, denn die wird, in Anbetracht der inzestuösen Enge der „Szene" (Beispiel: Köllers eigener Werdegang), immer nur von außen kommen.

Tatsächlich braucht es keine Spezialkenntnisse, sondern vor allem Geduld beim Lesen umfangreicher, nachlässig redigierter Berichte, um einen ersten Überblick über die Ungereimtheiten von PISA zu bekommen. Um Köllers Behauptung zu entkräften, das Skalierungsverfahren von PISA sei allgemein als nicht zu übertreffender „State of the Art" anerkannt und durch „Hunderte von Aufsätzen" gedeckt, benötigt man lediglich einen Bibliotheksausweis.

2 Wie repräsentativ ist PISA?

Schon bei der Definition der Grundgesamtheit (2.1) zeigt sich, dass der theoretische Anspruch von PISA, den „outcome" von Schulsystemen zu messen, nicht erfüllbar ist. Aber auch wenn man die vorgegebene Zielpopulation hinnimmt, findet man, dass Uneinheitlichkeiten bei Stichprobenziehung (2.2 ff.), Teilnahmequoten (2.6 ff.) und Durchführung (2.9) mit dem Genauigkeitsanspruch der Studie nicht vereinbar sind. Einige Verzerrungen lassen sich größenordungsmäßig abschätzen; es zeigt sich, dass sie, gemessen am stochastischen Standardfehler, quantitativ bedeutsam sind.

2.1 Schuleinschreibungsquoten

Erklärtes Ziel von PISA ist es, durch internationalen Vergleich die leistungsmäßigen Ergebnisse der nationalen Bildungssysteme (*outcomes in terms of student achievements*, OECD 2003a, S. 6) zu beobachten. Als Grundgesamtheit wurden jedoch nicht die Absolventen gewählt, sondern fünfzehnjährige Schüler.[9] In diesem Alter haben viele Schüler noch mehrere Schuljahre vor sich; die Fähigkeit zum abstrakten Denken befindet sich mitten in der Entwicklung (z. B. Gräber/Stork 1984, Carroll 1987). Deshalb ist von vornherein klar, dass PISA *nicht* Endergebnisse ganzer Bildungssysteme misst. Durch die bloße Behauptung, die von PISA erfassten Fertigkeiten spiegelten die Befähigung zu weiterem Lernen wider (OECD 2003a, S. 8), wird das nicht behoben.

Bestenfalls liefert PISA eine Momentaufnahme des Leistungsstandes im gewählten Alter. Doch in manchen Staaten geht ein nennenswerter Teil der Jugendlichen schon vor oder während dem fünfzehnten Lebensjahr von der Schule ab. In der Türkei beträgt die Einschreibungsquote im PISA-Jahrgang nur 54 %, in Mexiko 58 %. Auch in vielen Nicht-OECD-Partnerstaaten ist diese Quote so niedrig, dass die PISA-Ergebnisse nicht einmal näherungsweise für einen Altersjahrgang repräsentativ sind. Was haben solche Staaten davon, sich für PISA als „Ranking-Staffage" (Meyerhöfer 2006a) zur Verfügung zu stellen? Schulz (2006, Punkt 1) bestätigt ausdrücklich, dass die Testung ganz auf entwickelte Länder ausgelegt ist.

In Teststatistiken erscheint ein Bildungssystem umso leistungsfähiger, je mehr Schwänzer und Abbrecher es produziert.[10] In Portugal gehen allein in den höchstens zwei Monaten, die zwischen der Stichprobenziehung und der Testung liegen (P. McKelvie, Mail vom 23. 1. 2006), über fünf Prozent des Jahrgangs von der Schule ab, wodurch die Einschreibungsquote auf unter 86 % sinkt (TR, S. 168 f.). Wenn man auch Schulabgänger zum Ergebnis eines Bildungssystems zählt und konservativ abschätzt, dass diese im Mittel um nur eine Standardabweichung schwächer sind als die verbleibenden Schüler, dann überschätzt PISA die Leistung des portugiesischen Systems um mehr als 14 Punkte.

Darauf entgegnet Schulz (2006, Punkt 1):

---

9 Die Schüler müssen mindestens im 7. Schuljahr sein. Diese Einschränkung dürfte in den meisten Staaten keine nennenswerte Auswirkung haben.
10 So schon Freudenthal (1975, S. 151). In den USA verzerrt dieser Effekt nicht mehr bloß Daten, sondern Lebenschancen: es gibt Anzeichen, dass der Testdruck, der auf die einzelnen Schulen ausgeübt wird, diese dazu veranlasst, schwache Schüler herauszudrängen (Kohn 2000, S. 40 f.; Shriberg/Shriberg 2006).

In most OECD countries, the vast majority of 15-year-olds are still enrolled in school [...] '15-year-olds enrolled in schools' is probably the closest one can get to the end of compulsory schooling across OECD countries.

Diese Argumentation ist typisch für Reaktionen des Konsortiums: Schulz lässt sich gar nicht darauf ein, dass ich die Validität von PISA *quantitativ*, in Relation zum numerischen Genauigkeitsanspruch der Studie, in Frage stelle. Formulierungen wie „vast majority" sind ungeeignet, diesen Anspruch zu verteidigen. Dass man wahrscheinlich nicht genauer messen kann, ist kein Argument für die Tauglichkeit einer Messung.

2.2 Stichprobenziehung: Inkonsistente Ausgangsdaten

Für PISA 2003 wurde eine Mindeststichprobengröße von 4500 Schülern gefordert und überall erreicht.[11] Mit Ausnahme weniger Staaten wurde die Schülerstichprobe in einem zweistufigen Verfahren gezogen: zunächst wurden Schulen ausgewählt; in Schulen, deren Jahrgangsstärke über einer Sollstichprobengröße n (in den meisten Staaten 35) lag, wurden anschließend n Schüler ausgewählt. Dieses Verfahren bringt mit sich, dass Probanden aus verschiedenen Schulen verschiedene statistische Gewichte zugeordnet werden müssen.[12] Die Gewichte können so weit auseinander liegen, dass sie durch einen willkürlichen *trimming factor* begrenzt werden müssen, damit nicht das Gesamtergebnis übermäßig von einzelnen Schülern abhängt (TR, S. 108 ff.).

Für die Ziehung der Schulstichprobe und für die Festlegung der Gewichte ist im Prinzip eine Urliste erforderlich, die für alle Schulen des Teilnehmerstaats aufführt, wieviele Schüler dem Testjahrgang angehören. Eine solche Liste ist in den wenigsten Staaten verfügbar. Sie durfte deshalb durch eines von vier Schätzverfahren ersetzt werden. In Griechenland fehlten die Voraussetzungen selbst

---

11 Außer in Island und Luxemburg, wo das Mögliche getan und ein ganzer Jahrgang getestet wurde (TR, S. 48, 173).
12 Im folgenden nenne ich, ohne Garantie für Konsistenz, die ungewichteten Testteilnehmer „Probanden", die gewichteten Testteilnehmer „Schüler", weil sie repräsentativ für alle Schüler eines Landes sein sollen.

für das gröbste Schätzverfahren, so dass alle Schulen gleichgewichtet werden mussten (TR, S. 52). Für Schweden wurde eine Einschreibungsquote von 102,5 % registriert, für die Toskana von 107,7 %. Das lässt zumindest ahnen, wie inkonsistent mancherorts das verwendete Datenmaterial war (TR, S. 168, 183). Auch die Einschreibungsquote von 100,000 % in den USA (TR, S. 168) ist vollkommen unglaubwürdig. Tatsächlich kennt das United States Department of Education diese Quote so schlecht, dass es zum Mittel einer Umfrage greifen musste, um herauszufinden, dass 2003 circa 2,2 % der „student population" zu Hause unterrichtet wurden (NCES 2006), also nicht in die PISA-Kategorie „eingeschriebene Schüler" (TR, S. 46) fielen.

2.3 Stichprobenziehung: Inkonsistente Stratifizierung

Im Alter von fünfzehn Jahren gehen nicht nur die ersten Jugendlichen von der Schule ab; in vielen Ländern findet ungefähr in diesem Alter ein Schulwechsel statt, und das Schulsystem fächert sich weit auf. Das Leistungsmittel in unterschiedlichen Schulformen liegt oft um mehr als eine Standardabweichung auseinander (2.7). Damit die PISA-Stichprobe repräsentativ für den Altersjahrgang ist, müssen die verschiedenen Schulformen im richtigen Verhältnis herangezogen und gewichtet werden. Schüler, die eine Klasse wiederholt haben, sind anders auf Schulformen verteilt als Gleichaltrige, die eine glatte Schullaufbahn hinter sich haben. In manchen Schulformen sind alle Fünfzehnjährigen Repetenten (Putz 2006), was zu sehr kleinen Stichproben führen kann, die korrekt zu berücksichtigen besonders schwierig ist („an administrativ burden", TR, S. 53). All dies sind potentielle Quellen systematischer Verzerrungen, die bei entsprechendem Interesse auch für gezielte Manipulationen genutzt werden können.[13]

---

13 Zu Manipulationsmöglichkeiten in *high-stakes tests* siehe Haladyna *et al.* (1991), Kraus (2005, S. 51) und Nichols/Berliner (2007, insbesondere Kap. 4: „States Cheat Too!"). PISA ist *low-stakes* für die Probanden, aber nicht immer für die Schulen (spätestens dann nicht, wenn Ergebnisse an die Öffentlichkeit gegeben werden: siehe zum Beispiel den Rummel um die Wiesbadener Helene-Lange-Schule), und bestimmt nicht für die Erziehungsministerien (wie zufällig ist es, dass sich unter den wenigen Schulen, die Hessen zur internationalen Stichprobe beiträgt, eine „Versuchsschule" und „UNESCO-Projektschule" befindet?).

Hauptziel der zyklischen Wiederholung von PISA ist es, zeitliche Veränderungen von Bildungssystemen zu beobachten. Im Vergleich von 2003 und 2000 war die Effektstärke mehrheitlich geringer als das rein stochastische Rauschen, in Österreich aber wurde eine auf 99 %-Niveau signifikante (LTW, S. 282) Abnahme der Leseleistung festgestellt. In der Öffentlichkeit wurde die Verschlechterung um neun OECD-Rangplätze als „Absturz" wahrgenommen und allen Ernstes mit dem zwischenzeitlich erfolgten Regierungswechsel in Verbindung gebracht.[14]

Daraufhin veranlasste das Bildungsministerium eine Überprüfung. Neuwirth, Ponocny und Grossmann (2006a) stellten „bei näherer Betrachtung [...] schon bald Inkonsistenzen bei den österreichischen Daten" fest (S. 11). Ihr Bericht mit dem unverfänglichen Titel „PISA 2000 und PISA 2003: Vertiefende Analysen und Beiträge zur Methodik" ist nichts anderes als ein umfangreiches Erratum zu allen vorigen Berichten. Der vermeintliche Absturz erklärt sich damit, dass

> bei PISA 2000 die Berufsschulen deutlich unterrepräsentiert waren und daher die publizierten österreichischen Gesamtergebnisse 2000 besser waren, als es den tatsächlichen Verhältnissen entspricht [S. 13].

Zur falschen Gewichtung war es durch die Mischung inkonsistenter Schülerzahlen gekommen: in der einen Zahl waren sämtliche fünfzehnjährigen Berufsschüler berücksichtigt worden, in der anderen fehlten die, die im Testzeitraum eine Praxisphase hatten.

> Da die betroffene Gruppe vor allem aus männlichen Schülern besteht, kam es in weiterer Folge auch noch zu Verzerrungen bei allen Fragen, die das Geschlecht betreffen [S. 36].

Außerdem weisen Neuwirth *et al.* (S. 13 f., 52 ff.) auf Verzerrungen durch die Normierung auf ein bestimmtes Testheft hin (dazu unten 3.10).

---

14 So noch am 24. 2. 2007 auf der Wikipedia-Seite über Elisabeth Gehrer. Dort wird auch behauptet, Gewerkschaft und Wirtschaftskammer hätten sich mit dem Ministerium zusammengetan, um künftig „mittels eines Prospekts die zu prüfenden Schüler auf die Tücken solcher Tests vorzubereiten." Wie 4.6 zeigen wird, könnte ein intelligent gemachter Prospekt gerade in Österreich viel bewirken.

Andreas Schleicher steuert zu dem Bericht ein Vorwort bei. Nach einer Seite mit Standardtextbausteinen geht er nur kurz auf den konkreten Inhalt des Berichts ein, ohne irgendeinen Fehler einzugestehen:

> Die österreichischen Stichproben erfüllen die strengen Kriterien der OECD erst seit PISA 2003, so dass die OECD bislang darauf hinweisen musste, dass eine Bewertung von Leistungsveränderungen seit PISA 2000 für Österreich nur eingeschränkt zulässig ist, ohne die potentiellen Verzerrungen jedoch quantifizieren zu können. Der vorliegende Band schließt diese wissenschaftliche Lücke und ermöglicht erstmals bereinigte Trendanalysen für Österreich [S. 10].

Allerdings muss die OECD ihren Hinweis, dass alle Trendaussagen für Österreich unter Vorbehalt standen, *sehr* kleingedruckt haben: mit Volltextsuche nach „Austria" ist er im Ergebnisbericht (LTW) nicht zu finden. In die Öffentlichkeit ist er erst recht nicht transportiert worden. Warum haben die PISA-Verantwortlichen in ihren Aufsätzen, Interviews und Vorträgen nicht eindringlich auf die Unsicherheit der Stichprobe hingewiesen? Und was ist mit den Ergebnissen aus PISA 2000? Sind die seinerzeit unter Vorbehalt veröffentlicht worden? Warum hat das niemand mitbekommen? Die Öffentlichkeit ist mindestens durch unterlassene Aufklärung getäuscht worden.

Unregelmäßigkeiten bei der Stichprobenziehung dürften auch Anteil an den hervorragenden Ergebnissen Südtirols haben (Putz 2005, 2006). Obwohl dort für Fünfzehnjährige *Schulpflicht* herrscht, wurden für PISA nur 83 % des Jahrgangs als eingeschrieben registriert (TR, S. 168). Etwa 2,5 % erklären sich durch die italienischen Berufsschulen, die von vornherein ausgeschlossen wurden. Einen größeren Teil der „verschwundenen 17 Prozent" erklärt sich Putz damit,

> dass auch all jene Berufsschulen ausgeschlossen wurden, an denen zum Testzeitpunkt kein Unterricht stattgefunden habe. Das Pädagogische Institut habe aber lange vorher gewusst, an welchen Schulen am Testtag kein Unterricht stattgefunden habe. Damit konnte man das Ergebnis bewusst steuern. [Südtiroler Tageszeitung, 29./30. 1. 2005][15]

---

15 Amüsant auch der Hinweis von Putz, welche Schlussfolgerungen man ziehen

2.4 Ausschlüsse

Die internationalen Regeln erlauben den Teilnehmerstaaten, bis zu 5 % der Grundgesamtheit vom Test auszuschließen, und zwar bis zu 0,5 % aus organisatorischen Gründen und bis zu 4,5 % wegen geistiger oder körperlicher Behinderung oder wegen ungenügender Beherrschung der Testsprache (TR, S. 47 f.). Über den Ausschluss wegen „intellectual disabilities" hatten die Schulleiter zu entscheiden. Ein zusätzlicher Ausschlussgrund durfte in nationaler Verantwortung festgelegt werden (TR, S. 183 f.): die Tschechische Republik hat Schüler ausgeschlossen, die längere Zeit nicht am Unterricht teilgenommen hatten, Luxemburg frisch Zugewanderte, Dänemark, Finnland, Griechenland, Irland und Polen Schüler mit Lese-Rechtschreib-Schwäche, Dänemark zusätzlich Schüler mit *acalculia*.

Innerhalb der OECD sind diese Möglichkeiten sehr unterschiedlich ausgeschöpft worden: die Ausschlussquote streut von 0,7 % in der Türkei bis 7,3 % in Spanien und den USA (TR, S. 169). Auch Kanada, Dänemark und Neuseeland überschreiten die 5 %-Grenze. Diese Regelverstöße werden im Technischen Bericht vermerkt (TR, S. 241 ff.), haben aber keine weiteren Konsequenzen: die Daten aus den betroffenen Staaten werden uneingeschränkt in die Auswertung einbezogen.

2.5 Sonderschüler

Unabhängig von allen Ausschlusskriterien sieht das Testdesign vor, dass in Sonderschulen ein spezielles einstündiges Testheft eingesetzt werden kann. Diese Option wurde von nur sieben mitteleuropäischen Staaten genutzt. In allen übrigen Staaten sind Lernbehinderte angeblich in Regelschulen integriert – nachforschenswert wäre, inwieweit sie mit fünfzehn Jahren tatsächlich noch zur Schule gehen. Ob sie vom Test ausgeschlossen werden, wird auf Schulebene

---

müsste, wenn PISA ernst zu nehmen und das Südtiroler Schulsystem tatsächlich weltweit das beste wäre: zum Beispiel die Lehrerausbildung abzuschaffen. In Südtirol konnte man sich, zumindest bis vor kurzem, im Anschluss an ein beliebiges Fachstudium durch einen *Aufsatzwettbewerb* für eine Lehrerstelle qualifizieren.

entschieden; dass das zu Verzerrungen führen kann und Manipulationsmöglichkeiten eröffnet, liegt auf der Hand. Prenzel begründet den Einsatz der Kurzhefte ethisch:

> Wir wollten nicht mit dem großen Testheft in die Sonderschulen, wir wollten es menschlicher machen [taz vom 9. 11. 2006].

Sofern man in Staaten ohne Sonderschulen ähnlich rücksichtsvoll war und Schüler mit Lernschwierigkeiten, in Ermangelung eines Kurzhefts, ganz vom Test ausgeschlossen hat, sind solche Schüler dort im internationalen Vergleich unterrepräsentiert.

Aber auch innerhalb der sieben Staaten, die das Kurzheft eingesetzt haben, sind die Stichproben kaum vergleichbar. In Österreich wurden 0,9 % aller Probanden mit dem Kurzheft getestet, in Ungarn dagegen 6,1 %. Die mittlere Leistung der Schüler, die das einstündige Heft bearbeitet haben, streut enorm, zum Beispiel im Lesen von 215 in Österreich bis 397 in Ungarn. Das muss nicht überraschen, denn in Österreich wurden 1,6 % der Grundgesamtheit, in Ungarn aber 3,9 % *ganz* vom Test ausgeschlossen: Wer in Österreich den Kurztest bearbeitet hat, wäre in Ungarn wahrscheinlich überhaupt nicht getestet worden; wer in Ungarn zum Kurztest eingeteilt wurde, wäre in Österreich wahrscheinlich zum regulären Test herangezogen worden.

Wie der Vergleich zwischen Deutschland (1,9 % Ausschlüsse, 3,6 % Kurztests, 287 Leseleistung im Kurztest) und den Niederlanden (1,9 %, 3,0 %, 380) zeigt, erklären die offiziell registrierten Ausschlussquoten aber nicht jeden Leistungsunterschied: entweder sind die niederländischen Sonderschulen den deutschen haushoch überlegen, oder es gibt weitere, weniger offensichtliche Ungleichmäßigkeiten in Zielgruppendefinition, Stichprobenziehung oder/und Testdurchführung. Prais (2003), der die Uneinheitlichkeiten bei der Durchführung von PISA 2000 und die dafür gegebenen oder rekonstruierbaren Erklärungen „kafkaesk" (S. 149) nennt, weist darauf hin, dass *innerhalb* der Sonderschulen leistungsschwächere Schüler vom Test ausgeschlossen werden konnten (S. 158).

Im Gegensatz zu anderen Verzerrungen und Unsicherheiten, die sich aus nicht nachprüfbaren Ausschlüssen ergeben, kann die mit dem Einsatz von Kurzheften verbundene Ungenauigkeit ein Stück weit quantifiziert werden. Wenn Kurztestteilnehmer einheitlich von der Auswertung ausgenommen würden, stiege die Leseleistung in Deutschland um 7,6 Punkte; im OECD-Ranking würde Deutschland allein dadurch vom 18. auf den 12. Rang vorrücken.

Der Wert dieser Abschätzung liegt darin, dass sie beispielhaft zeigt, wie stark sich Uneinheitlichkeiten der Stichprobenziehung auf nationale Mittelwerte auswirken können. Bei anderen Ausschlusskriterien ist eine solche Abschätzung nicht möglich: Legastheniker zum Beispiel wurden in fünf Staaten nicht getestet, in den übrigen Staaten aber nicht als solche markiert, so dass keine quantitative Abschätzung der Auswirkung auf das Leseergebnis möglich ist. Ziel dieser Abschätzung ist *nicht*, zu behaupten, der 12. Rang sei das korrekte Ergebnis; ich bestreite vielmehr die Seriosität einer wie auch immer konstruierten Rangordnung.[16]

Noch stärker als auf Mittelwerte wirken sich Uneinheitlichkeiten bei der Stichprobenziehung auf Breite und Form der Kompetenzverteilung aus. Als Beispiel sei der Anteil besonders schwacher Schüler betrachtet, willkürlich definiert als Schüler, die weniger als 400 Punkte erreicht haben, also um mehr als eine Standardabweichung unter dem internationalen Schnitt von 500 Punkten liegen. Mit Sonderschulen liegt dieser Anteil OECD-weit bei 16,2 %, in Deutschland bei 16,8 %. Ohne Sonderschulen sinkt er OECD-weit auf 15,8 %, in Deutschland auf 14,1 %. Ob der Anteil besonders schwacher Schüler in einem bestimmten Staat über oder unter dem internationalen Durchschnitt liegt, kann also entscheidend von uneinheitlich gehandhabten, unkontrollierbaren Details der Stichprobenziehung abhängen.

---

16 Das hatte ich in W1 leider nicht hinreichend deutlich gemacht; in der öffentlichen Rezeption ist die Verschiebung um 6 Rangplätze als *Korrektur* eines PISA-Ergebnisses missverstanden und als ein Schönrechnen der deutschen Ergebnisse kritisiert worden. Die bildungs- und forschungspolitische Sprecherin einer Bundestagsfraktion vermutete sofort (wenige Stunden nach Erscheinen des ersten Zeitungsberichts und sehr wahrscheinlich nur auf diesen gestützt) eine heimliche Agenda: mein Ziel sei, „geplante Reformen im Schulsystem anzugreifen, die auf die Integration von Benachteiligten zielten" (Spiegel online, 8. 11. 2006). Dieses Argumentationsmuster ist erschreckend weit verbreitet: mit der Unterstellung, wer die Seriosität und Wissenschaftlichkeit einer Studie infrage stelle, bestreite auch die Notwendigkeit von Reformen, kann man es in Deutschland sogar in eine pädagogische Fachzeitschrift bringen (Bethge 1999).

2.6 Verstöße gegen Teilnahmequoten

Auf beiden Stufen der Stichprobenziehung gibt es Ausfälle: Schulen lehnen die Teilnahme ab, und Schüler erscheinen nicht zum Test oder bleiben nicht bis zum Schluss. In PISA wird eine Teilnahmequote von 85% aller Schulen gefordert. Quoten zwischen 65% und 85% können durch nachbenannte Ersatzschulen geheilt werden. Wenn auch mit Ersatzschulen keine „akzeptable" Quote von mindestens 85% erreicht wird, greift eine seltsame, nur graphisch mitgeteilte Regel (TR, S. 49), die bewusst offen lässt, wie ein solcher „intermediärer" Fall zu handhaben ist, und das weitere Prozedere damit politischer Aushandlung (TR, S. 238 ff.) anheim stellt.

Schulen, in denen weniger als 50% der ausgewählten Schüler den kognitiven Test abgeschlossen haben, werden als nicht teilnehmend gezählt; sofern diese Quote über 25% lag, werden die Ergebnisse der teilnehmenden Schüler nichtsdestoweniger in den internationalen Datensatz aufgenommen und sogar hoch gewichtet. Landesweit wird eine Schülerteilnahmequote von 80% gefordert (TR, S. 48–50).

Das letztgenannte Quorum wurde 2003 von allen OECD-Staaten außer Großbritannien erreicht, von einigen aber nur knapp: in Australien, Österreich, Kanada, Irland, Polen und den USA lag die Schülerteilnahmequote unter 84%, in acht weiteren Staaten unter 90%. Die Schulteilnahmequote lag in der Mehrheit der Teilnehmerstaaten spätestens nach Heranziehung von Ersatzschulen zwischen 98% und 100%, in Belgien, Griechenland, Irland und Japan und Mexiko aber unter 96%, in Australien, Frankreich, den Niederlanden und Norwegen unter 91%. Großbritannien verfehlte auch dieses Kriterium (anfänglich 64,3%, mit Ersatzschulen 77,4%) und wurde letztlich aus allen OECD-Ranglisten ausgeschlossen (TR, S. 171–173).

Die niedrigen Schulteilnahmequoten der USA (64,9%, mit Ersatz 68,1%) und Kanadas (80,0%, 84,4%) wurden jedoch hingenommen, obwohl darüber hinaus auch unerlaubt hohe *within school exclusion rates* festgestellt wurden (TR, S. 238 ff.). Ähnlich war schon in PISA 2000 zugunsten der USA und Großbritanniens verfahren worden. Diese a posteriori und ad hoc beschlossene Missachtung selbstgegebener Regeln hat alsbald Kritik auf sich gezogen (von Collani 2001, S. 234 ff.; Prais 2003 S. 149 f.). Der PISA-Projektleiter warf Prais daraufhin „misunderstanding" und „a lack of research" vor. Er gestand zu, dass niedrige Antwortraten „a matter for concern" und „a threat of bias" seien, berief sich aber auf Zusatzuntersuchungen, die für Großbritannien keine Korrelation zwischen Teilnahmequoten und Leistungsfähigkeit fanden. Für PISA 2003 kündigte er eine ergänzende Überprüfung anhand landesweiter Lernkontrollen an (Adams 2003, S. 383 ff.). Sie ergab, dass in der PISA-Stichprobe sowohl besonders schwache als auch besonders starke Schulen unterrepräsentiert sein könnten, und dass die Nichtteilnahme einzelner Schüler wahrscheinlich eine Verzerrung der Leistungsmittelwerte bewirkt, die nicht durch Höhergewichtung anderer Schüler ausgeglichen werden kann. Dieses Ergebnis, das Prais in einem wichtigen Punkt recht gibt, wurde an entlegener Stelle im Technischen Bericht veröffentlicht (TR, S. 246 f.).

Für die USA wurde in PISA 2003 nichtsdestoweniger erneut mit der Nichtauffindbarkeit einiger Korrelationen argumentiert, aus der man entnehmen könne, dass der Datensatz „relativ wenig" durch Schulnichtteilnahme verzerrt sei (TR, S. 247 f.). Immerhin konzediert Schulz (2006, Punkt 3), die Entscheidung, auch Daten aus Ländern einzubeziehen, die zuvor festgelegte Quoren nicht erfüllt haben, „might be debatable" – wohl das expliziteste Eingeständnis eines Schwachpunktes, das man vom Konsortium erwarten darf.

2.7 Unzureichende Teilnahmequoren

Der Genauigkeitsanspruch von PISA liegt, grob gesprochen, im Prozentbereich. Daher ist zu vermuten, dass nicht allein die Verletzung anfangs festgelegter Regeln problematisch ist, sondern dass diese Regeln selbst, indem sie Ausfälle von 20 bzw. 35 Prozent erlauben, unhaltbar großzügig sind.

Das Ausmaß der dadurch ermöglichten Verzerrungen ist schwer zu bestimmen, denn von den Schulen und Schülern, die die Teilnahme verweigert haben, liegen ja keine Daten vor. Im folgenden kann nur gezeigt werden, dass eine erhebliche Korrelation auf der Ebene ganzer Schulen besteht: je schwächer die Schule, desto geringer – im statistischen Mittel – die Teilnahmequote. Dieser Effekt wird in der offiziellen Auswertung zwar ausgeglichen: der Kehrwert der schulischen Teilnahmequote wird in das statistische Gewicht der Probanden hineingerechnet; Probanden von teilnahmeschwachen Schulen werden also in der weiteren Auswertung höher gewichtet. Bei diesem Ausgleich wird aber angenommen, dass die teilnehmenden Schüler repräsentativ für ihre Schule sind, dass also innerhalb einer Schule die Teilnahmeneigung nicht mit der Leistungsfähigkeit korreliert ist. Das ist unrealistisch. Die Teilnahmequoten kommen durch die individuelle Entscheidung einzelner Schüler zustande, am Test teilzunehmen oder nicht. Es gibt nicht den geringsten Grund, dass sich die in aggregierten Daten nachweisbare starke Korrelation zwischen Teilnahmeneigung und Leistungspotential nicht in die einzelnen Schulen hinein fortsetzt.

Auf Makroebene ist der Nachweis einer Korrelation von Teilnahmequote und Leistungsmittelwert leicht zu führen:

(1) Die Korrelation lässt sich an der Schulform festmachen. Zum Beispiel betrug die Teilnahmequote in Bayern im Mittel über alle Schulen 90%, an Berufsschulen aber nur 68% (Auskunft des Kultusministeriums laut G. Lind 2005). Für Frankreich lässt sie sich aus dem Datensatz erschließen: am Lycée général oder technologique 88%, am Collège 77%.

(2) Die Korrelation lässt sich auf der Ebene ganzer Schulen zeigen. Beispielsweise kann man aus dem Datensatz erschließen, dass der Sollumfang der Schulstichproben in Deutschland $n = 25$ betrug.[17] Schulen, an denen tatsächlich 25 Schüler am Test teilgenommen haben, erzielten im Mathematiktest 553 Punkte; Schulen mit 23 oder weniger Teilnehmern 505 Punkte oder weniger. Abbildung 1 zeigt weitere Daten für vier Staaten, in denen die Korrelation besonders deutlich ist. Dieses Argument steht allerdings unter einem kleinen Vorbehalt: da der Sollumfang nicht auf Schulebene dokumentiert ist, ist es möglich, dass in einzelnen Schulen weniger als n Fünfzehnjährige eingeschrieben sind.

(3) Hier helfen die französischen Daten, denn in Frankreich gibt es eigene Strata für „kleine" und „sehr kleine" Schulen. Das und weitere, indirekte Hinweise sprechen dafür, dass an den übrigen 144

---

17 Einer Insider-Information zufolge wurden in Deutschland 35 Schüler pro Schule herangezogen. Den Widerspruch kann ich einstweilen nicht auflösen.

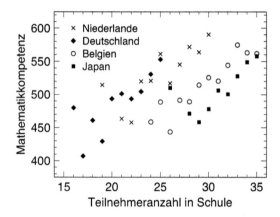

Abbildung 1. Mathematikkompetenz, jeweils gemittelt über alle Schulen eines Staates, die eine bestimmte Teilnehmerzahl erreicht haben. Gezeigt sind nur Datenpunkte, die mindestens drei Schulen repräsentieren. Man kann erschließen, dass die nationale Sollvorgabe für den Stichprobenumfang in Belgien und Japan 35, in den Niederlanden 30 und in Deutschland 25 betrug.

Schulen eine Stichprobe vom einheitlichen Umfang $n = 32$ erreichbar war. Wenn man sich auf diese 144 Schulen beschränkt, findet man eine deutliche Korrelation zwischen Teilnehmerzahl und Leistung (in Mathematik $r = 0.41$).

Sowohl die Teilnahmeneigung als auch die Testleistung hängen stark von der Schulform ab. Die Leistungsmittelwerte von Lycée und Collège unterscheiden sich um 121 Punkte. Dieser Unterschied hängt damit zusammen, dass in Frankreich regulär mit 15 Jahren der Übergang vom Collège in eine weiterführende Schule stattfindet. Fünfzehnjährige, die noch ein Collège besuchen, haben mit überproportionaler Wahrscheinlichkeit mindestens einmal eine Klasse wiederholt. Das zeigt, wie empfindlich PISA-Ergebnisse davon abhängen, dass die Stichprobe eine repräsentative Mischung verschiedener Schulformen darstellt, und dass innerhalb der einzelnen Schulen die Probanden im korrekten Verhältnis aus verschiedenen Jahrgangsstufen gezogen werden.

Wenn sich die Korrelation von Teilnahmeneigung und Testleistung in ähnlicher Größenordnung in die einzelnen Schulen hinein fortsetzt, kann man abschätzen, dass Leistungsmittelwerte in vielen

Staaten um etliche Punkte überschätzt werden. Zugleich werden der Anteil sehr schwacher Schüler und die Varianz der Leistungsfähigkeit systematisch unterschätzt.

(4) Übrigens wird eine Verzerrung durch ungleichmäßige Teilnahmequoten auch von den PISA-Mitarbeitern Monseur und Wu für wahrscheinlich gehalten, weshalb sie in einem Konferenzbeitrag (2002, „incomplete and should not be quoted or cited") vorgeschlagen haben, die kognitiven Fähigkeiten nicht teilnehmender Schüler aufgrund von Hintergrunddaten zu *schätzen*.

2.8 Geschlechterverteilung

Die Repräsentativität der Stichprobe lässt sich auch anhand der Variablen Geschlecht und Geburtsdatum überprüfen. Dabei ist zu berücksichtigen, dass etwas mehr Jungen als Mädchen geboren werden. In der OECD liegt der Mädchenanteil in der Altersklasse der Zehn- bis Zwanzigjährigen zwischen 47,5 % in Südkorea und 49,3 % in Mexiko (U. S. Census Bureau 2006, vgl. NCHS 2006). Im PISA-Datensatz streut der Mädchenanteil hingegen zwischen 40,5 % in Südkorea und 52,6 % in Frankreich. Die konservative Abschätzung in Tabelle 1 zeigt, dass die Abweichung zwischen PISA-Stichprobe und Grundgesamtheit in fünf von dreißig OECD-Staaten mehr als 5σ beträgt. Dass diese Abweichungen allein auf stichprobenbedingte Variation zurückgehen, ist jenseits aller Plausibilität.

In Südkorea ist bereits der Mädchenanteil von nur 47,7 % im Altersjahrgang auffällig. Möglicherweise wird diese Anomalie in den gemittelten Daten des U. S. Census Bureau sogar noch unterschätzt; andere Quellen deuten darauf hin, dass der Mädchenanteil im PISA-2003-Jahrgang zwischen 46 % und 47 % liegt.[18] Auch nach Berücksichtigung dieser Anomalie bleibt jedoch eine ganz erhebliche Diskrepanz von ca. 9σ zwischen dem Altersjahrgang und der PISA-Stichprobe.

---

18 Weltweit liegt der Mädchenanteil bei der Geburt bei ungefähr 48,8 %. Das Problem der „fehlenden Mädchen" in Asien ist Gegenstand intensiver Forschung (CEPED 2006). Zum Teil kann es möglicherweise als Auswirkung von Hepatis-B erklärt werden (Oster 2005); in Südkorea beruht es jedoch überwiegend auf selektiver Abtreibung namentlich ab der zweiten Schwangerschaft (Song 1998, Kim 2004). Diese Praxis hat Mitte der 1990er Jahre ihren Höhepunkt erreicht und zu einem Mädchenanteil von knapp unter 46,5 % geführt (CEPED 2006).

Tabelle 1. Mädchenanteil in der Bevölkerung und in der PISA-Stichprobe. Der Mädchenanteil in der Bevölkerung (U. S. Census Bureau o. J.) ist über die Altersklassen 10–14 und 15–19 Jahre gemittelt (die Abweichung beträgt nur in zwei Staaten mehr als 0,2 % und überall weniger als 0,5 %). Zum Mädchenanteil von PISA 2003 ist in Klammern der Standardfehler σ angegeben, der sich aus Stichprobengröße ergibt. Die Differenz zwischen Bevölkerungsjahrgang und PISA-Stichprobe ist in Vielfachen von σ angegeben. Vor Normierung auf σ wurde der Differenzbetrag um 0,5 % reduziert, um etwaige Ungenauigkeiten der Bevölkerungsdaten konservativ abzuschätzen.

Staat	Mädchenanteil		
	Bevölkerung	PISA 2003	Differenz
Südkorea	47,7 %	40,5 % (0,7 %)	$-10,0\,\sigma$
Türkei	49,2 %	45,0 % (0,7 %)	$-5,2\,\sigma$
Ungarn	48,9 %	47,2 % (0,7 %)	$-1,6\,\sigma$
Schweden	48,6 %	50,0 % (0,7 %)	$+1,1\,\sigma$
Finnland	48,9 %	50,1 % (0,7 %)	$+1,2\,\sigma$
Luxemburg	48,7 %	50,8 % (0,8 %)	$+2,0\,\sigma$
Dänemark	48,8 %	50,9 % (0,8 %)	$+2,1\,\sigma$
Japan	48,8 %	51,7 % (0,7 %)	$+3,3\,\sigma$
Spanien	48,6 %	50,8 % (0,5 %)	$+3,4\,\sigma$
Griechenland	48,6 %	51,7 % (0,7 %)	$+3,5\,\sigma$
Frankreich	48,9 %	52,6 % (0,8 %)	$+4,2\,\sigma$
Kanada	48,9 %	50,7 % (0,3 %)	$+4,3\,\sigma$
Portugal	48,0 %	52,4 % (0,7 %)	$+5,3\,\sigma$
Italien	48,6 %	51,9 % (0,5 %)	$+6,0\,\sigma$
Mexiko	49,4 %	51,8 % (0,3 %)	$+6,9\,\sigma$

Eine solche Abweichung kann drei verschiedene Ursachen haben: (1) geschlechtsabhängige Einschreibungsquoten, (2) Fehler bei der Stichprobenziehung und (3) geschlechtsabhängige Teilnahmequoten. Laut Technischem Bericht (TR, S. 171 ff.) gehen in Südkorea 99,94 % aller Fünfzehnjährigen zur Schule, die Schulteilnahmequote betrug 100 %, und die Schülerteilnahmequote hatte den Spitzenwert von 98,81 %. Wenn diese Angaben zutreffen, können die Ursachen (1) und (3) ausgeschlossen werden; dann muss es zu eklatanten Fehlern bei der Stichprobenziehung gekommen sein. Auffällig ist überdies die Altersverteilung: 29,7 % der Schüler sind im ersten Drittel, 38,7 % im letzten Drittel des getesteten Jahrgangs geboren. Bei funktionierender Plausibilitätskontrolle hätten die koreanischen Daten nicht in die Auswertung einbezogen werden dürfen.

Schulz (2006, Punkt 4) berichtet, die Anomalie in der koreanischen Stichprobe sei sofort bemerkt, aber nach Vergleich mit nationalen Statistiken für plausibel befunden worden. Allerdings bezieht sich Schulz auf einen älteren Textstand; erst später habe ich die hier zusammengefasste Literaturrecherche unternommen, die konsistent dagegen spricht, dass die Anomalie der PISA-Stichprobe vollständig durch eine anomale Zusammensetzung der Bevölkerung erklärt werden kann.[19]

Der Mädchenanteil von nur 45,0% in der Türkei dürfte hingegen einen realen Geschlechterunterschied in der Einschreibungsquote wiederspiegeln und bestätigt, dass die Wahl der PISA-Grundgesamtheit ungeeignet ist, das Gesamtergebnis des türkischen Erziehungssystems zu untersuchen. Schwerer zu beurteilen ist, inwieweit der zu hohe Mädchenanteil der PISA-Stichprobe in etlichen entwickelteren Staaten auf unterschiedlicher Schuleinschreibung und inwieweit auf unterschiedlicher Testteilnahme beruht. Bei beiden Ursachen ist eine Korrelation mit der Leistung zu vermuten.

2.9 Umgang mit unvollständigen Testheften

PISA 2003 bestand aus einem zweistündigen „kognitiven" Test, gefolgt von einer knappen Stunde, in der mit Fragebögen verschiedenste Hintergrundvariable erhoben wurden. In beiden Teilen des Tests ist damit zu rechnen, dass Schüler wegen Unpässlichkeit oder Unlust ihre Teilnahme abbrechen.[20]

Wie wirksam Schule und Testleitung dem entgegenwirken können, dürfte erheblich von national unterschiedlichen kulturellen, or-

---

19 Neuwirth (Mail vom 22. 12. 2006) hat mich darauf hingewiesen, dass in der PISA-Stichprobenziehung das Geschlecht nicht als Stratifikationsvariable herangezogen wird. Das sei ungeschickt, zumal für Staaten wie Südkorea, wo es einen hohen Anteil reiner Jungen- und Mädchenschulen gibt. Rechnerisch rücke das den Mädchenanteil in der 2003er Stichprobe in die Nähe des statistisch nicht ganz Unwahrscheinlichen. Gegen eine rein stochastische Erklärung spricht aber, dass auch die Altersverteilung anomal ist und dass ähnliche Anomalien schon in der 2000er Stichprobe auftraten.

20 Bericht eines Hamburger Schülervaters über die Durchführung von PISA: Die Testung fand im Anschluss an regulären Unterricht statt; die Schüler durften nach Hause gehen, wenn sie „fertig" waren; die ersten Schüler gaben nach wenigen Minuten ab.

ganisatorischen und rechtlichen Randbedingungen abhängen. Tatsächlich variiert die Quote der aus dem Datensatz erkennbaren Testabbrüche zwischen exakt 0 % (Finnland, Luxemburg, Polen) und 0,9 % (Großbritannien).[21] Verglichen mit der Quote von Schülern, die gar nicht erst zum Test antreten, scheinen Testabbrüche ein untergeordnetes Problem zu sein; fraglich ist jedoch, ob sie international einheitlich erfasst und ausgewertet wurden.

Die Schweizer Projektleitung hat mir nämlich mitgeteilt, „dass überall das Testheft erst nach den 2 Stunden Testsitzung eingesammelt wird, somit die Schüler überhaupt nicht vorzeitig abgeben können" (C. Zahner-Rossier, Mail vom 28. 3. 2006). Diese Auskunft ist nicht nur weltfremd, sondern widerspricht den internationalen Vorgaben: jeder Testleiter sollte für jeden Schüler und für jede der drei Teststunden festhalten, ob der Schüler anwesend, abwesend, oder partiell (zwischen 5 und 55 Minuten) anwesend war (OECD 2003b, S. 15); aufgrund dieser Angaben wurden bei Schülern, die vorzeitig abgegeben haben, nicht erreichte Aufgaben als nicht gestellt gewertet.[22] Wie soll man glauben, dass solche Regeln einheitlich umgesetzt wurden, wenn eine nationale Projektleitung sie nicht kennt und sogar jeden Bedarf für eine Regelung bestreitet?

Laut Regelwerk war als Teilnehmer zu werten, wer an der kognitiven Testung teilgenommen hatte. In den internationalen Datensatz sollten demnach auch Schüler aufgenommen werden, die den Test vor oder während der Fragebogen-Sitzung abgebrochen haben (TR, S. 50, 162). In Kanada haben 9,7 % aller Schüler das *Student Questionnaire* überhaupt nicht bearbeitet, in Deutschland 2,1 % (nach Ausschluss der Sonderschüler, sonst 5,6 %), überall sonst deutlich weniger. Schulz (2006, Punkt 5) erklärt die kanadische Anomalie damit, dass einige Provinzregierungen rechtliche Einwände gegen den Fragebogen hatten. Für die Ausfälle in Deutschland wurde noch keine Erklärung gegeben. Der Vergleich mit PISA 2000, wo noch eine

---

21 Drei oder mehr Aufgaben unmittelbar vor dem Testende als „not applicable" markiert.
22 Die Angaben im Auswertehandbuch (DAM, S. 243/248) sind irreführend. Sie lassen vermuten, eine Untermenge der „non-reached"-Codes sei als „not-applicable" zu verstehen. R. Adams (Mail vom 17. 1. 2007) teilt jedoch mit, dass nicht erreichte Aufgaben für Schüler, die vorzeitig abgegeben haben, im veröffentlichten Datensatz als „not-applicable" kodiert sind.

ganze Reihe von Ländern ähnlich hohe Ausfallquoten hatte, könnte darauf hindeuten, dass Deutschland eine Verengung des Teilnahmekriteriums nicht umgesetzt hat. Fast überall liegen die Testleistungen derjenigen Schüler, die das Questionnaire nicht bearbeitet haben, unter dem nationalen Durchschnitt, oft um 100 oder mehr Punkte. Ohne diese Schüler steigt die mittlere Leistung in Kanada um 3,6 Punkte, in Deutschland (ohne Sonderschulen) um 1,5 Punkte, in den übrigen OECD-Staaten im Mittel um nur 0,2 Punkte.

Aus verschiedensten Gründen lassen manche Schüler einzelne Fragen unbeantwortet. In Polen sind jedoch sieben Fragen von keinem einzigen Schüler *nicht* beantwortet worden, und es findet sich kein einziger polnischer Schüler, der weniger als 25 Fragen gültig beantwortet hat. Solange keine andere Erklärung für diese Anomalie glaubhaft gemacht wird, muss als maximale Verzerrung unterstellt werden, dass Polen Schüler, die die Fragebögen nicht oder sehr unvollständig bearbeitet haben, nicht zum internationalen Datensatz beigetragen und dadurch das nationale Leistungsmittel geschönt hat.

3 Wo kommen die Punkte her?

In diesem Teil wird eine selbstkonsistente, ohne Rückgriff auf Spezialliteratur lesbare Beschreibung des Skalierungsverfahrens gegeben, mit dem in PISA von kognitiven Testergebnissen auf Kennzahlen geschlossen wird, die als Aufgabenschwierigkeiten und Schülerkompetenzen gedeutet werden. Nach einem Überblick über Testdesign und Datenstruktur (3.1 ff.) werden Antwort- und Bevölkerungsmodelle eingeführt (3.3 ff.). Die Parameterschätzung beruht auf dem Satz von Bayes (3.5 f.); die Berechnung von Populationsmittelwerten auf einer Monte-Carlo-Integration, deren Stützpunkte als „plausible Werte" veröffentlicht werden (3.9). Um Standardfehler zu senken, wird die Schätzung mit Hintergrundvariablen konditioniert (3.7) und auch auf Probanden angewandt, die das Testgebiet gar nicht zu bearbeiten hatten (3.10). Die Komplexität dieses Verfahrens täuscht leicht darüber hinweg, dass die Kompetenzwerte im Kern ganz einfach den Anteil richtig gelöster Aufgaben messen – jede Klassenarbeitskorrektur ist differenzierter (3.12). Die Umrechnung zwischen dem Anteil richtiger Aufgabenlösungen und der nach außen kommunizierten Punkteskala zeigt, wie empfindlich PISA-Ergebnisse von der Vergleichbarkeit sämtlicher Randbedingungen abhängen (3.14).

Diese gesamte Rekonstruktion steht unter dem Vorbehalt, dass sie auf einer mangelhaften Dokumentation beruht, die kein eigenständiges Nachvollziehen sämtlicher Rechnungen erlaubt (3.2). Das Konsortium ist herzlich eingeladen, verbliebene Missverständnisse zu korrigieren.

3.1 Testdesign, Datenerfassung und -aufbereitung

Der kognitive Test ist in Aufgabenstämme (*Units*) gegliedert. Ein Aufgabenstamm umfasst ein bis sieben einzelne Aufgaben (*Items*). Jeder Schüler bearbeitet rund 50 Aufgaben, die sich auf vier Testgebiete und innerhalb des schwerpunktmäßig untersuchten Gebiets Mathematik auf vier Untergebiete verteilen. Um eine gewisse Breite an Inhalten und Anforderungen abzudecken und um zu vermeiden, dass die Testergebnisse in extremer Weise vom „Funktionieren" einzelner Aufgaben abhängen, werden dreizehn verschiedene Testhefte eingesetzt.[23] Um Ergebnisse aus verschiedenen Heften miteinander vergleichen zu können, wird jede der 165 Aufgaben in vier verschiedenen Heften gestellt, jeweils in einem anderen halbstündigen Block (Tab. 2).

Dieses Testdesign bringt mit sich, dass Ergebnisse aus verschiedenen Heften oder Blöcken nicht unmittelbar miteinander verglichen werden können; Abbildung 2 zeigt, wie die unterschiedliche Mischung leichter und schwerer Aufgaben zu ganz unterschiedlich verteilten Lösungshäufigkeiten führen kann. Um dennoch zu einer eindimensionalen Bewertung der Schülerleistungen zu kommen, haben die Veranstalter von vornherein eine ganz bestimmte, modellabhängige Auswertung geplant. In PISA 2000 war diese Einengung

---

23 Als nützliche Nebenwirkung erschwert die Vielzahl der Testhefte wahrscheinlich das Abschreiben. Dennoch muss es, einer Kieler Dissertation zufolge, recht munter zugegangen sein: „da die Testsitzungen gemischtgeschlechtlich stattfanden", wurde „die Geschlechtsidentität stärker aktiviert" (Burba 2006, S. 154).

Tabelle 2. Testdesign von PISA 2003: Jedem Schüler wird eines von dreizehn Testheften zugewiesen. Jedes Heft enthält vier Blöcke. Jeder Block enthält Aufgaben aus einem der vier Gebiete Lesen (L), Mathematik (M), Naturwissenschaften (N) und problemlösendes Denken (P).

Zeitablauf	Testheft												
	1	2	3	4	5	6	7	8	9	10	11	12	13
1. Stunde	M1	M2	M3	M4	M5	M6	M7	N1	N2	L1	L2	P1	P2
	M2	M3	M4	M5	M6	M7	N1	N2	L1	L2	P1	P2	M1
Pause													
2. Stunde	M4	M5	M6	M7	N1	N2	L1	L2	P1	P2	M1	M2	M3
	L1	L2	P1	P2	M1	M2	M3	M4	M5	M6	M7	N1	N2
Pause													
3. Stunde	Fragebögen												

extrem. Die wesentlich symmetrischere Anordnung der Aufgabenblöcke von PISA 2003 erleichtert Auswertungen, die sich unmittelbar auf die prozentualen Lösungshäufigkeiten einzelner Aufgaben stützen.

Als erster Schritt der Datenauswertung werden die Schülerhefte in nationaler Verantwortung von eigens geschulten Hilfskräften kodiert. Der Technische Bericht enthält zwei volle Kapitel (TR, S. 135 ff., 217 ff.) über „Coder Reliability Studies". Mit beträchtlichem statistischen Aufwand wird dort gezeigt, dass es systematische Verzerrungen im Prozentbereich gibt; bei einzelnen Aufgaben in einzelnen Staaten erreicht die Verzerrung zig Prozent (TR, S. 232).

Die kodierten Schülerantworten aus kognitivem Test und Fragebögen werden in eine Datei zusammengeführt und an die internationale Projektleitung bei ACER (Australian Council of Educational Research) übermittelt. Dort werden die nationalen Ergebnisse zum internationalen Datensatz zusammengesetzt. Anschließend werden aus der Gesamtheit der Schülerantworten die Aufgabenschwierigkeiten und Schülerkompetenzen bestimmt. Dieser Schritt wird als die *Skalierung* des internationalen Datensatzes bezeichnet. Wegen der probabilistischen Natur der dabei verwendeten Modelle erhält man für die Schülerkompetenzen keine eindeutigen Zahlenwerte,

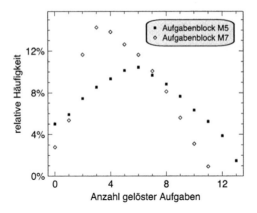

Abbildung 2. Diese Auftragung zeigt beispielhaft für zwei Aufgabenblöcke, wieviel Prozent der Schüler, im Mittel über 30 OECD-Staaten, wieviel Aufgaben richtig gelöst haben.

sondern Wahrscheinlichkeitsdichten. Für die gesamte weitere Auswertung werden diese Wahrscheinlichkeitsdichten durch fünf Zufallszahlen pro Schüler und pro Testgebiet, sogenannte *plausible values*, repräsentiert. Diese Zahlenwerte werden dem internationalen Datensatz hinzugefügt, der dann an die nationalen Projektzentren zurückübermittelt und nach Veröffentlichung der offiziellen Berichte auf der Website von ACER frei verfügbar gemacht wird.

3.2 Dokumentationsmängel im Technischen Bericht

Die nachfolgende Rekonstruktion des in PISA angewandten Skalierungsverfahrens steht unter dem Vorbehalt, dass sie sich auf eine mangelhafte Dokumentation stützt, namentlich auf Kapitel 9 des Technischen Berichts. Dieses Kapitel ist weitgehend unverändert aus dem Bericht zu PISA 2000 (Adams/Wu 2002) übernommen. Damals waren noch die Autoren der einzelnen Kapitel angegeben; für Kapitel 9 zeichnete allein Ray Adams, der Projektleiter des internationalen Konsortiums, verantwortlich.

Der Text beschreibt ein Verfahren, rechtfertigt es aber nicht. Es fehlt jede Erklärung theoretischer Grundlagen. Es fehlt jeder Hinweis auf Literatur, die dieses Defizit ausgleichen könnte. In der

Hauptsache zitiert Adams überhaupt nur drei Arbeiten: Adams *et al.* (1997a), Adams *et al.* (1997b) sowie das Handbuch zum Computerprogramm ConQuest. Auch diese Texte gehen sofort in die technischen Details und unternehmen nicht die geringste Anstrengung, den konzeptionellen Rahmen zu erläutern. Im Literaturverzeichnis des Technischen Berichts ist kein einziges Überblickswerk zur Testtheorie angegeben.

Aber auch als Beschreibung eines Rechenverfahrens ist Kapitel 9 des Technischen Berichts weitgehend unbrauchbar. Simple Mathematik wird unter einer ungeschickten, inkonsequenten und aufgeblähten Notation verschüttet. Die lineare Algebra wird unnötig strapaziert: Tupel ohne geometrische Bedeutung werden als Vektoren behandelt, nur um Produktsummen abkürzend notieren zu können, mit der Folge, dass sich der Leser mühsam zusammenreimen muss, über welche Indizes in diesen Skalarprodukten summiert wird. Um an einer einzigen Textstelle (TR, S. 121) zwei Gleichungen (9.3 und 9.4) kompakt zu schreiben, werden dreifach indizierte Kopplungskoeffizienten (b_{ijd}) unter vierfacher Vektortransposition als Matrix (B) verpackt.

Diese Matrix täuscht vor, jede Aufgabe trüge zu mehreren latenten Persönlichkeitseigenschaften (*traits*) bei. Indirekt, zum Beispiel durch Rückgriff auf Adams *et al.* (1997b), lässt sich jedoch erschließen, dass sie pro Zeile außer *einer* Eins nur Nullen enthält: Jede PISA-Aufgabe trägt zur Kompetenzschätzung in genau einem Testgebiet bei; sonst sind auch die Anhänge 12 ff. im Technischen Bericht nicht zu verstehen. Dass die multidimensionale Notation nichts als Popanz ist, bestätigt sich im weiteren Verlauf des Kapitels, wo die latenten Eigenschaften θ und die Aufgabenparameter ζ, ohne dass darauf hingewiesen würde, nicht mehr als Vektoren, sondern als Skalare auftreten.

Ohne Zusatzinformationen könnte man auch annehmen, die von Null verschiedenen Koeffizienten von B seien frei anpassbare Parameter. Das wäre durchaus sinnvoll, denn als variable Trennschärfen würden solche Parameter die Modellierung des Schülerverhaltens erheblich verbessern (4.2). Mindestens eine nationale Projektleitung hat ACER in diesem Sinne missverstanden: McCluskey und Zahner (2004, S. 14, Fußnote 13) setzen die Item-Response-Theorie fälschlich mit einem bestimmten Antwortmodell gleich und nehmen an, neben der Schwierigkeit sei auch die Trennschärfe ein Aufgabenmerkmal. In Wahrheit werden in PISA alle Aufgaben eines Gebiets mit ein und derselben Trennschärfe beschrieben, egal wie schlecht das zu den Daten passt.

Die einleitenden Seiten von Kapitel 9 des Technischen Berichts sind zu weiten Teilen wörtlich aus Kapitel 12 des ConQuest-Handbuchs extrahiert. Das erklärt, wie Adams dazu gekommen ist, die Skalierung unvollständig und in inadäquater Notation zu dokumentieren: Das Handbuch versucht, in größtmöglicher Allgemeinheit zu beschreiben, was ConQuest alles rechnen *kann*. Von der PISA-Dokumentation wäre aber Auskunft zu erwarten, was in der Auswertung tatsächlich gerechnet worden *ist*. Dieser Aufgabe hat sich Adams gar nicht erst gestellt.

Kapitel 9 im Technischen Bericht und Kapitel 12 im ConQuest-Handbuch erhellen sich in einigen Punkten gegenseitig; im direkten Vergleich wird erst so richtig deutlich, wie schlampig bei ACER gearbeitet wird. Konkretes Beispiel: Das Handbuch (S. 130f.) springt scheinbar unmotiviert zwischen gestrichenen und ungestrichenen Größen hin und her. Im PISA-Bericht wird die Notation $\mathbf{A}'$ durch A^T ersetzt und damit geklärt, dass die vormals gestrichenen Größen für transponierte Vektoren stehen. Nur: es sind nicht alle Striche durch T's ersetzt worden. Beispielsweise ist in den Formeln (9.2) und (9.3) des Technischen Berichts versehentlich die gestrichene Variante beibehalten worden – im neuen Kontext völlig unverstehbar. Ungünstig ist auch, dass Vektoren nicht mehr durch Fettdruck kenntlich gemacht werden. Immerhin wird ein Index korrigiert, der im ConQuest-Handbuch seit acht Jahren falsch nachgedruckt wird (dort S. 131, Formel (2)).

Weitere Notationsmängel erschweren das Nachvollziehen. Allein auf den zwei Seiten 133–134 des ConQuest-Handbuchs fallen die folgenden auf: Das Durcheinander der in (11) und (12) alternativ zueinander eingeführten Hintergrundvariablen Y_n und W_n in (15)ff. Die nicht eingeführten überdachten Größen in (17) und (18). Die Verwendung des Buchstaben W in völlig verschiedenen Bedeutungen in (12)ff. und (21)ff. Für Funktionen fällt den Autoren kaum ein anderer Buchstabe als f ein: eine in den Technischen Bericht übernommene Formel (dort 9.10) verknüpft beispielsweise drei paarweise verschiedene Funktionen, die f_θ, f_x und f_x (sic!) heißen, wobei die Buchstaben θ und x in derselben Formel auch noch als Funktionsargumente auftreten und eine der Funktionen f_x zuvor ohne Subskript eingeführt worden ist. Trotz allen notationellen Aufwands bleibt völlig unberücksichtigt, dass nicht alle Probanden dieselben Aufgaben bearbeiten. Das ganze hat eher die Qualität eines im Verlauf einer mündlichen Diskussion improvisierten Tafelanschriebs, als dass es gängigen fachlichen Standards für mathematische Prosa genügt.

Die einzelnen Kapitel des Berichts sind mangelhaft aufeinander abgestimmt. Der abschließende Schritt der Skalierung, die Umrechnung auf externe Einheiten, bleibt im Skalierungskapitel unerwähnt und fällt stattdessen am Ende eines Ergebniskapitels ohne weitere Erklärungen vom Himmel. In der Einleitung eines späteren Kapitels wird ein falscher Rückblick auf die angeblich simultane Parameterschätzung gegeben. Wie planlos der Technische Bericht entstanden ist, zeigt sich auch im Vergleich von S. 129 und S. 206: eine volle Textseite wird wörtlich wiederholt, ohne dass ein Querverweis einen logischen Zusammenhang herstellt.

Jenseits all dieser spezifischen Mängel, die mit normaler Sorgfalt (zumal drei Jahre nach dem ersten Durchgang!) leicht vermeidbar gewesen wären, ist die Dokumentation ihrer ganzen Anlage nach nicht genau genug, um eine unabhängige Verifikation der numerischen Ergebnisse zu ermöglichen. Schon der *Input* der Skalierung lässt sich nicht reproduzieren (3.13). Daher ist weder auszuschließen, dass die folgende Rekonstruktion Missverständnisse enthält, noch, dass dem Konsortium bei der Implementierung Fehler unterlaufen sind. Köller (2006a) behauptet zwar, das deutsche Konsortium habe die ConQuest-Ergebnisse mit anderen Programmen validiert und habe „immer die Ergebnisse von ACER replizieren können"; die Schätzungen seien „identisch". Das ist aber völlig unglaubwürdig, denn da die Skalierung auf einer *zufällig* gezogenen Unterstichprobe von 500 Probanden pro Staat beruht, ist es beliebig unwahrscheinlich, dass unabhängig voneinander durchgeführte Skalierungen *identische* Schätzungen liefern.

3.3 Datenstruktur

In einem Test begegnen sich eine Menge $\mathcal{V}$ von Probanden („Versuchspersonen") und eine Menge $\mathcal{I}$ von Aufgaben („Items"). Aber nicht jeder Proband bekommt jede Aufgabe vorgelegt. Jedem Probanden $v \in \mathcal{V}$ ist deshalb die Teilmenge $\mathcal{I}_v \subset \mathcal{I}$ derjenigen Aufgaben zugeordnet, die er tatsächlich zu bearbeiten hatte. Auf diese Weise kann sowohl die Verwendung verschiedener Testhefte, als auch die Löschung einzelner Aufgaben in einzelnen Staaten beschrieben werden.

Man könnte meinen, dieser erste Schritt zur Mathematisierung des Testgeschehens sei noch ziemlich elementar und unproblematisch, doch schon hier treten Interpretationsspielräume zutage: Wann genau gilt eine Aufgabe als gestellt? In PISA wird $\mathcal{I}_v$ je nach Auswertungsphase unterschiedlich abgegrenzt: als „nicht erreicht" kodierte Aufgaben am Ende des kognitiven Tests werden bei der Ermittlung der Aufgabenschwierigkeiten ausgeschlossen, bei der Bestimmung der Schülerkompetenzen aber eingeschlossen und als falsch gewertet.[24]

Durch die Kodierung der Testantworten wird jedem Probanden $v \in \mathcal{V}$ für jede zu bearbeitende Aufgabe $i \in \mathcal{I}_v$ eine Antwortkategorie $\kappa_{vi} \in \mathcal{K}_i$ zugeordnet. In PISA 2003 sind 142 von 165 Aufgaben „dichotom", das heißt, die Menge der möglichen Antwortkategorien ist $\mathcal{K}_i = \{\text{falsch, richtig}\}$. Bei 21 Aufgaben umfasst $\mathcal{K}_i$ außerdem die Kategorie „teilweise richtig", bei zwei Aufgaben gibt es zwei Abstufungen teilrichtiger Antworten.

Wenn wir mit $\underline{\mathcal{I}}$ die Gesamtheit aller Aufgabensätze $\mathcal{I}_v$ und mit $\underline{\kappa}$ die Gesamtheit aller Probandenantworten κ_{vi} bezeichnen, dann enthält $\langle \mathcal{V}, \underline{\mathcal{I}}, \underline{\kappa} \rangle$ die vollständigen *Rohdaten* der kognitiven Testung.[25]

---

24 Mail von Adams vom 17. 1. 2007. Die Angaben im Auswertehandbuch (DAM, S. 248) und Technischen Bericht (TR, S. 161) sind unzureichend. Sie sagen nun, *dass* ausgelassene und nicht erreichte Aufgaben unterschiedlich berücksichtigt werden, aber nicht *wie*.

25 Dieses Tupel ist ein bipartiter gefärbter Graph. Dieselbe mathematische Struktur findet man im elementaren Stundenplanproblem (z. B. Willemen 2002). Von dort entlehne ich die kompakte und flexible mengentheoretische Notation. In der Psychometrie ist es üblich, Probanden, Aufgaben, Antwortkategorien usw. durch natürliche Zahlen zu repräsentieren und einfach indizierte Größen als Vek-

Wenn von der Stichprobe auf die Grundgesamtheit geschlossen werden soll, sind außerdem die im Rahmen der zweistufigen Stichprobenziehung bestimmten Probandengewichte $w_v \in \mathbb{R}$ zu berücksichtigen.

PISA 2003 erstreckt sich über die Gebiete $\mathcal{G} = \{$Mathematik, Lesen, Naturwissenschaften, Problemlösen$\}$. Die weitere Unterteilung in vier Mathematik-Teilgebiete kommt erst *nach* der Skalierung zum Tragen (TR, S. 191) und kann hier unberücksichtigt bleiben. Ziel der Skalierung ist es letztlich, jedem Probanden $v \in \mathcal{V}$ für jedes Gebiet $g \in \mathcal{G}$ einen Kompetenzwert θ_{vg} zuzuordnen. Die multidimensionale Maskerade im Technischen Bericht deutet, wie in 3.2 beschrieben, die Möglichkeit an, dass einzelne Aufgaben zu mehr als einem Testgebiet beitragen können. Das ist nicht der Fall: jede Aufgabe i ist genau einem Gebiet g_i zugeordnet. Entgegen anderslautenden Textstellen (TR, S. 191: „multidimensional scaling") werden PISA-Ergebnisse *nicht* mit einem mehrdimensionalen Modell skaliert, sondern es werden vier disjunkte Teiltests unabhängig voneinander mit je einem eindimensionalen Modell skaliert. Im folgenden genügt es deshalb, einen einzelnen Teiltest zu betrachten, konkret zumeist $g = $ Mathematik, so dass Abhängigkeiten von g nicht explizit notiert werden müssen.

3.4 Antwortmodelle

Ein Antwortmodell $\langle \mathcal{K}_i, \mathcal{P}_i, A_i \rangle$ enthält außer der schon eingeführten Menge $\mathcal{K}_i$ der möglichen Antwortkategorien einen Parameterraum $\mathcal{P}_i$ sowie eine Funktion A_i, die die Wahrscheinlichkeit angibt, dass die Antwort κ_{vi} von Proband v auf Aufgabe i in die Kategorie k fällt,

$$P(\kappa_{vi} = k) = A_i(k, \underline{\pi}_i, \theta_v). \tag{1}$$

Jede Aufgabe hat einen Parametersatz $\underline{\pi}_i \in \mathcal{P}_i$, und jeder Proband einen Kompetenzwert $\theta_v \in \mathbb{R}$.

---

toren, doppelt indizierte Größen wie $\underline{\kappa}$ als Matrizen aufzufassen. Das ist unelegant und wird unübersichtlich, sobald nicht jeder Proband jede Aufgabe vorgelegt bekommt. In der hier gewählten Notation muss κ_{vi} gar nicht für alle Paare $v \in \mathcal{V}$, $i \in \mathcal{I}$ definiert sein; $\underline{\kappa}$ ist eine *Funktion* $\{(i,v) | v \in \mathcal{V}, i \in \mathcal{I}_v\} \to \bigcup_{i \in \mathcal{I}} \mathcal{K}_i$.

Zur konkreten Ausgestaltung werden in PISA je nach Anzahl der Antwortkategorien drei verschiedene psychologische Modelle verwendet:

$$A_i = \begin{cases} A_{\text{Rasch}} & \text{wenn } |\mathcal{K}_i| = 2, \\ A_{\text{PC3}} & \text{wenn } |\mathcal{K}_i| = 3, \\ A_{\text{PC4}} & \text{wenn } |\mathcal{K}_i| = 4. \end{cases} \quad (2)$$

Beim Rasch-Modell für dichotome Aufgaben ist $\mathcal{P}_i = \mathbb{R}$; es gibt genau einen Parameter $\underline{\pi}_i = \zeta_i$, der die Schwierigkeit der Aufgabe beschreibt. Die Antwortwahrscheinlichkeiten sind

$$A_{\text{Rasch}}(\text{falsch}, \zeta, \theta) = \frac{1}{1 + e^{\theta - \zeta}}, \quad (3)$$

$$A_{\text{Rasch}}(\text{richtig}, \zeta, \theta) = \frac{e^{\theta - \zeta}}{1 + e^{\theta - \zeta}}. \quad (4)$$

Für die übrigen Aufgaben werden „Partial Credit"-Modelle verwendet. Für Aufgaben mit drei Antwortkategorien ist $\mathcal{P}_i = \mathbb{R}^2$, $\underline{\pi}_i = (\zeta_{i1}, \zeta_{i2})$, und die Lösungswahrscheinlichkeiten lauten

$$A_{\text{PC3}}(\text{falsch}, (\zeta_1, \zeta_2), \theta) = \frac{1}{1 + e^{\theta - \zeta_1} + e^{2\theta - \zeta_1 - \zeta_2}}, \quad (5)$$

$$A_{\text{PC3}}(\text{teilrichtig}, (\zeta_1, \zeta_2), \theta) = \frac{e^{\theta - \zeta_1}}{1 + e^{\theta - \zeta_1} + e^{2\theta - \zeta_1 - \zeta_2}}, \quad (6)$$

$$A_{\text{PC3}}(\text{richtig}, (\zeta_1, \zeta_2), \theta) = \frac{e^{2\theta - \zeta_1 - \zeta_2}}{1 + e^{\theta - \zeta_1} + e^{2\theta - \zeta_1 - \zeta_2}}. \quad (7)$$

Durch analoges Hinzufügen eines weiteren Schwierigkeitsparameters erhält man das Modell PC4 für tetrachotome Aufgaben.

Ein erheblicher Teil der linearen Algebra im Technischen Bericht dient allein dem Zweck, diese drei Modelle durch *eine* einheitliche Formel darzustellen. Die Koeffizienten der dazu eingeführten Matrizen muss man sich aus Adams *et al.* (1997b) zusammensuchen; eine Bestätigung für die Rekonstruktion (5)ff. findet sich im deutschen Bericht (Prenzel *et al.* 2004b, im weiteren zitiert als D03b, S. 397).

Ein leitender Wissenschaftler des *Educational Testing Service* hält die Verwendung solcher Modelle für einen das Geschäftsmodell der Testindustrie bedrohenden Anachronismus:

It is only a slight exaggeration to describe the test theory that dominates educational measurement today as the application of 20th century statistics to 19th century psychology. Sophisticated estimation procedures [...] applied within psychological models that explain problem-solving ability in terms of a single, continuous variable. This caricature [...] falls short for placement and instruction problems based on students' internal representations of systems, problem-solving strategies, or reconfiguration of knowledge as they learn [...]
Educational measurement faces today a crisis that would appear to threaten its very foundations [Mislevy in Frederiksen *et al.* 1993, S. 19].

3.5 Bayes-Inversion und Bevölkerungsmodell

Die Wahrscheinlichkeiten, dass bestimmte Probanden auf bestimmte Aufgaben bestimmte Antworten geben (1), kann man zusammensetzen zu der Wahrscheinlichkeit, dass der Test als ganzer ein bestimmtes Antwortmuster $\underline{\kappa}$ liefert:

$$P(\underline{\kappa}|\underline{\underline{\pi}},\underline{\theta}) = \prod_{v\in\mathcal{V}}\prod_{i\in\mathcal{I}_v} A_i(\kappa_{vi},\underline{\pi}_i,\theta_v). \qquad (8)$$

Dabei steht $\underline{\underline{\pi}}$ für die Gesamtheit aller Aufgabenparameter und $\underline{\theta}$ für die Kompetenzen sämtlicher Probanden. Die Skalierung stellt somit ein Umkehrproblem: das Antwortmodell liefert $\underline{\kappa}$ für gegebene $\underline{\underline{\pi}}$ und $\underline{\theta}$; tatsächlich ist aber $\underline{\kappa}$ gegeben, und $\underline{\underline{\pi}}$ und $\underline{\theta}$ sind gesucht. Um dieses Problem zu lösen, wird die bedingte Wahrscheinlichkeit (8) mit Hilfe des Satzes von Bayes invertiert:

$$P(\underline{\underline{\pi}},\underline{\theta}|\underline{\kappa}) = \frac{P(\underline{\kappa}|\underline{\underline{\pi}},\underline{\theta})P(\underline{\underline{\pi}},\underline{\theta})}{P(\underline{\kappa})}. \qquad (9)$$

Hier wird deutlich, dass eine Testauswertung mit der probabilistischen Testtheorie nicht bestimmte Werte für Aufgabenparameter und Kompetenzen, sondern Wahrscheinlichkeitsdichten liefert – in Form von bedingten Wahrscheinlichkeiten, die von den vorliegenden Testantworten $\underline{\kappa}$ abhängen.

Die rechte Seite enthält neben dem Antwortmodell $P(\underline{\kappa}|\underline{\underline{\pi}},\underline{\theta})$ auch noch zwei nicht bedingte Wahrscheinlichkeiten. Der Nenner $P(\underline{\kappa})$ geht aus den Modellannahmen hervor, indem man den Zähler über alle Komponenten von $\underline{\underline{\pi}}$ und $\underline{\theta}$ integriert. Der Faktor $P(\underline{\underline{\pi}},\underline{\theta})$

im Zähler ermöglicht es, a-priori-Annahmen über die Wahrscheinlichkeit bestimmter Aufgabenparameter oder Kompetenzwerte zu berücksichtigen. Über die Aufgabenparameter werden in PISA keine a-priori-Annahmen getroffen, es wird also $P(\underline{\pi}, \underline{\theta}) = P(\underline{\theta})$ gesetzt. Für die Kompetenzwerte wird eine Normalverteilung $\mathcal{N}$ mit Mittelwert 0 und Standardabweichung δ angenommen. Im weiteren Verlauf der Auswertung wird $P(\underline{\theta})$ als eine bedingte Wahrscheinlichkeit

$$P(\underline{\theta}|\delta) = \prod_{v \in \mathcal{V}} \mathcal{N}(\theta_v; 0, \delta) \qquad (10)$$

aufgefasst und δ als freier Parameter so angepasst, dass die Gesamtheit von Antwort- und Bevölkerungsmodell eine möglichst wahrscheinliche Beschreibung der empirischen Daten $\underline{\kappa}$ liefert.

Für eine solche parametrische a-priori-Verteilung (*latent distribution*) gibt es keine theoretische Rechtfertigung. Es gibt auch kaum Literatur dazu. Die allermeisten Autoren, die die Testtheorie vorangetrieben haben, sind an psychologischen, nicht an soziologischen Fragen interessiert (Bock 1997); in typischen Anwendungen geht es um Diagnose und Prognose für Individuen, nicht um die vergleichende Untersuchung von Merkmalsverteilungen in Subpopulationen. Bildungstestkonstrukteure wie Adams sind in der Psychometrie allenfalls Außenseiter; ihre Arbeiten werden dort kaum rezipiert. Eine kritische Auseinandersetzung mit der Anwendung der probabilistischen Testtheorie in Bildungsstudien hat bisher kaum stattgefunden: die Psychometriker haben kein Interesse, die Pädagogen keinen Zugang.

In dem Buch über Rasch-Modelle von Fischer und Molenaar (1995) werden latente Verteilungen nur ganz am Rande erwähnt (S. 47f., 254, 280f.); eine Begründung ist diesen Passagen nicht zu entnehmen. In der Literatur (so auch in Adams *et al.* 1997b) wird regelmäßig auf Bock und Aitkin (1981) zurückverwiesen, aber auch dort wird die simultane Schätzung von Schwierigkeitsparametern und Bevölkerungsverteilungsparameter nicht theoretisch gerechtfertigt, sondern nur auf numerische Beispiele gestützt, die suggerieren, man könne sich auf diese Weise von einer groben Schätzung der Bevölkerungsverteilung zu einem „"empirical" prior" vorarbeiten. Die Anführungszeichen um „empirical" stehen original bei Bock und Aitkin – denn die Idee, eine Bayes'sche a-priori-Verteilung empirisch nachzubessern, wirkt in der Tat inkonsistent.

Rasch selbst war strikt dagegen, sein Antwortmodell um die Annahme zu erweitern, latente Fähigkeiten seien in irgendeiner Population normalverteilt. Sein Schüler Andersen berichtet:

> Georg Rasch had a very obvious animosity towards the normal distribution. At certain occasions [...] he would invite all persons present to a party on his front lawn to burn all books containing the word "normal distribution". This animosity came from two applications of the normal distribution, which Georg Rasch felt was completely unjustified. The first one was standardization of educational or psychological tests, in particular intelligence tests, where individuals were classified by their position in terms of percentiles of a normal distribution describing the variation of the test score over a "standard population" [...] He was aware that it was important to be able to compare populations, or at least groups of individuals, for example, at different points in time. But it never took the form of a standardization [in Fischer/Molenaar 1995, S. 385].

Bock hat sich demgegenüber jahrzehntelang für die Vorgabe einer Normalverteilung oder einer anderen Fähigkeitsverteilung in der Parameterschätzung eingesetzt, meint aber, dass eine Normierung auf eine Standardpopulation zwar für Einstufungstests, weniger jedoch für das Qualitätsmonitoring im Bildungswesen vernünftig sei (1997, S. 30). Glas (2005) weist darauf hin, dass die Methodologie zur Überprüfung der Gültigkeit der Modellannahmen unterentwickelt ist.

Es gibt keinen Grund für die Annahme, dass Schülerkompetenzen normalverteilt sind. Bei allen möglichen psychometrischen Merkmalen sind Abweichungen von der Normalverteilung der Normalfall (Walberg *et al.* 1984; Micceri 1989). Solche Abweichungen aber können Maximum-Likelihood-Schätzungen mit normalverteiltem Prior stark verzerren (Molenaar in Fischer/Molenaar 1995, S. 48). Sie führen insbesondere dazu, dass die Schätzung extremer Parameterwerte (circa zwei Standardabweichungen außerhalb vom Zentrum) „in nichttrivialer Weise" verzerrt wird (Woods/Thissen 2006). Demnach sind Aussagen über „Risikogruppen" mit extrem schlechten PISA-Ergebnissen auch aus messtheoretischer Sicht völlig ungesichert.

3.6 Schätzung der Aufgabenparameter

Die Wahrscheinlichkeitsdichte einzelner Aufgabenparameter oder einzelner Kompetenzwerte erhält man aus (9), indem man alle übrigen Parameter ausintegriert („marginalisiert"). Weil im einen Fall über sehr viele Schüler, im anderen über recht wenige Aufgaben gemittelt wird, haben die Wahrscheinlichkeitsdichten der Aufgabenschwierigkeiten erheblich geringere Varianzen als die der Schülerkompetenzen. Daher ist es vermutlich für viele Zwecke ausreichend und angemessen, den probabilistischen Charakter der Aufgabenparameter zu vernachlässigen und nur Kompetenzen durch Wahrscheinlichkeitsdichten zu beschreiben.

In PISA werden, wie oben skizziert, in dem „internationale Kalibrierung" genannten Auswerteschritt die wahrscheinlichsten Werte der Aufgabenschwierigkeiten zusammen mit dem Parameter δ des Bevölkerungsmodells bestimmt.[26] Da für $\underline{\pi}$ und δ keine a-priori-Verteilung gegeben ist, liefert der Satz von Bayes einfach

$$P(\underline{\pi}, \delta | \underline{\kappa}) = \frac{P(\underline{\kappa} | \underline{\pi}, \delta)}{P(\underline{\kappa})}. \qquad (11)$$

Zur Maximierung dieser Wahrscheinlichkeit setzt man am bequemsten die Ableitungen des Logarithmus von

$$P(\underline{\kappa} | \underline{\pi}, \delta) = \prod_{v \in \mathcal{V}} \int d\theta_v \, P(\underline{\kappa} | \underline{\pi}, \underline{\theta}) P(\underline{\theta} | \delta) \qquad (12)$$

$$= \prod_{v \in \mathcal{V}} \int d\theta \prod_{i \in \mathcal{J}_v} A_i(\kappa_{vi}, \underline{\pi}_i, \theta) \mathcal{N}(\theta; 0, \delta) \qquad (13)$$

nach δ und nach den Komponenten von $\underline{\pi}$ gleich Null. Man erhält ein nichtlineares Gleichungssystem, das numerisch gelöst werden muss. Die dazu üblicherweise eingesetzte Iteration (Bock/Aitkin

---

26 An dieser Stelle bricht die Beschreibung des Skalierungsverfahrens im Technischen Bericht plötzlich ab. Nachdem bis hierhin lange, unnötig allgemein gehaltene Passagen weitgehend wörtlich aus dem ConQuest-Handbuch übernommen wurden, wird der weitere Gang der internationalen Kalibrierung in einem einzigen Satz zusammengefasst (TR, S. 122). Genau an dieser Bruchstelle hatte ich in W1 den Technischen Bericht missverstanden und die Skalierung falsch rekonstruiert.

1981, detailliert beschrieben und begründet von Woodruff/Hanson 1997) ist ein Spezialfall des Estimation-Maximization-Algorithmus, der recht robuste Konvergenzeigenschaften hat, aber sehr langsam sein kann (McLachlan/Krishnan 1997).

ACER berücksichtigt in der „internationalen Skalierung", also der Bestimmung von $\underline{\pi}$ und δ, nicht den vollen Rohdatensatz, sondern nur 500 Probanden pro OECD-Staat (TR, S. 128). Ein Grund wird nicht genannt. Eine denkbare Erklärung sind Rechenzeitprobleme infolge der langsamen Konvergenz: solange man nicht bestimmte speicherorganisatorisch aufwändige Optimierungen vornimmt, ist der Rechenaufwand zur Bestimmung von $\underline{\pi}$ und δ im wesentlichen proportional zur Anzahl der berücksichtigten Probanden. Diesem Erklärungsversuch steht allerdings Köllers Mitteilung entgegen, ConQuest gelte aktuell als eine „äußerst leistungsstarke Software" (Anh. D).

3.7 Konditionierung mit Hintergrundvariablen

Nach Festlegung der Aufgabenparameter $\underline{\pi}$ und des Bevölkerungsverteilungs-Parameters δ erhält man die Kompetenzen jedes einzelnen Probanden v – allerdings nicht als scharfen Zahlenwert, sondern als Wahrscheinlichkeitsverteilung

$$P_v(\theta_v) \equiv P(\theta_v | \underline{\pi}, \underline{\kappa}_v, \delta) \tag{14}$$

$$= \frac{P(\underline{\kappa}_v | \underline{\pi}, \theta_v) P(\theta_v | \delta)}{P(\underline{\kappa}_v | \underline{\pi}, \delta)} \tag{15}$$

$$= \frac{\prod_{i \in \mathcal{J}_v} A_i(\kappa_{vi}, \underline{\pi}_j, \theta_v) \mathcal{N}(\theta_v; 0, \delta)}{\int d\theta' \prod_{i \in \mathcal{J}_v} A_i(\kappa_{vi}, \underline{\pi}_j, \theta') \mathcal{N}(\theta'; 0, \delta)} . \tag{16}$$

Diese Verteilung ist umso schmaler, je modellkonformer ein Proband den Test bearbeitet hat; aber auch bei perfekt modellgemäßem Verhalten, wie man es auf dem Computer simulieren kann, hat P_v aufgrund der probabilistischen Natur der zugrundeliegenden Modelle und der begrenzten Aufgabenanzahl noch eine endliche Breite.

Um die Breite der P_v und damit die Standardfehler später zu berechnender Populationsstatistiken zu verringern, wird das Bevölkerungsmodell gegenüber der hier angegebenen, für alle Probanden gleichen Normalverteilung durch Einbeziehung konditionierender Hintergrundvariablen verfeinert. Eine dieser Variablen ist der schulweite Mathematikkompetenzmittelwert. Dreizehn Variablen, jeweils mit dem Wertebereich $\{0,1\}$, geben an, welches Testheft der Proband bearbeitet hat (TR, S. 408). Alle übrigen Variablen werden dem *Student Questionnaire* entnommen. Davon werden aber nur das Geschlecht des Probanden und die Berufe seiner Eltern in international einheitlicher Weise berücksichtigt. Die übrigen Schülerantworten werden einer Hauptkomponentenanalyse unterworfen, um Linearkombinationen auszuwählen, die zusammengenommen 95 % der Varianz der Originalvariablen erklären. Diese Analyse wird im Technischen Bericht nur kursorisch beschrieben (S. 129); es wird nicht einmal auf Anhang 10 verwiesen, der die Binärkodierung der Questionnaire-Daten angibt. Offensichtlich hat ACER wenig Vertrauen in die internationale Vergleichbarkeit der Schülerantworten, denn die Hauptkomponentenanalyse wird nach Staaten getrennt durchgeführt. Eigenwerte und Eigenvektoren sind nicht dokumentiert.

Sei $\mathcal{M}_S$ die Gesamtmenge der für einen Staat S ausgewählten Merkmale (international einheitliche Hintergrundvariablen und Linearkombinationen aus der Hauptkomponentenanalyse). Sei h_{vm} der Zahlenwert eines solchen Merkmals $m \in \mathcal{M}_S$ für einen Probanden v. Für die Bestimmung der Schülerkompetenzen wird das Antwortmodell erneut an die kognitiven Testergebnisse $\underline{\kappa}$ angepasst, diesmal aber separat für jeden Staat, mit festgehaltenen Aufgabenschwierigkeiten $\underline{\pi}$ und mit einem Bevölkerungsmodell, das gegenüber (10) um eine Vielzahl von Parametern erweitert ist:

$$\mathcal{N}\left(\theta_v; \sum_{m\in\mathcal{M}_S} \eta_{Sm}h_{vm}, \delta_S\right). \tag{17}$$

Die Koeffizienten η_{Sm} geben an, wie stark die einzelnen Hintergrundmerkmale h_{vm} den Mittelwert der Normalverteilung $\mathcal{N}$ verschieben. Die wahrscheinlichsten Werte für diese Koeffizienten (zusammengefasst: $\underline{\eta}_S$) und für die Breite δ_S der Verteilung werden mit der Methode aus 3.6 bestimmt. Die Zahlenwerte der $\underline{\eta}_S$ und δ_S sind nicht dokumentiert. Das so präzisierte Bevölkerungsmodell wird in

Gleichung (16) eingesetzt und der weiteren Auswertung zu Grunde gelegt.[27]

Warum ein so kompliziertes Vorgehen gewählt wurde, wird im Technischen Bericht nicht begründet – es wird nur erwähnt, dass es in TIMSS und der amerikanischen NAEP-Studie auch schon so gemacht wurde, und auf Adams *et al.* (1997a) verwiesen. Dort werden vier mögliche Vorteile einer differenzierten Bevölkerungsmodellierung genannt. Drei davon sind für PISA nicht einschlägig. Es bleibt als einziger erkennbarer Vorteil eine kleinere Breite der Wahrscheinlichkeitsdichten $P_v(\theta_v)$ und damit ein geringerer Standardfehler von Populationsstatistiken – wodurch die Schwelle sinkt, ab wann sich ein Unterschied zwischen zwei Populationen von der Nullhypothese abhebt.

Damit wird klar, warum bei der Wahl der Merkmalskombinationen $\mathcal{M}_S$ nach Staaten und nicht nach anderen denkbaren Einteilungen der OECD-Stichprobe unterschieden wird: die konditionierenden Hintergrundvariablen dienen primär dem Zweck, geringe Unterschiede zwischen Staaten als signifikant deklarieren zu können. Der Preis dafür ist eine unverhältnismäßige Komplexität unzureichend dokumentierter Prozeduren.

3.8 Statistische Auswertungen und offizielle Standardfehler

Ziel aller Auswertungen sind statistische Aussagen über die Häufigkeitsverteilung der Kompetenzen in bestimmten Substichproben $S \subset \mathcal{V}$, die, bei Berücksichtigung der Probandengewichte w_v, für Subpopulationen der OECD stehen.[28] Wären die Probandenkompetenzen θ_v exakt bekannt, würde man konventionelle Statistiken

$$\overline{T} = \sum_{v \in S} w_v T(\theta_v, h_v) \qquad (18)$$

berechnen, wobei die Normierung $\sum_{v \in S} w_v = 1$ vorausgesetzt werden soll. Die gebräuchlichsten Statistiken sind Mittelwert [$T_E(\theta_v) =$

---

27 Möglicherweise wird diese Analyse auch simultan für alle vier oder sieben Testgebiete $\mathcal{G}$ durchgeführt; dann hängen θ und η auch noch von $g \in \mathcal{G}$ ab, und laut Technischem Bericht ist δ^2 durch eine Kovarianzmatrix zu ersetzen.
28 In W1 (S. 145) hatte ich zu Unrecht kritisiert, dass bei der Skalierung alle Probanden gleich gewichtet werden. Es ist korrekt, die w_v erst in (18) zu berücksichtigen.

θ_v] und Varianz $[T_V(\theta_v) = (\theta_v - \overline{T_E})^2]$; in weiterführenden Auswertungen interessiert man sich zum Beispiel für die Korrelation zwischen dem kognitiven Testergebnis θ_v und einer Hintergrundvariablen h_v.

Da aber die θ_v nicht exakt bekannt sind, können auch Statistiken nur in Form von Wahrscheinlichkeitsaussagen ausgewertet werden, basierend auf den Wahrscheinlichkeitsverteilungen $P_v(\theta_v)$ aus (16). So erhält man anstelle von $\overline{T}$ nur einen Erwartungswert dieses Mittelwerts,

$$\langle \overline{T} \rangle \equiv \prod_{v \in \mathcal{S}} \int d\theta_v \, P_v(\theta_v) \, \overline{T}, \tag{19}$$

der bequemer als Mittelwert von Erwartungswerten

$$\langle \overline{T} \rangle = \cdots = \sum_{v \in \mathcal{S}} w_v \int d\theta_v \, P_v(\theta_v) T(\theta_v, h_v) \equiv \sum_{v \in \mathcal{S}} w_v \langle T_v \rangle \tag{20}$$

berechnet werden kann.

An dieser, und nur an dieser Stelle werden in der offiziellen Auswertung Messunsicherheiten abgeschätzt. Die in den Ergebnisberichten angegebenen *Standardfehler*, im folgenden als $u_{\overline{T},\text{PISA}}$ bezeichnet,[29] werden durch Addition von zwei Varianzen berechnet (TR, S. 131, Formel 9.18; DAM, S. 79):[30]

$$u_{\overline{T},\text{PISA}} = \sqrt{u_{\overline{T},P}^2 + u_{\overline{T},w}^2}. \tag{21}$$

Der Beitrag $u_{\overline{T},P}$ ist durch die endliche Breite der Wahrscheinlichkeitsverteilung $\prod_v P_v(\theta_v)$ verursacht. Mit etwas Rechnung findet man

$$u_{\overline{T},P}^2 = \left\langle (\overline{T} - \langle \overline{T} \rangle)^2 \right\rangle = \cdots = \sum_{v \in \mathcal{S}} w_v^2 \left\langle (T_v - \langle T_v \rangle)^2 \right\rangle. \tag{22}$$

Da die normierten Gewichte w_v im Mittel invers proportional zur Stichprobengröße $|\mathcal{S}|$ sind, bewirkt ihr quadratisches Auftreten in

---

29 Um das überstrapazierte Formelzeichen σ zu vermeiden, das im Technischen Bericht auch für die hier δ genannte Breite des Bevölkerungsmodells steht.
30 Die Berücksichtigung nur dieser beiden Varianzen wurde schon beim amerikanischen NAEP als unzureichend krititisiert (Yamamoto/Mazzeo 1992).

(22), dass $u_{\overline{T},p}$ asymptotisch proportional zu $|S|^{-1/2}$ ist; mit zunehmender Stichprobengröße nimmt diese Unsicherheit also langsam ab.

Der zweite Beitrag zu den offiziellen Standardfehlern ist die *sampling variance* $u_{\overline{T},w}{}^2$, die die Unsicherheit der Stichprobenziehung und damit der Probandengewichte w_v angibt (TR, Kapitel 8). Aufgrund der Komplexität der mehrstufigen Stichprobenziehung ist eine formelmäßige Herleitung der $u_{\overline{T},w}$ angeblich nicht möglich (DAM, S. 44). Stattdessen wird die diesbezügliche Varianz von (20) in einem Monte-Carlo-Verfahren abgeschätzt, wofür im internationalen Datensatz pro Proband achtzig modizifizierte Repliken $w_v^{(k)}$ abgelegt sind, die die Unsicherheit der w_v widerspiegeln sollen.

Der deutsche Bericht dokumentiert die $u_{\overline{T},\text{PISA}}$ besonders gründlich, nämlich nicht nur für die Mittelwerte $\overline{T_E}$, sondern auch für die Standardabweichungen $\overline{T_V}^{1/2}$ der nationalen Kompetenzverteilungen (D03b, S. 70, 99, 118, 157). In den offiziellen Auswertungen sind die $u_{\overline{T},\text{PISA}}$ unentbehrlich für die Interpretation aller Statistiken $\overline{T}$, denn sie allein entscheiden darüber, ab wann ein Unterschied zwischen zwei Subpopulationen als *signifikant* angesehen wird. Von anderen Fehlerquellen, die nicht modellimmanent quantifiziert werden können, ist nirgendwo ernsthaft die Rede.

Um qualitativ zu verstehen, wodurch in dieser offiziellen Sichtweise die Messgenauigkeit von PISA begrenzt wird, wäre es nötig, zu erfahren, in welchem Zahlenverhältnis die beiden Beiträge zu $u_{\overline{T},\text{PISA}}$ stehen. Auch diese Angabe ist nicht leicht zu finden. Ein Zahlenbeispiel (DAM, S. 97 f.) deutet darauf hin, dass $u_{\overline{T},p}{}^2$ gegenüber $u_{\overline{T},w}{}^2$ völlig vernachlässigbar ist. Das bedeutet: für die Produktion „signifikanter" Rangunterschiede ist es unerheblich, ob die einzelnen Testaufgaben mehr oder weniger modellgerecht funktionieren; die statistische Genauigkeit der Kompetenzwerte ist allein durch die schwierige, mehrstufige Stichprobenziehung begrenzt. Nebenbei erklärt das, warum die Standardfehler in Island und Luxemburg, wo der ganze Altersjahrgang getestet wurde, besonders niedrig sind.

3.9 „Plausible" Kompetenzwerte

Im vorigen Abschnitt wurde offengelassen, wie die Integrale in (19) oder (20) berechnet werden. Im Prinzip ist das ein völlig unkritisches technisches Detail; man muss nur für jeden Probanden v an hinreichend vielen Stützpunkte θ_v die Wahrscheinlichkeitsdichte $P_v(\theta_v)$ berechnen, dann kann man die Integrale mit beliebiger Genauigkeit durch Summen approximieren. Problematisch ist das nur für die Kommunikation: Die Untersuchung von Statistiken $T(\theta_v, h_v)$ soll auch unabhängig vom Konsortium arbeitenden Sekundärauswertern ermöglicht werden, die sich zum Beispiel für die Korrelation zwischen θ_v und einer neu konstruierten Hintergrundvariablen h_v interessieren. Dafür müssten Hunderttausende Wahrscheinlichkeitsdichten $P_v(\theta_v)$ mit hinlänglicher Genauigkeit verfügbar gemacht werden. Dieser Aufwand wird in PISA durch ein Monte-Carlo-Verfahren vermieden: es genügen wenige Stützpunkte pro Proband, wenn diese *zufällig* gezogen werden. Diese Stützpunkte werden als *plausible Werte* bezeichnet und als Teil des internationalen Datensatzes veröffentlicht.

Allerdings hat man sich damit ein Kommunikationsproblem auf einer anderen Ebene eingehandelt: manche Projektbeteiligte verstehen die Methode nicht und schreiben ihr Wirkungen zu, die sie, als eine rein numerische Approximationstechnik, nicht haben kann. Olaf Köller verteidigt die Verwendung eines Ein-Parameter-Modells mit den Vorzügen plausibler Werte (Anhang D), und die deutsche Pisa-Expertengruppe Mathematik (Anhang E) meint, durch plausible Werte könnten Schätzfehler verringert werden.

Um solchen Missverständnisse entgegenzutreten, sei wiederholt: die Methode der plausiblen Werte ist nicht mehr als ein Monte-Carlo-Verfahren zur Berechnung der hochdimensionalen Integrale (19) bzw. (20). Bei großem Stichprobenumfang $|\mathcal{S}|$ genügt es, pro Integral eine recht geringe Anzahl J von Stützpunkten $\theta_v^{(j)}$ (mit $j = 1, \ldots, J$) zu berücksichtigen,

$$\sum_{v \in \mathcal{S}} w_v \int d\theta_v \, P_v(\theta_v) T(\theta_v, h_v) \simeq \sum_{v \in \mathcal{S}} w_v \frac{1}{J} \sum_{j \leq J} T(\theta_v^{(j)}, h_v), \qquad (23)$$

sofern die Stützpunkte ohne Zurücklegen unter jedesmaliger Berücksichtigung der Wahrscheinlichkeitsdichte P_v gezogen werden.[31] In PISA wurde $J = 5$ für ausreichend befunden: ACER zieht fünf Stützpunkte $\theta_v^{(j)}$ pro Proband und Testgebiet und fügt diese als „plausible values" dem internationalen Datensatz bei. Sekundärauswerter haben keinen Zugriff auf die P_v, können aber in guter Näherung Integrale der Form (20) berechnen, indem sie die plausiblen Werte $\theta_v^{(j)}$ in die rechte Seite von (23) einsetzen.

3.10 Synthetische Kompetenzwerte

In PISA 2000 wurden den Probanden nur in denjenigen Testgebieten Kompetenzwerte zugeordnet, in denen sie Aufgaben bearbeitet hatten. Deshalb mussten den Probanden je nach Testgebiet auch unterschiedliche statistische Gewichte zugeschrieben werden. Zur Vereinfachung der Datenstruktur und zur Verringerung stochastischer Standardfehler haben Wu et al. in einem Konferenzbeitrag (2002) vorgeschlagen, die hohe Korrelation zwischen den verschiedenen Testgebieten auszunutzen, um fehlende Kompetenzwerte zu *schätzen*. Sie antizipierten zwar Vermittlungsprobleme:

> On the other hand, we will need to avoid possible violations of policy and ethical standards, as well as convince the less scientific community, that we can obtain reasonable estimates of students' scores given partial information [...] If the method of imputation is adopted, we do need, however, to ensure that such methods are acceptable politically, as we would appear to the less scientific community that we are producing score estimates when students did not even attempt any items [S. 25 f.];

nichtsdestoweniger wurde dieser Vorschlag ohne weitere wissenschaftliche Debatte in PISA 2003 umgesetzt.[32]

In PISA 2003 waren beispielsweise Naturwissenschaftsaufgaben in nur sieben von dreizehn regulären Testheften enthalten (Tab. 2).

---

31 Im fiktiven Grenzfall $J \to \infty$ würde die Häufigkeitsverteilung der $\theta_v^{(j)}$ mit der vorgegebenen Verteilung P_v übereinstimmen.
32 Der Technische Bericht (TR, S. 129 und identisch S. 206) verweist nicht auf begutachtete Fachliteratur, sondern nur auf die technischen Berichte zur amerikanischen NAEP-Studie und zu TIMSS. Zumindest in letztgenannter Quelle (Macaskill *et al.* in Martin/Kelly 1998) wird die in PISA 2003 vorgenommene Ausweitung der Kompetenzwertschätzung *nicht* begründet.

Nichtsdestoweniger werden auch für die Probanden, die eines der übrigen sechs Hefte bearbeitet haben, mit dem oben beschriebenen Verfahren Naturwissenschaftskompetenzen geschätzt. Gleichung (16) vereinfacht sich dabei radikal: weil $\mathfrak{I}_v = \emptyset$, ist die Wahrscheinlichkeitsdichte $P_v(\theta_v)$ allein durch das Bevölkerungsmodell gegeben, in das gemäß der Modifikation (17) je nach Staat S bestimmte Hintergrundmerkmale $\mathfrak{M}_S$ eingerechnet sind. Kognitive Testleistungen werden dabei nur halbherzig, nämlich über die auf Schulebene gemittelte Mathematikkompetenz, berücksichtigt. Die unterschiedliche Schwierigkeit der Testhefte wird auf nationaler Ebene berücksichtigt; dabei wird Heft 9 als das einzige, das Aufgaben aus allen vier Testgebieten enthält, zum Bezugspunkt gemacht.

Einer vermutlich falsch beschrifteten Tabellenspalte ist zu entnehmen, dass der Standardfehler der nationalen Kompetenzmittelwerte typischerweise um 10 % geringer ist, als er wäre, wenn nur die 7/13 aller Probanden berücksichtigt worden wären, die tatsächlich in Naturwissenschaften getestet wurden.[33]

> It is important to realise that this is not an artificial result that is merely due to an increase in sample size, but is a genuine reduction in the error caused by the increase in the total available information about the proficiency distribution [TR, S .207].

Um mich von der „less scientific community" abzugrenzen, behaupte ich zu verstehen, dass diese creatio ex nihilo bei hinreichend idealem Datenmaterial mindestens korrekte Mittelwerte liefert. Allerdings bleibt mir unklar, wie weit der Gültigkeitsbereich der fiktiven Kompetenzwerte reicht und wie garantiert werden kann, dass es in Sekundärauswertungen nicht doch zu Artefakten kommt.

Für die realen Daten aus PISA ist die Verankerung der Schätzungen an einem bestimmten Testheft jedenfalls nicht zu rechtfertigen. Die Lösungshäufigkeiten der einzelnen Aufgabenblöcke unterscheiden sich sowohl von Staat zu Staat als auch von Heft zu Heft ganz erheblich. Beispielsweise fallen in Griechenland die Mathematikaufgaben aus Heft 9 besonders schwer: die Schüler, die dieses Heft zu bearbeiten hatten, haben im Mittel nur 423 Kompetenzpunkte, ge-

---

33 In der Tabelle (TR, S. 209, Tab. 13.23, letzte Spalte; Erläuterung S. 207) ist die Änderung der *Varianz* angegeben, die typischerweise 20 % beträgt.

genüber 445 Punkten im nationalen Durchschnitt. Andererseits laufen die Naturwissenschaftsaufgaben aus Heft 9 vergleichsweise gut: 494 Punkte gegenüber 465 im Mittel über die sieben einschlägigen Hefte. Infolge dieser schiefen Verankerung wird denjenigen Schülern, die keine Naturwissenschaftsaufgaben zu bearbeiten hatten, eine mittlere Naturwissenschaftskompetenz von 499 zugeschrieben (Neuwirth in Neuwirth *et al.* 2006, S. 53). Im Mittel über alle dreizehn Hefte ergibt sich so für Griechenland der nach außen mitgeteilte Kompetenzwert 481 (LTW, S. 294), der um 16 *(sechzehn!)* Punkte über dem empirischen Wert 465 liegt. Auch die offiziellen Ergebnisse für Mexiko und Japan sind stark noch oben verschoben (um 12 bzw. 11 Punkte). Die kanadischen und dänischen Naturwissenschaftsleistungen werden hingegen um 9 bzw. 11 Punkte zu niedrig angegeben; für Kanada wird das sogar in Klartext mitgeteilt (TR, S. 211). Für die Hälfte aller OECD-Staaten beträgt die Verzerrung 4 oder mehr Punkte. Im Lesetest ist der „Testheft-9-Effekt" generell etwas schwächer; die Verzerrungen liegen zwischen +12 (Griechenland) und −9 (Dänemark, Japan).

Diese Befunde sind so unglaublich, dass ich ohne die Bestätigung durch Neuwirth (*loc. cit.*) nicht für möglich gehalten hätte, dass sie nicht bloß einen weiteren Dokumentationsfehler darstellen: um *stochastische* Standardfehler, die durchweg weniger als 5 Punkte betragen (LTW, S. 294), um typischerweise 10 % zu verringern, nimmt ACER *systematische* Verfälschungen der empirischen Daten um bis zu 16 Punkte in Kauf.

3.11 Nachträgliche Umskalierung

In den internationalen und nationalen Ergebnisberichten werden Aufgabenschwierigkeiten und Schülerkompetenzen auf einer Punkteskala mitgeteilt, die so konstruiert ist, dass die Kompetenzwerte OECD-weit den Mittelwert 500 und die Standardabweichung 100 haben („PISA scale"). Intern findet die Auswertung jedoch auf einer anderen Skala statt, die durch die oben beschriebene Modellierung festgelegt ist. Auf dieser Skala („logits") liegt das Zentrum der Kompetenzverteilung ungefähr bei 0, und die Standardabweichung ist von der Größenordnung 1. Der Technische Bericht springt unsystematisch und ohne Erklärung zwischen beiden Skalen hin und her, besonders auffällig in Kapitel 13, wo es mit Tab. 13.19 f. sogar eine Bilingue gibt.

Diese Umskalierung ist im Technischen Bericht mangelhaft dokumentiert; sie wird erst am Ende des Ergebniskapitels 13 angegeben, und die Herkunft der Koeffizienten wird nicht erläutert.[34] Für den Mathematiktest lautet die Umskalierung

$$P = 500 + 100(J + 0{,}1344)/1{,}2838 = 510{,}47 + 77{,}89 J. \qquad (24)$$

Die Formelbuchstaben werden nicht eingeführt; ich deute J als interne Kompetenzwerte θ und P als externe („PISA") Werte, die ich im folgenden als θ^P notiere. Woher die Koeffizienten stammen, wird nicht erklärt; nur indirekt lässt sich erschließen, dass $-0{,}1344$ der Mittelwert und $1{,}2838$ die Standardabweichung der OECD-weiten Häufigkeitsverteilung der internen Kompetenzwerte unter Einschluss der britischen Daten, unter Einschluss der Kurzhefte und unter Berücksichtigung der Probandengewichte sein muss.

Diese Umrechnung ist aber nicht die volle Wahrheit, denn sie kann nicht sowohl für Kompetenzwerte als auch für Aufgabenschwierigkeiten gelten. Abweichend von der im Technischen Bericht mitgeteilten Form es psychologischen Modelle (3) ff. stimmen Schwierigkeits- und Kompetenzwerte auf der nach außen mitgeteilten Skala dann überein, wenn die Wahrscheinlichkeit einer richtigen Lösung nicht 50 %, sondern 62 % beträgt.[35]

Das heißt: die Skalen, auf denen Kompetenz- und Schwierigkeitswerte nach außen kommuniziert werden, sind willkürlich gegeneinander verstimmt. Aufgabenschwierigkeiten werden *nicht* gemäß den Formeln aus Kapitel 13 des Technischen Berichts umgerechnet, sondern unterliegen einer zusätzlichen Verschiebung um $\ln(62/38)$. Beispielsweise sind die Schwierigkeiten von Mathematikaufgaben gemäß

$$\xi^P = 510{,}47 + 77{,}89\bigl(\xi + \ln(62/38)\bigr) \qquad (25)$$

---

34 Das hat erheblich zur unzutreffenden Rekonstruktion der Skalierung in W1 beigetragen; siehe dazu Anhang B.
35 LTW, S. 106, Endnote 5 zu S. 45. Dort wird behauptet, die Zahl 62 sei nicht willkürlich, sondern mit der Definition der Kompetenzstufen verknüpft. Allerdings beruht die Definition der Kompetenzstufen auf einem ganzen Bündel willkürlicher Festlegungen.

umzurechnen. So nimmt das Rasch-Modell die in keinem offiziellen Bericht angegebene Gestalt

$$A_{\text{Rasch}}^{\text{P}}(\text{richtig}, \zeta^{\text{P}}, \theta^{\text{P}}) = \frac{1}{1 + \exp\left[\frac{\zeta^{\text{P}} - \theta^{\text{P}}}{77{,}89} - \ln\frac{62}{38}\right]} \qquad (26)$$

an.

3.12 Kompetenzwerte sind im Grunde Punktsummen

Wenn man die konkret in PISA gewählten Antwortmodelle (3) ff. in (16) einsetzt und alle Faktoren abspaltet, die nicht von der Probandenkompetenz θ_v abhängen, nimmt deren Wahrscheinlichkeitsdichte eine überraschend einfache Form an. Ohne konditionierende Hintergrundvariable und ohne Normierung als Proportionalitätsbeziehung notiert:

$$P(\theta_v | \underline{\pi}, \underline{\kappa}_v, \delta) \propto \prod_{i \in \mathcal{J}_v} A_i(\text{falsch}, \underline{\pi}_i, \theta_v) \exp(n_v \theta_v) \, \mathcal{N}(\theta_v; 0, \delta) \qquad (27)$$

Die Details des Antwortmusters $\underline{\kappa}_v$ erweisen sich hier als irrelevant; sie gehen nur noch über eine Punktsumme n_v, die im wesentlichen die Anzahl richtig gelöster Aufgaben angibt, in die Kompetenzbewertung ein: n_v ist eine *suffiziente Statistik* für θ_v. Diese Eigenschaft gilt als entscheidender Vorteil der Rasch-Funktion gegenüber anderen Antwortmodellen (Molenaar in Fischer/Molenaar 1995, S. 10).

Solange man nur Probanden betrachtet, die dieselbe Aufgabenauswahl $\mathcal{J}_v$ zu bearbeiten hatten, stimmen auch die Vorfaktoren A_i und die in (27) nicht notierte Normierung überein. Dann wird allen Probanden, die dieselbe Punktsumme erzielt haben, exakt dieselbe Kompetenz-Wahrscheinlichkeitsdichte zugeschrieben. Die Umrechnung von Punktsummen in Kompetenzwerte ist zwar auch dann nicht trivial, doch man kann festhalten: Kompetenz wird in PISA allein über die Anzahl richtig gelöster Aufgaben gemessen.

Warum aber wird ein so aufwändiges und intransparentes Auswerteverfahren gewählt, wenn es letztlich auf eine einfache Punktsumme hinausläuft? Zwei Zwecke können eine Item-Response-Skalierung rechtfertigen:

(1) Probanden miteinander zu vergleichen, die *verschiedene* Aufgabensätze bearbeitet haben. Das kommt in PISA aus drei Gründen vor: (a) Verwendung verschiedener Testhefte; (b) Löschung einzelner Aufgaben in einzelnen Ländern, in einzelnen Heften oder für einzelne Probanden; (c) dreijährliche Wiederholung des Tests mit teils alten, teils neuen Aufgaben. Bei solchen Vergleichen unterscheiden sich die Vor- und Normierungsfaktoren in (27), so dass die gleiche Anzahl richtig gelöster Aufgaben bei Probanden, die verschiedene Hefte zu bearbeiten hatten, zu unterschiedlichen Kompetenzbeurteilungen führen kann. Aber das sind technische Details, die ein grundsätzliches Verständnis der Kompetenzbewertung zunächst eher behindern; sie ändern nichts daran, dass Kompetenzpunkte auf Ebene des einzelnen Probanden nichts als die Anzahl richtig gelöster Aufgaben wiederspiegeln. Insofern ist D. Lind (2004) unbedingt recht zu geben, dass man „die Rolle des Raschmodells bei PISA nicht überinterpretieren" sollte.[36]

(2) Erst das „Zugeständnis", dass Summenscore und Personenparameter hochgradig korreliert sind, bereitet laut Rost (2000) „den Weg für die Einsicht, worin denn der eigentliche Pfiff des Rasch-Modells liegt, nämlich in der Prüfung der Frage, ob man überhaupt einen Summenscore bilden darf". Diese Prüfung wird ein konsistent negatives Ergebnis zeitigen (Teil 4).

Unabhängig von ihrer mathematischen Konsistenz mutet die Bewertung eines Tests durch bloßes Abzählen der Anzahl richtig gelöster Aufgaben, gemessen am Anspruch von PISA, reichlich primitiv an. Sie entspricht, jedenfalls in Deutschland, nicht der Erwartung von Schülern: Praxis in der Bewertung von Klassenarbeiten ist vielmehr, dass arbeitsaufwändige Aufgaben mehr Punkte bringen als schnell zu bearbeitende. Mangelnde Erfahrung mit PISA-ähnlichen Tests kann dazu führen, dass Schüler zu viel Zeit mit einzelnen, schwierigen oder langwierigen Aufgaben verbringen, statt die Gesamtzahl gelöster Aufgaben zu maximieren.

---

36 Cook *et al.* (1988) konstatieren, dass die Item-Response-Theorie und die klassische Testtheorie in ganz ähnlicher Weise scheitern, wenn die Grundannahme der eindimensionalen Bedingtheit des Schülerverhaltens verletzt ist – zum Beispiel durch uneinheitliche curriculare Validität der Aufgaben.

Überraschend ist auch, wie die Punktsumme n_v genau zustande kommt. Jede richtig gelöste dichotome Aufgabe trägt einen Punkt bei. Jede teilrichtig beantwortete trichotome Aufgabe trägt ebenfalls einen Punkt bei; eine voll richtige Antwort bringt bei diesen Aufgaben sogar zwei Punkte. Die richtige Lösung eines tetrachotomen Aufgaben trägt dementsprechend drei Punkte zu n_v bei. Dass einzelne Aufgaben mit doppeltem oder dreifachem Gewicht beitragen, nur weil dem Kodierer auch die Möglichkeit einer teilrichtigen Bewertung zur Verfügung stand, ist willkürlich und unplausibel. Auf diese Höhergewichtung einzelner Aufgaben wurden die Probanden auch nicht hingewiesen. Warum wurden die Partial-Credit-Modelle nicht so modifiziert, dass teilrichtige Lösungen mit halben oder drittel Punkten bewertet werden?

3.13 Die offizielle Skalierung ist nicht reproduzierbar

Die vorstehende Rekonstruktion der offiziellen Skalierung steht, wie eingangs gesagt, unter dem Vorbehalt, dass sie auf einer ungenauen und lückenhaften Dokumentation beruht. Sie kann auch nicht durch unabhängiges Nachprogrammieren und Vergleich der numerischen Ergebnisse verifiziert werden – und das nicht nur wegen der Komplexität der Rechnungen, wegen fehlender Vergleichsmöglichkeit mit unveröffentlichten Zwischenergebnissen (insbesondere den $\underline{\eta}_s$), wegen unklarer Details und wegen der inhärenten Verwendung von Zufallszahlen, sondern allein schon, weil elementarer *Input* nicht nachvollziehbar ist:

Spiegelbildlich zu (27) gilt im Rasch-Modell, dass die Anzahl der Probanden, die eine bestimmte Aufgabe i richtig gelöst haben, eine suffiziente Statistik für deren Schwierigkeitsbewertung ξ_i ist. Die Verteilung der Aufgaben auf mehrere Blöcke und die Verknüpfung von Antwort- und Bevölkerungsmodell verursachen Komplikationen, ändern aber nichts am Prinzip. Aus diesem Grund ist die Anzahl richtiger Lösungen oder, äquivalent dazu, deren relative Häufigkeit ρ_i eine essentielle Information nicht nur für didaktische Interpretationen auf der Ebene der einzelnen Aufgaben, sondern auch für Untersuchungen zur Skalierung.

Im Technischen Bericht sind die Lösungsquoten der einzelnen Aufgaben in den tabellarischen Anhängen 12–15 in einer mit „In-

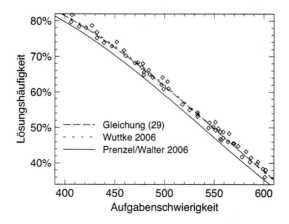

Abbildung 3. Lösungshäufigkeiten und Aufgabenschwierigkeiten der 76 dichotomen Mathematikaufgaben gemäß Technischem Bericht (TR, S. 412 f.). Die Streuung der Datenpunkte ist noch nicht erklärt. Nach derzeitigem Stand der Rekonstruktion scheint es, dass theoretisch der durch Gleichung (29) gegebene Verlauf zu erwarten wäre. Gezeigt ist außerdem die unzutreffende Rekonstruktion (30) aus W1 sowie die unzutreffende und empirisch deutlich unter den Datenpunkten liegende Rekonstruktion von Prenzel und Walter (2006).

ternational % correct" bezeichneten Spalte mitgeteilt. Unlogischerweise wird auch zu polychotomen Aufgaben nur *eine* Prozentzahl mitgeteilt. Wie die Prozentangaben zustande kommen, wird nicht erklärt. Die offizielle Auswertung legt zwei verschiedene Grundgesamtheiten nahe: (1) Wie bei der Kalibrierung der Aufgabenschwierigkeiten, also ohne nicht erreichte Aufgaben, ohne Sonderschüler, ohne Probandengewichte. Oder (2) umgekehrt, wie bei der Bestimmung der plausiblen Kompetenzwerte. Mit keiner dieser beiden Setzungen kann ich die Angaben aus dem Technischen Bericht reproduzieren: zum Beispiel ist die erste Mathematikaufgabe, „View Room", laut Bericht zu 76,77 % gelöst worden; gemäß (1) finde ich 77,6 %, gemäß (2) 76,4 %. Bei anderen Aufgaben beträgt die Abweichung bis zu ±2 %.

In Abbildung 3 sind die ρ_i aus dem Technischen Bericht gegen die in denselben Anhängen 12–15 mitgeteilten Schwierigkeitsparameter ξ_i aufgetragen. Aus unerklärten Gründen ist der Zusammenhang nicht monoton: die ρ_i weichen um bis zu ±2 % von den Werten ab, die man bei gegebenen ζ_i aufgrund einer glatten Interpolation erwarten würde. Vielleicht beruhen diese Schwankungen auf der Zuordnung der Aufgaben zu unterschiedlich schwierigen Testheften, aber das ist wegen der Nichtreproduzierbarkeit der ρ_i nicht unabhängig nachprüfbar.

Mangelnde Reproduzierbarkeit wesentlicher Ergebnisse erschwert die kritische Auseinandersetzung mit einer Studie und stellt ihre Validität in Frage:

> Reproducibility is important in its own right, and is the standard for scientific discovery [Gentleman et al. 2004].

Das Problem, computergenerierte Ergebnisse in nachvollziehbarer Form zu dokumentieren, ist keineswegs auf PISA beschränkt, sondern eines der schwierigsten der heutigen Forschungskultur (Hothorn 2006). Eine Schere öffnet sich zwischen immer ausgefeilteren Methoden und einer oft nachlässigen Dokumentation, was zum Beispiel bei biomedizinischen Studien desaströse Folgen haben kann (Moher et al. 2004).

> Biased results from poorly designed and reported trials can mislead decision making in health care at all levels, from treatment decisions for the individual patient to formulation of national health policies. Critical appraisal of the quality of clinical trials is possible only if the design, conduct, and analysis [...] are thouroughly and accurately described in published articles [Altman et al. 2001].

Aber selbst wenn sie vollständig und fehlerfrei sein sollten, sind herkömmliche Berichte keine angemessene Publikationsform mehr:

> Indeed the problem occurs wherever traditional methods of scientific publication are used to describe computational research. In a traditional article the author merely outlines the relevant computations: the limitations of a paper medium prohibit complete documentation including experimental data, parameter values and the author's programs. Consequently, the reader has painfully to re-implement the author's work before verifying and utilizing it ... The reader must spend valuable time merely rediscovering minutiae, which the author was unable to communicate conveniently [Schwab et al., zitiert nach Gentleman et al. 2004].

Letztlich sind undokumentierte Ergebnisse nicht Wissenschaft, sondern nur Reklame für Wissenschaft:

An article about computational science in a scientific publication is *not* the scholarship itself, it is merely *advertising* of the scholarship. The actual scholarship is the complete software development environment and that complete set of instructions that generated the figures [Buckheit und Donoho 1995, S. 59, nach Claerbout].

PISA-Vertreter verweisen gerne darauf, dass die Daten offen zugänglich seien. Das sollte in öffentlich geförderter Forschung eigentlich eine Selbstverständlichkeit sein, aber es ist nicht genug. So wie für die didaktische Auseinandersetzung mit PISA die Offenlegung der Aufgaben zu fordern ist, so für die Bewertung der Datenaufbereitung die Offenlegung der Software.

Publication of the data from which articles are derived is becoming the norm [...]. This practice provides one of the components needed for reproducible research – access to the data. The other major component that is needed is access to the software and the explicit set of instructions or commands that were used to transform the data to provide the outputs on which the conclusions of the paper rest [...] It is easy to identify major publications in the most prestigious journals that provide sketchy or indecipherable characterizations of computational and inferential processes underlying basic conclusions. This problem could be eliminated if the data housed in public archives were accompanied by portable code and scripts that regenerate the article's figures and tables [Gentleman *et al.* (2004)].

Damit ist freilich nicht zu rechnen, solange Verantwortliche in den Teilnehmerstaaten dafür keinen Bedarf sehen oder nicht einmal den Unterschied zwischen Offenlegung und Kommerzialisierung eines Programms verstehen (Anh. D).

3.14 Umrechnung zwischen Prozenten und Punkten

Nach diesem Überblick über die Skalierung der PISA-Daten kann nun eine approximative Umrechnung zwischen prozentualen Lösungshäufigkeiten und PISA-Punkten angegeben werden. Gemäß Antwort- und Bevölkerungsmodell (13) wird auf eine Aufgabe i mit der Häufigkeit

$$\rho(k; \xi_i) = \int d\theta \, A_i(k, \xi, \theta) \, \mathcal{N}(\theta; 0, \delta) \tag{28}$$

eine Antwort der Kategorie $k \in \mathcal{K}_i$ gegeben. In Verbindung mit den Transformationen (24) und (25) erwartet man für die Häufigkeit einer richtigen Antwort bei dichotomen Aufgaben in externen Einheiten

$$\rho(\xi^{\mathrm{P}}) = \int \mathrm{d}\theta^{\mathrm{P}}\, A^{\mathrm{P}}_{\mathrm{Rasch}}(\text{richtig}, \xi^{\mathrm{P}}, \theta^{\mathrm{P}})\, \mathcal{N}(\theta^{\mathrm{P}}; 510, 47, 100). \quad (29)$$

Wegen der ungenügenden Reproduzierbarkeit der offiziellen Auswertung ist es wichtig, eine solche theoretisch hergeleitete Beziehung an veröffentlichten Daten zu überprüfen. Deshalb ist (29) in Abb. 3 eingezeichnet. Die gestrichelte Kurve gibt den Zusammenhang zwischen ρ_i und ξ_i im Großen und Ganzen korrekt wieder; zugleich verdeutlicht sie die unverstandene, scheinbar zufällige Nichtmonotonie. Außerdem sind in der Abbildung die falsche, aber von (29) kaum unterscheidbare Rekonstruktion

$$\rho(\xi^{\mathrm{P}}) = \frac{1}{1 + \exp(-(500 - \xi^{\mathrm{P}})/100 - \ln(62/38))} \quad (30)$$

aus der ersten Fassung dieses Aufsatzes (W1, Gl. (2) und Abb. 4) [gepunktet] und die ebenfalls unzutreffende, auch empirisch danebenliegende Rekonstruktion aus der Replik von Prenzel und Walter (2006) [durchgezogen] eingezeichnet; diese Irrtümer sind in Anhang B näher erklärt.

Aus der Steigung der gestrichelten Kurve oder durch Differentiation von (30) findet man die Umrechnung zwischen Lösungshäufigkeiten und Aufgabenschwierigkeiten: vier Schwierigkeitspunkte machen maximal einen Prozentpunkt in der Lösungshäufigkeit aus.

Komplementär dazu wird in Abbildung 4 die Umrechnung zwischen Lösungshäufigkeiten und *Kompetenzwerten* untersucht. Deren Zusammenhang hängt von der empirischen Verteilung der 84 Aufgabenschwierigkeiten ab und lässt sich deshalb nicht einfach als ein zu (29) analoges Integral schreiben; er lässt sich jedoch gut durch eine Rasch-Funktion variabler Breite nähern. Wenn man OECD-weit die Probanden ihren plausiblen Leistungswerten nach in 1 %-Quantile einteilt, erhält man eine Rasch-Breite von 97; das heißt, auch vier Kompetenzpunkte entsprechen maximal ziemlich genau einem Prozentpunkt in der Lösungshäufigkeit.

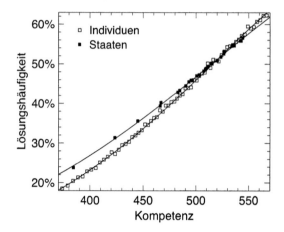

Abbildung 4. Lösungshäufigkeit, gemittelt über die 76 dichotomen Mathematikaufgaben, als Funktion der offiziellen Kompetenzwerte. Offene Symbole: alle OECD-Probanden in 100 Gruppen eingeteilt; angepasst mit einer Rasch-Funktion der Breite 97. Geschlossene Symbole: Mittelwerte für 30 OECD-Staaten; angepasst mit einer Rasch-Funktion der Breite 115.

Wenn man die Probanden hingegen nach Staaten zusammenfasst, ergibt sich durch die Mittelung über die breite Leistungsverteilung innerhalb der Staaten eine flachere Kurve mit einer Rasch-Breite von 115. Ein mittlere Kompetenzdifferenz von vier Punkten zwischen zwei Staaten bedeutet also einen Unterschied von weniger als einem Prozentpunkt in der Lösungshäufigkeit.

Der offiziellen Auswertung zufolge können 9 Punkte bereits als „signifikanter" Leistungsunterschied zwischen zwei Staaten gelten. Staaten, die sich um nur 9 Punkte unterscheiden, können im OECD-Ranking um bis zu vier Plätze auseinander liegen. Auch der Unterschied von 10 Punkten zwischen den deutschen Ergebnissen in den Testgebieten Mathematik und Problemlösen ist ernst genommen und inhaltlich gedeutet worden (Prenzel *et al.* 2004a, im weiteren zitiert als D03a, S. 15).

Die obigen Abschätzungen zeigen, dass neun Punkte einer Differenz der Lösungshäufigkeiten von etwa 2 % entsprechen. Da im Mittel jedem Schüler knapp 26 Mathematikaufgaben gestellt wurden,

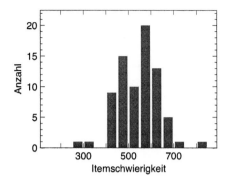

Abbildung 5. Schwierigkeitsverteilung der 76 dichotomen Mathematikaufgaben

entsprechen 9 Punkte ziemlich genau einer halben Aufgabe. Auf eine halbe Mathematikaufgabe entfallen 75 Sekunden Testzeit. Damit ist klar, dass die Gesamtergebnisse von PISA empfindlich von der Validität jeder einzelnen Testaufgabe abhängen. Auch ein von Land zu Land unterschiedlich strenger Umgang mit der Testzeit kann zu erheblichen Verzerrungen führen.

3.15 Verteilung der Aufgabenschwierigkeiten

Bei der Zusammenstellung von Testaufgaben muss man zwischen verschiedenen Anforderungen abwägen: Um Probanden verschiedenster Kompetenz mit gleicher Genauigkeit bewerten zu können, ist eine möglichst gleichmäßige, breite Verteilung der Aufgabenschwierigkeiten anzustreben. Um die Testmotivation über zwei Stunden und fünfzig Aufgaben hinweg aufrecht zu erhalten, wäre ein gewisses Übergewicht leichter Aufgaben sinnvoll. Um Störungen durch Probanden, die frühzeitig abgeben, zu vermeiden, darf der Test aber auch nicht zu leicht sein.

Wie Abbildung 5 zeigt, erfüllt der Mathematik-Test aus PISA 2003 nur die letztgenannte Anforderung: Er ist ziemlich schwer. Der Median der Schwierigkeitswerte der dichotomen Aufgaben liegt bei 552. Nur zwei Aufgaben liegen unter 400, aber zwanzig über 600.

Dieses Ungleichgewicht spiegelt sich auch in Abbildung 4 wider: Schüler mit einer Kompetenz von 500 Punkten lösen deutlich weniger als 50 % aller Aufgaben. Für einen erheblichen Teil aller Probanden dürfte PISA 2003 eine ziemlich frustrierende Erfahrung gewesen sein.

4 Was testen die einzelnen Aufgaben?

In diesem Teil wird die Antwortstatistik einzelner Testaufgaben untersucht. Es wird gezeigt, dass die Lösungshäufigkeiten als Funktion der den Probanden zugeschriebenen Kompetenzwerte durch die einparametrige Rasch-Funktion nicht adäquat modelliert werden; es gibt unterschiedliche Trennschärfen (4.2), kompliziertere Funktionsverläufe (4.3), Rateeffekte (4.4). Deshalb sind die vom Konsortium ermittelten Aufgabenschwierigkeiten auf zig Punkte ungenau (4.5). Bei der weiteren Analyse treten Dimensionen des Testgeschehens in den Vordergrund, die wenig mit Fachkompetenz zu tun haben, wie Vertrautheit mit dem Aufgabenformat (4.6), kultureller und sprachlicher Hintergrund (4.7 f.) sowie Ausdauer und Teststrategie (4.9).

4.1 Modelltests, Lösungsprofile

Die Antwortmodelle, auf denen die quantitative Auswertung von PISA beruht, beruhen ihrerseits auf einer ganzen Reihe von Annahmen: Alle Aufgaben eines Gebiets prüfen dieselbe Fähigkeit, ihre Trennschärfen sind ähnlich, Missverständnisse und Raten spielen keine Rolle, die Testleistung ist nicht zeitbegrenzt, und so weiter. Sind einzelne Annahmen verletzt, äußert sich das mit hoher Wahrscheinlichkeit in Abweichungen zwischen Lösungsstatistik und Modell.

Um solche Modellverletzungen festzustellen, steht eine ganze Batterie statistischer Tests zur Verfügung (z. B. Glas/Verhelst in Fischer/Molenaar 1995). In PISA scheinen nur zwei statistische Maße für die Modellgültigkeit verwendet worden zu sein: die Trennschärfe und ein unsäglich schlecht erklärter „infit" (TR, S. 123). Bestimmte Akzeptanzgrenzen scheinen nicht vorgegeben worden zu sein. Die

Kosequenz, bei Ungültigkeit des Rasch-Modells auf andere Modelle auszuweichen (Glas/Verhelst *loc. cit.*, S. 94), war wahrscheinlich schon durch die politische Zielvorgabe, Ranglisten zu liefern, ausgeschlossen.[37]

Es besteht also dringender Forschungsbedarf, die Gültigkeit der in PISA verwendeten Antwortmodelle zu prüfen. Wie die deutschen Mathematikdidaktiker (D. Lind *et al.* 2005, S. 83 f.) bestätigen, ist Modellvalidität zumindest auf der Ebene der Gesamtpopulation eine notwendige Voraussetzung für Gruppenvergleiche. Im folgenden soll die Validität des Raschmodells für eine Auswahl dichotomer PISA-Aufgaben geprüft werden. Dabei wird bewusst auf statistische Tests verzichtet, die auf die gedankenlose Verifikation von Nullhypothesen hinauslaufen und die für *jeden* empirischen Datensatz, wenn er nur umfangreich genug ist, „signifikante" Modellverletzungen anzeigen (Hambleton *et al.* 1991, S. 53; allgemeiner Gill 1999, S. 657 f.).

Sehr viel aussagekräftiger ist es, empirische Daten zusammen mit der Funktion, durch die sie modelliert werden, graphisch aufzutragen und die Übereinstimmung mit dem bloßen Auge zu beurteilen (Hambleton *et al.* 1991, S. 66; Andersen mit Berufung auf Rasch in Fischer/Molenaar 1995, S. 387; allgemeiner Meehl 1978, S. 825). Dazu werden die plausiblen Werte sämtlicher Probanden geordnet und in 20 oder 25 Gruppen gleichen Umfangs eingeteilt. Für jede Gruppe γ werden Mittelwerte der Kompetenz θ_γ und der relativen Lösungshäufigkeiten $\rho_{i\gamma}$ berechnet.[38] Die Auftragung von $\rho_{i\gamma}$ über θ_γ soll im folgenden als *Lösungsprofil* einer Aufgabe *i* bezeichnet werden. Im Technischen Bericht wird ein einziges solches Profil mitgeteilt (*score curve*, S. 127), und zwar ein atypisch modellkonformes (mit Trennschärfe nahe am Sollwert 1/77,89).

---

37 Köller (2006a, Punkt 5) zufolge sieht sich das Konsortium außer Stande, plausible Werte für Mehrparameter-Modelle zu bestimmen, weil dafür keine Software bereitsteht.

38 Um Ergebnisse möglichst unmittelbar mit denen der offiziellen Auswertung vergleichen zu können, passe ich mich an die Gewichtung der Probanden in der „international calibration" an, das heißt, ich beziehe Großbritannien ein, gewichte alle 30 OECD-Staaten gleich, gewichte auch innerhalb der Staaten alle Probanden gleich, schließe Kurzhefte aus und werte „nicht erreichte" Aufgaben als nicht gestellt. Hierdurch ergeben sich in Abbildungen und Fitergebnissen geringfügige Änderungen gegenüber W1.

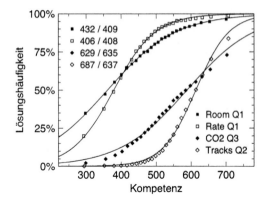

Abbildung 6. Lösungsprofile für zwei Paare von Mathematikaufgaben mit jeweils ungefähr gleicher Schwierigkeit, aber sehr unterschiedlicher Trennschärfe. In der Legende sind unten rechts Kurznamen der Aufgaben angegeben, oben links die Schwierigkeiten, und zwar zuerst laut Technischem Bericht und dann so, wie sie sich aus meiner Anpassung ergibt. Die durchgezogenen Kurven folgen dem zweiparametrigen Modell (31).

4.2 Trennschärfe

Die Trennschärfe gibt an, wie effizient eine Aufgabe zwischen schwächeren und stärkeren Schülern unterscheidet. Gleichung (26) kann man so lesen, dass allen Mathematikaufgaben die Trennschärfe 1/77,89=0,01283 zugeschrieben wird: auf der Ebene des einzelnen Probanden bewirkt ein Kompetenzanstieg um 4 Punkte eine Erhöhung der Lösungswahrscheinlichkeit um 1,28 Prozentpunkte. Aus den in Kapitel 13 des Technischen Berichts angegebenen Skalentransformationen kann man ersehen, dass die vier Teiltests von PISA 2003 unterschiedliche Trennschärfen haben; beispielsweise hat der Lesetest die Trennschärfe 0,01100. Innerhalb eines jeden Testgebiets wird in der offiziellen Datenauswertung eine einheitliche Trennschärfe angenommen. Dafür gibt es keinen theoretischen Grund; es ist allenfalls denkbar, dass eine strenge Vorauswahl der Aufgaben zu einigermaßen ähnlichen Trennschärfen geführt hat.

Abbildung 6 zeigt, dass das nicht der Fall ist: sowohl unter den relativ leichten als auch unter den relativ schweren Mathematikaufgaben finden sich trennstarke („Exchange Rate Q1", „Running Tracks Q2") und trennschwache („View Room Q1", „Carbon Dioxide Q3"). Die Trennschärfe ist also ein von der Schwierigkeit unabhängiger, quantitativ relevanter Aufgabenparameter. Das hat eine unmittelbare Auswirkung auf die Interpretierbarkeit numerischer Ergebnisse: Sobald man anerkennt, dass die Trennschärfe als ein zweiter Aufgabenparameter berücksichtigt werden muss, kann man den ersten Parameter, die Schwierigkeit, nicht mehr zur Feststellung einer eindeutigen Rangordnung der Aufgaben nutzen. Eine Änderung der Verankerung der nach außen kommunizierten Schwierigkeitsskala von 62 % auf einen anderen willkürlichen Wert würde sich nämlich bei trennstarken Aufgaben stärker als bei trennschwachen auf die Schwierigkeitsbewertung auswirken.

Abbildung 6 zeigt überdies, dass die 62 %-Festlegung in der offiziellen Auswertung nicht korrekt berücksichtigt wurde. Die Lösungsprofile der beiden Aufgabenpaare schneiden sich jeweils in der Nähe von 62 %. Es wäre deshalb zu erwarten, dass sich die Schwierigkeitswerte innerhalb der Paare „Room" und „Rate" sowie „CO2" und „Tracks" nur geringfügig unterscheiden. Tatsächlich aber liegen die offiziellen Schwierigkeitswerte (TR, S. 412f.) weit auseinander: um 26 bzw. 58 Punkte.[39]

Für eine adäquate Auswertung solcher Aufgaben ist es erforderlich, eine Trennschärfe D als zweiten Parameter in die Modellierung des Antwortverhaltens einzubeziehen. Diese Erweiterung des Rasch-Modells (26) zu einem zweiparametrigen logistischen Modell (2PL, gelegentlich als Birnbaum-Modell bezeichnet: Fischer in Fischer/Molenaar 1995, S. 19) lautet in externen Einheiten

$$A^P_{2PL}(\text{richtig}, \pi^P, \theta^P) = \frac{1}{1 + \exp\left[D^P(\xi^P - \theta^P) - \ln(62/38)\right]}. \quad (31)$$

Eine solche Verallgemeinerung ist mit dem oben (3.4 ff.) eingeführten Formalismus kompatibel; Gleichung (13) gilt unverändert. Somit könnte man die wahrscheinlichsten Werte der Aufgabenparameter $\underline{\pi}_i = (\xi_i, D_i)$ nach wie vor durch Maximierung der *Likelihood*

---

39 Die Ursache liegt auf der Hand: Intern wurde das Rasch-Modell in der bei 50 % verankerten Form verwendet. Bei der Transformation (25) ist die unterschiedliche Trennschärfe offensichtlich nicht berücksichtigt worden, womit gegen die Modellierung (26)f. verstoßen wurde.

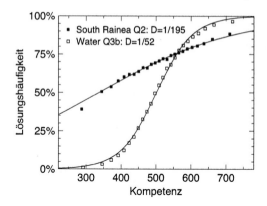

Abbildung 7. Lösungsprofile für zwei Naturwissenschaftsaufgaben mit extrem unterschiedlichen Trennschärfen. Die durchgezogenen Kurven folgen dem zweiparametrigen Modell (31); die schwächsten 4 % der Probanden wurden bei der Anpassung nicht berücksichtigt. Auch hier finde ich deutlich andere Aufgabenschwierigkeiten (Rainea 433, Water 527) als das Konsortium (466, 560).

$P(\underline{\kappa}|\underline{\pi},\delta)$ bestimmen. Um eine solche Auswertung abzusichern, wäre es allerdings ratsam, zunächst die Skalierung mit dem einparametrigen Antwortmodell zu reproduzieren – was wegen der lückenhaften Dokumentation (3.2, 3.13) leider nicht möglich ist.

Stattdessen soll hier und in den folgenden Abschnitten ein einfacheres und anschauliches Verfahren zur Parameterschätzung angewandt werden, bei dem die Kompetenzwerte der Probanden als näherungsweise korrekt vorausgesetzt werden: Die jeweils betrachtete Antwortfunktion, hier (31), wird nach der Methode der kleinsten Quadrate an die empirischen Lösungsprofile angepaßt. So sind schon die durchgezogenen Linien in Abb. 6 zustande gekommen. Sie beschreiben die empirischen Daten ziemlich gut; die Schätzwerte für die Aufgabenschwierigkeiten (408, 409 für die beiden leichten, 635, 637 für die beiden schweren Beispielaufgaben) passen, im Gegensatz zu den Ergebnissen des Konsortiums, perfekt zu der 62 %-Vorgabe.

Die Schätzwerte für die Trennschärfe liegen zwischen 1/97 („View Room", „Carbon Dioxide") und 1/48 („Running Tracks"). Noch weiter ist die Spanne im Naturwissenschaftstest (Abb. 7).

Auch empirisch gibt es also nicht die geringste Rechtfertigung, alle Aufgaben eines Gebiets mit derselben Trennschärfe zu modellieren.

4.3 Teilschritte oder alternative Lösungswege?

Etliche Aufgaben können auch mit zwei Parametern nicht angemessen modelliert werden. Abbildung 8 zeigt einige Beispiele, denen gemeinsam ist, dass das Lösungsprofil zunächst recht steil ansteigt, dann aber flacher verläuft als nach dem Zwei-Parameter-Modell (31) zu erwarten. Um die Unvereinbarkeit mit diesem Modell hervorzuheben, zeigt die Abbildung zu jeder Aufgabe zwei Anpassungen, die getrennt voneinander im unteren und im oberen Leistungsbereich vorgenommen wurden. Die Schwierigkeitswerte liegen um bis zu 220 Punkte auseinander, die Trennschärfen unterscheiden sich um Faktoren 1,5 bis 2,4. Die Schwierigkeitswerte der offiziellen Auswertung erweisen sich erneut als hochgradig unzuverlässig; sie sind nicht mit der 62 %-Verankerung kompatibel und liegen nicht einmal innerhalb der von den beiden Anpassungen eröffneten Spanne.

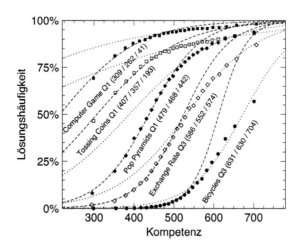

Abbildung 8. Zu fünf Lösungsprofilen wurde das zweiparametrigen Modells (31) je zweimal, getrennt für die leistungsschwächere (gestrichelt) und die stärkere (gepunktet) Hälfte der Schüler angepasst. In Klammern nach dem Aufgabennamen jeweils die ζ-Werte der offiziellen Auswertung, der gestrichelten und der gepunkteten Kurve.

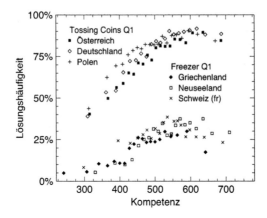

Abbildung 9. Nicht-monotone Lösungsprofile zweier Aufgaben in je drei Ländern/ Regionen; ein Symbol entspricht hier jeweils 5 % der Schüler.

Natürlich gibt es keinen theoretischen Grund, die Schülerschaft scharf in zwei Hälften zu teilen. Numerisch stimmige und inhaltlich deutbare Anpassungen könnte man mit einem Vier-Parameter-Modell herstellen; ein solches Modell könnte eine „Reihenschaltung" von zwei Lösungsschritten unterschiedlicher Schwierigkeit beschreiben. Genausogut könnte man an die Daten aber auch ein Fünf-Parameter-Modell anpassen, das eine „Parallelschaltung" zweier verschiedener Lösungswege beschreibt (der fünfte Parameter ist die Häufigkeit, mit der einer der beiden Lösungswege gewählt wird). Noch realistischer wäre ein ganzes Netz von teils in Reihe, teils parallel geschalteten Teilschritten. Aber die in den Lösungsprofilen enthaltene Information ist zu unspezifisch, um eine nähere Klärung zugunsten eines bestimmten Modells herbeizuführen. Das hat unmittelbare Konsequenzen für die Deutung von Testergebnissen mittels Kompetenzstufen, denn verschiedene Modelle können zu weit auseinander liegenden Einschätzungen der Aufgabenschwierigkeit führen (vgl. Meyerhöfer 2004b, Bender 2005).

A priori ist nicht einmal sicher, dass die Lösungshäufigkeit eine monoton steigende Funktion der Schülerkompetenz sein muss. Die zweifelhafte inhaltliche Qualität einiger Aufgaben legt vielmehr die Vermutung nahe, dass ein Schüler, der sich fachlich auskennt und nicht mit der nächstliegenden, oberflächlichen Lösung begnügt, bei manchen Aufgaben benachteiligt sein könnte (Kießwetter 2002, Meyerhöfer 2005). Aufgaben, bei denen dies manifest in einzelnen Ländern der Fall ist, werden zwar als „psychometrisch nicht funktionierend" aus der Auswertung herausgenommen und nicht näher dokumentiert. In PISA 2003 haben die Kontrollen jedoch bei mindestens zwei Aufgaben versagt: Abbildung 9 zeigt Aufgaben, bei denen in mindestens drei Regionen die ansonsten leistungsstärksten fünf, zehn oder fünfzehn Prozent der Schüler schlechter als die nächstschwächeren Perzentile abschneiden. „Freezer Q1" wird auch in den übrigen Ländern von nur einem Drittel der Schüler im Sinne der Veranstalter gelöst – und das im leistungsstärksten Drittel nahezu unabhängig von der Kompetenz. Dass diese offensichtlich untaugliche Aufgabe in die Auswertung einbezogen wurde, zeigt die Unzuverlässigkeit der verwendeten Prozeduren.

4.4 Irgendetwas antworten

Die niederländischen Schüler ragen dadurch heraus, dass sie im Mittel weniger als 3,4 % aller Aufgaben unbeantwortet lassen. Mit beträchtlichem Abstand folgen zwischen 6,3 % und 8,0 % die fünf englischsprachigen Staaten, Finnland und Südkorea. In Deutschland, Österreich und der Schweiz liegt der Anteil fehlender Antworten zwischen 10,9 % und 11,3 %, in Dänemark über 14 %, in Italien über 19 %.

Noch konturierter wird das Bild, wenn man nur diejenigen Aufgaben betrachtet, die von besonders vielen Schülern übersprungen werden. Diese Aufgaben sind nicht im Multiple-Choice-Format, sind fast alle ursprünglich in Englisch oder Niederländisch und überwiegend von den Konsortialunternehmen CITO (Niederlande) und ACER (Australien) eingereicht worden, und sie sind fast alle unveröffentlicht.

Die acht auffälligsten Mathematikaufgaben wurden im Mittel von 10,8 % der niederländischen Schüler unbeantwortet gelassen. Es folgen mit 20,9 % die USA und bis 29,5 % die anderen englischsprachigen Staaten nebst Finnland, Südkorea und Island. Die weitere Spanne reicht über 44,6 % in Dänemark bis 55,6 % in Italien. Man vergleiche damit das Gesamtergebnis in Mathematik: 514 Punkte für

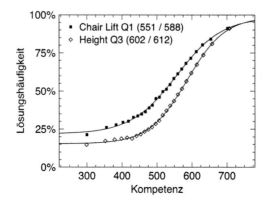

Abbildung 10. Lösungsprofile zweier Multiple-Choice-Aufgaben und Anpassung mit dem Vier-Parameter-Modell (32), das als alternativen Lösungsweg leistungsunabhängiges, qualifiziertes Raten annimmt. In Klammern die Schwierigkeitswerte aus der offiziellen und aus der hier gezeigten Auswertung.

Dänemark, 483 für die USA. Amerikanische Schüler haben demnach trotz schlechter fachlicher Voraussetzungen ausgesprochen geringe Hemmungen, auf schwierige oder abstruse Testaufgaben irgendeine Antwort zu geben – und niederländische Schüler sind den speziellen Stil des CITO wohl schon gewohnt, zumal die eine oder andere PISA-Aufgabe aus niederländischen Schulbüchern stammt (Jablonka 2006).

Dass manche Aufgaben sehr einfache, abgekürzte Lösungswege zulassen, zeigt sich auch in den Lösungsprofilen. Die beiden Multiple-Choice-Aufgaben in Abbildung 10 haben Plateaus im unteren Leistungsbereich: dort hängt die Lösungshäufigkeit nur schwach oder gar nicht von der Kompetenz ab. Die schwächste 4 %-Gruppe ist davon allerdings auszunehmen: ihre Lösungshäufigkeit liegt deutlich unter dem Plateau. Vielleicht liegt es an Zeitknappheit, vielleicht an Frustration, dass diese Schüler auf die Möglichkeit verzichtet haben, ihr Ergebnis durch Raten aufzubessern (vgl. Paris *et al.* 1991). Wenn man solche Dimensionen des Testgeschehens mit dem Hinweis ausblendet, die Fähigkeit, einen zweistündigen Test durchzustehen sei Teil dessen, was gemessen werden solle (Schulz 2006, Punkt 6), dann deutet die Modellverletzung durch die schwächsten 4 % darauf hin, dass weit unterdurchschnittliche Fähigkeitswerte häufiger vorkommen, als es per Normalverteilung vorausgesetzt wird (zu den Konsequenzen, die das für die Validität der Skalierung hat, siehe 3.5).

Auch wenn diese 4 %-Gruppe von der Auswertung ausgenommen wird, sind ein- oder zweiparametrigen Modelle hier natürlich inadäquat. Eine ungefähre Anpassung ist mit drei Parametern möglich, in Multiple-Choice-gewohnten Staaten auch durchaus üblich (Köller 2006a), inhaltlich jedoch nur begrenzt interpretierbar, denn wenn man Raten berücksichtigt, sollte man auch die Möglichkeit des Falschratens einbeziehen. Um der vollen Komplexität des Testgeschehens wenistens nahezukommen, ohne für jede Antwortalternative eigene Rasch-Parameter einzuführen (Andersen 1977), erscheint ein Vier-Parameter-Modell angemessen:

$$A^P_{4\text{Par}}(\text{richtig}, \pi^P, \theta^P)$$
$$= cr + \frac{1-c}{1+\exp(D^P(\xi^P - \zeta^P) - \ln(62/38))}. \quad (32)$$

Ein Bruchteil c aller Probanden bearbeitet die Aufgabe durch Raten; die übrigen Schüler wählen komplexere Lösungswege, die wie gehabt durch (31) approximiert werden. Es wird angenommen, dass *qualifiziert* (Meyerhöfer 2004a) geraten wird, so dass die Erfolgswahrscheinlichkeit r deutlich über 1/4 liegen kann. Um die Zahl der Parameter nicht ausufern zu lassen, wird vereinfachend angenommen, dass r nicht von der Kompetenz abhängt. Abbildung 10 enthält eine Anpassung; die Schwierigkeitsparameter weichen auch hier deutlich von denen der offiziellen Auswertung ab.

4.5 Modellabhängigkeit der Aufgabenschwierigkeit

Die vorstehenden Beispiele zeigen deutlich, dass die Schwierigkeitsbewertung mancher Aufgaben um 30 oder mehr Punkte anders ausfallen kann, wenn anstelle des einparametrigen Rasch-Modells ein empirisch angemesseneres zwei- bis vierparametriges Modell verwendet wird. Abbildung 11 zeigt die Streuung der Schwierigkeits-Schätzwerte für die Gesamtheit der dichotomen Mathematikaufgaben. Graph (a) validiert die hier gewählte Methode der Parameterschätzung, indem Aufgabenschwierigkeiten aus Anpassungen des

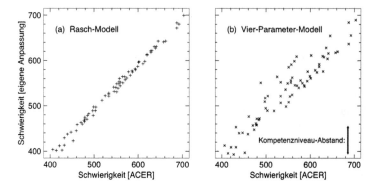

Abbildung 11. Schwierigkeitsparameter ζ_i für 73 von 76 dichotomen Mathematikaufgaben (die Werte für die übrigen drei Aufgaben liegen außerhalb des dargestellten Bereichs). Abszisse: Schwierigkeitswerte laut Technischem Bericht (TR, S. 412f.). Ordinaten: Schwierigkeitswerte aus eigener Anpassung (a) des Rasch-Modells (26) und (b) des Vier-Parameter-Modells (32) an Lösungsprofile wie die in Abb. 6ff. gezeigten.

eindimensionalen Rasch-Modells mit denen aus dem Technischen Bericht verglichen werden ($r = 0{,}997$ trotz mittlerer Differenz $-10{,}2$; Standardabweichung der Differenz 7,2; diese Abweichungen sind von ähnlicher Größenordnung wie die oben konstatierte intrinsische Inkonsistenz der vom Konsortium mitgeteilten Daten).

Im Vergleich zeigt dann Graph (b), wie sehr sich die Schwierigkeitsbewertungen bei Umstellung auf das Vier-Parameter-Modell ändern ($r = 0{,}948$, mittlere Differenz $-16{,}9$, Standardabweichung der Differenz 29,1). Diese Verzerrungen, in denen verkettete oder alternative Lösungsschritte (4.3) noch gar nicht berücksichtigt sind, sind mit der Breite der „Kompetenzstufen" von 62 Punkten (LTW, S. 48) zu vergleichen: Eine beträchtliche Anzahl von Aufgaben würde bei Umstellung des Auswerteverfahrens einer anderen Kompetenzstufe zugeordnet.

Diese Schlussfolgerung hat Köller (2006a, Punkt 5) unter Berufung auf eine andere Studie und ungenannte Autoritäten bestritten. Ich analysiere seine Argumentation in Anhang D.

4.6 Multiple Choice: Mehrfachantworten

42 der 165 Aufgaben von PISA 2003 sind Auswahlfragen mit jeweils vier oder fünf Antwortalternativen, von denen genau eine als richtig gilt. In einigen Staaten, namentlich den USA, ist das das von der Grundschule bis ins Berufsleben vorherrschende Prüfungsformat.

Abbildung 12 zeigt zwei amerikanische Mathematikaufgaben für das 3. Schuljahr. Noch interessanter sind jedoch amerikanische Englischaufgaben. Beispielsweise wird zu einem Lesetext (NYSED 2005), der vom Winterschlaf eines Bären handelt, nicht nur *inhaltlich* gefragt

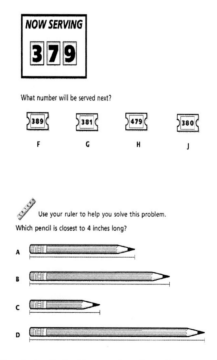

Abbildung 12. Zwei typische Aufgaben aus dem *State Assessment* für das 3. Schuljahr in Mathematik im Staat New York (NYSED 2006, mit freundlicher Genehmigung; Beispiel 2 nicht im Originalmaßstab). Sämtliche Aufgaben dieser Prüfung sind im Multiple-Choice-Format; immer ist genau eine von vier Antwortalternativen richtig.

According to the article, what do bears like to eat:
(A) grass
(B) honey
(C) leaves and twigs
(D) berries and nuts,

sondern es wird auch die Metaebene erklommen:

The author **most likely** wrote this article to
(A) give readers information about a bear cub
(B) tell readers a funny story about a bear cub
(C) explain how bears survive cold winters
(D) describe what food bears like to eat.

Genau so sind die Leseaufgaben in PISA aufgebaut. In der Aufgabe „Graffiti" wird mit einer expliziten Erklärung versucht, denjenigen Schülern nachzuhelfen, die diese Art Prüfungsfragen nicht von klein an gewohnt sind:

> We can talk about **what** a letter says (its content). We can talk about **the way** a letter is written (its style). Regardless of which letter you agree with, in your opinion, which do you think is the better letter? Explain your answer by referring to **the way** one or both letters are written [Kirsch et al. 2002, S. 52].[40]

Schwächen in der Konstruktion solcher standardisierter Testaufgaben erlauben immer wieder einmal abgekürzte Lösungswege. Die Fähigkeit, versteckte Hinweise (*secondary cues*) in einem Multiple-Choice-Test zu nutzen, wird seit über vierzig Jahren als „testwiseness" diskutiert.[41] Für den deutschen Sprachraum hat Meyerhöfer (2005) das Wort „Testfähigkeit" geprägt.

---

40 Die französische Version ist weniger klar: „En faisant abstraction de votre opinion, qui a écrit la meilleure lettre, d'après vous? Justifiez votre réponse en vous référant **à la façon** dont la lettre choisie est écrite (ou à la façon dont sont écrites les deux lettres)." Die Probanden sollen also eine Meinung äußern („d'après vous"), nachdem sie von ihrer eigenen Meinung abstrahiert haben („On y pourrait perdre son latin", Romainville 2002). Die Wiedergabe von „one or both" ist überaus umständlich. Die deutsche Übersetzung ignoriert hier wie anderswo das gleichberechtigte französische Original und folgt eng der englischen Vorlage, benötigt aber über 30 % mehr Buchstaben als diese.

41 Mahamed et al. (2006) schreiben den Begriff Gibb (1964, nicht geprüft) zu; eine andere Quelle (Millman et al. 1965) nennt noch frühere Vorgänger und fasst den Begriff bereits weiter, schließt zum Beispiel auch die Zeiteinteilung ein. Einen par-

Testwiseness has been a source of considerable concern to teachers – and amusement to students. The notion that it may be possible for a student to outwit a standardized test and perform well despite a significant lack of content-specific knowledge runs counter to principles of effective assessment.
Students who are testwise are able to look for errors in the construction of test items, particularly in multiple-choice questions. Students who are able to outwit a test receive scores that are not valid, and not predictive of their current knowledge and skills or future abilities. It is important to differentiate between testwiseness and educated guessing. Testwiseness is based on little or no content knowledge and is merely an attempt to select the correct answer based on errors in test construction. In contrast, making educated guesses, requires the student to have some measure of content knowledge, enough at least to rule out some plausible distractors, reducing the number of possible answers from which a guess may be made [Mahamed et al. 2006].

Die Frage liegt nahe, ob sich die unterschiedliche Vertrautheit mit dem Multiple-Choice-Format im internationalen Vergleich statistisch nachweisen lässt. Diese Frage ist schon für TIMSS gestellt worden und zumindest im Vergleich skandinavischer Staaten mit den USA negativ beantwortet worden (Lie et al. 1997, zitiert nach Olsen et al. 2001). Die PISA-Daten legen sogar nahe, dass Multiple-Choice-Aufgaben in Dänemark und Island besonders gut laufen; ein direkter Vergleich mit den USA wird außerdem durch die stark unterschiedliche Gesamtleistung erschwert. Wenn man hingegen das Gefälle in der Lösungshäufigkeit zwischen Multiple-Choice-Aufgaben und offenen Aufgaben zwischen den USA (58 % bzw. 41 %) und Irland (59 %, 47 %), Norwegen (58 %, 44 %), Ungarn oder der Slowakei (beide 59 %, 44 %) vergleicht, findet man die Erwartung, die amerikanischen Probanden könnten bei Auswahlaufgaben einen messbaren Vorteil haben, ansatzweise bestätigt. Der Unterschied von 2 bis 5 Prozentpunkten in der Lösungshäufigkeit entspricht 8 bis 20 PISA-Punkten, was eine erhebliche Verzerrung des internationalen Leistungsvergleichs möglich erscheinen lässt.

Einen eindeutigen Beleg für die unterschiedliche Vertrautheit mit dem Multiple-Choice-Format habe ich schließlich an anderer

---

odistischen Test, der ausschließlich Testfähigkeit testet, hat die New Yorker Schulbehörde auf ihren Webseiten versteckt (NYSED o. J.).

Stelle gefunden: nicht im prozentualen Anteil *richtiger* Lösungen, sondern in den unterschiedlichen Codes für *falsche* Antworten. In Staaten, in denen regelmäßig Multiple-Choice-Aufgaben eingesetzt werden, wissen die Studenten, dass stets nur *eine* Antwort korrekt ist . Häufige Mehrfachantworten (die in PISA mit einem eigenen Code gekennzeichnet und letztlich als falsch gewertet werden), sind ein starkes Indiz für mangelnde Vertrautheit mit dem Aufgabenformat.

Bei der unveröffentlichten Leseaufgabe „Optician Q1" haben 10,5 % aller antwortenden österreichischen Schüler mehr als eine Alternative angekreuzt (Frankreich 8,6 %, Deutschland 8,1 %), während dieser Anteil in Australien, Island, Japan, Kanada, Südkorea, Mexiko, Neuseeland, den Niederlanden und den USA zwischen 0,0 % und 0,2 % liegt. Bei „Daylight Q1"[42] wurden die meisten Mehrfachantworten in Luxemburg (9,3 %), Österreich (8,5 %) und Deutschland (7,5 %) gegeben. Insgesamt haben in Deutschland, Luxemburg, Österreich bei 11, 12 bzw. 13 Aufgaben mehr als 4 % der Schüler eine Mehrfachantwort gegeben. Singulär ist die unveröffentlichte Problemlöse-Aufgabe „Cinema Outing Q2", bei der selbst in den Niederlanden, Neuseeland, Australien über 10 % und in Katalonien volle 30 % mehr als eine Alternative für zutreffend gehalten haben. Dass auch diese offenkundig missratene Aufgabe in die offizielle Auswertung einbezogen wurde, zeigt erneut, wie unempfindlich die Kontrollprozeduren des Konsortiums sind. Dass das Aufgabenformat als bekannt vorausgesetzt wird,[43] zeigt den begrenzten kulturellen Horizont der Testentwickler.

---

42 Dies ist eine der wenigen veröffentlichten Naturwissenschaftsaufgaben. Die vier Antwortalternativen sind *alle* falsch (Bender 2006).

43 Das Testleiter-Handbuch (OECD 2003b) schreibt Wort für Wort vor, wie zu Beginn der Testsitzung einige Beispielaufgaben vorgestellt werden. Darunter ist auch eine Multiple-Choice-Aufgabe, bei der sich aber die Frage, ob mehr als eine Antwort richtig sein kann, nicht stellt: „Wo fanden 1972 die Olympischen Spiele statt?" Es folgt die Instruktion „If you are not sure about the answer to a question, circle the answer that you think is best and continue with the next question on the test." Das kann man nicht ernsthaft als einen Hinweis werten, dass bei Multiple-Choice-Aufgaben *immer* nur eine Antwort richtig sein kann. Überdies zeugt es von wenig pädagogischer Erfahrung, eine so wichtige Regel mit einer einmaligen Ansage vermitteln zu wollen.

Der hohe Anteil von Mehrfachantworten beweist, dass PISA-Ergebnisse in erheblichem Maße durch die unterschiedliche Vertrautheit mit dem Aufgabenformat verzerrt sind. Dass sich dieser Unterschied nur relativ schwach in der Abhängigkeit der Lösungshäufigkeiten vom Aufgabenformat äußert, mag daran liegen, dass *Testfähigkeit* auch bei den anderen Aufgabenformaten hilfreich ist. Der Stil der Leseaufgaben mit dem charakteristischen Wechsel zwischen inhaltlicher, sprachlicher und semiotischer Perspektive ist zum Beispiel sehr spezifisch für eine bestimmte Testkultur, ohne an ein bestimmtes Antwortformat gebunden zu sein. Und die Unkenntnis der Multiple-Choice-Grundregel verzerrt den Test weit über die betroffenen Aufgaben hinaus, denn sie bewirkt einen erheblichen Zeitverlust: es ist viel aufwändiger, vier oder fünf Antworten jeweils auf zutreffend oder nicht zutreffend zu prüfen, als eine einzige Alternative auszuwählen.

4.7 Weltwissen statt Leseverständnis?

„Optician Q1" ist eine Auswahlaufgabe aus dem Testgebiet Leseverständnis. Tabelle 3 zeigt, mit welcher relativen Häufigkeit die Schüler zweier Staaten die vier Antwortalternativen gewählt haben. In beiden Staaten hat knapp die Hälfte der Schüler die als korrekt gewertete Antwort gegeben. Die übrigen Schüler haben im wesentlichen zwei andere Alternativen angekreuzt, und zwar mit nahezu spiegelbildlichen Häufigkeiten: in der Slowakei im Verhältnis 18:33, in Schweden im Verhältnis 37:14. Das heißt, bei formal beinahe identischer Testleistung unterscheiden sich die Präferenzen für die am häufigsten gewählten Distraktoren um rund 20 Prozentpunkte.

Ähnliche Verwerfungen finden sich bei einer ganzen Reihe anderer Aufgaben. Solange diese Aufgaben unveröffentlicht bleiben, ist eine Ursachenforschung kaum möglich. Ich zitiere deshalb aus dem Gedächtnis eine Analyse der veröffentlichten Aufgabe „Flu" aus PISA 2000, die ich nicht weiterverfolgt und nicht näher dokumentiert habe. Als Textgrundlage sollte ein Firmenrundschreiben gelesen werden, das für eine Grippeschutzimpfung wirbt. In einer Multiple-Choice-Aufgabe sollten die Schüler dann angeben, wie das Rundschreiben die Schutzimpfung in Beziehung zu körperlicher Ertüchtigung und gesunder Ernährung setzt. Die korrekte Antwort

Tabelle 3. Relative Häufigkeit der vier Antwortalternativen der Multiple-Choice-Aufgabe „Optician Q1". Die als korrekt gewertete Alternative „2" wurde in den beiden aufgelisteten Staaten fast gleich häufig gewählt. Die Präferenzen für die Alternativen „3" und „4" unterscheiden sich hingegen um fast 20 Prozentpunkte.

	1	2	3	4
Slowakei	3,1 %	46,1 %	17,5 %	33,3 %
Schweden	3,1 %	46,2 %	37,0 %	13,7 %

entsprach einer Mittelposition; die Distraktoren gaben die Möglichkeit, der Schutzimpfung zuviel oder zuwenig zuzutrauen. Aus der Häufigkeitsverteilung der falschen Antworten ließ sich klar ablesen, dass französische Schüler die Impfung, deutsche Schüler gesunde Lebensführung für das wirksamere Mittel halten.

Oberflächliche Kenntnis der respektiven nationalen Mentalitäten hätte genügt, um dieses Ergebnis vorherzusagen. Aufgrund dieses Beispiels ist zu vermuten, dass ein erheblicher Teil der Schüler manche Aufgaben allein auf Grundlage allgemeinen Weltwissens beantwortet, ohne sich im geringsten auf den vorgelegten Text zu beziehen – was in Anbetracht des enormen Zeitdrucks, unter dem die Testung stattfindet, sogar eine vernünftige Strategie sein dürfte (vgl. Ruddock *et al.* 2006). Dann aber ist zu vermuten, dass auch die Häufigkeit *richtiger* Antworten nicht allein das Leseverständnis, sondern ebenso sehr Teststrategie und Weltwissen wiederspiegelt („the specifity of familiarity and content that makes comparability so problematic", Goldstein 2004).

4.8 Sprachgruppen

Nach dem bis hierhin Gesagten ist klar, dass Voraussetzungen, die nichts mit fachlicher Kompetenz zu tun haben, einzelne Aufgaben erschweren oder erleichtern, und dass diese Voraussetzungen von Staat zu Staat variieren. Möglicherweise spielen Sprachunterschiede dabei eine noch größere Rolle als politische Grenzen. Um das näher zu untersuchen, ist es nützlich, Testergebnisse aus mehrsprachigen Staaten nach Sprachen aufzuschlüsseln.

Leider ist die Sprache, in der der Test durchgeführt wurde, nur für Belgien und die Schweiz im internationalen Datensatz enthalten. Andere mehrsprachiger Staaten wie Kanada, Spanien, Finnland oder Luxemburg halten diese wichtige Variable aus unbekannten Gründen unter Verschluss, selbst dann, wenn sie in nationalen Auswertungen durchaus berücksichtigt wird (z. B. Brunell 2004). Anhand von Testaufgaben, die in einzelnen Sprachen wegen Übersetzungs- oder Druckfehlern als nicht auswertbar kodiert wurden, lässt sich in einigen Fällen jedoch die Testsprache erschließen, so 2003 für die meisten Südtiroler Schulen. Die Luxemburger Schüler, die sich mit fünfzehn Jahren im Übergang von der deutschen Mittelstufe zur französischen Oberstufe befinden, haben sich ganz überwiegend auf Deutsch testen lassen.

In Finnland werden rund 5 % der Schüler in schwedischsprachigen Schulen unterrichtet. Im Datensatz von PISA 2000 lassen sich diese Schulen aufgrund einer in der schwedischen Fassung unbrauchbaren Aufgabe eindeutig identifizieren. Im schwerpunktmäßig getesteten Gebiet Lesen erzielen die finnischsprachigen Finnen 548 Punkte, während die schwedischsprachigen Finnen mit 513 geringfügig schlechter abschneiden als die Schweden mit 516 – und das, obwohl die schwedischsprachige Minderheit in Finnland laut Berufsprestige-Index einen überdurchschnittlichen sozio-ökonomischen Status genießt.[44]

Das legt die Vermutung nahe, dass das überragende Testergebnis Finnlands zu einem gewissen Teil auf einer sprachlich besonders zugänglichen Aufgabenübersetzung beruht. Weniger deutlich ist die Lage in Belgien, wo der Testleistungsunterschied zwischen den beiden großen Sprachgemeinschaften sogar stärker ist als der Unterschied zwischen den je gleichsprachigen Nachbarstaaten Niederlande und Frankreich. Hier zeigt sich, ähnlich wie oben bei der Suche nach Auswirkungen des Aufgabenformats, dass nationale oder regionale Leistungsmittelwerte von zu vielen verschiedenen Voraussetzungen abhängen, um einzelne Einflüsse zweifelsfrei nachweisen zu können – genau aus diesem Grund verlieren sich ja auch PISA-fromme Interpretationen in spekulativer Beliebigkeit.

---

44 Brunell (2004) kommt für PISA 2003 allerdings zum entgegengesetzten Schluss: der Abstand zwischen den beiden Sprachgruppen *verringere* sich, wenn man den sozio-kulturellen Status herausrechne. Auch ist zu berücksichtigen, dass es in den schwedischsprachigen Gebieten eine erhebliche Minderheit finnisch- oder zweisprachiger Schüler gibt.

Eindeutige Hinweise auf die Auswirkung von Staatszugehörigkeit und Testsprache erhält man erst, wenn man, anstatt über alle Aufgaben eines Gebiets zu mitteln, die Lösungsstrategien einzelner Aufgaben untersucht. Für die folgende Analyse werden die Testergebnisse der einzelnen Strata (Staaten oder Sprachgruppen) durch 660-komponentige Vektoren dargestellt. Jeder solcher Vektor enthält die Lösungshäufigkeiten für alle 165 Aufgaben und jeweils für alle vier Testhefte, in denen die Aufgabe vorkommt. Ähnlichkeiten im Schülerverhalten werden dann als Korrelationskoeffizienten r dieser Vektoren bestimmt.

Innerhalb der OECD findet man Korrelationen zwischen 0,979 (Australien – Neuseeland) und 0,743 (Japan – Mexiko).[45] Hohe Korrelationen werden vor allem durch eine gemeinsame Testsprache begünstigt; die staatliche Zusammengehörigkeit ist demgegenüber einflusslos. Zum Beispiel zeigt die deutschsprachige Schweiz die stärksten Korrelationen mit Deutschland (0,959), Luxemburg (0,956) und Österreich (0,954). Erst hinter dem niederländischsprachigen Belgien (0,937), Dänemark (0,930), Südtirol (0,926) und neun weiteren Staaten oder Regionen folgt die französischsprachige Schweiz mit einem Korrelationskoeffizienten von nur 0,910.

Abbildung 13 visualisiert die Korrelationen durch Klammern, die jedes Stratum mit demjenigen verbinden, mit dem es am stärksten korreliert ist. Das zugehörige r lässt sich an der horizontalen Skala ablesen. Diese Auftragung führt zu Clustern von zwei bis sechs Regionen. Für die meisten Cluster sind die übereinstimmenden oder eng miteinander verwandten Testsprachen konstitutiv.[46]

Im wesentlichen übereinstimmende Cluster hat Rocher (2003) aus den Leseergebnissen von PISA 2000 abgeleitet. In PISA 2003 spielt das Testgebiet Lesen jedoch nur eine untergeordnete Rolle.

---

45 Zum Vergleich: innerhalb der einzelnen Staaten liegt der Korrelationskoeffizient zwischen Jungen und Mädchen zwischen 0,963 (Kanada) und 0,920 (Türkei).
46 Der Klarheit halber sind die zweisprachigen Regionen Luxemburg, Baskenland und Katalonien ausgespart. Die zwei Fälle, in denen gleichsprachige Regionen keine bevorzugte Korrelation aufweisen (Italien/Schweiz, Mexiko/Spanien), erklären sich vermutlich mit dem großen Leistungsunterschied, der feinere Muster in den Lösungshäufigkeiten überdeckt; überdies wurden die Übersetzungen unabhängig voneinander erstellt (die italienischen sogar aus zwei verschiedenen Originalen, siehe Fußnote 49), und die Stichprobe der italienischen Schweiz ist sehr klein.

Die Insignifikanz signifikanter Unterschiede 177

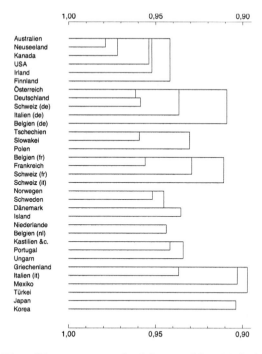

Abbildung 13. Dieses Diagramm veranschaulicht, in welchem Maße die Schüler verschiedener Staaten oder Sprachregionen dieselben Aufgaben mehr oder weniger erfolgreich lösen. Jede Region ist mit derjenigen verbunden, mit der ihr Lösungshäufigkeitsvektor die höchste Korrelation aufweist. Lesebeispiel: Den polnischen Ergebnissen stehen die tschechischen am nächsten (Korrelationskoeffizient $r = 0{,}931$), den tschechischen aber die slowakischen ($r = 0{,}959$).

Wenn man die Leseaufgaben aus der Auswertung herausnimmt, ändert sich Abb. 13 nur minimal; kein einziger Staat wechselt seine Clusterzugehörigkeit. Selbst wenn man sich nur auf die 34 Naturwissenschaftsaufgaben stützt, findet man noch ziemlich ähnliche Cluster, die sich auch bei Modifikationen der numerischen Prozeduren als robust erweisen (Olsen 2005a, 2005b).

Zum Teil mag das am „literacy"-Konzept liegen, welches mit sich bringt, dass nahezu jede PISA-Aufgabe erhebliche Leseanteile hat und die Grenzen zwischen den vier Testgebieten unscharf sind. Aber in den Grundzügen übereinstimmende Ähnlichkeitsbeziehungen zwischen Nationen hat Zabulionis (2001) schon aus TIMSS-

Daten abgeleitet. Ohne weitergehende Untersuchungen ist es nicht möglich, aufzuschlüsseln, inwieweit diese Ähnlichkeiten auf gemeinsamen kulturellen, insbesondere curricularen Traditionen beruhen, und inwieweit auf sprachlichen Gemeinsamkeiten.[47]

Die systematisch mit Sprache und Kulturkreis korrelierte Variation der Aufgabenschwierigkeiten, die in den Clustern zum Ausdruck kommt, widerlegt die fundamentalen Modellannahme der offiziellen PISA-Auswertung, man könne Aufgabenschwierigkeiten durch einen einzigen, international einheitlichen Parameter beschreiben.

> With such a recognition, however, it becomes difficult to promote the simple country rankings which appear to be what is demanded by policymakers [Goldstein 2004].

Die Ranglisten, an denen die ganze Außenwirkung von PISA hängt, gründen sich auf nicht mehr als die vage Hoffnung, dass sich die je nach Staat und Sprache unterschiedlichen Schwierigkeiten in der Summe über alle Aufgaben irgendwie wegmitteln. Je weiter zwei Staaten sprachlich und kulturell voneinander entfernt sind, umso substanzloser ist diese Hoffnung, und umso stärker hängen sämtliche Vergleiche (der Testleistungen, der Standardabweichungen, der sozialen Gradienten und anderer Tertiärdaten) von der konkret getroffenen Aufgabenauswahl ab.

Die Aufgabenauswahl aber ist ein Ergebnis politischer Aushandlungsprozesse,[48] in denen der Bildungsbegriff der OECD operationalisiert wird. Bei der Prüfung der intrinsischen Validität von

---

47 Bei einzelnen Aufgaben lässt sich der Einfluss kultureller Voraussetzungen quantitativ nachweisen: französische Schüler schneiden bei einem literarischen Text von Anouilh überdurchschnittlich gut ab (Rocher 2003), griechische Schüler bei Aesop.

48 An einigen wenigen Literaturstellen scheinen diese Prozesse durch: Aushandlung zwischen Didaktikern und Psychometrikern (TR, S. 28); Aushandlung zwischen Ländervertretern (Prenzel 2004c). Wer etwas Gremienerfahrung hat, kann sich das ausmalen (vgl. Reagan-Cirincione/Rohrbaugh 1992, S. 182 f.). Ein hochrangiger französischer Regierungsvertreter berichtet, dass die Entscheidungsprozesse ziemlich opak und nicht unbedingt demokratisch seien, und dass es extrem schwierig sei, sich in der OECD Gehör zu verschaffen (Cytermann in DESCO 2003, S. 22). Prenzel et al. (2007) versichern nichtsdestoweniger, dass die PISA-Aufgaben „gemäß *der* rationalen Testkonstruktion" entwickelt werden (Hervorhebung des bestimmten Artikels von mir).

PISA muss man diesen Bildungsbegriff und damit die grundsätzliche Ausrichtung der Testaufgaben als gegeben annehmen. Nichtsdestoweniger kann man fragen, ob nicht die kulturelle Herkunft und sprachliche Gestalt der konkret eingesetzten Aufgaben die *fairness* des Staatenvergleichs beeinträchtigen. Dieser Frage kann man sich nur nähern, indem man einzelne Quellen möglicher kultureller Verzerrung untersucht.

Eine solche Quelle ist die Herkunft der Testaufgaben (Bonnet 2002). Wie Ergebnisse aus PISA 2000 zeigen, sind Aufgaben in der Ursprungssprache typischerweise um 15 Punkte leichter als im internationalen Durchschnitt (Artelt/Baumert 2004, S. 177). Wenn von den 129 Leseaufgaben die 18 auf Französisch eingereichten weggelassen würden, würde sich Frankreich alleine dadurch um 2,6 Punkte verschlechtern. Das ist fast soviel wie der Standardfehler des nationalen Mittelwerts (2,7). Teilt man den umfangreichen Lesetest aus PISA 2000 versuchsweise in einen Subtest mit original englischsprachigen Aufgaben und einen dazu komplementären Test auf, findet man für die englischsprachigen Staaten einen Vorteil zwischen 5 (USA) und 12 (Großbritannien) Punkten für den Test mit Aufgaben aus dem eigenen Sprachraum. Dass Artelt und Baumert fast alle unangenehmen Befunde für statistisch nicht signifikant erklären, ist irrelevant und ein offenkundiger Missbrauch der Methodik des Nullhypothesentests (vgl. Gill 1999, S. 661). Ihre Zusammenfassung, einem potentiellen *cultural bias* sei in PISA „durch eine möglichst multi-kulturelle Zusammensetzung von Testaufgaben begegnet" worden, ist durch die in ihrem Aufsatz dargelegten Tatsachen nicht gedeckt.

Von der Frage der Herkunft zu unterscheiden ist das Übersetzungsproblem. In PISA werden eine englische und eine französische Aufgabenversion als gleichberechtigte Originale angesehen. Diese Originale sollten unabhängig voneinander in die Zielsprachen übersetzt und dann zusammengeführt werden; es gibt Anzeichen, dass es dabei drunter und drüber gegangen ist.[49]

---

49 In PISA 2000 wurde in über zehn Sprachräumen von der *empfohlenen* doppelten Übersetzung aus dem Englischen und Französischen abgewichen (Grisay in Adams/Wu 2002, S. 67). Diese Ausnahme galt nur dann als *akzeptabel*, wenn kein kompetenter Übersetzer aus dem Französischen aufgetrieben werden konnte (eb-

Blum und Guérin-Pace (2000, S. 113) berichten, dass allein die Umformulierung einer Frage („Quels taux ...?") in eine Aufforderung („Énumérez tous les taux ...") die Lösungshäufigkeit um 31 Prozentpunkte anheben kann. Das lässt ahnen, welchen Spielraum die Übersetzer haben, Hilfestellungen zu geben oder zu verwirren (vgl. Freudenthal 1975, S. 172; Olsen *et al.* 2001, S. 411 ff.). Von den inhaltlichen *Verwerfungen*, die Meyerhöfer (2005) in seiner Analyse der „Bauernhöfe"-Aufgabe nachgewiesen hat, lassen sich mindestens zwei durch Übersetzungsfehler erklären: „Quader (rechtwinkliges Prisma)" für „block (rectangular prism)" und „Dachboden" für „attic floor" (in der österreichischen Fassung dagegen korrekt: „Boden des Dachgeschosses").

Eine banale Folge von Übersetzungen ist, dass Texte dabei tendentiell länger werden. Herkunfts- und Übersetzungsproblem überlagern sich mit der Tatsache, dass Sprachen ohnehin unterschiedlich leicht lesbar sind. Am fassbarsten ist hier die unterschiedliche Textlänge. In PISA 2000 wurde für knapp sechzig Aufgaben ausgezählt, dass die Einleitungstexte im Französischen deutlich länger sind als im Englischen: sie haben durchschnittlich 12 % mehr Wörter und fast 19 % mehr Buchstaben.

Die differentielle Auswirkung allein der Wortanzahl auf die Lösungshäufigkeiten wurde leider nur anhand von Ergebnissen aus dem Feldtest untersucht und nur in grob zusammengefasster Weise veröffentlicht (Grisay in Adams/Wu 2002, S. 64 ff.). Man kann

---

da., S. 61). Angeblich war das unter anderem in Portugal, Spanien, Griechenland und Südkorea der Fall. In Japan wurden nur Leseaufgaben aus dem Französischen übersetzt. Italien und die italienische Schweiz haben sich die Übersetzungen aufgeteilt, dann aber keine Zeit mehr zum Zusammenführen gehabt. In Dänemark, Finnland, Polen und den deutschsprachigen Ländern hat man angeblich eine doppelte Übersetzung aus dem Englischen gefertigt und dann *cross-checks* mit dem Französischen vorgenommen. (ebda., S. 67). Laut österreichischem Technischen Bericht (Haider 2001, IV 4.1) ist dagegen nur *eine* Übersetzung aus dem Englischen erfolgt. Diese wurde mit der Übersetzung aus dem Französischen unter extremem Zeitdruck auf einem Wochenendseminar zusammengeführt. Veröffentlichte Aufgabenbeispiele deuten darauf hin, dass das französische Original zumindest nicht ganz ernst genommen wurde. Beispiel: „a student"/„un élève" wurde mit „eine Schülerin" übersetzt. Genau für solche Fälle, in denen eine Sprache klarer ist als die andere, war der ganze Aufwand der doppelten Übersetzung gedacht.

immerhin herauslesen, dass allein dieser Effekt mit mehr als 1 % auf die Lösungshäufigkeit durchschlägt.

Zu dieser *differentiellen* Auswirkung auf einzelne Aufgabeneinheiten kommt noch der Zeitverlust im Gesamtverlauf des Tests. Selbst wenn man annimmt, dass die Lesegeschwindigkeit schwächer als direkt-proportional von der Textlänge abhängt, kommt man doch zu der Abschätzung, dass zehn bis zwanzig Prozent Unterschied in der Textlänge mehrere Prozent in der Lösungshäufigkeit, also zehn oder mehr PISA-Punkte ausmachen dürften.

Ignoring the effects of multiple languages in a global society severely limits the validity of contemporary educational research [Sireci 1997].

The common error is to be rather casual about the test adaptation process, and then interpret the score differences among the samples or populations as if they were real. This mindless disregard of test translation problems and of the need to validate instruments in the cultures where they are used has seriously undermined results from many crosscultural studies [Hambleton 1994, zitiert nach Sireci].

4.9 Leistungsabnahme und Zeitknappheit

Eine elementare Dimension des Testgeschehens, die in der offiziellen Auswertung erwähnt, aber nicht ernsthaft berücksichtigt wird, ist das Nachlassen der Schülerleistungen im Verlauf der Testsitzung. Dank des symmetrischen Testdesigns (Tab. 2) kann man diesen Effekt recht einfach quantifizieren: Der zweistündige kognitive Test ist in vier Blöcke gegliedert, die jeweils auf eine halbe Stunde ausgelegt sind. In jeder halben Stunde sind in der Summe über alle dreizehn Testhefte dieselben Aufgaben zu bearbeiten. Daher kann man die über einen Zeitblock gemittelten Lösungshäufigkeiten unmittelbar miteinander vergleichen. OECD-weit sinkt dieser Wert von 52,6 % im ersten auf 43,5 % im vierten Block (Tabelle 4, Spalte 4). Dieser Leistungsabfall entspricht gut 40 Kompetenzpunkten.

In W1 habe ich diese Abnahme der Lösungshäufigkeit als Ermüdung im weitesten Sinne, einschließlich Abnahme der Testmotivation, interpretiert. In den Reaktionen aus dem Konsortium (Schulz, Prenzel, Köller) wurden weder die Zahlen noch deren Erklärung in

Tabelle 4. Im Testverlauf (vier halbstündige Blöcke) nimmt sowohl der Anteil bearbeiteter Aufgaben als auch der Anteil richtiger Lösungen ab (OECD-Staatenmittel ohne Großbritannien; ohne Sonderschulhefte; die Klassifizierung „nicht erreicht" beruht auf einem offiziellen Code für nicht bearbeitete Aufgaben am Ende eines Testhefts).

	nicht erreichte Aufgaben	bearbeitete Aufgaben	vorgelegte	richtige Lösungen pro erreichte Aufgaben	bearbeitete
Block 1	0,0 %	7,8 %	52,6 %	52,6 %	57,0 %
Block 2	0,2 %	9,3 %	51,4 %	51,5 %	56,7 %
Block 3	1,3 %	12,7 %	48,3 %	49,0 %	55,4 %
Block 4	7,6 %	19,7 %	43,5 %	47,1 %	54,2 %

Frage gestellt. Mir selbst ist jedoch ein Zweifel gekommen. Den Probanden liegt während der gesamten Testsitzung das gesamte Testheft vor. Auf Rückfrage hat mir ACER bestätigt (Adams, Mail vom 17. 1. 2007), dass 2003 kein Einfluss darauf genommen wurde, in welcher Reihenfolge und mit welchem Tempo die Hefte bearbeitet wurden. Man kann also nicht davon ausgehen, dass auf jeden der vier Blöcke die gleiche Bearbeitungszeit von einer halben Stunde entfällt; zum Nachlassen der Lösungshäufigkeit, insbesondere vom dritten zum vierten Block, kann deshalb neben Ermüdung auch Zeitmangel beitragen.

Tabelle 4 liefert dafür Anhaltspunkte. Im ersten Block überspringen die Schüler 7,8 % aller Aufgaben. Im vierten Block lassen sie 19,7 % unbearbeitet; ein gutes Drittel davon (7,6 % aller Aufgaben) befindet sich am Ende des Testhefts und ist offiziell als „nicht erreicht" kodiert worden; der Anteil übersprungener Aufgaben hat somit auf 12,1 % zugenommen. Wenn man sich nicht auf die Gesamtheit aller Aufgaben, sondern nur auf die bearbeiteten Aufgaben bezieht, dann fällt der Anteil richtiger Lösungen im Testverlauf um nur knapp drei Prozentpunkte ab. Der Rückgang der Lösungshäufigkeit im Testverlauf beruht somit nur zum geringeren Teil auf einer Zunahme falscher Antworten, sondern überwiegend darauf, dass zum Ende hin immer mehr Aufgaben übersprungen oder gar nicht erreicht werden.

Die Zeitknappheit, die sich in diesen Ergebnissen äußert, stellt eine theoretische Voraussetzung von PISA in Frage. In einem Lehrbuch über Testkonstruktion heißt es: Wenn nicht die Bearbeitungszeit für jede einzelne Aufgabe begrenzt werden kann, dann sollte die Testzeit

> so bemessen sein, dass in der Regel alle Personen bis zur letzten Testaufgabe vordringen. Nur in diesem Fall lassen sich die meisten Testmodelle auf die resultierenden Daten anwenden: Die unterschiedliche Anzahl von nicht bearbeiteten Aufgaben wirft rechnerische Probleme, vor allem aber auch Interpretationsprobleme auf [Rost 2004, S. 43].

Wenn ein Test unter Zeitdruck stattfindet, hängt das Ergebnis nicht nur von der Arbeitsgeschwindigkeit ab, sondern auch von der Stressresistenz, vom Zeitgefühl, von einem gewissen Mut zur Oberflächlichkeit und vom Überspringen schwieriger und zeitaufwändiger Aufgaben. Diese unspezifisch mitgetesteten Voraussetzungen können nicht einer *Kompetenz* in einem bestimmten Aufgabengebiet zugerechnet werden, sondern sind Teil einer generellen *Testfähigkeit*.

Die Stärke der bis hierhin am OECD-Mittel festgemachten Effekten ist international sehr unterschiedlich. Der Anteil nicht erreichter Aufgaben im vierten Block streut zwischen 1,0 % (Niederlande) und 25 % (Mexiko). Der Anteil übersprungener Aufgaben liegt anfänglich zwischen 2,5 % (Niederlande) und 11,5 % (Italien), zuletzt zwischen 4 % (Niederlande) und 21 % (Griechenland). Der Anteil richtiger Lösungen, bezogen auf die bearbeiteten Aufgaben, sinkt vom ersten zum vierten Block in der Schweiz und in Österreich um weniger als 2, in Griechenland und Island um über 5 Prozentpunkte. Bezogen auf die Gesamtheit aller Aufgaben, sinkt die Lösungshäufigkeit in Österreich um 4,7, in Griechenland um 17,6 Prozentpunkte.[50]

Welchen Einfluss diese Effekte auf den internationalen Leistungsvergleich haben, kann man größenordnungsmäßig abschätzen, indem man für jeden der vier halbstündigen Blöcke eine separate Rangliste der Lösungshäufigkeiten erstellt.[51] Die größten Verände-

---

50 Es besteht eine gewisse Korrelation ($r = -0{,}746$) zwischen dem relativen Leistungsabfall und der anfänglichen Testleistung, aus der jedoch einige Staaten deutlich herausfallen. So haben Österreich und die Slowakei anfänglich die gleiche Lösungshäufigkeit 51 %; in der vierten halben Stunde liegt Österreich bei 46 %, die Slowakei bei 41 %.
51 Hier bezogen auf die Gesamtheit der zu bearbeitenden Aufgaben und für 29 OECD-Staaten ohne Großbritannien.

rungen findet man im Mittelfeld. Österreich liegt in der ersten halben Stunde auf Platz 20, in der vierten halben Stunde auf Platz 12. Frankreich fällt hingegen von Platz 9 auf Platz 15. Irland und Ungarn liegen im ersten Block nahezu gleichauf, am Ende um acht Plätze auseinander. Eine Änderung einzelner Rahmenbedingungen (Testdauer, Bearbeitungsdauer pro Aufgabe) würde demnach genügen, um Ranking-Listen im Mittelfeld beliebig durcheinander zu schütteln; auch die Teststrategie (Raten, selektive Aufgabenbearbeitung) hat ganz erheblichen Einfluss auf das Gesamtergebnis.

Die von Land zu Land unterschiedlich schnelle Ermüdung kann verschiedenste Ursachen haben: Gewohnheit kürzerer oder längerer Schulstunden; Gewohnheit kürzerer oder längerer Leistungskontrollen; Länge und Ausgestaltung der Pause zwischen den beiden Teststunden; Frustrationstoleranz und Kritikfähigkeit gegenüber dem Test. Auch die zeitliche Nähe des Testtags zu Klassenarbeiten, Zeugnisterminen und Ferien dürfte die Ergebnisse beeinflussen. Vielleicht genügt ein unterschiedliches Osterdatum, um „signifikante" Unterschiede zwischen verschiedenen Testjahrgängen vorzutäuschen.

Der Hinweis auf Ermüdungseffekte ist einer der wenigen Kritikpunkte aus W1, auf die das Konsortium inhaltlich eingegangen ist:

> The test length of two hours indeed causes fatigue effects and the consortium is also aware of the fact that these effects are different across countries. However, this does not invalidate the test results as the ability of doing a two-hour test [...] can be regarded as part of what is being tested [Schulz 2006, Punkt 6].

Bemerkenswert sind schließlich die Hochrechnungen von Joachim Wuttke, wie die Testergebnisse bei unterschiedlichen Testzeiten ausgefallen wären. Würde man die international vorgegebene Testzeit von 120 Minuten bei dem vorhandenen Aufgabenmaterial verkürzen, ergäben sich selbstverständlich andere Leistungsverteilungen. Auch leistungsstarke Schüler[...] hätten dann keine Möglichkeit, anspruchsvollere Aufgaben erfolgreich zu bearbeiten [Prenzel 2006].

„Wuttke hat außerdem bemängelt, die Testdauer habe Einfluss auf die Ergebnisse gehabt. Was sagen Sie zu diesem Vorwurf?" – „Je länger Sie testen, desto präziser werden die Ergebnisse. Ich habe in meiner Stellungnahme versucht, das mit einem Fußballspiel zwischen einem Bundesligisten und einem Landesligisten zu vergleichen. Nach fünf Minuten wird's möglicherweise noch 0:0 stehen, nach fünfzehn Minuten vielleicht schon 3:0, nach neunzig Minuten wird es 8 oder 10 zu 0 stehen. Das heißt, je länger der Wettkampf oder die Testung stattfindet, desto klarer kommen auch die Unterschiede zutage" [Interview Köller 2006b].

Keine dieser drei Stellungnahmen lässt sich auf die primäre, mathematische Implikation der Zeitabhängigkeit der Testleistung ein: dass eine solche Dimension, die in der Item-Response-Modellierung des Schülerverhaltens nicht vorgesehen ist, systematische Messfehler verursacht, die in den offiziell mitgeteilten Standardfehlern nicht berücksichtigt sind.

Von Messfehlern zu reden, setzt freilich voraus, dass man den Gegenstand der Messung ernst nimmt. Insofern ist die Position von Schulz konsistent: Er bemüht sich überhaupt nicht, irgendeinen theoretischen Anspruch von PISA zu verteidigen. Er bestreitet nicht, dass unterschiedlich schnelle Ermüdung eine eigenständige Dimension des Testgeschehens ist. Sein Argument läuft darauf hinaus, dass PISA ein Aggregat verschiedener Fähigkeiten misst, zu denen auch Durchhaltevermögen gehört. Kurz gesagt misst PISA die Fähigkeit, zwei Stunden lang PISA-Aufgaben zu lösen. Auf diesem Niveau ist es weder möglich, noch erforderlich, PISA zu kritisieren.

Prenzel und Köller verteidigen die Dauer des Tests – als hätte ich eine Verkürzung der Testzeit vorgeschlagen. Das habe ich in W1 ebensowenig wie hier getan. Vielmehr argumentiere ich gegen eine verkürzte Interpretation von Testergebnissen; ich warne davor, eine Zahl, in die in völlig unkontrollierter Weise außer Wissen und Denkfähigkeit auch Durchhaltevermögen, Zeitmanagement und Teststrategie eingehen, als ein Maß für Kompetenz, „literacy" oder was auch immer zu verwenden.

Warum Prenzel von einer Verkürzung der Testzeit bei Beibehaltung des vorhandenen Aufgabenmaterials redet, ist mir unerfindlich. Die Zeitknappheit verletzt schon jetzt die von Rost genannte Anforderung.

„Präzision" scheint Köller allein im Sinne stochastischer Signifikanz zu verstehen. Aber selbst in dieser verengten Sicht, in der es keine Rolle spielt, wenn mit der größten numerischen Präzision der größte Mischmasch gemessen wird, ist sein Argument technisch falsch. Hier fällt der Vorwurf mangelnder Literaturkenntnis, den Köller gegen mich erhebt, auf ihn selbst zurück. Dass ein Test umso genauer sei, je länger er dauert, galt zwar lange als „Binsenweisheit". Yousfi (2005) aber hat gezeigt, dass dieser „Mythos" nur unter sehr engen Voraussetzungen fundiert ist. Sobald die stochastischen Unsicherheiten einzelner Aufgaben miteinander korreliert sind, kann die Verlängerung eines Tests zu Einbußen bei Gütekriterien führen.

5 Hintergrunddaten

In diesem Teil werden Aussagen über die Abhängigkeit der kognitiven Leistung von Hintergrundvariablen untersucht. Soziale Herkunft wird in PISA eindimensional durch einen Generalfaktor bewertet (5.1). Die Auswirkung dieses Faktors variiert sehr deutlich von Aufgabe zu Aufgabe (5.2). Auch Aussagen über den Zusammenhang zwischen Geschlecht und Testerfolg hängen kritisch von der Aufgabenauswahl ab (5.3).

5.1 Soziale Herkunft: der ESCS-Index

Mit dem *Questionnaire* wird eine Fülle von Angaben zum sozialen Hintergrund erhoben. Manche Auswertungen stellen auf spezifische Parameter ab; zum Beispiel hat in Deutschland das Geburtsland der Eltern besondere Aufmerksamkeit erfahren. In einem Großteil der offiziellen Auswertungen wird soziale Herkunft jedoch nicht näher aufgeschlüsselt, sondern anhand einer eindimensionalen Rangordnung bewertet.

In PISA 2000 wurde dieser Rangordnung allein der Beruf der Mutter oder des Vaters zugrunde gelegt.[52] Wenn ein Proband die Berufe beider Eltern angegeben hatte, wurde nur der höher eingestufte berücksichtigt. Die Zuordnung von Berufen zu Sozialprestigekennwerten (ISEI: „Standard International Socio-Economic Index of Occupational Status") wurde einer Metastudie von Ganzeboom *et al.*

---

52 Gefragt wird nach dem zuletzt ausgeübten Beruf (DAM, S. 252). Eventuelle Arbeitslosigkeit (die erhebliche Korrelation mit Testleistungen der Kinder aufweist, Ebenrett *et al.* 2003) wird erfragt, aber nicht in die Sozialindizes eingerechnet.

Tabelle 5. Beispiele für die Einstufung von Berufen im „Standard International Socio-Economic Index of Occupational Status" (ISEI, Ganzeboom *et al.* 1992). Welchen Status ein „Expert (not further specified)" hat, verrate ich erst in Abschnitt 6.7.

ISEI	Berufe
90	Judge
88	Hospital Physician
83	Armed Forces Officer
79	Physicist
78	University Professor
73	Chemist, Member of Parliament
72	Political Scientist, Social Scientist, Psychologist, Large City Head
71	Statistician, Aircraft Pilot, High School Teacher, Middle School Teacher
69	Head of Large Firm, General Manager, Banker, Elementary School Teacher
65	Kindergarten Teacher, Teacher for the Blind
64	Large Shop Owner, Stock Broker, Computer Programmer, Dancer
61	Real Estate Agent, Astrologer
60	Sales Promotor, Department Head Provincial Government
58	Orthopedic Technician, Secretary, Soldier, Embalmer
56	Railway Station Master
55	Priest, Missionary, Faith Healer
54	Singer, Composer, Conductor, Clown
53	Tax Collector
52	Automobile Dealer
51	Dentist's Receptionist
49	Large Farmer, Restaurant Owner
48	Coffeeshop Operator, Air Traffic Controller
46	Cinema Projectionist
45	Meter Reader, Proofreader, Xerox Machine Operator
44	Aircraft Engine Mechanic, Airline Stewardess, Croupier
42	Head Nurse
39	Demolition Worker, Quality Inspector, Uncertified Nurse, Nurse Trainee
37	Elevator Operator, Shoe Shiner, Tobacco Factory Worker
36	Noodle Maker
35	Money Lender, Street Vendor, Telephone Solicitor, Museum Guard
34	Power-Reactor Operator
33	Brewer, Wine Maker, Ice-Cream Maker, Taxi Driver
32	Wine Waiter, Tree Surgeon, Oyster-Farm Worker, Trapper, Hunter, Whaler

ISEI	Berufe
30	Paving Machine Operator, Master Cook
29	Pig Farmer, Mushroom Grower, Musical Instrument Maker
28	Road Construction Worker, Soda Fountain Clerk
24	Clothes Washer, Chambermaid, Domestic Servant, Companion
20	Animal-Drawn Vehicle Driver, Poultry Farm Worker
18	Small Farmer
10	Cook's Helper, Apiary Worker, Picker, Gatherer

(1992) entnommen, die 31 Berufsprestigeerhebungen aus 16 Staaten aufeinander skaliert und letztlich gemittelt haben. Die Primärdaten sind zum Teil über dreißig Jahre alt.[53] Der ISEI soll ausdrücklich nur das Sozialprestige *männlicher* Arbeitnehmer beschreiben. Nichtsdestoweniger wird er in PISA auch auf die Mütter der Probanden angewandt.

Tabelle 5 zeigt einen Auszug aus dem Katalog. Die Absurdität vieler Einstufungen und letztlich des ganzen Ansatzes ist offensichtlich. Die Korrelation zu einer durch Umfrage ermittelten deutschen Berufsprestige-Skala (Institut für Demoskopie Allensbach, 2005) beträgt lächerliche $r = 0{,}06$. Auch Mitglieder des Konsortiums äußern Vorbehalte; für die nationale Auswertung verwenden sie ein anderes Maß, das sie für „theoretisch besser fundiert" und anschaulicher halten (Baumert *et al.* 2001, im weiteren zitiert als D00, S. 328).

Bonnet (2002) berichtet, dass französische Regierungsstellen die OECD aus einem anderen Grund vor der Verwendung des ISEI gewarnt haben: Schülerauskünfte über Beruf und Ausbildung ihrer Eltern sind unzuverlässig. Als Reaktion wurde in den Ergebnisbericht (OECD 2001, S. 221) der Satz eingefügt: „In the case of France, questions remain about the reliability of students' responses regarding parental occupation and education". Die Einschränkung dieses Vorbehalts auf das Land, das ihn erhoben und belegt hat, ist eine Unverschämtheit.

---

53 Ganzeboom *et al.* stützen sich auf eine Berufeliste der Weltarbeitsorganisation aus dem Jahr 1968 und auf Einzelstudien aus den Jahren 1968 bis 1982. Einige der aufgelisteten Berufe sind zwischenzeitlich ausgestorben (Aircraft Navigator, Telegraphist, Card- and Tape-Punching Machine Operator). Wie seither neu entstandene Berufe in PISA eingestuft werden, ist nicht dokumentiert.

In PISA 2003 wurde zur Beschreibung der sozialen Herkunft ein neuer Index gebildet (ESCS: *index of economic, social and cultural status*), der aus den folgenden drei Subindizes berechnet wird: (1) wie gehabt der ISEI des höher bewerteten Elternteils; (2) die aus dem höchsten Bildungsabschluss geschätzte Ausbildungsdauer des länger ausgebildeten Elternteils; (3) die Ausstattung des Haushalts mit bestimmten Gütern (DAM, S. 254f.). Begründet wird dieses Konstrukt mit genau zwei Sätzen:

> The rationale for using these three components is that socio-economic status is usually seen as based on education, occupational status and income. As no direct income measure is available from the PISA data, the existence of houshold items is used as an approximate measure of family wealth [TR, S. 318].

Die Ausgangsdaten beruhen auf teilweise zweifelhaften Schülerangaben und Kodierungen.[54] Einige Schüler haben den Hintergrundfragebogen nur unvollständig ausgefüllt; in manchen Sonderschulen wurde der Fragebogen gar nicht eingesetzt. Wenn zwei der drei Subindizes bestimmt werden konnten, wurde der dritte von ACER geschätzt; ansonsten wurde der ESCS-Index im internationalen Datensatz als „missing" kodiert. Nach Kanada (siehe 2.9) ist Deutschland das Land mit der höchsten Quote fehlender ESCS-Angaben (6,8 %, davon knapp die Hälfte in Sonderschulen), gefolgt von Großbritannien (4,7 %), der Tschechischen Republik (4,5 %) und den Niederlanden (3,9 %). Der Durchschnitt aller übrigen OECD-Staaten liegt bei 0,9 %.

Auf dieser Datenbasis ist es kaum möglich, Deutschland in einen internationalen Vergleich einzubeziehen. Die vielpublizierten Aussagen zum in Deutschland besonders ausgeprägten Zusammenhang zwischen Testleistung und ESCS stammen denn auch nicht aus internationalen Berichten, sondern auf in Deutschland durchgeführten Auswertungen (D00, S. 381 ff.; D03b, S. 247 ff.). In diesen

---

[54] In Japan wurden nur 20, überall sonst 53 bis 63 verschiedene ISEI-Werte vergeben. Die Ausbildungsdauer, die zum höchsten Bildungsabschluss führt, beträgt dem Datensatz zufolge in Deutschland 17 Jahre, in der Schweiz 15 Jahre. In manchen Ländern ist angeblich ein beträchtlicher Teil der Eltern nie zur Schule gegangen (Ausbildungsdauer 0 Jahre; das ist *nicht* der Code für eine fehlende Angabe): Portugal 18,5 %, Mexiko 7,9 %, Luxemburg 4,8 %, Deutschland 4,6 %, Türkei 3,6 %, ... Griechenland 0,5 %, Österreich 0,2 %.

Auswertung wurden fehlende Angaben auch in den Fällen *imputiert* (qualifiziert erraten: Rubin 1987, Schafer 1997), in denen ACER (etwa nicht aus gutem Grund?) von einer Schätzung abgesehen hat.[55] Die Beschreibung dieser *missing data imputation* (D00, S. 334) ist geradezu exemplarisch mangelhaft.[56]

Passend zur theoriefreien Konstruktion des ESCS werden die Koeffizienten, mit denen die drei Subindizes gewichtet werden, rein empirisch aus einer Hauptkompentenanalyse bestimmt. Der ESCS ist also eine Art sozio-kultureller *Generalfaktor*. Er „erklärt" jedoch nur 53 % (Japan, Island) bis 68 % (Ungarn, Portugal) der Varianz seiner drei Eingangsvariablen, denn die sind nur mäßig miteinander korreliert; zum Beispiel beträgt die Korrelation zwischen elterlichen Ausbildungsjahren und Besitztümern nur 0,22 (Island) bis 0,52 (Portugal).[57] Das ist nicht ohne Ironie, denn auf der anderen Seite verwahrt sich das Konsortium heftig dagegen, die Ergebnisse aus den vier Gebieten des kognitiven Tests durch einen Generalfaktor zu beschreiben (dazu unten 6.1), obwohl die Korrelationen dort überaus deutlich sind (mehrheitlich über 0,8; Varianzaufklärung durch die erste Hauptkomponente zwischen 75 % in Griechenland und 92 % in den Niederlanden).

Die Beschreibung sozialer Herkunft durch *einen* Generalfaktor wird damit begründet, dass in sämtlichen Staaten nur *ein* Eigenwert

---

55 Das wird nur im Bericht zu PISA 2000 näher beschrieben; Ergebnistabellen legen aber nahe, dass in PISA 2003 ähnlich vorgegangen wurde. Die geschätzten ESCS-Werte sind nicht im internationalen Datensatz enthalten und auch nicht anderweitig veröffentlicht. Für eigenständige Analysen muss man Probanden mit fehlender ESCS-Angabe deshalb ausschließen, was den Mathematik-Duchschnittswert für Deutschland um 9,5 Punkte anhebt (Kanada, Tschechien, Niederlande 4 bis 6 Punkte, alle übrigen OECD-Staaten weniger als 2 Punkte) und die Vergleichbarkeit numerischer Ergebnisse entsprechend einschränkt.

56 Mitgeteilt wird, dass man sich „leistungsfähiger Algorithmen" bedient, und dass das verwendete Computerprogramm einen schönen Namen hat. Erschließen kann man (wenn man die nicht erklärte Abkürzung „EM" mit „estimation–maximization" auflöst), dass die fehlenden Indexwerte als in einem probabilistischen Modell wahrscheinlichste Parameterwerte berechnet werden. Nicht mitgeteilt wird, worin dieses Modell besteht und welchen Input es verarbeitet.

57 Im übrigen täuschen allein auf Korrelationen basierte Analysen leicht darüber hinweg, dass sich Unterschiede zwischen Staaten primär in einer absoluten Verschiebung der Skalen äußern. Beispielsweise ist ein Schweizer Haushalt bei gleichem Berufsprestige deutlich geringer mit kulturellen Statussymbolen ausgestattet als ein deutscher.

der Kovarianzmatrix der drei Eingangsvariablen größer als eins ist (TR, Fußnote 9 zu S. 316). Das ist eine missbräuchliche Anwendung einer Faustregel (Guttman 1954, S. 154 f.), die nur bei einer wesentlich größeren Zahl von Ausgangsvariablen Sinn hat. Ohnehin ist es reichlich absurd, die Dimensionalität eines Datensatzes mit einer Hauptkomponentenanalyse zu bestimmen, nachdem man diesen zunächst durch andere, willkürliche Auswertungsschritte auf drei Variable reduziert hat.

Sobald man weitere Variable wie zum Beispiel den Migrationshintergrund hier – und nicht in einer separaten Analyse – berücksichtigt, findet man, (1) dass es mehr als eine Hauptkomponente mit Eigenwert größer 1 gibt, soziale Herkunft also *nicht* statistisch adäquat durch nur *eine* Kennzahl beschrieben werden kann, (2) dass die erste Hauptkomponente einer solchen erweiterten Analyse deutlich vom ESCS abweicht, die Willkür in dessen Definition sich somit nicht herausmittelt, und (3) dass sich die Zusammensetzung der ersten paar Hauptkomponenten von Land zu Land stark unterscheidet, weshalb es unmöglich ist, die soziale Durchlässigkeit von Schulsystemen auf einer eindimensionalen Skala zu vergleichen. Mehrdimensionale Analysen werden dadurch begrenzt, dass Kinder aus benachteiligten Milieus sehr häufig das Questionnaire nur unvollständig bearbeiten (vgl. Hagemeister 2006).

5.2 Soziale Herkunft und Mathematikkompetenz

Zur weiteren Analyse des sozialen Phänomens PISA soll die Bewertung sozialer Herkunft durch den ESCS-Index unbeschadet aller Vorbehalte als gegeben angenommen werden. Außerdem soll hingenommen werden, dass das kognitive Testergebnis im Gegensatz zum sozialen Hintergrund nicht durch einen Generalfaktor ausgedrückt werden darf. Deshalb werden im folgenden, wie in den offiziellen Berichten, nur die Ergebnisse aus dem Schwerpunktgebiet Mathematik berücksichtigt.

Unter diesen Prämissen läuft die weitere Auswertung darauf hinaus, den statistischen Zusammenhang zwischen Mathematikkompetenz und ESCS zu quantifizieren. Das geschieht primär über lineare Regression. Die Steigung der Ausgleichsgeraden wird als sozialer *Gradient* bezeichnet. Der Gradient gibt also an, um wieviel

Punkte sich die mittleren Testleistungen von zwei Subpopulationen unterscheiden, deren soziale Hintergründe um einen Indexpunkt auseinander liegen. Allerdings weichen die PISA-Berichte teilweise vom mathematischen Wortgebrauch ab und bezeichnen die Ausgleichsgerade selbst als „Gradient".

Der deutsche Bericht verrät bemerkenswerte Unsicherheit über die Aussagekraft des sozialen Gradienten. Zunächst heißt es:

> Da es sich bei den sozialen Gradienten um unstandardisierte Koeffizienten handelt und diese von der Varianz abhängig sind, ist ein Vergleich zwischen zwei Messzeitpunkten problematisch [D03b, S. 247].

Nur zwei Absätze später hingegen:

> Durch den sozialen Gradienten wird der Zusammenhang von sozioökonomischem Hintergrund und dem erreichten Kompetenzniveau der Jugendlichen für alle Staaten einheitlich quantifiziert. So ist ein internationaler Vergleich der Ergebnisse zwischen den Staaten und über die Zeit hinweg möglich [D03b, S. 248].

Eine weitere Erläuterung

> Würde die soziale Herkunft für den Erwerb von Kompetenzen keine Rolle spielen, wäre es nicht möglich, eine solche Regressionsgerade zu schätzen [D03b, S. 250]

ist blanker Unsinn, denn selbstverständlich funktioniert lineare Regression auch dann noch, wenn als Steigung Null herauskommt.

Im Lesetest von PISA 2000 war für Deutschland der größte soziale Gradient aller OECD-Staaten gefunden worden (D00, S. 386 ff.). Im Mathematiktest von PISA 2003 wurde dieses Ergebnis nicht einmal annähernd reproduziert; Deutschland liegt mit einem Gradienten von 47 auf dem 6. Platz des OECD-Rankings. Die Spanne erstreckt sich von 55 in Belgien und Ungarn bis 28 in Island; mehr als die Hälfte der 29 Staaten liegt in dem engen Bereich zwischen 47 und 41 (LTW, S. 397; D03b, S. 249). Den Berichten zufolge unterscheidet sich der deutsche Gradient nicht signifikant vom OECD-Mittelwert von 45; allerdings ist dieser Mittelwert falsch berechnet und beträgt tatsächlich 42.[58]

---

58 42 ist der Mittelwert der Gradienten der 29 Einzelstaaten. 45 ist der Gradient des OECD-weiten Datensatzes (wobei die Schülergewichte so modifiziert sind, dass

Die Insignifikanz signifikanter Unterschiede 193

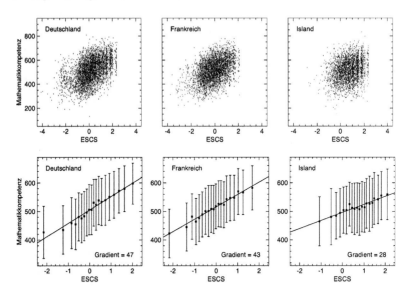

Abbildung 14. Mathematikkompetenz versus ESCS-Index für drei Staaten in zwei verschiedenen Auftragungen. Oben: jeder Punkt repräsentiert einen Probanden. Unten (gestreckte Skalen!): jeder Punkt repräsentiert fünf Prozent der Grundgesamtheit (unter Berücksichtigung unterschiedlicher statistischer Gewichte der Probanden); der vertikale Balken überstreicht nach oben und nach unten je eine Standardabweichung.

Um zu veranschaulichen, was ein sozio-kultureller Gradient von 47 bedeutet, soll im folgenden Deutschland mit zwei Staaten verglichen werden, die bei ähnlichen Mittelwerten niedrigere Gradienten erzielt haben: Frankreich (43) und, als Extrembeispiel, Island (28). Die obere Zeile in Abbildung 14 zeigt für diese drei Länder einen „plausiblen" Mathematikkompetenzwert pro Proband, aufgetragen gegen seinen ESCS-Wert. In jedem ESCS-Bereich wird eine weite Spanne unterschiedlicher Kompetenzwerte beobachtet. Zu ähnlichen Daten aus PISA 2000 erklären Baumert *et al.*:

> Trotz des systematischen Zusammenhangs ist die Kopplung zwischen Sozialschicht und Kompetenzerwerb begrenzt. Es gibt genügend [!] Ju-

---

alle Einzelstaaten gleich stark berücksichtigt werden). Dieser Wert ist sinnlos, weil er international skalierte Kompetenzwerte in Beziehung zu national unterschiedlich normierten und zentrierten ESCS-Indexwerten setzt.

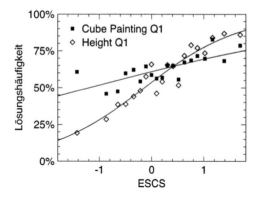

Abbildung 15. Lösungshäufigkeit zweier Mathematikaufgaben in Deutschland als Funktion des ESCS-Indexes. Die durchgezogenen Linien sind Anpassungen mit der logistischen Funktion mit variabler Trennschärfe.

gendliche aus unteren Sozialschichten mit exzellenten Leseleistungen und umgekehrt [D00, S. 387].

Um trotz dieser starken Streuung den systematischen Zusammenhang herauszuarbeiten, sind in der unteren Zeile in Abb. 14 die Schüler in 5%-Gruppen eingeteilt. Auf den gestreckten Skalen ist der Trend zu zunehmender Mathematikkompetenz mit zunehmendem ESCS-Wert nun sogar für Island zu erkennen. Außerdem ist eine Ausgleichsgerade eingezeichnet, deren Anstieg den sozialen Gradienten darstellt.

Zur weiteren Analyse lohnt es sich, von den Kompetenzwerten auf den Anteil korrekt gelöster Aufgaben zurückzugehen. Wenn man die Auswertung aus der unteren Zeile von Abb. 14 mit Lösungshäufigkeiten anstelle von Kompetenzwerten und einer logistischen Funktion mit variabler Trennschärfe anstelle einer Ausgleichsgeraden wiederholt, dann findet man für Deutschland, Frankreich, Island an der steilsten Stelle Gradienten von 13, 11 und 7 Lösungshäufigkeits-Prozentpunkten pro ESCS-Punkt. Diese Unterschiede zwischen verschiedenen Staaten können nun mit Unterschieden zwischen verschiedenen Testaufgaben verglichen werden.

Abbildung 15 zeigt, mit welcher Häufigkeit deutsche Schüler unterschiedlicher sozialer Herkunft zwei bestimmte Mathematikaufgaben gelöst haben. Auch hier kann der Zusammenhang durch ei-

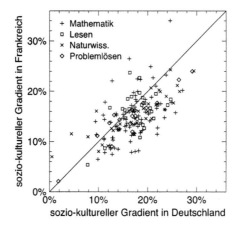

Abbildung 16. Sozio-kulturelle Trennschärfe aller 164 auswertbaren Testitems in Frankreich und in Deutschland. Die 44 Aufgaben oberhalb der Diagonale trennen in Frankreich stärker als in Deutschland; für die übrigen 122 ist es umgekehrt.

ne logistische Funktion mit variabler Trennschärfe genähert werden. Der Gradient an der steilsten Stelle beträgt 9,4 % pro ESCS-Punkt für „Cube Painting Q1", aber 27,1 % für „Height Q1". Die Varianz der sozialen Selektivität *einzelner* Aufgaben innerhalb eines *einzelnen* Staats ist also erheblich größer als die Varianz der über alle Aufgaben *gemittelten* Gradienten zwischen *verschiedener* Staaten – erst recht, wenn man Sonderfälle wie Island ausnimmt. Demnach hängen Aussagen über den Zusammenhang zwischen „Bildungsstand" und „sozialer Herkunft" nicht nur von den Zufälligkeiten der ESCS-Bewertung, sondern ganz entscheidend auch von der Aufgabenauswahl ab. Abbildung 16 zeigt im direkten Vergleich wie einige Aufgaben im Deutschland, andere in Frankreich die größere soziale Trennschärfe besitzen.

Es ist nicht schwer, Gründe zu finden, warum die Lösungshäufigkeit je nach Testitem unterschiedlich stark mit der sozialen Herkunft der Probanden variiert. Um nur ein Beispiel zu nennen: Die Aufgabe „Daylight" (Abb. 18) enthält neben anderen Schwächen (Bender 2006) auch einen Übersetzungsfehler: Schulbüchern nach zu urteilen, hätte „hemisphere" nicht als „Hemisphäre", sondern als

„Erdhälfte" wiedergegeben werden müssen.[59] Wenn in einer Testaufgabe Vokabular verwendet wird, das im einschlägigen Schulunterricht nicht eingeführt wird, dann hängt der Schwierigkeitsgrad der Aufgabe eben in erhöhtem Maße vom außerschulischen Bildungshintergrund des Schülers ab (vgl. Meyerhöfer 2005, S. 195–198).

5.3 Kompetenzen von Jungen und Mädchen

Als Freudenthal in seiner Analyse der ersten großen Schulsystemvergleichsstudien zu dem Ergebnis kam, dass das Geschlecht der Teilnehmer die einzige wohldefinierte Variable war (1975, S. 177), ahnte er nicht, dass die Genderforschung die Eindeutigkeit auch dieser Variablen in Frage stellen würde. Nachdem jedoch der Versuch, aus den PISA-Daten eine als *gender* deutbare latente Variable zu konstruieren, eine ganze Doktorarbeit lang erfolglos geblieben ist (Burba 2006), erscheint es legitim, bis auf weiteres nur das in herkömmlicher Weise definierte Geschlecht zu berücksichtigen, wie es der Selbstauskunft der Teilnehmer entnommen oder von Amts wegen in den Datensatz eingetragen wurde.

Die offizielle Auswertung stützt sich im wesentlichen auf die nach Staaten und Testgebieten aufgeschlüsselten Differenzen der Kompetenzmittelwerte von Jungen und Mädchen. Tabelle 6 zeigt einen Auszug aus diesem Datensatz. Im Lesetest erzielen die Mädchen in sämtlichen Staaten ein deutlich besseres Ergebnis als die Jungen; die Differenzen liegen zwischen 21 (Mexiko, Niederlande, Südkorea) und 58 (Island) Kompetenzpunkten.[60] In den übrigen drei Testgebieten sind die Differenzen deutlich geringer; überwiegend betragen sie weniger als 10 Punkte. Solche Differenzen sind nicht

---

59 Die Bedeutung der „im jeweiligen nationalen Unterricht akzeptierten fachlichen Sprachkonventionen" für die „kulturübergreifende Testfairness" erkennen Baumert *et al.* (2000) durchaus an.
60 Im OECD-Staatenmittel beträgt der Unterschied 34 Kompetenzpunkte. Der über alle Leseaufgaben gemittelte Unterschied in der Lösungshäufigkeit beträgt 5,3 Prozentpunkte (Tab. 7). Das ist weniger, als nach der in 3.14 angegeben Umrechnung zu erwarten wäre, weil diese nur an der steilsten Stelle des Lösungsprofils gilt.

Tabelle 6. Differenz der Kompetenzmittelwerte zwischen Jungen und Mädchen (positives Vorzeichen: Vorsprung der Jungen). Die beiden Zeilen, die die deutschen Daten nach Lang- und Kurzheften aufschlüsseln, sind neu berechnet; die übrigen Daten finden sich übereinstimmend in den deutschen Berichten (D03a, S. 21; D03b, S. 213).

	Kompetenzpunktedifferenz Jungen − Mädchen			
	Lesen	Mathematik	Naturwiss.	Problemlös.
OECD	−34	11	6	−2
Deutschland	−42	9	6	−6
− nur Langhefte	−36	15	12	−2
− nur Kurzhefte	−21	20	22	2
Österreich	−47	8	−3	−3
Schweden	−37	7	5	−10

größer als typische in diesem Aufsatz benannte systematische Unsicherheiten.

Die vorletzte Zeile in der Tabelle gibt einen Anhaltspunkt, wie allein die Unsicherheit der Stichprobenziehung auf Geschlechterdifferenzen durchschlagen kann: Wenn man die in Sonderschulen eingesetzten Kurzhefte ausschlösse (wiederum: ohne zu behaupten, dass das „korrekter" als die offizielle Auswertung wäre), verschöben sich die Differenzen in Deutschland um 4 bis 6 Punkte zugunsten der Jungen − und das, obwohl *innerhalb* der Sonderschulen die Jungen tendentiell leistungsstärker sind als die Mädchen (letzte Tabellenzeile). Der gegenläufige Nettoeffekt erklärt sich aus der Änderung der Stichprobenzusammensetzung: unter den mit Kurzheft Getesteten waren in Deutschland 71,6 % Jungen. Allein schon die international uneinheitliche, unkontrollierbare Abgrenzung der Stichprobe am unteren Rand des Leistungsspektrums trägt also in der Größenordnung von mindestens fünf Punkten zur systematischen Unsicherheit aller Aussagen über Kompetenzunterschiede zwischen den Geschlechtern bei.

In der offiziellen Auswertung aber werden nationale Mittelwertdifferenzen ab 6 Punkten für signifikant erklärt. Dennoch lassen sich aus dem Zahlenmaterial keine klaren Trends zugunsten bestimmter Ländergruppen ablesen, weshalb die offizielle Interpretation äußerst dürftig bleibt (D03a, S. 20 f.; D03b, S. 212 ff.). Die Ergebnisse im Problemlösetest werden als „Indikator für das kognitive Potential

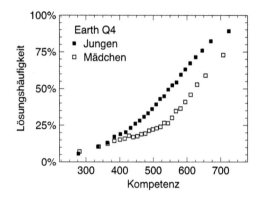

Abbildung 17. Das Lösungsprofil dieser Naturwissenschaftsaufgabe zeigt besonders starke Unterschiede zwischen den Geschlechtern. Im OECD-Staatenmittel wird diese Aufgabe von 42,2 % aller Jungen, aber nur von 27,3 % aller Mädchen richtig gelöst.

im Bereich Mathematik" gedeutet, um dann anhand von Differenzen von Differenzen zu argumentieren, dass einige Staaten dieses Potential besser ausschöpfen als andere (D03b, S. 214 f.). Zu den Bereichen Mathematik und Naturwissenschaften heißt es:

> Allerdings zeigt der internationale Vergleich, dass die Abstände sehr unterschiedlich oder gar gegenläufig ausfallen können: Interessante Vergleichsstaaten sind hier Finnland, die Niederlande, Australien, Schweden oder Island. Sie zeigen, dass Schülerinnen und Schüler in diesen Bereichen durchaus ein vergleichbares Kompetenzniveau erreichen können [D03a, S. 20].

Diese Interpretation ist mehr als überraschend, denn die in Tab. 6 wiedergegebenen Daten deuten keineswegs darauf hin, dass Schweden für Deutschland ein Vorbild bezüglich der Einebnung von Geschlechterdifferenzen in der Mathematikleistung sein könnte. Transportieren die Auswerter hier ohne jede empirische Basis ihre private Vorliebe für skandinavische Schulsysteme, oder haben sie die Logik der Nullhypothesentests missverstanden und meinen, dass Differenzen signifikanter Differenzen per se signifikant seien?

Eine Koautorin dieser Auswertung hat in ihrer schon erwähnten Dissertation (Burba 2006; Betreuer J. Rost) den Geschlechterunterschied im Naturwissenschaftstest näher untersucht. Das Hauptergebnis ihrer Arbeit, dass die Geschlechterunterschiede bei PISA, insbesondere im nationalen Naturwissenschaftstest[,] von untergeordneter Bedeutung sind [S. 152], beruht auf einem Fehlschluss, denn es stützt sich allein darauf, dass eine bestimmte, blind angewandte Software eine Klasseneinteilung geliefert hat, die nicht in der erhofften Weise mit dem biologischen Geschlecht korreliert, sondern eine andere Verletzung der Eindimensionalität des Rasch-Modells anzeigt.

Es spricht im Gegenteil einiges dafür, dass der Geschlechterunterschied im Naturwissenschaftstest besonders ausgeprägt ist. Im nationalen Test PISA–E 2000 wurden in Deutschland erhebliche Geschlechterdifferenzen je nach naturwissenschaftlichem Fachgebiet gefunden (D00, S. 255). Im internationalen Datensatz von PISA 2003 gibt es eine ganze Reihe von Aufgaben, deren geschlechtsabhängige Schwierigkeit oder/und Trennschärfe das Rasch-Modell verletzt. Die extremsten Fälle sind Naturwissenschaftsaufgaben. Abbildung 17 zeigt ein Beispiel. Dem Rasch-Modell zufolge müssten die Lösungsprofile von Jungen und Mädchen zusammenfallen; unterschiedliche Naturwissenschaftskompetenz dürfte sich nur darin ausdrücken, dass die Perzentilsymbole *entlang* der Rasch-Kurve gegeneinander verschoben sind. Das ist nicht entfernt der Fall; auch ist der Profilverlauf, besonders deutlich im Fall der Mädchen, nicht mit der Rasch-Antwortfunktion vereinbar.

In Tabelle 7 sind verschiedene statistische Kennwerte zur Geschlechterdifferenz der Lösungshäufigkeiten angegeben und nach

Tabelle 7. Statistische Kennwerte zu den Lösungshäufigkeitsdifferenzen $\delta_i = \rho_i(\text{Jungen}) - \rho_i(\text{Mädchen})$, ausgewertet jeweils für die Gesamtheit aller Aufgaben $i \in \mathcal{I}_g$ eines Testgebiets g, im OECD-Staatenmittel.

	Lesen	Math.	Nat.wi.	Probl.lö.
Minimum $\delta_{\min}$	−14,1 %	−6,2 %	−8,2 %	−6,9 %
Maximum $\delta_{\max}$	4,9 %	12,3 %	14,9 %	7,4 %
Median δ_{med}	−4,8 %	2,2 %	2,2 %	−1,1 %
Mittelwert $\overline{\delta}$	−5,3 %	2,6 %	0,9 %	0,6 %
Mittl. absoluter Abstand $\overline{|\delta|}$	5,7 %	3,5 %	4,1 %	3,6 %
Mittl. quadrat. Abstand $\overline{\delta^2}^{1/2}$	6,7 %	4,4 %	5,2 %	4,1 %
Standardabweichung $\overline{(\delta - \overline{\delta})^2}^{1/2}$	4,1 %	3,5 %	5,1 %	4,1 %

den vier Testgebieten aufgeschlüsselt. Die mittlere Differenz $\bar{\delta}$ ist im Lesetest mit 5,3 % bei weitem am größten (das negative Vorzeichen in der Tabelle bedeutet einen Rückstand der Jungen). Ein solcher Leistungsunterschied führt dazu, dass den beiden Subpopulationen unterschiedliche Kompetenzwerte zugeschrieben werden, was mit einem eindimensionalen Item-Response-Modell noch kompatibel ist. Die Verletzung des Modells durch eine Mischung von Aufgaben, die mal die eine, mal die andere Subpopulation begünstigen, äußert sich erst in der *Streuung* der δ. Diese Streuung ist im Naturwissenschaftstest größer ist als in den drei anderen Gebieten. Auch einige weitere in der Tabelle aufgeführte Kriterien bestätigen, dass der Geschlechterunterschied im Naturwissenschaftstest jedenfalls stärker als in Mathematik oder Problemlösen ist.[61]

Die geringe *mittlere* Kompetenzpunktedifferenz zwischen Jungen und Mädchen kommt allein durch Mittelung über eine zufällig recht ausgeglichene Aufgabenauswahl zustande; man könnte nach Belieben andere Naturwissenschaftstests zusammenstellen, die leichter vom einen oder vom anderen Geschlecht gelöst werden. Eine Auswertung, die über die ganze Breite der Naturwissenschaften mittelt, ist von vorneherein zu inhaltlicher Unergiebigkeit verurteilt (vgl. Mathis 2004, S. 145). Didaktisch verwertbare Erkenntnisse kann man allenfalls dann erzielen, wenn man auf der Ebene der einzelnen Aufgaben ansetzt (vgl. Olsen 2005).

---

61 Ponocny (in Neuwirth *et al.* 2006, S. 71 ff.) findet ebenfalls eine „hochsignifikante" Verletzung der Rasch-Modellannahmen im Naturwissenschaftstest, und setzt dann die Unterschiede zwischen österreichischen Mädchen und Burschen in Beziehung zu Unterschieden zwischen verbalem und nonverbalem Antwortformat. Das ist wenig überzeugend, solange nicht ausgeschlossen werden kann, dass der Geschlechterunterschied nicht eher durch die *Inhalte* der Aufgaben als durch das Antwortformat zustande kommt (bei der geringen Anzahl von Aufgaben ist eine zufällige Korrelation zwischen Inhaltsbereich und Format nicht unwahrscheinlich). Ein Grund mehr, warum eine verlässliche Auswertung allenfalls nach Veröffentlichung sämtlicher Aufgaben möglich ist.

6 Zusammenfassung und Bewertung

6.1 Was misst PISA?

Das „literacy"-Konzept und der utilitaristische Bildungsbegriff der OECD bringen mit sich, dass die Testgebiete von PISA ineinander übergehen: Mathematik-, Naturwissenschafts- und Problemlösungsaufgaben enthalten erhebliche Leseanteile, und Leseaufgaben können auch „diskontinuierliche Texte", nämlich Diagramme und Zahlenkolonnen, zur Grundlage haben (Kirsch *et al.* 2002, insbesondere die Beispielaufgaben „Lake Chad" und „Plan International"). Daher überrascht es nicht, dass die Kompetenzwerte in den vier Testgebieten auf Probanden- und auf Staatenebene hohe Korrelationen aufweisen. Somit kann man, in der Sprache der multivariaten Statistik, das Antwortverhalten der Probanden zu einem erheblichen Teil durch *einen* Generalfaktor „erklären".

Rindermann (2006, 2007b) verwendet diesen g-Faktor in einem Datenvergleich zur weltweiten Verteilung von *Intelligenz*. Damit bricht er ein Tabu der Bildungsforschung: der Begriff Intelligenz wird in den PISA-Berichten strikt vermieden – aus gutem Grund, denn kaum eine Regierung dürfte Geld und Untersuchungsgenehmigungen gewähren, um sich über die Intelligenz ihrer Schulbevölkerung informieren zu lassen. Dementsprechend heftig wehrte sich das deutsche Konsortium (Baumert *et al.* 2007, Prenzel *et al.* 2007).

Aus statistischer Sicht, auf Grundlage des internationalen Datensatzes, lässt sich zur Frage, ob der g-Faktor von PISA mit Intelligenz gleichgesetzt werden darf, nichts sagen. Die Repliken des Konsortiums sind aber in anderer Hinsicht interessant. Beide Autorenkollektive argumentieren auf mehreren Ebenen. Eine Ebene sind die Aufgabenanalysen: Da Rindermann sich nur seines eigenen Verstandes und nicht eines Expertengremiums bedient, *verbiete* sich, so Prenzel *et al.*, eine inhaltliche Auseinandersetzung. Aber selbst wenn seine Aufgabenanalyse methodisch adäquat wäre, dürfe man nicht unberücksichtigt lassen, dass die Testkonstruktion qualitätsgesichert, validitätsgeprüft und theoriegeleitet sei.

Dieser selbstgewissen Behauptung stehen die Ergebnisse aus Teil 4 entgegen: Die Vorprüfung der psychometrischen Qualität der Testaufgaben war in PISA unzureichend. Die breite Verteilung der

Trennschärfen (Abb. 6 f.), die Überlagerung verschiedener Lösungswege (Abb. 8), nicht-monotone Lösungsprofile (Abb. 9), häufiges Raten (Abb. 10) und die Abhängigkeit mancher Aufgabenschwierigkeiten vom Geschlecht (Abb. 17) passen nicht zu der einparametrigen Item-Response-Theorie, die angeblich die Testkonstruktion geleitet hat.

Auch den Konsortialen ist klar, dass man Zweifel am Output einer Studie nicht allein dadurch ausräumen kann, dass man die Qualität des Inputs bekräftigt (Matth. 7, 20). Um Rindermann auch auf der Ebene der Antwortstatistik zu entgegnen, zitieren Baumert *et al.* Ergebnisse aus der Doktorarbeit von Brunner (2005). Ihre Argumentation ist hart an der Grenze zur Unredlichkeit, denn sie ist nicht als bloße Analogie kenntlich gemacht: Brunner arbeitet nicht mit dem internationalen, sondern mit dem deutschen Datensatz und unter Verwendung der deutschen Mathematik-Zusatzaufgaben. Diese Aufgaben sind eher kurz, testen spezifische Fertigkeiten und lassen sich schulischen Stoffgebieten zuordnen (Knoche *et al.* 2002, S. 162), während Rindermann auf die Länge, Komplexität und stoffliche Unbestimmtheit der internationalen Aufgaben abstellt. Inwieweit PISA-international neben einem g-Faktor auch gebietsspezifische Kompetenzen misst, müsste empirisch erst noch untersucht werden.[62] Wenn eine solche Untersuchung kein deutlich positives Ergebnis zeitigt, bleibt es bei dem Schluss, dass man sich zwölf der dreizehn Hefte hätte sparen können (W1, S. 149).

Sicher lässt sich sagen, dass PISA nicht *nur* kognitive Fähigkeiten und fachspezifische Kompetenzen misst. Einen quantitativ bedeutsamen Einfluss haben auch Vertrautheit mit dem Aufgabenformat (4.6), landestypische Gegebenheiten (4.7), Testsprache (4.8) sowie Durchhaltevermögen, Zeitmanagement und Teststrategie (4.9). Einige dieser Faktoren kann man zusammenfassend als *Testfähigkeit* (Millman *et al.* 1965, Meyerhöfer 2005) beschreiben, aber selbst die

---

[62] Brunner greift auch methodisch zu kurz. Es genügt nicht, zu zeigen, dass man die Testergebnisse vollständiger erklären kann, wenn man den Test in Teile zerlegt und für jeden Teil eine zusätzliche Variable einführt. Um a posteriori zu zeigen, dass die a priori gegebene Zerlegung korrekt ist, müsste man nachweisen, dass jede einzelne Testaufgabe korrekt eingestuft ist. In einer vorläufigen, explorativen Analyse der internationalen Daten finde ich: einige Leseaufgaben testen eine distinkte Fähigkeit, andere eher nicht.

lassen sich nicht *eindimensional* quantifizieren.[63] Die offizielle, eindimensionale Analyse der Schülerleistungen, in der pro Testgebiet nur auf je *einen*, naiv als Kompetenz gedeuteten Faktor geschlossen wird, ist allein schon wegen dieser Störfaktoren inadäquat.

6.2 Wie genau misst PISA?

Allein schon dank der über hundert Fragen des *Student Questionnaire* sind die PISA-Rohdaten ein wertvolles Korpus, das die Lebensumstände Fünfzehnjähriger in weiten Teilen der Welt erschließt. Nur in wenigen Bereichen der Sozialforschung dürfte es international erhobenes Datenmaterial von vergleichbarer Qualität geben.[64] Wenn man die Qualität der PISA-Stichprobe weiter erhöhen wollte, müsste man den Aufwand noch einmal erheblich steigern. Das Stratifizierungsproblem ist wahrscheinlich nicht anders zu bewältigen, als dass man, wie jetzt schon in Island und Luxemburg, komplette Jahrgänge testet. Wenn man so weit nicht gehen will, ist Köller (2006a) beinahe zuzustimmen, „dass man es aktuell nicht besser machen kann". Die Frage ist aber, ob das Beste gut genug ist: ob die Qualität der PISA-Stichprobe ausreicht, um die quantitativen Ergebnisse zu tragen.

Tief im Konzept der Studie verankert ist die Beschränkung auf Jugendliche, die noch zur Schule gehen. Zusammen mit der Wahl des Altersjahrgangs bewirkt sie, dass die Daten nicht voll entwickelter Länder wenig repräsentativ für die Gesamtbevölkerung sind und schon deshalb der angestrebte Schluss auf den „outcome" von Bildungssystemen nicht zulässig ist (2.1).

Repräsentativität und Vergleichbarkeit der nationalen Stichproben werden außerdem durch den uneinheitlichen Ausschluss behinderter Schüler (2.4), durch die uneinheitliche Einbeziehung von Berufs- und Sonderschulen (2.3, 2.5) sowie durch Schwänzen und

---

63 Beispielsweise belegt Österreich im OECD-Vergleich Spitzenplätze in Durchhaltevermögen und Zeiteinteilung (4.9), ist aber letztplaziert bezüglich der Kenntnis des Multiple-Choice-Formats (4.6).
64 Das französische Unterrichtsministerium, das im Gegensatz zu Deutschland ohne zwischengeschaltetes Forschungsinstitut mit eigenem Sachverstand an PISA beteiligt ist, urteilt jedoch, dass sich aus den Kontextdaten keine verlässlichen Schlüsse ziehen lassen (Cytermann in DESCO 2003, S. 23).

Testverweigerung (2.6 f.) beeinträchtigt. Die Ergebnisse aus den USA wurden trotz eines verfehlten Teilnahmequorums in den Datensatz aufgenommen. Fünf Staaten überschreiten außerdem die 5%-Grenze für Testausschlüsse. Die Stichprobenziehung beruht auf problematischen Ausgangsdaten; sie ist im Detail nicht kontrollierbar und auf verschiedenen Ebenen manipulierbar (2.2). Selbst massive Fehler, wie in Österreich und vermutlich Südtirol, können lange unentdeckt bleiben und werden nur bei entsprechender politischer Interessenlage aufgeklärt. In Südkorea hat die Stichprobenziehung zu einer unglaubwürdigen Ungleichverteilung der Geschlechter und Geburtsmonate geführt (2.8). Der polnische Datensatz zeigt eine Anomalie, die einen Manipulationsverdacht begründet (2.9). Bei den kognitiven Testdaten ist außerdem zu bedenken, dass über die genauen Testabläufe in den Schulen (2.9) und über die Motivation der Probanden (6.1) nur wenig bekannt ist.

Nur wenige dieser Verzerrungen lassen sich näherungsweise quantifizieren. Die in Teil 2 gewagten Abschätzungen sind kompatibel mit folgendem Überschlag: Wenn die schwächsten 5% von einer (500,100)-Normalverteilung ausgeschlossen werden, hebt das den Mittelwert um fast 11 Punkte, bei Annahme einer realistischeren Abschneidefunktion um größenordnungsmäßig die Hälfte davon.[65] Uneinheitlichkeiten in der Definition der Grundgesamtheit, bei der Stichprobenziehung und bei der Testkomplianz können eine Kumulierung von Verzerrungen bewirken. Eine vorsichtige, für PISA noch günstige Schätzung könnte lauten, dass etliche nationale Mittelwerte um fünf bis zehn Punkte verzerrt sind; wenn verschiedene Ursachen in dieselbe Richtung wirken, kann die Verzerrung in Einzelfällen auch deutlich größer sein. Die Unsicherheit dieser Abschätzung ist von ähnlicher Größenordnung wie die Verzerrung selbst, weshalb eine Korrektur der Daten durch Außenstehende kaum möglich ist.[66]

---

65 Das Ausschließen der schwächsten 5% kann man als Multiplikation der Normalverteilung mit einer Stufenfunktion modellieren. Wenn man diese Stufenfunktion durch eine Ogive ersetzt, deren hauptsächlicher Anstieg sich über einen Bereich von etwa 100 Punkten erstreckt, und deren Zentrum so gewählt wird, dass nach wie vor 5% der Probanden ausgeschlossen werden, dann findet man numerisch oder aus Tabellenwerten der Fehlerfunktion den genannten Anstieg des Mittelwerts um gute 5 Punkte.

Diese Abschätzungen stehen nicht im Widerspruch zur Annahme, bei der Stichprobenziehung sei im großen und ganzen sorgfältig gearbeitet worden. Es drängt sich nicht *ein* bestimmter Fehler auf, der die Qualität des gesamten Datensatzes maßgeblich begrenzt, und den nicht gezielt bekämpft zu haben man den Verantwortlichen vorwerfen müsste. Vielmehr scheint die Repräsentativität der Stichprobe durch eine ganze Reihe verschiedener, aber quantitativ ähnlich bedeutsamer Probleme begrenzt. Nur einzelne dieser Probleme zu lösen, würde die Gesamtgenauigkeit nicht nennenswert verbessern. Insoweit ist Köller nochmals ausdrücklich zuzustimmen, dass sich PISA nahe am derzeit Machbaren bewegt.

Wenn man sich darauf einlässt, dass PISA nicht nur die Fähigkeit, PISA-Aufgaben zu lösen, sondern wohldefinierte Kompetenzen messen soll, dann muss man alle mitgemessenen Störfaktoren (Testfähigkeit, Sprache und Übersetzung, curriculare Voraussetzungen) als eine weitere Quelle systematischer Unsicherheit ansehen. Solche Faktoren können Verzerrungen von zig PISA-Punkten verursachen – schon allein die unterschiedliche Ermüdung im Testverlauf kann ja zu Differenzen von über zehn Prozentpunkten in der Lösungshäufigkeit führen.

Somit sind die *systematischen* Unsicherheiten deutlich größer als die in den offiziellen Berichten angegebenen, rein *stochastischen* Standardfehler, die typischerweise zwischen 2 und 3,5 betragen (LTW, S. 92). Daraus ergeben sich die folgenden Schlussfolgerungen:
(1) Die Fehlerangaben in den offiziellen Berichten sind irreführend.
(2) Wenn man mit aller gebotenen Vorsicht (Grabe 2000, Schmidt 2003) eine Gauß'sche Fehlerfortpflanzung, also eine quadratische Addition der systematischen und stochastischen Unsicherheiten, annimmt (ISO 1995), dann scheinen letztere gegenüber ersteren weithin vernachlässigbar. Das aber heißt, und zwar unabhängig von aller anderen Kritik an PISA: der zur Senkung der stochastischen Unsicherheit betriebene Aufwand ist unverhältnismäßig. Eine Halbierung der Stichproben würde die Gesamtunsicherheit nur marginal erhöhen. Daher bleibt es bei dem Schluss, dass man sich Tausende Probanden pro Staat sparen

---

66 Rindermann (2007b) versucht es immerhin und findet, dass sein Staatenvergleich dadurch an Konsistenz gewinnt.

könnte (W1, S. 149). In Anbetracht des derzeit qualitativ Machbaren ist der logistische Aufwand von PISA überzogen.
(3) Wie in 1.2 referiert, ist in den OECD-Berichten genau angegeben, welche Leistungsunterschiede zwischen Staaten statistisch signifikant sind. Berücksichtigt man systematische Unsicherheiten, sinkt der Anteil signifikanter Vergleichspaare drastisch. Es bleibt dabei, dass Finnland signifikant vor Deutschland und Deutschland signifikant vor der Türkei und Mexiko liegt, aber bezüglich der meisten anderen Ländern lässt sich über die Position Deutschlands nichts Sicheres sagen (ähnlich Romainville 2002 über die Einstufung Belgiens: „beaucoup de bruit pour rien").
(4) Wie die systematischen Unsicherheiten auf die übrigen Tertiärdaten durchschlagen, ist von Fall zu Fall einzeln zu untersuchen. Verzerrungen bei der Stichprobenziehung wirken sich zum Beispiel verstärkt auf Varianzen, aber nur schwach auf Korrelationen aus.

An dieser Stelle liegt der Einwand nahe, dass diese weitreichenden Schlussfolgerungen auf einer letztlich spekulativen Abschätzung der systematischen Unsicherheiten beruhen. Dem ist zu entgegnen, dass Aussagen über Messunsicherheiten grundsätzlich, auch in Naturwissenschaft und Technik, Qualitätsurteile sind, die sich zwar auf Kenntnisse objektiver Gegebenheiten stützen, aber „auch immer subjektive Komponenten" enthalten (Kessel 2001, S. 5):

> Da die Messunsicherheit ein Qualitätsurteil über den Messwert darstellt, bleibt sie einer gewissen subjektiven Einschätzung unterworfen. Sie ist damit nicht unmittelbar messbar. Die Möglichkeit, ihr Beweiskraft zu verleihen, besteht darin, ihren Wert aus den Kenntnissen über den Messprozess schlüssig herzuleiten, und die Kenntnisse zusammen mit dem Weg, wie daraus das Messergebnis gewonnen wurde, transparent zu machen. Nur so wird das gewünschte Vertrauen in die Richtigkeit der Zahlenwerte erzeugt [S. 6]. Dann kann jeder, der es will, sich über die Hintergründe informieren und die Schlussfolgerungen nachvollziehen [S. 5].

Obige Abschätzungen sind transparent; mehr kann Kritik nicht leisten. Genauere Abschätzungen müssen an der Intransparenz der Stichprobenziehung scheitern. Ich bezweifle, dass sich diese Intransparenz durch einen Qualitätssprung der jetzt schon sehr umfangreichen, von den Herausgebern nicht mehr beherrschten Dokumentation heilen lässt; ich vermute auch hier mit Köller, dass man es kaum besser machen kann.

Eine konstruktive Empfehlung muss eher lauten, bei künftigen Untersuchungen den Stichprobenumfang anhand fundierter Kosten-Nutzen-Analysen zu begrenzen, und bei der Veröffentlichung von Ergebnissen konsequent auf systematische Unsicherheiten hinzuweisen — auch auf die Gefahr hin, dass dann nicht mehr viele Ergebnisse übrig bleiben.

6.3 Verzerrungen mit bestimmter Richtung

Bei manchen systematischen Verzerrungen kann man trotz erheblicher Unsicherheit über ihren Betrag doch mit ziemlicher Bestimmtheit angeben, in welche Richtung sie wirken. So lässt sich sagen, dass PISA (1) englischsprachige Staaten überschätzt und (2) die Fähigkeiten der Testteilnehmer unterschätzt.

Zu (1): Der Bildungsbegriff der OECD („une optique pratico-pratique très nord-américaine", Romainville 2002), die Herkunft vieler Lesetexte und einer Mehrheit der Testaufgaben aus dem englischen Sprachraum und die Nachbearbeitung sämtlicher Aufgaben durch „professional item writers" (TR, S. 21) bewirken, dass der kognitive Test Schülern im englischsprachigen Raum vergleichsweise vertraut vorkommt. Auch die Nicht-Anpassung von Personennamen und Ortsangaben wirkt in diese Richtung. In den USA, Kanada und einigen anderen Staaten haben Fünfzehnjährige bereits langjährige Erfahrung mit standardisierten Tests und speziell mit dem Multiple-Choice-Format, so dass von einem erheblichen Vorsprung an *testwiseness* auszugehen ist, der sich empirisch in einer besonders niedrigen Quote von Mehrfachantworten bestätigt (4.6). Die Originalfassung der Aufgaben ist frei von Übersetzungsfehlern, und Lesetexte sind im Englischen kürzer als in manch anderer Sprache (4.8). Zur Überschätzung der Schülerleistungen in den USA und Kanada tragen außerdem die regelwidrig vielen Ausschlüsse (2.4) sowie möglicherweise die sehr niedrigen Schulteilnahmequoten (2.6) bei.

Zu (2): PISA findet unter erheblichem Zeitdruck statt (4.9). PISA misst nicht Wissen und Können, sondern allenfalls Leistung im Sinne von Arbeit durch Zeit. PISA misst nicht, ob Schüler in der Lage sind, bestimmte Aufgaben zu lösen, sondern wie sie in einer Prüfungssituation mit ganzen Aufgabenbatterien umgehen. Ohne gut geübte Teststrategie (Überspringen langwieriger Aufgaben; Raten) fehlt am Ende Zeit selbst für einfache Aufgaben. Das Nachlassen im Testverlauf (4.9) gibt zumindest einen Anhaltspunkt, wieviel mehr die Schüler unter entspannten Rahmenbedingungen leisten könnten. Wegen der Komplexität vieler Aufgabeneinheiten darf aus einer falschen Lösung nicht auf vollständiges Nichtkönnen geschlossen werden (Aebli 1976, S. 346). Die wenigen zu PISA veröffentlichten Schülerantworten deuten in dieselbe Richtung: in manchen Fällen wurde der Sachverhalt verstanden, aber nicht die Intention der Frage (Blanke *et al.* 2004, z. B. S. 33 f.). Die Korrekturanweisungen sind streng bis pedantisch (Romainville 2002) und in mindestens einem Fall falsch.[67] Weiterhin ist das fehlende Eigeninteresse der Teilnehmer zu berücksichtigen,[68] die in PISA nicht einmal eine Rückmeldung bekommen.[69] Bei PISA kommt die ungünstige Altersstufe hinzu:

> Adolescents, compared with elementary students, were more likely to cheat, to become nervous, to have difficulties concentrating, to guess, and to look for answers that matched the questions without reading the passage. All of these strategies are designed to avoid personal effort and responsibility [...] older students apparently feel greater resentment, anxiety, cynicism, and mistrust of standardized achievement tests [Paris *et al.* 1991].

---

67 „Daylight" Antwortcode 04: Süden oben einzuzeichnen, ist ein Verstoß gegen eine Konvention, aber kein inhaltlicher Fehler.
68 In einer Meta-Studie konstatieren Wise und DeMars (2005), dass fehlender Leistungsdruck (*low stakes*) Testergebnisse typischerweise um über eine halbe Standardabweichung drückt (ähnlich auch Bloxom *et al.* 1995). Weitere Verzerrungen ergeben sich durch die Bevorzugung von Aufgaben, die unanstrengend aussehen. Boe *et al.* (2002) quantifizieren das Engagement der TIMSS-Probanden anhand der Quote bearbeiteter Fragen aus dem Questionnaire. Sie deuten diese Quote als „Student Task Persistence" und finden, dass sie über die Hälfte der Varianz der nationalen Leistungsmittelwerte erklärt.
69 Wenn standardisierte Tests für Prüfungen (*high stakes*) eingesetzt werden, ist die Geheimhaltung der Aufgaben und damit auch der Korrekturen geradezu ein Rückfall in vormoderne Praktiken (Kohn 2000, S. 18).

Die Insignifikanz signifikanter Unterschiede

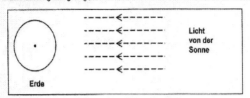

Nehmen Sie an, es wäre der kürzeste Tag in Melbourne.

Zeichnen Sie die Erdachse, die nördliche Hemisphäre, die südliche Hemisphäre und den Äquator in die Abbildung ein. Beschriften Sie alle Teile Ihrer Antwort.

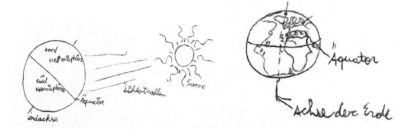

Abbildung 18. Die Naturwissenschaftsaufgabe „Daylight Q2" und zwei Schülerlösungen aus Luxemburg (Blanke et al. 2004 S. 68, 72). Die Schüler haben die Anweisung „Zeichnen Sie ... ein" nicht befolgt und stattdessen in den freien Platz unterhalb der Angabe gemalt. Für eine Aufgabe stehen im Mittel 1'40" zur Verfügung, wovon ein erheblicher Teil zum Lesen langer Einleitungstexte (zur Einheit „Daylight" über 160 Worte) benötigt wird.

Abbildung 18 zeigt, wie PISA-Teilnehmer ins Malen geraten, statt Leistung im Sinne von Aufgaben pro Zeit zu liefern:

> These students may simply not care whether their scores reflect what they know and can do. Alternatively, because they resent having to take the test, they might be noncompliant or intentionally perform poorly [Wise/DeMars 2005, S. 3].

Wer die prozentualen Lösungshäufigkeiten einzelner PISA-Aufgaben wörtlich nimmt, ohne den gesamten Testablauf, das ungewohnte Aufgabenformat, den Zeitdruck und das fehlende Eigeninteresse mitzudenken, unterschätzt die tatsächlichen Fähigkeiten der Schüler und muss erheblichen Bevölkerungsteilen funktionalen Analphabetismus unterstellen.[70]

6.4 Kompetenzstufen

Genau in diesem Sinne wird für Deutschland seit Jahren in unzähligen Variationen verkündet:

> Die katastrophalen Ergebnisse der „Pisa"-Studie betreffen uns alle: Deutschlands Schüler verlernen das Lesen. Die Studie stellt eine faktische Analphabetenrate von fast 22 Prozent fest [Dieter Schormann, Vorsteher des Börsenvereins des deutschen Buchhandels, börsenblatt, 14.12.2001].

> [...] es kann auf Dauer nicht akzeptiert werden, dass in Deutschland fast jeder vierte Fünfzehnjährige einfache Texte nicht lesen und verstehen kann und günstigenfalls auf Grundschulniveau rechnen kann [Dieter Hundt, Präsident der Bundesvereinigung der Deutschen Arbeitgeberverbände, Deutschlandradio Kultur, 7.12.2004].

> Eine der dramatischsten Erkenntnisse der Pisa-Studie war doch, dass ein knappes Viertel der 15-Jährigen nicht richtig lesen und rechnen kann – und damit nicht fit für den Arbeitsmarkt ist [Dieter Lenzen, Sprecher eines „Aktionsrats Bildung",[71] Die ZEIT, 8.3.2007].

Der Hintergrund ist folgender: Um die Kompetenzpunkteskala über ihre Hilfsfunktion im Staaten-Ranking hinaus „mit Leben zu füllen" (D. Lind et al. 2005, S. 84), veröffentlicht das Konsortium die statistischen Ergebnisse von Anfang an zusammen mit einer bestimmten inhaltlichen Interpretation. Diese Interpretation besteht aus einer

---

70 Dies dürfte die Tendenz vieler Studien sein. Unplausibel schlechte Ergebnisse der Lesestudie IALS haben zur Aufdeckung einer ganzen Reihe methodischer Mängel geführt (Blum/Guérin-Pace 2000). Kießwetter (2002) zieht aus seiner Erfahrung in der Begabtenförderung den Schluss, einen Testerfolg als hinreichendes, aber nicht notwendiges Kriterium für eine besondere Begabung anzusehen.
71 www.aktionsrat-bildung.de: „in Bürogemeinschaft mit der Bildungsabteilung der vbw – Vereinigung der Bayerischen Wirtschaft e.V.". Zu dessen Verflechtung mit PISA, Bertelsmann und der ZEIT siehe Bender (2007).

Einteilung der Aufgabenschwierigkeiten in sieben „Stufen" (sechs „Kompetenzstufen" und eine darunter liegende Inkompetenzstufe, im folgenden als Stufe 0 bezeichnet) und aus verbalen Beschreibungen der jeweiligen Anforderungen.

Wenn die drei Dieter ein knappes Viertel aller Fünfzehnjährigen zu funktionalen Analphabeten erklären, dann beziehen sie sich auf Schüler, deren Kompetenzwerte in die Stufen 0 oder 1 fallen, und übersehen dabei, dass mit „literacy" schon auf Stufe 1 mehr als nur Lesenkönnen gemeint ist (OECD 2001, S. 47 f.). Die Kieler Projektleitung hat dieser Dramatisierung Vorschub geleistet, indem sie in PISA 2003 den Begriff *Risikogruppe* auf die Stufe 1 ausgeweitet hat (u. a. D03a, S. 6). Das ist international so nicht angelegt, der OECD-Ergebnisbericht spricht von „risk" nur mit Bezug auf Stufe 0 (LTW, S. 279), und auch im deutschen Bericht zu PISA 2000 war der Begriff noch auf die Stufe 0 beschränkt (D00, S. 120).

Mit Bezug auf diese engere, 10 % aller Fünfzehnjährigen umfassende Risikogruppe wurde dort konstatiert:

> Die von den Lehrkräften vorab als „schwache Leser" benannten [...] Schüler bilden nur einen kleinen Teil der Risikogruppe. Der größte Teil der [...] Schüler der Risikogruppe wird von den Lehrkräften nicht erkannt [D00, S. 120].

Statt an der Validität ihrer Dateninterpretation zu zweifeln, gefallen sich die Bildungsforscher darin, in zwei Stunden mehr herauszufinden als ein Lehrer in Jahren.

In der öffentlichen Rezeption wird übersehen, dass der relative Anteil von Schülern auf bestimmten Kompetenzstufen primär durch die Konstruktion dieser Stufen bedingt ist (vgl. Kohn S. 14 f.). Die Stufen beruhen auf einer unabhängig vom Testergebnis vorgegebenen Einteilung der Schwierigkeitspunkteskala in sieben Intervalle. Die fünf geschlossenen Intervalle in der Mitte haben alle die gleiche Breite; deren Zahlenwert 62,1 beruht auf substanzloser mathematischer Spielerei.[72] Aufgrund dieser Vorgaben ist zu erwar-

---

72 Die Erläuterungen (Turner in Adams/Wu 2002, S. 197 ff; TR, S. 253 ff.; LTW, S. 46) sind trotz gegenteiliger Beteuerung („easy-to-understand") ebenso wirr wie wortreich und verschieben die willkürliche Vorgabe, auf der die Festlegung der Breite beruht, ins Unbestimmte; sie sind nicht einmal widerspruchsfrei: Ein Schüler am unteren Rand einer Kompetenzstufe löst Aufgaben am unteren Rand der Stufe

ten, dass der Anteil der Schüler auf den untersten beiden Stufen im OECD-Staatenmittel

$$\int_{-\infty}^{420,4} d\theta^P \, \mathcal{N}(\theta^P; 500, 100) = 21{,}3\,\% \tag{33}$$

beträgt. Tatsächlich liegt das Ergebnis in Mathematik mit 21,5 % leicht darüber, weil Schülerkompetenzen selbst dann nicht exakt normalverteilt sind, wenn eine Normalverteilung in die Skalierung hineinsteckt wird. Im Lesen ist die Abweichung stärker, weil die Punkteskala an PISA 2000 angeschlossen wurde und sich dabei die Stufengrenzen verschoben haben.

Wie Tabelle 8 auflistet, liegt der Schüleranteil auf den Stufen 0 und 1 in Deutschland in beiden Gebieten, Mathematik und Lesen, bei ungefähr 22 %, also einmal deutlich und einmal knapp über dem internationalen Durchschnitt. Bei Ausschluss der Sonderschüler sänke der Anteil um knappe 3 %, Deutschland läge einmal knapp über und einmal deutlich unter dem OECD-Schnitt. Wie schon in 2.5 betont, ist dies nicht als *Korrektur* des deutschen Ergebnisses zu verstehen, sondern als Beleg für die *Unsicherheit* von Vergleichsaussagen: ob der Anteil besonders schwacher Schüler über oder unter dem internationalen Durchschnitt liegt, hängt empfindlich von unkontrollierbaren Details der Stichprobenziehung ab. Die als solche markierten Sonderschüler gestatten es ausnahmsweise, diese Unsicherheit zu quantifizieren; einige andere in Teil 2 genannte Unschärfen können sich aber ähnlich stark auswirken. Vergleichende Aussagen über den Anteil besonders schwacher Leser dürften zum Beispiel besonders stark dadurch verzerrt sein, dass einige Staaten Legastheniker ausgeschlossen haben. In Anbetracht dieser Unsicherheiten ist keine seriöse Aussage möglich, ob der Anteil von Schülern auf den Kompetenzstufen 0 und 1 in Deutschland bei OECD-weit einheitlicher Testdurchführung leicht über oder leicht unter dem Staatenmittel läge.

Darüber hinaus gibt es zwei fundamentale Einwände gegen die Verbalisierung von Testergebnissen mittels Kompetenzstufen:

---

mit der Wahrscheinlichkeit 62 %, Aufgaben in der Mitte mit 50 % (LTW, S. 46). Gemäß (26) müsste die Breite einer Stufe dann $2 \cdot 77{,}89 \cdot \ln(62/38) = 76{,}3$ betragen. Die Angabe, dass Schüler am oberen Rand einer Stufe („masters") 80 % aller Aufgaben lösen (TR, S. 254), passt auch nicht dazu.

Die Insignifikanz signifikanter Unterschiede

Tabelle 8. Anteil der Probanden in Kompetenzstufe 1 und darunter. Vollständige Angaben sind nur für zwei der vier Testgebiete möglich: für den Naturwissenschaftstest sind die Punktegrenzen nicht dokumentiert; in Problemlösen scheint es nur drei statt sechs Kompetenzstufen zu geben.

Testgebiet	Komp.stufe 1 bis	OECD	Deutschland	Deutschland ohne So.sch.
Lesen	407,5	19,0 %	22,3 %	19,6 %
Mathematik	420,4	21,5 %	21,7 %	19,0 %

(1) Die Klasseneinteilung von Aufgaben und Schülern setzt voraus, dass sich Aufgabenschwierigkeiten und Schülerfähigkeiten auf je einer eindimensionalen Skala anordnen lassen. Im Rahmen der Item-Response-Theorie ist das möglich, solange sich die Testergebnisse mit dem einparametrigen Rasch-Modell beschreiben lassen. Eine wesentliche Stärke von IRT-Modellen besteht darin, die Voraussetzungen ihrer eigenen Anwendbarkeit validieren zu können (Rost 1999). Für PISA ist das Ergebnis negativ (4.2 f.): die Aufgaben haben sehr unterschiedliche Trennschärfen; das einparametrige Rasch-Modell ist inadäquat. Wenn das Modell dennoch den Daten übergestülpt wird, erhält man Parameterwerte, die sich seriöserweise nicht als Aufgabenschwierigkeit deuten lassen.

(2) Man fragt sich, wie es überhaupt möglich sein soll, die inhaltlichen Anforderungen einer Stufe treffend zu beschreiben und von benachbarten Stufen abzugrenzen, wenn die Lösungshäufigkeiten der Aufgaben in ganz unterschiedlichem Maße von verschiedensten Dimensionen des Testgeschehens abhängen: Kenntnis des Aufgabenformats (4.6), Teststrategie (4.4), Durchhaltevermögen (4.9), Frustrationstoleranz (wenn Probanden nur einen Bruchteil aller Aufgaben zugänglich finden, 3.15), sprachliche Gestalt und kultureller Hintergrund (4.7 f.), unterschiedliche curriculare Voraussetzungen und Lösungswege (4.3, Meyerhöfer 2004b, Bender 2005), sozialer Hintergrund (5.2), Geschlecht (5.3). Die naheliegendste Antwort scheint mir: Die perfekte Strukturiertheit der Kompetenzstufenbeschreibungen deutet auf einen ausgesprochen geringen empirischen Gehalt hin. Die gan-

ze Methodik ist so unempfindlich, dass Unstimmigkeiten in der Zuordnung gar nicht bemerkt werden. Man unternehme dazu ein Gedankenexperiment: Die Schüler hätten im OECD-Durchschnitt eine halbe Aufgabe pro Mathematikblock mehr gelöst. Wie hätte sich das auf Auswertung und Interpretation der Testergebnisse ausgewirkt? Die Mathematikblöcke umfassen im Durchschnitt zwölf Aufgaben; die Lösungshäufigkeit wäre somit um gute 4 % gestiegen. In PISA-Punkten entspräche das bei festgehaltener Skalierung einem beachtlichen Kompetenzzuwachs um mehr als 16 Punkte; nur noch 17 % der Schüler fänden sich in den Kompetenzstufen 0 und 1. Bei unveränderten Auswerteprozeduren wäre das aber durch die Skalierung kompensiert worden; es wäre letztlich wieder eine Kompetenzverteilung mit Zentrum 500 und Breite 100 herausgekommen; nach wie vor würden rund 22 % der Schüler den Kompetenzstufen 0 und 1 zugeordnet. Hingegen hätte sich die Schwierigkeitseinschätzung der Aufgaben um gut 16 Punkte nach unten verschoben. Ungefähr jedes vierte Aufgabe wäre dadurch in eine niedrigere Kompetenzstufe gekommen; die Anforderungen in den einzelnen Stufen wären entsprechend gestiegen. Die Frage ist nun: Wäre das überhaupt bemerkt worden? Hätten die Interpretationsexperten tatsächlich bestimmte Anforderungen auf einer niedrigeren Stufe angesiedelt, oder Formulierungen geändert? Hätte das deutsche Konsortium bemerkt, dass auf Stufe 1 mehr verlangt wird als schon jetzt, und die Einschätzung „Risikogruppe" in Frage gestellt?

6.5 Schüler testen Aufgaben

In einem Test werden grundsätzlich nicht nur die Versuchspersonen, sondern immer auch die Aufgaben auf die Probe gestellt. Einem Rohdatensatz sieht man gar nicht unbedingt an, nach welcher Seite das Untersuchungsinteresse geht; von seiner Struktur her (3.3) sind die Grundmengen V und J austauschbar. Das Antwortmodell von Rasch (3.4) überträgt diese Symmetrie auf die Kompetenz- und Schwierigkeitswerte, die bis auf einen Vorzeichenwechsel vertauschbar sind.

Im gängigen Verständnis von PISA dominiert natürlich die Vorstellung, dass Schüler getestet werden. Die Kompetenzstufen beru-

hen jedoch auf der entgegengesetzten Auswertung: die Verteilung der Schüler auf die Stufen ist im statistischen Mittel immer gleich; die Messung zielt allein auf die Einstufung der Aufgaben. Für *didaktische* Analysen müsste man diesen Ansatz vertiefen und untersuchen, wie Schüler mit einzelnen Aufgaben umgehen (Olsen 2005a). PISA ist allerdings nicht auf eine solche Auswertung hin angelegt:
- Nur ein Bruchteil des anfänglich in Feldtests erprobten Aufgabenmaterials wird im Haupttest eingesetzt (TR, S. 27 f.); der Rest bleibt undokumentiert, obwohl sich aus dem Nicht-Funktionieren bestimmter Aufgaben in bestimmten Ländern vielleicht einiges lernen ließe;
- die Mehrheit aller im Haupttest eingesetzten Aufgaben wird viele Jahre lang geheimgehalten;
- es wird nicht erfasst, wieviel Zeit sich die Probanden für einzelne Aufgaben nehmen;
- die Aufgaben sind so komplex, dass aus einer einzigen Codeziffer, die angibt, ob die Aufgabe richtig, falsch oder gar nicht bearbeitet wurde, herzlich wenig gelernt werden kann.

Die Komplementarität der beiden Sichtweisen, Testen von Schülern und Testen von Aufgaben, kann erhellend wirken; sie hilft, die Tragweite statistischer Aussage einzuschätzen:
- Der Geschlechterunterschied ist im Bereich Lesen „deutlich am größten und am konsistentesten" (D00, S. 251)? Stimmt auch für PISA 2003, in 26 von 28 Leseaufgaben haben Mädchen die höhere prozentuale Lösungshäufigkeit.
- Die Unterschiede zwischen Jungen und Mädchen in den Naturwissenschaften sind „minimal" (D03b, S. 212)? Stimmt nicht. Bei einzelnen Naturwissenschaftsaufgaben sind die Unterschiede zwischen den Geschlechtern sogar besonders groß. Nur aufgrund der zufälligen Mischung der Aufgaben mitteln sich diese Unterschiede in der Kompetenzbewertung weitgehend weg (5.3).
- Isländische Schüler bringen signifikant bessere Mathematikleistungen als deutsche? Hängt kritisch von der Aufgabenauswahl ab. Bei 50 Aufgaben schneiden die Isländer besser ab (und zwar in einigen Fällen sehr deutlich, um bis zu 26,2 Prozentpunkte), bei 34 Aufgaben die Deutschen.
- Die Testleistung hängt von der sozialen Herkunft ab? Stimmt, aber die Abhängigkeit ist von Aufgabe zu Aufgabe sehr unter-

schiedlich ausgeprägt; auch hier hängen Staatenvergleiche in unkontrollierbarer Weise von der Aufgabenauswahl ab.

6.6 Messung von Trends

Die Entscheidung, mit PISA über viele Jahre hinweg Veränderungen messen zu wollen, bringt drei gravierende Nachteile mit sich: Erstens wird der überwiegende Teil der bisher eingesetzten Testaufgaben geheimgehalten, um künftige Durchgänge darauf normieren zu können. Auswertungen auf der Aufgabenebene werden dadurch stark behindert. Wenn man die Qualität der Testaufgaben und ihrer Übersetzungen bewertet, ist man auf die Annahme angewiesen, dass die veröffentlichte Auswahl einigermaßen repräsentativ für den Gesamtbestand ist.

> Aber die Kritik, die häufig geübt wird, funktioniert so, dass man sich eine oder ganz wenige Aufgaben als pars pro toto herausnimmt und daran die ganze Studie misst und schlecht macht. Man hat das Gefühl, dass diejenigen, die diese harte Kritik äußern, nicht genug vom Kuchen abbekommen und dass möglicherweise auch Neid in der Kritik steckt [Köller 2006b].

> Mir lagen für Meyerhöfer (2005) alle PISA-Items vor. Die von mir gewählte Methode der kontrastiven Aufgabeninterpretation führt dazu, dass ich die aufgezeigten Probleme für *alle* PISA-Aufgaben behaupte. Qualitativ unterscheiden sich veröffentlichte und nicht veröffentlichte Aufgaben nicht [W. Meyerhöfer, pers. Mitt. Mai 2007].

Zweitens zwingt die Absicht, die Ergebnisse numerisch vergleichbar zu halten, zu weitgehendem Festhalten an der einmal gewählten Testkonzeption (Zwick 1992). Den Verantwortlichen ist es deshalb kaum möglich, Kritik anzuerkennen und umzusetzen (vgl. Bender 2005).

Drittens droht eine Verdoppelung der Kosten: Aus einem Sitzungsbericht der OECD (2005c) geht trotz diplomatischer Sprache deutlich hervor, dass etliche Staaten mit der Wahl der Grundgesamtheit unzufrieden sind und lieber jüngere Schüler testen möchten. Um die begonnene Zeitreihe fortzusetzen, will eine Mehrheit jedoch an der Testung der Fünfzehnjährigen festhalten. So kam der Wunsch auf, PISA in Zukunft für zwei Altersklassen durchzuführen.

Das alles für Datenpunkte, die überwiegend zufallsgesteuert auf und ab fluktuieren. Größere Fluktuationen werden in der offiziellen Auswertung zwar als signifikant bezeichnet; nach allem zuvor Gesagten ist aber klar, dass ungeregelte und undokumentierte Änderungen der Testbedingungen Effekte in ähnlicher Größenordnung bewirken können. Allein schon eine Änderung der *Reihenfolge* von Testaufgaben kann einen steilen Leistungsabfall oder -anstieg von einem Testdurchgang zum nächsten vortäuschen (Zwick 1992). Und selbst wenn sich nach mehreren Dreijahreszyklen ein robuster Trend in den Testleistungen abzeichnete, wäre fraglich, was man daraus schließen dürfte. So heißt es im deutschen Bericht über die einzige „signifikante" Verbesserung, in Mathematik, die 2003 gegenüber 2000 festgestellt wurde (D03a, S. 9):

> Diese positive Entwicklung könnte auf ein verändertes Problembewusstsein und auf Maßnahmen zurückzuführen sein, die in Deutschland nach TIMSS ergriffen wurden, zum Beispiel durch einen Wandel der Aufgabenkultur [...]

Mit der bisherigen Methodik kann man also nicht einmal klären, inwieweit Verbesserungen der Testergebnisse darauf beruhen, dass *teaching to the test* stattgefunden hat.

6.7 Experten

Die Programmschrift zu PISA 2000 (OECD 1999, S. 10) zählt auf, welche *Indikatoren* die Testung liefern wird, und erklärt dann:

> Although indicators are an adequate means of drawing attention to important issues, they are not usually capable of providing answers to policy questions. OECD/PISA has therefore also developed a policy-oriented analysis plan that will go beyond the reporting of indicators.

Im deutschen Sprachraum ist diese Strategie besonders gut aufgegangen. Die Inszenierung von PISA als ein Nationen-Wettkampf hat enorme öffentliche Aufmerksamkeit erzeugt, den Namen der Studie als eine Marke[73] etabliert und die Macher als Experten akkreditiert,

---

[73] Als das IPN im November 2006 eine nationale Studie über Kompetenzzuwächse innerhalb eines Schuljahres herausbrachte, protestierte der *Verband Bildung und*

derer man zur Deutung der Ergebnisse dringend bedarf, da man in der Tat aus Punktwerten und Rangplätzen („Indikatoren") so gut wie nichts lernen kann.

Statistiken sprechen nicht für sich. Auch die produktiven Impulse aus TIMSS, PISA und IGLU leben nicht von den Zahlen allein, sondern von der Lauterkeit und Klugheit der Leute, die sie interpretieren. Das heißt dann auch: Wenn andere Personen dieselben Zahlen interpretieren, können sie zu ganz anderen Schlussfolgerungen kommen (Ich erinnere an meinen alten Vorschlag, dass die Ergebnisse von Studien aus der Perspektive „stellvertrender LeserInnen" unterschiedlicher Disziplinen und Positionen vorgestellt werden sollten, um diese Personabhängigkeit der Interpretation auch transparent zu machen [Brügelmann 2006].

Einmal als *Bildungsexperten* anerkannt, beschränken sich die PISA-Macher nicht auf das Erklären von Statistiken. Dabei kommt ihnen ein mediales Bedürfnis nach Wiedererkennbarkeit entgegen, das in allen möglichen Politikbereichen die Figur des universell kompetenten, durch Notorietät legitimierten Großsachverständigen hervorgebracht hat. Beständig auf die Grenzen des fachlich Gesicherten und der eigenen Kompetenz hinzuweisen, ist mit dieser Rolle nicht kompatibel; die Grenze zum Lobbyisten ist unscharf.

Wer sich mit dem PISA-Konsortium anlegt, kommt früher oder später nicht umhin, dessen Verhalten auch auf einer Meta-Ebene zu analysieren (Meyerhöfer 2006a, Rindermann 2007a). Die ständige Berufung der PISA-Macher auf eigene und fremde Expertise muss in eine kritische Untersuchung einbezogen werden, weil sie die interne Konsistenz und die wissenschaftliche Diskutierbarkeit von PISA in Frage stellt:

> The chain of appeals to authority must end somewhere, and, if the whole chain of appeals is to be epistemically sound, it must end with someone who possesses the necessary evidence [Hardwig 2006, S. 329].

Erziehung gegen „blanke Testeritis ohne ernsthaften wissenschaftlichen Hintergrund", warnte die KMK davor, sich auf „auf läppischen Nebenschauplätzen zu verirren" – und forderte, „das Markenzeichen PISA nicht weiter zu beschädigen" [http://www.vbe.de/index.php?id=871]. Für den Vorsitzenden des VBE steht die *Marke* PISA ganz offensichtlich nicht für eine fortlaufende, ergebnisoffene wissenschaftliche Unternehmung, sondern für die „Initialzündung" von 2001 und die daran geknüpften bildungspolitischen Erwartungen.

Autorität dient in PISA auf verschiedensten Ebenen als Argument. Zum Beispiel, um in Testaufgaben an Grundwissen zu erinnern:

> The President of the Astronomical Society, Mr Perry Vlahos, said the existence of changing seasons in the Northern and Southern Hemispheres was linked to the Earth's 23-degree tilt ["Daylight", LTW, S. 288].

Zum Beispiel in einer unter den Auspizien von Baumert und Köller entstandenen Doktorarbeit, in der Literaturverweise mit dem Hinweis unterlegt sind, der zitierte Autor sei „eine Autorität", „renommiert" oder „namhaft" (Brunner 2005, S. 10, 33, 193). Vor allem aber auf prozeduraler Ebene: Die Berichte (TR, LTW) weisen alle paar Seiten auf die Mitarbeit von Experten hin, darunter „consortium experts", „international experts", „national experts"; „consultants", „individual experts", „expert groups", „expert committees", „expert panels"; „domain-matter experts", „item development experts", „assessment experts", „expert translators", „expert markers"; „trained experts", „suitable experts", „knowledgeable experts", „leading experts"; Experten mit „appropriate expertise", „scientific expertise", „technical expertise" und Experten ohne spezifizierte Expertise – letztere genießen laut ISEI immerhin denselben sozio-ökonomischen Status wie Astrologen.

Wahrscheinlich sind die Verweise auf die eingebrachte Expertise in jedem Einzelfall als Beleg für hohe Präzision und konsequente Wissenschaftlichkeit gemeint. In ihrer Häufung aber sind sie ein Indiz für ein fundamentales methodisches Problem. Dieses Problem ist in der Verknüpfung quantitativer und qualitativer Verfahren zu verorten und spiegelt sich in der Arbeitsteilung von Psychometrikern und Didaktikern wieder. Nicht zufällig wird in den internationalen Berichten an keiner Stelle auf *psychometrische* Expertise verwiesen: diese eine Expertise besitzen die Herausgeber selbst. Man beruft sich nur auf Expertise, die man selbst *nicht* hat.

Schon Freudenthal sah die Arbeitsteilung als ein Kernproblem:

> What happens in educational research looks as though in natural science it would have become a habit that – because of the importance of mathematics as a tool – all research is done by mathematicians, who for experiments, if need be, would hire some analysts, laboratory assistants, and stablemen. Fortunately science is not run this way. Otherwise instead of science we would have orgies of bad mathematics [1975, S. 178].

„Bad mathematics", weil alles Skalieren und Kalibrieren des Outputs nichts nützt, wenn der Input nicht stimmt. Ein Test kann nicht besser sein als seine Aufgaben. In Großstudien wie PISA wird versucht, die Subjektivität der Aufgabenauswahl durch Institutionalisierung des Expertentums (groups, committees, panels) in den Griff zu bekommen. Die bisher veröffentlichten Aufgaben belegen das Scheitern dieses Ansatzes. Zugleich wird Verantwortung verwischt: kein Fachdidaktiker knüpft seine Reputation an einzelne Testaufgaben. Die Experten legitimieren sich allein durch das, was sie *vor* PISA geleistet haben.

Die öffentliche Rezeption von PISA beruht nicht unmittelbar auf den internationalen Berichten, sondern wird durch nationale Auswertungen und Interpretationen vermittelt. Auf dieser Ebene liegt die Deutungshoheit nicht mehr bei Psychometrikern, sondern bei Pädagogen, Psychologen oder Soziologen, die aufgrund ihrer Vermittlungsleistung von den Medien als Bildungsexperten wahrgenommen werden. Die beteiligten Fachdidaktiker treten wesentlich zurückhaltender auf und warnen die Fachöffentlichkeit vor vereinfachenden Interpretationen:

> Eine Beurteilung der Analysen der Tests ist nur möglich, wenn man neben den konzeptionellen Vorstellungen und den zu untersuchenden Fragestellungen bei der Entwicklung des Tests mit den Modellvorstellungen vertraut ist, die messtheoretisch die geplanten Analysen der erhobenen Daten im Blick haben. Verständnisschwierigkeiten bei der Diskussion von „Ergebnissen" beruhen oft auf fehlender Gesamtschau beider Komponenten [Knoche *et al.* 2002, S. 160].

Das ist zwar sprachlich verunglückt, lässt aber einen Gedanken durchscheinen, dem man, die Anführungszeichen eingeschlossen, nur zustimmen kann: Wer Tertiärdaten deuten will, sollte verstehen, auf was für Primärdaten und auf was für Auswerteschritten sie beruhen.

Der vorliegende Aufsatz dient nicht zuletzt dem Ziel, dieses Verständnis zu fördern. Er schließt Lücken in der offiziellen Dokumentation und zeigt Ungenauigkeiten und Fehler in zahlreichen Publikationen der PISA-Experten auf:
– Adams selbst beschreibt die Skalierung lückenhaft, fehlerhaft, undidaktisch und unsouverän;

- andere Mitarbeiter von ACER fassen das Skalierungsverfahren in einem späteren Kapitel fehlerhaft zusammen;
- die Schweizer Projektleitung meint, es werde ein zweiparametriges Item-Response-Modell verwendet (alles 3.2);
- niemand stört sich daran, dass die Modellierung des Schülerverhaltens offenkundig inadäquat ist (4.2 ff.);
- die deutschen Mathematik-Experten müssen *raten*, was für eine Kompetenzverteilung in der Skalierung vorgegeben wird;
- genau beschreiben sie nur ein *nicht* angewandtes Schätzverfahren, und vergessen dabei die a-priori-Verteilung;
- sie werfen Begründungen für eine Item-Response-Skalierung, für eine Maximum-Marginal-Likelihood-Schätzung und für die Verwendung plausibler Werte durcheinander (alles Anhang E);
- ähnlich wie Köller, der Modellwahl und Plausible-Werte-Methode in unzutreffenden Zusammenhang bringt (Anhang D).

Mangel an fachlicher Souveränität zeigt sich auch in den Reaktionen auf W1:
- Auf die Vermutung, Inkonsistenzen zwischen Datensatz und Dokumentation könnten auf einen Programmfehler zurückzuführen sein, antwortet Köller mit einem naiven Glaubensbekenntnis (Anhang D);
- Prenzel und Walter finden zwar die Ursache der Inkonsistenz; beim Versuch, eine unzutreffende Rekonstruktion des Skalierungsverfahrens als einen Rechenfehler erscheinen zu lassen, verrechnen sie sich dann aber selber (Anhang B);
- ein eindeutiger Fehler, eine mit der Item-Response-Skalierung unvereinbare Abweichung zwischen unterschiedlich gewichteten Lösungsprofilen, ist hingegen unkommentiert, wahrscheinlich also unbemerkt geblieben (Anhang C).

Das ist die Kehrseite der Arbeitsteilung: Viele PISA-Experten verstehen den Datenfluss von der Item-Response-Modellierung bis zur Generierung plausibler Werte allenfalls oberflächlich. Kein Wunder, dass sie tendenziell die Aussagekraft numerischer Ergebnisse überschätzen. Selbst manche Statistiker unter den Experten trauen sich kein eigenes Urteil über die Validität der Datenaufbereitung zu. Das Schweizer Bundesamt für Statistik antwortete auf mein erstes Manuskript:

> Ihre geballte Ladung von Kritikpunkten an PISA erstaunt mich. Leider sind wir zur Zeit sehr beschäftigt, so dass ich Ihr Dokument nicht im Detail lesen kann. [...] Generell möchte ich anmerken, dass Ihre Kritik nur dann ernst genommen werden kann, wenn Sie alle aufgeführten Punkte und Vermutungen von den Hauptverantwortlichen des PISA-Konsortiums und der OECD, das sind Ray Adams und Andreas Schleicher, überprüfen und wenn möglich kommentieren lassen [C. Zahner-Rossier, Mail vom 28. 3. 2006].

Diese Kommentierung ist inzwischen öffentlich erfolgt:

> „Ganz offensichtlich kennt Herr Wuttke das Pisa-Programm nicht wirklich", bügelt Pisa-Koordinator Andreas Schleicher den Tadel des Physikers ab. „100 Experten in 30 Ländern arbeiten seit Jahren an diesem System." [Spiegel Online 8. 11. 2006].

So erweist sich die Berufung auf Expertise als zirkulär.

Anhänge

A Konkordanz 1./2. Auflage

Für Leser der ersten Auflage dieses Buchs ist in der folgenden Tabelle zusammengestellt, inwieweit ich die dort (W1) erhobenen Kritikpunkte aufrecht erhalte.

W1	Kritik	hier	Status
§ 1	uneinheitliche Einschreibquoten	2.1	präzisiert
§ 2	fehlerhafte Stichprobenziehung	2.2 f.	erheblich erweitert: auch in USA unglaubwürdig; massive Probleme in Österreich; fehlende Schulpflichtige in Südtirol
§ 3	uneinheitliche Ausschlüsse	2.4	unverändert
§ 4	uneinheitliche Einbeziehung von Sonderschulen	2.5	Befund unverändert; Implikationen präziser diskutiert
§ 5	Korrelation von Teilnahmequote und Testleistung	2.6 f.	präzisiert; weitere Indizien für Korrelation von Teilnahmeneigung und Leistungsfähigkeit
§ 6	nicht repräsentative Geschlechterverteilung	2.8	Fehler in Korea nach wie vor sehr wahrscheinlich
§ 7	uneinheitlicher Umgang mit unvollständigen Heften	2.9	Anomalie in Kanada erklärt; Manipulationsverdacht gegen Polen unbeantwortet
§ 8	uneinheitlicher Testtermin	—	zurückgezogen: quantitativ wahrscheinlich unbedeutend (Schulz Punkt 6)
§ 10	obskure Dokumentation	3.2	erweitert
§ 11	Lösungshäufigkeiten nicht reproduzierbar	3.13	Befund unverändert und unerklärt
§ 11	Lösungshäufigkeit vs. Schwierigkeit nicht monoton	3.14	Befund unverändert und unerklärt
§ 11	Abweichung zwischen Dokumentation und Daten	B	Abweichung besteht; Erklärungsversuch (Programmierfehler) war falsch
§ 12	Mittelwerte hängen empfindlich von einzelnen Aufgaben ab	3.14	Befund unverändert; vertiefte Diskussion in 6.5
§ 12	Einfluss der Sprache schon wegen Textlänge	4.8	präzisiert und erweitert
§ 13	undokumentierte nachträgliche Umskalierung	3.11	Rekonstruktion war richtig; Umskalierung ist an entlegender Stelle ansatzweise dokumentiert
§ 14	unerwartet starke Korrelation Teilnahmequote ↔ Schulmittelwert	—	zurückgezogen: Fehler in meiner Datenauswertung (Anh. C)

W1	Kritik	hier	Status
§ 14	Verstimmung der Skalen	—	zurückgezogen; vergleiche aber viel stärkere Verstimmung durch inadäquate Modellierung (Abb. 11)
§ 15	unterschiedl. Trennschärfen nicht modelliert, Aufgaben-Ranking willkürlich	4.2	unverändert
§ 16	unterschiedl. Lösungswege widersprechen Kompetenzstufen	4.3	unverändert
§ 16	einzelne Items völlig missglückt	4.3	unverändert
§ 17	Raten nicht modelliert	4.4	unverändert
§ 17	unterschiedliche Testgewohnheit	4.4	unverändert
§ 18	unterschiedliche Vertrautheit mit Multiple-Choice	4.6	vertieft
§ 18	einzelne MC-Aufgabe völlig missglückt	4.6	unverändert
§ 19	Leseaufgaben messen Weltwissen	4.7	unverändert
§ 20	Einfluss von Sprache und Kultur	4.8	vertieft
§ 21	unterschiedliche Ermüdung	4.9	präzisiert

In der Zusammenfassung hatte ich die Kritik an der Punkteberechnung in zehn Vorwürfe gefasst (W1, S. 145 f.). Errata ergeben sich aus denen zu § 11 und § 14 sowie aus der Klärung der Logik der Item-Response-Kalibrierung (3.5):

Nr.	Kritik	Status
1	Britische Daten in Kalibrierung einbezogen	zeigt prozedurale Probleme, ist aber quantitativ unbedeutend (Fußn. 75)
2	Sonderschulen nicht in Kalibrierung einbezogen	zeigt theoretische Begrenzungen, ist aber quantitativ unbedeutend (Fußn. 75)
3	Probandengewichte nicht in Kalibrierung einbezogen	zurückgezogen (Fußn. 28)
4a	Aufgabenkalibrierung schlecht dokumentiert	noch mehr Mängel aufgedeckt (3.2, Anh. B)
4b	Lösungshäufigk. vs. Schwierigkeit nicht monoton	Befund unverändert und unerklärt (3.14)
5	Bevölkerungsmodell in Aufgabenkalibrierung nicht berücksichtigt	zurückgezogen: Modell wird berücksichtigt, allerdings nicht mit Breite 100 (3.6, Anh. B)
6	unbegründete Gleichsetzung der Rasch-Trennschärfe mit Bevölkerungs-Standardabweichung	zurückgezogen: Umskalierung wirkt auch hier (3.6, insbes. Fußn. 26)

Nr.	Kritik	Status
7	Bestimmung der plausiblen Kompetenzwerte nicht dokumentiert	präzisiert: konditionierende Hintergrundvariablen-Kombinationen nicht dokumentiert (3.7)
8	nachträgliche, undokumentierte Umskalierung der Kompetenzskala	bestätigt (Anh. B)
9	Rasch-Modell empirisch inadäquat	unverändert (4.2 ff.)
10	offizielle Aufg.schwierigk. verstoßen gegen 62%-Verankerung	unverändert (4.2)

Die Fehler aus §§ 11,14 wirken sich auch auf den zweiten Absatz der zusammenfassenden Kritik an den Kompetenzstufen aus (W1, S. 147). Bereits im darauf folgenden Absatz war jedoch schon antizipiert, dass diese technischen Aspekte für die Bewertung nicht ausschlaggebend sind („auch bei einer kompletten Neuskalierung [...] wären die Kompetenzstufen nicht zu retten").

Zusammengefasst stellt sich der Stand der Debatte so dar:
- Von den Einwänden gegen die Repräsentativität der Stichprobe (Teil I von W1, jetzt Teil 2) ist ein einziger befriedigend beantwortet (fehlende Questionnaires in Kanada, 2.9); weitere Einwände sind dazugekommen (v. a. 2.3).
- Die statistischen Auswertungen einzelner Testaufgaben (Teil III von W1, jetzt Teil 4) sind nicht in Frage gestellt worden. Köller (2006a, Punkt 5) verteidigt die Wahl des einparametrigen Rasch-Modells als eine „Frage der Weltanschauung"; dazu Anhang D. Der Hinweis auf die unterschiedliche Leistungsabnahme im Testverlauf wird von Prenzel und Köller missverstanden; dazu 4.9.
- Die Rekonstruktion des Skalierungsverfahrens in Teil II von W1, unternommen, um die Aufgabenauswertung in Teil III auf eine sichere Grundlage zu stellen, war an einer Schlüsselstelle falsch (Anh. B). Ursache waren einerseits genau benennbare Mängel des Technischen Berichts, andererseits die nahezu perfekte Übereinstimmung eines fälschlich angenommenen Funktionsverlaufs mit dem zutreffenden (Abb. 3). Wegen dieser Übereinstimmung bleiben die übrigen Schlussfolgerungen von W1 unberührt.
- Dass Prenzel und Walter in ihrer Entgegnung zu Teil II einen ebenfalls falschen, auch empirisch unzutreffenden Funktionsverlauf angeben (Abb. 3, Anh. B), ist ein Indiz dafür, dass die Skalie-

rung auch vielen Mitverantwortlichen nicht restlos klar ist. Weitere Indizien dafür sind falsche Darstellungen in offiziellen Berichten (3.2) sowie das Missverstehen der plausible-Werte-Methode durch Köller (Anhang D) und die deutschen Mathematikdidaktik-Experten (Anhang E).
Neben der Berücksichtigung dieser Punkte geht der hier vorliegende Aufsatz vor allem in zwei Teilen weit über W1 hinaus:
- Teil 3 ist weitgehend neu und enthält nun eine selbstkonsistente, ohne Hinzuziehen weiterer Literatur nachvollziehbare Rekonstruktion des in PISA angewandten Skalierungsverfahrens; eine solche Beschreibung hat das Konsortium bis heute nicht geliefert. Wegen Lücken der offiziellen Dokumentation können allerdings weder Lösungshäufigkeiten noch Aufgabenschwierigkeitsparameter unabhängig reproduziert werden. Der Umrechenfaktor aus W1, der verdeutlicht, wie empfindlich quantitative PISA-Ergebnisse von einzelnen Testaufgaben abhängen, wird bestätigt.
- Im neuen Teil 5 werden nun auch Aussagen über die Abhängigkeit der Testleistung vom sozialen Hintergrund und vom Geschlecht untersucht.

Die Einleitung ist leicht, der Schlussteil stark überarbeitet; die Anhänge sind neu. Aus Platzgründen sind die inhaltlich unverändert gültigen Abbildungen 1, 2 und 5 aus W1 durch Text ersetzt worden.

B   Erratum zu W1: Umskalierung falsch rekonstruiert

Ausgangspunkt für meine erste Wortmeldung zu PISA waren die nun in den Abschnitten 4.6 bis 4.9 beschriebenen Hinweise auf eine Mehrdimensionalität des Testgeschehens. Beim Redigieren dieser Befunde stieß ich dann auf weitere Ungereimtheiten. Die Auswertungen für die Teile I und III von W1 (nun Teile 2 und 4) erforderten immer wieder Umrechnungen zwischen Lösungshäufigkeiten und Kompetenzwerten. Diese Umrechnungen in vernünftiger erster Näherung durchzuführen, war zwar einfach; sie sauber zu dokumentieren aber unerwartet schwierig, denn vermeintlich äquivalente Ansätze lieferten unterschiedliche Ergebnisse. Die Diskrepanzen, typischerweise im Bereich von 10 %, waren zwar bedeutungslos für Schlussfolgerungen über systematische Verzerrungen durch uneinheitliche Stichproben und uneinheitliches Funktionieren der Testaufgaben, konnten aber bei der Dokumentation meiner Ergebnisse nicht unberücksichtigt bleiben.

Aus der Beschreibung dieser Inkonsistenzen ist Teil II von W1 entstanden (nun durch Teil 3 ersetzt). Bei dessen Ausarbeitung habe ich mich auf die Dokumentation der Skalierung in Kapitel 9 des Technischen Berichts verlassen. Da der Technische Bericht ohne Erläuterungen zwischen einer internen „Logit"-Skala (Mittelwert der Kompetenzverteilung bei 0, Breite circa 1) und der nach außen kommunizierten Punkteskala (Mittelwert 500, Breite 100) hin- und herspringt, bin ich von einer trivialen Umrechnung

$$P = 500 + 100J \qquad (34)$$

ausgegangen (W1, Fußn. 9) und habe dementsprechend auch unterstellt, dass das Bevölkerungsmodell, nach außen stets als eine Normalverteilung der Breite 100 beschrieben, intern eine fixe Breite 1 hat.

Aus Inkonsistenzen in den vom Konsortium publizierten Lösungshäufigkeiten, Aufgabenschwierigkeiten und Schülerkompetenzen hatte ich dann erschlossen, dass (1) das Bevölkerungsmodell bei der Bestimmung der Aufgabenschwierigkeiten nicht korrekt berücksichtigt worden sein kann (W1, S. 121), und (2) eine nachträgliche nichttriviale Umskalierung der Schülerkompetenzen stattgefunden haben muss (W1, S. 125). Auf dieser Grundlage habe ich die *Hypothese* (W1, S. 121 f.) geäußert, dass die Diskrepanz (1) möglicherweise auf einen Programmierfehler zurückgeht, der unbemerkt bleiben konnte, weil seine Auswirkungen, mit Ausnahme einer verstimmten Aufgabenschwierigkeitsskala, durch die Umskalierung (2) neutralisiert wurden.

Keinen Versuch unternommen zu haben, diese Hypothese mit ACER abzuklären, war ein bedauerlicher Fehler, an dem Termindruck und eine triviale Kommunikationspanne Anteil hatten. Dadurch ist erhebliche öffentliche Aufmerksamkeit auf eine randständige technische Frage fehlgelenkt worden. Knapp zwei Wochen nach den ersten Presseberichten gelang es Prenzel und Walter (2006), die Inkonsistenzen aufzuklären. Ihr Kurztext sowie weitere, in Teil 3 genannte Quellen erweisen meine Erklärung zu (1) und folglich auch die Annahme eines Programmierfehlers als falsch. Die Unstimmigkeiten zwischen Datensatz und Dokumentation erklären sich vielmehr wie folgt:

Zu (1): Die Breite des Bevölkerungsmodells wird in PISA *nicht* als fix angenommen, sondern simultan mit den Aufgabenschwierigkeiten geschätzt (Parameter δ in 3.5). Eine entgegenlautende Angabe im Technischen Bericht, derzufolge die Aufgabenschwierigkeiten *simultan* mit den *individuellen* Personenparametern geschätzt wurden (TR, S. 250), ist demnach falsch.

Zu (2): Es findet in PISA tatsächlich eine nachträgliche Umskalierung statt. Sie wird, wie oben in Gleichung (24) beschrieben, bei *jeder* Umrechnung zwischen internen und externen Einheiten angewandt; die Annahme einer trivialen Umrechnung (34) war falsch. In der abschließenden Aufzählung von drei Auswerteschritten in Kapitel 9 des Technischen Berichts (TR, S. 122; W1, S. 125) fehlt die Umskalierung. Sie wird erst am Ende des Ergebniskapitels 13 angegeben, ohne jeden Vorausverweis aus dem Skalierungskapitel 9 und ohne jede nähere Erklärung, wo die Koeffizienten herkommen.[74]

Abbildung 3 zeigt, warum die falsche Rekonstruktion aus W1 plausibel scheinen konnte: sie beschreibt den Zusammenhang zwischen offiziellen Lösungshäufigkeiten ρ_i und Aufgabenschwierigkeiten ζ_i so gut, wie das angesichts dessen unerklärter Streuung nur möglich ist, und ist von dem nach korrigierter Rekonstruktion zu erwartenden Zusammenhang (29) nicht zu unterscheiden. Hingegen ist der von Prenzel und Walter angegebene Zusammenhang falsch. Bei dem Versuch, meine unzutreffende Rekonstruktion als einen Rechenfehler darzustellen, haben sie sich nämlich verrechnet: Sie zitieren Gleichung (W1:4) und behaupteten, mir sei „ein Fehler unterlaufen"; ich hätte dort wie auch schon in (W1:1) die Breite 77,89 anstelle der Breite 100 einsetzen müssen. In der Notation von Teil 3 läuft das auf den Zusammenhang

$$\rho(\zeta^P) = \int d\theta^P \, A^P_{\text{Rasch}}(\text{richtig}, \zeta^P, \theta^P) \, \mathcal{N}(\theta^P; 500, 100) \quad (35)$$

---

[74] Prenzel und Walter behaupten, ich hätte die Umrechnung aus den Seiten 412/413 des Technischen Berichts erschließen müssen. Sie sagen leider nicht, wie. Die genannten Seiten enthalten eine nackte Tabelle, ohne jeden Rückverweis. Genau aus diesen Tabellendaten hatte ich erschlossen, dass die Skalierung nicht so erfolgt sein kann, wie sie in Kapitel 9 des Technischen Berichts beschrieben wird. Überdies ist, wie in 3.6 beschrieben, schon die elementarste Datenspalte jener Tabelle, „international correct", nicht nachvollziehbar.

hinaus, der von der korrekten Gleichung (29) durch die falsche Zentrierung der Normalverteilung bei 500 abweicht. Dabei haben Prenzel und Walter übersehen, dass sich die Transformation (24) von der trivialen Umrechnung (34) nicht nur durch einen Stauchungsfaktor 77,89/100, sondern auch durch eine affine Verschiebung um 10,47 unterscheidet, die sich zwar im Antwortmodell, aber nicht im Bevölkerungsmodell $\mathcal{N}(\theta)$ weghebt. Infolgedessen liegt die von ihnen konstruierte Kurve systematisch unter den Daten.

C Erratum zu W1: Falsche Gewichte in Lösungsprofil

Abbildung 6 in W1, hier reproduziert als Teil von Abbildung 19, zeigt die Lösungshäufigkeit als Funktion der plausiblen Kompetenzwerte für die Aufgabe „Growing Up Q3". Jeder Datenpunkt repräsentiert 4 % der OECD-Stichprobe. Gezeigt sind zwei verschiedene Verläufe: mit und ohne Berücksichtigung der Probandengewichte (geschlossene/offene Symbole). Beide Kurven liegen im mittleren Bereich in vertikaler Richtung um fast 5 % auseinander, was als Hinweis darauf interpretiert wurde, dass die Aufgabenschwierigkeiten unter anderem auch dadurch verzerrt werden, dass bei ihrer Bestimmung die Probandengewichte unberücksichtigt bleiben.

Diese Daten sind fehlerhaft; die vertikale Differenz ist durch unterschiedliche, inkorrekte Staatengewichte zustande gekommen. Bei einheitlicher Durchführung der OECD-Mittelung (hier und auch sonst: Gleichgewichtung aller Staaten) wirkt sich das Probandengewicht wesentlich schwächer aus. Vergleichsweise den stärksten Einfluss hat es bei den untersten Quantilen, und auch dort nicht in vertikaler Richtung, sondern als Verschiebung entlang der Kurve (Abb. 19). Der Grund ist folgender:

Das Probandengewicht nicht zu berücksichtigen, läuft darauf hinaus, den Anteil schwacher Schüler noch weiter zu unterschätzen, als das aus verschiedenen, in Teil 2 erklärten Gründen, ohnehin schon der Fall ist. Dadurch steigt die durchschnittliche Testleistung in den unteren Quantilen. Zugleich steigen aber auch die jeweiligen Kompetenzdurchschnitte. Wenn ein Item-Response-Modell, wie in dieser Aufgabe, das Schülerverhalten im großen und ganzen korrekt beschreibt, dann wirkt sich die Verschiebung der Datenpunkte

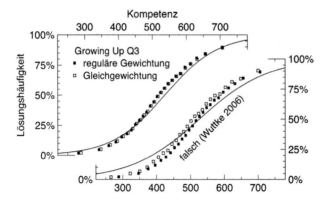

Abbildung 19. Lösungshäufigkeit als Funktion der plausiblen Kompetenzwerte, für die Aufgabe „Growing Up Q3", für 30 gleichgewichtete OECD-Staaten. Innerhalb der einzelnen Staaten wurden die Probandengewichte einmal berücksichtigt (geschlossene Symbole), einmal nicht (offene Symbole). Die durchgezogene Kurve zeigt die Rasch-Funktion (26) zu der offiziell mitgeteilten Aufgabenschwierigkeit $\zeta^P = 574$. Im nach unten rechts verschobenen Koordinatensystem ist die fehlerhafte Auswertung aus W1 reproduziert; die Rasch-Funktion hat dort die Breite 100 statt 77,89.

entlang der Modellkurve nicht auf die Parametrierung der Aufgabenschwierigkeit aus.[75]

D Olaf Köller

I cannot strongly fault a 45-year-old professor for adopting this mode of defense, even though I believe it to be intellecually dishonest, because I think that for most faculty in soft psychology the full acceptance of

---

75 In W1, S. 145 hatte ich kritisiert, dass bei der Skalierung der Aufgabenschwierigkeiten Großbritannien berücksichtigt, Sonderschulen aber ausgeschlossen wurden, obwohl Großbritannien von den Ergebnisdarstellungen disqualifiziert war und Sonderschulen in die Berechnung sämtlicher Statistiken einbezogen wurde. Solange das verwendete Item-Response-Modell funktioniert, wirken sich diese Inkonsistenzen nicht verzerrend auf die Schätzung der Aufgabenparameter aus. Da das Schülerverhalten in PISA deutlich vom verwendeten Rasch-Modell abweicht, sind Verzerrungen zwar doch möglich, aber nur als Effekte höherer Ordnung, die quantitativ gegenüber anderen Fehlerquellen wahrscheinlich vernachlässigbar sind.

my line of thought would involve the painful realization that one has achieved some notoriety, tenure, economic security and the like by engaging, to speak bluntly, in a bunch of nothing [Meehl 1990, S. 230].

In seinem zur politischen Schadensbegrenzung verfassten Schnellgutachten geht Köller (2006a) sehr oberflächlich über die Kritik an der Stichprobenziehung hinweg. Er bestreitet nicht die Korrelation zwischen Beteiligungsquoten und Leistungen, meint aber (Punkt 2), dieser Problematik werde Rechnung getragen, indem Länder „mit zu niedrigen Beteiligungsquoten vom Vergleich ausgeschlossen werden." Das ist falsch, denn die Unterschreitung vorher festgelegter Quoren blieb in mehreren Fällen folgenlos, und es ist keine adäquate Antwort auf das detailliert und quantitativ begründete Argument, dass diese Quoren nicht streng genug sind, um systematische Verzerrungen auszuschließen.

Ausführlicher äußert sich Köller zur Kritik an der Skalierung (Punkt 4):

> Wuttke kritisiert, dass die von ACER verwendete Software vermutlich nicht einmal den nationalen Projektpartnern vorgelegt wird und er auf Grund der Dokumentationen die Skalierung nicht nachvollziehen könne. [...] Hier erweist sich Wuttke als Laie, der weder in der Lage ist, gescheit zu recherchieren, noch die Fachdiskussion zu suchen und zu lesen. Das von ACER in PISA verwendete Softwarepaket ist Conquest, eine Skalierungssoftware, die jeder Mensch auf der Welt, auch Herr Wuttke, käuflich erwerben kann. Was Conquest genau leistet, wie man zu optimalen Schätzungen der Item- und Personenparameter kommt, ist im Conquest-Handbuch sehr gut dokumentiert. Conquest gilt aktuell als eine äußerst leistungsstarke Software, in der nur Schätzverfahren verwendet werden, die State of the Art sind. Kaufen und lesen statt zu spekulieren hätte hier Wuttke weitergeholfen.

Diese Argumentation ist aus einer ganzen Reihe von Gründen inadäquat (vgl. Meyerhöfer 2006b):
(1) Dass eine Software als leistungsstark gilt, ist ein ausgesprochen schwaches Argument gegen die Vermutung, sie könne einen Fehler enthalten – erst recht, wenn dieser Fehler, wie meine Hypothese lautete, auf den meistbeachteten Output nicht durchschlägt.
(2) Mein Verdacht lautete nicht, dass ConQuest falsch bedient wurde, sondern dass es anders rechnet, als im Technischen Bericht

beschrieben. Um das zu klären, ist der käufliche Erwerb des Binärcodes ein völlig ungeeigneter Weg.
(3) Um die Auswertung des Konsortiums nachzuvollziehen, genügt es nicht, ConQuest zu erwerben. ConQuest dient im Kern dazu, ein nichtlineares Gleichungssystem zu lösen. Aber schon der vorgeschaltete Schritt, die Reduktion der PISA-Rohdaten zum Input dieses Gleichungssystems, ist nicht nachvollziehbar (3.13).
(4) Kommerzialisierung von Software ist ziemlich genau das Gegenteil von Offenlegung. Dass sich ACER für den Binärcode bezahlen lässt, bestätigt meine Vermutung, dass die nationalen Projektpartnern den Quelltext nicht vorgelegt bekommen, den implementierten Algorithmus also ebensowenig wie ich im Detail überprüfen können.
(5) Zur Qualität der Dokumentation im ConQuest-Handbuch siehe oben (3.2).

Der andere Kritikpunkt, auf den Köller ausführlich eingeht, betrifft die Modellierung des Antwortverhaltens (Punkt 5):

> Wuttke argumentiert, dass das verwendete 1-Parameter-Rasch-Modell ungeeignet ist, um Aufgaben- und Personenparameter zu schätzen. Hier hätten Mehr-Parameter-Modelle verwendet werden müssen. Auch hier erweist sich Wuttke als Laie. Hätte er sich mit der großen Literaturmenge zu IRT-Modellen auseinandergesetzt, wäre er zu anderen Schlüssen gekommen. Bos hat die IGLU-2001-Daten, die mit dem 3-Parameter-Modell skaliert worden sind, noch einmal mit Conquest (1-Parameter-Modell) skaliert und dabei festgestellt, dass sich die Aufgaben- und Personenparameter quasi nicht unterschieden, die unterschiedlichen Modelle hatten keinen differenziellen Effekt auf das Kompetenzmodell. In der IRT-Literatur ist man sich einig, dass die verschiedenen Modelle „unter dem Strich" zu weitgehend identischen Schätzungen der Personenparameter führen und es eher eine Frage der Weltanschauung ist, welches man verwendet (Europa und Australien eher das 1-Parameter-Modell, d[i]e USA eher das 2 und 3-Parameter-Modell). Das in Conquest verwendete 1-Parameter-Modell mit der Bestimmung der Plausible Values hat den großen Vorteil, dass es die besten Schätzungen für den Mittelwert und die Varianz eines Landes liefert. [...]

Schon die Zitierweise („Bos") deutet nicht gerade darauf hin, dass sich Köller auf eine wissenschaftliche Auseinandersetzung einlassen möchte. Er zitiert mich so, als hätte ich unqualifiziert *behauptet*, dass „das 1-Parameter-Raschmodell ungeeignet ist, um Item- und

Personenparameter zu schätzen", und das zum *Ausgangspunkt* einer Argumentation gemacht; er übergeht vollständig, dass ich anhand des empirischen Datenmaterials *bewiesen* habe, dass das Raschmodell bei manchen Items eklatant falsche Parameter liefert.

Unklar bleibt, warum sich Bos, indem er die Validität verschiedener Modelle empirisch überprüft hat, nicht auch als Laie erwiesen hat. Selbst wenn das Rasch-Modell bei IGLU tatsächlich funktioniert haben sollte, bewiese das für PISA überhaupt nichts.

Köllers Bemerkung, in der Literatur sei man sich einig, dass verschiedene Modelle unter dem Strich zu „weitgehend identischen" Schätzungen der Personenparameter führen, suggeriert, ich hätte Gegenteiliges behauptet. Das ist falsch. In W1 (S. 149) habe ich vielmehr ausdrücklich darauf hingewiesen, es sei *nicht* zu erwarten, dass eine Neuauswertung die bisherigen Ranglisten auf den Kopf stellen werde. Die Aufgabenparameter aber, die Köller an dieser Stelle nicht mehr erwähnt, hängen *sehr* von der Modellierung des Antwortverhaltens ab.

Wenn in der IRT-Literatur überhaupt Einigkeit besteht, dann, dass das Rasch-Modell in einer Vielzahl von Situationen unangemessen ist. In seiner „Brief History of Item Response Theory" bewertet es Bock (1997, S. 27) so:

> Although this solution to the item-parameter estimation problem is of interest theoretically, it does not satisfy the requirements of practical testing programs. [...] It also assumes the item slopes to be equal when more often in practical testing they are unequal. As a result, there is no possibility of estimating item discriminating powers, which are essential in test construction for choosing items that ensure good test reliability [...]

Kubinger (2000) warnt, dass

> formal wie inhaltlich zu wenig sorgfältig konzipierte Tests bei einer Prüfung dem Rasch-Modell eben nicht standhalten, sie also mit ihren Aufgaben keine faire Verrechnung der Testleistungen bieten.

Rost (1999), Koautor der deutschen PISA-Berichte, argumentiert,

> daß sich der praktische Nutzen der Rasch-Meßtheorie erst entfaltet, wenn man die Ebene des einfachen dichotomen Rasch-Modells verläßt und die zahlreichen Verallgemeinerungen dieses Modellansatzes einbezieht.

Von Weltanschauung ist nirgendwo die Rede; es scheint eher, dass die Wahl des Antwortmodells eine Frage des Erkenntnisinteresses und der Sorgfalt ist.

Der letzte Satz aus der zitierten Gutachten-Passage ist entlarvend: Köller begründet die in PISA gewählte Auswertemethodik nicht mathematisch, sondern mit dem Leistungsumfang verfügbarer Software.[76] Aus 3.6 ff. ist leicht ersichtlich, dass eine Maximum-Likelihood-Schätzung der Aufgabenparameter und eine Ziehung plausibler Kompetenzwerte sich ohne weiteres auch für mehrparametrige Antwortmodelle implementieren lässt.

E Die deutsche PISA-Expertengruppe Mathematik

Unter dem Kollaborationsnamen „Deutsche PISA-Expertengruppe Mathematik, PISA-2000" haben Knoche und acht Koautoren (2002) einen umfangreichen Bericht über den internationalen und nationalen Mathematiktest veröffentlicht, der vielversprechend beginnt:

> Der folgende Beitrag stellt die Konzeptionen beider Tests und Analysen der Ergebnisse vor. Dabei wird in die Betrachtungen auch eine Darstellung der messtheoretischen Verfahren, die in die Konzeptionen der Tests wie in die Analysen eingehen, so weit aufgenommen, dass der Leser die vorgestellten Analysen mit Blick auf beide Komponenten – die Konzeption und das Analyseverfahren – selbst nachvollziehen kann.

Dies war einer der ersten Texte, die ich zu PISA gelesen habe. Ich sah mich damals außerstande, die vorgestellten Analyseverfahren nachzuvollziehen. Zufällig bin ich jetzt, nach gründlicher Beschäftigung mit der Item-Response-Methodik und der PISA-Auswertung, noch einmal auf jenen Bericht aufmerksam geworden – und kann nun sehr genau benennen, warum er auf Nichtspezialisten unzugänglich wirken *muss*, und dass es weder mit dem Expertentum, noch erst recht mit dem didaktischen Können der Autoren weit her

---

76 Eine am Max-Planck-Institut für Bildungsforschung angefertigte und von Köller mitbegutachtete Doktorarbeit (Brunner 2005, S. 136) bestätigt, dass deutsche PISA-Experten in ihren Auswertemöglichkeiten durch die vorhandene Software begrenzt sind und im Bedarfsfall nicht einmal erwägen, eine Item-Response-Parameterschätzung selbst zu programmieren.

ist. Dazu werde ich die Schlüsselpassage, in der die Parameterschätzung behandelt wird, in extenso zitieren und analysieren.

Teil II des Aufsatzes steht unter der Überschrift „Methodische Aspekte der Testkonzeption". Die Skalierung der Daten wird in II.1 „Modellbetrachtungen und Skalen" auf sieben Seiten abgehandelt. Zu Beginn (S. 165 f.) wird die Datenstruktur für den Fall dichotomer Aufgaben eingeführt, einiges an Notation festgelegt und das Antwortmodell von Rasch postuliert. Es wird erläutert, dass Lösungswahrscheinlichkeiten nur von Differenzen $\delta - \theta$ abhängen (hier ist δ die Aufgabenschwierigkeit, bei mir ζ), und dass daher bei der Schätzung der Modellparameter eine Zwangsbedingung erforderlich ist, um die Skalen zu fixieren. Sodann wird eine zweite Schreibweise für das Rasch-Modell eingeführt und die Lösungswahrscheinlichkeit für verschiedene δ als Funktion von θ aufgetragen.

Die Erklärung der Skalierung wird durch einen Exkurs über Multiple-Choice-Aufgaben unterbrochen: „an sich" sei das Rasch-Modell unangemessen; durch geeignete Aufgabenkonstruktion lasse sich der Rateeffekt aber „soweit abschwächen, dass die Schätzung der Schwierigkeitsparameter kaum noch verzerrt wird." Dieser Exkurs ist länger als die nun folgende Beschreibung der Parameterschätzung (S. 167f.):

1 Bei der Modellschätzung mit CONQUEST wird die theoretische Wahr-
2 scheinlichkeit L der beobachteten Datenmatrix unter der Annahme ma-
3 ximiert, dass die Personenparameter approximativ nach einem vorgege-
4 benen Verteilungstyp (zum Beispiel einer Normalverteilung mit $\mu_\theta = 0$
5 und einer zu schätzenden Standardabweichung σ_θ) verteilt sind. Man
6 nennt L die *Likelihood* der Datenmatrix. Dabei definiert jedes Testheft als
7 Teiltest seine eigenen Schätzgleichungen und es wird als Nebenbedin-
8 gung bei der Schätzung verlangt, dass der Schätzwert δ_a für den Schwie-
9 rigkeitsparameter einer *Ankeraufgabe* in allen Teiltests der gleiche ist, in
10 denen a vorkommt.
11 Da auf der Probandenseite unabhängig von der Populationsgröße nur
12 wenige Verteilungsparameter zu schätzen sind, sind die Schätzungen
13 der Schwierigkeitsparameter konsistent.
14 Werden für Detailanalysen auch Fähigkeitsparameter von Einzelperso-
15 nen gebraucht, so kann für einen Probanden mit dem Antwortvektor
16 $(x_1, \ldots, x_n) \in \{0;1\}^{\times n}$ zu n Aufgaben mit den vorab mit CONQUEST
17 geschätzten Schwierigkeitsparametern $\delta_1, \ldots, \delta_n$ der Fähigkeitsparame-
18 ter θ nach der Maximum-Likelihood-Methode durch Lösen der folgen-

den Gleichung geschätzt werden:

(II.1.2) $$\sum_{i=1}^{n} \frac{1}{1 + \exp(\delta_i - \theta)} = \sum_{i=1}^{n} x_i.$$

Dieses Verfahren (kurz *ML-Schätzung* genannt) hat den Nachteil, dass Probanden mit 0 oder n richtig bearbeiteten Aufgaben kein Schätzwert für θ zugewiesen werden kann. So sind nur $n - 1$ interpretierbare Werte für θ möglich. Außerdem muss der Schätzfehler als relativ groß angesehen werden, da die bei der Schätzung verwendete Aufgabenzahl n jeweils nur die des bearbeiteten Testhefts ist. Für die PISA-Studie wurde daher wie schon in den TIMS-Studien das Verfahren der *Plausible Values* verwendet.

Eine „Datenmatrix" (Zeilen 2, 6) ist zuvor nicht eingeführt worden; sie ergibt sich auch nicht einfach durch Zusammenfassen der „Antwortvektoren" (Z. 15) – siehe oben Fußnote 25.

In Z. 4 beschreiben Knoche et al. plötzlich nicht mehr, wie in PISA ausgewertet wurde, sondern wie „zum Beispiel" ausgewertet worden sein könnte – genau wie Adams im Technischen Bericht, der über weite Strecken nicht referiert, was konkret gerechnet wurde, sondern was man mit ConQuest alles rechnen *kann* (3.2). Zwar haben Knoche et al. das zutreffende Beispiel gewählt: in PISA werden die Probandenkompetenzen als normalverteilt mit fixem Mittelwert und anzupassender Breite angenommen (3.5, Gl. 10). Aber in Z. 12 zeigt sich, dass sie zuvor nur zufällig richtig geraten haben: es sind nicht „wenige" Verteilungsparameter zu schätzen, sondern exakt einer.[77]

Um nachvollziehen zu können, wie L maximiert wird, müsste man wissen, welche Parameter dabei variiert werden. Laut Z. 5 die Standardabweichung der Personenparameterverteilung (hier σ_θ, bei mir zwecks Unterscheidung von a-posteriori-Standardabweichungen δ). Tatsächlich aber auch und vor allem die Schwierigkeitsparameter.

Z. 6–10 besagt nicht mehr, als dass bei der Parameterschätzung die Verteilung der Aufgaben auf verschiedene Testhefte berücksichtigt wird. Ob dies in Form von separaten, aber durch Nebenbedingungen verknüpften Gleichungen geschieht, ist ein völlig irrelevan-

---

77 Einer pro Testgebiet, aber die Zerlegung des Tests nach inhaltlichen Gebieten haben Knoche et al. bis hierhin nicht erwähnt.

tes technisches Detail – zumindest, solange die Gleichungen selbst nicht mitgeteilt werden.

Der nächste Satz und Absatz (Z. 11–13) zeigt exemplarisch, warum man sich als Leser dieses Textes dumm vorkommen muss. Vorausgesetzt wird die Kenntnis des recht speziellen Fachausdrucks „konsistent".[78] Behauptet wird, die Konsistenz einer bestimmten Schätzung folge aus der geringen Anzahl bestimmter Parameter. Suggeriert wird durch das Fehlen eines Literaturhinweises, diesen Schluss müsse der typische Leser des Journals für Mathematik-Didaktik nachvollziehen können. Es gibt aber kein allgemeines Theorem, das einen Schluss von *wenige Parameter der einen Sorte* auf *konsistente Schätzung von Parametern der anderen Sorte* erlaubt. Ein solcher Schluss kann immer nur für bestimmte Modelle oder Klassen von Modellen begründet werden. In einem technisch detaillierten Buch über Rasch-Modelle (Molenaar in Fischer/Molenaar S. 46) werden solche Theoreme erwähnt, aber nicht mit allen ihren Voraussetzungen abgedruckt, geschweige denn bewiesen: dafür wird auf eine Doktorarbeit und einen Konferenzbericht verwiesen, denn die Frage der Konsistenz ist selbst für Item-Response-Spezialisten ein Seitenschauplatz von minimaler praktischer Bedeutung (*loc. cit.*, S. 47, 49). *Dass* Knoche *et al.* diesen Punkt in einer so kurzen Darstellung der Skalierung überhaupt berühren, zeugt von wenig Urteilskraft; *wie* sie ihn erwähnen, von Herablassung gegenüber dem als Nichtspezialist anzunehmenden Leser.

Nachdem Knoche *et al.* solcherart die Schätzung der Aufgabenschwierigkeiten und Kompetenzverteilungsparameter abgehandelt haben, wenden sie sich den individuellen Kompetenzwerten zu. Der einleitende Nebensatz (Z. 14 f.) ist irreführend: „Fähigkeitsparameter von Einzelpersonen" werden nicht nur für irgendwelche „Detailanalysen" gebraucht, sondern für jede Aussage über Kompetenzen von Subpopulationen; die Bestimmung individueller Kompe-

---

78 Es sei ein Modell gegeben, in dem beobachtbare Größen von bestimmten Parametern abhängen. Eine *Schätzung* ist der Versuch, von empirischen Beobachtungen auf die zugrunde liegenden Parameter zu schließen. *Konsistent* heißt eine Parameterschätzung, wenn sie bei Zunahme des Beobachtungsmaterials (Stichprobenumfang $\rightarrow \infty$) gegen die vorausgesetzten Modellparameter konvergiert. Dass sich Konsistenz nicht von selbst versteht, zeigen gezielt konstruierte Gegenbeispiele (Romano/Siegel 1986, S. 225).

tenzen ist integraler Bestandteil der PISA-Auswertung, auch wenn man sich letztlich nie für Individuen interessiert, sondern immer über viele Probanden mittelt.

Die Maximum-Likelihood-Gleichung in Z. 20 ist wohl als didaktischer Umweg gemeint, denn im folgenden wird erklärt, dass in PISA an ihrer statt das plausible-Werte-Verfahren angewandt wird. Dabei geht einiges durcheinander. Die angegebene Gleichung ist im PISA-Kontext falsch: sie berücksichtigt nicht die latente Verteilung der Kompetenzwerte. Genau diese latente Verteilung behebt auch das Problem, Probanden mit 0 oder n richtig bearbeiteten Aufgaben kein θ zuweisen zu können (Z. 21–23); ob man die Kompetenzen über wahrscheinlichste Werte (maximum likelihood) oder über volle Wahrscheinlichkeitsdichten (kommuniziert über plausible Werte) ausdrückt, hat damit überhaupt nichts zu tun.

Zusammengefasst: Die deutschen PISA-Mathematik-Experten werden ihrem Anspruch, eine nachvollziehbare Darstellung der messtheoretischen Verfahren zu geben, nicht gerecht. Unwissen über das verwendete Modell, Auslassungen, Ungenauigkeiten und Fehler in zentralen Punkten, Überbetonung von Seitenargumenten und die Berufung auf Möglichkeiten einer bestimmten Software deuten weder auf souveräne Beherrschung der Theorie, noch auf präzise Kenntnis der konkret in PISA angewandten Prozeduren. Als Didaktiker erweisen sich die Autoren erst recht nicht.

Siglen

D00	=	Baumert *et al.* (2001), PISA 2000.
D03a	=	Prenzel *et al.* (2004a), PISA 2003 [Kurzfassung].
D03b	=	Prenzel *et al.* (2004b), PISA 2003 [Langfassung].
DAM	=	OECD (2005b) [Data Analysis Manual].
LTW	=	OECD (2004a) [Learning for Tomorrow's World].
TR	=	OECD (2005a) [Technical Report].
W1	=	Wuttke (2006) [Dieses Buch, erste Auflage].

Literatur

ACER (2005): PISA 2003 International Database. Online-Resource http://pisaweb. acer.edu.au/oecd_2003/oecd_pisa_data_s1.html, Datenstand vom 9. 11. 05.

Adams, R. J. / Wilson, M. / Wu, M. (1997a): Multilevel Item Response Models: An Approach to Errors in Variables Regression. J. Educ. Behav. Stat. 22 (1) 47–76.

Adams, R. J. / Wilson, M. / Wang, W.-C. (1997b): The Multinomial Random Coefficients Multinomial Logit Model. Appl. Psych. Meas. 21 (1) 1–23.

Adams, R. / Wu, M. (Hrsg.) (2002): PISA 2000 Technical Report. Paris: OECD.

Adams, R. J. (2003): Response to „Cautions on OECD's Recent Educational Survey (PISA)". Oxford Rev. Educ. 29 (3) 377–389.

Aebli, H. (^{9}1976): Grundformen des Lernens. Eine Allgemeine Didaktik auf kognitionspsychologischer Grundlage. Stuttgart: Klett.

Altman, D. G. et al. (2001): The Revised CONSORT Statement for Reporting Randomized Trials: Explanation and Elaboration. Ann. Int. Med. 134 (8) 663–694.

Andersen, E. B. (1977): Sufficient Statistics and Latent Trait Models. Psychometrika 42 (1) 69–81.

Artelt, C. / Baumert, J. (2004): Zur Vergleichbarkeit von Schülerleistungen bei Leseaufgaben unterschiedlichen sprachlichen Ursprungs. Z. Pädagog. Psychol. 18 (3/4) 171–185.

Baker, F. B. (1992): Item Response Theory. Parameter Estimation Techniques. New York: Marcel Dekker.

Baumert, J. / Klieme E. / Lehrke, M. / Savelsbergh, E. (2000): Konzeption und Aussagekraft der TIMSS-Leistungstests. Zur Diskussion um TIMSS-Aufgaben aus der Mittelstufenphysik. Die Deutsche Schule 92 (1) 102– 115.

Baumert, J. et al. (Deutsches PISA–Konsortium) (2001): PISA 2000. Basiskompetenzen von Schülerinnen und Schülern im internationalen Vergleich. Opladen: Leske + Budrich. Zitiert als D00.

Baumert, J. / Artelt, C. (2005): Viel Lärm um nichts? — Ein Kommentar zu Eberhard Schröders gleichnamigem Forschungsreferat auf der DGPs-Tagung 2004. http://www.uni-saarland.de/fak5/ezw/fg_paedpsych/newsletterarchiv/newsletter_1_2005/Debatte_PISA.pdf [8. 8. 07].

Baumert, J. / Brunner, M. / Lüdtke, O. / Trautwein, U. (2007): Was messen internationale Schulleistungsstudien? — Resultate kumulativer Wissenserwerbsprozesse. Psychol. Rundsch. 58 (2) 118–128.

Bender, P. (2005): PISA, Kompetenzstufen und Mathematik-Didaktik. J. Math.-did. 26 (3/4) 274–281.

Bender, P. (^{1}s2006): Was sagen uns Pisa & Co., wenn wir uns auf sie einlassen? Dieses Buch.

Bender, P. (2007): Weitere Anmerkungen zu PISA, zu PISA-Reaktionen und Reaktionen auf PISA-Reaktionen. Mitteilungen der GDM [Ges. f. Did. d. Math.] 83 (im Druck).

Bethge, T. (1999): Zum Umgang mit den Ergebnissen von TIMSS. Die Deutsche Schule 91 (2) 178–181.

Blanke, I. / Böhm, B. / Lanners, M. (2004): Beispielaufgaben und Schülerantworten. Le Gouvernement du Grand-Duché de Luxembourg. Ministère de l'Éducation nationale et de la Formation professionelle.

Bloxom, B. / Pashley, P. J. / Nicewander, W. A. / Yan, D. (1995): Linking to a Large-Scale Assessment: An Empirical Evaluation. J. Educ. Behav. Stat. 20 (1) 1–26.

Blum, A. / Guérin-Pace, F. (2000): De Lettres et des Chiffres. Des tests d'intelligence à l'évaluation du „savoir lire", un siècle de polémiques. Paris: Fayard.

Bock, R. D. / Aitkin, M. (1981): Marginal Maximum Likelihood Estimation of Item Parameters: Application of an EM Algorithm. Psychometrika 46 (4) 443–459 nebst Erratum 47 (3) 369.

Bock, R. D. (1997): A Brief History of Item Response Theory. Educational Measurement: Issues and Practice 16 (4) 21–33.

Boe, E. E. / May, H. / Boruch, R. F. (2002): Student Task Persistence in the Third International Mathematics and Science Study: A Major Source of Achievement Differences at the National, Classroom, and Student Levels. Report CRESP-RR-2002-TIMSS1. Philadelphia: Pennsylvania University. http://www.gse.upenn.edu/cresp/pdfs/20070130151136207.pdf [8. 8. 07].

Bonnet, G. (2002): Reflections in a Critical Eye: on the pitfalls of international assessment. Assessment in Educ. 9 (3) 387–399.

Bottani, N. / Vrignaud, P. (2005): La France et les évaluations internationales. Rapport établi à la demande du Haut Conseil de l'évaluation de l'école. Online-Resource http://lesrapports.la documentation francaise.fr/BRP/054000359/0000.pdf [8. 8. 07].

Brügelmann, H. (2006): Tests statt Noten? Warum PISA, VERA & Co kein Modell für die Leistungsbeurteilung von SchülerInnen sein können. Vortrag auf dem Symposium „Aus PISA gelernt?", Berlin, 24. 11. 2006.

Brunell, V. (2004): Utmärkta PISA-resultat också i Svenskfinland. Pressemitteilung des Pedagogiska Forskningsinstitutet, Jyväskylä Universitet. http://ktl.jyu.fi/pisa/Langt_pressmeddelande.pdf [9. 8. 07].

Brunner, M. (2005): Mathematische Schülerleistung — Struktur, Schulformunterschiede und Validität. Dissertation, Humboldt-Universität Berlin.

Buckheit, J. B. / Donoho, D. L. (1995): WaveLab and Reproducible Research. In Antoniadis, A. / Oppenheim, G. (eds.): Wavelets and Statistics. New York: Springer.

Burba, D. (2006): Leistungen bei Jungen und Mädchen bei PISA 2003 — bedeutsame Unterschiede? Dissertation, Christian-Albrechts-Universität Kiel.

Carroll, J. B. (1987): The National Assessments in Reading: Are We Misreading the Findings? Phi Delta Kappan 68, 424–430.

CEPED [Centre français sur la population et le développement] (2006): Le déficit des femmes en Asie: Tendances et perspectives. Chronique no. 51.

von Collani, E. (2001): OECD PISA - An Example of Stochastic Illiteracy? Economic Quality Control 16 (2) 227–253.

Cook, L. L. / Eignor, D. R. / Taft, H. L. (1988): A Comparative Study of the Effects of Recency of Instruction on the Stability of IRT and Conventional Item Parameter Estimates. J. Educ. Meas. 25 (1) 31–45.

DESCO [Direction générale de l'Enseignement scolaire, Ministère de l'Éducation nationale, Frankreich] (2003): Évaluation des connaissances et des compétences des élèves de 15 ans: questions et hypothèses formulées à partir de l'étude de l'OCDE. Rencontres de la DESCO, 31 mai 2002. http://eduscol.education.fr/D0122/evaluation_accueil.htm [24. 8. 07].

Ebenrett, H. J. / Hansen, D. / Puzicha, K. J. (2003): Verlust von Humankapital in Regionen mit hoher Arbeitslosigkeit. Aus Politik u. Zeitgesch. B 06-07, 25-31.

Fischer, G. H. / Molenaar, I. W. (1995): Rasch Models. Foundations, Recent Developments, and Applications. New York: Springer.

Frederiksen, N. / Mislevy, R. J. / Bejar, I. I. (Hrsg.) (1993): Test Theory for a New Generation of Tests. Hillsdale: Lawrence Erlbaum.

Freudenthal, H. (1975): Pupils achievements internationally compared — the IEA. Educ. Stud. Math. 6, 127–186.

Ganzeboom, H. B. G. / De Graaf P. M. / Treiman, D. J. (1992): A Standard International Socio-Economic Index of Occupational Status. Soc. Sci. Res. 21 (1) 1–56.

Gellert, U. (^{1}2006): Mathematik „in der Welt" und mathematische „Grundbildung". Zur Konsistenz des mathematikdidaktischen Rahmens von PISA. Dieses Buch.

Gentleman, R. C. et al. (2004): Bioconductor: open software development for computational biology and bioinformatics. Genome Biol. 5:R80.

Gill, J. (1999): The Insignificance of Null Hypothesis Significance Testing. Polit. Res. Quart. 52 (3) 647–674.

Glas, C. A. W. (2005): Book Review [de Boeck, P. / Wilson, M. eds. (2004): Explanatory Item response Models: A Generalized Linear and Nonlinear Approach]. J. Educ. Meas. 42 (3) 303–307.

Goldstein, H. (2004): International comparisons of student attainment: somme issues arising from the PISA study. Assessment Educ. 11 (3) 319–330.

Grabe, M. (2000): Gedanken zur Revision der Gauß'schen Fehlerrechnung. Tech. Mess. 67 (6), 283–288.

Gräber, W. / Stork, H. (1984): Die Entwicklungspsychologie Jean Piagets als Mahnerin und Helferin des Lehrers im naturwissenschaftlichen Unterricht. Teil 1. MNU [Der math. naturw. Unt.] 37 (4) 193–201.

Guttman, L. (1954): Some Necessary Conditions for Common-Factor Analysis. Psychometrika 19 (2) 149–161.

Hagemeister, V. (1999): Was wurde bei TIMSS erhoben? Über die empirische Basis einer aufregenden Studie. Die Deutsche Schule 91 (2) 160–177.

Hagemeister, V. (^{1}2006). Kritische Anmerkungen zum Umgang mit den Ergebnissen von PISA. Dieses Buch.

Haider, G. (Hrsg.) (2001): PISA 2000. Technischer Report. Innsbruck: StudienVerlag. http://www.pisa-austria.at/pisa2000/index2.htm.

Haladyna, T. M. /Nolen, S. B./Haas, N. S. (1991): Raising Standardized Achievement Test Scores and the Origins of Test Score Pollution. Educ. Researcher 20 (5) 2–7.

Hambleton, R. K. / Swaminathan, H. / Rogers, H. J. (1991): Fundamentals of Item Response Theory. Newbury Park: Sage.

Hardwig, J. (2006): Epistemic Dependence. In: Selinger, E./Crease, R. P. (Hrsg.): The Philosophy of Expertise. New York: Columbia University Press.

Hothorn, T. (2006): Praktische Aspekte der Reproduzierbarkeit statistischer Analysen in klinischen Studien, Antrittsvorlesung, Friedrich-Alexander-Universität Erlangen-Nürnberg. http://www.imbe.med.uni-erlangen.de/~hothorn/talks/AV.pdf [8. 8. 07].

Institut für Demoskopie Allensbach (2005). Ärzte vorn. Allensbacher Berufsprestige-Skala 2005. allensbacher berichte 2005/12.

ISO [International Organization for Standardization] (1995): Guide to the Expression of Uncertainty in Measurement. Genf: ISO.

Jablonka, E. (^{1}2006): Mathematical Literacy: Die Verflüchtigung eines ambitionierten Test-Konstrukts in bedeutungslose PISA-Punkte. Dieses Buch.

Keitel, C. (^{1}2006): Der (un)heimliche Einfluss der Testideologie. Dieses Buch.
Kessel, W. (2001): Der ISO/BIPM-Leitfaden zur Ermittlung der Messunsicherheit. Tech. Mess. 68 (1) 5–13.
Kießwetter, K. (2002): Unzulänglich vermessen und vermessen unzulänglich: PISA u. Co. Mitt. Dtsch. Math.-Ver. (4) 49–58.
Kim, D.-S. (2004): Le déficit de filles en Corée du Sud: évolution, niveaux et variations régionales. Population [Paris] 59, 982–997.
Kirsch, I. / de Jong, J. / Lafontaine, D. / McQueen, J. / Mendelovits, J. / Monseur, C. (2002): Reading for Change. Performance and Engagement Across Countries. Results from PISA 2000. Paris: OECD.
Klemm, K. (2006): Fünf Jahre nach dem PISA-Schock. Interview mit WDR.de. http://www.wdr.de/themen/kultur/bildung_und_erziehung/brennpunkt_schule/pisa_co/pisa_5jahre/index.jhtml [8. 8. 07].
Knoche, N. / Lind, D. / Blum, W. / Cohors-Fresenborg, E. / Flade, L. / Löding, W. / Möller, G. / Neubrand, M. / Wynands, A. (Deutsche PISA-Expertengruppe Mathematik, PISA-2000) (2002): Die PISA-2000-Studie, einige Ergebnisse und Analysen. J. Math.-did. 23 (3/4) 159–202.
Kohn, A. (2000): The Case Against Standardized Testing. Raising the Scores, Ruining the Schools. Portsmouth NH: Heinemann.
Köller, O. (2006a): Stellungnahme zum Text von Joachim Wuttke: „Fehler, [...]" http://www.iqb.hu-berlin.de/aktuell?pg=a_3 [8. 12. 06; dort inzwischen gelöscht]; http://www.math.uni-potsdam.de/prof/o_didaktik/pisa_debatte/koeller.pdf [8. 8. 07].
Köller, O. (2006b): Kritik an PISA ist unberechtigt. Interwiev. Bildungsklick: http://bildungsklick.de/a/50155/kritik-an-pisa-unberechtigt [8. 8. 07].
Kraus, J. (2005). Der PISA-Schwindel. Wien: Signum.
Kubinger, K. D. (2000): Replik auf Jürgen Rost „Was ist aus dem Rasch-Modell geworden?": Und für die Psychologische Diagnostik hat es doch revolutionäre Bedeutung. Psychol. Rundsch. 51 (1) 33–34.
Lind, D. (2004): Welches Raten ist unerwünscht? Eine Erwiderung. J. Math.-did. 25 (1) 70–74.
Lind, D. / Knoche, N. / Blum, W. / Neubrand, M. (2005): Kompetenzstufen in PISA. – eine Erwiderung auf den Beitrag von W. Meyerhöfer [...] J. Math.-did. 25 (1) 80–87.
Lind, G. (2005): Sind die PISA-Daten in Bayern verzerrt? http://forum-kritische-paedagogik.de/start/request.php?124 [8. 8. 07].
Luhmann, N. (^{4}1974): Selbststeuerung der Wissenschaft. In: Soziologische Aufklärung. Aufsätze zur Theorie sozialer Systeme. Band 1. Opladen: Westdeutscher Verlag [zuerst in: Jahrb. Sozialwiss. 19, 147–170 (1968)].
Mahamed, A. / Gregory, P. A. M. / Austin, Z. (2006): "Testwiseness" Among International Pharmacy Graduates and Canadian Senior Pharmacy Students. Am. J. Pharm. Educ. 70 (6) 131.
Martin, M. O. / Kelly, D. L. (Hrsg.) (1998): Third International Mathematics and Science Study Technical Report, Volume III: Implementation and Analysis — Final Year of Secondary School. Chestnut Hill: Center for the Study of Testing, Evaluation, and Educational Policy, Boston College.
Mathis, W. J. (2004): NCLB and High-Stakes Accountability: A Cure? Or a Symptom of the Desease? Educ. Horizons 82 (2) 143–152.

McCluskey, H. / Zahner Rossier, C. (2004): Das Projekt PISA und die Durchführung in der Schweiz. Bundesamt für Statistik / Eidgenössische Konferenz der kantonalen Erziehungsdirektoren. http://www.portal-stat.admin.ch/pisa/download/pisa_description_d.pdf [8. 1. 07, am 8. 8. 07 dort nicht mehr auffindbar].
McLachlan, G. J. / Krishnan, T. (1997): The EM Algorithm and Extensions. New York: Wiley.
Meehl, P. E. (1978): Theoretical Risks and Tabular Asterisks: Sir Karl, Sir Ronald, and the Slow Progress of Soft Psychology. J. Consult. Clin. Psychol. 46 (4) 806–834.
Meehl, P. E. (1990): Why summaries of research on psychological theories are often uninterpretable. Psycholog. Rep. 66, 195–244.
Meyerhöfer, W. (2004a): Zum Problem des Ratens bei PISA. J. Math.-did. 25 (1) 62–69.
Meyerhöfer, W. (2004b): Zum Kompetenzstufenmodell von PISA. J. Math.-did. 25 (3/4) 294–305.
Meyerhöfer, W. (2005): Tests im Test: Das Beispiel PISA. Leverkusen: Barbara Budrich.
Meyerhöfer, W. (^{1}2006a): PISA & Co. als kulturindustrielle Phänomene. Dieses Buch.
Meyerhöfer, W. (2006b): Zur Stellungnahme von Prof. Olaf Köller vom 14.11.2006 zum Text von Joachim Wuttke: Fehler, Verzerrungen, Unsicherheiten in der PISA-Auswertung. http://www.math.uni-potsdam.de/prof/o_didaktik/pisa_debatte [8. 8. 07].
Micceri, T. (1989): The Unicorn, the Normal Curve, and other Improbable Creatures. Psychol. Bull. 105 (1) 156–166.
Millman, J. / Bishop, C. H. / Ebel, R. (1965): An Analysis of Test-Wiseness. Educ. Psychol. Meas. 25 (3) 707–726.
Moher, D. / Altman, D. G. / Schulz, K. F. / Elbourne, D. R. (2004): Opportunities and challenges for improving the quality of reporting clinical research: CONSORT and beyond. Can. Med. Assoc. J. 171 (4) 349–350.
Monseur, C. / Wu, M. (2002): Imputation for Student Nonresponse in Educational Achievement Surveys. The International Conference on Improving Surveys, Kopenhagen, 25.–28. 8. 2002. http://www.icis.dk/ICIS_papers/E2_5_2.pdf [4. 5. 07].
NCES [National Center for Educational Statistics] (2006): Homeschooling in the United States: 2003. Statistical Analysis Report. Online-Resource http://nces.ed.gov/pubs2006/homeschool/ [8. 8. 07].
NCHS [U. S. Department of Health and Human Services, Centers for Desease Control and Prevention, National Center for Health Statistics] (2005): More Boys Born Than Girls. New Report Documents Total Gender Ratios At Birth From 1940 to 2002. Online-Resource http://www.cdc.gov/nchs/pressroom/05facts/moreboys.htm [8. 8. 07].
Neuwirth, E. / Ponocny, I. / Grossmann, W. (Hrsg.) (2006): PISA 2000 und PISA 2003: Vertiefende Analysen und Beiträge zur Methodik. Graz: Leykam.
Nichols, S. L. / Berliner, D. (2007): Collateral Damage. How High-Stakes Testing Corrupts America's Schools. Cambridge Mass.: Harvard Education Press.
NYSED [New York State Education Department, Elementary, Middle, Secondary and Continuing Education, Office of State Assessments] (2005): English Language Arts Grade 3 Sample Test. http://www.emsc.nysed.gov/3-8/ela-sample/gr3-bk1.pdf [5. 5. 07].
NYSED (2006): Grade 3–8 Mathematics Tests. http://www.nysedregents.org/testing/mathei/06exams/gr3bk1.pdf [8. 8. 07].

NYSED (o. J.): Test Your Testwiseness. www.emsc.nysed.gov/osa/assesspubs/pubsarch/ActivityTestYourTestwiseness.pdf [8.8.07].

OECD [Organisation for Economic Co-operation and Development] (1998): Fourth Meeting of the Board of Participating Countries (Paris, 6–7 July).

OECD (1999): Measuring Student Knowledge and Skills. A New Framework for Assessment. Paris: OECD.

OECD (2001): Knowledge and Skills for Life. First Results from the OECD Programme for International Student Assessment (PISA) 2000. Paris: OECD.

OECD (2003a): The PISA 2003 Assessment Framework. Mathematics, Reading, Science and Problem Solving Knowledge and Skills. Paris: OECD.

OECD (2003b): Test Administrator's Manual — PISA 2003. Paris: OECD.

OECD (2004a): Learning for Tomorrow's World. First Results from PISA 2003. Paris: OECD. Zitiert als LTW.

OECD (2004b): Problem Solving for Tomorrow's World. First Measures of Cross-Curricular Competencies from PISA 2003. Paris: OECD.

OECD (2005a): PISA 2003 Technical Report. Paris: OECD. Zitiert als TR.

OECD (2005b): PISA 2003 Data Analysis Manual. SPSS Users. Paris: OECD. Zitiert als DAM.

OECD (2005c): Longer Term Strategy of the Development of PISA. 20th meeting of the PISA Governing Board. 3–5 October, Reykjavik, Iceland. Paris: OECD.

Olsen, R. V. / Turmo, A. / Lie, S. (2001): Learning about students' knowledge and thinking in science through large-scale quantitative studies. Eur. J. Psychol. Educ. 16 (3) 403–420.

Olsen, R. V. (2005a): Achievement tests from an item perspective. An exploration of single item data from the PISA and TIMSS studies, and how such data can inform us about students' knowledge and thinking in science. Dissertation, Universität Oslo.

Olsen, R. V. (2005b): An exploration of cluster structure in scientific literacy in PISA: Evidence for a Nordic dimension? NorDiNa 1 (1) 81–94. http://www.naturfagsenteret.no/tidsskrift/Rolf%20V%20Olsen_105.pdf [8.8.07].

Oster, E. (2005): Hepatitis B and the Case of the Missing Women. J. Polit. Econ. 113 (6) 1163–1216.

Paris, S. G. / Lawton, T. A. / Turner, J. C. / Roth, J. L. (1991): A Developmental Perspective on Standardized Achievement Testing. Educ. Researcher 20 (5) 12–20.

Prais, S. J. (2003): Cautions on OECD's Recent Educational Survey (PISA). Oxford Rev. Educ. 29 (2) 139–163.

Prenzel, M. / Baumert, J. / Lehmann, R. / Leutner, D. / Neubrand, M. / Pekrun, R. / Rolff, H.-G. / Rost, J. / Schiefele, U. [PISA–Konsortium Deutschland] (Hrsg.) (2004a): PISA 2003. Ergebnisse des zweiten internationalen Vergleichs. Zusammenfassung. Kiel: Leibniz-Institut für die Pädagogik der Naturwissenschaften. http://pisa.ipn.uni-kiel.de/Ergebnisse_PISA_2003.pdf [8.8.07]. Zitiert als D03a.

Prenzel, M. / Baumert, J. / Blum, W. / Lehmann, R. / Leutner, D. / Neubrand, M. / Pekrun, R. / Rolff, H.-G. / Rost, J. / Schiefele, U. [PISA–Konsortium Deutschland] (Hrsg.) (2004b): PISA 2003. Der Bildungsstand der Jugendlichen in Deutschland — Ergebnisse des zweiten internationalen Vergleichs. Münster: Waxmann. Zitiert als D03b.

Prenzel, M. (2004c): Zu: Analyse der veröffentlichten Chemie-Aufgaben von PISA. MNU [Der math. naturw. Unt.] 57 (6) 377–378.

Prenzel, M. (2006): Wie solide ist PISA? oder Ist die Kritik von Joachim Wuttke begründet? http://pisa.ipn.uni-kiel.de/Wie_solide_ist_PISA.pdf [8. 8. 07].

Prenzel, M. / Walter, O. (2006): Ein Programmierfehler in PISA? Joachim Wuttke hat falsch gerechnet! Anlage zu Prenzel (2006), URL wie dort.

Prenzel, M. / Walter, O. / Frey, A. (2007): PISA misst Kompetenzen. Eine Replik auf Rindermann (2006). Was messen internationale Schulleistungsstudien? Psychol. Rundsch. 58 (2) 128–136.

Putz, M. (2005): Was misst PISA? http://www.schule.suedtirol.it/rg-bx/projekte/Zeitung/ZeitungM%C3%A4rz05.pdf [8. 8. 07].

Putz, M. (2006): PISA: Zu schön um wahr zu sein? Liegt das Traumergebnis an Rechenfehlern? Unveröffentlicht.

Reagan-Cirincione, P. / Rohrbaugh, J. (1992): Decision Conferencing: A Unique Approach to Behavioral Aggregation of Expert Judgement. In: Wright, G. / Bolger, F. (Hrsg.): Expertise and Decision Support. New York: Plenum.

Rindermann, H. (2006): Was messen internationale Schulleistungsstudien? Schulleistungen, Schülerfähigkeiten, kognitive Fähigkeiten, Wissen oder allgemeine Intelligenz? Psychol. Rundsch. 57 (2) 69-86.

Rindermann, H. (2007a): Intelligenz, kognitive Fähigkeiten, Humankapital und Rationalität auf verschiedenen Ebenen. Psychol. Rundsch. 58 (2) 137–145.

Rindermann, H. (2007b): The g-factor of international cognitive ability comparisons. Eur. J. Personality 21, 667–706.

Rocher, T. (2003): La méthodologie des évaluations internationales de compétences. Psychologie et Psychométrie 24 (2–3) [Numéro spécial : Mesure et Éducation], 117–146.

Romainville, M. (2002): Du bon usage de PISA. La Revue Nouvelle 115 (3–4) 86–99.

Romano, J. P. / Siegel, A. F. (1986): Counterexamples in probability and statistics. Monterey: Wadsworth & Brooks/Cole.

Rost, J. (1999): Was ist aus dem Rasch-Modell geworden? Psychol. Rundsch. 50 (3) 140–156.

Rost, J. (2000): Haben ordinale Rasch-Modelle variierende Trennschärfen? Eine Antwort auf die Wiener Repliken. Psychol. Rundsch. 51 (1) 36–37.

Rost, J. (^{2}2004): Lehrbuch Testtheorie — Testkonstruktion. Bern: Hans Huber.

Rubin, D. B. (1987). Multiple Imputation for Nonresponse in Surveys. New York: John Wiley & Sons.

Ruddock, G. (2006): Validation study of the PISA 2000, PISA 2003 and TIMSS-2003 International studies of pupil attainment. Nottingham: Department for Education and Skills. http://www.dfes.gov.uk/research/data/uploadfiles/RR772.pdf [22. 7. 07].

Schafer, J. L. (1997). Analysis of Incomplete Multivariate Data. London: Chapman & Hall.

Schmidt, H. (2003): Warum GUM? Kritische Anmerkungen zur Normdefinition der „Messunsicherheit" und zu verzerrten „Elementarfehlermodellen". ZfV — Zs. f. Geodäsie &c. 128 (5) 303–312.

Schulz, W. (2006): Response to paper of Joachim Wuttke. Unveröffentlicht.

Shamos, M. H. (1995): The myth of scientific literacy. New Brunswick NJ: Rutgers University Press.

Shriberg, D. / Shriberg A. B. (2006): High-Stakes Testing and Dropout Rates. Dissent Magazine. http://www.dissentmagazine.org/article/?article=702 [8. 8. 07].

Sireci, S. G. (1997): Problems and Issues in Linking Assessments Across Languages. Educational Measurement: Issues and Practice 16 (1) 12–19.

Song, S.-Y. (1998): The Problem of Sex Ratio in Asia. S. 188–190 in Fujiki, N., Macer, D. R. J. (Hrsg.): Bioethics in Asia. Eubios Ethics Institute.

U.S. Census Bureau (2006): International Data Base. Population Pyramids. Verwendete Online-Resource http://www.census.gov/ipc/www/idbpyr.html [2. 1. 07]; aktualisierte Daten jetzt unter http://www.census.gov/ipc/www/idb/pyramids.html [8. 8. 07].

Willemen, R. J. (2002): School timetable construction: algorithms and complexity. Dissertation, Technische Universiteit Eindhoven.

Wise, S. L. / DeMars, C. E. (2005): Low Examinee Effort in Low-Stakes Assessment: Problems and Potential Solutions. Educ. Assessment 10 (1) 1–18.

Walberg, H. J. / Strykowski, B. F. / Rovai, E. / Hung, S. S. (1984): Exceptional Performance. Rev. Educ. Res. 54 (1) 87–112.

Woodruff, D. / Hanson, B. A. (1997): Estimation for Item response Models using the EM Algorithm for Finite Mixtures. Revised Edition. Presented at the Annual Meeting of the Psychometric Society, Gatlinburg, Tennessee. http://www.b-a-h.com/papers/paper9701.pdf [8. 8. 07].

Woods, C. M. / Thissen, D. (2006): Item Response Theory with Estimation of the Latent Population Distribution Using Spline-Based Densities. Psychometrika 71 (2) 281–301.

Wu, M. L. / Adams, R. J. / Wilson, M. R. (1998): ACER ConQuest. Generalised Item Response Modelling Software Manual. Melbourne: The Australian Council for Educational Research Ltd.

Wu, M. / Douglas, A. R. / Monseur, C. (2002): Issues in the Design of the Student Assessment Instrument for PISA 2000. The International Conference on Improving Surveys, Kopenhagen, 25.–28. 8. 2002. http://www.icis.dk/ICIS_papers/E2_3_3.pdf [4. 5. 07].

Wuttke, J. (^{1}2006): Fehler, Verzerrungen, Unsicherheiten in der PISA-Auswertung. Dieses Buch, erste Auflage. Zitiert als W1.

Yamamoto, K./Mazzeo, J. (1992): Item Response Theory Scale Linking in NAEP. J. Educ. Stat. 17 (2) 155–173.

Yousfi, S. (2005): Mythen und Paradoxien der klassischen Testtheorie (I). Testlänge und Gütekriterien. Diagnostica 51 (1) 1–11.

Zabulionis, A. (2001): Similarity of Mathematics and Science Achievement of Various Nations. Educ. Policy Analysis Arch. 9 (33). http://epaa.asu.edu/epaa/v9n33/ [8. 8. 07].

Zwick, R. (1992): Statistical and Psychometric Issues in the Measurement of Educational Achievement Trends: Examples From the National Assessment of Educational Progress. J. Educ. Stat. 17 (2) 203–218.

Mathematical Literacy: Die Verflüchtigung eines ambitionierten Testkonstrukts

Eva Jablonka

1 Vorbemerkungen

Seit es das Programme for International Student Assessment (PISA) der OECD gibt, werden Politiker, Wirtschaftsverbände, Interessensvertretungen und deren Multiplikatoren nicht müde, Botschaften, Appelle, Forderungen und Maßnahmen zu verkünden, von denen sie glauben, sie seien aus den Ergebnissen der Studie ableitbar. Oft ist die Studie aber auch nur ein willkommener Anlass für eine Reformdebatte, die sich nicht explizit und daher nicht nachvollziehbar auf die in PISA erhobenen Daten bezieht.

Die Konzentration der öffentlichen Diskussion auf Bildung als Wachstumsfaktor und Ressource entspricht dem Interesse des Auftraggebers. Man schließt aus dem Abschneiden in den Tests auf den Wirtschaftsstandort Deutschland, für den das Humankapital von strategischer Bedeutung sei und fürchtet, dass die deutsche Ökonomie nicht mehr konkurrenzfähig ist. Die Sorge gilt dabei weniger den individuellen Chancen und der intellektuellen Verfassung derjenigen, die in dem Leistungsvergleich schlecht abschneiden, sondern ihrer Funktionsfähigkeit und Nützlichkeit (vergl. die Analyse der Debatte von Huisken 2005; Jahnke, Meyerhöfer, in diesem Band).

Die immer wieder veröffentlichten Rangplatzreihen verführen zu vordergründigen Vergleichen mit den Ländern, die in der gleichen „Liga" spielen oder überraschend aufgestiegen sind und Deutschland scheinbar im globalen Wettbewerb hinter sich zu lassen drohen. Vergleiche mit der Tschechischen Republik oder mit Neuseeland sind beispielsweise weniger populär als mit „asiatischen" Ländern, die gute Ergebnisse erzielen.

Die Schwierigkeit der Übersetzung quantifizierter Daten und statistischer Zusammenhänge in inhaltliche Aussagen und funktionale Beziehungen ist freilich nicht nur ein Problem der PISA-Interpreten. Die Studie selbst ist nicht als wissenschaftliche Untersuchung konzipiert, in der es um die Beantwortung vorher formulierter Fragen oder Hypothesen über Ursachen und Wirkungen für Schulleistungen geht, sondern als Auftragsstudie, die folgenden Zweck verfolgt:

> Die in den Staaten erzielten Ergebnisse werden als Kriterium verwendet, um die Leistungsfähigkeit von Bildungssystemen zu vergleichen und zu beurteilen. Die Studie dient einem Benchmarking im Bildungsbereich und liefert wissenschaftlich fundierte Anhaltspunkte für mögliche Weiterentwicklungen der Bildungssysteme. PISA ist ein auf Dauer angelegtes Verfahren zur Beobachtung von Bildungssystemen (Bildungsmonitoring). (PKD a, S. 3).

Es handelt sich um den großangelegten Versuch, Daten zu den Leistungen 15-jähriger, die (noch) eine Schule besuchen, in vorgeblich berufs- und alltagsrelevanten Bereichen, die sich zum Teil in Schulfächern wiederfinden, zu erheben und diese mit einer Fülle von Daten zu „Kontextfaktoren" zu ergänzen. Möchte man PISA als wissenschaftliche Studie einordnen, dann steht das Programm in der Tradition einer empirischen quantitativen Forschung, die man als „large scale ex post facto" und in Teilen auch als „survey research" klassifizieren könnte.

Die in den PISA-Runden produzierte Menge an Daten bietet vielfältige Möglichkeiten zur Analyse von Zusammenhängen, vorausgesetzt die Mess- und Analyseverfahren sind konsistent und liefern zuverlässige Werte. In den Berichten sind Analysen von Aggregat- und Individualdaten zu finden und auch Varianzanalysen zu einzelnen Fragen des Zusammenhangs der Hintergrunddaten (die sich auf die einzelnen Schüler, aber auch auf die Schulen beziehen) mit den in den Leistungstests ermittelten Ergebnissen. Aufgrund des organisatorischen Rahmens, der sowohl den Zugang zu den Daten und auch die Möglichkeiten zur Selbstkorrektur beschränkt, ist das Potential vermutlich nicht ausgeschöpft. Die periodische Veröffentlichung einer in vielen Teilen nicht weiter verarbeiteten und analysierten Informationsmasse lässt Raum für vielfältige Interpretationen, die auf Kosten der Tiefe gehen.

Die am Bildungssystem Interessierten wollen naturgemäß wissen, unter welchen Bedingungen und *warum* ein bestimmter Output hervorgebracht wird, und betrachten daher die produzierten Testergebnisse nicht bloß als Selbstzweck. Oft geht die Grundeinsicht in die Tatsache verloren, dass statistische Zusammenhänge prinzipiell keine kausalen Aussagen sind. So sehen viele Interpreten in den PISA-Ergebnissen den Beweis für das Scheitern des dreigliedrigen Schulsystems, orten Versäumnisse im vorschulischen Bereich, leiten die Notwendigkeit zur Standardisierung und einer am „Output" orientierten Messung (Evaluation) von Schulleistungen („Kompetenzen") ab oder plädieren für pädagogische Maßnahmen, die sie auf Wallfahrten nach Finnland kennen gelernt haben.

In der öffentlichen Debatte erfährt man wenig über die Maßstäbe, Verfahren und Auswertungsmethoden der Studie. Ein solches Wissen ist aber vorausgesetzt, wenn man die Ergebnisse den Möglichkeiten und Grenzen der benutzten Methoden entsprechend sorgfältig analysieren, angemessen interpretieren und die Validität der Studie beurteilen will. Eine Gesamtbeurteilung besteht schließlich in einem integrativen wertenden Urteil darüber, inwieweit die empirische Evidenz und die theoretischen Begründungen hinreichen, um Schlussfolgerungen und Handlungen, die aus Testwerten abgeleitet werden, als angemessen und zweckmäßig zu rechtfertigen. In der Vielfalt der Beiträge in diesem Band kommt deutlich zum Ausdruck, dass bei einer so umfangreichen wie komplexen Studie in den verschiedenen Teilbereichen und in unterschiedlichen Stadien der Untersuchung Verzerrungen und Passungsprobleme entstehen.

In diesem Beitrag soll untersucht werden, ob die in PISA-Punkten ausgedrückte Mathematikleistung als empirische Evidenz für das im Theorierahmen der Studie definierte Konstrukt der Mathematical Literacy betrachtet werden kann. Testen die PISA-Aufgaben tatsächlich das, was die Studie zu testen vorgibt? Wie kommen die Punkte zustande, durch die auf Leistungsdifferenzen geschlossen wird? Welche versteckten Annahmen liegen den Berechnungen zu Grunde? Um auf diese Fragen eingehen zu können, werden im folgenden Aspekte der Operationalisierung und Skalierung der Mathematical Literacy diskutiert. Mit Operationalisierung (im engeren Sinn) ist gemeint, wie aus der Nominaldefinition, durch die das

Konstrukt der Mathematical Literacy festgelegt ist, die Batterie der Testaufgaben entwickelt oder ausgewählt wurde. Die Skalierung ist eine komplexe Form der „Messung", also der Zuordnung von Zahlen zu Objekten nach bestimmten Vorschriften. In PISA hat man auf ein Modell aus der probabilistischen Testtheorie zurückgegriffen, um aus den Bearbeitungen der Testaufgaben die Schülerkompetenzen zu bestimmen. Die Definition des Konstrukts, die Form der Operationalisierung und die Möglichkeiten zu dessen Skalierung bedingen sich wechselseitig. Es soll hier untersucht werden, ob der Theorierahmen konsistent ist, welchem Zweck das entwickelte Klassifikationssystem dient und in welcher Beziehung es zu den Aufgaben steht. Außerdem wird gefragt, ob sich die benutzte Skalierung, die bestimmte Annahmen über die Struktur der Kompetenz unterstellt, die damit sinnvoll gemessen werden kann, rechtfertigen lässt. Wenn die Definition und Operationalisierung vage sind, die Skalierung sich als unpassend erweist und weitere methodische Entscheidungen unklar bleiben, dann ist eine wissenschaftliche Diskussion der Befunde zur mathematischen Kompetenz nicht mehr möglich.

2 Der Theorierahmen für den Mathematiktest: Von der Nominaldefinition zu den Aufgaben

Intentionen der Definition von Mathematical Literacy

Die Güte eines Theorierahmens, der einer empirischen Studie zu Grunde liegt, kann unter anderem daran gemessen werden, ob die Operationalisierung konsistent ist und ob die benutzten Konstrukte spezifisch genug sind, um sie auf die erhobenen Daten anzuwenden. Da eine Theorie immer beansprucht, Beziehungen herzustellen, muss man auch fragen, ob der benutzte Theorierahmen bei der Interpretation der Daten solche Zusammenhänge hervorbringt, die man sonst nicht zu sehen im Stande gewesen wäre. Für den Erkenntnisfortschritt von Vorteil ist die Möglichkeit, Zusammenhänge zu bereits existierenden Theorien aufzuzeigen.

In PISA 2003 war Mathematik der Schwerpunkt. Mit Recht kann man fragen, ob die zu Grunde gelegten Definitionen zweckmäßig sind. Die Beschreibungen der Konzeption lassen erkennen, dass es nicht um den Test von Schulwissen geht, sondern um Kompetenzen, die funktional mit Bezug auf antizipierte Berufs- und Lebenssituationen definiert sind, denn der Test beansprucht zu untersuchen,

> wie gut junge Menschen auf die Herausforderungen der Wissensgesellschaft vorbereitet sind... PISA konzentriert die Erhebungen auf grundlegende Kompetenzen, die für die individuellen Lern- und Lebenschancen ebenso bedeutsam sind wie für die gesellschaftliche, politische und wirtschaftliche Weiterentwicklung (PKD b, S. 4).

Zunächst einmal ist es nur eine Behauptung, dass die Aufgaben in PISA mathematische Tätigkeiten reflektieren, die genau in der Weise, wie man sie zur Lösung der Aufgaben benötigt, auch anderswo als beim Bearbeiten des PISA-Tests von Nutzen sind. In welcher Art und Weise die 15-jährigen Schüler/innen in den insgesamt 41 PISA-Ländern und Regionen (30 OECD-Mitgliedsstaaten und 11 so genannte Partnerländer), die 2003 getestet wurden, ihre mathematischen Kenntnisse nutzen (werden oder sollen), so dass damit zugleich ihre individuellen Lebenschancen verbessert werden und die politische, gesellschaftliche und wirtschaftliche Entwicklung ihres Landes vorangetrieben wird, ist unergründlich. Außerdem kommen 15-jährige, die nicht mehr zur Schule gehen, in dem Test nicht vor (vergl. Wuttke, in diesem Band).

Man kann keineswegs davon ausgehen, auch wenn dies suggeriert wird, dass über die Definition von Mathematical Literacy innerhalb der Mathematikdidaktik Konsens herrscht (vergl. z. B. Jablonka 2003). Die Beschreibung des Konstrukts der Mathematical Literacy, das PISA zu testen beansprucht, ist in den Veröffentlichungen des PISA-Konsortiums Deutschland als „mathematische Grundbildung" übersetzt und bezeichnet die Fähigkeit,

> ... die Rolle zu erkennen und zu verstehen, die die Mathematik in der Welt spielt, fundierte mathematische Urteile abzugeben und sich auf eine Weise mit der Mathematik zu befassen, die den Anforderungen des gegenwärtigen und künftigen Lebens einer Person als konstruktivem, engagiertem und reflektierendem Bürger entspricht (OECD/PISA Deutschland 1999, S. 2).

Die „Welt" bedeutet in diesem Zusammenhang „the natural, social and cultural setting in which the individual lives" (OECD 2003, S. 25), also die Lebenswelt der Schüler/innen. Im deutschen Bericht ist der Begriff erweitert und bedeutet nicht nur die natürliche, technische, soziale und kulturelle Umwelt sondern „auch die mentale Welt der Mathematik selbst" (PKD 2004, S. 48). Dieser Erweiterung entspricht die Verwendung des Terminus „Grundbildung" als Übersetzung von *literacy* durch die deutsche PISA-Expertengruppe Mathematik. Im „Nationalen Ergänzungstest" werden auch „mathematische Begriffsvorstellungen oder das Erschließen von Zusammenhängen innerhalb der Mathematik" (Knoche u. a. 2002, S. 3) als Komponenten mathematischer Grundbildung angesehen und Aufgaben hinzugenommen, die sich eher mit dem deutschen Curriculum im Einklang bringen lassen. Andererseits soll die Umschreibung von Mathematical Literacy klar stellen, „dass mathematische Kenntnisse und Fähigkeiten, wie sie im traditionellen Curriculum der Schulmathematik definiert werden, im Rahmen von OECD/ PISA nicht im Vordergrund stehen. Stattdessen liegt der Schwerpunkt auf der funktionalen Anwendung von mathematischen Kenntnissen in ganz unterschiedlichen Kontexten und auf ganz unterschiedliche, Reflexion und Einsicht erfordernde Weise" (OECD/PISA Deutschland 1999, S. 2). Darin unterscheidet sich die Konzeption von der TIMS-Studie der UNESCO/IEA, die auch in mehreren Zyklen durchgeführt wird, in der man sich aber darum bemüht, die getesteten Inhalte an den Curricula der Länder zu orientieren. Es ist nicht offensichtlich, dass der „curriculumfreie" (das heißt von Anfang an nicht als ein Test von Schulwissen konzipierte) PISA-Test die bessere Alternative ist.

Die Definition des Konstrukts der Mathematical Literacy ist für den internationalen Mathematiktest konstitutiv. Wie im folgenden gezeigt wird, kommt es aber aufgrund der Globalität und Vagheit der Beschreibung zu gravierenden Beschränkungen beim Versuch der Operationalisierung in der Form von Testaufgaben (vergl. dazu auch Meyerhöfer 2005 und den Beitrag von Bender, in diesem Band). Eine kritische Analyse der Konzeption von Mathematical Literacy in PISA aus fachdidaktischer Perspektive leistet Gellert (in diesem Band).

Das internationale PISA-Konsortium unternimmt es, auf 34 Seiten darzulegen, wie aus der beschriebenen Konzeption von Mathematical Literacy die PISA-Testaufgaben abgeleitet werden, trotz der Einsicht, dass die durch das Konstrukt beschriebenen Fähigkeiten nicht oder nur äußerst rudimentär in der Bearbeitung von Testaufgaben zum Ausdruck kommen können:

> The operational problem faced by OECD/PISA is how to asses whether 15-year-old students are mathematically literate in terms of their ability to mathematise. Unfortunately, in a timed assessment this is difficult because for most complex real situations the full process of proceeding from reality to mathematics and back often involves collaboration and finding appropriate recources, and takes considerable time. (OECD 2003, S. 28).

Als zentraler Bestandteil der Mathematical Literacy erscheint also die Fähigkeit, Probleme zu mathematisieren und mit Hilfe mathematischer Begriffe und Verfahren zu lösen. Die Umschreibungen lassen die Betonung der Orientierung auf die kulturelle Teilhabe erkennen. Als Begründung für die Bedeutung von Mathematical Literacy wird hervorgehoben, wozu ein Mangel daran führen könnte:

> Failure to use mathematical notions can result in confused personal decisions, an increased susceptibility to pseudo-sciences, and poorly informed decision making in professional and public life. (OECD 2003, S. 27).

Gemessen an dieser Auffassung der Relevanz der mathematischen Grundbildung, die eine Bewertung von Mathematisierungen einschließt, um pseudowissenschaftliche Benutzungen mathematischer Modelle erkennen zu können, erweist sich das von Bender (in diesem Band) diskutierte Beispiel „Gehen" als besonders unpassend.

Die vom Institut für die Pädagogik der Naturwissenschaften, Kiel (IPN), der PISA-Koordinierungsstelle für Deutschland, zu dieser Aufgabe bereitgestellte Sachanalyse verstärkt den Eindruck, dass man die eigene Konzeption der „mathematischen Grundbildung" nicht ernst nimmt. Unter anderem liest man dort:

> Wenn nun aber *Individuen für sich selbst gehen,* jeder auf seine eigene Art und Weise, gelten andere Gesetze. Dann macht ein Mensch, der schneller geht als ein anderer, *sowohl* längere Schritte *als auch* mehr Schritte pro Minute. Das gilt nicht nur beim Vergleich *verschiedener* Individuen, sondern auch für *einen* Menschen, der verschieden schnell gehen möchte. Wie sportwissenschaftliche Untersuchungen gezeigt haben, kann man solche *individuellen Geh-Vorgänge* bei Männern näherungsweise mit der Faustformel $\frac{n}{p} = 140$ beschreiben, so wie es in der Aufgabe „Gehen" gegeben ist.

In der Abhandlung zu menschlichen Gehvorgängen heißt es abschließend:

> Es wäre noch eine schöne Zusatz-Aufgabe gewesen (ganz im Sinne von Mathematical Literacy), die Formel $\frac{n}{P} = 140$ genauer zu diskutieren...
>
> Nichtsdestoweniger ist die Aufgabe „Gehen" korrekt gestellt, und die Musterlösungen sind alle korrekt." (http://pisa.ipn.uni-kiel.de)

Diese Aufgabe kann nur im Nachhinein als zu dem PISA-Theorierahmen passend definiert worden sein, denn sie stammt aus einem niederländischen Test und wurde für PISA vom beteiligten Testinstitut wieder ausgegraben und bis zur Unkenntlichkeit verkürzt (Abbildungen 1a/1b, siehe folgende Seiten). Vielleicht waren Mitarbeiter des Instituts oder des niederländischen PISA-Konsortiums an einem internen Vergleich der Leistungen bei dem Test Anfang der 90er Jahre und bei PISA interessiert. Im Original ist die Formel als Faustregel für die optimale Gehgeschwindigkeit eines männlichen Wanderers am Strand zu interpretieren; weiterhin ist zu erkennen, dass eine umfassendere Diskussion von Mathematisierungen des Gehvorgangs vorgesehen war.

Es gibt zahlreiche weitere Beispiele für Aufgaben, denen kaum anzusehen ist, dass sie etwas mit der Form mathematischer Grundbildung zu tun haben, die im Theorierahmen beschrieben wird. Beim Studium des „Theoretical Framework" zeigt sich, dass das internationale PISA-Konsortium den Anspruch, mit den einzelnen Aufgaben die Fähigkeit zum Mathematisieren komplexer Situationen zu testen, sofort wieder einschränkt:

> Ideally, to judge whether 15-year-old students can use their accumulated mathematical knowledge to solve mathematical problems they encounter in their world, one would collect information about their ability to *mathematise* such complex situations. Clearly this is impractical. Instead, OECD/PISA has chosen to prepare items to assess different parts of this process (OECD 2003, S. 30, Hervorhebung im Original).

Such complex situations verweist in dem Zitat auf ein Beispiel von Romberg (1994), das „Rummelplatz Spielbrett" (Fairground Gameboard) heißt, in dem es in einer relativ offenen Aufgabenstellung darum geht, die Gewinnwahrscheinlichkeit bei einem Spiel zu eruieren. In dem Spiel wirft man eine Münze auf eine Art Schachbrett

Opgave 5 Wandelen

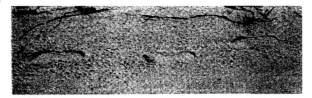

Hierboven zie je de voetafdrukken van een wandelaar op het strand. Als een wandelaar met constante snelheid loopt, is de afstand tussen twee opeenvolgende hielafdrukken, de staplengte S, steeds even groot.
Natuurlijk loopt niet iedere wandelaar even snel. Wel blijkt uit onderzoek dat de verhouding tussen staplengte en stapfrequentie (aantal stappen per tijdseenheid) constant is.

Voor mannen geldt de vuistregel: $\frac{n}{S} = 140$

waarbij n = het aantal stappen per minuut
         S = staplengte in meters

Van een wandelaar is gemeten dat hij 150 meter in 100 seconden loopt, terwijl hij daar 187 stappen voor nodig heeft.

5p 15 ☐ Bereken voor deze persoon n en S en laat zien dat de vuistregel klopt.

Een man heeft een staplengte van 0,85 meter.

5p 16 ☐ Bereken zijn snelheid in meter per minuut en ook in km per uur.

4p 17 ☐ Laat zien dat, uitgaande van de vuistregel, voor de snelheid v (in km per uur) van een wandelaar de volgende formule geldt:

$$v = 8,4 \cdot S^2$$

In figuur 7 zie je een volledige beweging van het rechterbeen weergegeven. De stand van het been in positie 11 is weer gelijk aan de stand in positie 1.

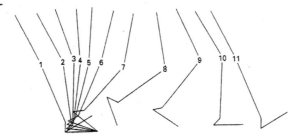

figuur 7

De hoek van het bovenbeen met een verticale lijn noemen we α. De hoek van het onderbeen met een verticale lijn noemen we β. Een uitwijking naar rechts geeft een positieve hoek en een uitwijking naar links een negatieve hoek. De hoek tussen onder- en bovenbeen noemen we de knieflexiehoek. De knieflexiehoek is gelijk aan α − β. Zie figuur 8.

Abbildung 1a. Vorversion der Aufgabe „Gehen" aus einem niederländischen Test

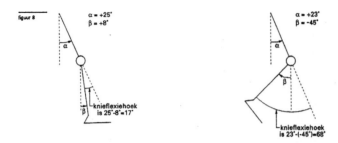

In figuur 9 zijn de grafieken van α en β getekend voor een volledige beweging van het rechterbeen. Het begin van de grafiek correspondeert met positie 1 uit figuur 7, het eind met positie 11.

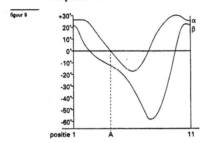

◄ ▷ 18 □ Bepaal met behulp van figuur 9 de grootste waarde van de knieflexiehoek. Licht je werkwijze toe.
◄ ▷ 19 □ Teken de stand van het rechterbeen in positie A (zie figuur 9). Licht je werkwijze toe.

1995-II

Abbildung 1b. Vorversion der Aufgabe „Gehen" aus einem niederländischen Test

und gewinnt dann, wenn sie direkt in einem Feld landet. Daran soll (implizit) gezeigt werden, dass solche Beispiele nicht in einem Test benutzt werden können. Warum nicht? An keiner Stelle werden *theoretische* Gründe dafür angegeben, dass die Mathematisierungsfähigkeit nicht in der Form von Aufgaben operationalisierbar erscheint, sondern es wird nur darauf verwiesen, dass dies *unpraktisch* wäre.

Aufgabenkonstruktion oder Sammelsurium?

Für die Testkonstruktion wird ein Klassifikationssystem entwickelt, das es ermöglichen soll, das Ausmaß der Mathematical Literacy zu beschreiben (OECD 2003, S. 30). Die Dimensionen beziehen sich auf den Kontext (Situationen), auf den mathematischen Inhalt (Overarching Ideas, in deutschen Veröffentlichungen als „Inhaltsgebiete" oder „Inhaltsbereiche" bezeichnet, z. B. in PKD b, S. 5) und auf das Niveau der Kompetenzen. Die in den Aufgaben repräsentierten Situationen können vier Bereichen zugeordnet werden: persönlich (personal), berufsbezogen (occupational) oder zur Ausbildung gehörend (educational), öffentlich oder gesellschaftsbezogen (public) und wissenschaftlich (scientific). Die Zuordnung der veröffentlichten Aufgaben zu diesen vier „PISA-Lebenswelten" ist zuweilen schwierig und nicht in allen Publikationen angegeben. Die Aufgabe „Gehen" wird zum Beispiel, auch wenn in der zugehörigen Analyse auf eine sportwissenschaftliche Untersuchung verwiesen wird, dem persönlichen Bereich zugeordnet. In manchen Beschreibungen des theoretischen Rahmens geht die Erläuterung der Dimension „Situation" nicht über die Auflistung der vier Bereiche hinaus (zum Beispiel in PKD 2004), obwohl die Grundidee des Ansatzes offenbar darin besteht, dass man zwischen inhaltsbezogenen Kompetenzen (in manchen Publikationen auch „Wissen", „Fähigkeiten"), Methoden („Prozessen" und „Prozeduren") und Anwendungssituationen genauer zu differenzieren versucht. Bei denjenigen Aufgaben, die rein mathematischer Natur sind, muss der „innermathematische" Kontext als die Anwendungssituation betrachtet werden, was mit der zu Grunde gelegten Beschreibung der Mathematisierung als mathematische Modellbildung unverträglich ist.

Die mathematischen Begriffe und Verfahren, auf die beim Lösen zurückgegriffen werden kann, werden als „Overarching Ideas" bezeichnet. Man wollte wichtige Inhaltsbereiche abdecken und hat diese dann in PISA 2003 auch auf separaten Leistungsskalen erfasst: Quantität bedeutet auf „alle Arten von Quantifizierungen, d. h. auf die Verwendung von Zahlen zur Beschreibung und Organisation von Situationen" bezogen; Veränderung und Beziehungen bezeichnet „alle Arten von relationalen und funktionalen Beziehungen zwischen mathematischen Objekten"; Raum und Form bezieht sich auf „alle Arten ebener oder räumlicher Konfigurationen, Gestalten und Muster"; Unsicherheit beschreibt schließlich „alle Arten von Phänomenen und Situationen, die statistische Daten beinhalten oder bei denen der Zufall eine Rolle spielt" (PKD 2004,

S. 49). Die Test-Aufgaben kann man, weil diese Gebiete sich überschneiden, nicht immer eindeutig den Bereichen zuordnen. Selbstverständlich gibt es andere mögliche Aspekte, nach denen Kategorisierungen mathematischer Inhalte vorgenommen werden könnten, die beim Mathematisieren relevant sind, wie beispielsweise Eigenschaften von Mathematisierungen (diskret–kontinuierlich, endlich–unendlich, stochastisch–deterministisch, exakt–approximativ, ...). Bei der Zuordnung der Testaufgaben zu den „Übergreifenden Ideen" werden diese nicht, wie die Terminologie suggeriert, als über die mathematischen Teilgebiete hinausweisend interpretiert, sondern korrespondieren mit den Gebieten Arithmetik, Algebra, Geometrie und Stochastik des Schul-Curriculums.

Im internationalen Rahmenkonzept sind drei Competency-Cluster als kognitive Anforderungen beim Lösen mathematischer Probleme beschrieben: reproduzieren, Beziehungen herstellen und reflektieren. Die detaillierten Beschreibungen dieser drei Cluster sind jeweils nach acht „charakteristischen mathematischen Kompetenzen" (in deutschen Veröffentlichungen „Fähigkeiten", z. B. in OECD/PISA Deutschland 1999) ausdifferenziert, die jeweils auf unterschiedlichem Niveau für die erfolgreiche Problemlösung ausschlaggebend sind. Diese Dimensionen bzw. „Fähigkeiten" sind: mathematisch zu denken, mathematisch zu argumentieren, die Fähigkeit zur mathematischen Modellierung, die Fähigkeit, Probleme zu stellen und zu lösen, mathematische Darstellungen zu nutzen, mit den symbolischen, formalen und technischen Elementen der Mathematik umzugehen, zu kommunizieren und schließlich die Fähigkeit, Hilfsmittel einzusetzen und zu gebrauchen (vergl. Niss 1999). Die Beschreibungen lassen vermuten, dass die drei Cluster hierarchisch zu verstehen sind, obwohl das nicht explizit gesagt wird (OECD 2003, S. 41 ff.).

An anderer Stelle ist die Dimension „Inhalt" (Overarching Ideas) etwas eingeschränkter als Aspekt der Kompetenz beschrieben, der sich ausschließlich auf deklaratives Wissen bezieht („Wissen, dass", PKD 2004, S. 19), und wird von den mathematischen „Prozessen und Prozeduren" unterschieden („Wissen, wie", PKD 2004, S. 19). In dieser Version sind dann die Beschreibungen der so genannten „Kompetenzcluster", die in PISA 2000 noch Kompetenzklassen genannt wurden, nur auf die Prozesse und Prozeduren bezogen. Die

Beschreibung des Ausmaßes der „Mathematical Literacy" reduziert sich damit auf drei Ebenen des „Wissens, wie".

Nun ist die Aussage, dass das Ganze auf einer theoretisch begründeten Rahmenkonzeption basiert, dahingehend einzuschränken, dass zwar ein Begriffsinstrumentarium entwickelt wird, das aber inkonsistent erscheint und – das wird explizit gesagt – sich aufgrund praktischer Beschränkungen als für die Studie in weiten Teilen ungeeignet erweist. Hinzu kommt, dass es viele der Aufgaben schon vor PISA gab, aber suggeriert wird, sie seien unter Vorgabe der Konzeption für den Test erst entwickelt worden. Angesichts der sonst so streng überwachten Geheimhaltung der Aufgaben, die in aufeinander folgenden Zyklen wieder verwendet werden sollen (oder wurden), erscheint das als grobe Fahrlässigkeit.

In der im technischen Bericht von PISA 2003 abgedruckten Liste der benutzten Items findet sich eines mit der Überschrift „Thermometer Cricket" (M446Q01) (OECD 2005, S. 412). Wahrscheinlich handelt es sich um folgende bereits 1992 veröffentlichte Aufgabe, in der es um die fiktive Praxis der Bestimmung der Temperatur aufgrund der Zirpfrequenz von Grillen geht (Collis & Romberg 1992, S. 8; zur Analyse dieser Aufgabe siehe auch Jablonka 2002). Man kann sich leicht von der Schwierigkeit des Unterfangens überzeugen, das Niveau der acht Dimensionen mathematischer Kompetenzen zu beschreiben, von denen man vielleicht einige zur Lösung benötigt, um eine solche Aufgabe einem der drei Kompetenzcluster zuzuordnen:

> The number of chirps, Δ, that a cricket makes in a minute can be related to the temperature, $\square$.
>
> A rule that does this is $\frac{5}{36}$ of $\Delta + 4 = \square$.
>
> It is possible then to tell how warm it is by using a cricket as a thermometer because the warmer it gets, the faster the cricket chirps.
>
> A: Is it true or false to say that on a normal summer's day we would expect a cricket chip faster at noon than at dawn?
>
> B: If you hear 120 chips a minute, what is the temperature?

In diesem Zusammenhang mag es von einem gewissen Interesse sein, dass von den insgesamt 54 in PISA 2003 benutzten Mathematik-Aufgaben (damit sind die thematisch zusammenhängenden Komplexe von Items gemeint) 13 aus Holland, 15 aus Australien, 7 aus Kanada kommen, die restlichen aus insgesamt neun Ländern. An dem PISA-Test beteiligten sich 41 Länder. Diese nicht gleichgewichtige Beisteuerung von Aufgaben kann man tatsächlich nur unter Verweis auf den „curriculumfreien" Ansatz der Studie verteidigen. Andernfalls würde man vermuten, dass die Schüler/innen aus den Niederlanden, Australien und Kanada und aus Ländern mit verwandten Curricula im Vorteil sind. Nicht ohne Grund wurden im deutschen Ergänzungstest Aufgaben hinzugenommen, die eher widerspiegeln, was die Schüler/innen im deutschen Mathematikunterricht gelernt haben könnten.

Resumée

Mit Bezug auf die Operationalisierung des Testkonstrukts lässt sich zusammenfassend feststellen, dass die Definition des Konstrukts vage und inkonsistent bleibt, auch wenn die verschiedenen Dimensionen der Fähigkeit in manchen Publikationen durch detailreiche Ausführungen beschrieben sind. Die eingeführten Kategorien und Klassifikationssysteme erzeugen vordergründig Präzision, deren Mangel sie eigentlich verschleiern. Da für einzelne Aufgaben immer verschiedene Zuordnungen möglich sind, lässt sich nicht entscheiden, ob die Aufgaben repräsentativ für die zu testenden Dimensionen sind. Bei der Testauswertung ergeben sich relativ hohe Korrelationen der Mathematik-Subskalen ($0.88 \leq r \leq 0.92$) und auch zwischen den nationalen Subskalen der Typen mathematischen Arbeitens ($0,89 \leq r \leq 0,95$) sowie zwischen den Stoffgebieten ($0,82 \leq r \leq 0,91$). Die hohen Korrelationen der Leistungsskalen untereinander zeigen sich auch, wenn man die in den einzelnen Staaten erreichten durchschnittlichen Kompetenzen miteinander korreliert (PKD 2004, S. 62–63 und S. 169). Das ist ein weiteres Indiz dafür, dass die Dimensionen des Konstrukts nicht besonders trennscharf sind.

Die Ausdifferenzierungen im Theorierahmen erscheinen an vielen Stellen nur als Ansammlung von neu geschaffenem Vokabular, das keine eindeutigen Zusammenhänge zu mathematikdidaktischen Theorien erkennen lässt, auch wenn es durch fortwährende Erwähnung ein Eigenleben entwickelt und dadurch den Eindruck erweckt, Bestandteil etablierter Beschreibungsformen des Fachgebietes zu sein. Dafür gibt es in PISA einige Beispiele, die bereits zu kontroversen Diskussionen unter Mathematikdidaktikern Anlass gaben, wie etwa die über „Kompetenzklassen" und „Kompetenzstufen" (siehe etwa Meyerhöfer 2004a; Lind u. a. 2005).

Vorteilhaft für die Konstruktion von Tests jeder Art ist die Vermeidung von Konnotationen mit Begriffen, die weit über das Konstrukt hinausgehende Interpretationen nahe legen (wie „mathematische Grundbildung" oder „Mathematical Literacy"), denn Beschränkungen sind unvermeidbar, will man seriös bleiben:

> Though indispensable, operational definitions yield only limited meanings of constructs. No operational definition will ever express all of a variable. No operational definition of intelligence can ever express the rich and diverse meanings of human intelligence. This means that the variables measured by scientists are always limited and specific in meaning. The "'creativity'" studied by psychologists is not the "'creativity'" referred to by artists, though there will of course be common factors. (Kerlinger 1969, S. 35.)

Die globale Definition der Mathematical Literacy verliert beim Versuch der Operationalisierung dieses Konstrukts in der Form von PISA-Aufgaben ihre Bedeutung, der spezifische Bedeutungsgehalt, der sich in den einzelnen Aufgaben manifestiert, kann durch eine Analyse des konzeptionellen Rahmens nicht eruiert werden.

3 Das Skalierungsmodell: Anpassung des Modells an die Realität oder umgekehrt?

Der Inhalt und die Form einzelner Aufgaben und die Art der Auswertung müssen in einem sinnvollen und begründeten Zusammenhang zum Zweck eines Tests stehen. Es gibt eine Fülle von Methoden, mit deren Hilfe aus den „Rohdaten" (aus den Testantworten) in Zahlen ausgedrückte Testergebnisse errechnet oder geschätzt werden. Alle Berechnungsmodelle beruhen auf Annahmen über die Art und über die Verteilung der zu messenden Fähigkeit und darüber, wie man von den Antworten im Test zu Aussagen über die getesteten Personen kommt. In mathematischen Modellen können zahlenmäßige Zusammenhänge gelten, die in der Wirklichkeit gar nicht erfüllt sind. Ein solches Modell mag zuweilen eine gewisse Vorhersagekraft haben, gleichwohl geht diese aber zu Lasten der Interpretierbarkeit. Bei PISA könnte das der Fall sein, denn das für die Skalierung benutzte Modell erscheint im Hinblick auf die getestete Fähigkeit als unpassend.

Bei vielen Tests benötigt man keine Skalierung: Führerscheinprüfungen oder Aufnahmeprüfungen für ein Konservatorium besteht man oder man fällt durch. Mit etwas gutem Willen kann man aber davon ausgehen, dass es zuweilen sinnvoll ist, Testleistungen mit Maßzahlen zu beschreiben, um diese zu vergleichen, zum Beispiel um Personen, die in einem Test unterschiedliche Leistungen gezeigt haben, in eine Reihenfolge zu bringen und nach bestimmten Kriterien für passende Zwecke auszuwählen.

Falls man davon ausgeht, dass ein Test mehr misst als nur die Geschicklichkeit, eben diesen Test mehr oder weniger erfolgreich zu absolvieren, wird man die Testleistung als Ausmaß einer nicht direkt messbaren Fähigkeit interpretieren, die eine Person in Bezug auf eine bestimmte Eigenschaft besitzt, die sie im Test zeigen konnte, und man wird so weit wie möglich dafür Sorge tragen, dass diese Fähigkeit tatsächlich für ein erfolgreiches Absolvieren des Tests ausschlaggebend ist. Weiterhin muss man annehmen, dass die getestete Fähigkeit, die ja niemals direkt beobachtbar ist, relativ stabil ist und sich in der Testsituation nicht wesentlich ändert. Das könnte aber der Fall sein, wenn man während einer Aufgabenlösung dazulernt oder aber aufgrund des Zeitdrucks versagt. Es wird also die Testunabhängigkeit der Testleistung vorausgesetzt und diese als Fähigkeit interpretiert.

Bei der Auswertung geht es dann darum, die Positionen der Testpersonen in Bezug auf diese Fähigkeit zu bestimmen und zu vergleichen, indem man sie auf einer Skala einordnet. Unterschiedliche Skalierungsmethoden können zu unterschiedlichen Einordnungen führen. Die Skalierungsmethode hat also einen bedeutenden Einfluss auf die Ergebnisse und damit auf die Interpretation jeden Tests.

Das Rasch-Modell in PISA: Aus der Not wird eine Tugend

Die Informationen, die im technischen Teil des Berichts (OECD 2005) über die rechnerische Transformation der erhobenen Schülerlösungen (der „Rohdaten") in die PISA-Punkte gegeben werden, sind offenbar für Testexperten mit dem Spezialgebiet Item Response Theory verfasst und lassen sich nur mühsam entschlüsseln. An keiner Stelle findet man eine allgemein verständliche und schlüssige Beschreibung der Vorgehensweise. Manches ist widersprüchlich.

Erhellend wäre eine Darstellung der Annahmen gewesen, die man über die Art der Aufgaben und über die zu erschließenden Kompetenzen machen muss, um die Anwendung des Berechnungsmodells zu rechtfertigen, sowie die Darstellung der Gründe für die Wahl genau dieses Modells. Interessant wären auch exemplarische Berechnungen mit alternativen Auswertungsmethoden, bei denen dann natürlich ganz andere Punktezahlen herauskommen würden. Möglicherweise wurden solche Berechnungen für die Rohdaten der Länder sogar gemacht, jedoch nicht veröffentlicht, zumindest heißt es im technischen Bericht:

> Files containing the achievement data were prepared and national-level Rasch and traditional test analyses were undertaken. The results of these analyses were included in the reports that were returned to each participant. (OECD 2005, S. 126).

Solche Informationen sind zweifellos wichtiger als die rechentechnischen Details, denn die Rezipienten der Studie und auch die beteiligten Wissenschaftler aus anderen Fachgebieten sind Laien.

In PISA werden Modellrechnungen aus der Item Response Theory verwendet. Im technischen Bericht erfährt man, dass das „Mixed Co-Efficients Multinomial Logit Model" benutzt wird und dass dieses eine Verallgemeinerung des sog. Rasch-Modells ist (OECD 2005, S. 120). Der Sprachgebrauch der Testtheorie sieht vor, dass die zu den Aufgaben gestellten Fragen Items heißen. Die empirisch ermittelte Aufgabenschwierigkeit ist ein Itemparameter und die „latente" Fähigkeit der einzelnen Personen, deren Ausmaß an Hand der „manifesten" Testleistung „geschätzt" werden soll, wird als Personenparameter bezeichnet.

Da das benutzte Modell eine Verallgemeinerung des dichotomen Rasch-Modells ist, ist es ratsam, dessen wesentliche Eigenschaften und Annahmen zu rekonstruieren, um einschätzen zu können, ob es zur „Messung" der Mathematical Literacy in PISA geeignet ist. Das Modell entstammt der Item Response Theory (oder probabilistischen Testtheorie) und dient der „Schätzung" latenter Fähigkeiten (latent-trait-model). Diese Theorie grenzt sich von der „Klassischen Testtheorie" dadurch ab, dass man nicht die Testpunktezahl (bis auf zufällige „Messfehler") als Manifestation der Fähigkeit betrachtet, sondern dem Verhalten der Testpersonen grundsätzlich stochastischen Charakter zuschreibt, weshalb nur Aussagen über die Auftretenswahrscheinlichkeiten von bestimmten Antworten gemacht werden können. Daher ist der Schluss von der Testleistung auf die Fähigkeit als Wahrscheinlichkeitsaussage zu interpretieren, weshalb von der „Schätzung latenter Fähigkeiten" gesprochen wird. Die einzelnen Aufgabenbearbeitungen bei einem Test werden als stochastisch unabhängige Zufallsversuche beschrieben und die Lösungen sind Wahrscheinlichkeitsverteilungen. Die einfachste Form des Rasch-Modells ist die für Items mit zwei sich ausschließenden Antwortalternativen („dichotome" Items), in PISA also für Aufgaben, deren Lösungen entweder als richtig oder als falsch bewertet wurden.

Ein triftiger und verständlicher Grund für die Entscheidung, ein Modell aus der Item Response Theory zu benutzen, war bei PISA der Einsatz unterschiedlicher Testhefte. Die Schüler bearbeiten nicht alle Aufgaben, sondern nur die Teilmenge, die in ihrem Testheft enthalten ist. Trotzdem bekommen sie einen Personenparameter (also einen Zahlenwert für ihre Fähigkeit) zugewiesen, der sich auf alle PISA-Aufgaben aus den entsprechenden Bereichen bezieht (sonst hätte man so viele Einzeltests, wie es Testhefte gibt). Außerdem kommen in neuen PISA-Runden neue Aufgaben hinzu und man will sagen können, dass auch diese Aufgaben (nach entsprechender Kalibrierung) dieselbe Fähigkeit messen wie die bereits vorhandenen. Auch das „Zusammensuchen" von Aufgaben, die schon in anderen Tests benutzt und gar nicht eigens für PISA entwickelt wurden, lässt sich damit leichter rechtfertigen. Dahinter steckt aber immer die Annahme, dass die unterschiedliche Schwierigkeit der Aufgaben auf eine eindimensionale Fähigkeit zurückzuführen ist. Ist das nicht der Fall, lässt sich diese Vorgehensweise nicht mehr so leicht verteidigen.

Oft verlangen Testaufgaben, dass man unterschiedliche Fähigkeiten haben muss, um mit hoher Wahrscheinlichkeit korrekte Antworten zu produzieren, wie zum Beispiel Testanweisungen und an-

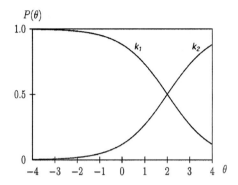

Abbildung 2. Modell für ein dichotomes Item

dere Texte zu verstehen und mathematische Kenntnisse zu aktivieren und zu benutzen. Das eindimensionale Rasch-Modell setzt voraus, dass die korrekte Lösung auf eine einzige „Hauptdimension" zurückzuführen ist. Wenn es mehrere Dimensionen gibt, aber nur eine dominiert, dann können die anderen Dimensionen als nebensächlich postuliert werden, indem man bis zu einer willkürlich gesetzten Grenze für das zulässige Ausmaß der Nebendimensionen Eindimensionalität als gegeben ansieht. Es gibt Erweiterungen des Berechnungsmodells, die der Tatsache Rechnung tragen, dass die aus den Testantworten zu schätzende Fähigkeit mehrdimensional ist. Diese wiederum haben den Nachteil, dass die Berechnung der Testwerte aus den Rohdaten sehr komplex und unzuverlässig ist.

Um Aussagen über die Wahrscheinlichkeit zu machen, mit der eine Person eine Aufgabe lösen wird, auch wenn sie die Aufgabe noch nie gesehen hat, muss man die latenten Fähigkeiten, auf die man die Lösungswahrscheinlichkeiten schiebt, irgendwie zur gesamten Batterie der Aufgaben, aus der dann beim Test einzelne ausgewählt werden, in Beziehung setzen. Um das zu erreichen, müssen beim Rasch-Modell massive Einschränkungen für die Art der Aufgaben, die man benutzen kann, in Kauf genommen werden. Für eine einzelne dichotome Testaufgabe sollen die Lösungswahrscheinlichkeiten bei *bekannter* latenter Fähigkeit (Θ) nach der Idealvorstellung des Modells so aussehen wie in Abbildung 2.

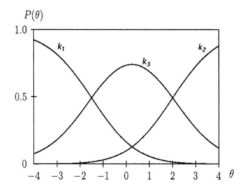

Abbildung 3. Partial-Credit-Modell (Nachempfunden den Abbildungen aus Partchev, I.: A Visual Gudie to IRT)

Die Wahrscheinlichkeit für eine korrekte Lösung steigt mit dem Fähigkeitslevel (Kurve k_2), wohingegen die für eine falsche Lösung sinkt (Kurve k_1). Für jeden Fähigkeitswert muss die Summe der Wahrscheinlichkeiten eins sein, weil sich die richtige und die falsche Antwort ausschließen. Man kann sich also auf eine der beiden Kurven konzentrieren. Am Schnittpunkt ist die Wahrscheinlichkeit für die richtige Lösung 0,5.

Wenn Zwischenstufen außer *richtig* oder *falsch* möglich sind (partial credit), zum Beispiel eine falsche, eine teilweise und eine vollkommen richtige Antwort, dann postuliert das Modell, dass sich die Aufgabenlösungswahrscheinlichkeit in Abhängigkeit von der *bekannten* Fähigkeit so verhält wie in Abbildung 3. Weil jede Person nur eine Antwort geben kann und sich die Antwortalternativen gegenseitig ausschließen, muss die Summe der Wahrscheinlichkeiten für die drei Alternativen für jeden gegebenen Fähigkeitswert eins sein. Die Wahrscheinlichkeit für die Wahl der teilweise richtigen Antwort (Kurve k_3) steigt mit der Fähigkeit bis zu einem gewissen Punkt und sinkt dann, wenn der Fähigkeitswert hoch genug ist, um die richtige Antwort mit größerer Wahrscheinlichkeit als die falsche zu wählen.

Das Rasch-Modell soll es gestatten, den noch nicht bekannten Fähigkeitswert (den Personenparameter) und auch die empirische

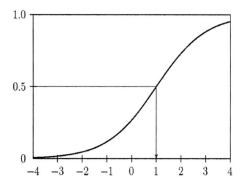

Abbildung 4. Aufgabenschwierigkeit

Aufgabenschwierigkeit zu ermitteln. Es erscheint wie ein erkenntnistheoretisches Wunder, dass es möglich sein soll, aus einem Datensatz gleichzeitig beide Parameter zu bestimmen, denn vor dem PISA-Test wusste man nichts über die Aufgabenparameter (die empirisch ermittelte Schwierigkeit, die sich aus den Lösungshäufigkeiten ergibt) und auch nichts über die Personenparameter (die Fähigkeit der Schüler/innen, ausgedrückt in PISA-Punkten), denn diese zu ermitteln war ja der Zweck des Tests. Der „Trick", um sich dem anzunähern, ist die Modellierung der Personenparameter und der Aufgabenparameter mit ein und demselben Modell. Unter der Annahme, dass die Wahrscheinlichkeit, dass eine Person eine bestimmte Aufgabe richtig löst, (ausschließlich) von ihrem Fähigkeitswert (Personenparameter Θ) und von der Aufgabenschwierigkeit (Aufgabenparameter b) abhängt, muss man sich nun sowohl die Personen- als auch die Itemparameter auf der horizontalen Achse eingetragen denken (Abbildung 4). Die Wahrscheinlichkeit, dass eine Person mit dem Fähigkeitswert Θ die Aufgabe richtig löst, ist in der Darstellung modelliert mit der Funktion $P_b(\Theta) = (1 + \exp(b - \Theta))^{-1}$.

Man kann nun für die in der Abbildung 4 dargestellte Aufgabencharakteristik zum Beispiel den Itemparameter für den Punkt ablesen, wo die vorhergesagte Lösungswahrscheinlichkeit 0,5 ist. Bei der gegebenen Funktion für ein dichotomes Item ist das genau an

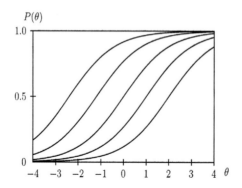

Abbildung 5. Idealtest

der Stelle, an der die Fähigkeit einer Person der Schwierigkeit der Aufgabe entspricht. Beim Partial-Credit-Modell ergeben sich unterschiedliche Itemparameter für die richtige und für die teilweise richtige Antwort.

In PISA wurde für dichotome Aufgaben zur Schätzung der Itemparameter ein einfaches logistisches Modell benutzt und für die Aufgaben mit mehreren Antwortkategorien ein Partial-Credit-Modell. Das Modell wurde so modifiziert, dass ein Proband, dessen Fähigkeit der Aufgabenschwierigkeit entspricht, eine größere Chance als nur eins zu eins besitzt, die Aufgabe richtig zu lösen. Es wird von einer Lösungswahrscheinlichkeit von 62 % ausgegangen, um den Schwierigkeitsparameter auf der OECD-Skala zu bestimmen.

Die Schwanenhalsform der Funktion, die in dem Rasch-Modell die Aufgabencharakteristiken beschreiben soll, ist weder denknotwendig noch empirisch zu erwarten, wird aber unter anderem wegen ihrer mathematischen Eigenschaften benutzt, die rechentechnische Vorteile bringen. Es ist allerdings plausibel, Monotonie zu fordern. Da der Test aus mehreren Aufgaben besteht, muss man noch eine Summenfunktion definieren. Die Funktionen zu jeder Aufgabe sollen sich nicht schneiden und müssen alle dieselbe Schwanenhalsform haben (Abbildung 5).

Bei irgendeiner Sammlung von Aufgaben, könnte sich empirisch allerdings auch ein anderes Bild ergeben (Abbildung 6).

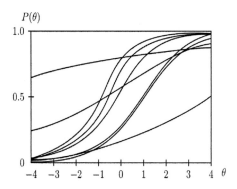

Abbildung 6. Real mögliche Aufgabencharakteristiken

Soll ein Gesamttest Rasch-skalierbar sein, dann impliziert das weit reichende Annahmen über die Unabhängigkeit der einzelnen Aufgabenlösungen. Bei PISA stellte sich allerdings heraus, dass die Lösungswahrscheinlichkeiten bei den Mathematikaufgaben wesentlich niedriger waren für die Testhefte, in denen die Mathematikaufgaben am Ende vorkamen (Hefte 8, 9, 10 und 11). Dieser „Testhefteffekt" wurde im Prinzip wie ein zusätzlicher Itemparameter behandelt. Es drängt sich weiterhin die Frage auf, ob nicht die Reihenfolge der Items, die unter einer Überschrift zu Aufgaben zusammengefasst sind, bzw. ihre thematische Zusammengehörigkeit eine Rolle für das Lösungsverhalten spielen, welche nicht berücksichtigt wurde. Es könnte sein, dass die Lösungswahrscheinlichkeiten für die thematisch zusammengefassten Items nicht voneinander unabhängig sind.

Wenn die Realität dem Modell nicht gehorcht

Wenn die empirisch ermittelten Parameter für die einzelnen Aufgaben nicht gut genug zu dem Modell passen, dann muss die entsprechende Aufgabe aus dem Test entfernt werden, wenn man ihn trotzdem mit dem Rasch-Modell skalieren will. Theoretisch müsste man wohl auch überprüfen, ob sich für ganz unterschiedliche Aufgabenauswahlen jeweils die Personenparameter modellkonform verhalten. Allerdings ließe sich das Entfernen von formal modellunverträglichen Personen aus der Testauswertung schwer vertreten.

Bei PISA 2003 hat man die erwarteten „expected score curves (ESC)" der einzelnen Items mit den international und national empirisch ermittelten verglichen. Im technischen Bericht ist zu lesen, dass es drei verschiedene Arten von nicht einwandfreien („dodgy") Items gibt (OECD 2005, S. 122). Nämlich erstens solche, die in mehr als 10 Ländern nicht zu dem Modell passen. Zweitens, solche, die sich in der großen Mehrheit der Länder modellkonform verhalten und nur in einigen nicht, und schließlich Items, die in jedem einzelnen Land entsprechende Charakteristiken zeigen, für die aber zugleich ein starker Zusammenhang zwischen Land und Aufgabenschwierigkeit erkennbar ist. Wenn sich für die Aufgaben in einzelnen Ländern unterschiedliche Schwierigkeitsrangfolgen ergeben, dann ist das verdächtig, wenn man in allen Ländern dieselbe latente Fähigkeit gemessen haben will. Über die Ursachen lässt sich spekulieren: es könnte daran liegen, dass der Aufgabenkontext sich auf eine Alltagssituation bezieht, mit der die Schüler/innen aus den verschiedenen Ländern nicht gleichermaßen vertraut sind, dass die Übersetzung in die Landessprache(n) misslungen ist oder dass das Mathematik-Curriculum eines Landes mit Bezug auf die für die Lösung relevanten mathematischen Begriffe und Verfahren sich maßgeblich von dem der anderen unterscheidet. Im Bericht heißt es, dass man die erste Variante aus dem Gesamttest, die zweite aus einigen Ländern entfernen *könnte* und die dritte beim Verrechnen nicht wie eine einzige, sondern wie eine entsprechende Anzahl verschiedener Aufgaben behandeln *könnte*. Aus dem Bericht geht nicht hervor, aus welchen Gründen man sich für welche dieser Möglichkeiten entschieden hat. Man erfährt, dass es insgesamt 10 solcher „dodgy" Mathematik-Items gab. Im Anhang (OECD 2005, S. 412–413) findet sich eine Aufstellung für 54 verschiedene Aufgaben (mit je 1–4 „Unterfragen", also Items), das sind insgesamt 85 Items, in der u. a. die internationalen Itemparamter angegeben sind. Für ein Item („Room Numbers") wurde kein internationaler Schwierigkeitsindex berechnet. Neun items sind in einzelnen Ländern „gelöscht" worden. Dazu heißt es:

At the international level, the two deleted items were S327Q02 and M434Q01T. The nationally deleted items are listed in Table 13.5. All deleted items were recoded as not applicable and were not included in either the international scaling nor in generating plausible values (OECD 2005, S. 190).

Abbildung 7 zeigt ein Beispiel, bei dem die Schülerantworten in einem Land dem Modell nicht gehorchten. Es handelt sich um die dritte Frage zur Aufgabe „Größer Werden".

In der Diskussion um die in PISA benutzten Aufgaben wurde die Gültigkeit des Modells als Argument benutzt, dass die Möglichkeit des „Ratens" (bei Multiple-Choice-Aufgaben) durch entsprechende Analysen ausgeschlossen werden konnte (vergl. Meyerhöfer 2004 b, und Lind 2004). Das Argument überzeugt deswegen nicht, weil es ja die Gültigkeit der Aufgabencharakteristik für die entsprechenden Aufgaben schon voraussetzt. Man kann es im Kern wie folgt illustrieren: Wenn die Antwortwahrscheinlichkeiten von Personen mit einem eher niedrig geschätzten Personenparameter höher als durch das Modell vorhergesagt sind (also wenn die Punkte links über der Kurve liegen), dann könne man annehmen, sie hätten geraten. Man kann aber auch annehmen, dass das Modell für die Aufgabe nicht

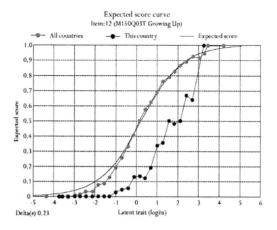

Abbildung 7. OECD 2005, S. 127

passt, zum Beispiel weil es noch nicht berücksichtigte Itemparameter gibt, die für die Lösungswahrscheinlichkeit verantwortlich sind. Es überzeugt nicht, dass man die Möglichkeit nicht in Erwägung ziehen darf, in einem Test die Aufgabencharakteristiken einzelner Aufgaben mit unterschiedlichen Funktionen zu modellieren. Denkbar ist auch, dass sich unterschiedliche Funktionsvorschriften für verschiedene Fähigkeitsbereiche, insbesondere für sehr niedrige oder sehr hohe Werte, ergeben. Zum Beispiel erscheint die Annahme, dass die Wendepunkte der Funktion für extreme Fähigkeitsausprägungen verschoben sind, plausibel. Angesichts der unterschiedlich verteilten empirischen Basis für leichte und schwere Aufgaben (die definitionsgemäß von vielen bzw. von nur wenigen richtig gelöst wurden), ist wohl die Annahme einer bestimmten Funktion zwingend, da man sonst die Parameter nicht für alle Aufgaben mit der gleichen Zuverlässigkeit schätzen könnte.

Interessant erscheint aus fachdidaktischer Sicht gerade die Beschäftigung mit denjenigen Aufgaben, die dem Modell nicht entsprochen haben. Man könnte etwas darüber lernen, warum man sich bei der Aufgabenkonzeption geirrt hat, warum die Schwierigkeit unter- bzw. überschätzt wurde bzw. welche Dimension der Aufgabe für ihre Andersartigkeit verantwortlich ist.

Das nachträgliche Entfernen von Aufgaben ohne eine auf die Dimensionen der getesteten Fähigkeit bezogene Begründung ist problematisch, denn die Studie gibt vor, einen theoretischen begründeten Rahmen zur Aufgabenkonstruktion zu benutzen. Wenn sich die Aufgaben nicht modellkonform verhalten, kann das ein Indiz dafür sein, dass man nicht genug über die zu testende Fähigkeit weiß und der für die Aufgabenkonstruktion benutzte Theorierahmen unzulänglich ist. Die im Rasch-Modell postulierten Zusammenhänge erscheinen allerdings allenfalls für einen Test relativ einfach beschreibbarer Fähigkeiten plausibel (etwa für einen Vokabeltest, der nur aus multiple-choice Items besteht). Dann ist es vorstellbar, ein großes „Pool" von Aufgaben so zu konstruieren, dass der Test immer dieselbe Fähigkeit testet, egal welche Untergruppe von Aufgaben die Testperson bearbeitet.

Bei der *gleichzeitigen* Berechnung der Itemparameter und der Personenparameter aus den Rohdaten ergibt sich ein „Henne-Ei-Problem", denn man möchte aus den empirischen Daten auf beides schließen (zur Vorgehensweise siehe auch Bender, Wuttke, in diesem Band). Nach der nationalen Kalibrierung (mit ungewichteten Daten), die zu Entscheidungen über die Behandlung einzelner Items auf nationaler Ebene führte, wurden in PISA 2003 die Rohdaten von 500 zufällig ausgewählten Schüler/innen aus jedem der 30 beteiligten OECD-Länder benutzt, also insgesamt 15000, um die Itemparameter zu schätzen (OECD 2005, S. 128). Der internationale Datensatz umfasste allerdings kodierte Antworten von 276165 Schüler/innen aus 41 Ländern (OECD 2005, S.187). Diese Auswahl beeinflusst also die „Aufgabenschwierigkeit". Man muss bei dieser Vorgehensweise offenbar annehmen, dass die Personenparameter der Schüler/innen (also die Fähigkeit dieser Personen) aus dem 15000 Schüler/innen umfassenden „international calibration sample" bereits ihre „wahren" latenten Fähigkeiten hinreichend gut ausdrücken.

Bei der Schätzung der Personenparameter hat man sich der „Plausible-Value-Technik" bedient. Im technischen Bericht zu PISA 2003 gibt es dafür keine schlüssige Begründung. Es heisst:

> As with all item response scaling models, student proficiencies (or measures) are not observed; they are missing data that must be inferred from the observed responses. There are several possible alternative approaches for making this inference. PISA uses the imputation methodology usually referred to as plausible values (PVs). PVs are a selection of likely proficiencies for students that attained each score. (OECD 2005, S. 128).

Ein *praktischer* Grund für die Wahl dieses Verfahrens besteht darin, dass man nur so mit den durch das Rotations-Design vorgegebenen Datenstrukturen arbeiten kann.

Die Werte wurden bestimmt, indem für jede Testperson Wahrscheinlichkeitsverteilungen ('marginal posterior distributions', vgl. S. 122 in OECD 2005) für die latenten Fähigkeiten bestimmt wurden, aus denen dann je 5 verschiedene Plausible Values für jede der sieben getesteten Leistungen (also für Lesen, Problemlösen, Naturwissenschaft und für die vier mathematischen Gebiete) sowie für die Mathematik-Gesamtleistung gezogen wurden. Für jede Testperson gibt es also 40 solcher Zufallszahlen, welche die Wahrscheinlichkeitsverteilungen ihrer Leistungen repräsentieren. Für die Datenanalyse mit diesen Werten ergibt sich folgendes:

If an analysis were to be undertaken with one of these seven cognitive scales, or for the combined mathematics scale, then it would ideally be undertaken five times, once with each relevant plausible values variable. The results would be averaged, and then significance tests adjusting for variation between the five sets of results computed. (OECD 2005 S. 130).

Resumée

Die hier vertretene These ist, dass die Annahmen, die das benutzte Modell impliziert, weder für die Art der Aufgaben noch für die Qualität der im Theorierahmen beschriebenen mathematischen Grundbildung sinnvoll sind. Mathematical Literacy ist im Theorierahmen als berufs- und alltagsrelevante Kompetenz beschrieben. Diese Kompetenz wird dann als eindimensionale und stabile kognitive Fähigkeit uminterpretiert und mit einem Modell aus der psychologischen Testtheorie skaliert. Die Aufgaben, die man zum Teil versucht hat auf Basis des Theorierahmens zu entwickeln oder einfach anderen Tests entnommen hat, die andere Ziele verfolgten und andere Konstrukte messen sollten (zum Beispiel finden sich auch Aufgaben aus TIMSS), erwiesen sich nicht alle als Rasch-skalierbar. Hinter der Testauswertung steht aber die „Philosophie", das Modell trotz der Unverträglichkeiten mit den empirischen Daten beizubehalten. Wuttke (in diesem Band) zeigt auf, dass diese Unverträglichkeiten viel gravierender sind als es durch die offiziellen Auswertungen belegt wird. Selbst wenn sich aber der Datensatz nach Entfernung entsprechender Aufgaben formal als modellkonform erwiese, ließe das keinen Schluss darüber zu, welche Dimension für die unterschiedlichen Lösungswahrscheinlichkeiten verantwortlich ist.

Die Argumente für die Benutzung des Modells werden aus Eigenschaften der durch das Rotationsdesign vorgegebenen Datenstrukturen und aus formal-statistischen Überlegungen abgeleitet. Sie beziehen sich nicht auf den Theorierahmen und insbesondere nicht darauf, in welcher Hinsicht die beschriebene mathematische Grundbildung in ihren verschiedenen Dimensionen das Skalierungsmodell nahe legt. Die Beschreibung des Konstrukts der Mathematical Literacy erscheint also nur als rhetorische Einkleidung des Tests.

4 Darstellung und Beschreibung der Ergebnisse des Leistungstests

Wenn das erklärte Ziel der eindeutige Vergleich von Personen oder Personengruppen ist, dann erweist sich eine eindimensionale Skala als zweckmäßig. Obwohl in PISA 2003 vier mathematische Inhaltsbereiche unterschieden wurden, hat man auch eine Gesamtskala für Mathematik berechnet. Sowohl die eindimensionale Punktebewertung als auch die Bildung von Ländermittelwerten ist in PISA darauf angelegt, Ranglisten zu produzieren und Punkteabstände zu berechnen. Dem entsprechend informieren die Medien gerne oder sogar ausschließlich über die mit Spannung erwarteten Rangplätze, z. B. schreibt der SPIEGEL ONLINE (vom 06. Dezember 2004):

> Bei Pisa 2000 erreichte Deutschland im Fach Mathematik Rang 20. Unter den damals vertretenen Ländern würde Deutschland heute Rang 16 belegen. Im Fach Lesen damals Rang 21, heute Rang 18. In den Naturwissenschaften damals Rang 20, heute Rang 15.

Bei genauerer Betrachtung der verbreiteten Länderrankings fällt allerdings auf, dass in der Mathematik-Gesamtskala von PISA-2003 die Differenzen der Mittelwerte zwischen den Rangplätzen der OECD-Länder oft nur 1 bis 3 Punkte betragen und dass es drei Länderpaare mit gleichem Mittelwert gibt. Auffällige Unterschiede im Mittelwert gibt es erst zwischen den letzten fünf Positionen (17, 21, 22, 38 Punkte). Gemessen an den unterschiedlichen Curriculumtraditionen, Organisationsformen und kulturellen Einbettungen der beteiligten Bildungssysteme erscheint die Tatsache erklärungsbedürftig, dass die Punkteabstände nicht größer ausfallen.

Die in den Leistungstests erhobenen Mittelwerte sind Schätzungen, die angeben, in welchem Bereich diese mittleren Werte mit hoher Wahrscheinlichkeit liegen, üblicherweise als Konfidenzintervall angegeben, dessen Größe von der Streuung der Testwerte und von der Größe der getesteten Stichprobe abhängt. Zum Beispiel bedeutet ein 95 %-Konfidenzintervall, dass, wenn man aus 100 unterschiedlichen (unabhängigen) Stichproben derselben Population (also zum Beispiel der 15-jährigen Schüler/innen eines Landes) solche Konfidenzintervalle errechnete, 95 dieser Intervalle den tatsächlichen Mittelwert enthalten würden. Wenn sich so wie in den PISA-Skalen die Konfidenzintervalle überschneiden, dann kann man nicht sagen, dass sich die tatsächlichen mittleren Leistungswerte voneinander unterscheiden. Die Berechnung von Listen mit *festgelegten* Rangplätzen ist also mit den erhobenen Daten gar nicht möglich und kleine Unterschiede oder Verschiebungen im Mittelwert sind aussagelos. Sinnvollerweise zu vergleichen sind nur jeweils Gruppen der sich signifikant im Mittelwert unterscheidenden Länder. Demnach liegt Deutschland in der Gruppe der Länder, die nicht signifikant vom OECD-Durchschnitt abweichen. Auch der Mittelwert für alle OECD-Länder ist ein Schätzwert und daher sind Aussagen, die sich auf die Abweichungen von diesem Durchschnitt beziehen, mit Vorsicht zu interpretieren.

Damit die Leistungsskalen Aussagen zulassen, die über Mittelwertsvergleiche von PISA-Punkten hinausgehen, müssen die Punktewerte zu den Dimensionen der getesteten Fähigkeit in Beziehung gesetzt werden. In den Ergebnisberichten findet sich das im Theorierahmen entwickelte Begriffsinstrumentarium aber nur sporadisch wieder. Zu den Kompetenzclustern erfährt man, dass die Fragen aus dem Reproduktions-Cluster tatsächlich zu den am häufigsten gelösten gehören, dass die aus dem Reflexions-Cluster, „eine Tendenz zeigen", schwierig zu sein, und dass der dritte Cluster („Beziehungen herstellen") einen sehr breiten Bereich der empirischen Aufgabenschwierigkeit umfasst (OECD 2005, S. 258). Die einzelnen Punkte-Skalen für die vier mathematischen Gebiete sowie die Mathematik-Gesamtskala wurden dennoch in 6 gleich große Punkte-Bereiche unterteilt, die sich auf unterschiedliche Niveaus mathematischer Tätigkeit beziehen sollen (Kompetenzstufen). Die Kompetenzstufen müssen hierarchisch verstanden werden, denn die Beschreibungen für jede Stufe geben an, welche Anforderungen für die Aufgaben in dieser Stufe im Vergleich zu jenen der vorhergehenden Stufe hinzukommen.

Die inhaltlichen Beschreibungen der Kompetenzstufen wurden zuerst für die vier Gebiete, denen die Aufgaben zugeordnet waren (Overarching Ideas), entworfen, indem man durch die Betrachtung der Aufgaben versucht hat zu eruieren, welcher Art und auf welchem Niveau die zur erfolgreichen Lösung der einzelnen Aufgaben nötigen Fähigkeiten und das benötigte Wissen sein könnten. Die Sammlungen der verschiedenen Eigenschaften der Aufgaben in den entsprechenden Stufen wurden dann zu einer Art Meta-Beschreibung mathematischer Niveaustufen zusammengefasst, indem die spezifischen Charakterisierungen verallgemeinert wurden. Die Ausführungen sind sehr hochgestochen und man kann sich kaum vorstellen, dass bei den PISA-Aufgaben solche komplexen Fähigkeiten gemessen wurden (vergl. die Beschreibung in OECD 2005, S. 261; zur Untersuchung siehe Meyerhöfer 2004a).

Beim Vergleich verschiedener Länderreports fällt auf, dass die inhaltlichen Beschreibungen der einzelnen Kompetenzstufen divergieren. Die Stufenbeschreibungen sind also lediglich für Präsentationszwecke entwickelt; die inhaltliche Füllung ist mit Vorsicht zu genießen, wird aber gern von den Medien zitiert, vor allem wenn es darum geht, aufzulisten, was ein in Deutschland vergleichsweise hoher Prozentanteil der Schüler/innen nicht kann.

Erfreulich wäre es gewesen, wenn empirisch tatsächlich herausgekommen wäre, was man aufgrund theoretischer Vorüberlegungen über die Aufgabenschwierigkeit sagen konnte. Dann hätte man ein Indiz, dass das Beschreibungsinstrumentarium gut und die Theorie zur Mathematical Literacy schon relativ weit entwickelt ist. Andererseits kann man das von einer als „Survey Research" ausgerichteten Studie gar nicht erwarten und es ist im Grunde unverständlich, warum vielerorts das PISA-Instrumentarium als besondere mathematik-didaktische Errungenschaft gepriesen wird.

5   Fazit

Wenn man schon davon ausgeht, dass das ebenso komplexe wie umstrittene Konstrukt der Mathematical Literacy oder „mathematischen Grundbildung" operationalisierbar und in einem Papier-und-Bleistift-Test messbar ist, dann muss man sich auch darauf einlassen, die benutzten Methoden der Testkalibrierung und Skalierung zu rechtfertigen. Die Methode muss zu dem getesteten Konstrukt passen, damit die Zahlenwerte sinnvolle Interpretationen in Bezug auf das Konstrukt zulassen.

In PISA beruht die Entscheidung für das Testformat und für eine Skalierungsmethode vorwiegend auf Praktikabilitätsüberlegungen und ist nicht theoretisch begründet. Typisch ist die Konzeption von

Testaufgaben als multiple-choice Fragen, nur weil die Antworten einfacher auszuwerten sind. Die aus der Testpsychologie entlehnten Skalierungsmethoden bieten nicht nur rechentechnische Vorteile, sondern erscheinen für die Auswertung der einerseits lückenhaften, aber andererseits massenhaft erhobenen Daten als einzige Alternative. Auf die am Anfang im Theorierahmen mit großem Aufwand entwickelten Kategorien zur Beschreibung von Mathematical Literacy und deren inhaltliche Füllung wird bei der Datenauswertung kaum noch zurückgegriffen. Beim Lesen der Berichte kommt zuweilen der Verdacht auf, dass die Autoren versucht haben, mögliche Verzerrungen und Komplikationen dezent zu verschweigen. Insbesondere nach dem Studium des Technical Reports bleiben zahlreiche Fragen offen. Man kann durchaus erwarten, dass auch die methodischen und rechentechnischen Aspekte einer Studie, die beansprucht, durch „Bildungsmonitoring" die Öffentlichkeit zu informieren, nicht nur für Experten verständlich dargestellt werden. Es liegt die Vermutung nahe, dass die Form der Darstellung die Funktion hat, die Studie gegen Kritik zu immunisieren.

PISA liefert eine Fülle von Daten über die Bedingungen, unter denen Schulleistungen zustande kommen, die in diversen statistischen Analysen zu den Ergebnissen aus dem mathematischen Leistungstest in Beziehung gesetzt wurden. Die Interpretation solcher Analysen setzt allerdings voraus, das der Test der „mathematischen Grundbildung" ein zuverlässiges Maß dieser Fähigkeit ist. Für die Berechnung der PISA-Punkte wurden die „Rohdaten" durch den Fleischwolf einer software-unterstützten Maschinerie von Berechnungen gedreht. Der Aufwand wirkt angesichts der vagen Definition des Konstrukts und dessen misslungener Operationalisierung übertrieben und das zur Skalierung der Daten benutzte Modell aus der psychologischen Testtheorie erscheint unpassend. Die im mathematischen Leistungstest ermittelten PISA-Punkte gestatten folglich höchstens unverbindliche Interpretationen und daher sind keine differenzierten Schlussfolgerungen über Zusammenhänge zu anderen in der Studie erhobenen Daten möglich.

Besondere Schwierigkeiten ergeben sich bei PISA aus der Größe des Unternehmens, vor allem aber aus dem arbeitsteiligen Vorgehen, das trotz aller Bemühungen um eine Verständigung Missverständnisse provoziert, die auf die Beschränktheit der beteiligten

Experten auf diejenige Fachgebiete zurückzuführen sind, die ihrer Spezialisierung entsprechen.

Ohne Zweifel sind die einzelnen Teile der Studie bisher mit großem Aufwand geplant und umgesetzt worden. Die beteiligten Wissenschaftsdisziplinen und Testinstitute sind aber unterschiedlichen Zielen (auch dominanzorientierten bzw. privatwirtschaftlichen) verpflichtet und ihren heterogenen Forschungstraditionen verhaftet, so dass der Eindruck entsteht, es handle sich um ein Patchwork, das in den einzelnen Teilen auf unvereinbare oder unausgegorene Theorien zurückgreift.

Literatur

Collis, K.F., & Romberg, T.A. (1992). *Mathematical Problem Solving Profiles, Profile A*, The Australian Council of Educational Research.

Huisken, F. (2005). *Der „PISA-Schock" und seine Bewältigung. Wieviel Dummheit braucht/ verträgt die Republik?* Hamburg: VSA-Verlag.

Jablonka, E. (2002). On the role of 'context' in school mathematics. In C. Malcolm & C. Lubisi (Hrsg.), *Proceedings of the tenth annual meeting of the Southern African Association for Research in Mathematics, Science and Technololgy Education, III* (S. 135–140). Durban: University of Natal.

Jablonka, E. (2003). Mathematical Literacy. In A. Bishop, M.A. Clements, C. Keitel, J. Kilpatrick & F.K.S. Leung (eds.), *Second International Handbook of Mathematics Education* (S. 77–104). Dordrecht: Kluwer Academic Publishers.

Kerlinger, F.N. (1969; 64). *Foundation of behavioral research. Educational and psychological enquiry*. London u. a.: Holt, Rinehart & Winston.

Knoche, N., Lind, D., Blum, W., Cohors-Fresenborg, E., Flade, L, Löding, W., Möller, G., Neubrand, M., Wynands, A. (2002). Die PISA-2000-Studie, einige Ergebnisse und Analysen, *Journal für Mathematik-Didaktik*, 23, 159–202.

Lind, D. (2004). Welches Raten ist unerwünscht? Eine Erwiderung. (Erwiderung auf Meyerhöfer 2004c) In: Journal für Mathematik-Didaktik 1/2004, S. 70–74.

Lind, D.; Knoche, N.; Blum, W., & Neubrand, M. (2005). Kompetenzstufen in PISA, *Journal für Mathematik-Didaktik*, 26, S. 80–87.

Meyerhöfer, W. (2004 a). Zum Kompetenzstufenmodell von PISA, *Journal für Mathematik-Didaktik*, 25, S. 294–305. (Langversion unter: http://www.math.uni-potsdam.de/prof/o_didaktik/mita/Veroe).

Meyerhöfer, W. (2004 b). Zum Problem des Ratens bei PISA. Journal für Mathematik-Didaktik 1/2004, S. 62–69.

Meyerhöfer, W. (2005). Tests im Test. Das Beispiel PISA. Leverkusen: Opladen.

Niss, M. (1999). *Kompetencer og Uddannelsesbeskrivelse* (Kompetenzen und Beschreibungen von Fächern), Uddannelse, 9, S. 21–29.

OECD (Hrsg.) (2003). *The PISA 2003 Assessment Framework – Mathematics, Reading, Science and Problem Solving Knowledge and Skills*. Paris: OECD.

OECD (Hrsg.) (2005). *PISA 2003 Technical Report*. Paris. OECD.

OECD/PISA Deutschland (Hrsg.) (1999). *Internationales und nationales Rahmenkonzept für die Erfassung von mathematischer Grundbildung in PISA.*

Partchev, I. (ohne Jahr) *A Visual Guide to Item Response Theory* (zur Verfügung gestellt vom Lehrstuhl für Methodenlehre und Evaluationsforschung der Universität Jena unter: http://www2.uni-jena.de/svw/metheval/irt/VisualIRT.pdf).

PISA-Konsortium Deutschland (PKD) (Hrsg.) (2004). PISA 2003: der Bildungsstand der Jugendlichen in Deutschland – Ergebnisse des zweiten internationalen Vergleichs. Münster; New York; München; Berlin: Waxmann.

PISA-Konsortium Deutschland (PKD a) (Hrsg.) (ohne Jahr). PISA 2003. *Ergebnisse des zweiten internationalen Vergleichs. Zusammenfassung.* – Verfügbar unter: http://pisa.ipn.uni-kiel.de/Ergebnisse_PISA_2003.pdf

PISA-Konsortium Deutschland (PKD b) (Hrsg.) (ohne Jahr). PISA 2003: *Ergebnisse des zweiten Ländervergleichs. Zusammenfassung.* – Verfügbar unter: http://pisa.ipn.uni-kiel.de/PISA2003_E_Zusammenfassung.pdf

Romberg, T.A. (1994) Classroom Instruction that Fosters Mathematical Thinking and problem Solving: Connections between Theory and Practice, in A. Schoenfeld (Hersg.), *Mathematical Thinking and problem Solving* (S. 287–304). Hillsdale, NJ: Lawrence Erlbaum Ass.

Was sagen uns PISA & Co, wenn wir uns auf sie einlassen?

Peter Bender

1 Vorbemerkungen

In den letzten fünf Jahren habe ich mich durch viele tausend deutsch- und englisch- sowie einige französischsprachige Seiten mit Berichten von, Kommentaren zu und Folgerungen aus den internationalen Vergleichsuntersuchungen PISA (Programme for International Student Assessment), TIMSS (Third International Mathematics and Science Study; später: Trends in International Mathematics and Science Study) und IGLU (Internationale Grundschul-Lese-Untersuchung; mit einer Erweiterung in Deutschland um Mathematik: IGLU-E) gearbeitet. Dabei habe ich zahlreiche wertvolle Erkenntnisse gewonnen, wurde aber auch mit mehr oder weniger versteckten Ungereimtheiten, unsauberen Argumentationen, gewagten Interpretationen und offensichtlichen Missbräuchen konfrontiert. Um zu einem ausgewogenen Bild von diesen Studien beizutragen, werde ich einen Akzent auf diese Mangelerscheinungen setzen. Da ich hierfür nur einige Seiten zur Verfügung habe, muss ich mich sehr knapp fassen und für detailliertere Untersuchungen auf die Literatur und die Internetseiten verweisen, insbesondere auch auf die Arbeiten (Meyerhöfer 2004a, 2005) mit ihrer fundamentalen erkenntnis- und wissenschaftstheoretischen Kritik sowie Analysen von vielen Aufgaben und sonstigen Einzelheiten, sowie natürlich auf die Beiträge in diesem Buch. Ich habe zwar die grundsätzlichen Probleme immer auch in den Blick genommen, einen Schwerpunkt aber darauf gelegt, *mit den Konstrukten und Daten der Studien selbst zu argumentieren*, weil ich meine, dass dann niemand die Ausrede hat, man ginge nicht wirklich auf PISA & Co ein. Dabei mache ich wohl oder übel eigentlich unzulässige Vergleiche von

Punktzahlen u. ä. und Einordnungen in eigentlich ungeeignete bzw. schlecht begründete Kategoriensysteme mit. – Ohne es jedes Mal zu erwähnen, geht es bei mir fast durchweg um den jeweils mathematischen Teil der Studien, und im Mittelpunkt steht PISA.

2 Organisation und Filosofie von PISA & Co

In der „Organisation for Economic Co-Operation and Development" (OECD) in Paris haben sich entwickelte, den USA verbundene Staaten und einige, die auf dem Weg dahin sind, zusammengeschlossen. Eine der Aufgaben der OECD ist die Erhebung und Publikation ökonomischer Daten zur Unterstützung der Entscheidungsträgerinnen & -träger in Politik, Wirtschaft usw. Aus ihrer Perspektive gehört auch der Bildungsstand der 15-Jährigen (am Ende der üblicherweise obligatorischen allgemein bildenden Schule) zu den ökonomischen Daten eines Landes, und er wird in der PISA-Studie in den Jahren 2000, 2003 und 2006 in den OECD- und einigen sog. Partner-Ländern in Form von Leistungstest in den Fächern „Lesen", „Mathematik" und „Naturwissenschaften" partiell erhoben.

Die OECD bedient sich dafür fünf professioneller „Bildungsdienstleister", von denen vier privat sind: ACER aus Australien, ETS und WSTAT aus USA sowie CITO aus Niederlande, „die PISA entwickelt und an bisher achtundfünfzig Staaten verkauft haben" (Flitner 2006). In ihrem Aufsatz macht Flitner die kommerziellen Interessen und die professionelle Öffentlichkeitsarbeit dingfest, die mit PISA, auch und gerade in Deutschland, einhergehen und die man, je nach Standpunkt, als Einstieg oder Meilenstein auf dem Weg in die Privatisierung und Kommerzialisierung auch des Schulsystems sehen kann, u. a. mit der Entwicklung von Testbatterien, die nur gegen Gebühr benutzt werden dürfen.

Von Seiten der Wissenschaft wird PISA von einem internationalen Konsortium und nationalen Konsortien in den Ländern verantwortet. Ein Teil der Arbeit wird von fächerbezogenen internationalen und nationalen Expertinnen- & Experten-Gruppen geleistet, darunter der PISA-Deutschland-Mathematik-Gruppe. In Deutschland gibt es zusätzlich einen Beirat und gehört die Kultusministerkonferenz zu den Auftrag- und Geldgeberinnen & -gebern.

Die Konkurrenten TIMSS und PISA

Mit vielen Grundsätzen und Details hat man an TIMSS 1995 angeknüpft, unter teilweiser Wahrung der personellen Kontinuität, z. B. in der prägenden Person des (mit) federführenden TIMSS-Deutschland-Planers und PISA-Deutschland-Konsortiums-Mitglieds Jürgen Baumert (2000 ebenfalls federführend). Umso mehr wundert man sich, dass auf die späteren Durchgänge von TIMSS (1999, 2003 und, geplant, 2007), jedenfalls in deutschsprachigen PISA-Verlautbarungen, so gar kein Bezug genommen wird. Dass es solche späteren TIMSS-Durchgänge gibt, ist in Deutschland so gut wie unbekannt (ich selbst bin erst im Frühjahr 2005 zufällig auf dieses Faktum aufmerksam geworden). Da Deutschland an ihnen nicht teilgenommen hat, sind sie für Politik und Medien hierzulande nicht sonderlich interessant. Aber ein Unternehmen wie PISA mit seiner Reklamierung von Wissenschaftlichkeit müsste sich mit dieser Konkurrenz auseinandersetzen und deren Ergebnisse in ihrer Gleichartigkeit sowie Unterschiedlichkeit gegenüber den eigenen analysieren. Allerdings müsste man dazu den Glauben an die eigene Einzigkeit ablegen. TIMSS hat immerhin den Vorzug, dass sie schon über einen viel längeren Zeitraum läuft und, zumindest von 1995 bis 1999 sowie von 2003 bis 2007, den Langzeitvergleich von bestimmten Kohorten ermöglicht, weil jedes Mal das 8. Schuljahr und 1995 sowie 2003 außerdem das 4. Schuljahr Zielpopulation war, und 2007 (wie schon 1995) zusätzlich das 12. Schuljahr. Weiterhin sehe ich das Prinzip von TIMSS, sich um Validität bezüglich der nationalen Curricula zu bemühen, als Vorzug, während ich das gegenteilige Vorgehen von PISA für im Ansatz verfehlt (besonders in Anbetracht der von aller Welt inklusive PISA besonders wichtig genommenen Länderrangfolgen) und in der Praxis gescheitert halte, wie ich später noch darlegen werde.

Gewisse Animositäten zwischen PISA und TIMSS rühren nicht nur vom Einzigkeits-Anspruch von PISA (der bei TIMSS allerdings kaum minder ausgeprägt sein dürfte), sondern auf höherer Ebene wohl auch daher, dass TIMSS von der „International Association for the Evaluation of Educational Achievement" (IEA) in Amsterdam verantwortet wird, die wiederum eine Einrichtung der UNESCO ist, deren politische Ausrichtung sich von der der OECD bekanntlich deutlich unterscheidet. Dieser Unterschied zeigt sich nicht zuletzt an der stärkeren Diversität (auch punktemäßig) der bei TIMSS teilnehmenden Länder. Aus praktischen Gründen ist hier PISA mit seiner größeren Homogenität im Vorteil. Die politische Bewertung wiederum muss Jede & Jeder mit der eigenen Überzeugung in Einklang bringen (das gilt auch für so manche pädagogische Romantikerinnen & Romantiker, die trotz deren ihnen eigentlich fernstehender Filosofie auch gerne aus PISA und TIMSS Honig für ihre Überzeugungen saugen). Der ganze Komplex der internationalen Vergleichsuntersuchungen ist jedenfalls auf mehreren Ebenen unmittelbar von der Politik kontaminiert, so dass hier den Angehörigen des Bildungssystems und der wissenschaftlichen Kommunität das viel geübte Ignoranzverhalten gegenüber politischen und gesellschaftlichen Belangen als Ausweg nicht wirklich offen steht.

Den Mangel fehlender Untersuchungen zum Bereich „Lesen" hat die IEA zwischenzeitlich beseitig und 2001 und 2006 PIRLS (Progress in International Reading Literacy Study) auf den Weg gebracht. Auch IGLU ist eine Veranstaltung der IEA. Im Gegensatz zu PIRLS beteiligte sich Deutschland an IGLU 2001, und hierbei ist eine durchaus fruchtbare Zusammenarbeit mit PISA zustande gekommen; IGLU ist keine Konkurrenz, sondern Ergänzung. Für 2007 ist auch wieder eine Teilnahme Deutschlands an TIMSS für das 4. Schuljahr vorgesehen.

Berechnung der (Länder-) Punktzahlen

Bei PISA werden in jedem Land Stichproben von 15-Jährigen gezogen, (meistens) in der Größenordnung von 5000. Die Jugendlichen werden in den drei Fächern („Inhaltsbereichen") getestet, und die Ergebnisse werden so geeicht, dass in jedem Bereich für die OECD-Jugendlichen der Mittelwert für die Leistungspunktzahlen 500 und die Standardabweichung 100 beträgt (ist a das arithmetische Mittel und s die Standardabweichung aller OECD-Punktzahlen, dann wird jede Punktzahl t in $100 \cdot (t - a)/s + 500$ transformiert). Bei TIMSS und IGLU sieht es *im Prinzip* ähnlich aus.

Die Zahlen sagen jedenfalls nur etwas über den *relativen* Stand beim jeweiligen Test; unmittelbare Punktzahlvergleiche zwischen verschiedenen inhaltlichen Bereichen oder zwischen verschiedenen

Durchgängen lassen meistens keine sinnvollen Aussagen zu und sind unbedingt mit größter Vorsicht zu ziehen. Dies gilt erst recht für die Durchschnittspunktzahlen von Teilpopulationen, z. B. von den Ländern. Wenn ich mich denn trotzdem auf solche Vergleiche einlasse, wie sie von den PISA-Leuten selbst (z. B. zwischen den Punktzahlen in „Problemlösen" und in Mathematik u.v.a.) und von Anderen gezogen werden, dann geht es mir gemäß meinem in den Vorbemerkungen erläuterten Ansatz jeweils darum aufzuzeigen, dass die daraus gezogenen Schlüsse nicht in Ordnung sind, – und es muss immer dabei mit gedacht werden, dass schon das Vergleichen selbst nicht in Ordnung ist.

Außerdem ist zu beachten, dass alle diese Zahlen auf Stichproben beruhen, d. h. dass der Wert der jeweiligen Population durchaus ein Stück weit abweichen kann. Deshalb ist in den Berichten zu jedem Stichprobenmittelwert der sog. Standard-Error SE angegeben (T95.2, 88 ff, Knoche & Lind 2000, 11 f), ein Intervall, in dem sich der Wert der Population mit hoher Wahrscheinlichkeit befindet. Alle Rangfolgen gelten nur für die gezogenen Stichproben und könnten sich, unbeschadet der Repräsentativität dieser Stichproben, sehr wohl ändern, wenn man die Werte für die jeweiligen kompletten Populationen wüsste, zumindest zwischen Populationen, deren Punktzahlen nahe beieinander liegen. Eigentlich ist die Rede vom soundsovielten Platz eines Landes nicht korrekt; man muss vielmehr ein ganzes Intervall von Plätzen benennen, in dem sich ein Land befindet; und auch diese Angabe trifft dann nur mit einer gewissen (durchaus hohen) Wahrscheinlichkeit zu.

Die aus den Untersuchungen abgeleiteten Länderrangfolgen haben, vor allem in den „schlechten" Ländern, in den Medien, in der politischen Klasse, in der Gesellschaft und auch bei vielen Angehörigen des Bildungssystems verständlicherweise dennoch breite Resonanz gefunden. Aus ausländischer Sicht besonders hysterisch aufgeladen war die Atmosphäre in Deutschland schon bei TIMSS 1995, wo *509*, und bei PISA 2000, wo gar nur *490* Punkte erreicht wurden. Auf die Publikation Ende 2004 der deutschen Mathematik-Punktzahl bei PISA 2003 (*503*) reagierte man schon gelassener; die Erwartungen waren zwischenzeitlich bescheiden geworden, es war ja eine (leichte) Verbesserung eingetreten, und man lag oberhalb der Mitte von *500*. – Als schließlich im November 2005 das Buch über den innerdeutschen Vergleich von PISA 2003 der Öffentlichkeit vorgestellt wurde (nachdem schon im Juli 2005 wegen der vorgezogenen Bundestagswahl „auf Drängen der Politik" – wieso eigentlich? – eine Vorab-Information erfolgt war), wärmte man das schon früher hochgespielte Faktum von dem in Deutschland besonders starken Zusammenhang zwischen sozialem Status und PISA-Punktzahl auf, weil man einen Aufmacher brauchte, um in die Schlagzeilen zu kommen, aber nichts großartig Neues zu bieten hatte. „Chancenungleichheit wächst" u. ä. konnte man prompt Ende Oktober 2005 (nach einer gezielten Vorab-Lancierung dieser Schlagzeile um einige Tage) unisono in den führenden deutschen Zeitungen lesen.

Unerwünschte Einflüsse auf die Ergebnisse

Außer vom Leistungsvermögen der Jugendlichen (wie gut haben sie die Unterrichtsinhalte – auswendig – gelernt? wie gut können sie damit umgehen? wie gut kommen sie mit standardisierten, von Fremden gestellten Tests zurecht? wie valide – wofür auch immer – sind die Tests von PISA & Co? usw.) und der Angepasstheit des jeweiligen nationalen Curriculums an die inhaltlichen Vorgaben von PISA & Co sind die Leistungspunktzahlen von vielen weiteren Einflussfaktoren abhängig, z. B.:

– Bei TIMSS waren die schwedischen Jugendlichen im Durchschnitt ein halbes Jahr älter als die anderen und ein Teil ihrer hohen Punktzahlen und des schwedischen Images als TIMSS- und PISA- (!) Musterland geht ganz banal auf diesen Altersvorsprung zurück (T95.2, 90, 98, Knoche & Lind 2000, 12, T03, 34).
– Das stark unterschiedliche Abschneiden von Luxemburg bei PISA 2000 (*446* Punkte) und 2003 (*493*) erklärt man inzwischen (allerdings zu knapp und daher nicht verstehbar) mit „Unterschieden in der ... Zuordnung der Testhefte nach Sprachgruppen" (P03.1, 39).
– Wieso sind in Sachsen-Anhalt die Punktzahlen von 2000 bis 2003 so viel stärker gestiegen als in Deutschland, in Mathematik von *477* auf *502* und in Lesen von *455* auf *482*? Bzw.: Wieso waren dort diese Zahlen 2000 so niedrig? (P00.2, 65, 104, P03.2, 60, 88)
– Bekanntlich bestand bei PISA 2000 in Hamburg und in Berlin im Gesamtschulbereich mancherorts eine ausgeprägte Verweige-

rungshaltung (die man ja verstehen kann), so dass in diesen beiden Bundesländern die Repräsentativität verfehlt wurde (P00.3, 32 f).
- Die Niederlande bei PISA 2000 (O00.2, 186 ff) und Großbritannien bei PISA 2003 (P03.1, 26) wurden wegen eines ungenügenden Ausschöpfungsgrads beim Ziehen der Stichprobe nicht in den Ländervergleich einbezogen.

In den Berichten finden sich noch manche Beispiele, wo die Vorgaben unzulänglich erfüllt waren und wie man damit umgegangen ist. Dies alles nährt den Verdacht, dass es neben den bewältigten Abweichungen noch mancherlei unbewältigte gibt, seien sie unabsichtlich oder absichtlich, zur Verbesserung oder zur Verschlechterung von Ergebnissen herbeigeführt worden, seien sie von den Leuten von PISA & Co erkannt worden oder nicht. Vergleicht man einmal die drei Länderrangfolgen bei TIMSS (Mathematik 8. Schuljahr 1995, 1999, 2003) oder die beiden entsprechenden Rangfolgen bei PISA (2000, 2003) oder gar diese fünf alle miteinander, stößt man auf zahlreiche Wellen-, aber auch ausgeprägte unidirektionale Bewegungen (in jeweils kurzer Zeit!), die nicht wirklich mit TIMSS- und PISA-„legitimen" Einflüssen erklärt werden können (Tab. 1).

Nachdem bei TIMSS 1995 der Bereich „Lesen" nicht Gegenstand gewesen war, wurde er bei PISA 2000 in den Mittelpunkt gerückt, während der Schwerpunkt bei PISA 2003 auf Mathematik lag und bei PISA 2006 auf den Naturwissenschaften liegt. In Mathematik gab es folglich bei PISA 2000 „nur" 31 Aufgaben, bei PISA 2003 aber 84. Aufgaben aus den drei Bereichen (2003 zusätzlich aus „Problemlösen") wurden auf sog. Testhefte verteilt. Jede Probandin & jeder Proband hatte ein Heft in zwei Stunden zu bearbeiten. Hier erwies sich so manche Aufgabe als verschieden schwer (d. h. sie hatte verschieden hohe Lösungsquoten), je nach dem, in welchem Testheft sie enthalten war (O00.2, 157 ff). Diese Auffälligkeit konnte zwar durch Korrekturen bei der Auswertung rein rechnerisch eingeebnet werden; das Problem wurde aber nicht wirklich angegangen, es besteht nach wie vor, und es wirft einen ersten ausgeprägten Schatten von Fragwürdigkeit auf die noch zu diskutierende Punkteskala für die Schwierigkeit der Aufgaben, der ja der Charakter der Messung einer Art von Konstanten zugesprochen wird.

Tabelle 1. Eine Auswahl der Länder-Punktzahlen mit auffälligen Differenzen bei den 5 Untersuchungen TIMSS 1995, 1999, 2003 (T03, 42 ff), PISA 2000 (P00.1, 173 f), 2003 (P03.1, 70) in Mathematik

Test (Anzahl)	T 95	(39)	T 99	(38)	T 03	(45)	P 00	(31)	P 03	(40)
Land	Pkte.	Pl.	Pkte.	Pl.	Pkte.	Pl.	Pkte.	Pl.	Pkte.	Pl.
Maximum	609		604		605				550	
Bulgarien	527	13	511	17	476	25				
Deutschland	(502)	23					490	20	503	19
Finnland			520	14			536	4	544	2
Israel			466	28	496	19				
Lettland	488	28	505	18	505	11	463	25	483	27
Litauen	472	33	482	22	502	16				
Neuseeland	501	24	491	21	494	20	537	3	523	12
Norwegen	498	(25)			461	27	499	17	495	22
Russland	524	17	526	12	508	12	478	22	468	29
Schweden	540	7			499	17	510	15	509	17
Slowakei	534	8	534	8	508	13			498	21
Thailand	(510)	22							417	36
Tschechien	(550)	6					498	18	516	13
Tunesien			448	29	410	35			359	39
Ungarn	527	16	532	9	529	9	488	21	490	24
USA	492	27	502	19	504	15	493	19	483	27

Anmerkungen: Pkte. = Punkte, Pl. = Platz.
Die Punkte bei TIMSS 1995 waren zum Zwecke des Vergleichs mit TIMSS 1999 und 2003 unter Weglassen der Länder, die weder 1999, noch 2003 teilgenommen hatten, neu berechnet worden (T99, 334, T03, 371). Von den Ländern, die nur 1995 teilnahmen, sind mir lediglich die Zahlen aus T95.2 (S. 90 f) bekannt. Diese lauten für Deutschland 509, Thailand 522 und Tschechien 564. Zwecks Harmonisierung habe ich sie überschlägig herabgesetzt und mich dabei an den Punktzahlen der anderen Länder orientiert. Norwegen taucht in T95.2 (S. 90 f) nicht auf, wohl aber in T03 (S. 42 ff). Bei TIMSS wurden in Lettland nur die lettisch-sprachigen Jugendlichen getestet (und nicht die russisch-sprachigen, die etwa ein Drittel ausmachen).

Zusätzlich zum Bearbeiten der Aufgaben mussten die Probandinnen & Probanden Fragebögen ausfüllen, mit denen zahlreiche Merkmale erhoben wurden, wie Migrationshintergrund (ist gegeben, wenn wenigstens ein Elternteil im Ausland geboren ist), sozialer Status, Bildungsnähe des Elternhauses (Anzahl der Bücher zu Hause; I01.1, 50) usw., insgesamt das sog. „soziale und kulturelle Kapital" (I01.1, 270, P00.1, 326). Darüber hinaus wurden durch Auswertung von allerlei zusätzlichen Quellen, etwa Befragung der Schulleitungen, viele weitere Daten ermittelt. Durch PISA & Co hat man z. B. Informationen über die Migrationsquoten in verschiedenen (geografisch definierten) Teilpopulationen der deutschen Gesellschaft erhalten, die einem bis dahin nicht geläufig waren, sei es, dass sie der Öffentlichkeit vorenthalten worden waren, sei es, dass sie den Behörden nicht wirklich bekannt waren, weil diese sich nach der häufig nichtssagenden Staatsangehörigkeit richten (müssen). Allerdings ist auch der so definierte Begriff des Migrationshintergrunds unzureichend, weil solche Jugendliche nicht unter ihm subsumiert werden, deren Eltern zwar beide im Gastland geboren sind, aber ihrerseits Migrationshintergrund haben und unzulänglich integriert sind. In Deutschland z. B. handelt es sich hierbei um eine nicht zu vernachlässigende Population, deren Behandlung als Einheimische durch PISA zu Verfälschungen führt, die mit der Ersetzung des Merkmals „Staatsangehörigkeit" durch „Migrationsstatus" ja vermieden werden sollten.

Der Eiertanz um den innerdeutschen Ländervergleich

Bei PISA 2000 wurde der Mathematik-Test Deutschland um einen nationalen Test auf insgesamt 117 Aufgaben erweitert, die etwas stärker an „das" deutsche Curriculum angepasst waren. Dadurch konnten innerdeutsche Vergleiche u. a. zwischen den Bundesländern und zwischen den Schulformen angestellt werden. Da bei TIMSS 1995 in den kleineren Bundesländern die Repräsentativität nicht erreicht worden war (die Stichproben waren ja nur für den internationalen Vergleich vorgesehen), diskutierte man lediglich Tendenzen bei (anonymisierten „Typen" von) Ländern A und B. Allerdings pfiffen schon damals die Spatzen von den Dächern, dass bei den gemessenen Leistungen ein ausgeprägtes Südost-Nordwest-Gefälle herrscht, wie es dann bei beiden PISA-Durchgängen bestätigt wurde. Auch das überraschend schlechte Abschneiden der Gesamtschule (weit unter der Realschule knapp über der Hauptschule) ergab sich so bereits bei TIMSS 1995.

Im *internationalen* Vergleich belegte Bayern bei PISA-2003-Mathematik (unter Einschluss der Nicht-OECD-„Partnerländer") den

Tabelle 2. Vergleich der Punktzahlen der Bundesländer (P00.2, 104, P03.3, 370; sortiert nach den Ergebnissen bei PISA 2003) und der Schulformen (T95.2, 90, P00.3, 273) in Deutschland. Die Zahl für die Gesamtschule bei TIMSS 1995 habe ich aus (T95.2, 136) abgelesen und für alle Schulformen bei PISA 2003 aus den Angaben in (P03.1, 68) erschlossen. Die Bedeutung von „adjustiert" ist weiter unten im Text erläutert.

(a)	PISA 00	PISA 03 beobachtet	PISA 03 adjustiert
Bayern	512	533	531
Sachsen	501	523	516
Baden-Württemberg	512	512	512
Thüringen	493	510	501
Sachsen-Anhalt	477	502	498
Saarland	487	498	499
Hessen	486	497	498
Schleswig-Holstein	490	497	490
Niedersachsen	478	494	497
Mecklenburg-Vorp.	484	493	492
Rheinland-Pfalz	488	493	494
Brandenburg	472	492	485
Berlin		488	487
Nordrhein-Westfalen	480	486	491
Hamburg		481	488
Bremen	452	471	481

(b)	TIMSS 95	PISA 00	PISA 03
Gymnasium	573	574	(585)
Realschule	504	501	(500)
Gesamtschule	(465)	455	(458)
Hauptschule	446	439	(412)

7. Rang, und würde man beim besten Dutzend der Länder der Welt (inklusive Bayern) einmal nur die Leistungen der Jugendlichen ohne Migrationshintergrund betrachten, würde Bayern noch um einige Plätze nach vorne rücken.

Immer wieder wurde in Diskussionsbeiträgen versucht, diesen bayrischen Erfolg madig zu machen, i.W. mit folgendem Argumentationsmuster: In Bayern seien soziales Gefälle und Auslese in der schulischen Laufbahn besonders ausgeprägt; zu Wenige würden das Abitur erwerben, und zu Viele „nur" den Hauptschulabschluss; auch die Gesamtschule und überhaupt die Errungenschaften der modernen Pädagogik kämen in Bayern zu kurz; schlagwortartig zusammengefasst: das bayrische Schulsystem sei zu konservativ.

Dazu hat man auch mit Zahlen aufgewartet. Für den innerdeutschen Vergleich 2003 hat man sich als ein Maß für den Zusammenhang zwischen sozialer Herkunft und Bildungsbeteiligung die „relative Wahrscheinlichkeit des Gymnasialbesuchs" (P03.2, 261 ff) ausgedacht. Obwohl schon in früheren Berichten (zu PISA 2000 und 2003) hervorgehoben worden war, dass dieser Zusammenhang in Deutschland stärker als in fast allen anderen Ländern ist, wurde die Verwendung dieses neuen Maßes zum Anlass genommen, dieses Faktum mit der o.a. Schlagzeile und der Ergänzung „Chancenungleichheit in Bayern am größten" noch einmal hochzuspielen.

Man hatte die Bevölkerung nach ihrem „ökonomisch-sozial-kulturellen Status" (ESCS) in vier Quartile eingeteilt und dann in Deutschland und in jedem Bundesland in jedem Quartil die Anteile der Jugendlichen, die ein Gymnasium besuchen, und der Jugendlichen, die eine Schule einer anderen Schulart besuchen, miteinander verglichen und so die o. g. „relativen Wahrscheinlichkeiten" erhalten. Dann wurden für Deutschland und für die 16 Bundesländer die „relative Wahrscheinlichkeit" des ersten durch die des dritten (nicht des vierten!) Quartils dividiert, mit dem reißerisch aufgemachten Ergebnis, dass in Deutschland die Wahrscheinlichkeit, das Gymnasium zu besuchen, für die „Reichen" 4,01-mal so groß ist wie für die „Armen" und in Bayern dieses Verhältnis sogar 6,65 beträgt.

Diese Rechnung hat man mit zwei verschiedenen Modellen durchgeführt, und zwar einmal mit und einmal ohne Kontrolle der Mathematik- und der Lese-Kompetenzen (wie immer man diese Kontrolle bewerkstelligt hat). Die beiden genannten Werte stammen aus dem Modell „mit Kontrolle", und in dem Modell „ohne Kontrolle" sind alle Werte naturgemäß höher (weil ja statistisch in höheren sozialen Schichten höhere Kompetenzen vorliegen). Da liegen dann allerdings auf einmal Sachsen-Anhalt mit 10,44 und Bremen mit 9,06 vorne, während Bayern mit 7,77 etwa in der Mitte und nahe bei Deutschland mit 6,87 platziert ist. Der PISA-Bericht stellt selbst fest, dass für jedes Bundesland der „wahre" Wert (was immer man damit meint) im Intervall zwischen den Werten der beiden Modelle liegt (P03.2, 262), und da steht Bayern auf einmal gar nicht mehr so „schlecht" da. Aber in die breite Öffentlichkeit wurden nur die für Bayern negativen Zahlen gebracht.

Außerdem wird im PISA-Bericht zutreffend darauf hingewiesen, dass viele Bundesländer (darunter häufig solche mit niedriger Verhältniszahl) in nennenswertem Umfang Gesamtschulen besitzen, die zum Abitur führen, die aber bei diesen Rechnungen nicht berücksichtigt sind (S. 262, Fußnote 5), und dass es zusätzlich auf den Expansionsgrad der Gymnasien ankommt (S. 263), der ebenfalls nicht einbezogen wurde.

Die Willkür aller dieser Setzungen (zu den von mir bereits genannten z. B. noch: die ESCS-Skala überhaupt; die Einteilung in Quartile; der Anteil des Gymnasialbesuchs wurde nicht zu *allen* Jugendlichen, sondern zu denen, die Schulen anderer Schularten besuchen, in Beziehung gesetzt, wodurch die Verhältniszahlen vergrößert werden; usw.) und die Unmöglichkeit eines Vergleichs mit dem Ausland werfen ein merkwürdiges Zwielicht auf die PISA-Schlagzeile vom Oktober 2005.

Zurück zu Bayern: Auch mir missfallen z. B. das Zentral-Abitur und die Verkürzung der gymnasialen Schulzeit um ein Jahr (es ist allerdings zu konstatieren, dass die anderen Bundesländer sich derzeit diesen „Bildungs"-Maßnahmen mehr oder weniger eifrig anschließen). Aber den Erfolg des bayrischen Schulsystems muss man anerkennen, gerade auch in Anbetracht des vergleichsweise hohen Hauptschulniveaus dort (462 Punkte; P03.2, 178). Und dass in den anderen Bundesländern höherwertige Zertifikate für schwächere Schulleistungen vergeben werden, ist doch kein Zeichen von Qualität; – eher im Gegenteil!

Für eine Geringschätzung der bayrischen Punktzahlen stünden ja durchaus logische Argumente zur Verfügung: Vielleicht hält man von Untersuchungen wie PISA nichts. Oder man akzeptiert sie mit ihren Ergebnissen, findet aber andere in der Schule zu erwerbende Tugenden wichtiger als die (mit PISA & Co gemessenen) kognitiven Leistungen, usw.

Wenn man sich jedoch auf PISA & Co einlässt und zugleich einem fortschrittlichen – in Bayern ja als weniger ausgeprägt vorausgesetzten (zur Herausarbeitung der Argumentationsstruktur muss ich hier manichäisch vereinfachen) – Schulsystem (inklusive Pädagogik) frönt und einem solchen unterstellt, dass es auch kognitiven Leistungen (wie sie mit PISA & Co gemessen werden) förderlich ist, – dann müsste man sich über das schwache Abschneiden (nicht zuletzt auch beim schwachen Viertel der Jugendlichen) vieler Bundesländer mit fortschrittlicherem Schulsystem (inklusive Pädagogik) im Vergleich zu Bayern wundern. Dann müssten Zweifel wach werden, ob die fortschrittlicheren Schulsysteme (inklusive Pädagogik) wirklich so überlegen sind. – Dieser Konflikt wird aber bei der Bayern-Schelte durch die o.a. Argumentations-Volte aufgelöst: „Das bayrische Schulsystem (inklusive Pädagogik) ist schlecht, weil es nicht fortschrittlich ist, und daran ändern auch die hohen PISA-&-Co-Punktzahlen nichts".

Wenn allerdings Länder mit einem „fortschrittlichen" Schulsystem (das sich nicht zuletzt in der Einheitsschule bis etwa zum 9. Schuljahr manifestiert; bis vor kurzem wurde dafür besonders gerne Schweden als prototypisch herangezogen) bei PISA & Co gut abschneiden, dann sind diese Punktzahlen auf einmal doch ein Beleg für dessen Überlegenheit. Dass, im konkreten Fall, Bayern schon immer mit Schweden gut mithalten konnte und in PISA 2003 deutlich besser ist, wird hier geflissentlich ignoriert. Leider habe ich zu spät angefangen, Zeitschriften- und Zeitungsartikel mit solchen Argumentationsmustern zu sammeln, so dass ich nur über wenige verfüge. Als prominenten Vertreter kann ich aber den (zufällig) deutschen OECD-Bildungsstudien-Koordinator Andreas Schleicher mit seiner folgenden Aussage gegenüber dem Fernsehsender 3sat (AP-Meldung vom 15.07.05, zitiert nach GDM 2005, 88) anführen:

„Auch in den stärksten Bundesländern gibt es riesige Leistungsunterschiede zwischen den einzelnen Schülern, die ein Vielfaches größer sind als die Unterschiede zwischen den Ländern." Damit wollte er anlässlich der Vorabveröffentlichung des innerdeutschen Vergleichs am 15.07.05 begründen, dass man innerhalb Deutschlands aus höheren PISA-Zahlen einzelner Bundesländer nicht auf die Überlegenheit von deren Schulsystem schließen darf. Hier begegnet uns ein Muster an gespaltener Argumentation. In Schleichers verbissenen Feldzug gegen die Dreigliedrigkeit des deutschen Schulsystems passt die bayrische Überlegenheit so ganz und gar nicht. Dagegen führt er selbstverständlich u. a. die Punktevorsprünge der (internationalen) Spitzenländer als „Beweis" für die Überlegenheit des Einheitsschulsystems an, obwohl auf internationaler Ebene seine zitierte Aussage ja genauso gilt. – Auf diesen ganzen Komplex gehe ich in Kapitel 3 ausführlicher ein.

Die Argumentation hat mich aus einem weiteren Grund erschüttert: In der Statistik ist es fast immer so, dass die Unterschiede zwischen den beiden Mittelwerten zweier Populationen viel kleiner als deren beiden Spannweiten sind, und trotzdem werden, je nach dem, weitreichende, tiefgehende und handfeste Schlüsse aus solchen Mittelwertdifferenzen gezogen, etwa auch über die Überlegenheit einer Methode, der die eine Population ausgesetzt ist und die andere nicht. Solche Schlüsse zu ziehen und sie möglichst weit abzusichern ist gerade das Wesen der Beschreibenden und der Beurteilenden Statistik! Mit welchen Absichten stellt ein PISA-Koordinator und studierter Mathematiker dieses Fundament jeglicher empirischer Forschung in Abrede, obwohl er seine ganze berufliche Tätigkeit doch genau darauf aufbaut? – Konkret war es um die Frage gegangen, ob die innerdeutschen PISA-Zahlen nicht dafür sprechen, „dass die Bildungssysteme einer bestimmten Regierung besser sind als die einer anderen". In der Tat ist ja die positive Korrelation zwischen PISA-Leistung und längerfristig wirksamem Grad an Konservatismus der Landesregierung unübersehbar. Aber da gibt es ein ganzes Bündel an Einflussgrößen, nämlich der ökonomische, soziale, kulturelle und vor allem der Migrations-Status der Jugendlichen (die auch besser definier- und messbar sind als der längerfristig wirksame Grad an Konservatismus und in der damals aktuellen Vorwahlperiode im Juli 2005 nicht ganz so polarisierend wirken wie dieser) und hochkomplexe Zusammenhänge zwischen allen. Man kann also guten *statistischen* Gewissens in Abrede stellen, dass die politische Prägung einer Landesregierung als solche bessere Schulsysteme mit sich bringe. Aber das von Schleicher benutzte Argument ist völlig sachwidrig.

Die statistische Kontrolle der gerade genannten Einflussgrößen führt auf die sog. „adjustierten" Werte in Tab. 2a. Man tut dabei so, als ob in allen Ländern die entsprechenden Merkmale gleichstark ausgeprägt wären und erhält eine rechnerische Korrektur der tatsächlich aufgetretenen Werte (P03.2, 370). Während sich bei den meisten alten Bundesländern kaum Veränderungen ergeben, geht die Punktzahl bei den neuen Bundesländern mehr oder weniger deutlich zurück und steigt sie bei Bremen, Hamburg und Nordrhein-Westfalen mehr oder weniger deutlich an. Hier spiegelt sich unmittelbar die Migrationsquote unter den 15-Jährigen in diesen Bundesländern wider. Während sie bei den neuen Bundesländern insgesamt bei etwa 5% liegt, lautet sie in Nordrhein-Westfalen 32%, in Bremen 41% und in Bayern 21% (P00.2, 190; von Hamburg ist dort die Quote nicht angegeben; 2003 beträgt sie 35%; P03.2, 272). Natürlich besteht hier kein monokausaler Zusammenhang, aber vermutlich wären die Unterschiede zwischen tatsächlichem und adjustiertem Wert teilweise noch größer, wenn zur Adjustierung *allein die Migrationsquote* verwendet würde. Auch den Einfluss der Migrationsquote diskutiere ich in Kapitel 3 noch ausführlicher.

Jedenfalls liegt Bayern auch nach der Adjustierung und ebenfalls nach alleiniger Berücksichtigung der Migrationsquote mit weitem Vorsprung vorne und hat den Löwenanteil daran, dass Deutschland überhaupt über 500 Punkte gekommen ist.

Weitere externe und interne Spekulationen zu PISA & Co

Wohl haben PISA & Co, wie gesagt, Informationen über gewisse gesellschaftliche Strukturen unseres Landes geliefert, die man sonst nicht hätte; an anderer Stelle strotzen sie dagegen von Geheimnissen: Schon bei TIMSS 1995 werden „die Leistungstests insgesamt ... nicht veröffentlicht, da (?) sie für weitere Forschungszwecke nutzbar sein sollen" (T95.2, 68, Fragezeichen von mir), wenigstens werden sie dort noch als „ausschließlich für Wissenschaftler unter Beachtung üblicher Professionsregeln zugänglich" erklärt. Bei PISA und IGLU-E werden zahlreiche Aufgaben und konkrete Ergebnisse dezidiert geheim gehalten. Dies wird damit gerechtfertigt, dass man einen Teil der Aufgaben identisch in verschiedenen Durchgängen einsetzen möchte, um Vergleiche ziehen zu können. Dieses Ziel ist zunächst einmal OECD-typisch, aber auch aus wissenschaftlicher Sicht durchaus ehrenwert. Angesichts
– des Flickenteppichs von Länderpunktzahlen-Entwicklungen zwischen PISA 2000 und 2003 (noch schlimmer, wenn man auch noch TIMSS einbezieht), für den *vor* irgendwelchen Leistungsentwicklungen viele exogene Einflussgrößen verantwortlich sind;

- der im Standard-Error zum Ausdruck kommenden Unsicherheit dieser Punktzahlen;
- der Abhängigkeit der Lösungshäufigkeit vom Ort der jeweiligen Aufgabe im jeweiligen Testheft und im Testhefte-Ensemble (O00.2, 157 ff);
- der geringen kurzfristigen (3 Jahre bzw. eigentlich von der Veröffentlichung zu einem Durchgang bis zur Durchführung des nächsten Durchgangs knapp 1 1/2 Jahre) Fortschrittsmöglichkeiten eines Landes (jedenfalls wenn es etwas größer als Liechtenstein ist);
- der Probleme mit der Beibehaltung von Aufgaben – seien da (u. a. fachdidaktische) Mängel erkannt, mögen sie weiter entwickelten (u. a. fachdidaktischen) Paradigmen nicht mehr entsprechen, würden sie in bestimmten Regionen doch bekannt werden usw. – bei wirklich längerfristigen Vergleichen

muss man sich als PISA-Mensch mit wissenschaftlichen Ansprüchen fragen, ob es sich wirklich lohnt, diesen Ruch von Geheimwissenschaft in Kauf zu nehmen, zumal PISA ja mit öffentlichen Geldern finanziert wird. Makaber kommt mir jedenfalls vor, wenn (m. W. nur mündlich) einem Kritiker die Berechtigung zum Kritisieren abgesprochen wird, weil er nicht alle Aufgaben kennt. Die IGLU-Deutschland-Mathematik-Gruppe, deren Mitglied ich war, hatte z. B. auch Aufgaben in den Test eingebracht, bei denen wir später mathematikdidaktischen Forschungsfragen auf der Basis der Bearbeitungen durch die Probandinnen & Probanden nachgehen wollten. Noch nicht einmal zu den publizierten Aufgaben sind diese Bearbeitungen der (wissenschaftlichen) Öffentlichkeit zugänglich gemacht worden. Da häufen sich seit Jahren (auch bei TIMSS und PISA) Schätze von Forschungsmaterial; – wegen des Primats der Statistik dürfen sie von der mathematikdidaktischen Kommunität nicht gehoben werden, und sie veralten mittelfristig.

Auch gelang es mir trotz intensiven Studiums der Berichte, insbesondere auch des Technical Reports (O00.2) und des Database-Manuals (O00.1) nicht, die Rechnungen zu erschließen. Es hätte einmal konkret vorgeführt werden müssen, wie man für eine Probandin bzw. einen Probanden von den Aufgabenbearbeitungen zu den Roh- und schließlich zu den PISA-Punktzahlen gelangt. Da muss man nicht jedes statistische Detail breit treten, und da kann man sogar die Geheimnisse wahren, indem man fiktive Probandinnen & Probanden nur publizierte Aufgaben lösen lässt.

Es ist allzu menschlich und zur Rechtfertigung von eingesetzten sowie Akquirierung von neuen Finanzmitteln unabdingbar, dass man an die Bedeutsamkeit der eigenen Arbeit glaubt und sie dem Publikum vermittelt. In den Berichten von PISA & Co wird zwar ein objektiv erscheinender Stil gepflegt, auf willkürliche Setzungen hingewiesen und zur Vorsicht bei Vergleichen und bei Interpretationen gemahnt (z. B. T95.2, 88), aber der Öffentlichkeit werden die Ergebnisse in einer Weise serviert, dass sie hektisch darauf reagiert. Mit verantwortlich ist die statistik- bzw. testbezogene Sprache, deren Begriffe i. d. R. stochastisch gemeint sind, aber leicht kausal oder gar wertend verstanden werden können, z. B. „benachteiligen" oder „Chance" oder die Rede von „Kompetenzen", etwa beim „Problemlösen", wenn die Lösungsquote bei einem bestimmten Sortiment von Aufgaben gemeint ist, die von PISA einem bestimmten Bereich zugeordnet sind, der eben als „Problemlösen" bezeichnet wird. Man müsste einmal prüfen, wie weit PISA-Leute selbst solchen Bedeutungsvermischungen unterliegen. Vor allem aber wird zu wenig gegen absichtliche oder unabsichtliche Fehlverständnisse und -interpretationen unternommen, mit denen einschlägig Interessierte die PISA-Statistiken mit z.T. haarsträubenden Argumenten zur Unterstützung ihrer (bildungs-) (politischen, pädagogischen) (Vor-) Urteile (Entscheidungen) missbrauchen, z. B.: *Schließung* von Stadtteilbüchereien in Frankfurt (Frankfurter Rundschau, FR, April 03), Anschluss aller Schulen ans Internet, *Verkürzung* der gymnasialen Schulzeit in Nordrhein-Westfalen um ein Zeitjahr und faktisch ein halbes Unterrichtsjahr, Abschaffung der Dreigliedrigkeit des deutschen Schulsystems usw. (Hiermit ist noch nichts gegen diese Maßnahmen gesagt, sondern nur gegen ihre Begründung mit PISA.)

Aber auch im System von PISA & Co selbst finden sich auf allen Ebenen spekulative Elemente:
– Für den schon erwähnten OECD-Bildungsstudien-Koordinator Andreas Schleicher ist das „international nicht mehr vermittelbare" deutsche Schulsystem mit seiner Dreigliedrigkeit eine wichtige Ursache für das langsame Wachstum des deutschen Bruttoinlandprodukts (BIP) in den letzten Jahren (FR, 15.09.04). – Schneller wuchs das BIP in vielen weniger entwickelten EU-Ländern

(mit allerdings durchweg weniger PISA-Punkten als Deutschland), u. a. in Spanien (485). Ein anderes „positives" Beispiel ist Mexiko mit einem einsam hohen Anteil von 24,3% Bildungsausgaben an allen öffentlichen Ausgaben (mit sogar nur 385 PISA-Punkten) gegenüber 9,7% in Deutschland. – Für das langsame BIP-Wachstum hierzulande gibt es doch ökonomische Einflussgrößen von ganz anderem Kaliber!
- In PISA 2003 wird Problemlösen als eigenständiger Inhaltsbereich überbewertet.
- Im Bericht für Deutschland wird der Faktor „Migrationshintergrund" systematisch zugunsten des Faktors „soziale Stellung" unterschätzt.
- Die PISA-Deutschland-Mathematik-Gruppe bemüht sich, die willkürliche Stufen-Einteilung der Leistungspunkteskala, die das internationale Konsortium vorgenommen hatte, zu einem quasi naturgegebenen universellen mathematikdidaktischen Analyse-Instrument hochzustilisieren.

Ich war vorübergehend von der Publizität angetan, die Bildung, insbesondere mathematische Bildung, im Gefolge von PISA & Co in Deutschland und anderswo erfahren hat. Ich werde mir aber in dieser positiven Einschätzung zunehmend unsicher, weil ich immer wieder erlebe, wie es bei den Schlüssen und Konsequenzen (z. B. „Bildungsstandards", Leistungsvergleiche, Schulzeitverkürzungen usw.), die „die" Politik unter tätiger Mithilfe von (meistens durchaus wohlmeinenden) Kolleginnen & Kollegen aus Schule, Seminar, Hochschule, Behörden usw. zieht, nicht um Bildung, sondern bestenfalls um Leistung, oft um Wahlkampfparolen, Haushaltsumschichtungen, Bedienung von Ideologien usw. geht.

3 Auf der Suche nach Ursachen für die PISA-&-TIMSS-Mittelmäßigkeit Deutschlands

Jedenfalls nicht die Dreigliedrigkeit

In den Berichten zu TIMSS und PISA wurde von Anfang an betont, dass sich aus diesen Studien keine Schlüsse auf die Überlegenheit eines Schulsystems ziehen lassen (T95.2, 18 f, 89, u. a.), nicht zuletzt wohl auch ein wenig zum Schutz der deutschen Gesamtschule, die ja zur großen Verblüffung von mir und vielen Anderen sehr schlecht abgeschnitten hatte. Inzwischen werden die Zahlen für sie noch nicht einmal mehr in dem Bericht über den innerdeutschen Vergleich separat ausgeworfen. Stattdessen wird die Gesamtheit aller Schulen typisiert nach den merkwürdigen weichen Kategorien „belastet/unbelastet" und „aktiv/passiv" (P03.2, 301 ff). So musste ich die Angaben für meine o.a. Tabelle 2b aus anderen Zahlen erschließen.

Eine entscheidende Ursache für die Schwäche der deutschen Gesamtschule ist, in der Tat unbestreitbar, die bloße Existenz des Gymnasiums in Deutschland (allerdings wird auch die Hauptschule durch die bloße Existenz der Gesamtschule geschwächt). Trotzdem sind interessierte Kreise nicht müde geworden, aus den Zahlen von PISA & Co Honig für die Gesamtschule saugen zu wollen. Ein, zugegeben, zurückhaltendes Beispiel liefert etwa Herrlitz (2003). In der Tat gibt es im internationalen Vergleich zahlreiche Länder mit Einheitsschule und mehr Punkten als Deutschland, und schon meint man, die Überlegenheit der Gesamtschule mit PISA-Zahlen belegt zu haben. – Dass auch fast alle Länder mit weniger Punkten als Deutschland über die Einheitsschule verfügen, wird da geflissentlich übersehen.

Immer wieder wird das – gemäß PISA & Co „schlechte" – deutsche Schulsystem insgesamt für allerlei Mängel verantwortlich gemacht und eine umwälzende Veränderung desselben gefordert, wobei die Gegliedertheit als ein ausschlaggebender Faktor unterstellt wird, der mit verändert werden muss. Das langsame deutsche BIP-Wachstum habe ich bereits als Beispiel erwähnt.

Der Hamburger Erziehungswissenschaftler Peter Struck hat einen weiteren Mangel identifiziert (FR, 05.01.05): Bei PISA 2003 haben die deutschen Jugendlichen im Bereich „Problemlösen" mit 513 Punkten ja deutlich besser abgeschnitten als in Mathematik mit 503. Da Problemlösen nicht in der Schule gelernt wird, zeigt sich angeblich hier, wie auch z. B. bei den Straßenkindern in Mittelamerika oder in Rumänien, die Überlegenheit des Lebens als Lehrmeister in manchen Bereichen gegenüber der Schule. – Diese, in Deutschland insbesondere ihre Dreigliedrigkeit, müsse also verändert werden. Dieses Argumentationsgrundmuster wird im Artikel außerdem auf viele verfälschte Daten gestützt, und ich führe es deswegen hier aus, weil mir der Missbrauch von PISA & Co in der Geballtheit noch nirgends sonst begegnet ist.

Auch das relativ gute Abschneiden der deutschen Grundschulkinder bei IGLU-E wurde mancherorts als Pluspunkt für die Gesamtschule verbucht: Nachdem Deutschland bei TIMSS 1995 nur mit den Sekundarstufen teilgenommen hatte, wurde die Überprüfung der Primarstufe in Mathematik (und Naturwissenschaften) durch eine entsprechende Erweiterung von IGLU nun 2001 nachgeholt und mit Hilfe von Ankeraufgaben mit TIMSS-1995-Primarstufe vergleichbar gemacht (s. a. T95.1). In Mathematik erzielte Deutschland hierbei *545* Punkte (das Spitzenland Singapur *625*; T95.1, *24*). – Solange also alle Kinder gemeinsam unterrichtet werden, erzielen sie hohe Punktzahlen, und sobald sie nach Schularten sortiert werden, geht es mit den Punkten bergab. Wenn das nicht für die Überlegenheit der Einheitsschule spricht! – Wenigstens zwei Umstände dämpfen jedoch die Euphorie: Zum einen hatten die Deutschen 2001 deutlich bearbeitungsfreundlichere Aufgabenformulierungen zur Verfügung als z. B. die Kinder aus Österreich 1995, zum anderen und hauptsächlich war beim Test der Deutschen nur das vierte Schuljahr beteiligt, während bei TIMSS 1995 auch das dritte dabei war. Schränkt man den TIMSS-1995-Datensatz auf das vierte Schuljahr ein, beträgt der Durchschnitt nicht mehr *500*, sondern *529* (T95.1, 24 ff, I01.1, 207), und der deutsche Vorsprung ist nicht mehr ganz so fulminant.

Außerdem stehen mit Variablen wie „Leistungsbereitschaft", „Pubertätsprobleme", „Stoffschwierigkeit", „Stoffcharakter" usw. (viele ihrerseits vom Lebensalter abhängig) gewichtige Einflussgrößen zur Erklärung der Unterschiede zwischen Primar- und Sekundarstufe I bei PISA & Co zur Verfügung. Komplementär zu den Argumenten der Gesamtschul-Befürworterinnen & -Befürworter stellt sich die Frage, ob in Deutschland eine gegliederte Grundschule nicht noch mehr IGLU-Punkte (aufgrund besserer individueller Förderung) und eine ungegliederte Sekundarstufe I nicht noch weniger PISA-Punkte (aufgrund eines Rückgangs der hohen Punktzahlen des Gymnasiums) erzielt hätte. – Aber selbst wenn es so wäre: Das (Nicht-) Erreichen wesentlicher Bildungs- und Erziehungsziele wird doch durch die Zahlen von PISA & Co überhaupt nicht erfasst, und hohe Zahlen bei PISA & Co könnten gerade Ausweis eines mangelhaften Bildungssystems sein (Leistungsdruck, Engführung beim Lernen, Pauken für Tests usw.)!

Geringere Leistungsbereitschaft als in den Spitzenländern

Während die skandinavischen Länder (bis auf Finnland 544; s. dazu jedoch u. a. Freymann 2004) sich inzwischen bei PISA 2003 auf Augenhöhe mit Deutschland befinden: Island 515, Dänemark 514, Schweden 509 (bei TIMSS 2003 nur 499, obwohl die schwedischen Probandinnen & Probanden erneut ein halbes Jahr älter als der Weltdurchschnitt waren), Norwegen 495 (bei TIMSS 2003 nur 461); – ist Ostasien die wahre Spitzenregion.

Diese Staaten haben zwar alle das Einheitsschulsystem; aber sie würden (nach meinem Dafürhalten: mit Sicherheit) diese guten Platzierungen auch mit einem gegliederten Schulsystem erreichen. Denn diese Leistungen beruhen auf weit wichtigeren Faktoren, nämlich der Leistungsorientiertheit der dortigen Gesellschaften sowie der Hochschätzung von Schulbildung, zumal in Mathematik. – Man müsste auch einmal intensiver prüfen, wie ausgeprägt jeweils

Tabelle 3. Die Länder-Punktzahlen der ostasiatischen Spitzenländer und Finnlands bei den 5 Untersuchungen TIMSS 1995, 1999, 2003 (T99, 32, T03, 42 ff), PISA 2000 (P00.1, 173 f), 2003 (P03.1, 70) sowie bei den Viertklässlerinnen & Viertklässlern bei TIMSS 1995 (V 95; T95.1, 24), 2003 (V 03; T03, 35) in Mathematik

Test (Anz.)	T 95	(39)	T 99	(38)	T 03	(45)	P 00	(31)	P 03	(40)	V95		V03	(25)
Land	Pte.	Pl.	Pte.	Pl.	Pte.	Pl.	Pte.	Pl.	Pte.	Pl.	Pte.	Pl.	Pte.	Pl.
Singapur	609	1	604	1	605	1					625	1	594	1
Südkorea	581	2	587	2	589	2	547	2	542	3	611	2		
Hongkong	569	4	582	4	586	3			550	1	587	4	575	2
Taiwan					585	3	585	4					564	4
Japan	581	3	579	5	570	5	557	1	534	6	597	3	565	3
Macau									527	9				
Finnland			520	14			536	3	544	2				

Anmerkung: Die Punkte der Achtklässlerinnen & Achtklässler bei TIMSS 1995 waren zum Zwecke des Vergleichs mit TIMSS 1999 und 2003 unter Weglassen der Länder, die weder 1999, noch 2003 teilgenommen hatten, neu berechnet worden (T99, 334, T03, 371) und unterscheiden sich deutlich von den ursprünglich in (T95.2) veröffentlichten.

das System von Privatschulen ist, mit dem dort doch wieder differenziert wird (auch in USA und anderen Ländern), und zwar viel stärker nach Reichtum als in Deutschland mit seinem nach wie vor in weiten Bereichen funktionierenden öffentlichen Schulsystem.

Der mit der Leistungsorientierung verbundene Leistungsdruck entspricht natürlich nicht den romantischen Vorstellungen westlicher Pädagogik, und deswegen wird der Vergleich nicht so gern mit den ostasiatischen Tigerstaaten gezogen. Hinzu kommt, dass dort sowie in Kanada, Australien und Neuseeland die Einwanderungsstruktur hohe Punktzahlen bei PISA & Co eher zulässt als in den älteren EU-Ländern oder in den USA: Entweder ist die Eingewandertenquote fast 0 (Südkorea, Japan, auch Finnland), oder die eingewanderten Familien haben im Durchschnitt ein relativ hohes soziales und kulturelles Niveau, so dass in einigen dieser Länder einige der Ergebnisse durch die Probandinnen & Probanden mit Migrationshintergrund sogar verbessert werden (z. B. Singapur, Neuseeland bei den Viertklässlerinnen & -klässlern in „Lesen"; I01.1, 296).

M.E. sind die Leistungsorientierung der Gesellschaft (die nicht ohne sichtbare Autoritätsstrukturen auskommt) und eine entwickelte Wirtschaft wesentliche Faktoren für die Punktzahlen eines Landes bei PISA & Co. Diese Einflussgrößen können von PISA & Co gar nicht erfasst werden, während die meisten der untersuchten Faktoren dagegen zweitrangig sind. Dies gilt z. B. auch für die TIMSS-1995-Videostudie, in der „die" Unterrichtsstile in Mathematik in Japan, USA und Deutschland verglichen wurden (s. T95.2, 215 ff). Fachdidaktisch ist diese Studie hoch-interessant. Aber abgesehen davon, dass dabei von Repräsentativität keine Rede sein kann, ist eine Auswirkung der identifizierten Stile auf Punktzahlen von PISA & Co nicht nachgewiesen. Sie ist noch nicht einmal plausibel, weil ja das inhaltliche Paradigma der „Mathematical Literacy", zu dem die Unterrichtsstile mehr oder weniger gut passen, prinzipiell und praktisch nicht à la PISA & Co getestet werden kann (s. dazu Kap. 4).

Ein großes „Experiment", das nach meinem Dafürhalten die Wirkungsmächtigkeit des Faktors „Leistungsorientierung" auf die Zahlen von PISA & Co eindrucksvoll belegt, ist der Zerfall der Sowjetunion verbunden mit der Auflösung autoritärer Strukturen dort und überhaupt in Osteuropa (inklusive DDR) (s. Tab. 1). Dieser Umschwung hat im Laufe der 1990-er Jahren die Schulen in dieser Region voll erfasst und, pauschal gesprochen, zu einem Straffheitsabbau an Schulorganisation und im Unterricht, verbunden mit einer Lässigkeitszunahme bei allen Beteiligten geführt. Die PISA-Leute machen es sich arg einfach, wenn sie diesen Trend wirklichkeitsfremd gerade umgekehrt mit der Perpetuierung der „traditionell dort vorherrschenden Methode eines stark lehrergesteuerten, auf Kenntnis mathematischer Fakten ausgerichteten Unterrichts" (P00.1, 177) erklären, als ob die PISA-Fragen sich so stark von den TIMSS-Fragen unterscheiden würden, dass Faktenwissen nichts mehr nützt!

Die ausgeprägte Schwäche des schwachen Viertels der deutschen Jugendlichen, verbunden mit der mangelhaften Integration vieler Jugendlichen mit Migrationshintergrund

Die „nur" mittleren Ränge Deutschlands bei PISA & Co sind die Folge vor allem des ausgeprägt schwachen Abschneidens des schwachen Viertels unserer Jugendlichen (P00.1, 176 u.v.a.). Eine Hauptursache hierfür sehe ich in einer Distanz zur Leistung in relevanten Gruppen unserer Gesellschaft. Zum einen wirkt die 68-er-Bewegung mit ihrem antiautoritären Prinzip (gegenüber Bildungsinstitutionen, deren Vertreterinnen & Vertretern sowie den Fächern) in Teilen der Pädagogik, kurz gesagt, in einer ungesunden leistungsfernen Grundatmosphäre nach. Zum zweiten haben die Medien bei uns im Großen und Ganzen nicht gerade einen den Leistungsgedanken fördernden Einfluss auf unsere Heranwachsenden. Zum dritten sehen unsere Jugendlichen, besonders die mit schlechten Schulleistungen, für sich wenig Zukunftsperspektiven. Diese Stimmung kann man nicht mit Schulleistungstests erfassen, aber z. B. mit den Schulschwänzerinnen- & -schwänzerzahlen: Die Bertelsmann-Stiftung geht hier von einer halben Million „Schulmüder" vor allem in Haupt- und Sonderschulen aus, die wöchentlich mehrere Stunden unentschuldigt fehlen (FR, 17.05.03).

In den Berichten wird hervorgehoben, dass in Deutschland der Einfluss des sozialen Status auf die Leistungen bei PISA & Co besonders ausgeprägt ist (P00.1, 319 ff u. v. a.). In einer Regressionsanalyse zur Abhängigkeit der Mathematik-Punktzahlen von acht verschiedenen Einflussfaktoren (die schrittweise nacheinander einbezogen wurden) wurde deren Anteil an der aufgeklärten Varianz zu 67% für den sozialen Status, zu 12% für den Migrationshintergrund und zu 21% für die anderen (Kindergartenbesuch, Vater-Erwerbstätigkeit, Familien-Umgangssprache usw.) bestimmt (P03.1, 274). Dass in Deutschland und in den älteren EU-Ländern alle diese Faktoren wiederum stark vom Faktor „Migrationshintergrund" abhängen (der als einziger wirklich unabhängig ist und mit dem eigentlich anzufangen wäre) und ihr Aufklärungsanteil wieder großenteils diesem zugeschlagen werden müsste, wird hierbei nicht deutlich. Diese systematische Verharmlosung des Einflusses der Migrationsquote auf die deutschen PISA-Zahlen zieht sich durch alle deutschen PISA-Berichte. Sie wurde schon früh von Borsche (2002) zu Recht scharf kritisiert; die Quantifizierung dieses Einflusses, die Borsche vornimmt, ist jedoch leider untauglich.

Möglicherweise wird aber z. Z., wohl in Reaktion auf die aktuelle politische Diskussion in Deutschland, von der OECD ein Paradigmenwechsel vollzogen. So ist man Mitte Mai 2006 mit dem aus PISA 2000 und 2003 (P03.1, 262 ff) eigentlich zur Genüge bekannten schwachen Abschneiden der Jugendlichen mit Migrationshintergrund als scheinbar neue Sensation an die breite Öffentlichkeit getreten und hat nun das (dreigliedrige) Schulsystem für dieses schwache Abschneiden verantwortlich gemacht (FR, 16.05.06).

Insgesamt haben 21% (P03.1, 271) aller 15-Jährigen in Deutschland Migrationshintergrund, in Westdeutschland (ohne Stadtstaaten!) 27%, in westdeutschen Großstädten über 300 000 Einwohner im Durchschnitt 36%, in der alten DDR nur etwa 5% (P00.2, 190). Probandinnen & Probanden mit Migrationshintergrund erbringen im Mittel erheblich schlechtere Leistungen, z. B. die Viertklässlerinnen & -klässler in Lesen 55 IGLU-Punkte weniger als die anderen (I01.1, 296), ein Unterschied, mit dem Deutschland in der Spitzengruppe liegt. Die deutsche PISA-Leseleistung liegt mit *484* bzw. *491* besonders niedrig. Wo nur ein Elternteil im Ausland geboren ist, fallen die Leistungen lange nicht so stark ab (P00.1, 378, P03.1, 257). Besonders drastisch sind die Auswirkungen in den Bundesländern Nordrhein-Westfalen und Bremen mit Quoten von 32% bzw. 41% Jugendlichen mit Migrationshintergrund (P00.3, 247), wo dann in bestimmten Regionen in vielen Hauptschulklassen deren Anteil so hoch ist, dass sowohl die mit, als auch die ohne Migrationshintergrund schlecht gefördert werden. (S. hierzu auch den Vergleich der tatsächlichen und der „adjustierten" Werte in Tab. 2a.)

Zur Stützung der These von der Überlegenheit der Gesamtschule wurde (jedenfalls bis zur Veröffentlichung von PISA 2003) Deutschland immer gern mit Schweden verglichen, u. a. wegen der ähnlichen Bevölkerungsstruktur inklusive Eingewandertenquote. Einen deutlichen Unterschied gibt es aber doch. Während in Deutschland unter allen Jugendlichen mit Migrationshintergrund 75% sogar *doppelten* Migrationshintergrund haben, beträgt in Schweden dieser Anteil nur gut die Hälfte (P03.1, 257); und diese sind es ja, die besondere Schwierigkeiten haben (z. B. P00.3, 249). Rechnet man außerdem einmal sämtliche Jugendliche mit Migrationshintergrund (also auch die leistungsstärkeren) heraus, liegt Deutschland mit 527 Punkten plötzlich deutlich *vor* Schweden mit 518 Punkten (P03.1, 257) und fällt nicht mehr so stark gegen Finnland mit seinen 544 Punkten und fast 0 Einwanderung ab.

Wer jetzt hier herauslesen möchte, dass das schwedische Schulsystem besser für die Bewältigung der Einwanderungsproblematik geeignet ist, muss zugleich mitlesen, dass es die autochthone Bevölkerung benachteiligt. Außerdem ist die Punktzahl von Schweden bei TIMSS inzwischen auf 499 (mit deutlich älteren Probandinnen & Probanden!) gesunken, so dass von einem besonders erfolgreichen Bildungssystem (Prinzip der Einheitsschule und Integration der Jugendlichen mit Migrationshintergrund) aus Sicht von PISA & Co nicht mehr die Rede sein kann. Inzwischen ist man in Schweden so weit, dass man diese beiden Prinzipien aufweicht und z. B. in den größeren Städten Jugendliche mit Migrationshintergrund in Mathematik (neben Schwedisch und Englisch das Hauptprüfungsfach) in ihrer Herkunftssprache, z. B. Arabisch oder Serbo-Kroatisch, unterrichtet (Engström, 2005, in seinem Vortrag).

Die genannte Differenz (Punktzahl ohne und mit Migrationshintergrund-Jugendliche) von 24 Punkten in Deutschland (bei PISA 2000 betrug sie 23; P00.1, 245), die auf der Welt sonst nirgends so hoch ist, ist unabhängig von dem Vergleich mit Schweden ein Indikator für die bei uns besonders ausgeprägte Einwanderungsproblematik. – Um nicht falsch verstanden zu werden: Wenn man sich überhaupt auf das Zahlenwerk von PISA & Co einlässt, dann ist *503* genau die richtige Punktzahl; denn diese steht für die Leistungen, die die 15-jährigen Jugendlichen 2003 in Deutschland erbracht haben.

Natürlich bilden die Eingewanderten keine homogene Gruppe, und man muss genauer hinschauen. So verdanken wir PISA 2003 die Erkenntnis, dass Jugendliche mit doppeltem Migrationshintergrund, die im Ausland geboren sind, im Mittel deutlich höhere Leistungen erbringen als solche, die hier geboren sind. Dieser Umstand findet seine einfache Erklärung darin, dass die im Ausland Geborenen vorwiegend aus den ehemals sozialistischen Ländern in Osteuropa mit ihren guten Schulsystemen und häufig aus Familien mit durchaus nennenswertem sozialen und kulturellen Standard stammen (P03.1, 271 f).

Im Zuge der erwähnten OECD-Kampagne Mitte Mai 2006 wurde diese PISA-Erkenntnis in den Zeitungen schon arg tendenziös dargestellt, und drei Wochen später wurde die bis dahin lediglich unterschwellig suggerierte Schuldzuweisung an das deutsche Schulsystem in einer dpa-Meldung über den gerade veröffentlichten jüngsten deutschen Mikrozensus auf ganz üble Art explizit gemacht. In der Meldung spielte die Migrationsproblematik eine große Rolle, und m. W. hatte man bei diesem Mikrozensus (von 2005) erstmals das untaugliche Kriterium der Staatsbürgerschaft durch das des Migrationshintergrunds ersetzt (PISA sei Dank). Der letzte Absatz lautete schließlich:

> Der Rückgang der Bevölkerung vollzieht sich ausschließlich bei den Deutschen ohne Migrationshintergrund. Was das für die Integrationspolitik heißt, liegt für Experten auf der Hand. Beispielsweise versagt das deutsche Schulsystem nach der jüngsten OECD-Studie wie kein anderes vergleichbarer Industrienationen bei der Förderung von Migrantenkindern. [Hier haben wir wieder den unseriösen Vergleich mit Australien, Kanada, Neuseeland, der Schweiz und Luxemburg.] Die Schulleistungen von Zuwandererkindern werden mit Dauer des Aufenthaltes ihrer Familien in Deutschland sogar deutlich schlechter. (Westfälisches Volksblatt, WV, 07.06.06)

Dümmer geht's nimmer. – Von einer protestierenden oder wenigstens aufklärenden Reaktion der OECD auf diese bösartige Fehlformulierung hat man nichts gehört. Angesichts ihrer permanenten Propaganda gegen das deutsche Schulsystem muss man sogar befürchten, dass diese Formulierung von ihr selbst lanciert wurde.

Der o. a. Leistungspunkteunterschied (bei den Auswertungen mit und ohne Migrationshintergrund-Jugendliche) in Verbindung mit der großen Leistungsbandbreite in Deutschland konfrontiert uns schmerzlich mit den Fehlern und Versäumnissen unserer globalen Einwanderungspolitik seit langem, die inzwischen in eine völlig unzulängliche Integration weiter Teile der eingewanderten Familien gemündet ist. Es ist sachwidrig und unfair, die Verantwortung hierfür der deutschen Schule zuzuschieben. Vielmehr wurde eine gewaltige Aufgabe für die ganze Gesellschaft aufgetürmt, die nicht vom Bildungssystem allein zu schultern ist. Ein Verdienst von PISA & Co ist es, sie uns vor Augen geführt zu haben. Wie weit wir bei der Bewältigung dieser Jahrhundert-Aufgabe Erfolg haben werden, sei dahin gestellt, zumal angesichts des überlasteten Sozialsystems. Wenigstens sollten die Kritikasterinnen & Kritikaster sich jetzt aber nicht wieder für die „Freiheit", das Deutsch-Lernen zu verweigern, stark machen, – auch wenn der UN-Inspektor Vernor Muñoz am Ende seines, von interessierten Kreise als Schulsystem-Kontrolle instrumentalisierten, Deutschland-Besuchs im Februar 2006 ohne weitere Begründung die ausschlaggebende Bedeutung des Spracherwerbs für die Integration in Abrede stellte (FR, 22.02.06).

4 Was soll bei PISA & Co mit welchen Aufgaben getestet werden?

Welche mathematikbezogenen Fähigkeiten, Fertigkeiten, Wissensbestände, Einstellungen usw. hält man für wichtig, so dass man mit dem Grad ihres Vorhandenseins mathematische Leistungsfähigkeit eines Individuums oder einer ganzen Population bestimmt? Wie misst man diese Tugenden? – Üblicherweise lässt man übliche Aufgaben lösen, und zwar bei einem voluminösen Unternehmen wie PISA & Co überwiegend solche, bei denen die Antwort entweder richtig oder falsch ist, also 1 oder 0 Punkte ergibt (ob im Multiple-Choice- oder in einem anderen Format). Dabei unterstellt man Validität, d. h. dass tatsächlich die interessierenden Tugenden relevant sind. Allerdings gibt es dazu keine robusten mathematikdidaktischen Forschungsergebnisse.

Es ist klar, dass in einem solchen Test viele durchaus wichtige Tugenden nicht berücksichtigt werden können: Die Fähigkeit, komplexe Probleme anzugehen, überhaupt Mathematisierbarkeit zu prüfen, ein Problem längerfristig und mit Ausdauer zu bearbeiten, Ansätze zu verwerfen oder weiter zu verfolgen, das Problem einmal eine Zeit lang liegen zu lassen, Anderen es verständlich darzustellen, von Gesprächen mit Anderen zu profitieren, Medien inklusive Internet zu nutzen, usw. Wenn z. B. jemand – außerhalb der Testsituation – den Flächeninhalt der Antarktis (PISA-2000-international; Neubrand 2004, 269) durch geometrische Aktivitäten auf einer Landkarte bestimmt, statt in einem gedruckten oder elektronischen Lexikon nachzuschauen, muss man schon an ihrer oder seiner Problemlösefähigkeit zweifeln.

Problematische Aufgabenformulierungen und -übersetzungen

Wie bei allen Tests wird auch bei PISA & Co ganz wesentlich eine extrinsische Fähigkeit der Probandinnen & Probanden abgeprüft, nämlich herausfinden zu können, was die Aufgabenautorinnen & -autoren wohl gemeint haben. Diese Herausforderung ist bei innermathematischen Aufgaben naturgemäß geringer, aber bei den Aufgaben mit einem irgendwie gearteten außermathematischen Kontext beliebig schwierig (und wird durch misslungene Formulierungen bzw. Übersetzungen noch verschärft); denn die aufgeworfenen Probleme sind ja nie die der Probandinnen & Probanden. Da sind natürlich wieder Diejenigen im Vorteil, die an solche (standardisierten, insbesondere von Fremden gestellten) Tests gewöhnt sind und in deren Sprache und Kultur die Aufgaben ursprünglich angesiedelt sind. Bei der angelsächsischen Dominanz haben es die Probandinnen & Probanden aus Deutschland da auf verschiedenen Ebenen allerdings leichter als etwa die aus Mexiko (*385*), Türkei (*423*), Brasilien (*356*) u. a. (P03.1, 70).

Aus Platzgründen kann ich in diesem Aufsatz nur wenige Aufgaben, und diese nur knapp analysieren. Aber man wird bei vielen leicht selbst feststellen können, dass man sie, wenn man nicht durch eine englische (oder gar französische; s. dazu O00.2, 57 ff) Vorlage gebunden und beeinflusst wäre, anders formulieren würde (vgl. zu dieser Problematik auch Rindermann 2006). Bei meiner Arbeit an den IGLU-Mathematik-Aufgaben stellte ich an über der Hälfte der 102 auf deutsch gegebenen TIMSS-1995-Aufgaben, die als Vorlagen zur Verfügung standen, entsprechende Mängel fest, z. B.:

> Dies ist ein Rechteck mit einer Länge von 6 cm und einer Breite von 4 cm. Die Strecke rund um seine Form nennt man Umfang. *(Zeichnung)*
> Was gibt den Umfang des Rechtecks in Zentimetern an?
> A. 6 + 4　　B. 6 • 4　　C. 6 • 4 • 2　　D. 6 + 4 + 6 + 4

Das Wort „Strecke" ist hier schlicht falsch; die Flecken sind nicht ohne Weiteres als Multiplikationszeichen zu verstehen (was aber vor Fehlern bewahrt); deutsche Kinder sind an weniger lakonische Fragen, d. h. mit Substantiv gewöhnt, etwa: „Welcher Ausdruck gibt ... an?", „Welche Formel gibt ... an?"
Oder:

> Dies ist ein Zahlenmuster: 100, 1, 99, 2, 98, ☐, ☐, ☐.
> Welche drei Zahlen passen in die Kästchen?
> A. 3, 97, 4　　B. 4, 97, 5　　C. 97, 3, 96　　D. 97, 4, 96

Natürlich alle vier Tripel.

Wenn man sonst nichts aus der Testtheorie weiß: die Lösungswahrscheinlichkeit für eine Aufgabe kann auf kleinste Veränderungen in der Formulierung empfindlich reagieren. Bei PISA & Co sind aber eben nicht alle Probandinnen & Probanden von unglücklichen Formulierungen gleichermaßen betroffen, sondern die nichtenglisch- (und eventuell nicht-französisch-) sprechenden verstärkt. So weit ich das überblicken kann, hat man aber bei PISA gegenüber TIMSS 1995 Fortschritte bei der sprachlichen und inhaltlichen Qualität der Aufgaben gemacht. – Noch ein Beispiel auf Oberstufenniveau (T95.4, 93):

> Eine Schnur ist symmetrisch um einen zylindrischen Stab gewickelt. Die Schnur windet sich genau viermal um den Stab. Der Umfang des Stabes beträgt 4 cm und seine Länge 12 cm. *(Zeichnung)* Bestimmen Sie die Länge der Schnur.

Bei dieser Aufgabe ist im deutschen Sprachgebrauch das Wort „symmetrisch" inkorrekt verwendet (allerdings rührt die Schwierigkeit nicht allein davon; s. die vorzügliche Analyse von Kießwetter, 2002).

Wenn in Schweden die Lösungshäufigkeit hier mit 24% sechsmal so hoch ist wie in Frankreich, so ist das ein Indiz, dass im schwedischen Curriculum raumgeometrische Aufgaben, womöglich von diesem speziellen Typ, intensiver behandelt werden als im Geometrie-Mutterland Frankreich, wo allerdings bekanntlich der Geometrieunterricht sowieso stark algebraisiert ist und sich hauptsächlich auf die affine Ebene beschränkt.

Das problematische Testkonstrukt „Mathematical Literacy"

Hier drängt sich die Frage nach der Unterrichts- und Curriculumsvalidität auf. Während bei TIMSS die Validität bezüglich der Ländercurricula noch ein erklärtes Ziel war und ist (T95.2, 21, 47 usw.), findet bei den PISA-Tests ein „Verzicht auf transnationale curriculare Validität" statt, stattdessen „führen sie ein didaktisches und bildungstheoretisches Konzept mit sich, das normativ ist" (P00.1, 19). Als hierfür „in mancher Hinsicht vorbildlich" (P00.1, 25) werden die NCTM-Standards für den Mathematikunterricht zitiert (NCTM 1989, überarbeitet 2000). Das Konzept wird verkörpert durch die sog. „Mathematical Literacy", die von der OECD so definiert ist:

> Die Rolle zu erkennen und zu verstehen, die die Mathematik in der Welt spielt, fundierte mathematische Urteile abzugeben und sich auf eine Weise mit der Mathematik zu befassen, die den Anforderungen des gegenwärtigen und künftigen Lebens einer Person als konstruktivem, engagiertem und reflektierendem Bürger entspricht. (P00.1, 23)

Wie den meisten Kolleginnen & Kollegen aus der deutschsprachigen mathematikdidaktischen Kommunität sagt mir das Konzept der Mathematical Literacy von PISA durchaus zu, und ich teile die schon von den TIMSS-Leuten vertretene Auffassung, dass der deutsche Mathematikunterricht allzu sehr auf Faktenwissenserwerb und die Beherrschung von Verfahren zielt (T95.2, 31). Es ist klar, dass Länder, die ihr geschriebenes und reales Curriculum stärker daran ausgerichtet haben, ob durch explizite Übernahme oder durch eigene Entwicklung, von PISA „bevorzugt" werden. Die PISA-Deutschland-Mathematik-Gruppe hat diesen Grundmangel des PISA-An-

satzes erkannt, bei den nationalen Ergänzungsaufgaben von PISA 2000 „das" deutsche Curriculum stärker berücksichtigt und den Mathematical-Literacy-Begriff hin zu „mathematische Grundbildung" leicht abgewandelt (Neubrand 2004, 15 ff).
Der Mathematical-Literacy-Begriff passt sehr wohl zur Tradition der deutschen bildungstheoretischen Didaktik, wie sie z. B. vom *alten* Wolfgang Klafki (1958) oder speziell zum Mathematikunterricht von Heinrich Winter (1975) mit seinem Begriff der „Umwelterschließung" verkörpert wird. Allerdings enthält die Konzeption von PISA einen stärker pragmatischen Zug (P00.1, 19). Ich persönlich vermisse dabei z. B. die Rolle der Mathematik als Kulturgut.

Der dominierende Bestandteil von Mathematical Literacy im Sinne von PISA ist die Kompetenz zum Modellieren (offenbar i. W. mit Problemlösen und sogar erklärtermaßen mit Aufgabenlösen zu identifizieren; I01.2, 118 f). Besonders wichtig unter den NCTM-Standards scheint der folgende zu sein: „Vorbereitung auf offene Aufgabenstellungen, da realistische Probleme und Aufgaben in der Regel nicht gut definiert sind" (P00.1, 25).

Insgesamt kann ein Test wie PISA oder IGLU, zumal mit vielen Multiple-Choice-Aufgaben, der Mathematical-Literacy-Definition natürlich nicht gerecht werden (so schon Kießwetter, 2002; s. dazu auch die nicht überzeugende Replik von Reiss & Törner, 2003). Kein einziger Aspekt dieser Definition kann sich in solchen Aufgaben wiederfinden: Es ist nirgends nötig, eine vorgelegte Situation überhaupt auf Mathematisierbarkeit zu prüfen; denn es ist immer klar, dass zu mathematisieren ist. Es kann nirgends das Erkennen und Verstehen der Rolle der Mathematik in der Welt wirklich aufgezeigt werden. Usw. Keine einzige dieser Häppchenaufgaben, sei sie noch so komplex aufgebaut, stellt ein authentisches Sachproblem dar, gar ein Problem der Probandinnen & Probanden selbst. Natürlich ist keine Aufgabe wirklich offen; es ist lediglich immer wieder der Versuch erkennbar, ein direktes Anwenden von Faktenwissen und Fertigkeiten durch häufig textlastige Einkleidung des mathematischen Gehalts in allerlei inner- und außermathematische Kontexte zu verhindern, wobei die Autorinnen & Autoren immer wieder über ihre eigenen Füße stolpern.

Alle diese Mangelerscheinungen sind prototypisch in der folgenden Aufgabe versammelt. Es sei an dieser Stelle betont, dass ich noch nie Zeit darauf verwendet habe, solche Aufgaben bei PISA & Co zu suchen, sondern dass sie alle von Irgendjemand, und zwar ironischerweise meistens von PISA & Co selbst, neben den vielen geheim gehaltenen, als musterhaft der Öffentlichkeit vorgestellt wurden. Die Aufgaben „Gehen" sollte im WV vom 15.07.05 den (ja vorgezogenen) Teilbericht über den innerdeutschen Vergleich bei PISA 2003 illustrieren.

> Gehen: *(Zeichnung)* Das Bild zeigt die Fußabdrücke eines gehenden Mannes. Die Schrittlänge P entspricht dem Abstand zwischen den hintersten Punkten von zwei aufeinander folgenden Fußabdrücken. – Für Männer drückt die Formel *n/P=140* die ungefähre Beziehung zwischen *n* und *P* aus, wobei *n* = *Anzahl der Schritte pro Minute* und *P* = *Schrittlänge in Meter*
> Frage 1: Wenn die Formel auf Daniels Gangart zutrifft und er 70 Schritte pro Minute macht, wie viel beträgt dann seine Schrittlänge?
> Frage 2: Bernhard weiß, dass seine Schrittlänge 0,80 Meter beträgt. Die Formel trifft auf Bernhards Gangart zu. Berechne Bernhards Geschwindigkeit in Metern pro Minute und in Kilometern pro Stunde.

Im Original hat die Aufgabe ein übersichtlicheres Layout. Sie ist sehr schlecht formuliert (vielleicht unvermeidbar wegen der erforderlichen Knappheit). Dies trägt mit dazu bei, dass man sogar als Experte für anwendungsorientierten Mathematikunterricht Schwierigkeiten hat, den behaupteten Zusammenhang überhaupt zu verstehen. Was ist das für eine Konstante mit der Dimension 1/(Minute mal Meter)? Alle Erfahrungen besagen doch, dass n und P nicht proportional, sondern eher umgekehrt proportional sind. Ihr *Produkt* ist eine sinnvolle physikalische Größe, die Geschwindigkeit (Meter/Minute). Normalerweise übt man die Tätigkeit des Gehens zu einem bestimmten Zweck aus, vor allem um von einem Ort zu einem anderen zu gelangen, aber auch um zu schlendern oder sich sportlich zu betätigen. Besonders auch wenn man gemeinsam mit anderen Menschen geht, legt man quasi die Geschwindigkeit fest, und auch wenn man sie in verschiedenen Zeitintervallen ändert, so ist sie doch die *primäre* Größe, und die Schrittfrequenz stellt sich entsprechend der Schrittlänge ein (wobei diese Abhängigkeit nicht unidirektional ist).

Nun hatten die PISA-Leute eine sportmedizinische Untersuchung ausgegraben, nach der der o. a. Zusammenhang gilt, jedenfalls im Bereich von 0,5 bis 0,9 Meter Schrittlänge. Natürlich müsste man hier genauer wissen, wie in dieser Untersuchung erreicht wurde, dass die Versuchspersonen gehen, ohne dass sie sich eine Geschwindigkeit vorgeben. Mit realistischen Kontexten dürften diese Versuche wenig zu tun haben. Jedenfalls hängt unter diesen Bedingungen in dem genannten Bereich die Geschwindigkeit quadratisch von der Schrittlänge ab. Und dann könnte dieser Zusammenhang sogar plausibel sein, wenn man bedenkt, dass die Muskelmasse ja prinzipiell kubisch mit der Beinlänge wächst.

Im „üblichen" Mathematikunterricht der Sekundarstufe I würde man eher den mathematischen Zusammenhang n·P=v (Geschwindigkeit) analysieren: man nimmt jeweils eine der drei Größen als Parameter und betrachtet den funktionalen Zusammenhang der beiden anderen. In der Aufgabe hat man dagegen die Menge aller Menschen als Definitionsbereich, und jedem Menschen ist die konstante Zahl n/P zugeordnet, die sich als solche ergibt, wenn man unter ganz bestimmten, Nicht-Alltags-, Bedingungen bei ihm n und P misst. Das wesentliche Ergebnis dieser sportmedizinischen Untersuchung lautet also, dass sich (bei Männern im Bereich $0,5 < P < 0,9$) überhaupt eine konstante Zahl ergibt, dass n und P dabei proportional sind und dass diese Zahl (unabhängig von Alter, Körperbau und Konstitution) etwa 140 beträgt. Das wird jedenfalls in der Aufgabe „Gehen" so behauptet. Dass der Gültigkeitsbereich fehlt, ist nicht korrekt, aber verständlich, weil seine Angabe das Ganze für die Probandinnen & Probanden noch unübersichtlicher machen würde. Eine uralte mathematikdidaktische Weisheit besagt, dass die Nennung einer Größe wie 140 in einem Anwendungskontext nur sinnvoll ist, wenn man sie mit anderen Größen konfrontiert, also z. B. wenigstens mit der Konstanten von Frauen (wenn es sie denn dort gibt), was hier allerdings versäumt ist.

Man könnte auf den Gedanken kommen, diesen Sachkomplex wenigstens für den Unterricht fruchtbar zu machen, um vielleicht herauszuarbeiten, wie wichtig es ist, sich klar zu machen, welche Größen man konstant hält, welche man variiert, und überhaupt, was Definitions- und Wertebereiche sind. Vom Inhaltlichen her ist mir das Thema zu weit hergeholt und irrelevant, und ich stelle in Abrede, dass man seine knappe Unterrichtszeit darauf verwenden sollte. Vom mathematischen Gehalt her sind „gewöhnliche" Schülerinnen und Schüler bis in die Oberstufe m.E. überfordert (man hat doch selbst seine anfängliche Mühe, diese funktionale Begrifflichkeit auf die Reihe zu kriegen).

Aus fachdidaktischer Sicht ist diese Aufgabe als *Test*-Aufgabe völlig ungeeignet. Der Kontext, der da vor den Probandinnen & Probanden entworfen wird, ist nicht nur ungewohnt, sondern seine zentrale Aussage ist unplausibel bis hin zur Unverständlichkeit. Den meisten Probandinnen & Probanden dürfte es weder innerhalb der stressigen Testsituation, noch gar aus irgendeiner Erinnerung heraus gelingen, sich den Sachverhalt sinnvoll zu machen. Sie verhalten sich falsch, wenn sie lange über den Sinn nachdenken, weil sie da Zeit verlieren, und sie tun gut daran, die Werte in die Formel einzusetzen und das Ergebnis rechnerisch (und sinnlos) zu produzieren. Lediglich die Umrechnung am Schluss von m/min in km/h erscheint mir sinnvoll.

Da haben wir die vielbeklagte Pervertierung der Anwendungsorientierung prototypisch vor uns: Für die Probandinnen & Probanden reduziert sich die Aufgabe auf das Einsetzen von Werten in die Formel, und der Kontext erweist sich als letztlich irrelevante Einkleidung, die man wieder beseitigen muss, was bei dieser Aufgabe relativ einfach möglich ist. Probandinnen & Probanden mit einer gesunden Mathematical Literacy werden durch diese Aufgabe benachteiligt, wenn sie (gemäß dem, was sie in gutem Mathematikunterricht gelernt haben sollten) versuchen, den Anwendungsgehalt zu erschließen, dabei viel Zeit verlieren und vielleicht sogar vor lauter Verwirrung die Proportionalität durch die scheinbar plausiblere Antiproportionalität ersetzen, usw. Ein besonders hohes Maß an Mathematical Literacy läge vor, wenn sie sich weigern würden, diese Aufgabe überhaupt zu bearbeiten.

Bei der PISA-Deutschland-Mathematik-Gruppe ist ja einige stoffdidaktische Kompetenz versammelt, und so hat man auch dort die Mangelhaftigkeit dieser Aufgabe bemerkt und im Internet eine erläuternde Sachanalyse hinzugefügt: bei pisa.ipn.uni-kiel.de im Text auf „Beispielaufgaben PISA-Testung" klicken und dann unter der Überschrift „Beispielaufgaben aus PISA 2003" die Datei „Mathematische Grundbildung (Beispielaufgaben)" (nicht: „Lösungen") downloaden. – Diese Mangelhaftigkeit spielt aber für PISA keine Rolle, da ja die Aufgabe „empirisch gut gelaufen" ist, so dass man sie nach 2000 nun schon zum zweiten Mal eingesetzt hat. Hier fragt sich natürlich, wie schlecht eine Aufgabe noch sein muss (ich kann mir das kaum vorstellen), damit sie trotz empirisch guten Laufens eliminiert wird. Die Grenze ist erklärtermaßen erst erreicht, wenn fachliche Fehler enthalten sind, wie z. B. bei der weiter unten zu besprechenden Aufgabe „Tageslicht 1", die ebenfalls empirisch gut gelaufen sein muss, wurde sie doch gleich zu mehreren Gelegenheiten in der Presse veröffentlicht. – Mit „empirisch gut gelaufen" wiederum ist, so fürchte ich, lediglich gemeint, dass zum tatsächlichen Lösungsverhalten der Probandinnen & Probanden gut eine Aufgabencharakteristik wie in Abb. 1a passt.

Ist folgende Aufgabe nur schlecht oder schon falsch? Sie stammt aus TIMSS 1995 für die Sekundarstufen I und II, wo sie u. a. für „Social Utility" steht (T95.2, 73, *675* Punkte, T95.3, 164, *554* Punkte), und ob sie bei PISA wieder verwendet wurde, weiß ich natürlich nicht; sie wurde aber noch Ende 2004 in der PISA-Satelliten-Veröffentlichung (Neubrand 2004, 246) als Exempel für eine bestimmte „Kompetenzklasse" angeführt:

> Diese beiden Anzeigen sind in einer Zeitung in einem Land erschienen, in dem die Währungseinheit *zeds* ist: GEBÄUDE A: Büroräume zu vermieten: 85–95 qm 475 *zeds* pro Monat; 100–120 qm 800 *zeds* pro Monat; GEBÄUDE B: Büroräume zu vermieten: 35–260 qm 90 *zeds* pro Quadratmeter pro Jahr. – Eine Firma ist daran interessiert, ein 110 qm großes Büro in diesem Land für ein Jahr zu mieten. In welchem Bürogebäude, A oder B, sollte sie das Büro mieten, um den niedrigeren Preis zu bekommen? Wie rechnest du? bzw. Wie rechnen Sie?
> (Im Original ist der Text übersichtlicher gestaltet.)

Vermutlich wird erwartet: Bei A muss man $12 \cdot 800 = 9600$ *zeds*, bei B $110 \cdot 90 = 9900$ *zeds* zahlen. Die Probandinnen & Probanden haben natürlich, schon aus Zeitgründen, jedes Nachdenken über den Realgehalt dieser Situation auszuschalten, und das wissen sie auch. – Problematisieren müssten sie eigentlich: Ist überhaupt ein genau 110 qm großes Büro vorhanden? Vor allem aber: Wo gibt es das, dass man 475 *zeds* pro Monat für 95 qm und 800 *zeds* pro Monat (fast das Doppelte) für 100 qm (fast die gleiche Größe) zahlen muss? Da wäre doch eine Firma mit dem Klammersack gepudert, wenn sie sich für das eine Jahr nicht mit 95 qm bescheiden würde (und zur Not noch 35 qm im anderen Gebäude hinzu mieten würde mit einer Gesamtsumme dann von nur $475 \cdot 12 + 35 \cdot 90 = 8850$ *zeds!*). – Solche Überlegungen wären Teil der Mathematical Literacy. Genau diese werden hier nicht erwartet und können nicht erwartet werden; sie waren auch von den Aufgabenautorinnen & -autoren offensichtlich nicht angestellt worden.

Durchweg gilt: ist eine Aufgabe den Probandinnen & Probanden schon einmal so oder in ähnlicher Form begegnet und erkennen sie, dass sie Gelerntes einsetzen können (was PISA & Co natürlich nicht messen können), steigt die Lösungsquote. – Dies alles liegt am Schonraum-Vermitteltheits-Pädagogik-Charakter von Schule, worin die Testsituation ja integriert ist; – und dies ist auch gut so.

Es sei konzediert, dass der Anspruch von PISA & Co, weltweit sehr viele Jugendliche (schriftlich, mit begrenzter Zeit, allgemein vergleichbar, ökonomisch auswertbar) zu testen, wohl nur mit relativ einfachen Aufgabenformaten zu realisieren ist. Aber mit diesen Formaten (und mit vielen Inhalten und Fragestellungen) ist man vom Testen der Mathematical Literacy viel weiter entfernt, als man glaubt und glauben machen möchte.

Mit dem Bereich „Lesen" habe ich mich nicht befasst; aber ich schätze, dass die diskutierten Probleme dort eher größer sind. Auch der Bereich „Naturwissenschaften" widersetzt sich einem Abtesten à la PISA & Co wohl stärker als „Mathematik", weil in den Naturwissenschaften das Curriculum weltweit viel uneinheitlicher ist und die eingekleideten Aufgaben immer an der „wirklichen" Realität gemessen werden können. Schon Hagemeister (1999) hat da sehr verdienstvoll bei mehreren TIMSS-1995-Aufgaben entsprechende Mängel herausgearbeitet (worauf Baumert u. a., 2000, wenig überzeugend reagiert haben). Ähnliche Analysen zu PISA 2003 u. a. findet man bei (Braams 2002). Abgesehen davon, dass die Aufgabenautorinnen & -autoren von PISA & Co anscheinend hin und wieder selbst Lücken bei ihrer „Scientific Literacy" haben, muss man ihnen zugute halten, dass sie zum Zwecke der Genießbarkeit durch die Probandinnen & Probanden oft zu Vereinfachungen gezwungen sind, die leicht in Verfälschungen umschlagen können (was ihr Vorgehen dann doch in Frage stellt).

Beispiel (Hinweis von Anselm Lambert): Anlässlich der Veröffentlichung der Ergebnisse von PISA-2003-international im Dezember 2004 wurde in der „Zeit" (09.12.04) und dann noch einmal anlässlich der Vorabveröffentlichung einiger Ergebnisse von PISA-2003-Deutschland im Juli 2005 in der FR (15.07.05) folgende Aufgabe als beispielhaft vorgestellt (P03.1, 394, *591* Punkte):

> Tageslicht 1: Welche Aussage erklärt, warum es auf der Erde Tageslicht und Dunkelheit gibt? A. Die Erde rotiert um ihre Achse. B. Die Sonne rotiert um ihre Achse. C. Die Erdachse ist geneigt. D. Die Erde dreht sich um die Sonne.

Alle Antworten sind falsch, insbesondere auch A. Die Erklärung lautet vielmehr: „Die Erde rotiert mit einer anderen Winkelgeschwindigkeit um die eigene Achse, als sie sich um die Sonne dreht." Wären die beiden Winkelgeschwindigkeiten gleich, würde die Erde der Sonne immer dieselbe Seite zuwenden, und es gäbe keinen Tag-Nacht-Wechsel. Bei der Drehung des Mondes um die Erde z. B. besteht genau dieser Zustand. (Wie in der Aufgabe ist auch bei meinen Erläuterungen das übliche einfache geometrische Modell des Systems „Sonne-Erde" mit zunächst einmal konstanten Winkelgeschwindigkeiten zugrunde gelegt.)

Die Frage ist außerdem für das Gemeinte schlampig gestellt. Die genaue Antwort auf sie lautet nämlich: „Weil das Sonnenlicht nur aus einer Richtung kommt, liegt immer eine Hälfte der Erde im Tageslicht und die andere in der Dunkelheit." Man hätte die Frage deshalb vielleicht so formulieren sollen: „..., warum an jedem Ort der Erde sich Tageslicht und Dunkelheit regelmäßig abwechseln."

Allerdings spielt hier sogar doch noch die Neigung der Erdachse eine Rolle: Wäre sie nämlich nicht geneigt, dann hielte sich die Sonne am Nord- und am Südpol immer am Horizont auf, und an diesen beiden Orten fände nie ein Wechsel zwischen Tageslicht und Dunkelheit statt, während an allen anderen Orten Tageslicht und Dunkelheit immer genau 12 Stunden dauern würden. Diesen Zustand gibt es auf der Erde übrigens tatsächlich jährlich zweimal, nämlich am Frühlings- und am Herbstanfang. – Man müsste also die von mir vorgeschlagene Fragestellung noch modifizieren, etwa: „..., warum *in unseren Breiten* sich Tageslicht und Dunkelheit regelmäßig abwechseln." Dadurch käme allerdings die erschwerende Rede von „in unseren Breiten" ins Spiel, die ja von Vielen nicht verstanden würde.

Die IGLU-Stromkreis-Aufgabe (Viertklässlerinnen & Viertklässler sollen bei einigen Stromkreisen in der „üblichen" schematischen Darstellung feststellen, wo Strom fließt; I01.1, 158, 546 Punkte) kann man, zumal als Grundschulkind, bestenfalls lösen, wenn das Thema und insbesondere die Art der grafischen Darstellung schon behandelt wurden. Bei dieser Aufgabe kommt erschwerend hinzu, dass das naturwissenschaftliche Problem durch die Antwortvorgaben von einem kombinatorischen überlagert wird: „Welche der Glühbirnen werden leuchten: 1 und 2? 1, 2 und 3? 2, 3 und 4? 2 und 3? 3 und 4?"

Der problematische Testbereich „Problemlösen"

Vergleichbare Schwierigkeiten wie bei der Mathematical Literacy hat man sich bei PISA 2003 mit dem Abtesten eines eigenen Bereichs „Problemlösen" eingehandelt. Ich gehe nicht auf das läppische sog. *dynamische* Problemlösen ein (das sowieso nur Teil des deutschen Ergänzungstests war; P03.1, 162) und konzentriere mich auf das *analytische*. Fraglich ist für mich immer, was ein Problem im Sinne des Problemlöse-Paradigmas von einem Nicht-Problem unterscheidet. Im angelsächsischen Raum z. B., wo das Konstrukt „problem solving" besonders gepflegt wird, werden dieselben Wörter auf das Bearbeiten irgendwelcher (z. B. Mathematik-) Aufgaben gemünzt. Die PISA-Definition, nach der analytisches Problemlösen hauptsächlich „in der Analyse gegebener oder erschließbarer Informationen und dem Entwickeln einer Lösung" einer sich aus einer „verbal, oft auch unter Nutzung von Graphiken, beschriebenen Ausgangslage ... ergebenden Problemstellung" (P03.1, 148 f) besteht, hilft nicht weiter, weil der Begriff „Problemlösen" da i. W. mit sich selbst erklärt wird. Der Bedingung, „dass der Lösungsweg nicht unmittelbar erkennbar ist" (P03.1, 148), sollten schließlich alle Testaufgaben (englisch: „problems") und nicht nur solche in einem abgetrennten Teilbereich „Problemlösen" unterworfen sein! – Das ganze Definitionsproblem liegt aber in der Natur der Sache, und ich mache nicht den PISA-Bericht dafür verantwortlich. Nach meinem Verständnis ist Problemlösen bei jeglicher geistigen Arbeit allgegenwärtig wie das Atmen beim Leben.

Im Folgenden verwende ich daher in klassischer Weise die Arbeitsdefinition „Problemlösen ist, was der PISA-Problemlöse-Test misst".

Bei den oft notgedrungen textlastigen Aufgaben handelt es sich zumeist um „Logeleien", grob gesprochen, vom Typ des alten Stundenplanproblems, z. B. (kurz gefasst):

> „Kinobesuch" (P03.1, 152): Drei 15-Jährige mit bestimmten Zeitwünschen und -restriktionen und weiteren Bedingungen wollen in den Ferien gemeinsam ins Kino gehen. Wann klappt es?

Oder:

> „Bewässerung" (P03.1, 401), wo statt eines Stromkreises mit Schaltern ein System von Wasserkanälen mit Schleusen zu analysieren ist (damit es sich nicht um eine Aufgabe aus dem herkömmlichen Physikunterricht – eigentlich: Mathematikunterricht – handelt, aber mit derselben logischen Situation und denselben kognitiven Ansprüchen).

Viele der vorgestellten Aufgaben könnten sich, mit denselben oder anderen Kontexten, als Knobelaufgaben in Zeitungswochenendbeilagen finden.

Es besteht, wen wundert's?, eine besonders starke Korrelation zwischen der Problemlöse- und der mathematischen Kompetenz (P03.1, 167). Deutschland ist mit *513* Punkten um *10* Punkte besser, die Niederlande dagegen z. B. mit *520* Punkten um *18* Punkte schlechter als in Mathematik (P03.1, 157 f). „An deutschen Schulen" zeigt sich „im Hinblick auf die Entwicklung mathematischer Kompetenz eine mangelnde Ausschöpfung des kognitiven Potentials zum analytischen Problemlösen", dagegen wird „in den Niederlanden... dieses Potential... optimal genutzt beziehungsweise sogar überkompensiert" (P03.1, 170 f). – Was sagt uns das?

Zunächst muss darauf hingewiesen werden, dass die deutschen Jugendlichen im mathematischen Teilbereich „Quantität", der mit drei anderen bei PISA 2003 separat ausgewertet wurde, *514* Punkte erzielten (P03.1, 75), also dort das Potenzial doch ausgeschöpft, sogar leicht „überkompensiert" haben. Die Mathematikdidaktik weiß schon lange, dass in den anderen drei Bereichen, zumal in Geometrie und Stochastik, Intensivierungsbedarf besteht. – Mit der Überlegenheit des Lebens als Lehrmeister und der Schwäche des deutschen dreigliedrigen Schulsystems im Sinne Strucks hat das allerdings nichts zu tun.

Der *unmittelbare* Vergleich der PISA-Punktzahlen in Problemlösen und in Mathematik ist, wie schon in Kapitel 0 bemerkt, eigentlich unzulässig. Es könnte doch sein, dass, wenn man die Leistungen in den beiden Bereichen irgendwie „objektiv" in Bezug zueinander setzen könnte, die Deutschen in Problemlösen sogar „schlechter" als in Mathematik sind. – Außerdem könnte dieses Problemlösen doch sehr wohl ein Ergebnis schulischen Unterrichts sein, insbesondere im Fach „Mathematik" mit seinem Anspruch einer allgemeinen Denkförderung. Ich will nun nicht behaupten, dass man dabei erfolgreich ist; aber ebenso wenig ist bewiesen, dass man keinen Erfolg hat.

Zweifelhaft ist natürlich, ob das Lösen dieser Knobelaufgaben überhaupt eine eigene, hervorhebenswerte Kompetenz anzeigt. Müssten dazu nicht noch ganz andere Aufgaben herangezogen werden? Und noch weiter gehend: so wenig wie Mathematical Literacy lässt sich m.E. Problemlösen letztlich in Tests wie PISA & Co prüfen. Meine diesbezügliche Argumentation zu Mathematical Literacy lässt sich wörtlich auf das Problemlösen übertragen.

5 Das didaktischen Belangen fern stehende Testmodell von PISA & Co

Auf internationaler Ebene wurden die Punkteskalen für die Testleistungen der Probandinnen & Probanden (*Leistungsskalen*) in den verschiedenen Inhaltsbereichen in Stufen eingeteilt, und zwar im Prinzip willkürlich („dividing ... into levels, though useful for communication ..., is essentially arbitrary", O00.2, 197). Bei PISA 2000 wurde dabei (angeblich wegen der geringen Anzahl von Mathematikaufgaben) auf eine inhaltliche Beschreibung der Stufen verzichtet und eine solche den nationalen Gruppierungen überlassen (P00.1, 159 f). Es wäre einmal interessant zu verfolgen, was die etwa 30 bzw. 40 PISA-Länder aus dieser Möglichkeit gemacht haben, insbesondere ob die Anderen zum selben Kategoriensystem mit derselben inhaltlichen Füllung gekommen sind wie die Deutschen, wo man jedenfalls Großes damit vorhatte.

Eine gemeinsame Skala für Probandinnen-&-Probanden-Leistungen und für Aufgaben-Schwierigkeiten

Aus den Testleistungen der Probandinnen & Probanden lassen sich leicht *Schwierigkeitsskalen für die Aufgaben* ermitteln (nicht vergessen: wie viele Begriffe bei PISA & Co ist auch „Schwierigkeit" nicht inhaltlich, sondern rein statistisch zu verstehen). Für jede Aufgabe wird die relative Häufigkeit derjenigen, die sie nicht gelöst haben, auf dem Intervall [0;1] notiert. Je höher darauf eine Aufgabe angesiedelt ist, desto schwerer ist sie (zumindest bei dieser Stichprobe). Bei hoher Repräsentativität (wie sie bei PISA & Co i. A. wohl gegeben ist) kann man sogar (statistisch!) von *der* (testunabhängigen) Schwierigkeit einer Aufgabe bei einer bestimmten Population reden (bei PISA 2003 die 15-Jährigen in den teilnehmenden Ländern).

Die Dualität zwischen der Probandinnen-&-Probanden-Leistungsskala und der Aufgaben-Schwierigkeitsskala lässt sich aber nicht ohne Weiteres auf diesen Schluss von der Stichprobe auf die Grundgesamtheit übertragen. Während die Probandinnen-&-Probanden-Grundgesamtheit bei PISA & Co jeweils feststeht, gilt das Entsprechende für die Aufgaben-Grundgesamtheit nicht. Das obige Kapitel 4 behandelt genau diese Problematik. Über Mathematical Literacy (bzw. „mathematische Grundbildung") gibt es wohl einen gewissen Grundkonsens, aber schon nicht mehr darüber, was vielleicht über die o. a. Definition von Mathematical Literacy hinaus noch dazu gehört, und erst recht nicht darüber, *wie* bzw. *ob* überhaupt Mathematical Literacy in einem Test wie PISA abgeprüft werden kann. – Man beziehe sich also tunlichst nur auf die jeweilige konkrete Aufgabenkollektion, auch wenn wir aus Erfahrung wissen, dass die Ergebnisse bei anderen Kollektionen ähnlich ausfallen würden; – aber eben nicht hinreichend sicher hinreichend ähnlich, um angesichts von Ländervergleichen und weiteren subtilen Aussagen von *der* (testunabhängigen) mathematischen Leistung von Probandinnen & Probanden reden zu können. In der Filosofie von PISA & Co wird das anders gesehen, und es werden (unter dem Einfluss der test-orientierten Psychologie) auch andere Wörter verwendet, z. B. „Kompetenz" statt „Leistung". Dieser Konflikt zwischen den fachdidaktischen und statistischen Belangen und Schlussweisen ist in verschiedenen Facetten Thema dieses Kapitels 5 (vgl. auch Meyerhöfer, 2005, und Jahnke, 2005, in seinem Vortrag).

„Kompetenz" als Disposition einer Person kann auch auf Aufgaben bezogen gesehen werden: Zur Lösung einer Aufgabe sind bestimmte „Kompetenzen" erforderlich, z. B. stochastisches Denken, Umgang mit dem Taschenrechner, mathematisches Modellieren einer außermathematischen Situation usw. Diese Sichtweise legt nahe, die Probandinnen-&-Probanden-Leistungs- und die Aufgaben-Schwierigkeits-Skala zu vereinigen. Dies wird bei PISA & Co in der Tat gemacht, und zwar nach folgendem Prinzip: Man zerlegt die Stichprobe S in nichtleere Schichten S_t, jeweils bestehend aus den Probandinnen & Probanden mit genau t Leistungspunkten. Für jede Aufgabe A wird nun für jede solche Schicht S_t der Anteil $p_A(t)$ der Probandinnen & Probanden in dieser Schicht ermittelt, die A lösen. Man unterstellt noch, dass für jede Aufgabe A die Funktion p_A (i. W. streng) monoton wächst, d. h. dass gilt: Ist $u>t$, dann löst in der Schicht S_u ein größerer Anteil der Probandinnen & Probanden die Aufgabe A als in der Schicht S_t. Man legt nun einen Schwellenwert p_0 fest (bei PISA 62%) und ermittelt für jede Aufgabe A die kleinste Punktzahl t, für die $p_A(t) \geq p_0$ ist, so dass man also sagen kann: Diese Aufgabe wird von 62% derjenigen Probandinnen & Probanden gelöst, die t Punkte erreicht haben (und von denen mit mehr als t Punkten mit einem höheren Anteil). Dann erhält diese Aufgabe die Punktzahl t zugewiesen.

Aus mathematischer Sicht muss man bei dieser Definition noch Sorge tragen für mögliche Randfälle, die allerdings praktisch irrelevant sein dürften. Der Schwellenwert von 62% geht auf einen Wert von 65% zurück, der „nach internationaler Absprache ... Lösen ... mit ‚einiger Sicherheit'" bedeutet und deswegen z. B. in TIMSS 1995 verwendet wurde (T95.2, 67). Wegen der geringen Anzahl von 31 Mathematikaufgaben bei PISA 2000 wurde er dort auf 62% vermindert und bei der deutschen Ergänzung trotz deren Umfang von 117 Aufgaben nicht erhöht (persönliche Mitteilung von Detlef Lind).

Die (für Testleute) ideale Testbatterie besteht aus Aufgaben, für die eine schärfere Monotoniebedingung als die o.a. existiert: Die Aufgaben lassen sich in einer Folge A_1, A_2, ..., A_m anordnen, so dass für jede Probandin, jeden Probanden P gilt: Löst P die Aufgabe A_k, dann löst P auch sämtliche Aufgaben A_j mit $j \leq k$. Aus dieser

Bedingung folgt direkt die o.a. Monotonie, und man kann die Aufgabenpunktzahlen genau wie oben definieren.

Um diese Ideen deutlich zu machen, habe ich mit Lösungshäufigkeiten usw. bei konkreten Tests argumentiert. Tatsächlich will man aber bei PISA & Co (nicht nur dort) Aufgaben unabhängig von realisierten Tests charakterisieren und verwendet dazu ein probabilistisches Testmodell, wo zu jeder Aufgabe eine bestimmte Funktion gehört, nämlich die, die jeder Probandinnen-&-Probanden-Punktzahl die Wahrscheinlichkeit zuordnet, dass Probandinnen & Probanden mit dieser Punktzahl die Aufgabe lösen (sog. Aufgabencharakteristik): Auch hier wird Monotonie unterstellt, d.h. zu höherer Probandinnen-&-Probanden-Punktzahl gehört eine höhere Lösungswahrscheinlichkeit.

Diese Monotonie ist nicht denknotwendig (noch nicht einmal die o. a. Monotonie bezüglich der Punkteschichten), und in realen Tests wird sie immer wieder verletzt (mündlicher Bericht von Norbert Knoche), wo also bestimmte Aufgaben von insgesamt schwächeren Probandinnen & Probanden häufiger gelöst werden als von stärkeren, möglicherweise, weil sie unbefangener zu Werke gehen und diese Unbefangenheit bei solchen Aufgaben hilfreich ist (wieder ein Beispiel für Meyerhöfers, 2003 ff, Konstrukt der inhaltsunabhängigen Testfähigkeit). (S. dazu auch die gut verständliche Darstellung in Kleine, 2004, 87 ff.) Man wüsste gerne, ob solche Phänomene bei PISA & Co auch aufgetreten sind; Monotonie bei allen Aufgaben wäre angesichts der großen Probandinnen-&-Probanden-Zahlen aber durchaus plausibel.

In starker Idealisierung werden bei PISA & Co (auf Rasch zurückgehend) für alle Aufgaben logistische Charakteristiken mit einheitlichen Parametern, also der Form $1/(1 + \exp(c - t))$, angesetzt (Lind 1994, 279 ff), so dass sie (bis auf waagrechte Verschiebung) alle denselben Graf haben (s. Abb. 1a). Das Schaubild eines Bruchrechentests (Lind 1994, 317) zeigt, wie eine solche Kollektion realistischerweise auch aussehen kann (s. Abb. 1b) (es könnten, wie gesagt, auch noch Berge und Täler vorkommen). Natürlich kann man seine Testaufgaben so auswählen und gestalten, dass man dem idealen Bild näher kommt. Wie weit das ohne Verlust von fachdidaktischer Substanz möglich ist, steht jedoch dahin; die oben analysierte Aufgabe „Gehen" zeigt das ganze Dilemma auf. Das Rasch-Modell je-

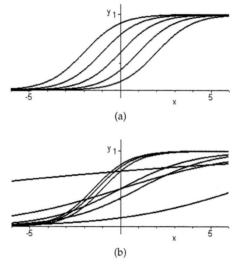

Abbildung 1. Die beiden Abbildungen sind nicht Kopien der Originale aus (Lind 1994), sondern jenen nur nachempfunden. Auch jene stellen ja starke Idealisierungen real aufgetretener Lösungshäufigkeiten dar.

denfalls war ursprünglich für Tests mit primitiv strukturierten Aufgaben und nicht für so etwas Komplexes wie die Untersuchung von Mathematical Literacy gedacht. In Lind (1994, 283, 303 ff, 316 ff), Knoche & Lind (2000), Knoche u. a. (2002) wird die beschränkte Eignung des Rasch-Modells wiederholt angedeutet.

Konsterniert hat mich an der Kalibrierung der Aufgabenschwierigkeit die Tatsache, dass nicht i. W. sämtliche Probandinnen-&-Probanden-Punktzahlen herangezogen wurden, sondern aus jedem OECD-Land gleichgewichtig je 500 Probandinnen & Probanden, d. h. etwa ein Zehntel (P00.1, 51, 520 f, O00.2, 105). Hierbei haben also die Jugendlichen aus Island dasselbe Gewicht wie die aus den USA, obwohl diese für fast 1000-mal so viele stehen (O00.2, 135 f), und z. B. die aus dem Nicht-OECD-Staat Brasilien haben das Gewicht 0. Ich konzediere, dass sich die resultierenden Über- und Unterschätzungen, jedenfalls innerhalb der OECD, wohl ungefähr ausgleichen. Womöglich trifft diese Ausgleichsannahme auch auf die Verfälschung der „wahren" Aufgabencharakteristiken durch die Verwendung des Rasch-Modells zu.

Das Kompetenzstufenmodell der PISA-Deutschland-Mathematik-Gruppe

Zweck dieser Identifizierung der Probandinnen-&-Probanden-Leistungsskala mit der Aufgaben-Schwierigkeitsskala war nicht zuletzt die simultane Verwendung der Stufung, das sog. Kompetenzstufenmodell, das die PISA-Deutschland-Mathematik-Gruppe ja gerade für die Analyse der Aufgaben ausbeuten wollte. Die Stufen waren im Prinzip folgendermaßen festgesetzt worden: Zunächst wurde ein bestimmter Punktewert als Untergrenze von Stufe I ausgewählt, und von da aus wurden nach oben vier Stufen in folgender Weise festgelegt: die Obergrenze einer Stufe ist dadurch bestimmt, dass die Probandinnen & Probanden, die auf der Untergrenze dieser Stufe angesiedelt sind, 50% aller Aufgaben auf dieser Stufe lösen. Diese Obergrenze ist zugleich Untergrenze der nächsten Stufe. Außer den vier begrenzten gibt es noch je eine nach oben und nach unten offene Stufe (letztere von mir „Stufe 0" genannt), insgesamt also 4+2. Das Rasch-Modell für die Aufgabencharakteristiken impliziert nun zusammen mit dieser Definition, dass alle vier begrenzten Stufen gleichbreit sind, bei PISA-2000-Mathematik mit der Breite *91,75* und den Grenzen *329, 421, 512, 604, 696* (P00.1, 160).

Solche Schwierigkeits-Leistungs-Stufungen wurden für sämtliche TIMSS-, PISA- und IGLU-Studien aufgestellt, und es wurde versucht, sie inhaltlich zu füllen. Aber sobald mehr ausgesagt wird, als dass die Aufgaben mit zunehmender Punktzahl schwerer werden, tauchen immer wieder „widerspenstige" Aufgaben auf, die mit ihrer tatsächlichen Schwierigkeitspunktzahl in einer offensichtlich falschen Stufe landen. Beispiel:

Die IGLU-Naturwissenchaften-Aufgabe „Welches Tier säugt seine Jungen? Huhn, Frosch, Affe, Schlange?" gerät mit 474 Punkten in die Stufe III „Anwenden naturwissenschaftsnaher Begriffe". Sie gehört weder hier hinein, noch in II „Anwenden alltagsnaher Begriffe" (*401–468*), sondern in I „Einfache Wissensreproduktion" (*323–400*) oder gar in 0 „Vorschulisches Alltagswissen" (s. I01.1, 156 ff) (je nach den Fernseherfahrungen der Kinder).

Die inhaltlichen Beschreibungen bleiben notgedrungen, nicht nur hier, trivial. In der internationalen Mathematikskala bei PISA 2000 etwa ist die Stufenabfolge durch zunehmende Leistungen beim Modellieren (inkonsistent von „nicht" über „elementar", „SI-Niveau", „umfangreich" bis „komplex") mit nicht-konsistenten und nichtssagenden Zusätzen („begriffliches Verknüpfen", „anspruchsvolle Begriffe", „innermathematisches Argumentieren") geprägt (P00.1, 168). Diese von mir wörtlich zitierten Schlagwörter stellen Kurzfassungen aus dem PISA-Bericht selbst dar. Die ausführlicheren Beschreibungen (P00.1, 160) wiederum sind nicht genügend operational. Verbindet man die Eigenschaften einer Stufe mit einem logischen „und", werden viele Aufgaben nicht erfasst, verbindet man sie mit „oder", verliert die Stufe ihre Identität. Bei PISA 2000 ist viel die Rede von „Modellbildung", und genau diese wird in unserer Vergleichsuntersuchungen-Kommunität insgesamt so inflationär gebraucht, dass sie banal wird. Wie von IGLU (in Deutschland ja sehr affin zu PISA) explizit eingeräumt (I01.2, 118 f), wird sie nämlich mit jeglichem Bearbeiten von Aufgaben identifiziert.

Die PISA-Deutschland-Mathematik-Gruppe hat die Problematik früh erkannt. Für sie ist sie deswegen besonders relevant, weil sie mit dem Schwierigkeits-Leistungs-Modell ehrgeizigere Pläne hat: Es soll ermöglichen, dass man für jede Aufgabe aufgrund einer fachdidaktischen Analyse der erforderlichen Kompetenzen und weiterer Faktoren voraussagen kann, auf welcher Stufe sie landet. Damit sollen die Basis für wissenschaftliche, klare Vorgaben für die Konstruktion von schulmathematischen Tests gelegt werden, dieser Zweig der Mathematikdidaktik vom Ruch der Beliebigkeit und des Laientums befreit werden und nicht zuletzt Aufgabenkollektionen entstehen, die von vornherein vielleicht sogar dem Idealbild mit breit gestreuten einheitlichen Aufgabencharakteristiken besser entsprechen.

Weitere Kategorien: „Arten" bzw. „Typen mathematischen Arbeitens" und „inhaltliche Teilbereiche" bzw. „Big Ideas"

So hat die PISA-Deutschland-Mathematik-Gruppe als zusätzliche Kategorie die „Art" bzw. den „Typ mathematischen Arbeitens" mit

„den" drei Ausprägungen „technische Aufgaben", „rechnerische" und „begriffliche Modellierungs- und Problemlöseaufgaben" eingeführt (z. B. Neubrand 2004, 88 ff). Im Gegensatz zur Kategorie „PISA-Punktestufen" ist diese nun weich mit unklarer Begrifflichkeit, fließenden Übergängen, weiten Überschneidungsbereichen und vermutlich großen Lücken.

Versucht man dennoch, Aufgaben einzusortieren, so wird man oft feststellen, dass verschiedene Aufgabenteile zu verschiedenen Ausprägungen gehören. – Oder: Für den Einen handelt es sich bei der Anwendung einer Formel vielleicht um eine rein „technische Aufgabe", für die Andere bedarf es dazu möglicherweise einer aufwändigen Herleitung, also eines ganz anderen „Typs mathematischen Arbeitens". – Und: Auch aufgrund unterschiedlicher Lösungswege können mit ein- und derselben Aufgabe (sogar ein- und demselben Aufgabenteil) unterschiedliche „Typen mathematischen Arbeitens" angesprochen sein.

Einen Ausschnitt aus dieser Problematik liefert exemplarisch die 31-Pfennig-Aufgabe (Neubrand 2004, 89, *797* Punkte):

> Wie kannst du einen Geldbetrag von genau 31 Pfennig hinlegen, wenn du nur 10-Pfennig-, 5-Pfennig- und 2-Pfennig-Münzen zur Verfügung hast? Gib *alle* Möglichkeiten an.

Sie wird unter „begriffliches Modellieren und Problemlösen" eingeordnet. Ich kann diese Einordnung nicht nachvollziehen. Es handelt sich doch um eine begrifflich völlig anspruchslose Abzählaufgabe an vorgestellten oder aufgezeichneten konkreten Objekten, und die Schwierigkeit liegt in der Erfassung aller Fälle.

Analog die Pyramiden-Aufgabe (P00.1, 151 ff, *810* Punkte):

> Die Grundfläche einer Pyramide ist ein Quadrat. Jede Kante der skizzierten Pyramide misst 12 cm. *(Zeichnung)* Bestimme den Flächeninhalt einer der dreieckigen Seitenflächen. Erkläre, wie du eine Antwort gefunden hast.

Man muss nur den Flächeninhalt eines gleichseitigen Dreiecks bei bekannter Seitenlänge a = 12 cm ermitteln, und der beträgt $\sqrt{3}/4 \cdot a^2$ = 62 cm^2. So gesehen, ist das eine reine Wissensaufgabe, und eine „komplexe Modellierung und innermathematisches Argumentieren" vermag ich nicht zu erkennen. – Eine Schwierigkeit liegt darin, dass i.d.R. keine Formeln auswendig gewusst werden. Die andere Schwierigkeit resultiert daraus, dass die Dreiecke in einer dreidimensionalen Situation gegeben sind und weltweit zu wenig Raumgeometrie getrieben wird, so dass bei den meisten Probandinnen & Probanden schon deswegen die Klappe fällt, obwohl es sich um ganz gewöhnliche (notwendig ebene) gleichseitige Dreiecke handelt. Wenn man in der Schule intensiv solche dreidimensionalen Situationen behandelt hat, fällt einem diese Sichtweise leicht; und wenn nicht, dann eben nicht.

Offensichtlich ist bei vielen Aufgaben die Kategorie „inhaltliche Teilbereiche" ($\approx$ „Big Ideas") hoch-relevant und die Schwierigkeit rührt oft daher, dass es sich etwa um ungewohnte Kombinatorik, unbewältigte Raumgeometrie oder unverstandene Stochastik handelt.

In PISA 2003 war ja Mathematik der Schwerpunkt und mit 84 (statt 31) Aufgaben vertreten (P03.1, 51). Deswegen wurde dieses Fach noch einmal zerlegt, allerdings nicht etwa in die Typen mathematischen Arbeitens (die tauchen im internationalen Bericht P03.1 gar nicht auf), sondern in die vier „Big Ideas": „Quantität", „Veränderung und Beziehungen", „Raum und Form" und „Unsicherheit" mit vier eigenen Länderrangfolgen, wenn auch (ohne inhaltliche Begründung) mit gemeinsamer Stufung (komplett in O03 veröffentlicht). Es gibt jetzt eine Stufe mehr, also 5+2 statt 4+2, was natürlich die Willkür dieser Stufung unterstreicht und die Bemühungen um eine Kanonisierung auch PISA-endogen konterkariert.

So relevant diese Unterteilung in „Big Ideas" zu sein scheint, so unscharf ist auch sie, und in der Mathematikdidaktik weiß man dies schon lange. „Raum und Form" spielt fast überall eine Rolle, nämlich bereits, sobald es um das Anfertigen oder Interpretieren eines Funktionsgrafs geht. Vergleichbares gilt sowohl für „Quantität", als auch für „Veränderung und Beziehungen".

Bei „Unsicherheit" dagegen besteht das Problem, dass es bei den gern gestellten Aufgaben aus der Beschreibenden Statistik oft gar nicht um Unsicherheit geht, und aus diesem Grunde wurde ja (in P03.1, 49) die Überschrift „Daten und Zufall" vorgeschlagen (aber im Bericht nicht realisiert). Diese beiden Ideen wiederum werden zwar aus mathematiksystematischen Gründen üblicherweise gemeinsam behandelt; der epistemologische und psychologische

Umgang mit ihnen ist jedoch völlig unterschiedlich, und das Thema „Daten" gehört m. E. in die Bereiche „Quantität" bzw. „Veränderung und Beziehungen". Die PISA-Leute scheinen das auch zu ahnen, und sie haben bei den beiden strukturgleichen Statistikaufgaben *Größer werden 2* und *Raubüberfälle* den Kompromiss geschlossen, die erste bei „Veränderung und Beziehungen" und die zweite bei „Unsicherheit" einzusortieren. Bei beiden sind Daten in Grafen repräsentiert, bei der ersten „muss eine Graphik interpretiert werden", bei der zweiten „muss eine Graphik verständig interpretiert werden" (P03.1, 54 f).

Unter den kognitionsbezogenen Ansätzen scheint der von Cohors-Fresenborg, Sjuts & Sommer (in Neubrand 2004, 109 ff) am besten fundiert zu sein. Wie weit er zum „Kompetenzstufenmodell" passt, steht dahin; einen direkten Niederschlag konnte ich nicht beobachten (P03.1, 61).

Die unerwünschte, aber unerlässliche Kategorie der Aufgaben-Lösungswege

Mit Händen und Füßen (z. B. auf der Tagung des Arbeitskreises „Vergleichsuntersuchungen" in der GDM am 26.11.04 oder in Lind u. a., 2005) wehrt sich die PISA-Deutschland-Mathematik-Gruppe aber gegen eine wirklich erforderliche Differenzierung, wie sie Meyerhöfer (u. a. 2004b) ins Spiel gebracht hat: Je nach Lösungsweg kann eine Aufgabe unterschiedliche Kompetenzen erfordern, vielleicht zu verschiedenen Typen mathematischen Arbeitens (bzw. „Kompetenzklassen") gehören und bei entsprechend differenzierter Auswertung auf verschiedenen Kompetenzstufen landen, und zwar unabhängig davon, ob verschiedene Typen mathematischen Arbeitens involviert sind oder nicht. Dabei spielt es keine Rolle, in welchem Umfang bei einem bestimmten Testdurchgang die diversen Lösungswege überhaupt benutzt wurden (wobei aus mathematikdidaktischer Sicht deren tatsächliche Verteilungen jeweils hochinteressant wären). Meyerhöfer hat für alle Aufgaben aus PISA 2000 analysiert, wie stark Aufgabenanforderungen infolge unterschiedlicher Lösungswege differieren, und die Analysen der nicht geheimen Aufgaben publiziert (2004a, 2005). Sein Befund stellt die Zuordnung einer jeden *Aufgabe* zu einer bestimmten Punktzahl und damit das Paradigma einer eindimensionalen Skala, die es erlauben würde, mehr als die Schwierigkeit (= Lösungshäufigkeit) abzulesen, absolut in Frage.

Meyerhöfer versucht nun gerade (von Lind u. a., 2005, völlig verkannt; s. dazu Bender, 2005d), das Paradigma der eindimensionalen Aufgaben-Schwierigkeitsskala zu retten, indem er es erweitert und sinngemäß feststellt, dass man statt Aufgaben: *Paare von Aufgaben und Lösungswegen* betrachten müsste. Durch die Arbeit mit den Testheften wäre dieses Vorgehen prinzipiell praktikabel, ohne dass die Probandinnen & Probanden unnötig verwirrt würden. Es soll jedoch nicht verschwiegen werden, dass bei der Differenzierung nach Lösungswegen ähnliche Probleme auftreten wie beim Konstrukt der Typen des mathematischen Arbeitens. Zusätzlich würden Vorbereitung und Auswertung des Tests erheblich aufgebläht und erschwert. Der Vorschlag wird daher von niemandem ernsthaft gemacht, sondern soll lediglich die Problematik des „Kompetenzstufenmodells" von PISA & Co auf den Punkt bringen.

Insgesamt sind die Gesichtspunkte, die von der PISA-Deutschland-Mathematik-Gruppe im Zuge ihres Schwierigkeits-Leistungs-Stufen-Modells berücksichtigt werden, alle interessant und haben eine Rolle bei jeglicher Testkonstruktion zu spielen. Ich habe den Eindruck, dass von der PISA-Deutschland-Mathematik-Gruppe der ganze PISA-Komplex gründlicher durchdacht ist als von anderen Gruppierungen und dass sie von manchen Anfangssetzungen und fortwährenden Restriktionen gehemmt wird. Aber ihr Schwierigkeits-Leistungs-Stufen-Modell hat trotzdem nicht die Aussagekraft, die sie ihm zuspricht, da diesem die willkürliche Stufensetzung von Beginn an anhaftet und eine stringente wissenschaftliche Begründung nicht erkennbar ist.

6 Ausblick

Zukünftige PISA-Ergebnisse

Eine der zentralen Parolen des PISA-2000-Berichts, nämlich dass nur 44% der 15-Jährigen in Deutschland über den mathematischen Grundbildungsstandard verfügen (P00.1, 161), bedeutet nicht mehr und nicht weniger, als dass diese 44% bei *jenem* Test mit *seinem* Auswertungs- und Berechnungsverfahren 512 oder mehr Punkte erreicht haben. – Diese „Erfolgs"-Quote ist weit von den Ansprüchen entfernt, die die Lehrerinnen & Lehrer, die Gesellschaft und nicht zuletzt die mathematikdidaktische Kommunität an den deutschen Mathematikunterricht stellt. Allerdings ist dieses schlechte Ergebnis keine Überraschung. Wer wissen wollte, konnte auch schon vorher wissen. Nach meiner Einschätzung werden die deutschen PISA-2006-Mathematik-Zahlen noch etwas höher liegen, da sich Teile unserer Lehrkräfte und in deren Gefolge Teile unserer Jugendlichen besser auf solche Tests einstellen. Dies nützt zwar den guten und den schlechten Probandinnen & Probanden nicht viel, aber in der Mitte, und zwar im unteren Gymnasialbereich, scheint da noch Verbesserungspotenzial zu existieren (so Klaus Klemm vom deutschen PISA-Beirat, FR, 08.12.04, bezogen auf den Vergleich von PISA 2000 mit 2003, wie er in P03.1, 86 ff, dargestellt ist).

Beim schwachen Viertel dürfte das Ende der Talfahrt noch nicht erreicht sein, und eine merkliche Leistungssteigerung wird sich dort bestenfalls langfristig einstellen. Eine Voraussetzung dafür ist, dass die schlecht integrierten Familien mit Migrationshintergrund sowohl durch aktive Maßnahmen, als auch durch die assimilierende Wirkung der Zeitläufte vor allem über die Jugendlichen spürbar besser in die Gesellschaft eingegliedert werden.

PISA und die Mathematikdidaktik

In der deutschsprachigen Mathematikdidaktik hatte die empirische Forschung schon immer einen geringeren Anteil als etwa im angelsächsischen Kulturkreis, und schon immer war die Sehnsucht virulent, unsere Ergebnisse nicht nur durch stoffdidaktische Analysen, (nicht-normierte) Erfahrungen sowie Erfahrungsberichte zu gewinnen, sondern empirisch, oder sie wenigstens empirisch abzusichern. Entsprechende Bemühungen waren von wenig Erfolg gekrönt: Bei den meisten quantitativen Untersuchungen fehlte die Repräsentativität, wurde das statistische Instrumentarium mangelhaft eingesetzt, vermisste man bei den Fragestellungen die Relevanz usw. Die in den 1970-er Jahren populär gewordenen qualitativen Verfahren waren durchaus vielversprechend. Aber ihre Verallgemeinerungsprobleme in Verbindung mit einer Distanziertheit zum Stoff erwiesen sich als nicht förderlich. So setzte man schließlich einige Hoffnung in sehr breite Untersuchungen mit saubersten Methoden wie PISA & Co. Allerdings entgehen auch diese nicht einem grundsätzlichen Dilemma jeglicher empirischen Forschung in der Fachdidaktik: Das Lehren und Lernen etwa von Mathematik und die von der Fachdidaktik dazu entwickelte Begrifflichkeit sind viel komplexer als die Entsprechungen in den empirischen Wissenschaften wie Medizin, Psychologie, Ökonomie usw., für die die statistischen Methoden entwickelt wurden. Dort ist eine Aussage wie „Intelligenz ist, was der Intelligenz-Test misst" durchaus eine gute Arbeitsgrundlage.

Genauso muss man auch PISA sehen: „Mathematische Kompetenz ist, was der PISA-Test misst" oder „Problemlöse-Kompetenz ist, was der Problemlöse-Test misst" usw. Man würde dann von „mathematischer Kompetenz im Sinne von PISA" usw. reden, und Alle wüssten, was damit gemeint ist, jedenfalls ein stark reduzierter Begriff im Vergleich zu dem, was man sich als gewöhnliche Mathematikdidaktikerin oder gewöhnlicher Mathematikdidaktiker unter „mathematischer Kompetenz", „Problemlösen" oder „Mathematical Literacy" vorstellt und wie man diese Begriffe auch für die tiefliegenden und komplexen Fragen des Lehrens und Lernens von Mathematik benötigt. Hier tut sich nun der fundamentale Konflikt auf: Obwohl zumindest die PISA-Deutschland-Mathematik-Aktiven ihre Wurzeln in der Stoffdidaktik haben und sich nach wie vor der mathematikdidaktischen Kommunität angehörig fühlen, benutzen sie die Begriffe ohne den Zusatz „im Sinne des PISA-Testmodells" o.ä. und rufen damit bei ihren Adressatinnen & Adressaten eine Überschätzung der Begriffe hervor, weil diese ja mit dieser unangekündigten Einschränkung nicht rechnen, da mit ihnen ja so wie immer geredet wird. Oder aber die PISA-Deutschland-Mathematik-Aktiven überschätzen die mathematikdidaktische Aussagekraft von PISA wirklich und verstehen die Begriffe doch im tiefliegenden und komplexen Sinn; dann überschätzen sie das, was PISA misst, erheblich und verleiten ihre Adressatinnen & Adressaten, sich dieser Überschätzung anzuschließen. Beide Alternativen suggerieren jedenfalls eine Überschätzung der Reichweite der Aussagen von PISA & Co und sind geeignet, Kritik zu provozieren.

Obwohl nach meinen Erfahrungen der letzten fünf Jahre die große Mehrzahl der Kolleginnen & Kollegen unserer Kommunität dem ganzen Komplex von PISA & Co eher skeptisch gegenübersteht, hat dieser doch einen unübersehbaren Einfluss auch auf die Wissenschaft „Mathematikdidaktik" gewonnen, nicht zuletzt wegen der gewaltigen Geld- und Personalmittel, die da eingesetzt werden, und der Medienwirksamkeit, die geschickt erzeugt wurde und immer wieder erzeugt wird. Sowohl diese Zuflüsse, als auch die Publizität gereichen der Mathematikdidaktik insgesamt natürlich auch zum Vorteil, aber es muss Sorge dafür getragen werden, dass nicht Paradigmen ein zu großes Gewicht erhalten, die eher in andere Wissenschaften gehören, aus denen aber die den Charakter bestimmenden Leiterinnen & Leiter größerer Projekte wie PISA und die Gutachterinnen & Gutachter über unsere DFG- und sonstigen Anträge kommen (s. dazu ausführlicher Wittmann, 2002).

7   Nachtrag anlässlich der zweiten Auflage

Für den Zeitraum Dezember 2005 bis Juni 2007 habe ich in (Bender 2006 und 2007) vor allem aufgrund von Zeitungsartikeln u.ä. einmal einige Beiträge, die sich auf PISA berufen oder auf die Kritik daran reagieren, zusammengestellt und glossiert. Es ist eine reichhaltige Sammlung von unfundierten Behauptungen, missbräuchlichen Interpretationen, gezielten Falschzitierungen bis hin zu persönlichen Diffamierungen entstanden.

Hinweisen möchte ich außerdem auf einige Schriften, die mir erst nach Beendigung des Textes für die 1. Auflage im Spätsommer 2005 bekannt wurden, die aber mit ihren grundlegenden (bildungs-) politischen Analysen bzw. ihrer breiten Aufarbeitung der Mängel von PISA und von dessen Rezeption ganz wesentliche Beiträge zu unserem Thema leisten: Huisken 2005, Karg 2005, Kraus 2005, Krautz 2007.

Literatur

Berichte

(I01.1, IGLU) Wilfried Bos, Eva-Maria Lankes, Manfred Prenzel, Knut Schwippert, Gerd Walther & Renate Valtin (Hrsg.) (2003): Erste Ergebnisse aus IGLU. Schülerleistungen am Ende der vierten Jahrgangsstufe im internationalen Vergleich. Münster u. a.: Waxmann

(I01.2, IGLU) Wilfried Bos, Eva-Maria Lankes, Manfred Prenzel, Knut Schwippert, Renate Valtin & Gerd Walther (Hrsg.) (2004): IGLU. Einige Länder der Bundesrepublik Deutschland im nationalen und internationalen Vergleich. Münster u. a.: Waxmann

(O00.1, PISA 2000) OECD (Hrsg.) (2002): Manual for the PISA 2000 Database. Paris: OECD

(O00.2, PISA 2000) Ray Adams & Margaret Wu (Hrsg.) (2002): PISA 2000 Technical Report. Paris: OECD

(O03, PISA 2003) OECD (Hrsg.) (2005): Lernen für die Welt von morgen – erste Ergebnisse von PISA 2003. Heidelberg u. a.: Spektrum

(P00.1, PISA 2000) Jürgen Baumert, Eckhard Klieme, Michael Neubrand, Manfred Prenzel, Ulrich Schiefele, Wolfgang Schneider, Petra Stanat, Klaus-Jürgen Tillmann & Manfred Weiß (= Deutsches PISA-Konsortium) (Hrsg.) (2001): PISA 2000. Basiskompetenzen von Schülerinnen und Schülern im internationalen Vergleich. Opladen: Leske + Budrich

(P00.2, PISA 2000) Jürgen Baumert, Cordula Artelt, Eckhard Klieme, Michael Neubrand, Manfred Prenzel, Ulrich Schiefele, Wolfgang Schneider, Klaus-Jürgen Tillmann & Manfred Weiß (= Deutsches PISA-Konsortium) (Hrsg.) (2002): PISA 2000 – Die Länder der Bundesrepublik Deutschland im Vergleich. Opladen: Leske + Budrich

(P00.3, PISA 2000) Jürgen Baumert, Cordula Artelt, Eckhard Klieme, Michael Neubrand, Manfred Prenzel, Ulrich Schiefele, Wolfgang Schneider, Klaus-Jürgen Tillmann & Manfred Weiß (= Deutsches PISA-Konsortium) (Hrsg.) (2003): PISA 2000 – Ein differenzierter Blick auf die Länder der Bundesrepublik Deutschland im Vergleich. Opladen: Leske + Budrich

(P03.1, PISA 2003) Manfred Prenzel, Jürgen Baumert, Werner Blum, Rainer Lehmann, Detlev Leutner, Michael Neubrand, Reinhard Pekrun, Hans-Günter Rolff, Jürgen Rost & Ulrich Schiefele (PISA-Konsortium Deutschland) (Hrsg.) (2004): PISA 2003 – der Bildungsstand der Jugendlichen in Deutschland – Ergebnisse des zweiten internationalen Vergleichs. Münster u. a.: Waxmann

(P03.2, PISA 2003) Manfred Prenzel, Jürgen Baumert, Werner Blum, Rainer Lehmann, Detlev Leutner, Michael Neubrand, Reinhard Pekrun, Jürgen Rost & Ulrich Schiefele (PISA-Konsortium Deutschland) (Hrsg.) (2005): Der zweite Vergleich der Länder in Deutschland – Was wissen und können Jugendliche? Münster u. a.: Waxmann

(T95.1; TIMSS 1995) Ina V.S. Mullis, Michael O. Martin, Albert E. Beaton, Eugenio J. Gonzales, Dana L. Kelly & Teresa A. Smith (1997): Mathematics Achievement in the Primary School Years: IEA's Third International Mathematics and Science Study. Chestnut Hill, MA, USA: Boston College

(T95.2, TIMSS 1995) Jürgen Baumert, Rainer Lehmann u. a. (1997): TIMSS – Mathematisch-naturwissenschaftlicher Unterricht im internationalen Vergleich. Deskriptive Befunde. Opladen: Leske + Budrich

(T95.3, TIMSS 1995) Jürgen Baumert, Wilfried Bos & Rainer Lehmann (Hrsg.) (2000): TIMSS/III. Dritte internationale Mathematik- und Naturwissenschaftsstudie. Mathematische und naturwissenschaftliche Bildung am Ende der Schullaufbahn. Band 1: Mathematische und naturwissenschaftliche Grundbildung am Ende der Pflichtschulzeit. Opladen: Leske + Budrich

(T95.4, TIMSS 1995) Jürgen Baumert, Wilfried Bos & Rainer Lehmann (Hrsg.) (2000): TIMSS/III. Dritte internationale Mathematik- und Naturwissenschaftsstudie. Mathematische und naturwissenschaftliche Bildung am Ende der Schullaufbahn. Band 2: Mathematische und physikalische Kompetenzen am Ende der gymnasialen Oberstufe. Opladen: Leske + Budrich

(T99, TIMSS 1999) Ina V.S. Mullis, Michael O. Martin, Eugenio J. Gonzales, Kelvin D. Gregory, Robert A. Garden, Kathleen M. O'Connor, Steven J. Chrostowski & Teresa A. Smith (2000): TIMSS 1999 International Mathematics Report. Findings from IEA's Repeat of the Third International Mathematics and Science Study at the Eighth Grade. Chestnut Hill, MA, USA: Boston College

(T03, TIMSS 2003) Ina V.S. Mullis, Michael O. Martin, Eugenio J. Gonzales & Steven J. Chrostowski (2004): TIMSS 2003 International Mathematics Report. Findings from IEA's Trends in International Mathematics and Science Study at the Fourth and Eighth Grades. Chestnut Hill, MA, USA: Boston College

Weitere Literatur

Baumert, Jürgen, Eckhard Klieme, Manfred Lehrke & Elwin Savelsbergh (2000): Konzeption und Aussagekraft der TIMSS-Leistungstests. In: Die Deutsche Schule 92, 103–115 & 196–217

Bender, Peter (2003): Die etwas andere Sicht auf die internationalen Vergleichs-Untersuchungen TIMSS, PISA und IGLU. In: Paderborner Universitätsreden 89, 35–59

Bender, Peter (2004): Die etwas andere Sicht auf den mathematischen Teil der internationalen Vergleichs-Untersuchungen PISA sowie TIMSS und IGLU. In: Mitteilungen der DMV 12, Heft 2/2004, 101–108, zugleich Mitteilungen der GDM 78, ISSN 0722-7817

Bender, Peter (2005a): Die etwas andere Sicht auf PISA sowie TIMSS und IGLU. In: Beiträge zum Mathematikunterricht 2004. Hildesheim & Berlin: Franzbecker, 81–84

Bender, Peter (2005b): Neue Anmerkungen zu alten und neuen PISA-Ergebnissen und -Interpretationen. In: Beiträge zum Mathematikunterricht 2005. Hildesheim & Berlin: Franzbecker, 73–76

Bender, Peter (2005c): Die etwas andere Sicht auf PISA, TIMSS und IGLU. In: Der Mathematikunterricht 51, Heft 2/3, 36–57

Bender, Peter (2005d): PISA, Kompetenzstufen und Mathematik-Didaktik. In: Journal für Mathematik-Didaktik 26, 274–281

Bender, Peter (2006): Einige Anmerkungen zu PISA, PISA-Reaktionen und Reaktionen auf PISA-Reaktionen. In: Mitteilungen der GDM 82, 39–49, ISSN 0722-7817, http://math-www.uni-paderborn.de/bender/index.html (03.02.07 gesehen)

Bender, Peter (2007): Weitere Anmerkungen zu PISA, PISA-Reaktionen und Reaktionen auf PISA-Reaktionen. In: Mitteilungen der GDM 83, 22–30, ISSN 0722-7817

Borsche, Lorenz (2002): Das Fiasko der Forscher. www.borsche.de (03.02.07 gesehen)

Braams, Bas (2002): math.nyu.edu/mfdd/braams (03.02.07 gesehen)

Engström, Arne (2005): Mittelstadt 1977–1986–2002. Untersuchung mathematischer Fähigkeiten in Kl. 1–9. In: Beiträge zum Mathematikunterricht 2005. Hildesheim & Berlin: Franzbecker, 187–190

Flitner, Elisabeth (2006): Rationalisierung von Schulsystemen durch ,public-private-partnership' am Besipiel von PISA. In: Jürgen Oelkers, Rita Casale, Rebekka Horlacher & Sabina Larcher Klee (Hrsg.): Rationalisierung und Bildung bei Max Weber. Beiträge zur historischen Bildungsforschung. Bad Heibrunn: Klinkhardt, 245–266

Freymann, Thelma von (2004): Bemerkungen zum finnischen Schulwesen. www.km.bayern.de/km/lehrerinfo/positionen/2004/01219/index.shtml (03.02.07 gesehen)

GDM (2005): Mitteilungen der GDM 80, ISSN 0722-7817

Hagemeister, Volker (1999): Was wurde bei TIMSS erhoben? Über die empirische Basis einer aufregenden Studie. In: Die Deutsche Schule 91, 160–177

Herrlitz, Hans-Georg (2003): Das große Tabu. PISA, IGLU und die Gesamtschulfrage. In: Die Deutsche Schule 95, 262–266

Huisken, Freerk (2005): Der „PISA-Schock" und seine Bewältigung. Wieviel Dummheit braucht/verträgt die Republik. Hamburg: VSA

Jahnke, Thomas (2005): Ideologiekritisches und Versöhnliches zu PISA & Co. In: Beiträge zum Mathematikunterricht 2005. Hildesheim & Berlin: Franzbecker, 267–270

Kaiser, Gabriele (2000): Internationale Vergleichsuntersuchungen im Mathematikunterricht – eine Auseinandersetzung mit ihren Möglichkeiten und Grenzen. In: Journal für Mathematik-Didaktik 21, 171–192

Karg, Ina (2005): Mythos PISA. Göttingen: V&R unipress

Kießwetter, Karl (2002): Unzulänglich vermessen und vermessen unzulänglich: PISA & Co. In: Mitteilungen der Deutschen Mathematiker-Vereinigung 10, Heft 4/2002, 49–58

Klafki, Wolfgang (1958): Didaktische Analyse als Kern der Unterrichtsvorbereitung. In: Die Deutsche Schule 50, 450–471

Kleine, Michael (2004): Quantitative Erfassung von mathematischen Leistungsverläufen in der Sekundarstufe I. Hildesheim & Berlin: Franzbecker

Knoche, Norbert & Detlef Lind (2000): Eine Analyse der Aussagen und Interpretationen von TIMSS unter Betonung methodologischer Aspekte. In: Journal für Mathematik-Didaktik 21, 3–27

Knoche, Norbert, Detlef Lind, Werner Blum, Elmar Cohors-Fresenborg, Lothar Flade, Wolfgang Löding, Gerd Möller, Michael Neubrand & Alexander Wynands (Deutsche PISA-Expertengruppe Mathematik, PISA-2000) (2002): Die PISA-2000-Studie, einige Ergebnisse und Analysen. In: Journal für Mathematik-Didaktik 23, 159–202

Kraus, Josef (2005): Der PISA Schwindel. Wien: Signum

Krautz, Jochen (2007): Ware Bildung. Schule und Universität unter dem Diktat der Ökonomie. München: Diederichs

Lind, Detlef (1994): Probabilistische Testmodelle. Mannheim u. a.: BI Wissenschaftsverlag

Lind, Detlef, Norbert Knoche, Werner Blum & Michael Neubrand (2005): Kompetenzstufen in PISA. In: Journal für Mathematik-Didaktik 26, 80–87
Meyerhöfer, Wolfram (2003): Testfähigkeit: Was ist das? In: Beiträge zum Mathematikunterricht 2003. Hildesheim & Berlin: Franzbecker, 441–444
Meyerhöfer, Wolfram (2004a): Was testen Tests? Objektiv-hermeneutische Analysen am Beispiel von TIMSS und PISA. Potsdam: Dissertation
Meyerhöfer, Wolfram (2004b): Zum Kompetenzstufenmodell von PISA. In: Journal für Mathematik-Didaktik 25, 294–305
Meyerhöfer, Wolfram (2005): Tests im Test: Das Beispiel PISA. Leverkusen: Barbara Budrich
NCTM (Hrsg.) (1989): Curriculum and evaluation standards for school mathematics. Reston, VA: NCTM 1989
NCTM (Hrsg.) (2000): Principles and standards for school mathematics. Reston, VA: NCTM 2000
Neubrand, Michael (Hrsg.) (2004): Mathematische Kompetenzen von Schülerinnen und Schülern in Deutschland – Vertiefende Analysen im Rahmen von PISA 2000. Wiesbaden: VS Verlag für Sozialwissenschaften
Reiss, Kristina & Günter Törner (2003): PISA 2000: Eine Klärung von Missverständnissen. In: Mitteilungen der Deutschen Mathematiker-Vereinigung 11, Heft 1/2003, 46–48
Rindermann, Heiner (2006): Was messen internationale Schulleistungsstudien? In: Psychologische Rundschau 57, Heft 2, 69–86
Winter, Heinrich (1975): Allgemeine Lernziele für den Mathematikunterricht? In: Zentralblatt für Didaktik der Mathematik 7, 106–116
Wittmann, Erich C. (2002): Falsch programmiert: Forschungsförderung im Bereich der Mathematikdidaktik in Deutschland. In: Mitteilungen der GDM 75, 62–65, ISSN 0722-7817

Kritische Anmerkungen zum Umgang mit den Ergebnissen von PISA[1]

Volker Hagemeister

1 Einleitung, Hinweise zur Diskussionsgrundlage

Zur Zeit wird kaum eine bildungspolitische Maßnahme in Angriff genommen, von der nicht gesagt würde, sie sei wegen PISA notwendig. Im Folgenden wird dargestellt, dass bei vielen dieser aktuellen Reformen die Begründung mit PISA einer näheren Überprüfung nicht standhält.

In der derzeitigen PISA-Diskussion spielt der Blick auf PISA-„Siegerländer" eine wichtige Rolle. Hinweise auf das „Siegerland" Finnland sind auch in den nachfolgenden Abschnitten enthalten, wobei nach meiner Einschätzung nicht die Spitzenplätze, die für Finnland im PISA-Nationen-Ranking berechnet wurden, von Bedeutung sind. Vorbildlich ist vielmehr die sehr gute Förderung sozial benachteiligter Kinder in Finnland.[2,3]

Außerdem werden PISA-Ergebnisse, die mit Hilfe der OECD-Datenbank neu berechnet wurden, hier immer wieder in die Diskussion einbezogen. Die OECD, die PISA in Auftrag gegeben hat,

---

1 PISA: „Programme for International Student Assessment", internationales Programm zur Erfassung der Leistungen von Schülern, durchgeführt im Auftrag der Organisation für wirtschaftliche Zusammenarbeit und Entwicklung (OECD)
2 Siehe hier Tabelle 1, die gekürzte Fassung der OECD-Tabelle 5.7.
3 Siehe zu diesem Thema auch die mit Hilfe der OECD-Datenbank berechnete Tabelle. „PISA-2000, Textverständnistest: Die Abhängigkeit der Testergebnisse von der Zahl der Bücher im Elternhaus" (auf der Seite „Elternhaus-Variablen in Tabellen zu PISA" unter http://volker.hagemeister.name). Aus dieser Tabelle kann man ablesen, dass Kinder aus bildungsfernen Elternhäusern (wo es keine oder nur wenige Bücher gibt), in keinem anderen Staat so gut abschneiden wie in Finnland. Vor allem ist die Differenz zwischen den Testergebnissen, die Kinder unterschiedlicher sozialer Herkunft erzielen, in Finnland relativ klein.

hat eine Datenbank zur allgemeinen Benutzung eingerichtet. Eine Datenbank-Adressen für PISA-2000 ist http://pisaweb.acer.edu.au/oecd/oecd_pisa_data_s3.php und für PISA-2003 http://pisaweb.acer.edu.au/oecd_2003/oecd_pisa_data_s3.php

Da man unter diesen Adressen auch die bei PISA eingesetzten Fragebögen findet, kann jeder Benutzer selbst Auswertungen vornehmen, unter Berücksichtigung der Antworten der 15-Jährigen Testteilnehmer und der Schulleitungen. Die PISA-Datenbank liefert Testmittelwerte zu einzelnen Variablen und zur Kombination mehrerer Variablen.

Die seit 2001 vorliegenden Veröffentlichungen des Deutschen PISA-Konsortiums und der OECD zu PISA-2000[4,5] und zu PISA-2003[6,7,8,9] werden von mir ebenfalls berücksichtigt. – Ferner werden Resultate aus einigen Studien anderer Autoren zum Thema Klassenfrequenz und zur Qualität von Kindergärten in die Diskussion einbezogen.

---

4 Baumert, J. u. a., PISA-Konsortium Deutschland (Hrsg.): „PISA 2000, Basiskompetenzen von Schülerinnen und Schülern im internationalen Vergleich", Opladen 2001
5 OECD: „Lernen für das Leben, Erste Ergebnisse der internationalen Schulleistungsstudie PISA 2000", Paris 2001: http://www.pisa.oecd.org/dataoecd/44/31/33691612.pdf
6 OECD: „Lernen für die Welt von morgen, Erste Ergebnisse von PISA 2003", Paris 2004 http://www.pisa.oecd.org/dataoecd/18/10/34022484.pdf und OECD: „Problem Solving for Tomorrow's World, First Measures of Cross-Curricular Competencies from PISA 2003" Paris 2004, http://www.pisa.oecd.org/dataoecd/25/12/34009000.pdf
7 Prenzel, M., Baumert, J., Blum, W., Lehmann, R., Leutner, D., Neubrand, M., Pekrun, R., Rolff, H.-G., Rost, J. u. Schiefele, U., PISA-Konsortium Deutschland: „PISA 2003 – Ergebnisse des zweiten internationalen Vergleichs – Zusammenfassung", Kiel 2004, http://pisa.ipn.uni-kiel.de/Ergebnisse_PISA_2003.pdf
8 Prenzel, M., Baumert, J., Blum, W., Lehmann, R., Leutner, D., Neubrand, M., Pekrun, R., Rolff, H.-G., Rost, J. u. Schiefele, U. (Hrsg.). „PISA 2003. Der Bildungsstand der Jugendlichen in Deutschland – Ergebnisse des zweiten internationalen Vergleichs", Münster 2004, Waxmann
9 Prenzel, M., Baumert, J., Blum, W., Lehmann, R., Leutner, D., Neubrand, M., Pekrun, R., Rolff, H.-G., Rost, J. u. Schiefele, U., PISA-Konsortium Deutschland: PISA 2003: Ergebnisse des zweiten Ländervergleichs, Zusammenfassung, Kiel 2005, http://pisa.ipn.uni-kiel.de/PISA2003_E_Zusammenfassung.pdf

2 Zum Thema Klassenfrequenz

Es wird immer wieder gesagt, bei PISA habe sich gezeigt, es käme nicht auf die Klassenfrequenz an. Sehr gute Leistungen könne man genau so gut in Klassen mit 40 oder mehr Kindern erzielen, was üblicherweise damit begründet wird, dass bei PISA auch Staaten mit höchsten Klassenfrequenzen zur Spitzengruppe gehören (Japan und Korea). – Bei dieser Bewertung der PISA-Ergebnisse wird jedoch außer Acht gelassen, dass gerade in Staaten, die bei PISA sehr gut abgeschnitten haben, intensive Förderung in Kleingruppen neben dem Unterricht stattfindet:

In Finnland werden Schüler mit Lernschwierigkeiten durch „Speziallehrerinnen" in kleinen Gruppen von 2 bis 4 Kindern betreut. Speziallehrerinnen haben durch eine zusätzliche Ausbildung an einer Universität gelernt, Verständnisschwierigkeiten zu diagnostizieren und sie kennen Wege, um Schülern mit Problemen angemessen zu helfen.[10]

Während in Finnland das professionelle Fördern in kleinen Gruppen zum Auftrag der staatlichen Schulen gehört, wird in Japan am Nachmittag, am Wochenende und in den Ferien in den privaten „Jukus" Unterrichtsstoff kleinschrittig und intensiv durchgearbeitet. In den öffentlichen Schulen Japans sitzen zwar bis zu 40 Kinder in einer Klasse, daneben sind jedoch in den japanischen Jukus die Gruppen um so kleiner, je höher das Schulgeld ist. 2 bis 4 Kinder werden an einer guten Juku von einem Lehrer betreut."[11]

In den privaten Jukus wird „geübt, und wiederholt und auswendiggelernt ... mit einer Ausdauer und Intensität, die ... deutsche Kinder außerordentlich befremden würde."[12]

---

10 von Freymann, Thelma: „Das Geheimnis der Finnen", Aus: AHAes, Zeitschrift des Pädagogischen Instituts des Bundes in Oberösterreich, Nr. 6, Januar 2003 (mit Genehmigung der Redaktion ins Netz gestellt von J. G. Fuchsbauer), http://www0.eduhi.at/verein/kreidekreis/zitiert/zitiert-0303/20030316Finnland.htm

11 Siehe: „Stichworte zu japanischen Jukus und zur Kumon-Methode" (auf der Seite „Schule in Japan" unter http://volker.hagemeister.name).

12 Schümer, Gundel: „Mathematikunterricht in Japan – ein Überblick über den Unterricht in öffentlichen Grund- und Mittelschulen und privaten Ergänzungsschulen" in: Unterrichtswissenschaft, 26. Jg., Heft 3 1998, Seite 195 bis 228

"Besonders ehrgeizige Eltern schicken ihre Babys bereits im Alter von 16 Monaten auf Kumon-Schulen, an denen die Kleinkinder Mathematik lernen sollen. Viele japanische Familien scheuen keine Kosten. So stecken sie umgerechnet bis 100.000 Euro in die Ausbildung eines Kindes vom Kindergarten bis zum Erwerb der Universitätsreife."[13,14]

Die PISA-Ergebnisse bestätigen die Hypothese, dass professionelles Fördern in kleinen Gruppen mit 2 bis 4 Schülern sehr effektiv ist, denn Finnland, Japan und Korea, wo diese Art des Förderns systematisch betrieben wird, erzielen immer wieder sehr gute Ergebnisse bei PISA[15]. Die Aussage hingegen, die Klassenfrequenz sei unwichtig, lässt sich mit den Ergebnissen des Staatenvergleichs bei PISA nicht begründen (unter anderem, weil in Japan und Korea mit durchschnittlich 39 bzw. 38 Kindern pro Klasse besonders intensiv neben der Schule gefördert wird[16]).

Nun zeigen neuere Studien aus einzelnen deutschen Bundesländern, in denen Vergleichsarbeiten flächendeckend eingesetzt wurden, dass die Klassenfrequenz scheinbar keinen signifikanten Einfluss auf die Testergebnisse hat.[17] Auch daraus darf trotzdem nicht abgeleitet werden, die Klassenfrequenz sei unbedeutend für den Unterrichtserfolg. Dies verdeutlichen folgende Argumente:

1. „Da sozial benachteiligte oder lernschwache Schülerinnen und Schüler in kleinen Lerngruppen leichter unterrichtet und bes-

---

13 „Internationale Schulsysteme zwischen antiquiert und zukunftsorientiert", WDR, Interview mit Peter Struck, Stand 4.4.2003, http://www.wdr.de/themen/kultur/bildung_und_erziehung/brennpunkt_schule/praxis_schule/internationale_schulsysteme/index.jhtml?flash=1.
14 „Kinder ohne Kindheit" ZDF-Korrespondent Thomas Euting schildert die schwere Kindheit von Japanischen Kindern, http://www.infojapan.de/kultur/kind.htm.
15 Stanat, Petra u.a.: „PISA 2000, die Studie im Überblick", Berlin 2001, Tabelle 1, http://www.mpib-berlin.mpg.de/pisa/PISA_im_Ueberblick.pdf und Prenzel, Manfred u.a.: PISA 2003, Ergebnisse des zweiten internationalen Vergleichs, Abbildung 2.1, 3.1 und 4.1, Kiel 2004, http://pisa.ipn.uni-kiel.de/Ergebnisse_PISA_2003.pdf.
16 Baumert, Jürgen u.a.: PISA 2000, Opladen 2001, Seite 417 und 422
17 „MARKUS, Mathematik-Gesamterhebung Rheinland-Pfalz: Kompetenzen, Unterrichtsmerkmale, Schulkontext", Projektleitung: A. Helmke und R.S. Jäger http://www.lars-balzer.info/publications/pub-balzer_2000-05_MARKUS2000-Erster-Ergebnisbericht.pdf.

ser gefördert werden können ..., ist man in vielen Ländern dazu übergegangen, in Schulen oder Schulzweigen mit verhältnismäßig vielen leistungsschwachen Schülerinnen und Schülern die Lerngruppen kleiner als sonst zu halten."[18] Die Schülerschaft kleiner Lerngruppen ist also vielfach nicht repräsentativ. Die Ergebnisse von landesweit eingesetzten Vergleichsarbeiten würden also nur dann Aussagen über die Wirkung der Klassenfrequenz zulassen, wenn mit Hilfe eines Zufallsgenerators repräsentative Schüler-Gruppen gebildet würden, wobei möglicherweise auch die soziale Herkunft und der IQ berücksichtigt werden müsste.[19] Ferner wären Langzeitbeobachtungen erforderlich, die über ein Schuljahr hinausgehen (siehe unten, Punkt 2).

2. Werden kleine Klassen nur kurzfristig eingerichtet, sind positive Effekte in der Regel nicht nachweisbar. Das Bild ändert sich grundlegend, wenn kleine Klassen über mehrere Jahre bestehen. Dies hat sich bei einer Langzeitstudie, die im US Bundesstaat Tennessee im Jahre 1985 mit 11.600 Kindern begonnen wurde, gezeigt.[20] Eine nach Zufallsregeln zusammengestellte Schülerstichprobe war im 1. bis 3. Schuljahr in Klassen mit 15 bis 17 Kindern unterrichtet worden. Die Kontrollgruppen erhielten Unterricht in Klassen mit 22 bis 26 Schülern. Ab Klasse 4 wurden alle Teilnehmer an der Studie auf normal-große Klassen verteilt. Es wurden aber weiterhin Leistungen gemessen und Motivation, Arbeitshaltung und die Schulkarrieren erfasst. In allen Kategorien erzielten die Schülerinnen und Schüler, die die kleinen Klassen besucht hatten, im Mittel signifikant bessere Ergebnisse. Die Schüler aus den kleinen Klassen waren also sehr nachhaltig gefördert worden. Nur wenige scheiterten in der Schule. Besonders wirksam sind kleine Klassen für sozial benachteiligte Schüler.[21]

---

18 Baumert, Jürgen u. a.: PISA 2000, Opladen 2001, Kapitel 9, Seite 423, 424.
19 Die Abbildung 5 im MARKUS-Bericht (siehe vorangegangene Fußnote) scheint zu belegen, dass die Gruppengröße keinen Einfluss auf den messbaren Unterrichtserfolg hat. Hier ist jedoch unbekannt, ob in den kleineren Gruppen nicht zunächst die schwächeren Schüler überrepräsentiert waren, da Langzeit-Daten nicht vorliegen.
20 Tennessee STAR project (Student Teacher Achievement Ratio project).
21 Zum Thema Klassenfrequenz siehe z. B.: Class Size: Counting Students Can Count: http://www.aera.net/uploadedFiles/Journals_and_

Nicht nur in der Grundschule ist es von Vorteil, Schüler in kleinen Klassen zu unterrichten: Bei der im deutschen Sprachraum durchgeführten repräsentativen Untersuchung DESI waren zu Beginn und am Ende des Schuljahres 2003/04 etwa 11.000 Schülerinnen und Schüler der neunten Jahrgangsstufe aller Schularten befragt und getestet worden. „Die Ergebnisse zeigen, dass es ... systematische und statistisch signifikante Zusammenhänge zwischen Klassengröße und Unterrichtsqualität im Englischunterricht gibt. Größere Klassen sind insgesamt durch ein ungünstigeres unterrichtliches Muster gekennzeichnet: Es wird häufiger Deutsch gesprochen, die Klassenführung ist weniger effizient, es herrscht ein höherer Tempodruck, der Unterricht wird als weniger verständlich beurteilt und das Lernziel „Kommunikation" wird als weniger wichtig eingeschätzt".[22]

Bei den bisher durchgeführten Studien hat die Beobachtung des Unterrichtsgeschehens wiederholt ergeben, dass die meisten Lehrerinnen und Lehrer in kleinen Klassen (zunächst) ähnlich unterrichten wie in großen Klassen. Die trotzdem nachweisbaren Vorteile, die der Unterricht in kleinen Klassen langfristig mit sich bringt, haben ihre Ursache offensichtlich vor allem darin, dass die Lehrkräfte sich jedem einzelnen Kind länger und häufiger zuwenden können.[23]

Auch im Umgang mit mathematischen Konzepten sind Schüler

Publications/Research_Points/RP_Fall03.pdf; Five rules for reducing class size: http://www.nea.org/classsize/research-classsize.html
Brügelmann, Hans: „Empirische Studien zur Bedeutung der Klassengröße für Schulleistungen": http://www.grundschulverband.de/fileadmin/grundschulverband/Download/Forschung/aera.03.kleine_klassen_wichtig.zsfg_brue.03.12.17.pdf.

22 Eckhard Klieme, Wolfgang Eichler, Andreas Helmke, Rainer H. Lehmann, Günter Nold, Hans-Günter Rolff, Konrad Schröder, Günther Thomé, Heiner Willenberg: „Unterricht und Kompetenzerwerb in Deutsch und Englisch, Zentrale Befunde der Studie Deutsch-Englisch-Schülerleistungen-International (DESI)", Frankfurt a. M. 2006, Seite 45, http://www.dipf.de/desi/DESI_Zentrale_Befunde.pdf.

23 Cuttance, Peter and Stokes, Shirley A.: „The Effect of Class Size on Student Learning", University of Melbourne 1997, Seite 14: "Class size did not affect the amount of time teachers spent talking about course content or classroom routines; it did not affect the amount of time they spent lecturing; it did not affect their choice of audience for what they said ... It seems, then, that pupils in classes of 15 and 17 had more individual interactions with their teachers simply because the amount of time spent talking to pupils individually was being distributed among fewer pupils"

aus kleinen Klassen signifikant besser, wie sich bei Vergleichsuntersuchungen in Kanada[24] gezeigt hat. Die größere Ruhe in der kleinen Klasse und die Möglichkeit zum Gedankenaustausch zwischen Lehrkräften und Schülern sind offenbar in besonderem Maße wirksam, wenn es darum geht, mathematisches Verständnis zu entwickeln. Dass kleine Klassen im Fach Mathematik besonders wirksam sind, wurde auch bei einer Studie, die Anfang der 60-er Jahre in Deutschland durchgeführt wurde[25], ermittelt.

Fazit: In kleinen Klassen haben Lehrkräfte mehr Zeit, einzelnen Schülerinnen und Schülern zuzuhören und sich mit ihren Überlegungen auseinander zu setzen. Deshalb werden Kinder, die kleinen Klassen angehören, langfristig wirksam gefördert. Dies gilt vor allem für Kinder, denen es zu Hause an Unterstützung mangelt. Für eine erfolgversprechende Reformdiskussion ist es deshalb kontraproduktiv, wenn nun irrtümlicher Weise angenommen wird, dass auch in Klassen mit 30 oder gar 40 Schülern vollwertiger Unterricht möglich sei.

3 Zum Bild des Lehrers in der Gesellschaft der Bundesrepublik Deutschland

In Finnland wird von keinem Lehrer erwartet, dass er Kindern mit Migrationshintergrund „ein Übermaß an Zeit und Kraft widmen

---

[24] Cuttance, Peter and Stokes, Shirley A.: "The Effect of Class Size on Student Learning", Seite 6: "As measured by standardised tests, ... only one of the four areas tested, mathematics (concepts), showed a statistically significant effect for the smallest class size. Students in classes of size 16 performed significantly better in mathematics (concepts) than their peers in class sizes of 30 ($t58 = 3.16$, $p < .005$) and than their peers in classes of size 37 ($t58 = 2.87$, $p < .01$)".

[25] Ingenkamp, Karlheinz / Petillon, Hanns / Weiß, Manfred: "Klassengröße: Je kleiner – desto besser? Forschungs- und Diskussionsstand zu Wirkungen der Klassenfrequenz" Weinheim und Basel 1985, Seite 43 bis 45: „Zur Verfügung standen die Daten von 37 sechsten Klassen des Berliner Bezirks Tempelhof mit 1246 Schülern. Die Schüler waren 1962 untersucht worden und befanden sich in der letzten Klasse der sechsjährigen Grundschule. Die Klassengrößen variierten von n = 26 bis n = 40.". Im Rechentest hatten die Kinder aus Klassen mit 36–40 Schülern „immer signifikant oder sehr signifikant geringere Mittelwerte" als die Schüler aus Klassen mit 26–30 Schülern.

muss, weil sie dem Unterricht aus sprachlichen Gründen nicht folgen können."[26] Die sprachliche Qualifizierung solcher Schüler übernehmen Spezialisten, die dafür besonders ausgebildet wurden. So werden Kinder effektiv gefördert und Lehrer nicht überfordert.

„Finnische Lehrerinnen und Lehrer verstehen sich als Fachleute für Unterricht und nicht als Therapeuten", denn für therapeutische Aufgaben stehen ihnen Sozialarbeiterinnen und Psychologinnen zur Seite.[27]

In Deutschland ist man offenbar zur sehr dem Wunschbild verhaftet, dass alle Lehrer begnadete Pädagogen sein müssten, die trotz hoher Stundendeputate auch mit 30 Schülern problemlos fertig werden und die darüber hinaus auch noch Förderpläne für ihre Schüler verfassen, obwohl sie weder in Förderdiagnostik noch in Förderstrategien eine besondere Ausbildung erhalten haben.

Lehrer werden in Deutschland vermutlich deshalb so oft öffentlich kritisiert und herabgesetzt, weil man so enttäuscht darüber ist, dass nicht alle Lehrer begnadete Pädagogen sind. In der deutschen Gesellschaft ist offenbar die Tendenz weit verbreitet, von unseren Lehrern exzellente Leistungen trotz schlechter Arbeitsbedingungen zu verlangen. Dabei ist unübersehbar, dass die Arbeitsbedingungen und der Status der Lehrerinnen und Lehrer in den PISA-Siegerländern deutlich besser als in Deutschland sind:

In Finnland und Schweden haben Lehrer in der Schule ein eigenes Arbeitszimmer. Die Schulen werden in ihrer Arbeit laufend durch Spezialisten für pädagogische, psychologische oder medizinische Problemfälle unterstützt. Hinzu kommt noch, dass in Finnland und Schweden nicht nur die Klassen im Mittel kleiner sind,[28] auch die Zahl der Stunden, die Lehrer unterrichten müssen, ist deutlich geringer als in Deutschland.[29]

Ganz selbstverständlich ist, dass in Finnland und Schweden für

---

26 von Freymann, Thelma: „Was folgt aus PISA?" in: Gymnasium in Niedersachsen"Nr. 2/2002, http://www.finland.de/dfgnrw/dfg043a-pisa05.htm
27 von Freymann: „Das Geheimnis der Finnen", Januar 2003.
28 siehe die Tabelle „PISA-2000: Klassenfrequenzen in den Teilnehmerstaaten" (auf der Seite „Schul-Variablen in Tabellen zu PISA" unter http://volker.hagemeister.name)
29 OECD-Veröffentlichung „Bildung auf einen Blick", Ausgabe 2000, Abschnitt „Lernumfeld der Schule": http://www.kmk.org/doc/oecd-bildung.htm

die Pflege von Schul-Computeranlagen oder für Labore entsprechende Fachleute und Laborassistenten zur Verfügung stehen. Hier muss kein Physik-, Mathematik- oder Informatiklehrer neben seinem regulären Unterricht auch noch alle Computer der Schule in Stand halten.

Fazit: Bestandteil wirksamer Schulreformen sollte die Erkenntnis sein, dass Lehrer normale Menschen sind, die, wie andere Menschen auch, das, was sie gründlich gelernt haben, gut oder sehr gut beherrschen, und die mit Resignation und Deprimiertheit reagieren, wenn sie laufend überfordert werden ohne Erfolgserlebnisse zu haben.

4 Zu den Themen Alter bei der Einschulung, Verkürzung der Schulzeit

In den europäischen Staaten, die bei PISA besonders gut abgeschnitten haben, in Schweden und in Finnland, werden (fast) alle Kinder mit 7 Jahren eingeschult. Deshalb findet man in Schweden nur wenige und in Finnland keine 15-Jährigen in Klasse 10 oder gar in höheren Klassen.[30] – Aus den Ergebnissen von PISA kann also nicht abgeleitet werden, dass es vorteilhaft sein könnte, Kinder bereits im Alter von 4 oder 5 Jahren einzuschulen.

In Deutschland durchgeführte Studien haben ergeben, dass vorzeitig eingeschulte Kinder in Laufe der Schulzeit signifikant häufiger als altersgemäß eingeschulte Kinder nicht versetzt werden.[31,32] Von besonders gravierender Bedeutung ist, dass vorzeitig eingeschulte Kinder fünfmal häufiger als andere Schulkinder ein zweites Mal sitzenbleiben.[33] Da bisher 5-jährige Kinder nur dann vorzeitig eingeschult wurden, wenn sie die üblichen Einschulungsuntersuchungen problemlos bestehen, muss man davon ausgehen, dass vorzeitige Einschulung oft das Resultat von Fehleinschätzungen war.

---

30 Siehe die Tabelle „PISA-2000, die Klassenstufen der 15-Jährigen" (auf der Seite „Schul-Variablen in Tabellen zu PISA" unter http://volker.hagemeister.name)
31 Gabriele Bellenberg, Klaus Klemm: „Von der Einschulung bis zu Abitur" in: Zeitschrift für Erziehungswissenschaft, 1. Jahrg., Heft 4, 1998, Seite 577–596
32 Gabriele Bellenberg: „Früheinschulung – ein Beitrag zu Senkung der Schulaustrittsalters?" in: Pädagogik, Heft 10, 1996, Seite 56, 57
33 Siehe die Datei „Häufigkeit des Sitzenbleibens vorzeitig eingeschulter Kinder" (auf der Seite „Einschulung" unter http://volker.hagemeister.name)

Insbesondere wird offenbar die Bedeutung schulisch relevanter Fertigkeiten (wie Lesen oder Schreiben) vielfach überschätzt. Für die meisten 5-jährigen ist vermutlich das elementare Lernen, dass z. B. im freien Spiel oder in der Umwelterkundung stattfindet, noch sehr viel wichtiger als die Beschäftigung mit Lesen, Schreiben und Rechnen. Deshalb führt die Einschulung 5-jähriger bei etlichen Kindern offenbar zu langfristig wirksamen Defiziten.

Dieses Problem wird nicht dadurch gelöst, dass nun alle regulär eingeschulten 5-jährigen zunächst in die „flexible Eingangsstufe" aufgenommen werden, denn es mangelt auch hier, wie überall in der deutschen Schule (im Vergleich zu Finnland oder Schweden) sowohl an diagnostischer Kompetenz wie auch an Förderspezialistinnen. Es kann also nicht davon ausgegangen werden, dass Problemschüler früher erkannt und besser therapiert werden, nur weil sie jetzt zu Beginn der Schulzeit einer heterogeneren Gruppe angehören.

Dass es sehr sinnvoll sein kann, ein Kind (trotz flexibler Eingangsstufe) von der Einschulung zurückzustellen, zeigt eine Studie zum Schulerfolg von Kindern, die einmal während ihrer Schulzeit nicht versetzt wurden. Während die meisten Kinder, die eine Klasse wiederholen, nicht erkennbar profitieren, ist das Sitzenbleiben für solche Kinder in der Regel von Vorteil, die in ihrer ursprünglichen Klasse im Vergleich zu den Mitschülern körperlich zurückgeblieben sind.[34] Sie machen im Mittel bessere und höhere Schulabschlüsse als die Kinder dieser Gruppe, die nicht sitzen bleiben. – Das Sitzenbleiben bleibt einem körperlich zurückgebliebenen Kind möglicherweise erspart, wenn man es ein Jahr später einschult. Außerdem ist der Schulanfang mit weniger Stress verbunden, wenn ein Kind die Chance erhält, Entwicklungsrückstände aufzuholen, bevor es in der flexiblen Eingangsphase auf eine Reihe deutlich älterer Kinder trifft.

Wenn nun, wie im Land Berlin durch Schulgesetzet vorgeschrieben, alle 5-jährigen, die bis Dezember 6 Jahre alt werden, im August eingeschult werden müssen, ohne dass ein Zurückstellen zugelassen wird, so wird hier ohne zwingenden Grund gegen die UN-Kinderrechtskonvention verstoßen: In Artikel 31 anerkennen die

---

34 Michael Fertig: „The Effect of Repeating a Class on Educational Attainment", RWI Papers No. 19, Essen 2004, http://www.rwi-essen.de/pls/portal30/docs/folder/publikationen/rwidp/rwi_dp019/DP_04_019.PDF

Vertragsstaaten „das Recht des Kindes auf Ruhe und Freizeit ..., auf Spiel und altersgemäße aktive Erholung" an.[35] Dies können die mit Personal, Räumen und Sachmitteln unzureichend ausgestatteten Berliner Schulen den zwangsweise eingeschulten 5-jährigen keineswegs in ausreichender Form bieten.

Aus PISA lässt sich auch nicht ableiten, dass es empfehlenswert ist, die Schulzeit zu verkürzen, wenn nicht gleichzeitig unsere Rahmenpläne grundlegend revidiert werden. In den meisten erfolgreichen PISA-Ländern endet zwar die Schulzeit mit der 12. Klasse. In Finnland und Schweden wird aber deutlich weniger Pflichtstoff als in Deutschland durch Rahmenpläne festgelegt.[36]

Wenn also Schulzeitverkürzung eine sinnvolle Reaktion auf PISA sein soll, dann müssten gleichzeitig die bei uns üblichen Rahmenpläne weitgehend abgeschafft werden, schwedischem oder finnischem Vorbild folgend. Ferner müssten die geltenden Vereinbarungen der Kultusminister-Konferenz über einheitliche Prüfungsanforderungen in den Abiturprüfungen (die EPAs) grundlegend überarbeitet werden, denn z. B. mit der neuen EPA für Mathematik werden mehr Unterrichtsinhalte als bisher verbindlich festgeschrieben und die neueste EPA für den Physikunterricht[37] enthält ein fachlich anspruchsvolleres Pflichtpensum als alle vorangegangenen EPAs, was im Gegensatz zu den Erkenntnissen steht, die aus PISA abgeleitet werden müssen: Es ist nicht erkennbar, wie mit umfangreicherem und abstrakterem Pflichtstoff bei jüngeren Schülern ein Unterricht möglich sein soll, der mehr Lebensbezug, mehr Eigenständigkeit und eine bessere sprachliche Durchdringung des Unterrichtsstoffes bietet.

Wie verfehlt es ist, die Schulzeit zu verkürzen, ohne gleichzeitig die Anforderungen im Abitur zu reduzieren, wird deutlich, wenn man das anwendungsorientierte schulinterne Curriculum für den

---

35 UN-Kinderrechtskonvention (Zustimmung von Bundestag und Bundesrat durch Gesetz vom 17. Februar 1992 – BGBl. II S. 121), Artikel 31, Absatz a, http://www.kidweb.de/kiko.htm#Artikel%2036.
36 Siehe z. B.: „Rahmenrichtlinien für finnische Gymnasien", genehmigt am 23.1.1996, (auf der Seite „Schule in Finnland" unter http://volker.hagemeister.name)
37 EPA Physik (in der Fassung vom 5. 2. 2004): http://www.kmk.org/doc/beschl/EPA-Physik.pdf

Pflichtkurs Physik eines finnischen Gymnasiums mit dem theoretisch anspruchsvollen Pflichtstoff der neuen deutschen Physik-EPA vergleicht[38]:

Im finnischen Physik-Pflichtkurs werden überwiegend Kenntnisse und Fertigkeiten behandelt, die die Schüler auch selbständig anwenden können, z. B. die „Physik des Autos" oder die „Grundgesetze der Mechanik". Dagegen ist mindestens die Hälfte der Themenfelder, die die aktuelle Physik-EPA für Grund- und Leistungskurse in Deutschland vorschreibt, so anspruchsvoll, dass sie nur in einem lehrerzentriertem, informierendem Unterricht vermittelbar sind, z. B. „Merkmale von Quantenobjekten unter Einbezug erkenntnistheoretischer Aspekte – Wellenmerkmal, Quantenmerkmal, stochastisches Verhalten, Komplementarität, Nichtlokalität", oder „Kerne, Quarks, ausgewählte Elementarteilchen".

Fazit: Der derzeitige Forschungsstand führt zu der Erkenntnis, „dass sich bei einer generellen Herabsetzung des Einschulungsalters krisenhafte Schulkarrieren häufen werden."[39] Außerdem ist es sicherlich nicht sinnvoll, abstrakteren und umfangreicheren Unterrichtsstoff in kürzerer Zeit mit jüngeren Kindern durchnehmen zu wollen. Die frühere Einschulung sollte deshalb gar nicht und die Schulzeitverkürzung nur dann realisiert werden, wenn unsere Rahmenrichtlinien und die Abituranforderungen (die EPAs der KMK) weniger abstrakten und nicht so umfangreichen Pflichtstoff enthalten, wobei die Orientierung an finnischer Rahmenplan-Bescheidenheit eine gute Richtschnur wäre (siehe oben).

5   Zum Thema zentrale Prüfungen und Vergleichsarbeiten

Zur Zeit ist die Meinung weit verbreitet, dass das Fehlen überregionaler Prüfungen eine wesentliche Ursache für das schlechte Abschneiden Deutschlands bei PISA gewesen sei. Dies hält man vielfach schon deshalb für plausibel, weil es in den süddeutschen Län-

---

38   siehe die Datei „Physik-Pflichtstoff eines finnischen Gymnasiums – versus – Deutsche Physik-EPA" (auf der Seite „Schule in Finnland" unter http://volker.hagemeister.name)

39   Gabriele Bellenberg: „Früheinschulung – ein Beitrag zu Senkung der Schulaustrittsalters?" in: Pädagogik, Heft 10, 1996, Seite 57

dern, die bei PISA relativ gut abgeschnitten haben, seit langem zentrale Abiturprüfungen gibt. Außerdem sind ja auch in Finnland zentral gestellte Aufgaben Bestandteil des Abiturs. Allerdings ist die reglementierende Wirkung, die vom Zentralabitur in Finnland ausgeht, relativ gering, denn im Abitur steht ein breites Angebot an Aufgaben zur Wahl. Außerdem hat man in Finnland die Möglichkeit, Prüfungen, die man bereits bestanden hat, zu wiederholen. Ferner wird die Zulassung zum Studium an allen finnischen Universitäten durch eigene Aufnahmetests und Vorstellungsgespräche geregelt, was die Bedeutung des Abiturzeugnisses zusätzlich mindert.[40]

Ferner findet man sowohl bei PISA wie auch bei der Vorgänger-Studie TIMSS[41] Staaten, die gut abgeschnitten haben, obwohl es dort keine zentralen Prüfungen gibt (siehe hierzu z. B.[42]): In dem Schulleiter-Fragebogen, der bei PISA eingesetzt worden war, war die Frage enthalten, ob die jeweilige Schule an überregionalen Leistungsvergleichen teilnimmt (Variable SC18Q04). Diese Variable hat in den meisten Staaten keinen signifikanten Einfluss auf die Ergebnisse im Textverständnis-Test.[43] In einigen Staaten, wo signifikante Effekte auftreten (z. B. in England und in den USA), schneiden die Schulen, die sich an überregionalen Leistungsvergleichen beteiligen, im Mittel schlechter ab als die Schulen, wo die Leistungen der 15-Jährigen nicht überregional verglichen werden.[44]

---

40 Abitur in Finnland: Die Finnische Abiturprüfung, http://www.ylioppilastutkinto.fi/deutsch.html; Ministry of education, COMPOSITE NEWS BULLETIN – March 2003 http://www.minedu.fi/OPM/Tiedotteet/composite_news_bulletins/2003/march2003.html?lang=en
41 TIMSS: Die dritte internationale Studie über den mathematischen und naturwissenschaftlichen Unterricht, in den 90er Jahren von der OECD durchgeführt.
42 siehe die Tabelle: „Testergebnisse bei TIMSS in Staaten mit und ohne zentrale Prüfungen" (auf der Seite „Zentrale Prüfungen" unter: http://volker.hagemeister.name).
43 siehe die Tabelle „PISA-2000, Textverständnis-Test: Der Einfluss überregionaler Leistungsvergleiche" (auf der Seite „Zentrale Prüfungen" unter: http://volker.hagemeister.name).
44 Während hier Ergebnisse aus TIMSS und PISA zusammengetragen wurden, die zeigen, dass zentrale Prüfungen im internationalen Vergleich nicht zu besseren Leistungen führen, wird in einer Studie des DIW gezeigt, dass bei TIMSS-II die Haupt- und Realschüler aus den deutschen Bundesländer besser abschneiden, in denen beim mittleren Schulabschluss zentralgestellte Aufgaben zum Einsatz kommen. Siehe: Felix Büchel, Hendrik Jürges und Kerstin Schneider: „Die Auswirkungen zentraler Abschlussprüfungen auf

Bleibt noch das Gerechtigkeitsproblem: In neuerer Zeit wird immer wieder beklagt, dass PISA und andere überregionale Tests gezeigt haben, dass die gleichen Leistungen, für die man in der einen Schule eine „Zwei" erhält, in einer anderen Schule allenfalls mit „Vier" benotet werden. Hier wird eine Gerechtigkeitslücke gesehen, die nach vorherrschender Meinung mit zentralen Prüfungen und landesweiten Vergleicharbeiten beseitigt werden muss. Auch diese Erwartung werden zentrale Prüfungen, die Bestandteil der Notengebung sind, nicht erfüllen:

Sofern die Ergebnisse von zentralen Prüfungen und überregionalen Vergleichsarbeiten in Zeugnisnoten eingehen, wird die Notengebung dem einzelnen Schüler weniger gerecht, denn Schüler, die schon unter ungünstigen Schulbedingungen zu leiden hatten, werden in einer zentralen Prüfung eher schlecht abschneiden.[45] Die heute übliche Notengebung, die sich am Mittelwert der jeweiligen Lerngruppen orientiert, ist in der Regel gerechter, als wenn überregionale Standards in die Noten eingehen. Das heißt nicht, dass Zeugnisnoten, die relativ zum Niveau einer Schulklasse erteilt wurden, im Einzelfall nicht auch sehr ungerecht sein können. Diese Ungerechtigkeiten werden jedoch durch zentral gestellte Aufgaben

---

die Schulleistung – Quasi-experimentelle Befunde aus der deutschen TIMSS-Stichprobe", in: Vierteljahrshefte zur Wirtschaftsforschung, DIW Berlin, Jg. 72, 2003, Heft 2, S. 238–251 (http://www.diw.de/deutsch/produkte/publikationen/vierteljahrshefte/docs/papers/v_03_2_6.pdf)

In der DIW-Studie wird allerdings auf bedeutsame Einschränkungen hingewiesen: In den Bundesländern, in denen keine zentralen Prüfungen am Ende der 10. Klasse stattgefunden haben, gehen „weit mehr Kinder von Immigranten" zur Schule und außerdem ist die „Anzahl der Mathematikstunden erheblich niedriger". Ferner „besuchen in Ländern mit zentralen Abschlussprüfungen im Durchschnitt mehr Schüler die Haupt und Realschule und weniger Schüler das Gymnasium als in Ländern ohne zentrale Abschlussprüfungen". Hier sind also weitere Studien erforderlich. Aber auch, wenn Längsschnitt-Studien bei repräsentativen Stichproben bestätigen sollten, dass zentrale Prüfungen am Ende der 10. Klasse zu höheren Leistungen führen, bleiben die oben geschilderten gravierenden Nachteile zentraler Prüfungen bestehen (z. B. dass bewährte wissenschaftliche Methoden bei der Entwicklung der Prüfungsaufgaben nicht zum Einsatz kommen können, oder dass in die Noten der Schüler Leistungen der Lehrer in unkontrollierbarer Weise eingehen).

45 Hagemeister, Volker: „Irrwege und Wege zur Testkultur", in: Die Deutsche Schule, 92 Jg., Heft 1, 2000, Seite 87 bis 101, http://www.ggg-hessen.de/download/testkultur.pdf

nicht beseitigt, sondern verschärft, denn es kommen weitere Unwägbarkeiten hinzu, indem nun auch noch das soziale Umfeld der Schule oder die Unterrichtsleistungen der Lehrer die Noten, die die Schüler erhalten, ganz maßgeblich beeinflussen.

Zentrale Prüfungen, deren Resultate bei der Notengebung berücksichtigt werden, sind mit weiteren, gravierenden Nachteilen behaftet:

Weil zu jedem Prüfungstermin neue Aufgaben benötigt werden, die niemand kennen darf, können die Aufgaben nicht erprobt und mit wissenschaftlichen Verfahren bewertet und schrittweise verbessert werden. Wesentlicher Bestandteil des wissenschaftlichen Vorgehens zur Entwicklung von Test-Aufgaben sind Erprobungsphasen, bei denen eine ausgewählte Schülergruppe Aufgaben-Entwürfe bearbeitet. Bei dieser Erprobung der Aufgaben zeigt sich z. B., ob Aufgaben zu leicht oder zu schwierig sind oder ob sie missverständlich formuliert wurden. Mit der Erprobung würde man allerdings die Aufgaben bekannt machen.

Was bei den Aufgaben für zentrale Prüfungen unbedingt vermieden werden muss, das Veröffentlichen, ist bei der wissenschaftlich fundierten Entwicklung von Testinstrumenten geradezu erwünscht: Ob Aufgaben, die überregional eingesetzt werden, sinnvoll (bzw. valide) sind und ob sie dem Unterrichtsgeschehen entsprechen, bedarf der öffentlichen Diskussion.

Wenn man Aufgaben, die zu Schul-Curricula passen, erprobt, erfolgen die Erprobungsschritte in der Regel in Jahresabständen. Man muss also mit mindestens 2 bis 3 Jahren rechnen, um Aufgaben zu entwickeln, die die Arbeit der Schule valide erfassen. Zentral gestellte Aufgaben, die die Zeugnisnoten beeinflussen, entziehen sich damit einer wissenschaftlichen Erprobung. Deshalb wird es auch aus Mangel an Zeit und wegen der fehlenden wissenschaftlichen Begleitung kaum gelingen, für zentrale Prüfungen anspruchsvollere, neue Aufgabentypen zu entwickeln, durch die z. B. die Kompetenz zur Reflexion und zur Kommunikation erfasst wird. So werden durch zentral gestellte Prüfungsaufgaben Impulse aus PISA eher verschüttet als gefördert.

Überregional einsetzbare Tests, die sorgfältig entwickelt und mit wissenschaftlichen Methoden erprobt und verbessert wurden, können als Diagnose-Instrumente von erheblichem Nutzen sein. Mit

Hilfe solcher Tests können Lehrkräfte Rückmeldungen darüber erhalten, wo die von ihnen unterrichteten Schüler Defizite haben. - Das von einer englischen Universität entwickelte Testprojekt „CEM" könnte hier als Vorbild dienen. Bei CEM werden standardisierte, lehrplan-bezogene Tests eingesetzt. Die Testergebnisse werden zunächst nur den betroffenen Lehrkräften mitgeteilt. Obwohl bei CEM weder Lehrer noch Schulen an den Pranger gestellt werden, weil keine Ranking-Listen in der Presse erscheinen, hat man festgestellt, dass sich die Diagnoseberichte, die dem einzelnen Lehrer vom CEM-Team geliefert werden, positiv auf die Lernergebnisse und das Unterrichtsklima auswirken.[46]

Fazit: Die Ergebnisse überregionaler Vergleichsarbeiten und zentral gestellter Tests dürfen nicht in die Noten der Schüler eingehen, weil damit die Bewertung der Schüler in nicht kontrollierbarer Weise mit einer Bewertung der Lehrer und der Schule verknüpft wird. Zentral gestellte Tests sollten stattdessen nach bewährten wissenschaftlichen Verfahren durch Testexperten und Lehrkräfte in Teamarbeit entwickelt werden, damit sie als leistungsfähige Diagnoseinstrumente eingesetzt werden können.

6 Zum Thema Ganztagsbetreuung in Kindertagesstätten und in Schulen

Angestoßen durch PISA wird in Deutschland die staatliche Ganztagsbetreuung von Kindern als vordringliches Reformziel vorangetrieben. Die Ergebnisse der PISA-Studie zeigen jedoch, dass die Milliarden-Beträge, die zur Zeit in bauliche Maßnahmen investiert werden, nur dann ein Fundament für die erwünschte sprachliche Förderung der ganztags-betreuten Kinder sein werden, wenn die Ganztagseinrichtungen eine exzellente Ausstattung insbesondere mit Personal erhalten.

Die bei PISA-2000 und PISA-2003 gemessenen Testergebnisse werden durch Elternhaus-Variablen sehr viel stärker beeinflusst als

---

46 Arnold, Karl-Heinz: Schulen im Vergleich. Probleme des Ranking und Chancen eines Monitoring. In: Die Deutsche Schule. 91, 1999, 2, S. 218–231.

durch Schul-Variablen.[47,48] In welcher Größenordnung der Einfluss von Elternhaus und Schule auf die Testergebnisse jeweils liegt, lässt sich aus der Tabelle 1 ablesen. Spalte 2 der Tabelle 1 zeigt, wie stark sich die Leistungsunterschiede, die zwischen Schulen bestehen, mit den Elternhaus-Variablen verändern. Spalte 3 spiegelt den Einfluss von „Schulklimafaktoren" auf die Leistungsunterschiede zwischen den Schulen wider. Im OECD-Mittel hängen 46,1 % der gemessenen Leistungsunterschiede zwischen verschiedenen Schulen ausschließlich von Unterschieden im sozioökonomischen Kontext ab, während nur 4,7 % der Differenzen in den Testergebnissen bei PISA-2003 ausschließlich von Schulklimafaktoren beeinflusst werden (siehe die letzte Zeile in Tabelle 1).

Die Tabelle 1 zeigt auch, dass Finnland eine Ausnahme-Rolle zukommt: In keinem anderen Staat ist der Einfluss des sozioökonomischen Kontextes so gering wie in Finnland. Andererseits ist nirgendwo der Einfluss der Schulklimafaktoren größer, was zur Folge hat, dass in Finnland der Einfluss von Elternhaus und Schule in der gleichen Größenordnung liegt (siehe Spalte 2 und 3 in Tabelle 1).

Aus der Tabelle 1 kann man ablesen, dass die Wirkung der Summe der Elternhaus-Variablen die Wirkung der Schulklima-Variablen in allen Staaten mit Ausnahme Finnlands deutlich übersteigt. Was hier für Variablen-Gruppen berechnet wurde, gilt auch für die Wirkung einzelner Variablen: So hat z. B. die Variable „Zahl der Bücher im Elternhaus" starken Einfluss auf die Testergebnisse bei PISA. Dagegen führen einzelne Variablen, die schulische Einflüsse erfassen,

---

47 Varianz-Analysen zum Einfluss von Elternhaus und Schule auf die Ergebnisse bei PISA-2003 enthalten neben der OECD-Tabelle 5.7 auch die OECD-Tabellen 5.13 und 5.20 auf den Seiten 466, 480 und 488 in Anhang B1 in OECD: „Lernen für die Welt von morgen, Erste Ergebnisse von PISA 2003", Paris 2004, http://www.pisa.oecd.org/dataoecd/18/10/34022484.pdf

48 Die Varianz-Analysen, die zeigen, dass auch bei PISA-2000 die gemessene Sprachkompetenz durch Elternhaus-Variablen sehr viel stärker beeinflusst wird als durch Schul-Variablen, finden sich in: „Lernen für das Leben, Erste Ergebnisse der internationalen Schulleistungsstudie PISA 2000", OECD, Paris 2001, Tabelle A2.1, Seite 272, 273 und Tabelle 8.3, Seite 354 unter http://www.pisa.oecd.org/dataoecd/44/31/33691612.pdf; Hinweis zur OECD-Tabelle A2.1: Man muss berücksichtigen, dass z. B. der „Index Freude am Lesen" oder auch der „Index schülerbezogene Faktoren für das Schulklima" (wie das Schwänzen von Unterricht) sowohl vom Elternhaus wie auch durch die Schule beeinflusst werden.

Tabelle 1. Der Einfluss des sozioökonomischen Kontexts einerseits und der Schulklimafaktoren andererseits auf die gemessenen Mathematikleistungen. OECD-Tabelle 5.7, gekürzte Fassung, aus dem Bericht zu PISA-2003 (OECD: PISA 2003, Paris 2004, S. 466, http://www.pisa.oecd.org/dataoecd/18/10/34022484.pdf).

	Varianz zwischen Schulen, in Abhängigkeit von dem sozioökonomischen Kontext auf Schul- und Schülerebene (in %)	Varianz zwischen Schulen, in Abhängigkeit von Schulklimafaktoren nach Ausklammerung des Effekts des sozioökonischen Kontextes
Australien	35,5	4,2
Dänemark	58,2	4,7
Deutschland	34,2	6,1
Finnland	13,3	10,2
Italien	41,5	3,7
Japan	32,5	4,6
Kanada	31,6	6,6
Korea	39,1	7,4
Neu Seeland	55,5	2,8
Niederlande	44,9	1,4
Norwegen	41,0	6,3
Österreich	51,1	2,5
Polen	56,7	3,2
Schweden	43,7	1,6
Schweiz	51,6	8,3
Tschechien	50,1	1,5
Türkei	55,1	4,0
USA	52,4	3,9
OECD Mittelwert	46,1	4,7

a Der sozioökonomische Kontext setzt sich u. a. zusammen aus: Beruflichem Status der Eltern, Höhe des Einkommens, im Elternhaus gesprochener Sprache, „klassischen" Kulturgütern (wie Bücher und Musikinstrumente) im Elternhaus. Siehe: Fußnote zu Tabelle 5.7, S. 466, in: OECD, PISA-2003, Paris 2004.

b Das Schulklima setzt sich u. a. zusammen aus: Zugehörigkeitsgefühl der Schüler zur Schule, Unterstützung der Schüler durch die Lehrkräfte, der Schuldisziplin, Stimmung und Arbeitshaltung der Schüler und Lehrer. Siehe: Fußnote zu Tabelle 5.7, S. 466, in: OECD, PISA-2003, Paris 2004.

in der Regel zu deutlich geringeren und teilweise widersprüchlichen Testergebnissen.[49]

Besonders überraschend erscheint auf den ersten Blick, dass die Benutzung der Schulbibliothek nur in wenigen Staaten signifikanten Einfluss auf die Ergebnisse im Textverständnis-Test hat:[50] In Deutschland und in Luxemburg sind die 15-Jährigen, die „mehrfach in der Woche" die Schulbibliothek benutzen, im Mittel im Lesekompetenz-Test sogar schlechter als diejenigen, die die Schulbibliothek „nie oder fast nie" in Anspruch nehmen. Daraus folgt keineswegs, dass man nun die Schulbibliotheken wegen Unwirksamkeit abschaffen sollte. Im Gegenteil, Schulbibliotheken können wichtige pädagogische Aufgaben übernehmen, wenn sie hinreichend mit Personal ausgestattet sind. Diese Aussage lässt sich unmittelbar aus der Beschäftigung mit den Testaufgaben, die bei PISA eingesetzt worden sind, ableiten:

Im „Lesekompetenz-Test" ging es bei PISA nicht darum, schnell zu lesen, sondern es mussten (unter anderem) intelligente Fragen zu verschiedenen Text-Typen selbstständig beantwortet werden. So mussten sich die 15-jährigen Testteilnehmer bei der PISA-Aufgabe „Grippe" mit einem Informationsblatt zur Grippe-Schutzimpfung in einer Firma auseinandersetzen. Die Personalchefin, Frau Petersen wollte mit ihrem Informationsblatt für die Teilnahme an der firmeneigenen Grippe-Schutzimpfung werben. Frage 7 zu diesem Text lautete:[51]

Frage 7: GRIPPE
Wir können über den Inhalt eines Texts sprechen (was darin steht).
Wir können über seinen Stil sprechen (wie es dargestellt wird).
Frau Petersen wollte, dass der Stil dieses Informationsblatts freundlich und einladend ist.

---

49 PISA-Ergebnisse, die den Einfluss der verschiedenen Variablen widerspiegeln, finden sich auf den Seiten „Elternhaus-Variablen ...", „Schul-Variablen ..." und „Elternhaus- und Schul-Variablen in Tabellen zu PISA" unter http://volker.hagemeister.name.
50 Siehe die Tabelle „PISA-2000, Textverständnistest: Die Abhängigkeit der Testergebnisse von der Nutzung der Schul-Bibliothek" (auf der Seite „Schul-Variablen in Tabellen zu PISA" unter http://volker.hagemeister.name).
51 „Beispielaufgaben aus dem Lesekompetenztest", PISA 2000, http://www.mpib-berlin.mpg.de/pisa/Beispielaufgaben_Lesen.PDF

Findest du, dass ihr dies gelungen ist?
Belege deine Antwort, indem du dich auf einzelne Merkmale des Layouts, des Schreibstils, der Bilder oder der sonstigen graphischen Elemente beziehst.

Um solche Fragen zu verstehen und um sie beantworten zu können, muss man Erfahrungen darin gesammelt haben, über Texte zu reflektieren und zu diskutieren. Dementsprechend müssen Kinder von erfahrenen Gesprächspartnern zu Reflexionen und Diskussionen über Texte angeregt werden. Deswegen haben Gespräche zu Hause (im kleinen, vertrauten Kreis) über ein Buch, einen Film oder über politische Themen starken positiven Einfluss auf die Testergebnisse bei PISA, während der Besuch in der Schulbibliothek keine Einführung in vertieftes Textverständnis bringen kann, sofern es hier an erwachsenen Betreuern mangelt. – Wenn wir also erreichen wollen, dass in Deutschland Kinder aus bildungsfernen Elternhäusern in der Schule wirksam gefördert werden, dann müssen wir dafür sorgen, dass es in den Schulbibliotheken in ausreichender Zahl gut ausgebildetes Personal gibt.

Auch die Ergebnisse zur Computernutzung zeigen, wie sehr Kinder auf kompetente Gesprächspartner angewiesen sind: Ob Schüler den Computer in der Schule „nie" oder „mehrmals in der Woche" benutzen, hat kaum Einfluss auf die Ergebnisse im Textverständnis-Test.[52] Selbst im Mathematik-Test führt intensive Computernutzung in den meisten Staaten zu keinen signifikanten Effekten.[53] Das unbetreute Arbeiten der Kinder am Computer hat offenbar keine fördernde Wirkung auf die bei PISA gemessenen Kompetenzen.

Dass Elternhaus-Variablen relativ starken Einfluss auf die Entwicklung der Sprachkompetenz haben, folgt nicht nur aus den Testergebnisse bei PISA. Analoge Resultate wurden auch in anderen Studien ermittelt:

---

52 Siehe die Tabelle „PISA-2000, Textverständnis-Test: Die Abhängigkeit der Testergebnisse von der Computer-Nutzung in der Schule" (auf der Seite „Schul-Variablen in Tabellen zu PISA" unter http://volker.hagemeister.name)
53 Siehe die Tabelle „PISA-2000, Mathematik-Test: Die Abhängigkeit der Testergebnisse von der Computer-Nutzung in der Schule" (auf der Seite „Schul-Variablen in Tabellen zu PISA" unter http://volker.hagemeister.name)

Kritische Anmerkungen

Bei einer Untersuchung in 103 repräsentativ ausgewählten Kindergartengruppen (mit 422 Kindern) waren mit standardisierten Beobachtungsinstrumenten und Tests die soziale Kompetenz und die Sprachentwicklung 3- bis 4-jähriger erfasst worden.[54] Dabei zeigte sich, „dass die Familienvariablen für jedes der ... verwendeten Entwicklungsmaße die höchste Erklärungskraft besitzen". Dies gilt insbesondere für die Sprachentwicklung der 3- bis 4-jährigen. Das heißt andererseits nicht, dass der Einfluss der Kindergärten bedeutungslos war. In der Förderung der „sozialen Kompetenz" oder in der „Bewältigung alltäglicher Lebenssituationen" ist die erfasste Wirkung der Kindergarten-Variablen kaum geringer als die der Elternhaus-Variablen.[55]

Die Analyse der Daten der Kindergartenstudie zeigt, dass folgende Variablen den größten Einfluss auf die Prozessqualität in einer Kindergartengruppe haben:
- der Erzieher-Kind-Schlüssel,
- die Vorbereitungszeit, die die Erzieherinnen in Stunden pro Woche aufwenden können,
- Schulbildung und Verweildauer der Erzieherinnen im Beruf, und
- die Öffnungszeiten der Kindertagesstätten.[56]

Je länger die Öffnungszeiten, je geringer der Vorbereitungsaufwand und je größer die Kindergruppen waren, umso schlechter war die gemessene Qualität von Kindertagesstätten und Kindergärten."[57] – Welche Anforderungen an die Ausstattung von Krippe oder Kitas gestellt werden müssen, damit Kinder dort gut gedeihen, lässt sich aus Studien, die in den vergangenen Jahrzehnten in unterschiedlichen Staaten zur geistigen und emotionalen Entwicklung kleiner Kinder durchgeführt worden sind, ablesen:

---

54 Tietze, Wolfgang (Hrsg.): „Wie gut sind unsere Kindergärten? – Eine Untersuchung zur pädagogischen Qualität in deutschen Kindergärten", Neuwied, Berlin 1998
55 Bei der Sprachentwicklung der 3- bis 4-Jährigen ließen sich den Familien-Variablen 18,1 % der „zusätzlich erklärten Varianz" zuordnen, aber nur 5,7 % der Varianz den Kindergarten-Variablen. Siehe: Tietze (Hrsg.): Neuwied, Berlin 1998, Seite 316, 317.
56 Tietze (Hrsg.): Neuwied, Berlin, 1998, Seite 272 bis 276.
57 Tietze (Hrsg.): Neuwied, Berlin, 1998, Seite 273, 367.

In den Jahren 1971 bis 1973 wurden bei 6000 Krippenkindern in der DDR vom 1. bis zum 3 Lebensjahr die Entwicklung der Sprache, der Motorik, der Spielaktivitäten und des sozialen Verhaltens mit Tests erfasst. Zum Einfluss der Geschwisterzahl auf die Entwicklung von Kindern wurde festgestellt, dass in den ersten „drei Lebensjahren die Entwicklung der Einzelkinder und der Kinder mit 1 Geschwister am günstigsten" ist. Besonders groß ist der Vorsprung der Einzelkinder bei der erfassten Sprachkompetenz.[58]

Dass das Ausmaß der Zuwendung, das Kinder erfahren, schon in den ersten Lebensjahren zu messbaren Effekten führt, hat sich auch bei Studien in den USA gezeigt. Hier war die Kommunikation zwischen Babys und ihren Betreuern beobachtet worden. Ein Ergebnis ist, dass Kinder, die in den ersten 6 Monaten ihres Lebens von ihren Müttern häufiger ermuntert werden, auf Gegenstände, auf Eigenschaften und auf Ereignisse zu achten, andere Kinder in der verbalen Entwicklung während des zweiten Lebensjahrs übertreffen und im 4. Lebensjahr höhere Werte im altersgemäßen Wechsler-Intelligenztest erzielen.[59] Beobachtet wurde ferner ein Wechselspiel zwischen kindlicher Entwicklung und Verhalten der Mutter: So ist z. B. bei 13 Monate alten Kindern die sprachliche Kompetenz dann besonders weit entwickelt, wenn ihre Mütter sie auf Objekte, Eigenschaften oder Ereignisse aufmerksam machen, die die Kinder noch nicht kennen, anstatt immer wieder zu beschreiben, was den Kindern schon vertraut ist.[60]

---

58 Eva Schmidt-Kolmer (Hrsg.): „Zum Einfluss von Familie und Krippe auf die Entwicklung von Kindern in der frühen Kindheit", VEB Verlag Volk und Gesundheit Berlin, 1977.
59 Marc H. Bornstein: "How infant and mother jointly contribute to developing cognitive competence in the child", in: Proceedings of the National Academy of Sciences of the United States of America (PNAS) Vol. 82, pp. 7470–7473, November 1985, Psychology, http://www.pnas.org/cgi/reprint/82/21/7470.
60 Marc H. Bornstein: PNAS, USA, November 1985, page 7471: "The second study observed 23 mothers concurrently with their 13-month children and employed refined categories of maternal didactics. At this age, mothers encouraging their toddlers' to attend to a new property, object, or event in the environment, as opposed to elaborating on whatever was already under the child's purview, correlated with the child's developing verbal comprehension as measured by the Reynell scales ($r = 0.67$, $P < 0.01$)".

Tabelle 2. Maximale Zahl der anwesenden Kinder, für die ein Erzieher in Finnlands Pflegestellen oder Kindergärten anwesend sein muss.

	Alter der Kinder	maximale Kinder-Zahl pro Erzieher
Pflegestelle in einer Familie		4
Kindergarten	jünger als 3	4
Kindergarten	3 bis 6	7[a]

a Siehe hierzu auch: Ratzki, Anne: Finnland, GEW PISA-Info 06/2002, http://www.ggg-nrw.de/Aktuell/Ratzki.2002-06-08.Finnland2.html

Es muss nicht die leibliche Mutter sein, die ihr Kind in den ersten Jahren entscheidend fördert. So berichtet Bornstein, dass Kinder, die vor dem 6. Lebensmonat durch Adoption in eine sozial begünstigte Familie aufgenommen werden, höhere Werte in IQ-Tests erzielen und später in der Schule besser abschneiden als Kinder, die nicht schon als Babys adoptiert wurden. In den ersten Monaten adoptierte Babys können offenbar durch die Kommunikation mit den Pflegeeltern in erheblichem Maße gefördert werden, was sich in der wiederholt beobachteten Beziehung zwischen IQ der Pflegemutter und IQ des Adoptivkindes widerspiegelt.[61]

Für den Betrieb von Kinderkrippen folgt aus diesen Studien, dass es optimal wäre, wenn auf jedes öffentlich betreute Baby ein Erzieher käme. Wichtig wäre dabei noch, dass möglichst kein Personalwechsel stattfindet, damit Erzieher und Baby sich aufeinander einstimmen können, was für die emotionale und geistige Entwicklung der Babys von besonderer Bedeutung ist. – Von einem solchen Idealzustand sind wir in Deutschen Kinderkrippen, wo im Mittel auf 9 einjährige Kinder ein Betreuer kommt, weit entfernt.[62] In Finnland sind selbst für 6-jährige geringere Kinderzahlen pro Erzieher gesetzlich vorgeschrieben (siehe Tabelle 2).

Ähnliche Zahlen an Kindern pro Erzieher hat die "National Association for the Education of Young Children (NAEYC)" in den

---

61 Marc H. Bornstein: PNAS, USA, November 1985, Seite 7471, 7472.
62 H.-J. Laewen, B. Andres: „Zur Situation der Kinderkrippen in den neuen Bundesländern, Expertise für den 9. Jugendbericht", München 1993, http://www.infans.de/abproj/Expertise-9_Jugendbericht-c.pdf.

USA zur Voraussetzung dafür gemacht, dass Kinderbetreuungseinrichtungen (als akkreditiertes „Child Care Center") in das Entwicklungsprogramm der NAEYC aufgenommen werden[63] – Begleitforschung zur Wirkung derart ausgestatteter Krippen und Kindertagesstätten hat in den USA folgende Erkenntnisse hervorgebracht:

> Kinder aus sehr armen Familien schneiden später in der Schule umso besser ab, je früher sie in ein gut ausgestattetes Kinderzentrum aufgenommen werden und je länger sie dort bleiben. Entgegengesetzte Effekte wurden für Kinder aus sozioökonomisch gut gestellten Elternhäusern beobachtet. Kinder, deren häusliche Umgebung in hohem Maße unterstützend für die kognitive Entwicklung ist, haben schlechtere Leitungen in der Schule, wenn sie sich vorher in einer Krippe oder Kita aufgehalten haben.[64]

Dass andererseits vorschulische Betreuung, die Kindern aus benachteiligten Familien zuteil wird, für das ganze Leben von Bedeutung sein kann, wird auch in einem Bericht der „Educational Research Foundation" festgestellt:

123 junge Amerikaner afrikanischer Herkunft waren per Zufallsverteilung in zwei Gruppen eingeteilt wurden. Die eine Gruppe besuchte eine Vorschule mit besonderem Förderprogramm, der Kontrollgruppe wurde diese vorschulische Förderung nicht geboten. Von beiden Gruppen wurden bis zum 40. Lebensjahr immer wieder Daten erhoben.[65] – Die Personen, die für das zwei Jahre währenden Vorschulprogramm ausgewählt worden waren, erzielten während der ganzen Schulzeit im Mittel bessere Ergebnisse, waren als Erwachsene beruflich erfolgreicher und seltener in kriminelle Akti-

---

63 S. Helburn, C. Howes: Child Care Cost and Quality, The Future of Children FINANCING CHILD CARE Vol. 6 No. 2 – Summer/Fall 1996, p. 67, http://www.futureofchildren.org/usr_doc/vol6no2ART4.pdf
64 W. Steven Barnett: Long-Term Effects of Early Childhood Programs on Cognitive and School Outcomes, in: The Future of Children LONG-TERM OUTCOMES OF EARLY CHILDHOOD PROGRAMS Vol. 5, No. 3 – Winter 1995, Seite 27, http://www.futureofchildren.org/usr_doc/vol5no3ART2.pdf.
65 Lawrence J. Schweinhart: „The High/Scope Perry Preschool Study Through Age 40", Seite 1 http://www.highscope.org/file/Research/PerryProject/3_specialsummary%20col%2006%2007.pdf.

Kritische Anmerkungen 363

vitäten verwickelt als die Mitlieder der Kontrollgruppe, die an dem Vorschulprogramm nicht teilgenommen hatten.[66]

In der Reihe „The Future of Children" findet sich folgendes Resümee:

> Für viele Kinder aus sozial benachteiligten Familien ist der Aufenthalt in einem gut ausgestatteten Kinderzentrum von schicksalhafter Bedeutung. Teilnehmen oder Nicht-Teilnehmen an einem Vorschulprogramm bedeutet für diese Kinder, in der Schule und im Beruf erfolgreich sein oder scheitern und kriminell werden.[67]

Um einen solchen Beitrag zur sozialen Gerechtigkeit in Krippen und Kitas leisten zu können, muss die Zahl der anwesenden Kinder pro anwesende Erzieherin deutlich kleiner sein als heute in Deutschland üblich. Vordringliches Reformziel sollten deshalb bei uns Qualitätsverbesserungen im Krippen- und Kita-Bereich sein, anstatt dass massenhaft Krippen und Kitas mit unzureichender Personalausstattung neu eingerichtet werden, denn hier werden auch benachteiligte Kinder nur unzureichend gefördert.

Es ist ferner nicht zu erwarten, dass durch die Einrichtung von Ganztagsschulen die Ergebnisse Deutscher Schüler in internationalen Tests in Zukunft besser werden. Aus unserer Tabelle 3 kann man ablesen, dass Kinder aus Akademiker-Familien, die in Deutschland bislang überwiegend an Halbtagsschulen unterrichtet wurden, bei PISA signifikant besser abschneiden als die entsprechende Kindergruppe, die französische oder schwedische Ganztagsschulen besucht hat.

Es kann also keine Rede davon sein, dass die Deutschen Schüler insgesamt „nur Mittelmaß" sind[68]. Defizite im Vergleich zu anderen Staaten bestehen in Deutschland nicht bei den Leistungen der

---

66 Lawrence J. Schweinhart, Preschool Study, Seite 5.
67 Barnett: Long-Term Effects of Early Childhood Programs, 1995, Seite 43.
68 Das deutsche Bildungsbürgertum hat auch bei PISA-2000 recht gut abgeschnitten, wie man aus der Tabelle „PISA-2000, Textverständnistest: Die Abhängigkeit der Testergebnisse vom Geburtsort der Testschüler und der Eltern und von der Zahl der Bücher im Elternhaus" (auf der Seite „Elternhaus-Variablen in Tabellen zu PISA" unter http://volker.hagemeister.name) ablesen kann. Die Ergebnisse der deutschen 15-Jährigen, in deren Elternhaus es mehr als 500 Bücher gibt, unterscheiden sich bei PISA-2000 im Lese-Test nicht wesentlich von den Testmittelwerten der entsprechenden Gruppen in Kanada, Frankreich oder Japan.

Tabelle 3. (berechnet mit Hilfe der OECD-Datenbank[a])

Kinder und Eltern im Testland geboren / Vater hat Hochschulabschluss	Testmittelwert im Mathematiktest bei PISA-2003	Standard-Fehler SE
Deutschland	582	4,18
Finnland	578	3,12
Frankreich	561	5,16
Japan	568	5,17
Kanada	565	2,98
Schweden	538	4,21

a Die Zahlen in Tabelle 3 wurden mit Hilfe der OECD-Datenbank berechnet. Siehe: „PISA-2003, Mathematiktest, ungekürzte Wiedergabe einer OECD-Tabelle: Die Abhängigkeit der Testergebnisse vom Geburtsort der Schüler und der Eltern und davon, ob der Vater einen Hochschulabschluss hat" (auf der Seite „Elternhaus-Variablen in Tabellen zu PISA" unter http://volker.hagemeister.name).

Eliten, sondern bei der Förderung der Kinder, die sozial benachteiligt sind und die aus Familien mit Migrationshintergrund stammen (siehe Abschnitt 7).

In Finnland sind die Differenzen zwischen den Testergebnissen, die die unterschiedlichen sozialen Schichten bei PISA erzielen, deshalb sehr gering, weil Schulkinder bei besonderem Förderbedarf in kleinen Gruppen professionell betreut werden. Außerdem müssen keine langen Wartezeiten überbrückt werden, ehe ein Problemkind endlich die erforderliche Unterstützung erhält, denn die Spezialisten für Verständnisschwierigkeiten oder für Verhaltensauffälligkeiten sind regelmäßig in der Schule anwesend.

Auch Finnland hat übrigens bislang, ähnlich wie Deutschland, überwiegend Halbtagsschulen.[69] Man muss deshalb davon ausgehen, dass der Schlüssel zum Erfolg der Finnen bei PISA vor allem darin liegt, dass die Lehrer bei Ihrer Arbeit durch Sozialarbeiterinnen und Psychologinnen und durch Spezialistinnen für Förderunterricht permanent unterstützt werden.[70]

---

69 Ratzki, Anne: Finnland, GEW PISA-Info 06/2002, siehe: http://www.ggg-nrw.de/Aktuell/Ratzki.2002-06-08.Finnland2.html.
70 von Freymann, Thelma: „Das Geheimnis der Finnen", Aus: AHAes, Zeitschrift des Pädagogischen Instituts des Bundes in Oberösterreich, Nr. 6,

Fazit: Staatlich geförderte Ganztagsbetreuung in Kitas oder Schulen sollte vorrangig für solche Kinder eingerichtet werden, die dieses Angebot aus sozialen Gründen benötigen. Den Mitteleinsatz sollte man auf diese Gruppen konzentrieren, damit die Einrichtungen hinreichend mit Personal, mit Räumen und mit Sachmitteln ausgestattet werden können. Daneben sollte eine Kultur des kompetenten Förderns nach finnischem Vorbild flächendeckend eingeführt werden, damit Verständnisschwierigkeiten auch in deutschen Schulen rechtzeitig behoben werden, so dass Kinder nicht mehr jahrelang an Unterricht teilnehmen müssen, dem sie nicht folgen können, was sehr ineffektiv ist und überaus deprimierend sein kann.

7 Warum hat Deutschland beim PISA-Nationen-Ranking so unbefriedigende Listenplätze erhalten?

Aus unserer Tabelle 3 folgt, dass die deutschen 15-jährigen, deren Vater einen Hochschulabschluss hat, im Mathematik-Test bei PISA-2003 signifikant bessere Testmittelwerte haben als die vergleichbare Schülergruppe in Frankreich, Kanada oder Schweden. Trotzdem wurden für Frankreich, Kanada und Schweden bei PISA bessere Gesamtmittelwerte ermittelt als für Deutschland.[71] Eine Ursache für diesen Widerspruch kann man aus Tabelle 4 ablesen: Deutschland hat deshalb im PISA-Nationen-Ranking schlechter abgeschnitten als Japan, Kanada oder Schweden, weil die Zahl gering qualifizierter Migranten in Deutschland vergleichsweise groß ist (siehe Tabelle 4, 4. Spalte). In Tabelle 4 sind die Ergebnisse im Mathematiktest bei PISA-2003 für die 15-jährigen Migranten, deren Eltern beide im Ausland geboren sind, wiedergeben, aufgeteilt nach Hochschulabschluss des Vaters.

Die repräsentative Stichprobe, die in Japan an den PISA-Tests teilgenommen hat, enthält in so geringer Zahl Schüler, deren Eltern im Ausland geboren sind, dass für diese kleine Gruppe von der

---

Januar 2003, http://www0.eduhi.at/verein/kreidekreis/zitiert/zitiert-0303/20030316Finnland.htm

71 Prenzel u. a.: „PISA 2003, Ergebnisse des zweiten internationalen Vergleichs", Kiel 2004, Abb. 2.1, Seite 6, http://pisa.ipn.uni-kiel.de/Ergebnisse_PISA_2003.pdf.

Tabelle 4. Ergebnisse im Mathematiktest bei PISA-2003[a]

	Beide Eltern sind im Ausland geboren			
	Hochschulabschluss des Vaters	Anteil an der gesamten Testpopulation	Anteil an der Gruppe der Immigranten	Mittelwert im Mathe-Test bei PISA-2003
Deutschland	ja	1,39 %	10 %	488
	nein	12,31 %	90 %	439
Finnland	ja	0,61 %	33 %	502
	nein	1,25 %	67 %	459
Frankreich	ja	1,69 %	12 %	506
	nein	11,95 %	88 %	461
Japan	ja	0,02 %	20 %	
	nein	0,08 %	80 %	
Kanada	ja	7,11 %	41 %	558
	nein	10,07 %	59 %	523
Schweden	ja	2,85 %	25 %	472
	nein	8,55 %	75 %	449

a Die Zahlen in Tabelle 4 wurden mit Hilfe der OECD-Datenbank berechnet. Siehe: „PISA-2003, Mathematiktest, ungekürzte Wiedergabe einer OECD-Tabelle: Die Abhängigkeit der Testergebnisse vom Geburtsort der Eltern und davon, ob der Vater einen Hochschulabschluss hat." (auf der Seite „Elternhaus-Variablen in Tabellen zu PISA" unter http://volker.hagemeister.name).

OECD-Datenbank sinnvoller Weise keine Test-Mittelwerte berechnet wurden. Deshalb fehlen in der 5. Spalte die Zahlen bei Japan. In Kanada gibt es zwar vergleichsweise viele Einwanderer, allerdings ist hier die Zahl der Einwanderer mit Hochschulabschluss überproportional groß. Dies zeigt, dass kanadische Einwanderer handverlesen sind (als Folge der Einwanderungspolitik). Dementsprechend schneiden die Kinder der kanadischen Einwanderer bei PISA sehr gut ab (siehe 4. und 5. Spalte in Tabelle 4).

Weder in Japan noch in Kanada werden Lehrer mit der schwierigen Aufgabe konfrontiert, Migranten aus einem ganz anderen Kulturkreis zu integrieren und sprachlich zu qualifizieren. In Kanada beherrschen viele Zuwanderer bereits bei der Einreise die englische oder französische Sprache und in Japan liegt der Anteil der Immigranten bei 0,1 % der Bevölkerung. Entsprechend gering ist in Japan oder Kanada der Anteil ausländischer Schüler, die Sprachprobleme haben. Deshalb war es irreführend, die PISA-Mittelwerte Japans, Kanadas oder Deutschlands in eine Rangreihen zu bringen und die Position in der Rangreihe der Leistungsfähigkeit der jeweiligen Schulensysteme zuzuschreiben.

In Frankreich ist die Quote der Immigranten ohne Hochschulabschluss ähnlich hoch wie in Deutschland. Warum Frankreich trotzdem einen signifikant besseren Gesamtmittelwert im Mathematiktest erreicht hat als Deutschland, lässt sich aus Tabelle 5 ablesen: Für Frankreich wurde deshalb bei PISA ein besserer Gesamt-Mittelwert als für Deutschland ermittelt, weil die Zahl der 15-jährigen Testteilnehmer, die bei der Frage nach den Geburtsorten unvollständige Angaben gemacht haben und die in den Tests bei PISA besonders schlecht abgeschnitten haben, in Deutschland sehr viel größer ist als in Frankreich. Hinzu kommt noch, dass viele Nordafrikaner, die nach Frankreich einwandern, bereits Französisch sprechen und damit zumindest über einen beträchtlichen Wortschatz im Französischen verfügen, was nicht durch Leistungen des französischen Bildungswesens verursacht wird, sondern mit der Geschichte Frankreichs und seiner Kolonien zusammenhängt. Damit wird nachdrücklich bestätigt, dass aus den Gesamtmittelwerten bei PISA keine (vergleichenden) Aussagen über die Leistungsfähigkeit der Schulsysteme der Teilnehmer-Staaten abgeleitet werden dürfen. Denn, dass es in Deutschland viele Migranten-Kinder gibt, die keine Angaben zum Geburtsort der Eltern machen, z. B. weil Mutter oder Vater per Zwangsheirat oder ohne gültige Papiere hierher gekommen sind, ist ja nicht einem Versagen unserer Lehrerschaft zuzuschreiben, sondern liegt daran, dass wir Jahrzehnte hindurch die Augen vor menschenrechts-widrigen Formen der „Familienzusammenführung" verschlossen haben.

Tabelle 5. Testteilnehmer mit fehlenden Angaben zu den Geburtsorten[a]

Geburtsort der Test-Teilnehmer	Geburtsort der Mutter	Geburtsort des Vaters	Anteil an der Gesamtzahl der Test-Teilnehmer	Mathematik-Mittelwert
im Schülerfragebogen haben Eintragungen gefehlt, in Frankreich			1,87%	439
im Schülerfragebogen haben Eintragungen gefehlt, in Deutschland			8,79%	402,6

a Die Zahlen in Tabelle5 wurden mit Hilfe der OECD-Datenbank berechnet. Siehe: „PISA-2003, Mathematiktest, ungekürzte Wiedergabe einer OECD-Tabelle: Die Abhängigkeit der Testergebnisse vom Geburtsort der Schüler und der Eltern" (auf der Seite „Elternhaus-Variablen in Tabellen zu PISA" unter http://volker.hagemeister.name).

Berücksichtigt man bei der Berechnung der PISA-Mittelwerte nur die Testteilnehmer, die im Schülerfragebogen vollständige Angaben zu ihrem Geburtsort und zu dem der Eltern gemacht haben, so schneidet Deutschland im Mathematik-Test bei PISA-2003 etwas besser ab als Frankreich:

Frankreichs Mittelwert:	513,35[72]	nur die Testteilnehmer, die im Schüler-Fragebogen Angaben zu ihrem Geburtsort und zu dem der Eltern gemacht haben.
Deutschlands Mittelwert:	514,59	

„Signifikant" schlechter werden die deutschen Mittelwerte erst dann, wenn man die Testergebnisse der Schüler in die Berechnung der PISA-Mittelwerte einbezieht, bei denen Angaben zu ihrem Geburtsort und zu dem der Eltern teilweise oder vollständig gefehlt haben:

---

72 Die Berechnung der Mittelwerte der Testteilnehmer-Gruppen, die vollständig Angaben zu den Geburtsorten gemacht hatten, ist in den Abschnitten 2.1 und 2.2 folgender Datei enthalten: „PISA-2003, Mathematik-Test: Die Abhängigkeit der französischen und der deutschen PISA-Ergebnisse von den Testteilnehmern, die vollständige, unvollständige oder gar keine Angaben zur Herkunft ihrer Familie gemacht hatten" (auf der Seite „Elternhaus-Variablen in Tabellen zu PISA" unter http://volker.hagemeister.name).

Frankreichs Mittelwert:	511,93[73]	einschließlich der Testteilnehmer, die die Schüler-Fragebögen unvollständig oder gar nicht ausgefüllt haben.
Deutschlands Mittelwert:	504,44	

Eine Ursache dafür, dass die Immigranten, die bei PISA unvollständigen Angaben zum Geburtsort gemacht haben, die deutsche Sprache ganz besonders schlecht beherrscht, ist sicherlich darin zu suchen, dass viele Mütter dieser Testteilnehmer systematisch an der sprachlichen und kulturellen Integration in Deutschland gehindert werden. Dass bisher nicht dafür gesorgt wurde, dass alle Immigranten die deutsche Sprache erlernen, ist die Folge von Jahrzehnten verfehlter Ausländerpolitik. In Finnland wird frisch eingewanderten Menschen, die nicht an den für sie angebotenen Sprachkursen teilnehmen, die finanzielle Unterstützung gekürzt. Vergleichbare Maßnahmen hat man in Deutschland bisher nicht einführen wollen, aus der (historisch bedingten) Sorge heraus, womöglich als ausländerfeindlich zu gelten, wenn man Einwanderer zwingt, Deutsch zu lernen. Es ist jedoch eher eine Form von Ausländerfeindlichkeit oder von Gleichgültigkeit, wenn nicht dafür gesorgt wird, dass Einwanderer die Sprache ihrer neuen Heimat möglichst perfekt erlernen, denn dies ist eine unverzichtbare Voraussetzung für Chancengleichheit im Berufsleben.

Trotz der sehr intensiven Betreuung in den finnischen Kindergärten (siehe weiter vorne Tabelle 2) verlässt man sich nicht darauf, dass Migranten-Kinder schon irgendwie Finnisch lernen werden, wenn sie nur lange genug mit finnischen Kindern und Erziehern zusammen sind. – Betreut von einer logopädisch und linguistisch geschul-

---

73 Die Berechnung der Mittelwerte unter Einbeziehung der Test-Teilnehmer mit unvollständigen Angaben zu ihrem Geburtsort und zu dem der Eltern enthalten die Abschnitte 3.1, 3.2, 4.1 und 4.2 in „PISA-2003, Mathematik-Test: Die Abhängigkeit der französischen und der deutschen PISA-Ergebnisse ..." (siehe vorangegangene Fußnote).
Die OECD hat für Frankreich einen Gesamtmittelwert im Mathematik-Test von 511 und für Deutschland von 503 Punkten berechnet (siehe z. B. Prenzel u. a.: PISA 2003, Abb. 2.1, Seite 6). Diese Werte sind erwartungsgemäß noch etwas niedriger als die oben berechneten, weil bei der OECD einige weitere sehr kleine Schülergruppen mit jeweils fehlenden Angaben zum Geburtsort hinzukommen, deren Testergebnisse bei uns nicht berücksichtigt wurden.

ten „Speziallehrerin" erhalten Kinder von Einwanderern in Finnland so lange Sprachunterricht (z. B. ein Jahr hindurch im Umfang von 20 Stunden pro Woche), bis sie Finnisch so gut beherrschen, dass sie ohne Probleme dem normalen Unterricht in den unteren Klassen folgen können. Die spezielle sprachliche Förderung von Kindern mit Migrationshintergrund wird in Finnland in höheren Klassen wieder aufgegriffen, wenn in den Sachfächern die sprachlichen Anforderungen durch die Verwendung von Fachbegriffen stark zunehmen. Ein solcher Förderunterricht ist notwendig, wenn Kinder von Migranten die Chance erhalten sollen, ein sprachliches Niveau zu erreichen, das für eine erfolgreiche schulische und akademische Karriere unverzichtbar ist. Hier stehen wir in Deutschland vor einer gewaltigen Aufgabe, deren Ausmaß durch die PISA-Ergebnisse völlig unzureichend erfasst wurde.

Wie es um die Deutschkenntnisse unserer „dritten" Ausländergeneration bestellt ist, kann man also aus den PISA-Daten nicht ablesen, da diese Gruppe 15-Jähriger, deren Eltern auch schon hier geboren wurden, nicht eigens erfasst wurde. Nicht ablesbar ist ferner aus den PISA-Daten, wie viele Immigrantenkinder in den Schülerfragebogen eingetragen haben, dass sie und ihre Eltern in Deutschland geboren wurden, obwohl dies nicht zutrifft. Ein Teil der Kinder, die z. B. aus Zwangsehen hervorgegangen sind, haben möglicherweise aus taktischen Gründen (oder, weil man es ihnen so erzählt hat) angegeben, dass ihre Eltern in Deutschland geboren wurden.[74] – Jedenfalls wurde diese Gruppe der Migranten bei PISA den deutschen Schülern zugerechnet. Deshalb überrascht es nicht, dass in den Veröffentlichungen des Deutschen PISA-Konsortiums der Einfluss der

---

74 Eine clusteranalytische Untersuchung, bei der in Berlin die Daten von 691 Schülern mit Migrationshintergrund ausgewertet worden waren, hat mehrfach Hinweise darauf geliefert, dass die Testteilnehmer aus taktischen Gründen teilweise keine oder unzutreffende Antworten geben. So scheuten sich etliche Schüler z. B. anzugeben, dass zu Hause weder Deutsch noch Türkisch (also z. B. Kurdisch) gesprochen wird. Diese Kinder machten dann z. B. auch keine Angaben bei der Frage, ob sie am „Konsulatsunterricht" (wo Türkisch gelehrt wird) teilnehmen. Manche Schüler kreuzten auch an, dass zu Hause Deutsch gesprochen wird, obwohl dies nicht zu den gemessenen sprachlichen Fertigkeiten passt. Siehe: Wolfgang Preibusch: „Die deutsch-türkischen Sprachbalancen bei türkischen Berliner Grundschülern – Eine clusteranalytische Untersuchung", Europäische Hochschulschriften, Band 495, Frankfurt a. M., Bern, New York, Paris, 1992, Seite 136 und 143 und 183

Migranten auf die Deutschen Testergebnisse unterschätzt wird, weil die Schüler mit Migrationshintergrund bei PISA nur unvollständig erfasst wurden.[75]
Extra registriert wurden aber z. B. die Daten der in Deutschland geborenen 15-jährigen, sofern beide Eltern im Ausland geboren wurden. Diese 15-jährigen, die seit ihrer Geburt in Deutschland leben, haben sowohl bei PISA-2000 wie auch bei PISA-2003 besonders schlecht abgeschnitten.[76] Ein alarmierendes Ergebnis ist, dass die 15-jährigen der „ersten Generation", die in Deutschland geboren sind und ihre gesamte Schulzeit hier verbracht haben, bei PISA-2003 im Mittel noch schlechtere Ergebnisse erzielen als die neu eingewanderten Jugendlichen[77]. Dies ist in keinem anderen Staat der Fall, womit deutlich wird, wie sehr in Deutschland die Ausländerpolitik bis-

---

[75] Eine Veröffentlichung des deutschen PISA-Konsortiums zum zweiten Bundesländervergleich enthält in Tabelle 13.1 „adjustierte" Mittelwerte. (siehe Prenzel u. a.: „PISA 2003: Ergebnisse des zweiten Ländervergleichs, Zusammenfassung" Kiel 2005, S. 38). Mit den „adjustierten" Mittelwerten sei der Einfluss der Migranten auf die Testmittelwerte in den einzelnen Bundesländern berücksichtigt worden. Allerdings spiegeln diese „adjustierten" Mittelwerte nur die halbe Wahrheit wider, denn auch hier galten lediglich solche Kinder als Migranten, die im Schülerfragebogen eingetragen hatten, dass beide Eltern im Ausland geboren sind. Aus den relativ geringen Abweichungen zwischen adjustierten und nichtadjustierten Mittelwerten leitet das Deutsche PISA-Konsortium ab, dass „die unterschiedlichen Ausgangslagen der Jugendlichen nur einen kleinen Teil der beobachteten Unterschiede" in den Testmittelwerten der Länder erklären. Diese Einschätzung ist sehr wahrscheinlich falsch, denn dass die „Adjustierung" nicht zu „substanziellen Unterschieden" führt, unterstützt eher die Hypothese, dass bei der Auswertung der PISA-Ergebnisse viele Kinder mit Migrationshintergrund der Gruppe der deutschen Testteilnehmer zugerechnet wurde. – Hinzu kommt ein weiteres Problem: Zwischen den Immigranten-Populationen in den neuen und in den alten Bundesländern bestehen fundamentale Unterschiede. In welcher Größenordnung diese Unterschiede liegen, kann man aus der Hamburger Längsschnittstudie „LAU" ablesen: Siehe Tabelle 48 auf Seite 141 in „LAU 11, Aspekte der Lernausgangslage und der Lernentwicklung, Klassenstufe 11", http://www.spd-bildungsserver.de/forschung/lau11-gesamt.pdf
[76] Siehe die Tabelle „PISA-2000, Textverständnistest: Die Abhängigkeit der Testergebnisse vom Geburtsort der Testschüler und der Eltern und von der Zahl der Bücher im Elternhaus" (auf der Seite „Elternhaus-Variablen in Tabellen zu PISA" unter http://volker.hagemeister.name). Lediglich in Luxemburg schneiden die entsprechenden Migranten-Gruppen im PISA-Textverständnis-Test ähnlich schlecht ab wie in Deutschland
[77] Prenzel, u. a.: „PISA 2003, Ergebnisse des zweiten internationalen Vergleichs", Kiel 2004, Seite 25, 26, http://pisa.ipn.uni-kiel.de/Ergebnisse_PISA_2003.pdf

her versagt hat. Eine entscheidende Komponente dieses Versagens ist, dass bei uns die Fehlvorstellung weit verbreitet war, dass unsere Migranten schon irgendwie Deutsch lernen werden, auch wenn sie ohne Deutschkenntnisse in die Schule kommen, wo sie von nicht speziell ausgebildeten Lehrern in Klassen unterrichtet werden, in denen der Ausländeranteil bei 20, 40, 80 oder sogar bei 100 % liegt.

Bei der in Berlin im Jahre 1986 durchgeführten clusteranalytischen Studie, an der 691 Grundschüler türkischer Nationalität teilgenommen hatten, war das entscheidende Merkmal des größten von 8 Clustern, dass diese überwiegend in Deutschland geborenen Kinder nicht nur die deutsche, sondern auch die türkische Sprache sehr schlecht beherrschten.[78] Im Türkischen waren ihre Leistungen schlecht, weil sie schon so lange in Deutschland lebten und Deutsch beherrschten sie völlig unzureichend, weil es bei uns keine intensive, professionell gestaltete sprachliche Schulung für Migranten türkischer Herkunft gibt. – Hier ist eine verlorene Generation herangewachsen, der man noch nicht einmal empfehlen kann, in die Heimat der Eltern zurückzukehren, weil sie dort wegen ihrer schlechten Sprachkenntnisse kaum Fuß fassen könnte.

Für die sprachliche Qualifizierung unserer Migranten werden neben den Spezialehrerinnen die in Finnland üblichen kleinen Gruppen benötigt. Nicht benötigt werden für dieses vordringliche Projekt vom Staat betriebene, für alle Kinder verpflichtende Ganztags-Einrichtungen, denn die Hoffnung, dass unsere Migranten-Kinder in der Kita oder in der Ganztagsschule rasch Deutsch lernen, weil sie dort mit lauter deutschen Kindern zusammen sind, wird schon deshalb nicht in Erfüllung gehen, weil wir in den vergangenen Jahrzehnten die Entstehung großer Ausländerquartiere zugelassen haben. – Dass für die Förderung unserer Migrantenkinder pädagogisch und linguistisch fundierte Konzepte benötigt werden, damit messbare Fortschritte in der Sprachkompetenz erzielt werden, zeigt das Beispiel des „Jacobs-Sommercamp Projekts".[79,80] Was

---

78 Preibusch, W.: Eine clusteranalytische Untersuchung, Frankfurt a. M. 1992, Seite 187 bis 223.
79 Petra Stanat, Jürgen Baumert & Andrea Müller: „Förderung von deutschen Sprachkompetenzen bei Kindern aus zugewanderten und sozial benachteiligten Familien: Erste Ergebnisse des Jacobs-Sommercamp Projekts", http://www.mpib-berlin.mpg.de/de/forschung/eub/projekte/Projektbeschreibung.pdf.

hier während der Sommerferien an direkter und indirekter Sprachförderung geboten wurde, müsste regelmäßig, an allen Wochentagen in altersgemäßen Sequenzen unseren Migranten-Kindern so lange geboten werden, bis sie die deutsche Sprache in der Weise beherrschen, dass sie auch in einer Gymnasialklasse dem Unterricht ohne Schwierigkeiten folgen könnten.

Wenn unsere Migranten Deutsch perfekt beherrschen würden, so wäre dies keineswegs gleichbedeutend damit, dass sie ihre kulturelle Identität aufgegeben haben (also „germanisiert" wurden). Von einem Deutschen, der z. B. die französische Sprache perfekt beherrscht, nehmen wir ja auch nicht an, dass er damit seine kulturelle Identität aufgegeben hat.[81]

Fazit: Weil der schlechte Gesamtmittelwert und der damit verbundene schlechte Listenplatz Deutschlands im PISA-Nationen-Ranking[82] zunächst vor allem als Beleg für ein Versagen unseres Schulsystems angesehen wurde, wurden in der von PISA ausgelösten bildungspolitischen Diskussion falsche Akzente gesetzt. Nicht ein rascher Umbau unseres Bildungssystems ist vordringlich vonnöten, sondern die gezielte sprachliche Förderung unserer Migranten. Hier stehen wir in Deutschland vor einer gewaltigen Aufgabe, weil die Versäumnisse von Jahrzehnten falscher Ausländerpolitik aufgearbeitet werden müssen. Empfehlenswert ist, sich dabei an finnischer Förderintensität und -professionalität zu orientieren, wo Kinder mit Migrationshintergrund von Speziallehrerinnen vor und parallel zur regulären Schule in kleinen Gruppen sehr effektiv gefördert werden. Wird eine solche sprachliche Qualifizierung jetzt nicht

---

80 Heidi Rösch: „DaZ-Reise im Jacobs-Sommercamp Bremen", http://www.tu-berlin.de/fb2/fadi/hr/hr-DaZ-Reise.htm.
81 Bei der Clusteranalyse aus dem Jahre 1986 hatte sich gezeigt, dass die türkischen Schüler, die die deutsche Sprache in den schriftlichen Tests am besten beherrschten auch in den türkisch-sprachigen Tests am besten abschneiden. Gleichzeitig waren die Familien dieser Kinder auffallend traditionell orientiert und zeigten eine „ausgeprägte Verwobenheit mit der türkischen Identität". Die Jungen nahmen besonders häufig am Koranunterricht, die Mädchen weit überdurchschnittlich oft am Konsulatsunterricht teil. Aktivitäten außer Hause ohne elterliche Aufsicht wurde den Schülern dieses Clusters am seltensten genehmigt. Siehe: Preibusch, W.: Eine clusteranalytische Untersuchung, Frankfurt a.M. 1992, Seite 159 bis 185.
82 Siehe die Rangreihe der Mittelwerte in Abbildung 2.11 und in Tabelle 2.5 bei Baumert, u. a., Kapitel 2, Opladen 2001, Seite 106 und 107.

in Angriff genommen, dann besteht die Gefahr, dass viele unserer Migranten sich auf unabsehbare Zeit hin mit einer Außenseiterrolle arrangieren müssen, was riskante Folgen für den sozialen Frieden haben wird. Völlig unzureichend wäre ferner, Sprachkurse nur für die Immigranten verpflichtend einzuführen, die neu zu uns kommen. Damit würden wir eine große Zahl hier lebender Menschen im sozialen Abseits belassen.

Mathematik „in der Welt" und mathematische „Grundbildung" – Zur Konsistenz des mathematikdidaktischen Rahmens von PISA

Uwe Gellert

Der besondere Charakter des mathematischen Testprogramms liege, so vom Deutschen PISA-Konsortium publiziert, in einer starken „fachdidaktischen Ausrichtung" (Klieme/Neubrand/Lüdtke 2001, S. 139). Diese zeige sich im Konstrukt „mathematische Grundbildung", das von PISA als Gegenstandsbereich definiert (Deutsches PISA-Konsortium 2000, S. 47) und in mathematikdidaktische Ansätze eingebettet wird. Dem antizipierten Leserkreis gemäß wird dies in den verschiedenen PISA-Publikationen unterschiedlich weit ausgeführt. So referiert das Deutsche PISA-Konsortium (2000) vor allem auf konzeptionelle Ähnlichkeiten von „Grundbildung" mit dem Begriff „literacy" aus dem Bereich sprachlicher Kompetenzen sowie, sich anscheinend auf dessen Bekanntheit und Autorität stützend, auf Hans Freudenthal (1983), ohne dies jedoch näher auszuführen. Offenbar richtet sich diese Darstellung an einen Leserkreis ohne vertiefte mathematikdidaktische Kenntnisse. Klieme/Neubrand/Lüdtke (2001) hingegen begründen detaillierter und legen den mathematikdidaktischen Rahmen der Testkonstruktion offen. Dabei explizieren die Autoren das theoretische mathematikdidaktische Fundament, auf das der Mathematikteil von PISA aufbaut – und machen es somit einer kritischen Analyse zugänglich. Diese soll im Folgenden geleistet werden.

PISAs Fundament als dreigliedrige Konstruktion

PISAs theoretisches mathematikdidaktisches Fundament stellt eine dreigliedrige Konstruktion dar (vgl. Klieme/Neubrand/Lüdtke

2001). Erstens verortet es sich in grundlegenden theoretischen Überlegungen Hans Freudenthals zu einer mathematikdidaktischen Phänomenologie: Mathematik zu lehren und zu lernen, so die Grundannahme, benötige zum einen eine Reflexion darüber, wie mathematische Begriffe „in der Welt" verankert sind. Zum anderen geht es vor allem darum, zur mathematisch-begrifflichen Vertiefung zu gelangen. Zweitens stellt der theoretische Rahmen von PISA eine bestimmte Konzeptionierung „mathematischer Grundbildung" mit einem „Schwerpunkt auf der funktionalen Anwendung von mathematischen Kenntnissen in ganz unterschiedlichen Kontexten" (Deutsches PISA-Konsortium 2000, S. 47) dar. Drittens wird die Vermittlung zwischen „der Welt" und „der Mathematik" als ein zirkulärer Modellierungsprozess konfiguriert, der sowohl kognitionspsychologisch als auch mathematikdidaktisch interpretiert wird.

Dieses dreigliedrige Fundament suggeriert, der Konstruktion von Testaufgaben und der Interpretation von Ergebnissen stünde ein stabiles und in der Wissenschaftsgemeinschaft konsensuelles Theoriegerüst zu Verfügung: Die Testaufgaben operationalisierten eine alternativenlose Normierung mathematischer Grundbildung und diese leite sich unmittelbar aus vermeintlich unstrittigen Fundamenten der Mathematikdidaktik (die didaktische Phänomenologie Freundenthals) und neuesten und viel versprechenden Entwicklungen ab (Aufgabenlösung als Modellierungsprozess). Ob oder inwieweit diese Komponenten des theoretischen Rahmens zueinander passen, sich ergänzen und nicht in Widerspruch miteinander geraten, ist hingegen fraglich. Dieser Frage wird in diesem Beitrag nachgegangen, und zwar vor allem mit Blick auf die Kompatibilität der Arbeiten Freudenthals zu einer mathematikdidaktischen Phänomenologie (Freudenthal 1983), die zunächst zusammengefasst und erörtert werden, und der Vorstellung einer „mathematischen Grundbildung" im Rahmen von PISA.

Didaktische Phänomenologie mathematischer Begriffe

Würde man eine Umfrage starten, wer wohl der bedeutendste Mathematikdidaktiker des 20. Jahrhunderts war, so lautete die Antwort mit hoher Sicherheit, quer durch alle theoretischen Strömungen, über alle Landesgrenzen hinweg: Hans Freudenthal. Ursprünglich ein junger und viel versprechender Mathematiker, sah sich Freudenthal gezwungen, Deutschland zu verlassen; als jüdischer Flüchtling wählte er die Niederlande zur neuen Heimat. In der Nachkriegszeit verlagerte er seinen Interessen- und Arbeitsschwerpunkt bald von der Mathematik zur Mathematikdidaktik. Er blieb in den Niederlanden und wurde dort zum Spiritus rector des Utrechter Instituts für die Entwicklung des Mathematikunterrichts, das heute unter dem Namen Freudenthal-Institut weltweit ein hohes Ansehen genießt (vgl. Keitel 2005).

Um die Bedeutung des Freudenthal'schen Schaffens zu verstehen, lohnt es sich zu vergegenwärtigen, an welcher Praxis des Mathematikunterrichts und welchen entsprechenden curricularen Konzeptionen seine Kritik ansetzt. Die von ihm kritisierte Praxis bestand darin, das mathematische Wissen, so wie es in der Universität als Institution der Wissensproduktion aufbereitet vorliegt, also in Form wohlgeordneter Definitionen, Theoreme und Hilfssätze, direkt, unmittelbar und ohne eine didaktische Transposition (Chevallard 1985) erfahren zu haben, in der Schule, einer anderen Institution, weiterzugeben. Seine Kritik richtet sich also auf zwei Punkte:
– Erstens wird der Prozess der Produktion von mathematischem Wissen in der Institution der Wissenschaft nachträglich verschleiert, indem das Wissen in einer geglätteten, sozusagen „aufpolierten" Form präsentiert wird. Unterrichtet man diese „Hochglanz-Version" von Mathematik, ohne deren Entstehungsprozess transparent zu machen, so handelt man anti-didaktisch.
– Zweitens ist eine besondere Art von didaktischer Transposition nötig. Diese habe nach Freudenthal stets daran anzusetzen, dass die Lernenden in der Schule in die Lernprozesse der Menschheit eingeführt werden sollten. Mathematische Begriffe, Strukturen und Ideen existieren seiner Ansicht nach immer in Beziehung zu den Phänomenen, für die sie einmal entwickelt wurden. Diese Beziehung gelte es, die Schüler im Mathematikunterricht erkennen zu lassen. Für den Mathematiklehrer ist es deswegen hilfreich, eine „didaktische Phänomenologie" des Unterrichtsgegenstands durchzuführen.

Was genau meint Freudenthal nun, wenn er von einer didaktischen Phänomenologie spricht? (Um ein Missverständnis auszuschließen:

Freudenthal benutzt den Begriff „Phänomenologie" nicht in dem Sinn, wie er in den philosophischen Schriften Husserls und Nachfolger Verwendung findet.) Freudenthal unterscheidet „thought objects" (griech. „Noumena"), also Gedachtes, und „phenomena" („Phänomena"), also die sinnlichen Erscheinungen, die Wirklichkeit. Mathematische Inhalte (z. B. Zahlen) sind Noumena, aber man kann mit Zahlen durchaus auch als Phänomena umgehen. Mathematische Begriffe, Strukturen und Ideen dienen dazu, die Wirklichkeit zu ordnen und zu verstehen, wobei unter Wirklichkeit sowohl die konkrete Welt, in der wir leben, verstanden wird als auch die Welt der mathematischen Begriffe. Betrachten wir einige Beispiele: Mit Hilfe geometrischer Figuren wie Dreieck, Parallelogramm, Raute und Quadrat gelingt es uns, die Welt der Kontur-Phänomene zu ordnen; mit Zahlen organisieren wir uns Quantitäts-Phänomene. Hier dienen die Noumena der geometrischen Figuren und der Zahlen dazu, die Phänomena der konkreten Welt zu organisieren. Auf einer anderen Ebene hingegen werden diese Noumena selbst als Phänomena betrachtet: Geometrische Figuren werden hierarchisiert (durch ihre Konstruktionseigenschaften sowie etwa gemäß der mathematischen Kriterien Symmetrie, Rechtwinkligkeit...), mit dem Dezimalsystem verschaffen wir uns eine Organisation der Zahlen. Und so geht es weiter in immer höhere, immer abstraktere mathematische Sphären: Auch diese neuen Noumena werden als Phänomena betrachtet, die geordnet werden können. Mathematik ordnet ähnliche mathematische Phänomena unter einem neuen, übergeordneten Begriff – Gruppe, Körper, topologischer Raum usw.

Unter einer Phänomenologie mathematischer Begriffe, Strukturen und Ideen versteht Freudenthal nun, dass diese Noumena in ihrer Beziehung zu *den* Phänomena gesehen werden, für die sie eine Ordnung schaffen, für die sie ursprünglich erdacht wurden und auf welche sie bezogen werden können. Dazu gehört eine Analyse, *wie* die Noumena Ordnung in die Phänomena bringen und welche Macht über die Phänomena sie uns schenken. Wenn in dieser Untersuchung das didaktische Element im Vordergrund steht, also wenn das Augenmerk darauf gerichtet ist, wie diese Beziehung zwischen Noumena und Phänomena Thema des Lernens und Lehrens im Mathematikunterricht werden kann, so nennt Freudenthal dies eine *didaktische* Phänomenologie.

In „Didactical Phenomenology of Mathematical Structures" führt Freudenthal (1983) in aller Breite ein Dutzend solch didaktisch-phänomenologischer Analysen durch. Im Folgenden sei beispielhaft eine dieser Analysen dargestellt, und zwar zum Bereich der Bruchzahlen, um einen vertieften Einblick in die Vorgehensweise einer didaktischen Phänomenologie zu ermöglichen. Dazu ist es hier nötig, Freudenthals Darstellung zu übersetzen, sie erheblich zu komprimieren, zu kürzen und viele Details unerwähnt zu lassen, da die Analyse im Original einen Umfang von 45 Seiten beansprucht (vgl. Freudenthal 1983).

0. In der Form einer Vorbemerkung erörtert Freudenthal zunächst, wieso es ihm geraten erscheint, von Bruchzahlen, statt vom korrekten mathematischen Begriff der rationalen Zahlen zu sprechen. Als für eine didaktische Phänomenologie passendes Argument führt er an, dass das Brechen/der Bruch den phänomenologischen Ursprung der rationalen Zahlen darstellt. Bruchzahl ist (nicht nur in Deutschland, sondern entsprechend in anderen Ländern auch) der Ausdruck, der benutzt wird, um die rationalen Zahlen in den Mathematikunterricht einzuführen. Rationale Zahlen klinge viel zu sehr nach Vernunft und verhindere die Assoziation des Brechens und Zerteilens.

1. Die eigentliche Analyse beginnt mit der Betrachtung von Bruchzahlen in der Alltagssprache: *Halb so viel, lang, schwer, alt* ... vergleicht Quantitäten und Werte bestimmter Größen. Weniger üblich ist: *ein Drittel so viel, zwei Drittel so schwer* ... Selten ist: *zwei und ein Drittel so lang, alt* ... Ausdrücke wie *ein Drittel mal so groß* gehören hingegen kaum noch zur Alltagssprache. *Die Hälfte von, ein Drittel von, ein Viertel von* beschreiben Quantitäten oder Werte einer Größe mit Hilfe einer anderen: *ein Drittel des Weges, die Hälfte von 7 EUR*. Vielfachbildungen sind möglich: *drei Viertel des Tages*.

Zum alltagssprachlichen Gebrauch von Bruchzahlen gehört auch die symbolische Form: *¼ Liter, 5¼ Flaschen* ... Etwas fremd wirken manche Verbindungen von Bruchzahlen mit Multiplikation, etwa *⅓ mal so lang* oder *¼ so alt*, jedoch kann man durchaus sagen: *der Schlüssel muss 2¼ mal umgedreht werden, 2⅓ mal das Rad gedreht* ... Üblicher ist aber: *2½ Drehungen des Schlüssels, 2 1/3 Umdrehungen des Rades* ... *Mal* wird hierbei durch *des* ersetzt. Ähnli-

che Uneindeutigkeiten finden wir in Formulierungen wie *3 von 5, 8 Liter pro 100 Kilometer, 3 Teile Sirup und 2 Teile Wasser*. Erstaunlich ist auch: *jeder fünfte Mensch ist Chinese, jedes dritte Los gewinnt*.
2. Als nächsten Punkt betrachtet Freudenthal Situationen, in denen Bruchzahlen als Teilende fungieren. Hierin finden wir Tätigkeiten wie das Falten von Papier (das Halbieren, Vierteln...), das Verteilen von bestimmten Größen von etwas, das Vergleichen von Anteilen etc. Sehr konkret wird das Teilen, wenn etwa in gleich große Teile zerschnitten, zerbrochen, gefärbt... wird. Dabei kann das Ganze, welches es zu teilen gilt, diskret oder kontinuierlich, genau bestimmt oder unbestimmt, bereits strukturiert oder unstrukturiert sein. Die Teile können verbunden sein oder nicht, das Teilen selbst strukturiert und schematisch oder unstrukturiert. Freudenthal zeichnet einige Beispiele:

 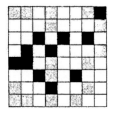 

Abbildung 1. Bruchzahlen als Teilende

Nun werden Bruchzahlen als Vergleichende thematisiert: *In diesem Saal sind halb so viele Männer wie Frauen, die Straße ist 2½ mal so breit wie der Gehweg* ... Dies geschieht hier noch auf einer umgangssprachlichen Ebene. Mathematisch präzise hieße es: *Die Anzahl der Männer in diesem Raum ist halb so groß wie die Anzahl der Frauen, die Breite der Straße beträgt 2½ mal die des Gehwegs* ... Man vergleicht also nicht mehr gewisse Objekte, sondern Anzahlen und Größenwerte derselben. Ein Vergleich kann direkt oder indirekt ablaufen: direkt, wenn Objekte dadurch verglichen werden, dass man sie nahe aneinander bringt; indirekt, wenn man ein drittes Objekt, etwa einen Maßstab, für den Vergleich benutzt.
3. Verlässt man die konkrete Ebene des Teilens und Vergleichens gelangt man allmählich zur Bedeutung des Messens. Schreitet man weiter, erscheinen Bruchzahlen als Operatoren, nämlich als Inver-

se zum Multiplikationsoperator (*der dritte Teil von* oder *ein Drittel von* als Inverse zu *dreimal*; s. auch Abb. 2).
4. Bruchzahlen als rationale Zahlen gemäß der bekannten Äquivalenz von Paaren ganzer Zahlen: $[m, n] \sim [m_1, n_1] \Leftrightarrow mn_1 = m_1n$.
5. Dezimalbrüche (was hier nicht weiter ausgeführt werden soll).

Zwischenfazit: Wie aus diesem Beispiel ersichtlich, kann unter einer didaktischen Phänomenologie eine tief schürfende und umfassende Analyse von Alltagsphänomenen, von diese Phänomene durchdringenden mathematischen Begriffen und von diese mathematischen Begriffe (als neue zu ordnende mathematische Phänomene) einbettenden Strukturen und Ideen verstanden werden. Zwar wird von einem mathematischen Begriffsfeld und seiner Struktur ausgegangen, es wird jedoch systematisch nach deren phänomenologischen Ursprüngen gesucht. Didaktische Phänomenologie ist demnach sowohl mehr als das, was in der Praxis der Unterrichtsvorbereitung als Sachanalyse bezeichnet wird, als auch als das, was man gemeinhin didaktische Analyse nennt. Sie ist sogar mehr als beides zusammen, da sie insbesondere die Beziehungen zwischen der mathematischen Strukturwelt und der außermathematischen und innermathematischen Bezugswelt herstellt.

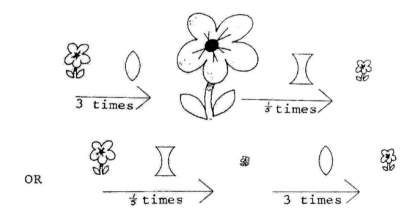

Abbildung 2. Bruchzahlen als Operatoren

Realistic Mathematics Education

Freudenthals Überlegungen wurden im Utrechter Freudenthal-Institut in den 1990er Jahren zu einer curricularen Konzeption, einer „konkreten Umsetzung dieser Ideen in die Schulwirklichkeit" (Klieme/Neubrand/Lüdtke 2001, S. 142) ausgearbeitet – und dabei jedoch verzerrt –, die unter dem Namen „Realistic Mathematics Education" international bekannt ist. Ansatzpunkt in einem Unterricht, der der curricularen Konzeption „Realisitic Mathematics Education" folgt, sind immer – realistische, keineswegs authentische – Phänomene der konkreten Wirklichkeit. Diese werden mathematisch betrachtet, es werden, in Freudenthals Terminologie, für sie Noumena eingeführt. Diese Noumena dienen dann als Phänomena usw. Dieser sukzessive Perspektivenwechsel bewirkt einen progressiven Ablösungsprozess in Richtung mathematischer Abstraktion. Um solch einen Unterricht zu planen, wird jedoch nicht von den Gegebenheiten der konkreten Welt ausgegangen, sondern von den mathematischen Begriffen, Strukturen und Ideen, zu denen durch das fortschreitende Abstrahieren gelangt werden soll.

Progressives Abstrahieren wird im Rahmen von „Realistic Mathematics Education" als „horizontales" und „vertikales Mathematisieren" (Treffers 1987, Treffers/Goffree 1985) bezeichnet, was aber nicht mit dem Mathematisieren im Kontext von Modellierungsprozessen, der dritten Komponente des mathematikdidaktischen PISA-Fundaments (vgl. Klieme/Neubrand/Lüdtke 2001, S. 144), verwechselt werden sollte. Horizontales Mathematisieren zielt im Sinn von „Realistic Mathematics Education" darauf, eine „realistische" (nicht authentische!) Problemstellung in ein mathematisch formuliertes Problem (zurück) zu transferieren. Es werden in diesem Schritt also ein oder mehrere mathematische Noumena für ein („realistisch" konstruiertes) Alltagsphänomen konstruiert. Dies kann etwa dadurch geschehen, dass mittels Schematisierung und Visualisierung Regelmäßigkeiten und Beziehungen aufgedeckt werden. Für diese gilt es dann, ein passendes mathematisches Instrumentarium zu finden. Eine solche horizontale Komponente ist etwa dem Visualisieren und Formulieren eines Problems auf verschiedene Art und Weise, dem Erkennen von strukturidentischen Aspekten in verschiedenen Problemen und dem Transferieren eines „real world pro-

Tabelle 1. Klassifizierung curricularer Konzeptionen

	Horizontales Mathematisieren	Vertikales Mathematisieren
Mechanistische Konzeption	–	–
Empiristische Konzeption	+	–
Strukturalistische Konzeption	–	+
Realistische Konzeption	+	+

blem" in ein mathematisches Problem inhärent (vgl. Treffers 1987). Ist erst das Problem in ein mehr oder weniger mathematisches Problem transferiert worden, so kann es nun mit mathematischen Werkzeugen in Angriff genommen werden. Das Mathematik gewordene „real world problem" wird sozusagen mathematisch weiterverarbeitet und aufpoliert. Die Noumena zur Beschreibung des Alltagsphänomens werden demnach nun als mathematische Phänomena betrachtet. Eine solche vertikale Komponente von Mathematisierung ist etwa dem Verbessern und Anpassen von Modellen, dem Generalisieren und dem Formulieren eines neuen mathematischen Begriffs inhärent.

Diese Einteilung in horizontales und vertikales Mathematisieren verwendet Treffers in „Three Dimensions. A Model of Goal and Theory Description in Mathematics Instruction – The Wiskobas Project" (1987), um die überragende Qualität von „Realistic Mathematics Education" zu unterstreichen. Dazu stellt er einen Vergleich mit drei anderen curricularen Konzeptionen an, die er als mechanistisch, empiristisch und strukturalistisch bezeichnet. Er zeichnet die Tabelle 1.

Betrachtet man jedoch die Situationskontexte, in denen bei „Realistic Mathematics Education" Mathematikaufgaben formuliert sind, so kann man feststellen, dass diese weitaus weniger wichtig sind als die mathematischen Begriffe und Strukturen, zu denen man gelangen will; siehe das Beispiel in Abbildung 3.

Die Situationen sollen eben bloß realistisch sein. In anderen Worten: Das Plus oben in Treffers Tabelle beim horizontalen Mathematisieren im Rahmen einer empiristischen Konzeption stellt etwas durchaus anderes dar als das Plus an gleicher Stelle bei „Realistic

Abbildung 3. Aufgabenbeispiel „RME"

Mathematics Education". Konkret hat dies häufig zur Folge, dass die dabei vollzogenen Rekontextualisierungen zu Verzerrungen der Situationen und der in ihnen als angemessenen zu bezeichnenden Handlungsweisen führen (vgl. Dowling 1996). Der Anspruch Freudenthals, Noumena in ihren Beziehungen zu den Phänomena zu sehen, für die sie entwickelt wurden, wird bei „Realistic Mathematics Education" gerade nicht eingelöst. Die Situationen erscheinen stattdessen häufig beliebig, was darüber hinaus dazu führt, dass jegliche wünschenswerte Reflexion über die Angemessenheit formaler Problemansätze (vgl. Keitel/ Kotzmann/Skovsmose 1993) unterbleibt. Das unreflektierte Hineinsehen mathematischer Strukturen in extra darauf zugeschnittene Alltagssituationen kann dazu führen, dass Schülern den entsprechenden Alltagssituationen eher unangemessen komplizierte Lösungswege vorgeschrieben werden. Dies hat mithin zur beobachtbaren Konsequenz, dass sich viele Schüler in mathematischen Symbolismen verlieren, Interesse einbüßen und sich letzten Endes gegen genau die mathematische Art des Denkens sperren, die zu kultivieren „Realistic Mathematics Education" antritt.

Anzumerken ist, dass die Problematik lediglich „realistischer" Aufgabeneinbettung in PISA-Publikationen erkannt wird. Klieme/ Neubrand/Lüdtke (2001, S. 143) resümieren, dass mit entsprechenden realitätsbezogenen Mathematikaufgaben weniger eine „handlungsorientierte Umwelterschließung" als eine „begriffliche Vertiefung" angestoßen wird. Das Deutsche PISA-Konsortium (2000, S. 58) verweist gar darauf, dass im Rahmen von PISA Aufgaben des oben dargestellten Typs („Rose Bowl", Abb. 3) aufgrund mangelnder Authentizität möglichst vermieden werden. Unverständlich ist dann jedoch, warum in Klieme/Neubrand/Lüdtke (2001) „Realistic Mathematics Education" als theoretisch-curricularer Bezug von PISA expliziert wird.

Mathematische Grundbildung

Diese Verpflichtung auf eine bestimmte curriculare Konzeption ist dem Allgemeinheitsanspruch von PISA nicht förderlich. Dies zeigt sich verstärkt dort, wo die von PISA bezogene didaktisch-curriculare Grundposition mit der selbst formulierten Ausrichtung in Konflikt gerät. Im so genannten Framework von PISA wird diese Ausrichtung international als „mathematical literacy" und deutsch als „mathematische Grundbildung" bezeichnet. Dazu heißt es (Deutsches PISA-Konsortium 2000, S. 47):

> Mathematische Grundbildung ist die Fähigkeit einer Person, die Rolle zu erkennen und zu verstehen, die die Mathematik in der Welt spielt, fundierte mathematische Urteile abzugeben und sich auf eine Weise mit der Mathematik zu befassen, die den Anforderungen des gegenwärtigen und künftigen Lebens dieser Person als konstruktivem, engagiertem und reflektierendem Bürger entspricht.

Dabei, so das Deutsche PISA-Konsortium (2000, S. 47) weiter, liege „der Schwerpunkt auf der funktionalen Anwendung von mathematischen Kenntnissen in ganz unterschiedlichen Kontexten". Die Fokussierung auf funktionale Anwendungen stellt *ein* bestimmtes Verständnis von „mathematical literacy" dar, welches im Übrigen mit einem traditionellen deutschen Bildungsbegriff nicht unbedingt in Einklang steht (vgl. Jablonka/Keitel 2004). Aber dies soll hier nicht vertieft werden. Interessieren soll stattdessen, ob die PISA-Definition einer mathematischen Grundbildung tatsächlich mit den Arbeiten Freudenthals zusammengebracht werden kann.

In der curricularen Konzeptionen des progressiven Abstrahierens auf der Grundlage einer didaktischen Phänomenologie geht es vor allem darum, mathematische Begriffe und Strukturen zu ihren Ursprüngen (der Alltagswelt oder anderer mathematischer Begriffe) zurückzuführen und daraufhin, von Alltagssituationen ausgehend und sich von diesen zunehmend entfernend, zu mathematischen Strukturen und abstrakten Begriffen zu gelangen (siehe oben). Dies ist etwas deutlich anderes als funktionale Anwendung. Freudenthal (1983) verweist nicht auf das zukünftige Leben als konstruktiver Bürger; es genügt, mathematische Begriffe und Strukturen im Kontext ihrer Genese und Konstruktion zu erkennen. Freudenthals Ziel zeigt sich als eine didaktisch aufgeklärte Mathematik und nicht eine mathematisch verstandene Wirklichkeit.

Diese Inkonsistenz kann als störend empfunden werden; sie bleibt jedoch nicht die einzige. Ein Überblick über die veröffentlichten internationalen PISA-Testaufgaben zeigt, dass diese zwar nicht besonders zur PISA-Definition einer mathematischen Grundbildung passen, dafür aber umso besser zu einer curricularen Konzeption des progressiven Abstrahierens. Man betrachte etwa die zu Demonstrationszwecken veröffentlichte gestufte PISA-Testaufgabe (s. z. B. Klieme/Neubrand/Lüdtke 2001, S. 148):

Diese Aufgabe thematisiert das mathematisch interessante Phänomen der unterschiedlichen Geschwindigkeiten linearen und quadratischen Wachstums. Dazu wird an einer im obigen Sinn realistischen, nicht aber realen oder gar authentischen Situation angesetzt. Die Verzerrungen, zu welchen die Rekontextualisierungen im außermathematischen Kontext führen, werden hier ignoriert, ganz gemäß der Konzeption „Realistic Mathematics Education". Vor dem Hintergrund der Freudenthal'schen Ausarbeitungen mag dies durchaus akzeptabel erscheinen, im Kontext eines definierten Gegenstandsbereichs „mathematische Grundbildung" hingegen ist dies eine unangemessene Mathematisierung, die jegliche nicht-formale, aber womöglich situationssensible und durchaus auch effektive Herangehensweise an das Problem von Obstanbau als irrelevant abtut. Dies ist typisch für PISA-Aufgaben, in denen Rennwagen maximal mit einer Geschwindigkeit von 160 km/h fahren, der Wert von Pizza nach dem Durchmesser bestimmt wird und Bauernhäuser Verwendung finden, um inhaltlich beliebige Quaderkantenlängen zu berechnen (vgl. Gellert/Jablonka 2002).

Äpfel

Ein Bauer pflanzt Apfelbäume an, die er in einem quadratischen Muster anordnet. Um diese Bäume vor dem Wind zu schützen, pflanzt er Nadelbäume um den Obstgarten herum.

Im folgenden Diagramm siehst du das Muster, nach dem Apfelbäume und Nadelbäume für eine beliebige Anzahl (n) von Apfelbaumreihen gepflanzt werden:

```
    n = 1        n = 2           n = 3              n = 4
    x x x      x x x x x      x x x x x x x      x x x x x x x x x
    x • x      x •   • x      x •   •   • x      x •   •   •   • x
    x x x      x       x      x         x        x             x
               x •   • x      x •   •   • x      x •   •   •   • x
               x x x x x      x         x        x             x
                              x •   •   • x      x •   •   •   • x
    x = Nadelbaum              x x x x x x x      x             x
    • = Apfelbaum                                 x •   •   •   • x
                                                  x x x x x x x x x
```

Frage 1: Äpfel
Vervollständige die Tabelle:

n	Anzahl Apfelbäume	Anzahl Nadelbäume
1	1	8
2	4	
3		
4		
5		

Frage 2: Äpfel
Es gibt zwei Formeln, die man verwenden kann, um die Anzahl der Apfelbäume und die Anzahl der Nadelbäume für das oben beschriebene Muster zu berechnen:
Anzahl der Apfelbäume = n^2
Anzahl der Nadelbäume = $8n$
wobei n die Anzahl der Apfelbaumreihen bezeichnet.
Es gibt einen Wert für n, bei dem die Anzahl der Apfelbäume gleich groß ist wie die Anzahl der Nadelbäume. Bestimme diesen Wert und gib an, wie du ihn berechnet hast.
....
....

Frage 3: Äpfel
Angenommen, der Bauer möchte einen viel größeren Obstgarten mit vielen Reihen von Bäumen anlegen. Was wird schneller zunehmen, wenn der Bauer den Obstgarten vergrößert: die Anzahl der Apfelbäume oder die Anzahl der Nadelbäume? Erkläre, wie du zu deiner Antwort gekommen bist.

Abbildung 4. Beispiel einer PISA-Testaufgabe

Konsequenzen

Die mathematikdidaktische Rahmenkonstruktion von PISA versucht den Eindruck zu erwecken, die Testaufgaben orientierten sich an einem stabilen und schlüssigen theoretischen Gerüst etwa folgender Art: In den Testaufgaben liegt das Konstrukt der mathematischen Grundbildung als funktionale Kompetenz operationalisiert vor; dieses Konstrukt, der Untersuchungsbereich, ist konsistent in einen allseits akzeptierten theoretischen Rahmen eingebettet, der

> Testaufgaben
>
> Untersuchungsbereich: mathematische Grundbildung als funktionale Kompetenz
>
> theoretischer Rahmen: Freudenthals didaktische Phänomenologie mathematischer Begriffe

Abbildung 5. Mathematikdidaktischer Rahmen lt. PISA

in einer didaktischen Phänomenologie mathematischer Begriffe besteht (s. Abbildung 5).

Diese Einbettung erfolgt jedoch nicht konsistent und widerspruchsfrei. Wie die obige Analyse zeigt, wäre es angemessener, die in Abbildung 6 gezeigte Bezugnahme vorzunehmen.

Eine Konsequenz dieser Korrektur ist, dass der öffentlich propagierte und gesamtgesellschaftlich höchst relevante Anspruch, eine funktionale Grundkompetenz zu untersuchen, zurückgenommen werden müsste. Zu sagen, mit PISA versuche man zu bestimmen, inwieweit der in Deutschland übliche Mathematikunterricht dazu befähige, Mathematikaufgaben zu lösen, die in Anlehnung an eine international mehr oder weniger anerkannte curriculare Konzeption entwickelt oder adaptiert wurden, würde die Bedeutung von PISA auf ein erheblich geringeres, jedoch vermutlich weitaus „realistischeres", Maß zurückstutzen.

Die erfolgten Erörterungen zum mathematikdidaktischen Referenzrahmen, so wie er in Klieme/Neubrand/Lüdtke (2001) expliziert vorliegt, verweisen darauf, dass dieser weniger auf einer vertretbaren Auslegung von Freudenthals Schriften basiert als auf ei-

> Testaufgaben
>
> curriculare Konzeption: Realistic Mathematics Education
> ⇑
> theoretischer Rahmen: Progressives Abstrahieren

Abbildung 6. Angemessenere Bezugnahme für den mathematik- didaktischen Rahmen

ner oberflächlichen und womöglich gerade daher passend erscheinenden, wissenschaftliche Autorität jedoch eher vorspielenden, Anbindung an einen Mathematikdidaktiker, dessen Renommee außer Zweifel steht. Solch ein Diskurs versucht, die mathematikdidaktische Einbettung von PISA vor Kritik zu schützen und den Anschein zu erwecken, man bewege sich mathematikdidaktischerseits in einem hochgradig konsensuellen Bereich. Hierzu sind jedoch erhebliche Zweifel angebracht: Die Brüche und Widersprüche, die auftreten, wenn ein eher gesellschaftlich bestimmter Begriff wie „mathematical literacy" mit mathematikdidaktisch-konzeptionellen wie „Mathematik als System begrifflicher Werkzeuge nach Freudenthal" verbunden werden, sind deutlich zu erkennen (vgl. Gellert/Jablonka/Keitel 2001, Jablonka 2003).

Diese Zweifel stellen letztendlich den Machtanspruch der an PISA beteiligten Akteure in Frage – Macht im Sinn einer sich auf unterschiedliche, hier inkommensurable, Ressourcen stützenden Macht der Definition (Keller 2001), die andere Wirklichkeit ausschließt und die strukturiert, was gesellschaftlich für wirklich, wichtig und richtig gehalten wird. Die praktischen Effekte solch einer definitorischen Macht sowie die offensichtlichen Schwierigkeiten, dagegen anzutreten (Schlömerkemper 2004), offenbaren sich bei der von geäußerter Kritik unbeeindruckt fortschreitenden Implementation schulischer Bildungsstandards.

Literatur

Chevallard, Yves (1985). *La transposition didactique – du savoir savant au savoir enseigné.* Grenoble: La Penseé Sauvage.

Deutsches PISA-Konsortium (Hrsg.) (2000). *Schülerleistungen im internationalen Vergleich.* Berlin: Max-Planck-Institut für Bildungsforschung.

Dowling, Paul (1996). A Sociological Analysis of School Mathematics Texts. In: *Educational Studies in Mathematics* 31, S. 389–415.

Freudenthal, Hans (1983). *Didactical Phenomenology of Mathematical Structures.* Dordrecht: D. Reidel.

Gellert, Uwe; Jablonka, Eva (2002). Tasks and Questions Used in International Assessment of Mathematical Literacy. In: Bazzini, Luciana/Whybrow, Catherine (Hrsg.) *Mathematical Literacy in the Digital Era. Research, Teacher Education and Classroom Practice Aimed at a Mathematics Education for All* (S. 114–118). Mailand: Ghisetti e Corvi.

Gellert, Uwe; Jablonka, Eva; Keitel, Christine (2001). Mathematical Literacy and Common Sense in Mathematics Education. In: Atweh, Bill/Forgasz, Helen/Nebres, Ben (Hrsg.) *Sociocultural Research on Mathematics Education: An International Perspective* (S. 57–73). Mahwah: Lawrence Erlbaum.

Jablonka, Eva (2003). Mathematical Literacy. In: Bishop, Alan/Clements, Ken/Keitel, Christine/Kilpatrick, Jeremy/Leung, Frederick (Hrsg.) *Second International Handbook of Mathematics Education* (S. 75–102). Dordrecht: Kluwer.

Jablonka, Eva; Keitel, Christine (2004). Funktionale Kompetenz oder mathematische Allgemeinbildung? In: *Die Deutsche Schule* 96 (8), S. 145–154.

Keitel, Christine (2005). Encounters with Hans Freudenthal. In: ter Heege, Hans; Goris, Tom; Keijzer, Ronald; Wesker, Lidy (Hrsg.) Freudenthal 100 (S. 19–22). Utrecht: Freudenthal Instituut.

Keitel, Christine; Kotzmann, Ernst; Skovsmose, Ole (1993). Beyond the Tunnel Vision: Analysing the Relationship Between Mathematics, Society and Technology. In: Keitel, Christine; Ruthven, Kenneth (Hrsg.) *Learning from Computers: Mathematics Education and Technology* (S. 243–279). Berlin: Springer.

Keller, Reiner (2001). Wissenssoziologische Diskursanalyse. In: Keller, Reiner; Hirseland, Andreas; Schneider, Werner; Viehöver, Willy (Hrsg.) *Handbuch Sozialwissenschaftliche Diskursanalyse.* Bd. 1: Theorien und Methoden (S. 113–143). Opladen: Leske + Budrich.

Klieme, Eckhard; Neubrand, Michael; Lüdtke, Oliver (2001). Mathematische Grundbildung: Testkonzeption und Ergebnisse. In: Deutsches PISA-Konsortium (Hrsg.) PISA 2000. Basiskompetenzen von Schülerinnen und Schülern im internationalen Vergleich (S. 139–190). Opladen: Leske+Budrich.

Schlömerkemper, Jörg (Hrsg.; 2004). Bildung und Standards. Zur Kritik der „Instandsetzung" des deutschen Bildungswesens. *Die Deutsche Schule,* 8. Beiheft, 96. Jg.

Treffers, Adrian (1987). *Three Dimensions. A Model of Goal and Theory Description in Mathematics Instruction – The Wiskobas Project.* Dordrecht: D. Reidel.

Treffers, Adrian; Goffree, Fred (1985). Rational Analysis of Realistic Mathematics Education. In: Streefland, Leen (Hrsg.) *Proceedings of PME-9* (S. 97–123). Utrecht: OW&OC.

PISA und die Bildungsstandards

Hans-Dieter Sill

1 Vorbemerkungen

Als eine direkte Folge von PISA vollzieht sich in Deutschland ein Prozess der Entwicklung und Implementierung von so genannten Bildungsstandards. Dieser Prozess ist – angefangen von dem Bezug auf Initiativen der OECD, den politischen Dimensionen und den aufgewendeten Mitteln bis hin zu der radikalen Änderung von Plänen – in seinen Ausmaßen und Auswirkungen nur vergleichbar mit der Welle der „Neuen Mathematik" in den 60er und 70er Jahren. Mit einem KMK-Beschluss von 1968 wurden damals, Orientierungen der OECD folgend, radikale Revisionen aller Lehrpläne aller Schulstufen und Schularten in Angriff genommen und von Bildungspolitikern unter dem Einfluss ihrer Berater mit institutioneller Macht entschlossen umgesetzt, trotz aller noch so gut begründeter Kritik von einigen Didaktikern und Mathematikern. „Die Lehrerschaft hatte zu folgen, ob sie wollte oder nicht." (Wittmann 2005, S. 6) 1976 wurden die KMK-Richtlinien nach massiven Protesten auch der Eltern wieder revidiert. Es hat aber nach der Einschätzung von Wittmann 15 bis 20 Jahre gedauert, bis der aus heutiger Sicht offensichtliche Irrtum wieder korrigiert werden konnte (S. 7). Heymann sieht als einen wesentlichen Grund für das Scheitern der Reform an, dass das Prinzip der kulturellen Kohärenz eklatant verletzt wurde (1996, S. 155).

Trotz äußerer Ähnlichkeiten gibt es aber erhebliche inhaltliche Unterschiede der aktuellen Bewegung zur New-Math-Welle. Als eine Konsequenz der Ausrichtung an der PISA-Philosophie ist ein wesentliches Merkmal der gegenwärtigen Aktivitäten die besondere Rolle, die man Leistungserhebungen zur Unterrichtsentwicklung beimisst. Hier werden nach meiner Auffassung trotz aller gegenteiligen Beteuerungen die international hinlänglich bekannten Effekte eines „teaching to the test" missachtet. Lind (2003) stützt sich bei seinen kritischen Bemerkungen zur aktuellen Evaluationskultur auf die US-amerikanischen Erfahrungen bei der Durchführung von Schulleistungstests. Nach einer 2002 erschienenen Studie zweier renommierter US-Bildungsforscher kam es nach Einführung solcher Tests überwiegend zu sinkenden Schulleistungen. Zudem stieg die Zahl der Sitzenbleiber und der vorzeitigen Schulabbrecher an. Der Unterricht verengte sich immer mehr auf die durch Tests vorgegebenen Inhalte und Lernformen. Es konnte sogar nachgewiesen werden, dass vergleichende Schulleistungstests soziale Benachteiligungen im Bildungssystem nicht bloß aufdecken, sondern verstärken oder gar selbst verursachen.

Auch Wittmann (2005) zitiert aus einem Artikel in der „Washington Post", in dem festgestellt wird:

> Jede Stunde, die damit verbracht wird, Schülerinnen und Schüler auf Tests vorzubereiten, ist eine Stunde, die sie daran hindert, kreative, kritische und neugierige Lerner zu werden. Daher läuft das Streben nach höheren Punktzahlen in Wirklichkeit auf das Absenken der Leistungen hinaus. Schülerinnen und Schüler werden bis zur Absurdität getestet und zwar im Namen von Lernzielkontrollen. (S. 9 f.)

Man sollte allerdings die so genannte Output-Orientierung nicht mit dem Missbrauch von Tests zur Steuerung der Unterrichtsentwicklung gleichsetzen. Die Bestrebungen, den Unterricht entweder durch die Vorgabe konkreter Ziele am Ende eines Lernprozesses oder durch die Veränderung der Unterrichtsgestaltung beeinflussen zu wollen, sind zwar einander entgegengesetzt, bedingen sich aber auch wechselseitig. Das reine Propagieren einer neuen Aufgabenkultur, verbunden mit dem Bereitstellen einer Vielzahl von Aufgaben und Lernarrangements, führt letztlich nur zu einem Aktionismus, dessen Ergebnisse unbestimmt sind. Genauso wenig nützt es, wenn man zwar die Ziele des Unterrichts klar festlegt, aber ihre Abhängigkeit von den Bedingungen und den Methoden der Unterrichtsgestaltung ignoriert.

2 Zur Geschichte der Bildungsstandards

Es wird selten erwähnt, dass bereits mit einem Beschluss der Kultusministerkonferenz vom 12.05.1995 Standards für den mittleren Schulabschluss in den Fächern Deutsch, Mathematik und erste Fremdsprache verabschiedet wurden. Selbst in der Expertise zur Entwicklung nationaler Bildungsstandards (Klieme u. a. 2003) wird auf die Standards von 1995 und die damit gesammelten Erfahrungen mit keinem Wort eingegangen. Es wird sogar behauptet, dass bisher in Deutschland keine Bildungsstandards vorgelegt wurden (Klieme u. a. 2003, S. 35). Diese von der Kultusministerkonferenz beschlossenen Standards sollten durch eigene Beschlüsse in den Bundesländern als verbindliche Grundlage für die Entwicklung von Lehrplänen bzw. Rahmenrichtlinien verwendet werden. Dies haben nur wenige Länder getan. Über die Wirksamkeit dieser Orientierungen bei Lehrplanarbeiten habe ich keine Veröffentlichung gefunden. Der Beschluss zur Erarbeitung der verbindlichen Standards von 1995 war Bestandteil der „Vereinbarung über die Schularten und Bildungsgänge im Sekundarbereich I" vom 03.12.1993, mit dem die von einer Dreigliederung abweichenden Schulstrukturen der CDU-regierten neuen Bundesländer Sachsen, Sachsen-Anhalt und Thüringen ebenso akzeptiert wurden wie die integrierten Gesamtschulen in SPD-geführten Ländern, indem die Vergleichbarkeit der Abschlüsse an formelle Kriterien der Wochenstundenzahl, der Fremdsprachenfolge und der zu erreichenden Fachstandards gebunden wurde. (Rürup 2005, S. 12)

Die Standards für den mittleren Schulabschluss im Fach Mathematik aus dem Jahre 1995 beschreiben die notwendigen arithmetischen, algebraischen und geometrischen Kenntnisse, Fähigkeiten und Fertigkeiten, die Schüler am Ende des Sekundarbereiches I besitzen sollen, um Sachfragen im Alltag lösen zu können, den Anforderungen qualifizierter beruflicher Ausbildung zu genügen und über Grundlagen für weiterführende schulische Bildungsgänge zu verfügen (Standards 1995, S. 6). Die Standards sind in die drei Bereiche Arithmetik/Algebra, Geometrie und Stochastik gegliedert. Dabei wurde zugelassen, dass an Stelle der Stochastik eine Vertiefung aus Arithmetik/Algebra und Geometrie treten kann, womit offensichtlich die Belange einiger Bundesländer wie Bayern berücksichtigt wurden, in denen die Stochastik kein Bestandteil der Realschulbildung zu dem Zeitpunkt war und wohl auch nicht sein sollte. Es werden in jedem Bereich fachliche Schwerpunkte und zugeordnete Qualifikationen angegeben. Die fachlichen Schwerpunkte sind mathematische Themen und die Qualifikationen sind Schülertätigkeiten, die beherrscht werden sollen.

Auch wenn für die Standards nicht die Bezeichnung Bildungsstandards im Sinne der Expertise verwendet wurde, der Begriff Kompetenz nicht auftaucht, keine Aussagen über fachübergreifende Ziele gemacht wurden und auch keine Aufgaben enthalten waren, können die Standards von 1995 doch als Festlegung von abschlusorientierten Qualifikationen für fachspezifische Kompetenzen angesehen werden. Die Formulierungen der Qualifikationen stimmen mit vielen jetzt als inhaltsbezogene mathematische Kompetenzen bezeichneten Aussagen fast völlig überein.

Die bildungspolitischen Entwicklungen nach den großen internationalen Leistungsstudien TIMSS und PISA müssen auch vor dem Hintergrund der seit den 50er Jahren währenden und in letzter Zeit wieder verstärkten Föderalismusdebatte im Bildungswesen und den damit verbundenen Auseinandersetzungen zwischen Bund und Ländern gesehen werden. Nach Einschätzung von Rürup (2005) wollten die Kultusminister der Länder mit ihrer schnellen Reaktion auf die Ergebnisse dieser Studien ihre ausschließliche Problemlösekompetenz im Bildungsbereich gegenüber einer bundesstaatlichen Kompetenz nachweisen.

Während die KMK von den 1997 veröffentlichten Ergebnissen der TIMS-Studie noch völlig überrascht war und mit vielfältigen Maßnahmen ohne ein Gesamtkonzept reagierte, beschloss die KMK bereits kurz nach der 2001 erfolgten Veröffentlichung der Ergebnisse von PISA ein konkretes System von Maßnahmen (KMK 2002 a). Sie stellte dabei zunächst fest, dass die Länder die entscheidende Aktionsebene sind, wenn es darum geht, Konsequenzen aus den Ergebnissen der PISA-Studie zu ziehen und definiert dann sieben Handlungsfelder mit konkret zu ergreifenden Maßnahmen. Das Handlungsfeld 5 lautet: „Maßnahmen zur konsequenten Weiterentwicklung und Sicherung der Qualität von Unterricht und Schule auf der Grundlage von verbindlichen Standards sowie eine ergebnisorientierte Evaluation". Es enthält folgende Vorschläge: Neufassung von Rahmenlehrplänen; Erstellung von Schulprogrammen; Durchführung und Auswertung von Vergleichsarbeiten (auch schulübergreifend); Intensivierung der externen Evaluation; Erarbeitung von Standards in den Kernfächern; Qualitätsmanagement an Schulen. (KMK 2002 a). Die gleichzeitig vorgelegten Vorschläge des auf Initiative des Bundes zur Sicherung von Qualität und Zukunftsfähigkeit des deutschen Bildungssystems 1999 eingesetzten „Forum Bildung" wurden als Anregungen abgewertet (Rürup 2005, S. 13).

Bereits in ihrer Sitzung am 23. und 24. Mai 2002 in Eisenach verständigten sich die Kultusminister der Länder darauf, gemeinsame Standards für die Schulbildung zu erarbeiten. „In diesen Standards sollen Kerninhalte, die als gesichertes Wissen zusammen mit Fertigkeiten und überfachlichen Kompetenzen am Ende eines bestimmten Bildungsabschnitts vorhanden sein müssen, festgelegt werden." (KMK 2002 b, S. 1) Am 25. Juni 2002 vereinbarten die Kultusminister bereits einen Zeitplan zur Entwicklung der Standards, bis zum Herbst 2003 sollten die Standards für den mittleren Schulabschluss in Deutsch, Mathematik und der ersten Fremdsprache neu gefasst werden und bis zum Frühjahr 2004 sollten Standards für den Hauptschulabschluss in den Fächern Deutsch, Mathematik und einer Fremdsprache sowie für die Grundschule (4. Schuljahr) in Deutsch und Mathematik erarbeitet werden. (KMK 2002c)

In dieser Zeit kam es zu öffentlichen Kontroversen zwischen der amtierenden Präsidentin der Kultusministerkonferenz, der Thüringer Ministerin für Wissenschaft, Forschung und Kunst, Prof. Dagmar Schipanski (CDU) und der Bundesbildungsministerin Edelgard Bulmahn (SPD).

Das Bundesbildungsministerium unternahm eigene Schritte zur Erhöhung der Bildungsqualität als Konsequenz aus PISA. So stellte Frau Bulmahn im Januar 2002 das Ergebnis einer Studie vor, in der die STIFTUNG WARENTEST im Auftrag der Bundesregierung die Möglichkeit und den Bedarf für Bildungstests geprüft hatte. Das BMBF erklärte, dass die Bundesregierung für eine neu zu gründende Abteilung von STIFTUNG WARENTEST mit dem Namen „Stiftung Bildungstest" in den nächsten drei Jahren zunächst rund zwei Millionen Euro jährlich zur Verfügung stellen würde. (BMBF 2002a)

Am 25. Juni 2002 unterbreitete die Bundesministerin ein 5-Punkte-Programm „Zukunft Bildung" als nationale Antwort auf PISA, das die Schaffung nationaler Bildungsstandards und den Aufbau einer nationalen Evaluationseinrichtung enthält. (BMBF 2002b) Die Präsidentin der KMK forderte daraufhin das Bundesbildungsministerium auf, zur Kenntnis zu nehmen, dass die KMK bereits mit der Arbeit an den Bildungsstandards begonnen hat (KMK 2002c).

Im Juli 2002 erklärte Frau Bulmahn in einem Zeitungsinterview:

> Die KMK hat nichts beschlossen, sie hat sich lediglich auf länderübergreifende Bildungsstandards verständigt. Das kann alles heißen: etwa dass jedes Land Standards entwickelt und sie miteinander vergleicht ... Standards müssen – wie in den erfolgreichen Pisa-Ländern – von Wissenschaftlern entwickelt werden und nicht von den Ministerien der Länder. In dieser Frage gibt es einen klaren Dissens zwischen Bund und CDU-geführten Ländern. (Stuttgarter Zeitung 2002)

Daraufhin fühlte sich die KMK veranlasst, in einer Pressemitteilung vom 31. Juli 2002 erneut darauf hinzuweisen, dass die KMK die Einführung der Bildungsstandards für alle Länder bereits beschlossen und mit der Erarbeitung begonnen hat, wobei selbstverständlich auch wissenschaftliche Experten einbezogen werden. (KMK 2002d)

Das Bildungsministerium beauftragte im August 2002 das Deutsche Institut für Internationale Pädagogische Forschung (DIPF),

> eine interdisziplinäre Forschungsgruppe zusammenzustellen und eine Expertise anzufertigen, die alle Akteure der Bildungspolitik darin unterstützen könnte, verbindliche nationale Bildungsstandards zu entwickeln, zu implementieren und für die Qualitätsentwicklung zu nutzen. (Klieme u. a. 2003, S. 9)

In der Plenarsitzung der Kultusministerkonferenz am 17. und 18. Oktober 2002 in Würzburg wurden die getroffenen Vereinbarungen zu den Standards fortgeschrieben. Es wurde bekannt gegeben, dass eine Steuerungsgruppe berufen wurde, die die Organisation von Fachkommissionen zur konkreten Erarbeitung von Bildungsstandards festlegt und unter Mithilfe von Wissenschaftlern die Grundlage für die Erarbeitung von Standards entwickelt. Diese Arbeitsgruppen sollten am 18. Oktober 2002 ihre Arbeit aufnehmen und sie zwischen 2003 und spätestens 2004 abschließen. Dieses Vorgehen sollte den praktischen Fortschritt bei der Erarbeitung bundesweit geltender Standards sicherstellen und damit „eine kontroverse, fachwissenschaftliche Diskussion über Anforderungen an Standards zeitlich begrenzen helfen ..." (KMK 2002e, S. 1). Die Einhaltung dieser Standards sollte regelmäßig durch eine unabhängige gemeinsam beauftragte wissenschaftliche Einrichtung überprüft werden. Für die interne und externe Evaluation in den Ländern sollten auf der Grundlage der Standards Aufgabenpools aufgebaut und gemeinsam kontinuierlich weiterentwickelt werden. Die KMK erwartete weiterhin, dass die Ergebnisse der von der Bundesregierung in Auftrag gegebenen Expertise zur Entwicklung nationaler Bildungsstandards in einem zeitlichen Zusammenhang mit dem Verfahren der Kultusministerkonferenz zur Erarbeitung von Standards erörtert werden. (KMK 2002e, S. 1).

Bei der Vorstellung der Expertise des Bundes am 18. Februar 2003, genau 4 Monate nach Beginn der Tätigkeit der Arbeitsgruppen der KMK, betonte die Bundesbildungsministerin:

> Die Festlegung von schulformübergreifenden Mindestkompetenzen, wie sie von den Autoren der Expertise vorgeschlagen werden, sei deshalb so wichtig, weil damit vor allem die unterdurchschnittlichen Schülerleistungen verbessert und allen Schülern unabhängig von ihrer Herkunft an jedem Ort der Republik ausnahmslos die gleichen Bildungschancen eröffnet würden. (BMBF 2003)

Die Arbeitsgruppe zur Entwicklung der Bildungsstandards für den mittleren Schulabschluss im Fach Mathematik bestand nach meiner Kenntnis aus Vertretern von Landesinstituten aller Bundesländer. Die Gruppe wurde von Frau Christa Herwig vom Thüringer Institut für Lehrerfortbildung, Lehrplanentwicklung und Medien geleitet. Als wissenschaftliche Berater wirkte der Didaktiker Werner Blum, der ebenfalls Mitglied der Expertenkommission zur Erstellung der Expertise (Klieme u. a. 2003) war sowie Mitglied der Expertengruppe Mathematik im Deutschen PISA-Konsortium ist.

Der erste Entwurf der Standards für den mittleren Abschluss wurde bereits knapp 9 Monate nach Beginn der Arbeit am 9. Juli 2003 veröffentlicht und zur Diskussion gestellt. Der Termin für die Stellungnahmen war der 10. September 2003. Die Bildungsstandards wurden mit geringen Änderungen von der KMK am 4. Dezember 2003 beschlossen (KMK 2003). Der erste Entwurf der Bildungsstandards für den Primarbereich und den Hauptschulabschluss lag am 23. April 2004 vor und wurde nach einer Anhörungsfrist von 2 Monaten am 15. Oktober 2004 durch die KMK als verbindliche Grundlage für alle Bundesländer übernommen.

In der außerordentlich kurzen Zeit der Arbeit an den Bildungsstandards war es weder möglich, die vorhandenen Curricula in den einzelnen Bundesländern zu analysieren und ein Konsens zu den unterschiedlichen Auffassungen zu konkreten Fragen der Ziele des Mathematikunterricht zu erreichen, noch verschiedene Ansätze für Kompetenzmodelle zu diskutieren. In persönlichen Gesprächen mit Mitgliedern der Arbeitsgruppe erfuhr ich, dass das Kompetenzstufenmodell von OECD/PISA von dem wissenschaftlichen Berater als „neuester Stand der Wissenschaft" eingebracht und weitgehend übernommen wurde.

Im Juni 2004 gründete die KMK ein eigenes Länder-Institut zur Qualitätssicherung im Bildungswesen (IQB) an der Humboldt-Universität zu Berlin, das einen Stamm von 14 Mitarbeitern und einen Jahresetat von 2,4 Mill. EUR hat. Am 07.12.2004 wurde als Leiter des Instituts der Bildungsforscher Olaf Köller berufen. Kennzeichnend für die Rivalität von Bund und Ländern ist, dass die Kultusminister bei der Einrichtung des Institutes jegliche finanzielle Beteiligung des Bundes ausschlugen (Rürup 2005, S. 13).

Aus der Darstellung der Entstehungsgeschichte der Bildungsstandards kann man u. a. folgendes erkennen:

Die Standards sind nicht im Resultat gründlicher wissenschaftlicher Analysen internationaler und nationaler Entwicklungen entstanden, sondern sind Ergebnis eines politisch motivierten Beschlusses auf ministerialer Ebene, der in sehr kurzer Zeit umzusetzen war. Es bestanden deshalb weder zeitliche noch personelle Ressourcen, um den wissenschaftlich außerordentlich anspruchsvollen und vielschichtigen Prozess der Entwicklung nationaler Standards in der notwendigen Tiefe und Gründlichkeit zu gestalten. Selbst die wissenschaftliche Expertise (Klieme u. a. 2003), die in Anbetracht der notwendigerweise sehr kurzen Entstehungszeit kaum zu umfangreichen, tiefgründigen und fachspezifischen Ergebnissen kommen konnte, hat in wesentlichen Punkten keinen Einfluss mehr auf die Standardentwicklung gehabt (vgl. Abschnitt 5). Dies war auch allein schon deshalb kaum realisierbar, da sie erst veröffentlicht werden konnte, nachdem mit der Arbeit an den Standards nach vorgegebenen Orientierungen der Kultusminister bereits begonnen wurde. In der Öffentlichkeit und auch in Publikationen (Blum u. a. 2005) wird aber oft wider besseren Wissens der Eindruck erweckt, dass die Expertise die wissenschaftliche Grundlage der Bildungsstandards darstellt und nur in der Frage, ob man Mindest- oder Regelstandards formulieren sollte, ein gewisser aber unbedeutender Unterschied besteht.

Die Entwicklung der Standards konnte weiterhin nicht genutzt werden, einen breiten Diskurs unter Lehrern, Bildungsforschern und Didaktiker zu zentralen Problemen der Curriculumentwicklung in Gang zu setzen. Die Anhörungszeit von zwei Monaten (und dazu noch in den Sommermonaten Juli und August) war ein sicherer Garant dafür, dass keine kontroversen Diskussionen vor Verabschiedung der Standards ausgelöst wurden. Auch die teilweise gegenläufigen und wenig abgestimmten Aktivitäten von Bund- und Länderebene trugen nicht dazu bei, den Prozess der Entwicklung von Bildungsstandards optimal und effektiv zu gestalten.

Die aktuellen Bildungsstandards können als der erneute Versuch einer Bildungsreform von oben angesehen werden und sind für mich Ausdruck eines typisch deutschen Hangs zur zentralen Steuerung von Unterrichtsentwicklungen. Sie sind zumindest für den Mathematikunterricht weder das Ergebnis einer breiten Bewegung in der Lehrerschaft, noch einer Gesamtanalyse der Curriculumentwicklung in Deutschland und ebenfalls kein Resultat einer wissenschaftlich fundierten Curriculumtheorie.

Die Kultusminister standen unter dem politischen Druck, angesichts der Deutung der PISA-Ergebnisse als deutsche Bildungsmisere schnell zu handeln. Mangels wissenschaftlicher Vorarbeiten in Deutschland wurden in nahe liegender Weise Ideen und Konzepte der PISA-Philosophie aufgegriffen, insbesondere die Idee des permanenten Testens von Leistungen und der damit verbundenen Hauptorientierung auf die Ergebnisse der Bildung anstatt auf den Prozess. Im Hintergrund stand vermutlich auch der Gedanke, auf diesem Wege am schnellsten und leichtesten zu besseren Ergebnissen bei den nächsten internationalen Leistungstests zu kommen.

Nun lässt sich die in Gang gesetzte administrative Maschinerie kaum noch aufhalten. In allen Ländern wird versucht, die aktuellen curricularen Pläne mit dem Kompetenzmodell der Bildungsstandards in Einklang zu bringen. Es werden oft in kurzer Zeit so genannte Kernlehrpläne entwickelt, Aufgabenkataloge entsprechend den Niveaustufen der Standards zusammengestellt, Lehrerfortbildungen organisiert u. v. a. m. Die vor allem marktwirtschaftlich orientierten Lehrbuchverlage greifen die aktuellen Tendenzen auf und publizieren zahlreiche neue Schriften unter dem Logo der Bildungsstandards.

Blum u. a. stellen dazu fest:

> Die Einführung von Standards ist, damit sie rasch wirksam werden kann, i. w. ‚von oben' erfolgt, initiiert von der Politik und konzipiert von der Wissenschaft (womit die Autoren für sich einen erstaunlichen Alleinvertretungsanspruch reklamieren, H.-D. S.). Nun muss aber rasch die gesamte Lehrerschaft einbezogen werden, d. h. mit Geist und Intentionen der Standards vertraut gemacht und alltagspraktisch handlungsfähig gemacht werden. Lehrer müssen befähigt werden, in selbstverständlicher Weise standardbezogen zu arbeiten. (2005 S. 273)

Kritische Stimmen, die nicht in das politische und wissenschaftliche Konzept passen (Sill 2004), werden von den Verantwortlichen selbst auf didaktischer Ebene kaum zur Kenntnis genommen oder als unbedeutend abgetan.

Die eigentliche Hauptverantwortung für diese Entwicklungen tragen aber aus meiner Sicht die mit PISA verbundenen Bildungsforscher, die entweder wissentlich oder in Unkenntnis der didaktischen Unterrichtsforschung den Wert von Testarbeiten maßlos übertrieben und die Bedeutung von fachdidaktisch fundierten Curricula fast völlig missachtet haben. Aber auch erhebliche Desiderate in der Curriculumforschung in der Mathematikdidaktik sind eine der Ursachen für das entstandene Dilemma zwischen der Notwendigkeit von Veränderungen und ihrer mangelnden inhaltlichen Fundierung.

3 Bemerkungen zur Curriculumentwicklung und zur Curriculumforschung zum Mathematikunterricht in Deutschland

Der Begriff Curriculum verbreitete sich in Deutschland in den 70er Jahren im Zusammenhang mit den Reformen des Mathematikunterrichts und wurde zunächst als ein umfassendes Unterrichtslenkungssystem im Ergebnis der Lernzielbewegung verstanden (Claus 1995). Heute wird der Begriff vielfach nur als Synonym für zentrale Planungsdokumente wie Lehrpläne, Rahmenrichtlinien u. a. verwendet.

Es ist jedoch mangels anderer Termini sinnvoll, unter einem Curriculum für den Mathematikunterricht im weiteren Sinne ein Konzept für einen Unterrichtsprozess zu verstehen, das folgende Merkmale und Bestandteile hat (Sill 2000):
– Der konzipierte Unterricht erstreckt sich über eine oder mehrere Stufen des Bildungssystems des betreffenden Landes.
– Das Konzept basiert auf einer bestimmten Theorie zu den äußeren und inneren Momenten des betreffenden Unterrichts.
– Das Konzept umfasst sämtliche Ziele und Inhalte des betreffenden Unterrichts.
– Das Konzept beinhaltet
  o eine Angabe der Ziele, wesentlichen Inhalte und Grundanforderungen an die Gestaltung des Unterrichts,
  o Konzepte für ein System von Teilprozessen des Unterrichts,
  o eine Formulierung der Begriffe, Sätze und Verfahren sowie ihrer Zusammenhänge, die Inhalt des Unterrichts sind,
  o eine Sammlung von Aufgaben, die zur Realisierung der Ziele in den Teilprozessen eingesetzt werden können,
  o die Bereitstellung von geeigneten Unterrichtsmitteln.

Unter Unterricht werden dabei alle Prozesse der gezielten Entwicklung psychischer Dispositionen von Schülern im Klassenverband verstanden. Ein Curriculum ist in seiner vergegenständlichten Form ein abgestimmtes System aus einem Lehrplan bzw. einer Rahmenrichtlinie, Schulbüchern, Arbeitsheften u. a. Unterrichtsmitteln sowie einer Darstellung der projektierten Entwicklungsprozesse und der Möglichkeiten zu ihrer Gestaltung. Im Unterschied zu Konzepten für unterrichtliche Teilprozesse wie etwa einem Algebra-Lehrgang oder einem Kurs zur Arbeit mit leistungsschwachen Schülern müssen in einem Curriculum sämtliche Ziele für eine Altersstufe in ihrer Verflechtung und Entwicklung unter Beachtung der zeitlichen Bedingungen berücksichtigt werden.

In diesem umfassenden Sinne existiert z. Z. in Deutschland mit Ausnahme des Projektes von Müller und Wittmann „mathe 2000" für den Mathematikunterricht in der Grundschule kein Curriculum zum Mathematikunterricht, sondern nur eine Vielzahl von Elementen eines Curriculums wie Richtlinien und Lehrbücher, ohne dass in der Regel die Grundlagen und Ideen ihrer Erarbeitung dargestellt werden. Es gibt weiterhin gegenwärtig in der Mathematikdidaktik keine Struktur oder Institution, die ein solches Curriculum hervorbringen könnte.

In den 60er und 70er Jahren fanden im Zusammenhang mit den damaligen Lehrplanreformen und den damit verbundenen Veränderungen von Schullehrbüchern zahlreiche Analysen von Lehrplänen bzw. Rahmenrichtlinien sowie Lehrbüchern statt. Nach einigen Arbeiten in den 80er Jahren gibt es seit Beginn der 90er Jahre kaum noch Publikationen in dieser Richtung. Eine Analyse der Reihe „Beiträge zum Mathematikunterricht", die die Konferenzbeiträge der Jahrestagungen der GDM enthält, ergab für die 10 Jahre von 1990 bis 1999, dass von den etwa 1000 veröffentlichten Konferenzbeiträgen in dieser Zeit lediglich 10 Beiträge Problemen der Curriculumentwicklung in Deutschland gewidmet waren, darunter allein fünf von Didaktikern aus der ehemaligen DDR.

Völlig anders stellte sich die Situation in der Curriculumforschung der DDR dar. Analog zum Freudenthal-Institut in den Niederlanden gab es eine zentrale wissenschaftliche Einrichtung, die Abteilung Mathematik in der Akademie der Pädagogischen Wissenschaften, die sämtliche Arbeiten zu einem Curriculum im eigentlichen Sinne koordinierte. So waren der Lehrplan zusammen mit einer didaktisch-methodischen Konzeption des Mathematikunterrichts, die Lehrbücher für die einzelnen Klassenstufen, die Unterrichtsmittel und auch die Handreichungen zum Unterricht für die Mathematiklehrer Gegenstand zahlreicher theoretischer und empirischer Untersuchungen. Die Entwicklungsarbeiten erfolgten in enger Zusammenarbeit mit Vertretern der Schulpraxis. Leider konnte diese Tradition der didaktischen Forschung in Deutschland nach 1990 auf Grund der politischen Verhältnisse nicht weitergeführt werden. Die Abteilung Mathematik der Akademie der Pädagogischen Wissenschaften wurde sofort abgewickelt und alle Hochschullehrerstellen für Methodik wurden in der Regel bundesweit neu ausgeschrieben. Dies führte dazu, dass kein Mitglied der Akademie und nur sehr wenige ehemalige Hochschullehrer für Mathematik-Methodik der DDR weiter wissenschaftlich tätig sein konnten. Lediglich im Rahmen eines ABM-Projektes an der TU Berlin, das nur für ein Jahr genehmigt und dann nicht mehr verlängert wurde, begannen 1991 drei ehemalige Akademiemitglieder mit einer detaillierten Analyse der etwa 270 Lehrpläne für die Grundschule und die Sekundarstufe I, die im Schuljahr 1991/92 in den alten Bundesländern gültig waren (Fanghänel, Stamm, Weber 1992).

Trotz der aktuellen Brisanz der Entwicklung im curricularen Bereich finden sich im Tagungsprogramm für die 40. Tagung zur Didaktik der Mathematik vom 6. bis 10. März 2006 in Osnabrück neben einem Hauptvortrag eines Bildungsforschers bei insgesamt 136 Sektionsbeiträgen lediglich drei Beiträge, die sich explizit mit den Bildungsstandards und zwei Beiträge, die sich mit Problemen der Arbeit mit Schullehrbüchern beschäftigen.

Die Auseinandersetzung mit Lehrplänen und Lehrbüchern wird von der überwiegenden Mehrzahl der Didaktiker in Deutschland nach meiner Einschätzung gegenwärtig nicht als Feld der wissenschaftlichen Arbeit angesehen.[1] Dies ist auch eine Folge der Wissenschaftspolitik der DFG in Bezug auf die didaktische Forschung. Dort können gegenwärtig Didaktiker nur Anträge auf Drittmittel in den Fachkollegien Erziehungswissenschaften, Psychologie oder Sozialwissenschaften stellen, womit kaum Aussichten auf DFG-Mittel für curriculare didaktische Forschungen bestehen.

Dies hat nach meinen Beobachtungen verheerende Folgen für die Wirksamkeit und die Akzeptanz von Didaktikern in der Schule. Es kann bezweifelt werden, dass von den Hunderten von Vorträgen auf den Jahrestagungen und den vielen Artikeln in Fachzeitschriften überhaupt eine nennenswerte Anzahl von Lehrern rezipiert wird. Für die Mehrzahl der Lehrer sind der gültige Plan und die vorhandenen Lehrbücher die wichtigsten Mittel ihrer Arbeit. Es sind

---

[1] Auf der Jahrestagung der GDM im Jahre 2000 habe ich im Rahmen eines Sektionsvortrages die Bildung eines Arbeitskreises zur Curriculumforschung vorgeschlagen. Lediglich drei Kollegen haben daraufhin Interesse an der Gründung eines solchen Arbeitskreises bekundet. Auf meinen kritischen Beitrag zu den aktuellen Bildungsstandards in den Mitteilungen der GDM (Sill 2004), in dem ich erneut die Bildung eines Arbeitskreises zur Curriculumforschung vorschlug, erhielt ich lediglich zwei kurze zustimmende Rückmeldungen. Auch zu dem entsprechenden Vortrag auf der Jahrestagung der GDM im Jahre 2005 (Sill 2005) gab es keine Resonanz.

aber kaum noch Didaktiker an der Erarbeitung von Lehrplänen und Lehrbüchern beteiligt. Die Kollegen, die daran mitwirken, sind zum überwiegenden Teil nicht in der didaktischen Gesellschaft vertreten. Wenn auch durch die oft fast konspirative Tätigkeit von Lehrplankommissionen kaum die Möglichkeit besteht, im Vorfeld oder während der Arbeit darauf Einfluss zu nehmen, sind diese Dokumente nach ihrer Veröffentlichung und teilweise im Anhörungsverfahren noch vor ihrer Inkraftsetzung ein lohnender Gegenstand wissenschaftlicher Analysen. Zu Beginn der 90er Jahre wurden in allen fünf neuen Bundesländern neue Lehrpläne bzw. Richtlinien erarbeitet und in Kraft gesetzt, die im Spannungsfeld zwischen der Tradition des Plans in der DDR und der Übernahme von Erkenntnissen und Methoden aus den alten Bundesländern höchst spannende Dokumente sind (Sill 1993 a). Nach einer langen Phase geringer Veränderungen im Lehrplanbereich wurden auch in den alten Bundesländern zum Ende der 90er Jahre und mit Beginn des neuen Jahrtausends sowie in den neuen Bundesländern fast alle Pläne überarbeitet. Als Beispiel seien hier nur die Pläne für das Gymnasium in der Sekundarstufe I betrachtet. Tabelle 1 zeigt, in welchen Jahren in den Bundesländern überarbeitete Pläne in Kraft gesetzt bzw. als Entwurf veröffentlicht wurden.

Ein gemeinsames Merkmal vieler neuer Pläne ist die Vereinheitlichung der Gestaltung der Pläne aller Fächer und ihre Einordnung in ein Gesamtkonzept des Unterrichts. So enthalten einige Lehrpläne für jedes Fach einen gleichen allgemeinen Teil zu den grundle-

Tabelle 1. Neue Pläne fÃ¼r den Mathematikunterricht an Gymnasien

Jahr	Bundesland
1997	Baden-Württemberg, Schleswig Holstein
1999	Thüringen
2001	Bremen
2002	Brandenburg, Hessen, Mecklenburg-Vorpommern
2003	Niedersachsen, Nordrhein-Westfalen, Sachsen-Anhalt
2004	Bayern, Hamburg, Saarland, Sachsen
2005	Berlin[a], Rheinland-Pfalz[b]

a Entwurfsfassung   b nur Orientierungsstufe

genden Zielen, Konzepten und Grundsätzen der Unterrichtsgestaltung und im Anschluss daran den Fachplan als Konkretisierung der allgemeinen Ziele. Die Vereinheitlichung betrifft z. T. auch die Pläne der einzelnen Schularten.

Die Tendenz zur Koordinierung der Unterrichtsfächer drückt sich auch in der Aufnahme von Forderungen und Anregungen für fachübergreifendes Arbeiten in allen neuen Plänen aus. So werden oft fächerverbindende Unterrichtsabschnitte für jede Klassenstufe vorgeschlagen und bei den meisten Themen findet man Verweise auf Pläne anderer Fächer sowie Vorschläge für fächerübergreifende Projekte.

Ein zentrales Problem der Curriculumentwicklung ist die Frage der Strukturierung des Lehrgangs. Von den Vertretern der Standard-Welle wird gerne ein Gegensatz zwischen den Bildungsstandards und den traditionellen Lehrplänen konstruiert. Diese seien reine „abzuarbeitende Listen von Lerninhalten" (Blum u. a. 2005, S. 268). Damit werden die erheblichen Anstrengungen und auch beachtenswerten Ergebnisse in den Lehrplankommissionen völlig ignoriert und durch die Forderung nach neuen „Kerncurricula" zunichte gemacht. Es zeigt sich zudem, dass die Bildungsstandards gegenüber vorhandenen Konzepten einen Rückschritt darstellen.

So wurde z. B. im neuen Lehrplan von Nordrhein-Westfalen für die Realschule von 1993 meines Wissens erstmalig in einem Realschullehrplan im Fach Mathematik in den alten Bundesländer die Auffassung vertreten und umgesetzt, dass der Mathematikunterricht nicht ausschließlich an der Fachsystematik auszurichten sei, sondern die Inhalte in für Schüler bedeutsame Kontexte gestellt werden müssen (Richtlinien und Lehrpläne für die Realschule in Nordrhein-Westfalen: Mathematik 1993, S. 61). Es wurde in dem Plan weiterhin versucht, das Wechselverhältnis von Lernziel- und Handlungsorientierung zu gestalten, ein realschulspezifisches Abschlussniveau zu konzipieren und wie in jedem Plan viele andere komplizierte Detailprobleme der Auswahl, Anordnung und Gewichtung von Zielen und Inhalten des Mathematikunterrichts zu lösen (Sill 1993b).

Auf das Konzept eines neuen Lehrplans für die Gesamtschulen in Nordrhein-Westfalen im Jahre 1998 hatten die Auffassungen von W. Heymann (1996) zur mathematischen Allgemeinbildung wesentlichen Einfluss. Diese waren ebenfalls eine Orientierungsgrundlage für damals in Hamburg laufende Arbeiten an neuen Plänen für alle Schularten. Heymann geht von sechs allgemeinen Zielen des Mathematikunterrichts aus und vertritt die Auffassung, dass Veränderungen im Mathematikunterricht vor allem erreicht werden können durch einen höheren Grad des eigenaktiven und kooperativen Lernens von Inhalten, die die Schüler als sinnvoll und bedeutsam erfahren. Der Unterricht wurde deshalb im Plan nach „Themenfeldern" strukturiert, deren Behandlung obligatorisch ist. Zu jedem Themenfeld werden angegeben: Anforderungen (Schülertätigkeiten); mathematische Inhalte; Beschreibungen des Sinns, der Bedeutung und der zentralen Ideen der Inhalte sowie Lernsituationen, die als Anregung gedacht sind. Für die Doppel-Jahrgangsstufe 5/6 gab es folgende 11 Themenfelder: Daten; Körper und Flächen; Vergleichen und Messen; Beziehungen im Raum; Gesellschaft und Wirtschaft; Symmetrien und Muster; Zufall; Zuordnungen und Modelle; Mathematische Reisen; Freizeit, Technik und Sport sowie Mathematische Grundfertigkeiten. Die gleichen 11 Themenfelder galten ebenfalls für die Klassen 7/8 und einige auch für 9/10.

Zu diesem völlig neu strukturierten Plan hat der Klett-Verlag eigens eine neue Lehrbuchreihe (Mathe live : Mathematik für Gesamtschulen) herausgebracht. Es wäre sehr interessant zu untersuchen, welche Resultate und Probleme diese Neustrukturierung des gesamten Curriculums erbracht hat.

Der Gesamtschulplan wie auch der Lehrplan für die Realschule sind in der Zwischenzeit im Zuge der Umsetzung der Bildungsstandards durch einen sehr kurzfristig erstellten und dürren „Kernlehrplan" ersetzt worden.

Für die Erarbeitung der neuen Mathematiklehrpläne für Schleswig-Holstein (1997) wurde für alle Fächer verbindlich ein pädagogisches Konzept vorgegeben, das als „Kompetenzmodell" bezeichnet wird. Dieses Modell liegt u. a. auch allen Thüringer Lehrplänen von 1999, den Rahmenrichtlinien in Mecklenburg-Vorpommern für die Orientierungsstufe und die Sekundarstufe I sowie dem gemeinsamen Plan der Länder Berlin, Brandenburg, Bremen und Mecklenburg-Vorpommern für die Grundschule zugrunde. Es wäre mit Blick auf die hohen Erwartungen an die neuen Kompetenzmodelle höchst interessant zu untersuchen, welche Auswirkung diese mit großen

Anstrengungen „kompetenzorientiert" überarbeiteten Pläne auf den Unterricht in der Schule haben. Insbesondere durch das Thüringer Institut für Lehrerfortbildung, Lehrplanentwicklung und Medien, an dem auch die Vorsitzende der KMK-Kommission für die Bildungsstandards zum mittleren Schulabschluss Frau Christa Herwig arbeitet, wurde versucht, das neue Vorgehen theoretisch zu begründen (ThILLM 1998).

In den Schullehrbüchern gibt es seit Beginn der 90er Jahre zahlreiche weitere Entwicklungstendenzen, die durch Didaktiker analysiert werden müssten. So wurde der Anwendungsbezug der Mathematik wesentlich erhöht. Dies zeigt sich in einer Fülle von entsprechenden Lehrbuchelementen. Der theoretische Anspruch wurde in Realschulreihen und besonders in Hauptschulreihen erheblich gesenkt. Dies hat zum Verzicht auf ganze Teilbereiche mathematischer Bildung, wie etwa dem Können im Beweisen und Definieren geführt. Es wird kaum noch über die didaktischen Konzepte reflektiert. In Lehrerhandbüchern findet man bis auf sehr wenige Ausnahmen keine entsprechenden Ausführungen bzw. Hinweise zur Unterrichtsgestaltung mehr, sondern nur noch die Lösungen der Aufgaben. Es gibt eine Fülle neuer interessanter Aufgaben und Hergehensweisen, aber kaum grundsätzlich neue didaktische Ideen.

Alle diese Entwicklungen blieben von Didaktikern relativ unbemerkt. Es fanden in den letzten 15 Jahren mit sehr wenigen Ausnahmen weder Analysen von Plänen oder Lehrbüchern noch eigene konstruktive, wissenschaftlich orientierte Arbeiten zur Curriculumentwicklung statt.

Eine der Ausnahmen ist die Initiative des Arbeitskreises „Stochastik" der GDM zum Entwurf eines nationalen Stochastikcurriculums. In dem AK arbeiten sowohl Didaktiker als auch am Stochastikunterricht interessierte Mathematiker und Mathematiklehrer aus Deutschland und Österreich mit. Im November 2000 tagte der Arbeitskreis zum Thema „NCTM-Standards – Anregungen zur Verbesserung des Stochastikunterrichts" am Max-Planck-Institut für Bildungsforschung in Berlin. Im Ergebnis der Diskussion zu den NCTM-Standards (vgl. 4.) wurde auf Anregung des Verfassers vereinbart, eine bildungspolitische Stellungnahme zum Stochastikunterricht in Deutschland zu verfassen, in der die Grundideen der Standards, insbesondere die Schwerpunktsetzung auf die Entwicklung einer Datenkompetenz mit berücksichtigt werden sollten. In einem ersten Schritt wurden die Lehrpläne aller Schularten und Schulstufen aller Bundesländer hinsichtlich stochastischer Ziele und Inhalte analysiert. In einem aufwändigen Verfahren wurden unter Mitarbeit zahlreicher AK-Mitglieder sämtliche Angaben in einer Datei zusammengestellt. Die Analyse zeigte drastische Unterschiede zwischen den Bundesländern im Hinblick auf Umfang und Art der Behandlung stochastischer Themen. Aus Sicht des Arbeitskreises wiesen alle Lehrpläne Mängel auf. Da zum damaligen Zeitpunkt in fast allen Bundesländern eine Revision der Lehrpläne in den kommenden Jahren zu erwarten war, entschloss sich der Arbeitskreis auf seiner Herbsttagung im Jahre 2001, einen eigenen Vorschlag für ein nationales Stochastikcurriculum von Klasse 1 bis 13 zu entwerfen. Dazu wurde eine Arbeitsgruppe berufen, der neben dem Verfasser die Didaktiker Elke Warmuth und Bernd Neubert angehörten, die alle in der DDR als Methodiker gearbeitet hatten.

In einem einjährigen Diskussionsprozess hat sich der Arbeitskreis zu Standpunkten durchgerungen, die auf der Herbsttagung 2002 verabschiedet wurden (Empfehlungen 2003). Aufgrund der bekannten Kontroversen zwischen den Vertretern einer „klassischen" Statistik und der Bayes-Statistik war die Abfassung eines allgemein akzeptierten Vorschlages durchaus nicht einfach. Die Empfehlungen beschreiben das erwartete Abschlussniveau in der Primarstufe und den Sekundarstufen I und II. Das Abschlussniveau wird charakterisiert, indem angegeben wird, wozu die Schüler in der Lage sein sollen, was sie kennen und können sollen. Dabei stand das Bestreben im Hintergrund, Minimalforderungen zu bestimmen.

Diese Empfehlungen entsprechen damit den Kompetenzen, die in den Bildungsstandards in der Leitidee Daten und Zufall angegeben werden, sogar im Sinne von Minimalstandards. Während die Angaben in den Bildungsstandards für den mittleren Schulabschluss lediglich aus sieben Anstrichen bestehen, die bis auf einen alle einzeilig sind, enthalten die Empfehlungen das AK Stochastik zum Abschlussniveau in der Sekundarstufe I insgesamt 14 Punkte, die etwa zwei A4-Seiten umfassen. Die Empfehlungen wurden in den Mitteilungen der GDM im Dezember 2002 zur Diskussion gestellt, so dass sich auch alle Mitglieder der GDM beteiligen konnten. Es gab lediglich eine einzige Stellungnahme durch den renommierten Didaktiker Hans Schupp, der den Empfehlungen nachdrücklich zustimmte und sie als dringend erforderlich, vorzüglich und wichtig bezeichnete. Nach Berücksichtigung seiner wenigen Änderungsvorschläge bat der Sprecher des AK im Mai 2003 die damalige Vorsitzende der GDM, Frau Kristina Reiss, dass die nun vorliegende Endfassung der Empfehlungen des AK als GDM-Erklärung an die politisch Verantwortlichen geschickt werden könnte. Der Vorstand der GDM hat der Bitte des AK nicht entsprochen, wahrscheinlich weil zu diesem Zeitpunkt die Arbeiten an den Bildungsstandards kurz vor dem Abschluss standen, die Empfehlungen dem mageren Duktus der Standards nicht entsprachen und man keine tiefer gehenden „kontroversen" fachwissenschaftlichen Diskussionen wünschte.

Das Beispiel der Entwicklung eines nationalen Stochastikcurriculums zeigt in Ansätzen, wie die Entwicklung von abschlussorientierten Standards hätte erfolgen müssen. Mindestens notwendig für diesen Prozess sind

– eine gründliche Analyse der bestehenden curricularen Situation, das heißt der aktuellen Pläne, Lehrbücher und des realisierten Curriculums,
– eine enge Zusammenarbeit von Didaktikern, Fachwissenschaftlern und Lehrern unter Verantwortung der Fachdidaktiker,
– ein mehrjähriger Diskussionsprozess sowie
– eine Orientierung an internationalen Entwicklungen.

Die bildungspolitischen und verbandspolitischen Konstellationen in den Jahren 2002 und 2003 haben leider verhindert, dass das einzige, mit recht großem Aufwand erzielte wissenschaftliche Ergebnis einer ansatzweisen Curriculumforschung in der jüngeren Didaktik bisher in der Praxis als zentrale wissenschaftliche Orientierung wirksam werden konnte.

4   Zu den Standards des NCTM

Der *National Council of Teachers of Mathematics* (NCTM) ist der bedeutendste Berufsverband von Mathematiklehrern und Mathematikdidaktikern der USA. Der Verband hat im Jahre 2000 „Prinzipien und Standards für den Mathematikunterricht" veröffentlicht

(NCTM 2000). Dieses Projekt wird in der Expertise (Klieme u. a. 2003) als das international bekannteste und einflussreichste Beispiel für Bildungsstandards bezeichnet. Da nach Aussage des wissenschaftlichen Beraters der KMK-Kommission, Werner Blum, die Leitideen in den Bildungsstandards an die Standards der NCTM angelehnt sind (Blum u. a. 2005), sollen diese hier etwas näher betrachtet werden.

Die Standards 2000 sind kein Produkt zentraler Behörden, sondern Ergebnis einer teilweise sehr kontroversen Diskussion von Didaktikern, Erziehungswissenschaftler, Mathematikern, Lehrern und Vertretern von Schulbehörden, die sich über einen Zeitraum von fast 20 Jahren erstreckte (Engel 2000). Es gab drei Vorläufer der Standards, die *Curriculum and Evaluation Standards for School Mathematics* von 1989, die *Professional Standards for Teaching Mathematics* von 1991 und die *Assessment Standards for School Mathematics* von 1995. Im Entwurf der Standards 2000 aus dem Jahre 1998 (NCTM 1998) waren noch insgesamt 54 einzelne Standards aufgeführt, die alle ausführlich erläutert und mit Beispielaufgaben versehen waren. Die Standards waren in drei Gruppen von Jahrgangsstufen eingeteilt (Kindergarten – Kl. 4, Kl. 5 – Kl. 8, Kl. 9 – Kl. 12). Jede der Gruppen begann mit vier gleichen Standards zu allgemeinen Zielen des Mathematikunterrichts (Problemlösen, Begründen, Kommunikation, Mathematische Bezüge). Dann folgten 9 beziehungsweise 10 inhaltsorientierte Standards, die in den einzelnen Gruppen unterschiedlich und sehr inhaltsnah bezeichnet wurden. Neben diesen insgesamt 40 Standards gab es noch weitere 14 Standards, die Kriterien für die Bewertung des Unterrichts und der Schülerleistungen enthielten. Zum Entwurf der Standards von 1998, der in über 30 000 Exemplaren an interessierte Personen verschickt wurde, gingen 650 Stellungnahmen von Einzelpersonen und 70 Stellungnahmen von Personengruppen ein.

Unter Standard wird von der NCTM eine Aussage verstanden, die ein Urteil über die Qualität eines Mathematiklehrplans oder Mathematikunterrichts ermöglicht. Die Standards sollen zum einen die Öffentlichkeit vor minderwertigen Produkten schützen. Dies ist sicher eine Spezifik in den USA, aber auch in Deutschland wird der Markt zunehmend von zahlreichen Angeboten für Lehrer überschwemmt, die sich bei genauerer Prüfung als von sehr unterschiedlicher Qualität erweisen. Es gibt in Deutschland gegenwärtig keine Qualitätsagenturen für Unterrichtsmaterialien, abgesehen von den Zulassungsverfahren für Schulbücher, wobei es dabei in der Regel nur um die möglichst genaue Übereinstimmung mit den Lehrplaninhalten geht. Die Standards des NCTM sollen weiterhin die Erwartungen an die Ziele des Unterrichts ausdrücken. Drittens sollen mit den Standards die Lehrer in Richtung einiger neuer gewünschter Ziele geführt werden (NCTM 1998). Der Begriff Standard wird also diesem Fall nicht im Sinne der Angabe von Abschlussniveaus, sondern als Qualitätskriterium für den Mathematikunterricht verstanden. Dies ist eine durchaus sinnvolle und überdenkenswerte Interpretation, die vorrangig auf die Verbesserung des Unterrichts gerichtet ist.

Die Endfassung der Standards 2000 unterscheidet sich in der Struktur noch einmal erheblich vom Entwurf aus dem Jahre 1998. Es werden jetzt vier Gruppen von Altersstufen unterschieden, Kindergarten – Kl. 2, Kl. 3 – Kl. 5, Kl. 6 – Kl. 8 und Kl. 9 – Kl. 12. Es gibt weiterhin fünf inhaltsorientierte und fünf prozessorientierte Standards, die auch einschließlich ihrer Teilkomponenten für alle Gruppen gleich formuliert sind. Im Folgenden sollen die inhaltsorientierten Standards mit ihren Teilkomponenten angegeben werden (Übersetzung des Verfassers):

Zahlen und Operationen
- Verstehen von Zahlen, Zahldarstellungen, Zahlbeziehungen und Zahlensystemen
- Verstehen von Operationen und ihrer Beziehungen
- Flüssiges Rechnen und sinnvolles Schätzen

Algebra
- Verstehen von Mustern, Relationen und Funktionen
- Darstellen und Analysieren von mathematischen Situationen unter Nutzung algebraischer Symbole
- Nutzen mathematischer Modelle zur Darstellung und zum Verständnis quantitativer Beziehungen
- Analysieren von Veränderungen in verschiedenen Kontexten

Geometrie
- Analysieren von Merkmalen und Eigenschaften von zwei- und dreidimensionalen geometrischen Gebilden und Finden von mathematischen Argumentationen zu geometrischen Beziehungen
- Bestimmen von Orten und Beschreiben räumlicher Beziehungen durch Nutzung der Koordinatengeometrie und anderer Darstellungsarten
- Anwenden von Abbildungen und Symmetrien zu Analyse mathematischer Situationen
- Verwenden von Veranschaulichungen, räumlichen Vorstellungen und geometrischen Modellen zum Lösen von Problemen

Messen
- Verstehen der messbaren Eigenschaften von Objekten, der Einheitensysteme und Messvorgänge
- Anwenden geeigneter Verfahren, Hilfsmittel und Formeln zum Bestimmen von Größen

Datenanalyse und Wahrscheinlichkeit
- Formulieren von Fragen, die durch Daten beantwortet werden können; Sammeln, Aufbereiten und Darstellen relevanter Daten zur Beantwortung der Fragen
- Auswählen und Verwenden geeigneter statistischer Methoden zur Datenanalyse
- Entwickeln und Bewerten von Schlussfolgerungen und Vorhersagen, die auf Daten basieren
- Verstehen und Anwenden grundlegender Konzepte der Wahrscheinlichkeitsrechnung

Aus mir nicht bekannten Gründen werden Elemente der Analysis als Teil der Algebra aufgeführt. Unter Messen ist das Arbeiten mit Größen, aber auch Elemente der elementaren und analytischen Geometrie zusammengefasst. Ansonsten entsprechen die Standardgruppen den stofflichen Hauptthemen des üblichen Mathematikunterrichts.

Die Bezeichnungen der prozessorientierten Standards lauten Problemlösen, Argumentieren und Beweisen, Kommunizieren, Verbindungen herstellen (zwischen mathematischen Ideen sowie der Mathematik und der Wirklichkeit) und Verwenden von Darstellungen (für mathematische Ideen, zum Lösen von Problemen und Modellieren von Sachverhalten). Sie enthalten jeweils drei oder vier Teilkomponenten.

Alle zehn Standards mit allen ihren Teilkomponenten werden zunächst allgemein erläutert (teilweise auch schon mit Beispielen). Für alle vier Gruppen von Jahrgangsstufen werden dann jeweils alle Teilkomponenten aller Standards an konkreten Unterrichtsbeispielen ausführlich diskutiert. Diese Darlegungen haben ein Umfang von etwa 330 Seiten.

Zusammenfassend kann man Neubrand zustimmen, der folgende „fundamentale" Unterschiede des NCTM-Projektes im Vergleich mit den in Deutschland nach PISA „allzu schnell produzierten Vorlagen" herausstellt:
1. Die NCTM-Standards sind ein langfristiges, intensiv und breit diskutiertes Projekt.
2. Es ist eine Initiative „von unten" und keine politisch-administrative Vorgabe.
3. Es handelt sich um eine umfangreiche Publikation (ca. 400 S. mit etwa 60 Autoren) von Lehrern und ausgewiesenen Mathematik-Didaktikern.
4. Es wird das gesamte Curriculum in einer einheitlichen Form erfasst. (2003, S. 11 f.)

5 Bemerkungen zu den Bildungsstandards für den mittleren Abschluss

5.1 Allgemeine Bemerkungen

Es ist zu begrüßen, dass in einem curricularen Papier ein wissenschaftliches Modell zur Beschreibung und Strukturierung der Ziele und Inhalte mathematischer Bildung verwendet wird. Das entscheidende Kriterium für den Wert eines Modells ist jedoch der Grad seiner Konstruktivität zur Bewältigung praktischer Probleme, d. h. in diesem Fall der Grad der Orientierung von Lehrplan- und Schulbuchautoren sowie von tätigen Lehrern bei der Auswahl und Anordnung von konkreten Zielen, Inhalten und Methoden für die Konzipierung thematisch zusammenhängender Unterrichtssequenzen bzw. globaler Entwicklungsprozesse.

Das Kompetenzmodell, das den Bildungsstandards für den mittleren Bildungsabschluss und den Hauptschulabschluss im Fach Mathematik zu Grunde liegt, orientiert sich nach den Worten von Blum u. a (2005, S. 269) eng an den für PISA Mathematik entwickelten Modellen. Das Kompetenzmodell von OECD/PISA dient aber vor allem dazu, die Ergebnisse eines internationalen Tests mit einer beschränkten Anzahl von Items zu einer eindimensionalen Bewertung zusammenzufassen, die lediglich als eine Grundlage für bestimmte bildungspolitische Entscheidungen gedacht ist. Es ist nicht nachvollziehbar, dass dieses naturgemäß sehr grobe Modell ohne weitere Diskussionen auch zur Beschreibung der zahlreichen und vielschichtigen Ziele des Unterrichtsfaches Mathematik verwendet wird. So haben u. a. Meyerhöfer (2004) und Bender (2005) erhebliche Probleme dieses Modells aufgezeigt.

In der Expertise „Zur Entwicklung nationaler Bildungsstandards" (Klieme u. a. 2003) wird der Terminus „Bildungsstandard" in folgender Weise erklärt:

> Bildungsstandards, wie sie in dieser Expertise konzipiert werden, greifen allgemeine *Bildungsziele* auf. Sie benennen die *Kompetenzen*, welche die Schule ihren Schülerinnen und Schülern vermitteln muss, damit bestimmte zentrale Bildungsziele erreicht werden. Die Bildungsstandards legen fest, welche Kompetenzen die Kinder oder Jugendlichen bis zu einer bestimmten Jahrgangsstufe erworben haben sollen. Die Kompetenzen werden so konkret beschrieben, dass sie in Aufgabenstellungen umgesetzt und prinzipiell mit Hilfe von *Testverfahren* erfasst werden können. (S. 13)

Weiterhin werden folgende sieben Merkmale guter Bildungsstandards genannt (S. 17 ff.):

1. *Fachlichkeit* (Nutzung der fachlichen Systematik)
2. *Fokussierung* (Fokussierung auf zentrale, für alle verbindliche Aspekte)
3. *Kumulativität* (Orientierung auf kumulatives und vernetzendes Lernen)
4. *Verbindlichkeit für alle durch Mindeststandards* (Mindestvoraussetzungen, die von allen Lernern erwartet werden).
5. *Differenzierung* (über die Mindestkriterien hinaus höhere Anforderungen für Leistungsstärkere, die aber nicht zentral, sondern auf Landesebene festgelegt werden sollten)

6. *Verständlichkeit* (knappe, präzise und nachvollziehbare Formulierungen)
7. *Realisierbarkeit* (unter aktuellen schulischen Bedingungen mit angemessenen Unterrichtsaktivitäten realisierbar)

Diesen Merkmalen sowie der Forderung nach einer konkreten Beschreibung der Anforderungen genügen die aktuellen Bildungsstandards im Fach Mathematik für den mittleren Schulabschluss (KMK 2003) in vielen Punkten nur in geringem Maße.

5.2 Zum Problem der Mindeststandards

Von den Auftraggebern und Autoren der Standards wird als einziger Unterschied zu den Anforderungen der Expertise die Tatsache genannt, dass es keine Mindeststandards, sondern Regelstandards sind. Dies wird von der KMK damit begründet, dass die Entwicklung von Mindeststandards erst in einem längeren Prozess der Validierung und Evaluierung möglich ist (KMK 2004). In der Expertise wird betont:

> Hier wird jedoch nachdrücklich empfohlen, in den nationalen Bildungsstandards für Deutschland ein verbindliches Minimalniveau festzuschreiben. ... Diese Konzentration auf Mindeststandards ist für die Qualitätssicherung im Bildungswesen von entscheidender Bedeutung. Sie zielt darauf ab, dass gerade die Leistungsschwächeren nicht zurückgelassen werden. (Klieme u. a. 2003, S. 20)

Dies wurde auch von der Bundesbildungsministerin bei der Vorstellung der Expertise unterstrichen (s. o.). Angesichts der Größe des Reformvorhabens kann das Argument der fehlende Zeit für vorbereitende Arbeiten nicht überzeugen.

Der auch in der Expertise vorgezeichnete Weg zur Entwicklung von Mindeststandards ist zudem sehr einseitig. Offensichtlich versteht man unter Mindeststandards solche Anforderungen, die in Testarbeiten von einem möglichst großen Prozentsatz der Schüler gelöst werden. Dieses rein empirische Vorgehen kann nur ein Aspekt bei der Entwicklung von Mindeststandards ein. Was die Schüler zu einem bestimmten Zeitpunkt in Deutschland im Durchschnitt gut können, hängt nicht nur davon ab, wie anspruchsvoll die Aufgabenstellungen sind, sondern auch davon, wie viel Zeit die

Lehrer im Durchschnitt für die Ausbildung der hinter diesen Anforderungen stehenden psychischen Dispositionen aufwenden und mit welchen Methoden sie dabei vorgehen.

Ein wesentliches Kriterium bei der Auswahl der Wissens- und Könnenselemente für Mindeststandards ist ihre Bedeutung einmal für das Lernen im Mathematikunterricht, aber vor allem für die Bewältigung von Anforderungen an jeden Bürger der Gesellschaft außerhalb des Mathematikunterrichts. Neben den speziellen Zielen und Inhalten müssen dabei auch allgemeine fachübergreifende Ziele berücksichtigt werden, die durchaus zu anspruchsvollen Aufgaben führen können.

Obwohl auch so verstandene Mindeststandards in der Regel nur geringe mathematische Anforderungen beinhalten, müssen sie hinsichtlich solcher Qualitätsparameter von Kenntnissen wie der Verfügbarkeit, Dauerhaftigkeit, Anschaulichkeit, Sinnhaftigkeit, Anwendbarkeit und Resistenz ein weit höheres Niveau haben als Regelstandards. Dies erfordert einen entsprechenden Aufwand im Unterricht, der sich nicht automatisch bei der immanenten Verwendung der Wissens- und Könnenselemente einstellt, sondern der spezieller Unterrichtsphasen und Gestaltungselemente bedarf.

Ein wesentliches Ziel der Überlegungen zu Mindeststandards sollte es sein, ein minimales, in sich geschlossenes System von mathematischen Begriffen, Sätzen und Verfahren zu bestimmen, das eine sicher beherrschte, lebenslange Grundlage der mathematischen Bildung eines jeden Bürgers darstellt. Der weitaus größte Teil der üblichen Inhalte des Mathematikunterrichts wird in diesem System nicht enthalten sein können.

Für die Entwicklung so verstandener Mindeststandards sprechen folgende Gründe.
- Alle Schüler nehmen aus dem Mathematikunterricht eine Basis mit, auf die sie sich im weiteren Unterricht bzw. in der Berufsausbildung sicher verlassen können.
- Alle Schüler erreichen in einem bestimmten Teilbereich der Anforderungen Erfolge im Mathematikunterricht.
- Es erfolgt eine Gewichtung der zahlreichen Ziele des Mathematikunterrichts, die den Lehrern bei der Bewältigung des Stoff-Zeit-Problems und den Schülern bei der Strukturierung ihres Wissens helfen kann.

- Die nachfolgenden Bildungseinrichtungen wissen, worauf sie sich bei dem mathematischen Grundkönnen der Schulabsolventen sicher verlassen können.
- Es entfällt bei den Minimalforderungen das Problem der Bestimmung des Anforderungsniveaus. Alle Minimalforderungen (als nicht mehr zerlegbare Einzelforderungen) können a priori unabhängig vom tatsächlichen Schwierigkeitsgrad als gleichwertig angesehen werden, da es sich um notwendige und nicht zu unterschreitende Anforderungen handelt.
- Es ist nicht erforderlich, die Testaufgaben geheim zu halten, vielmehr ist es durchaus sinnvoll, den gesamten Aufgabenkomplex allen Schülern in geeigneter und variabler Form zugänglich zu machen, um ihnen die Möglichkeit zur selbständigen Sicherung des Grundlegenden zu ermöglichen.
- Die Arbeit an Mindeststandards erfordert zwingend eine Kooperation von Theoretikern und Praktikern, da sowohl eine theoretische und wissenschaftlich-empirische Analyse der Kompetenzen und der Bedingungen ihrer Entwicklung erfolgen muss, als auch die Realisierbarkeit des Gesamtkomplexes im Kontext der schulischen Bedingungen einzuschätzen und empirisch zu überprüfen ist.

5.3 Bemerkungen zu den allgemeinen mathematischen Kompetenzen

Das Kompetenzmodell der Bildungsstandards für den mittleren Schulabschluss im Fach Mathematik besteht aus zwei Teilen. Es werden zunächst sechs allgemeine mathematische Kompetenzen beschrieben und dann inhaltsbezogene mathematische Kompetenzen benannt, die nach fünf so genannten „Leitideen" geordnet sind.

Die beiden großen Kompetenzbereiche überschneiden sich in vielfacher Weise. So ist die allgemeine mathematische Kompetenz „(K 4) Mathematische Darstellungen verwenden" in der durch die Teilkomponenten erklärten Form identisch mit entsprechenden Teilkomponenten der inhaltsbezogenen mathematischen Kompetenzen.

In der Kompetenz „(K 3) Mathematisch modellieren" wird vom Modellieren eines Bereiches oder einer Situationen gesprochen (wobei unklar bleibt, was damit jeweils genau gemeint ist). Damit fasst man hier den Umfang des Begriffs „Modellieren" offensichtlich so weit, dass der Inhalt des Begriffes fast leer ist (vgl. Bender in diesem Band). Die gesamte Mathematik ist nichts anderes als ein Modell für räumliche bzw. quantitative Beziehungen in der Wirklichkeit bzw. für mathematische Strukturen selbst. So ist das einfachste Modell in der Mathematik die Zahl. Jede Beschreibung von realen Sachverhalten durch Zahlen bzw. Größen stellt eine Form der Modellierung dar. Damit die Kompetenz im Modellieren überhaupt einen fassbaren Sinn ergibt, sollte man den Begriff viel enger fassen und auf die Modellierung von Beziehungen zwischen außermathematischen Objekten beschränken.

Die allgemeine mathematische Kompetenz „(K 5) Mit symbolischen, formalen und technischen Elementen der Mathematik umgehen" ist wiederum von ganz anderer Art. Zunächst muss festgestellt werden, dass die Termini symbolisch, formal und technisch weder in der Mathematik noch in der Didaktik definiert sind. Auch im umgangssprachlichen Sinne lassen sich kaum Unterschiede zwischen den Eigenschaftsbegriffen symbolisch und formal benennen, sodass die Formulierung dieser Kompetenz wenig verständlich ist.

Der erste Teilbereich der Kompetenz K 5, lautet: „mit Variablen, Termen, Gleichungen, Funktionen, Diagrammen, Tabellen arbeiten". Damit wird im Grunde genommen das gesamte Können der Schüler in der Algebra, der Analysis und der Erfassung und Darstellung von Daten erfasst, wenn man unter Arbeiten sämtliche geistige Tätigkeiten im Zusammenhang mit diesen Inhaltselementen versteht. Damit gehört dieser Bereich zu den inhaltsbezogenen Kompetenzen.

Die zweite Teilkomponente von K 5 „symbolische und formale Sprachen in natürliche Sprache übersetzen und umgekehrt" ist ein zentraler Bestandteil der ersten Teilkomponente.

Die dritte Teilkomponente „Lösungs- und Kontrollverfahren ausführen" bezieht sich auf einen anderen Aspekt der mathematischen Bildung. Es geht um die Entwicklung von Einstellungen, Gewohnheiten, Kenntnissen und Fertigkeiten zur Selbstkontrolle beim Lösen von Aufgaben.

Der vierte Anstrich von K 5, „mathematische Werkzeuge (wie Formelsammlungen, Taschenrechner, Software) sinnvoll und verständig einsetzen" kann als eine selbstständige allgemeine mathematische Kompetenz angesehen werden, die weit mehr beinhaltet als den Umgang mit technischen Elementen der Mathematik. Es geht im weiten Sinne um die so genannte Medienkompetenz der Schüler, wenn man unter Medien sämtliche Unterrichts- und Hilfsmittel versteht.

Angesichts dieser Konfusion wird auch verständlich, dass bei der Umsetzung der Standards in Lehrpläne oft eine andere Strukturierung vorgenommen wird. So unterscheiden etwa die Kernlehrpläne von Nordrhein-Westfalen die prozessbezogene Kompetenz „Werkzeuge", worunter man die Verwendung von Medien und Werkzeugen versteht, und die inhaltsbezogene Kompetenz „Arithmetik/Algebra", die das Umgehen mit Zahlen und Symbolen beinhaltet.

Die beiden allgemeinen mathematischen Kompetenzen „(K 1) Mathematisch argumentieren" und „(K 6) Kommunizieren" stehen in der durch die Teilkomponenten definierten Form in einem engen Zusammenhang. Eine Argumentation ist meist mit einer Kommunikation verbunden und umgekehrt werden bei fachlichen Kommunikationen im Mathematikunterricht in der Regel Argumente ausgetauscht. Auch bezüglich der einzelnen Teilkomponenten fallen die Überschneidungen sofort ins Auge. So ist es bei der Beschreibung und Begründung von Lösungswegen in der Regel unumgänglich, die Fachsprache zu verwenden.

Bezüglich der Kompetenz „(K 2) Probleme mathematischen lösen" ist zunächst der Begriff Problem zu hinterfragen. Er wird in der Didaktik in zwei unterschiedlichen Bedeutungen verwendet. Unter Problem wird einmal im Sinne einer objektiven Kategorie eine besonders schwierige und anspruchsvolle Anforderung verstanden. Damit sind Problem und Aufgabe (als sofort lösbare Anforderung) einander nebengeordnete Begriffe. Sinnvoller in Bezug auf den Lernprozess von Schülern scheint mir die andere Verwendung des Begriffes Problem zu sein, bei der unter Problem im Sinne einer subjektiven Kategorie eine Aufgabe verstanden wird, die durch den jeweiligen Löser nicht unmittelbar bearbeitet werden kann. In diesem Falle ist ein Problem eine spezielle Aufgabe und es kann sich dabei durchaus um eine sehr einfache und elementare Aufgabe handelt.

Generell kann man feststellen, dass die allgemeinen mathematischen Kompetenzen eine geringe Fachlichkeit aufweisen, wenig fokussieren und z. T. nicht klar verständlich sind. Die Kumulativität, Differenzierung und Realisierbarkeit sind nicht erkennbar. Auch die begleitenden Betrachtungen in bildungspolitischen und didaktischen Beiträgen bleiben auf einer sehr allgemeinen und plakativen Ebene. Es kommen zahlreiche allgemeine Begriffe und Redewendungen vor, deren konkreter Inhalt sehr verschwommen ist. Man kann in diesem Sinne durchaus Wittman zustimmen, wenn er die Bildungsstandards und Kompetenzstufen in Analogie zur Charakterisierung der „neuen Mathematik" als „general abstract stuff" der Bildungsforschung bezeichnet (2005, S. 9).

5.4 Bemerkungen zu den Leitideen

Die inhaltsbezogenen mathematischen Kompetenzen werden nach Leitideen geordnet, wobei der Begriff Leitidee nicht erklärt wird. Quellen dieses Terminus sind vermutlich die Begriffe „fundamentale Ideen" (Bruner), „zentrale Ideen" (Heymann 1996) oder „Grundvorstellungsidee" (vom Hofe 1995). Mit der Ausweisung von Leitideen als einem zweiten Strukturierungsaspekt wird die Ebene der psychischen Dispositionen, in der sich die Kompetenzbetrachtungen bewegen, verlassen bzw. eingeengt. So beschreibt eine Grundvorstellungsidee nach Hofe Beziehungen zwischen mathematischen Inhalten und individuellen Begriffsbildungen (vom Hofe 1995, S. 97). Der Begriff Leitidee orientiert damit vorrangig auf den Erwerb von Kenntnissen und Vorstellungen der Schüler und beschreibt unzureichend die Gesamtheit der Bildungsziele, zu denen auch Fähigkeiten, Fertigkeiten und Einstellungen gehören. Überraschenderweise werden in den Konkretisierungen der Leitideen Kenntnisse zu mathematischen Begriffen nicht oder nur marginal ausgewiesen. Dieser Widerspruch erklärt sich wahrscheinlich aus der einseitigen Orientierung der Kompetenzbetrachtungen auf Könnenselemente und der damit verbundenen Vernachlässigung von Wissensbestandteilen. In vielen Lehrplänen wurde bisher anstelle des Wortes Kompetenz der Terminus „Wissen und Können" verwendet, der für Lehrer verständlich ist und beide Aspekte von Leistungseigenschaften zum Ausdruck bringt.

Das System der aufgeführten mathematischen Leitideen ist zudem begrifflich nicht einheitlich. So sind „Zahl" und „Raum" mathematische Begriffe, „Messen" ist eine Tätigkeit, „Form" ist ein Begriff der Umgangssprache, „funktionaler Zusammenhang" ist eine Relation, „Daten" sind außermathematische Objekte und „Zufall" ist eine philosophische Kategorie. Die Leitideen „Messen" und „funktionaler Zusammenhang" beschreiben nur einige Aspekte der anschließend genannten Kompetenzen.

Im System der Leitideen und in ihren Konkretisierungen fehlen die grundlegenden Vorstellungen, Einsichten und Fähigkeiten der Schüler zum Arbeiten mit Variablen und Termen als einer auch bei vorhandenen CAS wesentlichen mathematischen Arbeitsweise, die insbesondere auch für das Arbeiten mit Funktionen eine grundlegende Voraussetzung ist. Diese wurden auch durch die im Entwurf vom 04.07.2003 enthaltene Leitidee „Algorithmen, Kalküle und Heurismen" nicht erfasst. Bei dieser jetzt gestrichenen Leitidee wird die Problematik einer Betrachtungsweise mathematischer Bildung mittels Leitideen besonders deutlich: Der Focus lag nicht auf dem zentralen Problem der Entwicklung von Fertigkeiten und Fähigkeiten im Arbeiten mit Termen und Gleichungen, sondern in der Entwicklung von Kenntnissen und Vorstellungen (auf der Metaebene) zum Arbeiten mit Algorithmen und Kalkülen in der Mathematik.

Es ist nicht nachvollziehbar, dass aus der taktischen Überlegung heraus, die gegenwärtige Überbetonung des algorithmisch-kalkülmäßigen Arbeitens im Mathematikunterricht eindämmen zu wollen, auf diesen Bereich mathematischer Bildung fast völlig verzichtet wurde. Die Algebra ist ein selbständiges Gebiet der Mathematik und ein relativ abgrenzbarer Bereich zu erwerbender mathematischer Kenntnisse, Vorstellungen, Fähigkeiten und Fertigkeiten (z. B. das aspektreiche semantische Netz zum Variablen- und Termbegriff, Fertigkeiten im Umformen von Termen). Sie ist nur in Ansätzen in der allgemeinen mathematischen Kompetenz K 5 und mit drei Anstrichen in der Leitidee „(L 4) Funktionaler Zusammenhang" enthalten, obwohl dies so gut wie keinen Bezug zur Idee des funktionalen Zusammenhangs hat.

Überraschend ist auch, dass im Vergleich mit dem Entwurf der Standards vom 04.07.2003 die Kompetenzen im Vergleichen und

Ordnen sowie im Durchführen von Rechenoperationen nicht mehr aufgeführt werden. Sollte auch hier der Gedanke dahinter stehen, dass man Kompetenzen nicht mehr fordern muss, wenn sie schon ganz gut in der Schule vermittelt werden? Das würde insgesamt die Standards in ein anderes Licht rücken und ihnen den Charakter einer Liste der größten Defizite des aktuellen Mathematikunterrichts verleihen.

Ein Vergleich der Leitideen mit den inhaltsorientierten Standards der NCTM, an die sie nach Aussage von Blum u. a. (2005, S. 269) angelehnt sind, zeigt erhebliche Unterschiede. Die Bezeichnungen der fünf Gruppen der inhaltsorientierten NCTM-Standards (s. o.) ist lediglich als ein ordnender Oberbegriff zu verstehen, der an den üblichen Themenbereichen der Schulmathematik ausgerichtet ist und nicht als Standard oder Kompetenz gemeint ist. Dies zeigt allein schon der Vergleich mit dem Entwurf der Standards von 1998, in dem es 28 inhaltsorientierte Standards gab, die jeweils noch durch 4 bis 6 Teilkomponenten konkretisiert wurden. Man hat dieses System im Laufe der Diskussion auf nunmehr 17 Standards (die Teilkomponenten der 5 Standardgruppen) reduziert, die in allen fünf Gruppen von Jahrgangsstufen aufeinander aufbauend an Beispielen diskutiert werden.

Die Idee der NCTM, inhalts- und prozessorientierte Standards zu unterscheiden, sollte geprüft werden. Damit wäre eine Unterscheidung von Kompetenzen und Leitideen vermeidbar. Es wird zudem der unterschiedliche Charakter der beiden Arten von Kompetenzen deutlich.

Nach den schon zitierten Auffassungen zu Bildungsstandards in der Expertise (Klieme u. a. 2003) sollen diese so konkret sein, dass man sie in Aufgaben umsetzen kann. Dieser zentralen Anforderung genügt die Mehrzahl der in den Leitideen aufgeführten einzelnen Kompetenzen nicht. Dies soll nur an wenigen, besonders eklatanten Beispielen verdeutlicht werden.

So ist etwa die Forderung, dass die Schülerinnen und Schüler in konkreten Situationen kombinatorischen Überlegungen durchführen können, um die Anzahl der jeweiligen Möglichkeiten zu bestimmen (L 1 Leitidee Zahl), so allgemein, dass damit die gesamte Kombinatorik erfasst werden kann.

In der Leitidee Raum und Form wird gefordert, dass die Schülerinnen und Schüler geometrische Strukturen in der Umwelt erkennen und beschreiben, gedanklich mit Strecken, Flächen und Körpern operieren und geometrische Figuren im kartesischen Koordinatensystemen und Körper als Netz, Schrägbild oder Modell darstellen sollen. Da weder konkret gesagt wird, welche geometrischen Strukturen, Flächen, Figuren oder Körper gemeint sind, lassen sich diese Forderungen bis ins uferlose ausdehnen.

Die Bildungsstandards verdienen deshalb den Namen Standard in keiner Weise, wenn man unter Standard wie üblich die konkrete Festlegung einer gewissen Norm versteht.

6 Bemerkungen zur „neuen Aufgabenkultur"

Eine der theoretischen Quellen der Bildungsstandards sind Theorien zum Arbeiten mit Aufgaben im Mathematikunterricht, die sowohl in der Entwicklung einer Theorie der Mathematikmethodik der DDR als auch der Mathematikdidaktik der BRD begründet sind.

Regina Bruder, die ihre wissenschaftliche Laufbahn in der DDR begann, zählt zu den wichtigsten Arbeitsergebnissen der Forschungen zum Mathematikunterricht in der DDR „ein Konzept des Arbeitens mit Aufgaben" (Bruder 2003a, S. 171), zu dem sie selbst zahlreiche Beiträge geliefert hat und weiter liefert (2003 b).

Blum u. a. (2005) sehen in einer „Neuen Aufgabenkultur" das Hauptmittel zur Qualitätsentwicklung des Mathematikunterrichts im Zuge der Einführung von Bildungsstandards. Darunter verstehen sie die Entwicklung und den Einsatz von neuen „kompetenzorientierten Aufgaben", die in geeigneten „Aufgabensets" im Unterricht eingesetzt werden sollten.

> Man muss, um die Bildungsstandards mit Leben zu erfüllen, die ‚Kompetenzbrille' aufsetzen und gegebene Aufgaben konsequent daraufhin analysieren beziehungsweise neue Aufgaben daraufhin konstruieren, welche Kompetenzen auf welchem Niveau zu ihrer Lösung mindestens erforderlich sind. (S. 270)

Nebenbei bemerkt, erinnern die Formulierung „Neue Aufgabenkultur" und der proklamierte „Kompetenzerkennungsdienst" ein wenig an die „Neue Mathematik" und den „Gruppenerkennungsdienst", nur dass es diesmal nicht um die Mathematik, sondern um mathematische Aufgaben geht. Gemeinsam ist beiden Richtungen aber die Loslösung von den tatsächlichen Problemen der Konzipierung und Planung des Mathematikunterrichts und damit dem realen alltäglichen Mathematikunterricht und seinen Bedingungen. Man lässt sich weiterhin bzw. erneut von der Vorstellung einer grundsätzlichen kurzfristigen Veränderung des Mathematikunterrichts und aller seiner zentralen Begleitinstrumente wie Lehrpläne und Lehrbücher leiten.

Es gibt eine Vielzahl von aktuellen Publikationen zum Arbeiten mit Aufgaben im Mathematikunterricht, die vor allem eine Beschreibung der Arten von Aufgaben, ihrer Einsatzmöglichkeiten in verschiedenen Sozialformen, ihrer Konstruktion bzw. Variation beinhalten. Es werden dabei u. a. folgende Bezeichnungen für Aufgabenarten verwendet: offene Aufgaben, geschlossene Aufgaben, produktive Aufgaben, authentische Aufgaben, Aufgaben zum Lernen, Aufgaben zum Leisten, selbstdifferenzierende Aufgaben, niveaubestimmende Aufgaben. Diese Darstellungen und Theorien sind vor allem deskriptiv, d. h. sie beschreiben nur die praktisch unbegrenzte Vielfalt der möglichen Erscheinungsformen und ihrer Beziehungen untereinander und bieten eine Sammlung von Beispielen, die oft nicht nach den Zielen des Unterrichts geordnet sind. Sie enthalten in der Regel keine Vorschläge zur konkreten Planung von Themengebieten oder Unterrichtseinheiten bzw. zur Konzeption langfristiger Lernprozesse.

Ohne Frage sind Aufgaben das Hauptmittel zur Realisierung der Ziele des Mathematikunterrichts und Theorien über das Arbeiten mit Aufgaben ein notwendiger Bestandteil der Mathematik-Didaktik. Aber in dem Verhältnis von Zielen (als auszubildende psychische Dispositionen), Inhalten und Methoden des Unterrichts dominieren eindeutig die Ziele. In Auswertung neuester Ergebnisse der Unterrichtsforschung ist für den Pädagogen Hilbert Meyer die klare Strukturierung des Unterrichts und dabei die Stimmigkeit von Zielen, Inhalten und Methoden eines der wichtigsten Kriterien für den Lernerfolg (Meyer 2004). Man kann einen Unterrichtsprozess nicht von den Mitteln her konzipieren und das Wesen des Unterrichts in einer Folge von Aufgabensets sehen.

Es ist unbestritten, dass ein Lehrer bei der Planung seines Mathematikunterrichts ein breites Angebot vielfältiger und interessanter

Aufgaben benötigt und Kenntnisse und Fähigkeiten zur Variation sowie zum Selbstbilden von Aufgaben besitzen sollte. Er sollte auch die Fähigkeit besitzen, die Potenzen der Aufgaben zur Realisierung bestimmter Ziele einzuschätzen bzw. über entsprechende Informationen zu den Aufgaben verfügen.

Die Analyse der Anforderungen von Aufgaben sollte aber nicht bei solchen sehr oberflächlichen Merkmalen wie der Zuordnung zu Leitideen oder allgemeinen Kompetenzen stehen bleiben. Viel entscheidender für den Einsatz der Aufgaben im Unterricht ist eine sehr genaue Bestimmung möglichst aller Teilhandlungen beim Lösen der Aufgabe, die erst die entscheidenden Hinweise auf das zum Lösen notwendige Wissen und Können der Schüler und auf mögliche Probleme, die bei der Bearbeitung auftreten können, liefert.

Die entscheidende Frage für einen Lehrer ist aber die Auswahl geeigneter Aufgaben aus dem meist sehr umfangreichen vorliegenden Aufgabenangebot. Sie ergibt sich in erster Linie aus
- den Zielen des Unterrichts, d. h. den von den Schülern anzueignenden Kenntnissen, Fertigkeiten, Fähigkeiten und weiteren psychischen Dispositionen
- den aktuellen Lernvoraussetzungen der Schüler, d. h. dem Entwicklungstand und -niveau ihrer Kenntnisse, Fertigkeiten, Fähigkeiten und weiteren Dispositionen
- der zur Verfügung stehen Unterrichtszeit
- den vorhandenen Lernbedingungen.

Ein äußeres Zeichen der gegenwärtigen Dominanz von Aufgaben ist, dass in den Bildungsstandards für den mittleren Schulabschluss 11 Seiten für allgemeine Darlegungen und 22 Seiten für Aufgaben und ihre Lösungen verwendet wurden. Die Hauptaktivitäten zur Umsetzung der Bildungsstandards sehen Blum u. a. (2005) in der Entwicklung neuer kompetenzorientierter Aufgaben, für die unter Verantwortung des deutschen PISA-Konsortiums-2006 eine Arbeitsgruppe gebildet wurde, die entsprechende Aufgaben entwickelt hat. Diese Aufgaben sollen von einer durch die KMK eingesetzten Gruppe aus Fachdidaktikern bewertet werden. Dabei bräuchten „Aufgaben im Geiste der Bildungsstandards Mathematik... natürlich nicht alle neu konstruiert werden..." (S. 271), da es bereits aus den letzten Jahren zahlreiche Publikationen mit solchen Aufgaben gäbe. Die im gegenwärtigen Mathematikunterricht alltäglich durch die Lehrer eingesetzten Aufgaben aus Schullehrbüchern werden mit keinem Wort erwähnt. Man ist offensichtlich der Meinung, dass alle Lehrbücher neu oder zumindest umgeschrieben werden müssten. So sprechen Blum u. a. die Erwartung aus, dass „die Schulbuchverlage in Zukunft nur noch im Geiste der Standards konzipierte ... Schulbücher herausbringen." (S. 273) Dies zeugt entweder von Unkenntnis oder Ignoranz gegenüber der Tätigkeit von Lehrbuchautoren, die in der Regel schon immer im Auge hatten, was Schüler eigentlich am Ende können sollen und sich dabei bis auf wenige Ausnahmen genau auf das beschränkt haben, was jetzt in den Bildungsstandards als Kompetenzen bezeichnet wird.

Die Vertreter der „Neuen Aufgabenkultur" wehren sich gegen den Vorwurf, damit die „Aufgabendidaktik" wieder aufleben zu lassen. Diese Zurückweisung ist berechtigt, wenn man unter dem Terminus „Aufgabendidaktik" im engeren und historischen Sinne eine Stofforganisation des Mathematikunterricht versteht, bei der jedes Teilgebiet der Mathematik durch einen Aufgabentypus bestimmt ist und die Mathematik dem Schüler „weniger als innere ideelle Einheit, sondern vielmehr als Sammlung von Aufgabentypen" entgegentritt (Lené 1969, S. 35). Heute wird aber der Begriff Aufgabendidaktik auch im weiten Sinne für ein didaktisches Konzept des Mathematikunterricht verwendet, das den Unterricht primär aus Sicht der Klassifizierung, Auswahl und dem Einsatz von Aufgaben betrachtet.

Die Beschäftigung mit Aufgaben ist in der Lehrerschaft eine sehr verbreitete Aktivität der Auseinandersetzung mit ihrem Unterricht. So haben etwa in dem BLK-Modellversuch SINUS im Fach Mathematik fast 60 % der Beteiligten aus den 11 angebotenen Modulen das Modul 1 „Weiterentwicklung der Aufgabenkultur" gewählt (Abschlussbericht, S. 21). Deshalb ist die Vorstellung, Diskussion und gemeinsame Erarbeitung von Aufgaben sicher eines der Hauptmittel, um Lehrer zu erreichen und die weitere Entwicklung ihrer didaktischen Kompetenzen anzustoßen.

Abschließende Bemerkungen

Ich unterstütze folgende Grundgedanken der durch die KMK-Beschlüsse ausgelösten Aktivitäten zur Entwicklung nationaler Bildungsstandards:
- Es wird noch stärker als bisher auf das anzueignende Wissen und Können der Schüler und seine Verfügbarkeit in Anwendungs- und Problemsituationen orientiert.
- Das zu erreichende Niveau am Ende einer Schulstufe wird möglichst klar und präzise in verschiedenen Ausprägungsgraden beschrieben.
- Den allgemeinen fachübergreifenden Zielen des Mathematikunterrichts wird durch eine entsprechende Unterrichtsgestaltung ein erhöhtes Gewicht beigemessen.

Damit diese Ansätze in einem langfristigen Prozess zu einer Verbesserung der Qualität des Mathematikunterrichts führen, müssen sowohl der Prozess der Entwicklung der Standards als auch die Standards selbst noch entscheidend qualifiziert werden. Das oft von Bildungsforschern und Bildungspolitikern herausgestellte ausgereifte Niveau der Bildungsstandards im Fach Mathematik ist eine Fiktion.

Durch das bisherige Vorgehen ist es zu einer eklatanten Verletzung der kulturellen Kohärenz in der Curriculumentwicklung in Deutschland gekommen. Die Pläne und die darauf basierenden Schullehrbücher in den einzelnen Bundesländern sind in einem langen historischen Prozess entstanden und besitzen eine hohe Akzeptanz und Verbreitung in der Lehrerschaft. In den Jahren vor Entstehung der Standards wurden in vielen Bundesländern erhebliche Anstrengungen zur Weiterentwicklung der Pläne unternommen, die zu beachtenswerten Resultaten geführt haben. Es sind weiterhin zahlreiche neue Lehrbuchreihen beziehungsweise wesentliche Überarbeitungen vorhandener Reihen entstanden. Im Sinne einer kulturellen Kohärenz muss zunächst eine gründliche Analyse und Diskussion dieser neuen curricularen Elemente erfolgen, bevor auf dieser Basis eine neue Etappe der Entwicklung beginnen kann. Diese Produkte intensiver Überlegungen in Lehrplankommissionen und Autorenschaften jetzt einfach über Bord zu werfen und durch viel weniger fundierte Bildungsstandards oder Kernlehrpläne zu ersetzen ist ein grundlegender historischer Fehler.

Die jetzt als neu propagierte Idee, durch aufgabenbasierte und abschlussorientierte Standards den Unterricht zu beeinflussen, wird längst in zahlreichen Bundesländern praktiziert; und zwar in den Ländern, die schon seit jeher zentrale Abschlussprüfungen am Ende einer Schulstufe durchführen. Dort üben die Kataloge der bisherigen Prüfungsaufgaben schon längst die Funktion aus, die man jetzt den Bildungsstandards beimisst. Diese Form der Steuerung hat aber auch durchaus erhebliche Nachteile, nicht umsonst hat die Mehrzahl der Bundesländer bisher diesen Weg abgelehnt. Auch wäre es im Sinne eines wissenschaftlichen Herangehens zunächst erforderlich, die Erfahrungen in diesen Ländern und die dabei aufgetretenen Probleme genau zu untersuchen.

Die Verwendung von Beispielaufgaben zur Illustration von Lehrplanforderungen ist durchaus eine sinnvolle Sache. Diese Aufgaben in einem geschlossenen Kapitel nach den allgemeinen Zielstellungen zusammenzustellen, hat aber einen relativ geringen Nutzen. Auch die sehr oberflächliche Charakterisierung der Aufgaben durch die Zuordnung von Leitideen und allgemeinen Kompetenzen hat einen geringen Einfluss auf die Entscheidungen zum zielgerichteten Einsatz dieser Aufgaben und zur Konzipierung eines kumulativen und vernetzten Lernprozesses über Klassenstufen hinweg. Es wäre viel sinnvoller, umgekehrt die Aufgaben zur Erläuterung der einzelnen Kompetenzen zu verwenden, wie es in den NCTM-Standards geschieht und wie es auch Neubrand (2003) vorschlägt.

Die Bildungsstandards beinhalten kein Konzept eines kumulativen Lernens. Dies ist durch die Beschränkung auf abschlussorientierte Standards wohl auch nicht angelegt. Trotzdem sollte dieses Merkmal guter Bildungsstandards eine wesentlich größere Beachtung finden. Auch dies könnte in Anlehnung an den Aufbau der NCTM-Standards geschehen.

Die notwendigen Arbeiten zur Qualifizierung der Bildungsstandards im Fach Mathematik können nicht durch Bildungsforscher bzw. das IQB in Auswertung von Tests geleistet werden. Dazu sind noch erhebliche theoretische, fachspezifische und unterrichtsbezogene Anstrengungen erforderlich. Es wäre in der aktuellen Situation in Deutschland unbedingt notwendig, eine nationale Expertengruppe mit dieser Aufgabe zu betrauen. Zu dieser Expertengruppe sollten Didaktiker, die Erfahrungen in der Forschung und Entwicklung von Curricula haben, erfahrene Mitglieder von Lehrplankommissionen sowie erfahrene Schulbuchautoren gehören.

Literatur

Abschlussbericht (2004): BLK – Modellversuchsprogramm „Steigerung der Effizienz des mathematischnaturwissenschaftlichen Unterrichts". – Kiel: IPN, 2004

Bender, P.: PISA, Kompetenzstufen und Mathematik-Didaktik. – In: JMD 26 (2005) 3/4, S. 274–281

Blum u. a. (2005): Zur Rolle von Bildungsstandards für die Qualitätsentwicklung im Mathematikunterricht. – In: ZDM 37 (2005) 4, S. 267–274

BMBF (2002a): Bundesbildungsministerium kündigt „Stiftung Bildungstest" an. – Pressemitteilung vom 18.01.2002. – URL: http://www.bmbf.de/press/549.php

BMBF (2002b): 5-Punkte-Programm „Zukunft Bildung" als nationale Antwort auf PISA. – Pressemitteilung vom 25.06.2002. – URL: http://www.bmbf.de/press/660.php

BMBF (2003): Nationale Bildungsstandards sollen das deutsche Bildungssystem verbessern. – Bundesministerium für Bildung und Forschung. – Pressemitteilung vom 18.02.2003 URL: http://www.bmbf.de/press/805.php

Bruder, R. (2003a): Vergleich der grundlegenden Konzeptionen und Arbeitsweisen der Methodik des Mathematikunterrichts in der DDR mit denen der Didaktik der Mathematik in der BRD. – In: Henning, H.; Bender, P. (Hrsg.)/Didaktik der Mathematik in den alten Bundesländern - Methodik des Mathematikunterrichts in der DDR. – Magdeburg, Paderborn, 2003

Bruder, R. (2003b): Konstruieren – Auswählen – Begleiten. Über den Umgang mit Aufgaben. – In: Friedrich Jahresheft XXI, Seelze, 2003, S. 12–15

Claus, H. J. (1995): Einführung in die Didaktik der Mathematik. – 2., überarb. Aufl. – Darmstadt: Wiss. Buchges., 1995

Empfehlungen (2003): Empfehlungen zu Zielen und zur Gestaltung des Stochastikunterrichts/Arbeitskreis Stochastik der GDM. – In: Stochastik in der Schule 23 (2003) 3, S. 21–26

Engel, J. (2000): Die NCTM-Standards – Anstöße für den Mathematikunterricht nach TIMSS. – In: ZDM (2000) 3, S. 69–74

Fanghänel, G.; Stamm, R.; Weber K. (1992): Mathematikunterricht in Ländern der Bundesrepublik Deutschland – Übersichten und vergleichende Betrachtungen zu Zielen, Inhalten und Gestaltungskonzepten für den Mathematikunterricht der Klassen eins bis 10/ Hrsg. R. J. K. Stowasser. – In: Preprint Bereich Mathematik, Fachbereich 3, Technische Universität Berlin, Nr. 4/1992

Heymann, H. W. (1996): Allgemeinbildung und Mathematik. – Weinheim: Beltz Verlag, 1996

Hofe, R. v. (1995): Grundvorstellungen mathematischer Inhalte. – Heidelberg: Spektrum, Akad. Verl., 1995 (Texte zur Didaktik der Mathematik)

Klieme, E.; Avenarius, H.; Blum, W.; Döbrich, P.; Gruber, H.; Prenzel, M.; Reiss, K.; Rost, J.; Tenorth, H.; Vollmer, H. (2003): Expertise zur Entwicklung nationaler Bildungsstandards. – Bonn, 2003

KMK (2002a): 297. Plenarsitzung der Kultusministerkonferenz am 28. Februar/1. März 2002 in Berlin. Pressemeldung vom 01.03.2002; URL: http://www.kmk.org/aktuell/pm020301.htm

KMK (2002b): 298. Plenarsitzung der Kultusministerkonferenz am 23. und 24. Mai 2002 in Eisenach. – Pressemeldung vom 24.05.2002; URL: http://www.kmk.org/aktuell/pm020524.htm

KMK (2002c): Nationale Bildungsstandards: Kultusminister einig über Zeitplan Einführung steht seit Wochen fest – 2004 verbindlich. – Pressemeldung vom 27.06.2002; URL: www.kmk.org/aktuell/pm020627.htm

KMK (2002d): Kultusministerkonferenz erarbeitet Bildungsstandards für alle Länder. – Pressemeldung vom 31.07.2002. – URL: http://www.kmk.org/aktuell/pm020731.htm

KMK (2002e): 299. Plenarsitzung der Kultusministerkonferenz am 17./18. Oktober 2002 in Würzburg. – Pressemeldung vom 18.10.2002. – URL: http://www.kmk.org/aktuell/pm021018.htm

KMK (2003): Bildungsstandards im Fach Mathematik für den mittleren Schulabschluss: Beschluss vom 04.12.2003. – Bonn: KMK. – URL: http://www.kmk.org/schul/home1.htm

KMK (2004): Bildungsstandards der Kultusministerkonferenz: Erläuterungen zur Konzeption und Entwicklung. – KMK, 2004 (Veröffentlichungen der Kultusministerkonferenz)

Lené, H. (1969): Analyse der Mathematikdidaktik in Deutschland, – Stuttgart: Klett Verlag, 1969

Lind, G. (2003): Jenseits von PISA – Für eine neue Evaluationskultur. – URL: http://www.uni-konstanz.de/ag-moral/hodi/et-evaluation.htm Auch in: Pädagogische Hochschule Schwäbisch Gmünd, Hrsg., (2004), Evaluation, Standards ... Baltmannsweiler: Schneider Verlag Hohengehren.

Meyer, H. (2004): Was ist guter Unterricht? – Berlin: Cornelsen Scriptor, 2004

Meyerhöfer, W.: Zum Kompetenzstufenmodell von PISA. – In: JMD 25 (2004) 3/4 S. 294–305

National Council of Teachers of Mathematics (1998): Principle and standards for school mathematics (Standards 2000), Discussion Draft. – Reston, VA: NCTM. – Arbeitsübersetzungen. – URL: http://www.ph-ludwigsburg.de/VERALTET/mathematik/forschung/nctm/indes.html

National Council of Teachers of Mathematics (2000): Principle and standards for school mathematics. – Reston, VA : NCTM. – URL: http://standardstrial.nctm.org/document/index.htm

Neubrand, M. (2003). PISA und die „Standards". Arbeiten aus dem Institut für Mathematik und ihre Didaktik der Universität Flensburg, Heft 15 / Februar 2003

Rürup, M. (2005): Der Föderalismus als institutionelle Rahmenbedingung im deutschen Bildungswesen – Perspektiven der Bildungspolitikforschung. – Frankfurt am Main: DIPF, 2005, TiBi Nr. 9

Sill, H.-D. (1993 a): Zum Mathematikunterricht in Realschulbildungsgängen der neuen Bundesländer. – In: Die Realschule, 101 (1993) 1, S. 17–21

Sill, H.-D. (1993 b): Probleme der Realisierung des neuen Lehrplans im Fach Mathematik. – In: Bildung Real. – 37 (1993) Sonderdruck 93, S. 78–81

Sill, H.-D. (2000): Ziele und Methoden einer Curriculumforschung. – In: Beiträge zum Mathematikunterricht. – Hildesheim: Franzbecker, 2000. S. 611–614

Sill, H.-D. (2004): Bemerkungen zu den aktuellen Bildungsstandards. - In: Mitteilungen der Deutschen Mathematiker-Vereinigung 12 (2004) 2, S. 72–75

Sill, H.-D. (2005): Kritische Bemerkungen zu den aktuellen Bildungsstandards für den mittleren Schulabschluss im Fach Mathematik. – In: Beiträge zum Mathematikunterricht. – Hildesheim: Franzbecker, 2005. S. 549–552

Standards (1995): Standards für den Mittleren Schulabschluss in den Fächern Deutsch, Mathematik und erste Fremdsprache, Beschluss der KMK vom 12.05.1995, Sekretariat der Ständigen Konferenz der Kultusminister der Länder in der Bundesrepublik Deutschland, Bonn, 1995

Stuttgarter Zeitung (2002): „Wir müssen die Zäune überwinden" : Bildungsministerin Edelgard Bulmahn fordert mehr Mitsprache des Bundes im Schulbereich. – In: Stuttgarter Zeitung vom 31.07.2002, S. 5

ThILLM (1998): Was ist neu an den Thüringer Lehrplänen für Grundschule, für Regelschule, für Gymnasium. – Bad Berka: Thüringer Institut für Lehrerfortbildung, Lehrplanentwicklung und Medien, 1998

Wittmann, E. Ch. (2005): Eine Leitlinie für die Unterrichtsentwicklung vom Fach aus: (Elementar-) Mathematik als Wissenschaft von Mustern. – In: Der Mathematikunterricht 51 (2005) 2/3, S. 5–22

Testen, Lernen und Gesellschaft: Zwischen Autonomie und Heteronomie

Wolfram Meyerhöfer

Schule bewegt sich im Spannungsfeld von Autonomie und Heteronomie. Sie unterliegt dem Anspruch, die Autonomie des Schülers als gesellschaftlichem Subjekt zu entwickeln, ihn aber ebenso in heteronomes Verhalten einzuführen. Schule reproduziert hier Gesellschaft, und das Spannungsfeld reproduziert sich in allem schulischen Sein und Tun. In diesem Beitrag wird dem Problem nachgespürt, dass Tests schulisches Sein und Tun in Richtung Heteronomie verschieben, indem sie Autonomie beschädigen.

Ich verstehe Autonomie als in der Dialektik von Individuellem und Sozialem stehend. Es scheint mir dabei wenig sinnvoll zu sein, von „autonom sein" zu sprechen. Autonom sein heißt immer nur, autonomer zu werden. Es heißt, sich seiner selbst und der Welt gewisser zu werden und gleichzeitig sich der Ungewissheit seiner selbst und der Welt deutlicher zu stellen. Mir scheint ebenso, es gibt kein autonomes Sein, sondern nur autonomes Handeln. Auch unsere Sprache konstruiert dieses Phänomen mit: Man kann kaum wohlgeformt sagen: Dieser Mensch ist autonom. Wohlgeformt kann man nur sagen: Dieser Mensch handelt autonom. Damit ist bereits angedeutet, dass dieser Mensch in anderen Situationen weniger autonom handeln könnte.[1] Autonom handeln heißt sein Selbst stärken im so-

---

[1] Die angesprochene sprachliche Differenz findet sich auch zwischen einem „Autonomen" und einem „autonom Handelnden". Die Bezeichnung „Autonome" ist sicherlich ursprünglich eine selbstgewählte: Sie nimmt gerade die Dialektik von Individuellem und Sozialem in Anspruch: „Wir handeln individuell, aber im Sinne des Ganzen, also sozial." Die Verabsolutierung in einem Seinsbegriff („Wir **sind** autonom.") brennt nun nicht nur das Statische der Selbstkonstruktion in den Begriff. – Es kennzeichnet ebenso die Abkehr von einem dialektischen Selbstkonstrukt hin zu einem Fokus auf dem Individuellen, das ohne das Soziale zum Egomanen wird. Das Soziale verkommt dabei zur Pose. Da wir all dies im schrägen Begriff „der Autonome" bereits ohne Analyse erspüren, ist die nahezu panische Furcht mancher Theoretiker, den Autonomiebegriff zu verwenden, wenig

zialen Handeln und das soziale Ganze und seine Teile stärken im individuellen Handeln.

Das Verhältnis von Schule und Autonomie ist ein Gespaltenes. Schule will und soll die Autonomie des Schülers entwickeln. Das spiegelt sich bereits im Bildungsbegriff, aber auch in Begriffen wie Kompetenzentwicklung (personal, sozial, fachlich, methodisch usw.), Stärkung der Persönlichkeit, staatsbürgerliche Erziehung, kulturelle Kohärenz usf. All diese und ähnliche Begriffe verweisen nicht nur auf die inhaltliche Abreicherung, die der Versuch einer quasi-endgültigen und doch allgemeinen Konkretion des Autonomiebegriffs mit sich bringen würde. Sie verweisen auch darauf, dass Schule Autonomie nicht nur entwickelt, sondern ebenso beschädigt. Das liegt nicht nur am schulischen Zertifizierungs- und Selektionsauftrag. Das liegt auch an der schulischen Aufgabe der Integration von Kindern und Jugendlichen in eine Gesellschaft, die mindere oder vielleicht sogar verminderte Autonomie nicht nur produziert, sondern zur Aufrechterhaltung ihrer selbst auch benötigt. Und es liegt an der dialektischen Verschränktheit von Autonomie und Heteronomie: Diese Verschränktheit entfaltet sich besonders konflikthaltig dort, wo Sozialisation des Individuums erfolgt; Schule ist dafür ein exponierter Ort.

Tests als Ersatz für herkömmliche Bildungszertifikate

Schule hat nicht nur eine Erziehungs- und Bildungsaufgabe, eine ihrer vorrangigen Aufgaben ist auch die Vergabe von Zukunftschancen mittels Bildungszertifikaten. Dabei besteht das Ideal, dass Bildungszertifikate widerspiegeln, inwieweit der Schüler die gesellschaftlich vorgestellten Bildungs- und Erziehungsziele erreicht hat. Die Abweichungen von diesem Ideal sind aus der breiten Debatte um Schulzensuren und Verbalbeurteilungen bekannt, und das Hauptziel von Tests ist es, eine Zertifizierung vornehmen zu können, die das Erreichen der Bildungs- und Erziehungsziele valider,

---

verständlich. Sie fürchten, mit der Verwendung des Autonomiebegriffs sich in die Nähe von „Autonomen" zu begeben, was aber – wie angedeutet – nur auf einer sehr oberflächlichen Ebene möglich ist.

genauer, schärfer oder objektiver widerspiegelt als die herkömmlichen Zertifizierungsverfahren. Tests sollen leisten, was Zensuren einst zu leisten versprachen – bevor sie seit den sechziger Jahren in ihrer Behauptung gründlich dekonstruiert wurden. Tests stellen den Höhepunkt, die technische Vervollkommnung des Gedankens des Vermessens von Menschlichem dar. Sie bedienen in exzentrischer Weise den Ansatz, das Leistungsprinzip ließe technisch sich bedienen. Erinnern wir uns dieses Prinzips in seinem Idealtypus: Alle Kinder kommen an die gleiche Schule. Für alle Schüler beginnt das institutionalisierte Lernen mit so einfachen Dingen, dass jeder Schüler die Chance hat, sich auf dieses Lernen einzulassen und in Anknüpfung an das bereits Gekonnte und an das noch nicht Gekonnte etwas zu erlernen. Dieses Etwas ist ein Ausgesprochenes, so dass für den Schüler klar ist, was das zu Lernende ist. Dieses zu Lernende ist das zu Leistende. Die Institution verletzt das Leistungsprinzip, wenn etwas zu Lerndendes und etwas zu Leistendes unausgesprochen bleibt. Hier knüpft Bourdieu[2] mit seiner Kritik am Bildungswesen an, wenn er zeigt, dass dort etwas Unausgesprochenes zu leisten ist, was in bestimmten gesellschaftlichen Schichten intuitiv gelernt wird, in anderen – benachteiligten – nicht.

In Meyerhöfer (2004 a, 2005) stelle ich eine Argumentation vor, die zeigt, dass der mathematische PISA-Test in genau diesem Sinne das Leistungsprinzip verletzt. Er testet Vieles (mit), das unausgesprochen ist, das gleichzeitig außerhalb von mathematischer Leistung steht, ja ihr sogar oftmals entgegensteht, und das auch außerhalb anderer gesellschaftlich gewollter Leistungselemente steht bzw. ihnen entgegen steht. PISA verfehlt also das Ziel, das Erreichen der Bildungs- und Erziehungsziele valider, genauer, schärfer oder objektiver widerzuspiegeln als die herkömmlichen Zertifizierungsverfahren. Das Testen *löst* die Probleme von Zertifizierung mittels Zensuren nicht, es *verschiebt* sie lediglich. Nun wird gegen diese Kritik eingewandt, dass PISA „nur" eine bildungsökonomische Studie ist, die weder individuelle Aussagen zulässt noch Schulzensuren hinterfragen soll. Dieser Einwand ist aber mehrfach problematisch:

---

2   Z. B. Bourdieu/Passeron (1971).

1. PISA ist Element einer Tendenz, die gelegentlich als „Testwelle" bezeichnet wurde. Mittlerweile ist vielleicht der Begriff „Standardisierung von Bildung" treffender, weil diese Tendenz in den sogenannten Bildungsstandards (treffender wäre: Halbbildungsstandards[3]) kulminiert. Die vom Bundesbildungsministerium und der KMK vorgestellte Expertise „Zur Entwicklung nationaler Bildungsstandards" (KMK 2003a) beschreibt dies noch sehr offen:

> **Die Bildungsstandards legen fest, welche *Kompetenzen* die Kinder oder Jugendlichen bis zu einer bestimmten Jahrgangsstufe mindestens erworben haben sollen.** Die Kompetenzen werden so konkret beschrieben, dass sie in Aufgabenstellungen umgesetzt und prinzipiell mit Hilfe von *Testverfahren* erfasst werden können. (KMK 2003a, S. 4; Hervorhebungen im Original)

Die Expertise diskutiert dementsprechend die verschiedenen Optionen der Institutionalisierung von Tests innerhalb des Schulwesens.

Für den Lehrer, der kaum die Expertise, aber vielleicht die fachbezogenen Standards liest, stellt sich nicht ganz so offen dar, dass die Standards vorrangig den Zweck verfolgen, die Resultate seines Tuns zu vermessen. So vermerken die Mathematik-Standards:

> Die Standards und ihre Einhaltung werden unter Berücksichtigung der Entwicklung in den Fachwissenschaften, in der Fachdidaktik und in der Schulpraxis durch eine von den Ländern gemeinsam beauftragte wissenschaftliche Einrichtung überprüft und auf der Basis validierter Tests weiter entwickelt. (KMK 2003b)

(Hier wird offenbar ausgeschlossen, dass die „Entwicklung in der Fachdidaktik" gerade aufzeigt, dass „inhaltlich validierte"[4] Tests nicht möglich oder nicht sinnvoll sind.)

---

3 Zum Begriff der Halbbildung vergleiche Adorno (1972)
4 Der Begriff der Validität ist leider nicht mehr unmissverständlich zu benutzen, weil er von großen Teilen der quantitativen Forschung seines Inhaltes beraubt wurde: Eigentlich meint die Frage nach der Validität, ob ein Instrument das misst, was es messen soll – eine tief inhaltliche Frage. Im quantitativen Vorgehen meint die Frage nach Validität mittlerweile meist aber nur noch, ob das Instrument in sich immer das Gleiche misst bzw. ob es das Gleiche misst wie ein anderes Instrument. Wenn ich hier von inhaltlicher Validierung spreche, so meine ich aber, dass inhaltlich untersucht wird, ob das Instrument misst, was es messen soll. Diese inhaltliche Untersuchung ist zunächst eine qualitative. In Meyerhöfer (2004a, 2005) schlage ich die Objektive Hermeneutik als Methode zur Validierung von

Mit der Testorientierung der Standards zerschlägt sich aber der Einwand, das Scheitern des Testinstrumentariums von PISA als Zensurersatz werde dadurch folgenlos, dass PISA weder individuelle Aussagen beanspruche noch Schulzensuren hinterfragen solle: Nicht nur folgen die Mathematik-Standards dem eklektizistischen Theoriesynkretismus[5] von PISA. Die Standards-Tests werden auch nach demselben Prinzip wie die PISA-Tests erstellt. Das hat nicht vorrangig damit zu tun, dass die Testerstellungsgruppe die Kritik an PISA nicht wahrnehmen würde. Es liegt vorrangig daran, dass man die Testerstellung für lange Zeit unterbrechen, wahrscheinlich sogar einstellen müsste, wenn man die Kritik berücksichtigen wollte. Bereits Thomas Kuhn (1967) hat uns aber darauf verwiesen, dass Wissenschaftlergemeinschaften nicht dazu neigen, fundamentale Kritik zur Revision ihrer Paradigmen zu nutzen. Statt dessen reparieren sie ihre Theorien, Methoden und Instrumente, soweit es eben geht. „Paradigmengemeinschaften" werden nicht durch Argumente vom Paradigma abgebracht, sondern sie trocknen aus, weil nachfolgende Wissenschaftler nicht mehr mit den unfruchtbar gewordenen Paradigmen arbeiten.

Wir werden also inhaltlich nicht haltbare Tests zu den Bildungsstandards erhalten, deren Befriedigung bereits vor ihrer Entstehung zum Maßstab schulischen Handelns und mathematischer Leistungsfähigkeit erklärt ist. Dieser Maßstab ist nur dann sinnvoll und legitimiert, wenn er als „über der Schulzensur stehend" angenommen wird: Wenn er der Zensur untergeordnet wäre, wäre er überflüssig. Wenn er neben der Schulzensur angesiedelt wäre, dann wäre das Verhältnis zur Zensur *vor* der Erstellung zu bestimmen, denn es müsste vor der Erstellung des Messinstruments klar sein, was überhaupt gemessen werden soll. Dazu müsste geklärt sein, welchen Aspekt des Beurteilens der Test und welchen Aspekt die Zensur abdecken soll.

Diese Tests ersetzen also bereits von ihrer Konstruktion her Schulzensuren – zumindest Abschlusszensuren. Eine individualisierte

---

Tests vor. Es deutet sich dort aber an, dass Validierungen nur für sehr enge inhaltliche Bereiche möglich sind. Ich fürchte, dass ehrliche Validierungsversuche eher erkennen lassen, wie eng die Grenzen des validiert Testbaren sind.
5   Vergleiche Meyerhöfer (2005a, Kapitel 2, 4, 5).

Verwendung ist in der Art ihrer Konstruktion ebenfalls angelegt: Der Test soll die gesamte Breite der in den Standards beschriebenen „Kompetenzen" abdecken, und seine Eichung im Zuge von PISA 2006 sichert zumindest in der statistischen Sichtrichtung ab, dass die Konstruktion von Individualtests möglich wird.

2. Prinzipiell hinterfragen Massenleistungsvergleiche die Bedeutung von Schulzensuren – sonst würden die Leistungsdaten ja einfach aufgrund von Schulzensuren erhoben, denn diese sind das gängige und ein differenziertes Maß für Schulerfolg.[6] Insbesondere ein innerdeutscher Ländervergleich wäre sehr viel kostengünstiger zu haben, wenn man lediglich die Zensuren vergleichen müsste. Dass man das nicht für ausreichend hält, hinterfragt genau diese Schulzensuren.

Man kann sich allerdings umgekehrt unschwer vorstellen, dass Tests schnell als überflüssig angesehen würden, wenn sich herausstellte, dass die ordinale Anordnung erhalten bleibt, und dass vorrangig die Tests problematisiert würden, wenn die ordinale Anordnung nicht erhalten bleibt.

---

6 Diese Behauptung bedürfte einer tieferen Argumentation, die hier nicht geleistet werden kann. Die Argumentationsrichtung wäre etwa die folgende: Wenn man ein Maß für Schulerfolg erstellen möchte, dann muss man Schulerfolg definieren und in ein Messkonstrukt überführen. Der Versuch wäre mit Messunschärfen und anderen Konstruktionsproblemen behaftet. Bereits die Adressierung von „Schulerfolg" würde zu unüberwindlichen Schwierigkeiten führen: Verschiedene gesellschaftliche Gruppen haben verschiedene Ansprüche an „Schulerfolg", die Vielfalt an schulischen Aufgaben müsste in eine gewichtete Form gebracht werden usw. Die Schulzensur ist der Versuch, eine solche Gesamt„messung" vorzunehmen. Das „Messkonstrukt" ist in einem langen Prozess entstanden, in dem innerschulische und außerschulische Interessen in das Konstrukt eingeflossen sind. Es ist kaum zu überschauen, welche impliziten und expliziten Elemente hier zusammenfließen. Es handelt sich aber um ein Konstrukt von erstaunlich hoher gesellschaftlicher Akzeptanz: Obwohl die Probleme der „Messunschärfe" von Zensuren hinlänglich bekannt sind, sind Zensuren nach wie vor vorrangige Instrumente der Vergabe von Zukunftschancen in nachschulischen Feldern. Es haben sich offenbar viele Praxen herausgebildet, mit der Aussagekraft und mit den Defiziten von Zensuren vielfältig und je nach jeweiliger Anforderung umzugehen.
Ohnehin erscheint es angesichts der Vielfalt der Anforderungen heutigen Lebens als absurd, ein einziges Beurteilungskriterium – sei es eine Zensur, sei es ein Testresultat – als Grundlage für die Vergabe von Zukunftschancen aller Provenienz und aller Befähigungsrichtungen für denkbar zu halten.

Wenn Tests herkömmliche Bildungszertifikate ersetzen oder ergänzen, dann ist das folgenreich. Die Folgen für Breite, Tiefe und Vielfalt von Bildungsarbeit, für die Motivation von Schülern und Lehrern sowie für Bürokratisierungsprozesse sind bereits breit diskutiert. Tests stellen hier lediglich eine Verschärfung des Zentralprüfungs-Ansatzes dar. Dem Zentralisierungs- und Standardisierungsmotiv liegt dabei ein tiefsitzendes Misstrauen gegen „die Lehrer" zugrunde. Ich habe großes Verständnis für Kritik an schulischer Praxis, habe aber ebenso großes Verständnis für die Zweifel daran, dass Zentralisierung und Standardisierung Unterricht besser machen. Eher scheint sich die Pauschalität und Oberflächlichkeit des Misstrauens in der Pauschalität und Oberflächlichkeit des Lösungsansatzes zu spiegeln. Die kulturindustrielle Rahmung von PISA & Co hat hier zu industriekulturellen Lösungsmustern in Form von Standardisierung eines Produkts namens Bildung geführt: Ein Wissenschaftler mit Erkenntnisinteresse hätte sicherlich zunächst untersucht, auf welche Weise konkret und im unmittelbaren professionellen Tun Standardisierung zu einer Verbesserung des Tuns führen kann.

Im weiteren möchte ich mich auf jene Prämissen und Folgen des Testens beschränken, die auch bei folgenlosen oder folgenarmen Tests auftreten und die auch bei Verwendung von fundiert entwickelten Testinstrumenten auftreten.

Unterschied zwischen Testaufgaben und unterrichtlichen Aufgaben

Tests werden erstellt, um Eigenschaften von Messobjekten in einem Messprozess zu erfassen. Bereits der Terminus „Test" verweist auf Experimente zur technischen Erprobung der Funktionstüchtigkeit von Probanden bezüglich bestimmter Eigenschaften.[7] Das Testinstrument interessiert uns dabei als Initiator einer Lösungspraxis, denn beim Testen ist Lösungspraxis Leistungspraxis, der Messprozess vollzieht sich also, indem der Schüler ein Resultat bzw. sein Lö-

---

7 Gleiches gilt für Termini wie „Schul-TÜV", „Standards" oder „Bildungsmonitoring".

sen verschriftlicht. Diese Grundeigenschaften von Tests verweisen uns auf die Problematik der Differenz von Unterrichtspraxis und Testpraxis:

Im Mathematikunterricht lassen sich Aufgaben unter verschiedenen Aspekten betrachten, sie sind also Bestandteil verschiedener Praxen: Sie sind Initiator von Lernen, Ort der Selbsttätigkeit des Schülers, Instrument der Erfassung von Lernerfolgen, Zwischenerfolgen und Defiziten (also Testinstrument), Protokoll einer fachlichen, habituellen bzw. psychischen Disposition des Aufgabenerstellers (Schüler lernen ihre Lehrer u. a. über die Aufgaben kennen, die sie stellen; Schüler erhalten über Aufgaben ein Bild vom Fach und seinen Vertretern), sie sind an der Herstellung von Sozialität beteiligt. Das Lösen von Aufgaben im Unterricht ist Ort des Trainierens von Fertigkeiten, des Erlangens von Fähigkeiten, des Erwerbs von Wissen, es ist Disziplinierungsinstrument, ist Selbstzweck (was sicherlich oft heißt: Mittel zur Umsetzung eines bestimmten Bildes von Ziel und Praxis von Mathematikunterricht), dient der Überbrückung von Zeitlücken usw.

Dieser Vielfalt von Einsatzmöglichkeiten, Funktionen und Einsatzaspekten steht bei Testaufgaben eine einzige Funktion gegenüber: *Hier sind Aufgaben ausschließlich Messinstrument.* Die einzige für den Messvorgang relevante Praxis ist die Lösungspraxis. Die erste Reduktion vom zu Testenden zum Getesteten liegt bereits innerhalb der Lösungspraxis, wenn nur der schriftlich fixierte Teil des entäußerten Teils der Lösungspraxis erfasst wird.

Der Tester kann also weder gedachte noch gesprochene noch haptische Teile der Lösungspraxis in seine Auswertung einbeziehen.[8] Erst die zweite Reduktion ist dann die Verkürzung des Verschriftlichten in einer standardisierten Kodierungs- und Auswertungsprozedur, in der nicht nur das Latente, sondern auch alles andere nicht in die Standardisierung Passende weggeschnitten wird.

Tests werfen hier also Probleme auf zwei Ebenen auf: Zum einen ist sicherzustellen, dass die Aufgaben messen, was sie messen sol-

---

8 Aus einer strukturalistischen Perspektive ist das unproblematisch, weil man annimmt, dass sich Struktureigenschaften auf allen Ebenen zeigen. In der Repräsentativitätsperspektive von quantitativer Forschung wäre dieses Problem aber eine Reflexion wert.

len. Das ist bei PISA misslungen (vgl. Meyerhöfer 2004 a, 2005). Zum zweiten muss der fundamentale Unterschied zwischen guten Testaufgaben (die präzise und aussagekräftig messen sollen) und guten unterrichtlichen Aufgaben (die in sozialen und Bildungsprozessen verschiedene Funktionen haben) beachtet werden. PISA und die Bildungsstandards unterliegen nun nicht nur einer gemeinsamen Ignoranz gegenüber dieser Differenz. Es ist sogar so, dass das Kompetenzstufenmodell von PISA als theoretische Basis der Bildungsstandards benutzt wird. Das Kompetenzstufenmodell wurde aber lediglich entwickelt, damit man den inhaltsleeren Testwerten von PISA eine inhaltliche Erkenntnis abringen kann. Das kann das Kompetenzstufenmodell bereits von seiner Konstruktion her nicht leisten. Hinzu kommt, dass das Kompetenzstufenmodell sich bereits theoretisch als nicht haltbar erweist.[9] Wir befinden uns also in einer Situation, in der ein bereits für Testaufgaben unbrauchbares Modell als Grundlage für ein unmittelbar auf Schule durchschlagendes theoretisches Modell genutzt wird, wobei der Unterschied zwischen Testaufgaben und unterrichtlichen Aufgaben ausgeblendet wird.

Prämissen und Folgen des Testens

Wenn Aufgaben im Testvorgang nun ausschließlich als Messinstrument relevant sind, dann führt dies nicht nur zu der Frage, ob das Instrument misst, was es messen soll. Es führt auch zu Fragen nach den gesellschaftlichen und fachinhaltlichen (und damit nach pädagogischen) Prämissen und Folgen des Testens.

Offensichtlich sind die Folgen, wenn der Test unmittelbar zu einer folgenreichen Zertifizierung führt: Der Getestete muss die singuläre Funktion der Testaufgabe erkennen und bedienen. Ein Schüler, der z. B. eine darüber hinausgehende Auseinandersetzung mit dem Aufgabeninhalt führt, weil er Aufgaben als Ort des Lernens bzw. der Debatte bzw. der Herstellung von Sozialität mit dem Auswerter ansieht, verliert Zeit bzw. arbeitet im schlechtesten Fall am Kern vorbei: nämlich sein Kreuz an der richtigen Stelle zu setzen –

---

9 vergleiche Meyerhöfer (2004b), Antwort der PISA-Gruppe Lind u. a. (2005), Erwiderung dazu Bender (2005), vgl. auch Wuttke (in diesem Band)

der Scanner schaut sich eben keine intellektuell interessanten Randbemerkungen an, sondern erfasst, ob und wo das Kreuz gesetzt wurde; und der Auswerter einer offenen Antwort kann diese Antwort lediglich kategorisieren und einen Punkt vergeben oder verweigern. Das verweist auf das Problem der „Testfähigkeit".[10]

Zunächst ist es also sinnvoll, den personal folgenreichen Test vom personal folgenlosen Test zu unterscheiden. Ist ein Test personal folgenlos, so steht bei der Beurteilung des Tests vorrangig die Frage: Wird das gemessen, was gemessen werden soll? Ist ein Test personal folgenreich, so muss man zusätzlich fragen: Wird das prämiert, was prämiert werden soll?

Bei näherer Betrachtung stellt sich allerdings heraus, dass für die Beurteilung von PISA und anderen neueren Vergleichsuntersuchungen diese Unterscheidung nicht notwendig ist, weil diese Tests als politische Instrumente bereits einen Folgenreichtum in sich bergen, der sich dem Schüler auch erschließt. Hier ist von TIMSS (veröffentlicht ab 1997) über PISA 2000 bis PISA 2003 zu verzeichnen, dass den Schülern ein Folgenreichtum ihres Test-Tuns mehr und mehr präsent ist: Bereits bei PISA 2000 war der „TIMSS-Schock" in einigen Schulen präsent, bei PISA 2003 wussten alle Schüler, dass hier „der" PISA-Test geschrieben wird. So entsinne ich mich auch der Geschichte eines Schülers, der bei PISA 2003 während der Testbearbeitung vor sich hin sang: „Armes Deutschland, armes Deutschland ...".

Dass dieser Folgenreichtum kein personaler ist, sondern sich auf Gruppen bezieht, erzeugt für diese Tests lediglich eine spezifische Folgenhaftigkeit:

Von Seiten desjenigen, dessen Zukunftschancen mit dem Testresultat beeinflusst werden, geht es ausschließlich darum, die Anforderung des Testers zu erfüllen. Dies gilt für Schüler, deren persönliche Bildungszertifikate vom Test abhängen. Es gilt für Lehrer bzw. Lehrerkollektive, deren Testergebnisse materielle oder nichtmaterielle Zuwendung auslösen. Und es gilt für Länder, Populationen bzw. Teilpopulationen, für die die Testergebnisse folgenreich sind, z. B. für kollektive Selbst- und Fremdbewusstseinsausprägun-

---

10 Für eine nähere Analyse dieses Phänomens anhand von TIMSS und PISA vergleiche Meyerhöfer (2005, Abschnitt Testfähigkeit), ausführlicher Meyerhöfer (2007).

gen und politische Entscheidungen. An dieser Stelle ordnen sich die Diskussionen um die Verschränkungen der Ebenen der Bedeutsamkeit der Tests nach TIMSS (insbesondere im Vergleich mit Japan) ein: Für deutsche Schüler haben nichtzensierte standardisierte Leistungstests innerhalb des eigenen Bildungszertifikatserwerbs und damit für die Vergabe von Zukunftschancen bislang keine Bedeutung. Dies ändert sich bereits auf der Ebene der Schulen, wenn Bildungsadministrationen die Schulresultate zur Kenntnis erhalten. Auf der nationalen Ebene wurden PISA wie TIMSS in Deutschland gar als nationale Katastrophen wahrgenommen – und die Diskrepanz dieser nationalen Bedeutsamkeit zur mangelnden Bedeutsamkeit für den einzelnen Getesteten als ein Grund des nationalen Scheiterns beklagt. In dieser Deutung werden unterschiedliche Testmittelwerte auch oder vor allem als Maß für unterschiedliches Anstrengen angesehen. Eine solche Deutung legt eine gewisse Gelassenheit im Umgang mit Rangreihen nahe, denn es ist ja zunächst kein Negativum einer Kultur, wenn man sich bei Tests nicht anstrengt.

Man kann sich nun beliebige (schwer kontrollierbare) Szenarien des Umgehens mit dieser Bedeutsamkeitsdiskrepanz denken, z. B. Schüler, die sich als Mitglieder der deutschen Testnationalmannschaft besonders anstrengen oder Schüler, die die Testergebnisse negativ manipulieren, weil sie kollektive negative Resultate für wünschenswert halten, oder auch Auswerter, die in die eine oder die andere Richtung tendenziös auswerten. Auch auf der Ebene der Schule, deren Mittelzuweisungen von Testresultaten abhängen, kann der Test für den einzelnen Schüler zum Mittel der Loyalitätsbekundung wie auch zum Mittel der Kritik an den Verhältnissen werden. Diese Überlegung spitzt aber die gegenwärtige Situation lediglich zu: Momentan ist für die Schulen eher ungewiss, welche Folgen sich aus ihrem Testabschneiden ergeben. Ein Druck ist hier eher diffus zu begründen.

Hinzu kommt, dass auch die sich selbst wissenschaftlich – und damit außerhalb von Zertifikatszuweisung stehend – rahmenden Leistungstests auf eine *Kultur* der persönlichen Bedeutsamkeit von Tests Bezug nehmen und in ihr Rückhalt finden: Wer gewohnt ist, sich für Zensuren einer Leistungs„messung" zu unterwerfen, unterwirft sich auch einem Test, bei dem er eigentlich jederzeit gehen kann. Die Testorganisation versucht, die oftmals gegebene Freiwilligkeit der Teilnahme in der Testsituation selbst zu verschleiern und eine an zensurrelevante Leistungsermittlung angelehnte Rahmung zu schaffen. Der Testleiter tritt den Schülern nicht als Vertreter einer wissenschaftlichen Praxis, sondern als eine Art zentraler Prüfer entgegen. Dadurch und durch die strenge Durchführungsnormierung wird der Rahmen „verschärft", das wirkt der „Entschärfung" durch Nichtzensierung, also der potentiell größeren Autonomie eines Getesteten gegenüber einem Zensierten, entgegen.

Hinzu kommt die Anwesenheit von Lehrern in den Testsitzungen, die „eigentlich" nur der Erfüllung der schulischen Aufsichtspflicht dient: Ihre Wirkung zeigt sich besonders deutlich in jenen – nicht seltenen – Situationen, in denen die Lehrer die normierte Testsituation stören, indem sie (obwohl der externe Testleiter die Disziplinierungsmacht hat) Schüler zu Ruhe oder zu Weiterarbeit ermahnen. Hier entsteht auch ein Messproblem: In der normierten Testsituation wird ja gerade mitgemessen, ob die Schüler den Test konzentriert und selbständig abarbeiten können. Das Normierungskonstrukt sieht dabei vor, dass Disziplinierung durch den Testleiter erst stattfindet, wenn die Testdurchführung in Gefahr gerät. Praktisch verhalten sich die Testleiter hier natürlich ebenso eingeschränkt normiert wie bezüglich Hilfen, Zeiten, Testanweisungen usw.

Der Charakter des Tests als zentrale Prüfung führt auch zu einer Art Solidarisierung der Lehrer mit den Testern: Die Tester sind eben nicht nur diejenigen, die die Lehrer kontrollieren. Sie sind auch diejenigen, die das Zensieren auf andere Weise fortführen. Gelegentlich hört man beim Testen von den beteiligten Lehrern, dass es gut sei, wenn den Schülern auch mal von anderer Seite gezeigt würde, was sie können und was nicht (– was nicht stimmt, da es keine Rückmeldungen des Gekonnten und des Nichtgekonnten gibt, sondern lediglich von Punktwerten). Man kann sich gut vorstellen, dass die Deutung schlechterer Schulresultate dann nicht zum Hinterfragen des Lehrens führt, sondern zu Vorwürfen an die Schüler. Umgekehrt ist allerdings ebenso gut vorstellbar, dass bessere Resultate vom Lehrer „einverleibt" werden.

Eine Mischung aus Druck und Solidarisierung mag die Lehrerinnen jener Schule getrieben haben, in der man alle Schüler das IGLU-Logo nachmalen lassen hat und mit den Zeichnungen Wandzeitungen gestaltet hat. Die hier (vermutlich im besten Willen) deutliche kulturindustrielle Vereinnahmung der Schüler zeigt sich im kontrastierenden Gedankenexperiment: Man stelle sich vor, dass Schüler in Vorbereitung auf eine zentrale Vergleichsarbeit das Logo des heimischen Kultusministeriums oder des durchführenden Pädagogischen Landesinstituts oder das Landeswappen malen sollen und zur gemeinsamen „Vorfreude" und „Motivierung" im Klassenzimmer aufhängen. Das wäre zwar eher lächerlich, aber immer noch eher zu verantworten als das Malen von Test-Logos: Schule ist eine Pflichtveranstaltung, und Tests werden in vielen Fällen von privatwirtschaftlich organisierten, kommerziellen Anbietern als Markenprodukte vertrieben. So, wie das Bundesland einen Satz Siemens-Computer kauft, so kauft es auch Tests ein. Niemand würde den Siemens-Mitarbeiter, der die Computer in der Schule aufbaut, mit einer Wandzeitung von Siemens-Logos begrüßen. Es scheint mir in der Verantwortung der einkaufenden Administration zu liegen, den Schulen diesen kommerziellen Aspekt von Tests deutlich zu machen und die Reproduktion von Markenlogos im Pflichtunterricht zu verhindern.

Von Seiten des Testers geht es darum, im Messvorgang wirklich das zu messen, was gemessen werden soll. Dies ist ein nicht lösbarer Widerspruch zum Anliegen des Getesteten, denn zugespitzt interessiert den Tester das Bildungszertifikat des Getesteten ebenso wenig wie den Getesteten das Konstrukt des Testers. Je entfremdeter Tester und Getesteter sowie Lernprozess und Leistungsprozess sind, desto stärker wirkt und zeigt sich dieser Widerspruch. Wie viel weniger er z. B. in einer Klassenarbeit wirkt, zeigt sich in der Begründungslast, die ein Lehrer trägt, welcher die gleiche Klassenarbeit mehrfach verwendet, seine „Tests" also nicht auf die jeweilige Lerngruppe und Lernprozesse hin spezifiziert. Diese Begründungslast wirkt ebenso, wenn Aufgaben schlecht gestellt sind oder dem erteilten Unterricht nicht entsprechen. Der Ersteller von standardisierten Leistungstests ist dieser Begründungslast entzogen, weil er im industrialisierten Testprozess mit dem Getesteten und seinem Lernprozess nicht mehr konfrontiert ist.

Umgekehrt verweist die Teilnahme an einem Leistungstest immer auf ein – in je verschiedener Weise – bildungszertifikatorientiertes Denken, und die Durchführung eines Leistungstests ist ebenfalls ausschließlich innerhalb bildungszertifikatorientierten Denkens möglich – außerhalb bildungszertifikatorientierten Denkens findet Auseinandersetzung mit intellektuellen Gegenständen immer in einer Weise statt, die sich von Leistungstests entfernt.[11]

Selbst die Durchführung von Leistungstests in wissenschaftlichen Untersuchungen verweist in letzter Konsequenz auf einen dort wirksamen bildungszertifikatorientierten Leistungs- und Lernbegriff. Es scheint weder historisch noch strukturell zufällig zu sein, dass subsumtives Denken in den Wissenschaften und ein subsumtiv argumentierender Leistungsbegriff zusammenlaufen. Eben dieser „subsumtive Leistungsbegriff" in seiner in Leistungstests zugespitzten Variante scheint wesentlicher Teil dessen zu sein, was ein gewisses Unbehagen an diesen Tests hervorruft: Jeder spürt eben sofort, dass intellektuelle Leistung nicht wirklich operationalisierbar ist und dass die Einordnung von Realem in Kategorien etwas von der Realität wegschneidet. Dieses Wegschneiden wird von subsumtiv arbeitenden Forschern auch gar nicht bestritten, sondern das Weggeschnittene wird zum wenig Relevanten erklärt bzw. man postuliert einfach weiteren „Forschungsbedarf", was dann Kategorienverfeinerung meint. Im kulturindustriell überformten Forschungsprozess kommt es aber selten zu einer Verfeinerung, die mit dem untersuchten Wirklichkeitsbereich wenigstens so weit in Passung steht, dass eine inhaltliche – und nicht lediglich technische – Forschungs- oder Anwendungsfrage als beantwortet gelten kann, dass also die Wirklichkeit nicht verkürzt und trivialisiert wurde. Bei PISA lässt sich in diesem Sinne eindeutig sagen: Wer das hier Gemessene als mathematische Leistung deutet, verkürzt den Begriff der mathematischen Leistung.

Andererseits entspricht der subsumtive Leistungsbegriff in seiner Subsumtivität sowohl einem wissenschaftlichen Paradigma als

---

11 Dies merkt man selbst in Situationen der spielerischen Durchführung von Leistungstests, z. B. in Zeitschriften. Die „narzistische Befriedigung" ergibt sich hier nicht aus der Leistungserbringung selbst, sondern daraus, dass man einen äußerlich gesetzten Anspruch erfüllt und dafür eine Belohnung in Form von Befriedigung erhält. Es geht also nicht um die Sache selbst, sondern um das Erteilen einer äußerlichen Anerkennung. Die narzistische Befriedigung ist deshalb gering, wenn der Test so leicht ist, dass man nicht mal nachzusehen braucht, ob die eigene Lösung richtig ist. Die (hier eventuell nur scheinbare) Asymmetrie zwischen Tester und Getestetem ist dann nicht groß genug, der Tester verringert damit sein Recht auf Anerkennen und „Zertifikats"erteilung.

auch dem herkömmlichen schulischen Leistungsbegriff: Dieser ist ebenso subsumtiv, denn im Kern wird der Schüler auch hier daraufhin „abgehakt", ob er bestimmte Leistungskategorien abdeckt. Dies zeigt sich besonders klar in diversen Leistungskatalogen, die dem Lehrer ermöglichen sollen, die Erfüllung von Leistungskategorien abzuhaken und die Haken zu einer Zensur oder einer Verbalbeurteilung zusammenzuziehen. Diese Subsumtion wird durch pädagogische Relativierungen immer wieder aufgebrochen und verschleiert – die damit verbundene Erklärungsnot macht die Subsumtivität umso deutlicher.

Das an Testaufgaben Erkannte erzählt uns somit auch etwas über das, was wir beim täglichen Zensieren tun: Tests sind die Zuspitzung eines technischen Herangehens an Zertifizierungsprozesse, bei denen nach Objektivem, Validem und Verlässlichem gesucht wird. In zugespitzter Weise führen sie uns vor Augen, was passiert, wenn wir die Zensur von all dem befreien, was an ihr aus subsumtivischer Perspektive zu bemängeln ist.

Wegen der Subsumtivität des schulischen Leistungsbegriffs ist auch das Unverständnis der Tester für das Unbehagen an Tests erklärbar, denn die Tests bilden ja nur die konsequente Umsetzung dieses subsumtiven schulischen Leistungsgedankens.

Asymmetrie und die Beschränkung der Autonomie des Getesteten und des Testers durch den Messprozess

Strukturlogisch beruht Testen auf Asymmetrie zwischen Tester und Getestetem, die nun näher untersucht werden soll.

Das Anliegen des Testers, das Vorhandensein von Komponenten eines Konstrukts „Leistung" zu vermessen, und das Anliegen des Getesteten, die Anforderung des Testers zu erfüllen, sind widersprüchlich. Vereinfacht gesprochen: Der Tester möchte das Vorhandensein von Fähigkeiten evaluieren. Der Getestete möchte genau das nicht, sondern möchte zunächst nur möglichst gut abschneiden. Diese Widersprüchlichkeit ermöglicht (i) erst einen Testvorgang und erschwert (ii) ihn gleichzeitig:

(i) Wären diese Anliegen nicht widersprüchlich, so käme kein Testvorgang zustande, sondern ein Aushandlungsprozess zwischen

Gleichberechtigten über einen Inhalt – entweder im Sinne eines Arbeitsbündnisses oder im Sinne einer wissenschaftlichen Debatte. Hier zeigt sich auch, dass sowohl beim Lernen in einem Arbeitsbündnis (z. B. in Volkshochschulen oder anderen Lernkontexten, die nicht auf einen Zertifikatserwerb hinauslaufen) als auch in einer wissenschaftlichen Debatte weder eine Zensierung noch irgendeine Form von Testen denkbar ist. Jede Form von Test, die für einen der Beteiligten nicht mehr wenigstens dem Prinzip nach debattierbar ist, beschädigt das Arbeitsbündnis bzw. die wissenschaftliche Debatte hin zu einer durch die Asymmetrie bestimmten Beziehung. Jede Form von „Test" hingegen, die debattierbar ist, ist kein Test, sondern Gegenstand eines Aushandlungsprozesses.[12,13]

Mit einem Aushandlungsprozess wäre aber kein Messprozess mehr möglich (– es sei denn man setzte voraus, dass mindestens einer der Beteiligten nach dem Aushandlungsprozess den Inhalt des Aushandlungsprozesses „vergessen" und sich dann dem Messprozess aussetzen würde). Erst eine Asymmetrie zwischen den Beteiligten ermöglicht, dass der Eine am Maßstab des Anderen gemessen wird. Diese Asymmetrie und damit das Verlassen des Aushandlungsprozesses stellt somit bereits eine Verminderung der Autonomie des Getesteten her. Je stärker die Asymmetrie zusätzlich mit einer Abhängigkeit verbunden ist, desto mehr muss der Eine den Anderen bedienen und ist damit zusätzlich in seiner Autonomie beschränkt. Je größer die personale Bedeutsamkeit der Abhängigkeit ist, desto größer ist der Druck zum Bedienen der Erwartungen des Anderen – sei es, weil man sich als Mitglied der Nationalmannschaft fühlt oder weil persönliche Zukunftschancen vom Resultat abhängen.

(ii) Der Widerspruch der Anliegen der in den Testprozess Involvierten erschwert den Testvorgang, denn die beschriebene Asym-

---

12 Das gilt auch für schulische Leistungskontrollen in ihrer herkömmlichen Form, wenn sie prinzipiell debattierbar sind. Nicht ohne Grund nehmen autonomieorientierte Pädagogiken Aushandlungsprozesse auch für Leistungsermittlungen auf ihre Agenda. Dahinter steht offenbar nicht nur ein autonomieorientiertes Menschenbild, sondern auch ein dynamischer Leistungsbegriff.
13 Auch diagnostische Tests unterliegen diesem Argument: Das Arbeitsbündnis, auf das eine Diagnose im Vorgriff auf eine Behandlung rekurriert, wird beschädigt, wenn der Test nicht wenigstens dem Prinzip nach debattierbar ist.

metrie verlangt auf der Seite des Getesteten nach Ausgleich durch Vergrößerung seiner Autonomie gegenüber dem Testvorgang. Der Testvorgang wird dadurch gestört: Innerhalb der Strukturlogik der Asymmetrie beim Testen gibt es unterschiedliche Möglichkeiten der Handlungsanpassung. Die erste Möglichkeit ist Konformität, d. h. man bearbeitet die Testaufgaben „nach bestem Wissen und Gewissen". Die zweite Möglichkeit ist Verweigerung in unterschiedlichem Grade. Die klarste Form von Verweigerung ist die Nichtteilnahme, also das Verlassen des Handlungsrahmens. Die dritte Möglichkeit besteht in verschiedenen Formen der strategischen Bearbeitung des Handlungsrahmens: Der Druck, die Erwartungen des Testers bedienen zu müssen, verlangt nach Wegen, sie möglichst effektiv und auch unabhängig vom wirklichen Vorhandensein der zu testenden Fähigkeit zu bedienen. Er verlangt sogar, die Erwartungen des Testers selbst dann innerhalb des Messkonstrukts zu bedienen, wenn die eigentlich zu vermessende Fähigkeit im Messkonstrukt fehlerhaft operationalisiert ist. Eine Bearbeitung des Handlungsrahmens, sogar eine gewisse Immunisierung, beginnt bereits im bewussten Umgang mit der Strukturlogik der Testsituation. Der Schüler würde sich dann einerseits seine Stellung im Testprozess bewusst machen und die Folgen seines Testergebnisses bzw. seiner Testverweigerung in der Beurteilung seiner Person, seiner Schule, seines Bundeslandes usw. übersehen können. Er würde sich andererseits dem Problem der Autonomiebeschädigung in jeder einzelnen Aufgabe stellen können, indem er einerseits Testfähigkeit entwickelt, indem er andererseits den Tester material zwingend[14] auf Defizite der Aufgabenstellung (z. B. Zweideutigkeiten) hinweist.[15] Es ist nun nicht so,

---

14 Es ist nicht einfach, solche Hinweise innerhalb der Testmaschinerie anzubringen. Bei PISA hatten die Testleiter zwar die Aufgabe, auftretende und an den Testleiter herangetragene Unklarheiten der Schüler bei einzelnen Aufgaben zu notieren – den Schülern wurde diese Option aber nicht mitgeteilt. Unabhängig davon wird bei Multiple-Choice-Aufgaben lediglich durch einen Scanner erfasst, wo der Schüler sein Kreuz gesetzt hat. Will der Schüler erzwingen, dass sein schriftlich dargelegter Hinweis oder eine differenziertere Lösung wahrgenommen wird, so muss er den Scanvorgang stören, indem er das Blatt mehrfach faltet o.ä. Selbst in diesem Fall ist allerdings nicht vorauszusehen, ob eine kluge ausführlichere Antwort dazu führt, dass der Punkt erteilt wird oder dass die Aufgabe verändert wird.
15 Gerade in Schulen mit hoher Autonomieorientierung erlebt man während Test-

dass die Entwicklung von Testfähigkeit einen autonomieverstärkenden Charakter hat, wie es auf den ersten Blick scheint. Sie stellt nur eine Bearbeitung des asymmetrischen Handlungsrahmens dar. Wer effektive Wege findet, nichtkonform die Erwartungen des Testers zu bedienen, entkommt der Autonomiebeschädigung ebensowenig wie der konform handelnde. Selbst Verweigerung stärkt Autonomie noch nicht, sondern entzieht sich nur dem autonomiebeschädigenden Handlungsrahmen, kann also selbst autonomes Handeln sein.

Durch denjenigen, der Autonomie einschränkt, kann das strukturelle Autonomieproblem des Testens (wie wahrscheinlich jedes Autonomieproblem) auf drei grundsätzliche Weisen bearbeitet werden: durch Autonomiegewährung und -stärkung, durch Verschleierung von Autonomiebeschränkung und durch offene Repression. In jeder Testsituation wird das Problem der Autonomie des Getesteten gegenüber dem Testvorgang auf jeweils spezifische Weise bearbeitet.

Die konkrete Gestaltung der Testsituation ist eine solche Form der Bearbeitung: Die hohe Standardisierung der Testsituation dient u. a. der Herstellung des äußerlich gleichen Grades dieser Ausgestaltung des Handlungsrahmens für alle Getesteten.[16] Hinter der Standardisierung steckt dabei ein Irrtum, der uns im Forschungsprozess oft begegnet, nämlich der Glaube, dass hohe Standardisierung zu präziseren oder „besseren", breiteren, tieferen oder wenigstens allgemeiner gültigen Erkenntnissen führen würde. Standardisierung führt aber zunächst nur dazu, dass alle Mitglieder einer

---

sitzungen Schüler, die sagen: „Man kann diese Aufgabe so oder so lesen, was ist gemeint?" Die Testleiter dürfen diese Frage nicht beantworten, da im standardisierten Prozedere keine Unterscheidung zwischen einer Hilfe und einer Suche nach („eigentlich undenkbaren") Fehlern der Aufgabenstellungen möglich ist. Sie können diese Frage auch nicht beantworten, weil sie keinerlei Kenntnis der Aufgabenerstellung oder des Testkonstrukts haben. Ihre Aufgabe besteht nur darin, Testanweisungen vorzulesen und die Einhaltung des standardisierten Prozederes zu sichern. (Reine „Verständnisfragen" dürfen allerdings beantwortet werden. Dies öffnet auch Raum für Abweichungen vom standardisierten Prozedere – was wiederum ein Messproblem erzeugt, weil die Messresultate dadurch beeinflusst werden.)

16 Eine Interpretation dieser Ausgestaltung müsste auf die Testleiterskripte, auf die dem Test vorausgehenden Briefe an die Eltern und an die Schule und auf Protokolle der schulischen Vorbereitung und der Durchführung des Tests zurückgreifen.

Population bezüglich bestimmter Aspekte den gleichen Bedingungen unterworfen sind. Das bedeutet zwar, dass bestimmte Rahmenbedingungen (oder auch: bestimmte Dimensionen eines multidimensionalen Kausalkonstrukts) für alle Mitglieder gleich konstruiert sind. Das bedeutet aber noch lange nicht, dass damit die Geltungserzeugung präziser, besser, breiter, tiefer, eindeutiger oder wenigstens allgemeiner gültig ist. Am Problem der Geltungserzeugung geht die Standardisierung eher vorbei – wobei natürlich bestimmte Standardisierungselemente die Geltungserzeugung unterstützen können.

Ein beredtes Beispiel für dieses Problem ist der PISA-Test: Man kann 180.000 Schüler (2000) oder 250.000 Schüler (2003) hochstandardisiert untersuchen. Da dabei unklar bleibt, was eigentlich gemessen wird (da also die Geltungserzeugung am Ort „Testaufgabe" nicht abgesichert ist), bleibt die Testaussage mit ausgesprochen geringer Geltung behaftet.[17] Selbst der hohe voyeuristische Wert einer Länderrangskala ergibt sich kaum aus hoher Standardisierung, sondern vorrangig aus der großen Anzahl der Beteiligten.

Der Umgang mit dem Autonomieproblem erfolgt andererseits in jeder einzelnen Aufgabe. Die Untersuchung der PISA-Aufgaben verweist aber eher auf eine Reproduktion der Logik von Autonomiebeschädigung.[18]

Die aufgezeigte Autonomiebeschädigung ist unabhängig vom Bewusstsein der Betroffenen. Außerdem wird sie durch die Institution Schule von Anfang an als Normalität eingeführt und von allen Beobachtern gedanklich geheilt. Ein frühes schulisches Beispiel ist die Lösung der Subtraktionsaufgabe „Drei minus Vier" in Klasse 1: Wenn ein Schüler hier sachlich richtig „minus Eins" angibt, so muss der Lehrer einen Umgang mit dem Problem finden, dass dieser Schüler mehr weiß, als er wissen darf. Oftmals erlebt man eine Rüge oder zumindest sichtbares Unbehagen, weil der Schüler nicht die „richtige" Antwort „nicht lösbar" gegeben hat. In der Diskussion mit Lehrern um diese Autonomie- (und Sach-) -beschädigung werden pädagogische, heilende Argumente angebracht, z. B. dass die „schwachen Schüler" nicht „verwirrt" werden sollen. Solche

---

17 Vgl. Meyerhöfer (2004a, 2005).
18 Ebenda.

Heilungen durchziehen nicht nur pädagogisches Handeln, sondern auch das Handeln der Tester: Auch von ihnen wird – wenn man Autonomiebeschädigungen oder andere Verwerfungen bei Testaufgaben anspricht – immer wieder vorgebracht, dass die Schüler schon wüssten, wie sie damit umzugehen haben. Das stimmt wahrscheinlich sogar, wenn sich die Testaufgaben dem den Schülern vertrauten pädagogischen Habitus anschmiegen,[19] und dann erzählt die Analyse von Testaufgaben auch etwas über Schule. Aber einerseits unterliegen internationale Tests verschiedenen pädagogischen Habitus. Andererseits steht eine reine Reproduktion des überkommenen pädagogischen Habitus im Widerspruch zum Anspruch der Tester, den Weg in verbesserte pädagogische Praxis weisen zu können.

Literatur

Adorno, Theodor W. (1972): Theorie der Halbbildung. In: Soziologische Schriften I (Gesammelte Schriften Band 8), Wissenschaftliche Buchgesellschaft, Darmstadt 1998.
Bender, Peter (2005): PISA, Kompetenzstufen und Mathematik-Didaktik. in: Journal für Mathematik-Didaktik 26 (2005) Heft 3/4, S. 274–281
Bourdieu, Pierre; Passeron, Jean-Claude (1971): Die Illusion der Chancengleichheit. Klett Verlag, Stuttgart.
KMK (2003 a): Expertise „Zur Entwicklung nationaler Bildungsstandards". (vorgestellt von der Kultusministerkonferenz am 18. 2. 2003 in Berlin)
KMK (2003 b): Bildungsstandards im Fach Mathematik für den mittleren Schulabschluss. (Beschluss der Kultusministerkonferenz vom 4.12.2003)
Kuhn, Thomas (1967): Die Struktur wissenschaftlicher Revolutionen. Suhrkamp, Frankfurt
Lind, Detlef; Knoche, Norbert; Blum, Werner; Neubrand, Michael: Kompetenzstufen in PISA. In: Journal für Mathematik-Didaktik 1/2005, S. 80–87

---

19 Für PISA habe ich zum Beispiel folgende Elemente eines mathematikdidaktischen Habitus rekonstruiert: Manifeste Orientierung auf Fachsprachlichkeit und latente Zerstörung des Mathematischen, Illusion der Schülernähe als Verblendung, Kalkülorientierung statt mathematischer Bildung, Misslingen der „Vermittlung" von Realem und Mathematischem bei realitätsnahen Aufgaben. Letzteres gründet in der Nichtbeachtung der Authentizität sowohl des Realen als auch des Mathematischen. Ich habe die genannten Habituselemente unter dem Stichwort der „Abkehr von der Sache" zusammengefasst. Die Hypothese lautet nun, dass den Schülern dieser Habitus vertraut ist und sie sich deshalb auf ihn einstellen können. Nichtsdestotrotz ist dieser Habitus in sich problematisch, sowohl unterrichtlich als auch für einen Test.

Meyerhöfer, Wolfram (2004a): Was testen Tests? Objektiv-hermeneutische Analysen am Beispiel von TIMSS und PISA. Dissertation an der Mathematisch-Naturwissenschaftlichen Fakultät der Universität Potsdam.

Meyerhöfer, Wolfram (2004b): Zum Kompetenzstufenmodell von PISA. In: Journal für Mathematik-Didaktik, Jahrgang 25 (2004), Heft 3/4. Auch unter: http://www.math.uni-potsdam.de/prof/o_didaktik/mita/me/Veroe

Meyerhöfer, Wolfram (2005): Tests im Test. Das Beispiel PISA. Verlag Barbara Budrich. Opladen

Meyerhöfer, Wolfram (2007): Testfähigkeit – Was ist das? Erscheint in: Stefan Hopmann (Hrg.): PISA according to PISA. Wien.

Zusammenfassungen/Abstracts

Thomas Jahnke, Universität Potsdam
Zur Ideologie von PISA & Co
On the Ideology of PISA and Other Comparative Studies

Der Autor diskutiert PISA und andere Vergleichsuntersuchungen kritisch als positivistische, defizitäre Weltzugänge ohne Erkenntnisgewinn. Er stellt theoretische und methodische Fehler bei TIMSS und PISA dar und setzt sich mit Motivlagen der beteiligten Forscher auseinander. Er setzt den Begriff der mathematischen Bildung (reflektierendes Betreiben von Mathematik als formale Erkenntnishilfe und prozedurales Instrument) gegen Bildungsstandards und plädiert gegen eine Fokussierung auf ein Diktat der Brauchbarkeit.

The author critically discusses PISA and other comparative studies as positivistic and flawed interpretations of the world, lacking in new insights. He shows theoretical and methodical errors in TIMMS and PISA and reflects on the possible motivations of its researchers. He compares the concept of mathematical education (which he sees as a reflective study of mathematics as a means of gaining formal insights and also as a methodological process) and prevailing educational standards and argues against the predominance of practical usage.

Christine Keitel, FU Berlin
Der (un)heimliche Einfluss der Testideologie auf Bildungskonzepte, Mathematikunterricht und mathematikdidaktische Forschung
The (Un)usual Influence of Test Ideologies on Educational Concepts, Mathematical Education, and Mathematic Didactical Research

Der Beitrag zeigt zunächst anhand der Darstellung der Geschichte des Testens, dass Testverfahren zwar kontinuierlich formale Verfeinerungen und enorme technische Verbesserungen und Vereinfachungen – nicht zuletzt durch den Computereinsatz – erhielten, dass aber die Grundannahmen des Testens keine substantielle Entwicklung oder Veränderung erfahren haben;

die impliziten Vorannahmen und Vorurteile sind dieselben, die fehlenden theoretischen Begründungen und auffälligen Widersprüche sind nicht beseitigt, sondern nur versteckter, die funktionalen Zwecke, denen es diente und immer noch dient, sind die gleichen. Die Vorannahmen und die sozialen Dimensionen des Testens werden diskutiert und die Folgen für den Mathematikunterricht aufgezeigt. Das Problem wird für das PISA-Konstrukt der „Mathematical literacy" spezifiziert.

The chapter first demonstrates, based on a short history of testing, that although test methods have been continuously, formally, refined, and their administration improved and simplified enormously – particularly by means of using computers – no substantial change or development in the basic approach of testing has been established. The implicit preliminary assumptions and prejudices have remained the same. The lack of theoretical proof and obvious discrepancies were not eradicated, but only appear more obscured. Still, the functional purposes served by the latter are the same. The preliminary assumptions and social dimensions of testing are discussed and the consequences for mathematic education shown. The problem will be particularly identified for the PISA construct of "Mathematical Literacy".

Wolfram Meyerhöfer, Universität Potsdam
PISA & Co als kulturindustrielle Phänomene
PISA and Other Comparative Studies as a Cultural-Industrial Phenomena

Großtests werden in industrialisierter, arbeitsteiliger Produktion produziert. Das theoretische Konzept zur Kulturindustrie ermöglicht uns, Phänomene zu verstehen, die durch diese industrialisierte Arbeitsweise entstehen: Entfremdung der Wissenschaftler von ihrem Produkt, Primat des Gelingens vor der Erkenntnis, technologische Rechtfertigung von Halbbildung, Produktpräsentation statt Debatte, aggressiver Umgang mit Kritik, eingeschränkte Lernfähigkeit des Systems. Das Phänomen der Länderrangreihen wird einer separaten Analyse unterzogen, dabei erschließt sich das Primat des Voyerismus vor Erkenntnis.

Large scale tests are generated in an industrialized, task-forced manner. The theoretical concept of the culture industry allows us to understand phenomena, which evolve from such industrialized working methods as: alienating scientists from their products; the primary focus on completions of studies rather than gaining comprehensive achievements; technologically justifying semi-literacy; presenting products instead of debating; aggressively handling criticism; limited learning capacity of the system. The phenomenon of 'country rankings', analysed separately, subsequently explain the dominance of academic "voyeurism" over factual cognition.

Joachim Wuttke
Die Insignifikanz signifikanter Unterschiede: Der Genauigkeitsanspruch von PISA ist illusorisch
The Insignificance of Significant Differences: PISA's Claims for Accuracy are Illusory

Um statistisch signifikante Unterschiede zwischen Staaten oder anderen Subpopulationen zu finden, arbeitet PISA mit vielen Testheften und sehr großen Stichproben. Dieser Aufwand ist fehlgeleitet, wenn die Genauigkeit der Leistungsmessung nicht stochastisch, sondern durch systematische Verzerrungen begrenzt wird. Dafür gibt es viele Indizien, von der uneinheitlichen Stichprobenziehung bis hin zur unterschiedlichen Vertrautheit der Schüler mit dem Aufgabenstil. Die Bedeutung einiger Fehlerquellen lässt sich sogar quantitativ abschätzen. Dabei muss immer wieder zwischen prozentualen Lösungshäufigkeiten und Kompetenzpunkten umgerechnet werden. Unter anderem um diese Umrechnung zu begründen, wird eine in sich geschlossene Darstellung der Item-Response-Skalierung gegeben. Es zeigt sich, dass viele nationale Experten diesen zentralen Auswerteschritt nicht vollständig verstanden haben.

The numeric accuracy of PISA is questioned on different levels. In part 2 the representativity of the sample is examined (2.1 school attendance, 2.2 enrollment data, 2.3 stratification, 2.4 exclusions, 2.5 special-needs students, 2.6 violation of minimum participation criteria, 2.7 correlation of participation propensity and latent ability, 2.8 gender, 2.9 unclear rules and uncomplete data. Part 3 gives a self-contained explanation of the item-response scaling (conversion of raw scores into item difficulties and student abilities); it is deduced that 4 points on the official $\mathcal{N}(500, 100)$ scale correspond to less than 1% in right-response rate. Part 4 shows why the one-parameter Rasch model is not adequate for the cognitive data (4.2 different discrimination parameters, 4.3 violations of the two-parameter model, 4.4 guessing, 4.5 model-dependence of item difficulty, 4.6 multiple responses to multiple-choice questions [up to 10% in Austria], 4.7 different preferences for multiple-choice distractors, 4.8 global correlations as a measure for cultural proximity, 4.9 fatigue and lack of time). Part 5 looks at the social background data. The newly introduced index of econonmic, social and cultural status is based on an unsound and outdated job prestige scale and on a fundamentally flawed factor analysis (5.1). The gradient of cognitive performance with respect to this index depends critically on item selection (5.2); similarly, gender differences ought to be analysed on item level (5.3). In part 6, among other conclusions, it is argued that systematic errors far outweigh stochastic uncertainties, that the huge sample size is not justified by the attainable precision, and that cyclic repetition of PISA will not provide any useful trend indicator.

Eva Jablonka, Luleå University of Technology, Schweden
Mathematical Literacy: Die Verflüchtigung eines ambitionierten Testkonstrukts
Mathematical Literacy: the Volatilisation of an Ambitious Testing Construct

Der Beitrag untersucht, ob die in PISA-Punkten ausgedrückte Mathematikleistung als empirische Evidenz für das im Theorierahmen der Studie definierte Konstrukt der Mathematical Literacy betrachtet werden kann.
Wie wurde aus der Nominaldefinition, durch die das Konstrukt der Mathematical Literacy festgelegt ist, die Batterie der Testaufgaben entwickelt oder ausgewählt? Ist der Theorierahmen konsistent? Lässt sich die benutzte Skalierung, die bestimmte Annahmen über die Struktur der Kompetenz unterstellt, die damit sinnvoll gemessen werden kann, rechtfertigen?
Es stellt sich heraus, dass globale und vage Definition der Mathematical Literacy beim Versuch der Operationalisierung dieses Konstrukts in der Form von PISA-Aufgaben ihre Bedeutung verliert. Die Skalierung mit einem Modell aus der probabilistischen Testttheorie erweist sich als unpassend. Die Annahmen die das benutzte Modell impliziert, sind weder für die Art der Aufgaben noch für die Qualität der im Theorierahmen beschriebenen mathematischen Grundbildung naheliegend. In PISA wird das Modell jedoch trotz theoretischer und empirischer Unstimmigkeiten beibehalten. Die im mathematischen Leistungstest ermittelten PISA-Punkte gestatten folglich höchstens unverbindliche Interpretationen und lassen keine differenzierten Schlussfolgerungen über Zusammenhänge zu anderen in der Studie erhobenen Daten zu.

The chapter investigates whether the students' PISA scores in mathematical literacy can be considered to be empirical evidence of the construct described in the theoretical framework of the study.
Given the nominal definition of mathematical literacy, how were the test items developed or chosen? Is the theoretical framework consistent? Is the use of the scaling model justified, which implies assumptions on the structure of the competency to be measured?
It emerges that the global and vague definition of mathematical literacy loses its meaning through its operationalization in the form of PISA test items. Scaling [the scores] by means of a model based on probabilistic testing theory, appears to be unsuitable. The scaling model is based on assumptions which are not suggested either by the definition of the construct or by the type of items used for testing mathematical literacy as described in the theoretical framework. However, the model is maintained despite its theoretical and empirical inconsistencies in PISA. Consequently, the student scores do not have a well-founded interpretation and do not allow for drawing conclusions about interrelationships with other data generated by the study.

Peter Bender, Universität Paderborn
Was sagen uns PISA & Co, wenn wir uns auf sie einlassen?
What do PISA Other Comparative Studies Tell us, If We Let Ourselves in for It?

Der Autor setzt sich mit PISA, TIMSS und IGLU auseinander und stellt mehr oder weniger versteckte Ungereimtheiten, unsaubere Argumentationen, gewagte Interpretationen und offensichtliche Missbräuche dar. Er argumentiert an den Konstrukten und Daten der Studien selbst.
Aus mathematikdidaktischer Sicht ist das Kompetenzstufenmodell von PISA & Co mit starken Mängeln behaftet. Es ist ungeeignet, personenbezogene, sowie ungeeignet, inhaltsbezogene Kompetenzstufen zu beschreiben, und ungeeignet, diese beiden Skalen zu integrieren. Das Ignorieren der nationalen Curricula durch PISA ist fragwürdig. Für das an deren Stelle gesetzte Konzept der „mathematical literacy" ist der Test aber auch nicht valide. Bei der Mehrzahl der Aufgaben benötigt man nämlich diese Kompetenz nicht, sie ist immer wieder auch sogar hinderlich. Viele mathematikdidaktische Maßstäbe werden verletzt, damit die Aufgabencharakteristiken ins testtheoretische Modell passen.
Besonders in Deutschland wurden die PISA-Ergebnisse in der politischen und medialen Öffentlichkeit missbraucht, um Ideologien zu bedienen. PISA trägt dafür eine zweifache Mitverantwortung: Zum einen tritt man diesen Missbräuchen nicht entgegen, zum anderen leistet man durch eine parteiische Definition und Auswahl von Parametern diesem Missbrauch Vorschub. Insbesondere der Einfluss der Migrations-Struktur wird systematisch zugunsten einer undifferenzierten „sozialen" Struktur unterschätzt. Der Grad der Leistungsorientierung in den verschiedenen Gesellschaften wird von PISA & Co nicht berücksichtigt, obwohl er sich viel intensiver auf die Punktzahlen auswirkt als die meisten der von PISA & Co „gemessenen" Parameter. Insbesondere sagen PISA & Co nichts über die Eignung von gegliederten oder ungegliederten Schulsystemen, aber ergeben z. B., dass – bei Kontrolle der Migrations-Struktur nach PISA-Punkten – Bayern zu den Spitzen-Ländern der Welt gehört.
The author discusses PISA, TIMSS and IGLU and shows more or less hidden inconsistencies, shaky argumentations, risky interpretations, and obvious abuse. He reasons directly on the constructs and data of the studies.
From a mathematic-didactical point of view, the competence-stage-model of PISA and other comparative studies have enormous errors. It is not suitable to describe both, personal and content-relevant competence stages, and it is, moreover, unsuitable for the integration of both scales. PISA's ignorance of the national curricula is questionable. However the test does not show any validity even for the concept of 'mathematical literacy', which should substitute for the national curricula issue, since, for the majority of the exercises, this competence is either not necessary or

even obstructive. Several mathematical didactic standards are violated to fit the characteristics of the exercises into the theoretical test model. Particularly in Germany, the PISA results were abused by political and media elitesin order to manipulate public opinion and to serve certain ideologies. PISA shares responsibility for such abuse in two ways. On the one hand there is no official objection against such abuse, and on the other, a biased definition and selection of parameters even furthers the abuse. Especially the influence of the migrations structure is systematically underestimated in favour of an undifferentiated 'social' structure. PISA and other comparative studies neglect the level of performance orientation in different societies, although this has much more influence on the results than most of the studies' 'measured' parameters. In particular, PISA and other comparative studies do not offer any results about the suitability of structured or non-structured school systems, yet conclude, for example, that – upon examination of the migration structure according to PISA points system – Bavaria is among the leading countries in the world.

Volker Hagemeister, Berlin
Kritische Anmerkungen zum Umgang mit den Ergebnissen von PISA
Critical Remarks on Dealing with PISA Results

In diesem Text wird gängigen bildungspolitischen und didaktischen Schlussfolgerungen, die aus PISA und anderen Vergleichsuntersuchungen gezogen wurden, widersprochen. Der Autor argumentiert für geringere Klassenstärken, insbesondere für Kinder, denen es an Bildungsunterstützung von zu Hause mangelt. Er plädiert für die Entlastung der Lehrer von Therapien spezifischer Lernbehinderungen und mahnt Veränderungen der Prüfungsanforderungen bei Schulzeitverkürzung an. Er spricht sich gegen zentrale Prüfungen mit Notenrelevanz aus und fordert eine staatlich geförderte Ganztagsbetreuung vorrangig für solche Kinder, die dieses Angebot aus sozialen Gründen benötigen. Er schlägt eine gezielte sprachliche Förderung von Migranten durch spezialisierte Lehrer parallel zur regulären Schule vor.

This chapter contradicts the usual educational-political and didactical conclusions taken from the PISA test and similar comparative studies. The author argues in favour of smaller classes, particularly for children who lack educational support at home. He appeals for a relief for teachers from therapies of specific learning disabilities and urges for changes in examination requirements for systems with shortened course terms. He reasons against central examination with relevance of marks and demands state supported full-day school care programs, particularly for children with certain social indications. He suggests target oriented language support of migrants by specialized teachers, parallel to the regular school curriculum.

Uwe Gellert, Universität Hamburg
Mathematik „in der Welt" und mathematische „Grundbildung". Zur Konsistenz des mathematikdidaktischen Rahmens von PISA
Mathematics 'In the World' and Mathematical 'Grundbildung'. About the Consistency of the Mathematic-Didactical PISA Framework

In PISA wird suggeriert, der Konstruktion von Testaufgaben und der Interpretation von Ergebnissen stünde ein stabiles und in der Wissenschaftsgemeinschaft konsensuelles mathematikdidaktisches Theoriegerüst zu Verfügung: Die Testaufgaben operationalisierten eine alternativenlose Normierung mathematischer Grundbildung und diese leite sich unmittelbar aus vermeintlich unstrittigen Fundamenten der Mathematikdidaktik ab. Inwieweit die Glieder dieses Gerüsts zueinander passen, sich ergänzen und nicht in Widerspruch miteinander geraten, wird in diesem Artikel nachgegangen, und zwar mit Blick auf die fraglich erscheinende Kompatibilität der Arbeiten Hans Freudenthals zu einer mathematikdidaktischen Phänomenologie und der Vorstellung einer „mathematischen Grundbildung" im Rahmen von PISA.

The PISA study wants to suggest that the construction of test exercises and the interpretation of results were provided with a solid footing on a consensual mathematic-didactical theory foundation in the scientific community. The test exercises operationalized standardization of mathematical basic education without an alternative, which was derived from allegedly uncontentious foundations of mathematical didactics. The chapter discusses the extent the single components of this construct fit, substitute for, or contradict with one another with regard to the doubtful compatibility with the works by Hans Freudenthal about mathematical didactical phenomenology and the idea of a "mathematical basic education" in the framework of the PISA study.

Hans-Dieter Sill, Universität Rostock
PISA und die Bildungsstandards
PISA and Educational Standards

Eine Analyse der wissenschaftlichen und bildungspolitischen Hintergründe und Desiderata der aktuellen Bildungsstandards in Deutschland. – Die auf dem PISA-Konzept beruhenden Bildungsstandards beeinflussen die Theorie und Praxis des Mathematikunterrichts in Deutschland in ähnlich gravierender Weise wie die New-Math-Welle in den 60iger und 70iger Jahren. Eine detaillierte Analyse der Entstehung der Bildungsstandards verdeutlicht das Wechselspiel von Wissenschaft und Politik. Die Ursachen für die aktuellen Verwerfungen in der Curriculumentwicklung in Deutschland werden in gravierenden Desideraten der fachdidaktischen Forschung, einer Ignoranz des bis 1989 erreichten Entwicklungsstandes in Ostdeutschland, in der Missachtung des bereits in einzelnen Bundesländern erreichten Standes der Rahmenplanentwicklung und der ungenügenden Beachtung internationaler Erfahrungen gesehen. Zum Nachweis dieser Thesen werden der Stand und die Methoden der Curriculumforschung in der BRD und der DDR eingeschätzt und die Standards des NCTM in Beziehung zu den Bildungsstandards gesetzt. Die aktuellen Bildungsstandards für den mittleren Schulabschluss im Fach Mathematik sowie die „neue Aufgabenkultur" werden kritisch analysiert und Perspektiven einer fundierten Weiterentwicklung angedeutet.

An analysis of scientific and educational-political backgrounds and desiderata of current educational standards in Germany. – The educational standards that are based on the PISA concept influence the theory and practice of mathematical education in Germany in a similarly serious way to the New Math Movement did in the 1960s and 1970s. A detailed analysis of the development of new education standards illustrates the interplay between science and politics. Causes for the current 'warping' in the development of curricula in Germany are to be found in factors such as: serious lack of didactic research, the ignorance towards achievements in East Germany until 1989, disregard for the achieved status of development of general curricula in certain federal states, and the neglect of international experience. The status and the methods of curricula research in the FRG and the GDR are evaluated and standards of NCTM are viewed as proof for these theses, in relation to the educational standards. The current educational standards for secondary school qualification in mathematics as well as a 'new exercise culture' are analysed critically and perspectives for a thorough further development are shown.

Wolfram Meyerhöfer, Universität Potsdam
Testen, Lernen und Gesellschaft. Zwischen Autonomie und Heteronomie
Testing, Learning, and Society. Between Autonomy and Heteronomy

Schule bewegt sich im Spannungsfeld von Autonomie und Heteronomie. Sie unterliegt dem Anspruch, die Autonomie des Schülers als gesellschaftlichem Subjekt zu entwickeln, ihn aber ebenso in heteronomes Verhalten einzuführen.

In diesem Beitrag wird dem Problem nachgespürt, dass Tests schulisches Sein und Tun in Richtung Heteronomie verschieben, indem sie Autonomie beschädigen. Dabei erzeugt die strukturelle Asymmetrie zwischen Tester und Getestetem eine Beschränkung der Autonomie sowohl des Getesteten als auch des Testers. Tests werden als Ersatz für herkömmliche Bildungszertifikate diskutiert, es werden Prämissen und Folgen des Testens aufgezeigt, der Unterschied zwischen Testaufgaben und unterrichtlichen Aufgaben wir analysiert.

School exists in the field of tension between autonomy and heteronomy. On the one hand there is the requirement to develop the autonomy of the student as a part of society, and on the other hand, the student shall simultaneously be introduced to heteronomic conduct.

This chapter investigates the problem that tests force educational activities in school towards heteronomy by damaging autonomy. The structural asymmetry between tester and candidate inevitably generates a limitation of the autonomy of both tester and candidate. Tests are discussed as a replacement for customary educational certificates, the premises and effects of testing shown, the difference between test exercises illustrated, and normal school exercises analysed.

Autoren

Prof. Dr. **Peter Bender**. Professor für Mathematik und ihre Didaktik an der Universität Paderborn; Diplom-Mathematiker, Erstes Staatsexamen für Grund- und Hauptschul-Lehrer, Dr. rer. nat. Arbeitsgebiete: Geometrie und ihre Didaktik, Anwendungen der Mathematik und ihre Didaktik, Neue Medien im Mathematik-Unterricht, Mathematik-Didaktik der Primarstufe, der Sekundarstufe I und der Sekundarstufe II, Erkenntnistheorie (auf Mathematik, das Denken über Mathematik und die Erforschung dieses Denkens bezogen).

Prof. Dr. **Uwe Gellert**, Jg. 1966, Professor für Erziehungswissenschaft unter besonderer Berücksichtigung der Didaktik der Mathematik am Fachbereich Erziehungswissenschaft der Universität Hamburg. Arbeitsschwerpunkte: Internationale Vergleiche von Praktiken und Organisationsformen der Mathematiklehrerbildung, qualitative bildungssoziologische Unterrichtsforschung, Analysen curricularer Konzeptionen für den Mathematikunterricht, soziologische Analysen zum Verhältnis von Mathematik und Gesellschaft.

Prof. Dr. **Eva Jablonka**. Professor für Mathematikdidaktik (matematik och lärande) am Institut für Mathematik, Technische Universität Luleå, Schweden; Studium der Mathematik und Philosophie an der Universität Wien; Promotion in Mathematikdidaktik an der Technischen Universität Berlin (1996), Habilitation in Erziehungswissenschaft an der Freien Universität Berlin (2004); Forschungsaufenthalte in Neuseeland (University of Auckland), Australien (Melbourne University); Arbeit in Doktorandenprogrammen in Südafrika und Iran; zur Zeit Kooperation mit der Eduardo Mondlane University, Moçambique. Aktuelle Arbeitsschwerpunkte: Videobasierte vergleichende empirische Unterrichtsforschung, qualitative bildungssoziologische Unterrichtsforschung, Curriculumanalysen und Konzeptionen von Mathematical Literacy.

Dr. **Volker Hagemeister**, wissenschaftlicher Direktor i. R., vormals Berliner Landesinstitut für Schule und Medien, zuständig für Rahmenplanentwicklung in den naturwissenschaftlichen Fächern und für die Durchführung und Auswertung von TIMSS, PISA und PIRLS.

Prof. Dr. **Thomas Jahnke**; geb. 1949 in Frankfurt/Main. Diplom in Mathematik 1974 Universität Marburg; Promotion 1979 Universität Freiburg. Habilitation 1988 Universität Siegen. Seit 1994 Lehrstuhl für Didaktik der Mathematik Universität Potsdam. Autor zahlreicher wissenschaftlicher Veröffentlichungen und Mathematikschulbücher.

Prof. Dr. Dr. h.c. sc. **Christine Keitel**, Freie Universität Berlin, is Professor for Mathematics Education and recently served as Vice-president (Deputy Vice-chancellor) of the Freie University Berlin. After her studies in physics, mathematics, philosophy and sociology she worked at the Max-Planck-Institute for Educational Research and Human Development in Berlin. She got her Ph.D. in mathematics education at the University of Bielefeld and her Habilitation at the Berlin University of Technology; her main research areas include studies on curriculum development, on the use of textbooks, on the relationship between mathematics and its social practice, on mathematical modeling, on attitudes and beliefs of teachers and students, on the history and current state of mathematics education in European and various Non-European countries, and in 1999 started an international collaboration of now 16 countries on "Learner's perspective on mathematics classroom practice (LPS-project)".
She was in the Steering Committee of the OECD-project "Future Perspectives of Science, Mathematics and Technology Education", Expert-Consultant for TIMSS-Video-Project (Lessons from Germany, USA and Japan) and TIMSS-Curriculum-Analysis-Project, she was European Editor of the international "Journal for Curriculum Studies"; Convenor of the International Organization of Women in Mathematics Education (IOWME), President of the "Commission Internationale pour L'Etude et l'Amélioration de l'Enseignement des Mathématiques" (CIEAEM) and designed its "Manifesto 2000 for the Year of Mathematics". In 1999 she received an Honorary Doctorate in Sciences (Dr. h.c. sc.) of the University of Southampton/UK and the Alexander-von-Humboldt/South-African-Scholarship Award for capacity building and research in South Africa.

Prof. Dr. **Wolfram Meyerhöfer**. 1990–1995 Studium Lehramt für Mathematik und Physik an der Universität Potsdam; 1996–1998 Referendariat am Studienseminar Potsdam; 1998–2007 Universität Potsdam, Didaktik der Mathematik; Promotion Mai 2004; seit 2007 Gastprofessor FU Berlin.

Prof. Dr. **Hans-Dieter Sill** absolvierte die Pädagogische Hochschule in Güstrow 1973 als Diplomlehrer für Mathematik und Physik. Er promovierte 1977 auf dem Gebiet der numerischen Mathematik und habilitierte 1986 mit einer Arbeit zu Funktionen, Inhalten und zur Gestaltung mathematischen Wahlunterrichts. 1987 wurde er zum Hochschullehrer für Methodik des Mathematikunterrichts an der Pädagogischen Hochschule in Güstrow berufen. 1993 erfolgte eine Berufung an die Universität Rostock als Professor für Didaktik der Mathematik.

Hans-Dieter Sill hat sich bisher insbesondere mit der Entwicklung grundlegender Begriffe und Denkweisen der Stochastik, mit den Funktionen und der Zieltaxonomie des Mathematikunterrichts, mit grundlegenden Problemen der Lehrbuch- und Curriculumforschung sowie mit Problemen von Leistungserhebungen im Mathematikunterricht beschäftigt. Er ist Herausgeber mehrerer Lehrbuchreihen zum Mathematikunterricht in der Sekundarstufe I und gegenwärtig in zahlreiche Projekte auf Landesebene eingebunden.

Dr. **Joachim Wuttke**. Studium der Physik in München und Grenoble, Forschungsaufenthalte in Grenoble und New York, Promotion in Physikalischer Chemie an der Universität Mainz, Habilitation in Experimentalphysik an der TU München, zweites Staatsexamen in Mathematik und Physik am Studienseminar für Gymnasien und Gesamtschulen Frankfurt III. Berufstätigkeit als Hard- und Softwareentwickler in der Telekommunikationsindustrie, als Lehrer und als Arbeitsgruppenleiter in der Grundlagenforschung. Autor von über dreißig Fachaufsätzen zu Themen der statistischen Physik.

Stefan T. Hopmann, Gertrude Brinek und Martin Retzl (Hrsg.)
PISA zufolge PISA / PISA According to PISA
Wien/Berlin (LIT-Verlag) 2007

ISBN 978-3-7000-0771-5 (Österreich)/ISBN 978-3-8258-0946-1 (Deutschland)

Keine andere Bildungsforschung hat in den letzten Jahren soviel Furore gemacht wie PISA. In vielen Ländern, besonders aber in Österreich und Deutschland, scheinen viele in Politik und Öffentlichkeit anzunehmen, PISA sei eine unabhängige wissenschaftliche Bewertung der Leistungsfähigkeit bzw. der Schwächen nationaler Bildungssysteme und könne nachweisen, woran das jeweilige Schulwesen krankt. Dabei wird oft übersehen, dass nach dem Willen des Auftraggebers OECD die PISA-Studien in erster Linie politischen und nicht wissenschaftlichen Zwecken dienen, und dass PISA ausdrücklich nicht darauf aufbaut, ob das, was gemessen wird, in der Schule überhaupt gelernt werden kann oder soll.

In den letzten Jahren ist vereinzelt wissenschaftliche Kritik am Design und an der Durchführung der PISA-Studien laut geworden. Bislang ist solche Kritik fast nie über den jeweiligen nationalen Rahmen hinaus gedrungen und konnte deshalb leicht als lokal begrenzter Einzelfall ohne Bedeutung für das Ganze abgetan werden. Eine umfassende Erwiderung auf diese Kritik hat es von Seiten der PISA-Forschung bis jetzt nicht gegeben, aber auch keine Richtigstellung der chronischen Irreführung der Öffentlichkeit.

Der vorliegende Band enthält wissenschaftliche Beiträge aus sieben europäischen Ländern, die unabhängig Leistungen und Grenzen des PISA-Projekts analysieren. Gefragt wird, ob PISA methodologisch den wissenschaftlichen Ansprüchen an international vergleichende Forschung gerecht wird. Untersucht werden unter anderem Stichproben, auf die sich PISA stützt, Fragen, die PISA stellt, sowie die Auswertung und schliesslich die Präsentation der Ergebnisse durch PISA selbst.

Ungeachtet der Verdienste der PISA-Forschung ist das Ergebnis ernüchternd. Es lässt sich in zwei Hauptpunkten zusammenfassen:
1. Was PISA misst, ist keineswegs repräsentativ für die jeweiligen Wissens- und Schulkulturen und ist dies in der Regel nicht einmal in den Fachgebieten, die es selbst ausdrücklich hervorhebt (wie Mathematik und Naturwissenschaften).
2. Die konkrete Durchführung ist mit so vielen Schwachstellen, Unsicherheiten und Fehlerquellen behaftet, dass die populären internationalen und nationalen (Schul-) Vergleiche wissenschaftlich unhaltbar sind.

Zusammen genommen ergibt sich, dass PISA im besten Fall eine interessante Jugendstudie über die mehr oder weniger zufällige Verteilung eines sehr testspezifischen Wissens in den beteiligten Ländern ist. Wissenschaftliche Vergleiche der Leistungsfähigkeit der jeweiligen Bildungssysteme oder gar einzelner Schulformen und Schulen lassen sich so nicht begründen. *PISA hält nicht, was PISA verspricht – und kann das in seinem Rahmen auch nie leisten!*

Repräsentanten der PISA-Forschung in Österreich und Deutschland waren eingeladen, in diesem Band zur vorgebrachten Kritik Stellung zu nehmen. Leider hat dieser Einladung niemand Folge geleistet, vielleicht auch deshalb, weil selbst bei Widerlegung einzelner Punkte die öffentliche Aufmerksamkeit sichernde nationale und internationale Rankings nicht zu retten gewesen wären.

Inhalt/Table of contents
- Vorwort (Richard Olechowski)
- Introduction: PISA According to PISA – Does PISA Keep What It Promises? (Stefan T. Hopmann/Gertrude Brinek)
- What Does PISA Really Assess? What Does It Not? A French View (Antoine Bodin)
- Testfähigkeit – Was ist das? (Wolfram Meyerhöfer)
- PISA – An Example of the Use and Misuse of Large-Scale Comparative Tests (Jens Dolin)
- Language-Based Item Analysis – Problems in Intercultural Comparisons (Markus Puchhammer)
- England: Poor Survey Response and No Sampling of Teaching Groups (S. J. Prais)
- Disappearing Students PISA and Students with Disabilities (Bernadette Hörmann)
- Identification of Group Differences Using PISA Scales – Considering Effects of Inhomogeneous Items (Peter Allerup)
- PISA and "Real Life Challenges": Mission Impossible? (Svein Sjøberg)
- PISA – Undressing the Truth or Dressing Up a Will to Govern? (Gjert Langfeldt)
- Uncertainties and Bias in PISA (Joachim Wuttke)
- Large-Scale International Comparative Achievement Studies in Education: Their Primary Purposes and Beyond (Rolf V. Olsen)
- The Hidden Curriculum of PISA – The Promotion of Neo-Liberal Policy by Educational Assessment (Michael Uljens)
- Deutsche Pisa-Folgen (Thomas Jahnke)
- PISA in Österreich: Mediale Reaktionen, öffentliche Bewertungen und politische Konsequenzen (Dominik Bozkurt, Gertrude Brinek, Martin Retzl)
- Epilogue: No Child, No School, No State Left Behind: Comparative Research in the Age of Accountability (Stefan T. Hopmann)